pfeiffer
bei Klett-Cotta

Zu diesem Buch

Fit, flexibel, lernfähig bis ins hohe Alter: Diesen Vorstellungen zu entsprechen ist nicht immer leicht. Ältere Menschen brauchen daher Unterstützung: um neue Kontakte zu knüpfen, sinnvolle Tätigkeiten neu zu entdecken, geistige Anregungen annehmen zu können, Lebenskrisen zu bewältigen und psychische Probleme zu meistern. Der Autor engagiert sich seit mehreren Jahrzehnten forschend und in der Praxis in der beratenden, betreuenden und therapeutischen sozialgerontologischen Arbeit. Der vorliegende zweite Teil des zweibändigen Grundlagenwerks zur Geronto-Psychotherapie stellt erprobte Formen von Kreativitätstherapien vor, führt in praktische Möglichkeiten der Lebenshilfe und Beratung alter Menschen ein und widmet sich differenziert den schwierigen und meist übergangenen Themen der Verletzung der Alterswürde durch Pflegemissstände und der Begleitung Sterbender.

Hilarion G. Petzold, Prof. Dr. Dr. Dr., ist Professor emeritus für Psychologie und klinische Bewegungstherapie an der Freien Universität Amsterdam/Niederlande und Professor für klinische Psychologie und Philosophie am Institut St. Denis, Paris, Visiting Professor für Psychotraumatologie und Supervision an der Donau-Universität Krems/Österreich; außerdem ist er Leiter der Europäischen Akademie für psychosoziale Gesundheit (Fritz-Perls-Institut) in Düsseldorf; zahlreiche Veröffentlichungen zur Psychotherapie, Entwicklungspsychologie der Lebensspanne, Kreativitätstherapie und zur Geronto-Psychotherapie.

Hilarion G. Petzold

Mit alten Menschen arbeiten

Teil 2

Lebenshilfe
Psychotherapie
Kreative Praxis

Pfeiffer bei Klett-Cotta

Leben lernen 181

Pfeiffer bei Klett-Cotta

Printed in Germany
Umschlag: Michael Berwanger, München
Titelbild: Vincent van Gogh: Zypressenweg unter dem
Sternenhimmel, 1890
Satz: PC-Print, München
Auf holz- und säurefreiem Werkdruckpapier gedruckt
und gebunden von Gutmann + Co., Talheim
ISBN 3-608-89734-8

Bibliographische Information Der Deutschen Bibliothek
Die Deutsche Bibliothek verzeichnet diese Publikation in der
Deutschen Nationalbibliographie; detaillierte bibliographische
Daten sind im Internet über <http://dnb.ddb.de> abrufbar.

Inhalt

Das Buch ist gewidmet

Prof. Dr. Erika Horn (7.8.1919),*

Pionierin praktischer sozialgerontologischer und thanatologischer Arbeit in Österreich – bis heute aktiv für alte Menschen, Sterbende und ihre Betreuer und Begleiter

in Freundschaft und Dankbarkeit

Prof. Dr. Hilarion G. Petzold

Vorwort

> »Denn sowohl die Jugend, mein Lieber, als auch das Alter, sind beide schön und hochgeschätzt und begehrt; beide aber – das dürfte erwiesen werden – sind bei denen, die sie nicht gebührend gebrauchen, schwierig, hässlich und verdrießlich.«
> *Iuncus*, Περί γήρως, 4, Im 2. Jh. n. Chr.*

Dieser zweite Band meines Werkes »Mit alten Menschen arbeiten« bringt überwiegend neue Texte gegenüber der Auflage von 1985. Die Erkundungen im Felde der Praxis sind weitergegangen. Perspektiven konnten differenziert werden. Neue Bereiche wurden erschlossen. Wie schon im ursprünglichen Werk und insgesamt in dem »Integrativen Ansatz« einer differentiellen *und* integrierenden Psychotherapie, Soziotherapie, Agogik und Kulturarbeit[1] steht in diesem Band das unscheinbare und doch für diesen Kontext groß zu schreibende Wörtchen **»mit«** (lat. *con*, gr. *syn*) für die Arbeit im psychosozialen und klinischen Feld der »angewandten Gerontologie« (Bd. 1, 86 ff.) an zentraler Stelle, denn es geht um die Zusammenarbeit **»mit«** alten Menschen – auf Augenhöhe, auf einer intersubjektiven Ebene des »Respekts«, der Achtung ihrer »Würde« (dieses Buch, S. 265 und S. 284). Es geht um *»client/patient dignity«*[2], um partnerschaftliche Kooperation, »informed consent«[3], die »informierte Übereinstimmung« der alten Mitbürgerinnen und Mitbürger mit den Maßnahmen der Unterstützung, Hilfeleistung, Begleitung und Förderung, die Helfer im Auftrag der Gesellschaft bereitstellen, einer Gesellschaft, deren mündige Mitbürger sie sind. Sie haben aufgrund ihrer Lebensleistung Ansprüche und Rechte, sind Leistungsberechtigte, keine Almosenempfänger. Es geht um erwünschte und ermöglichte Synergien, um die aktive Mitplanung und Mitwirkung an allen Maßnahmen, die sie betreffen, wo immer ihre Gesundheit und ihre geistigen Fähigkeiten es ermöglichen. Das sind Leitprinzipien für die in diesem

* Die Literaturangaben zu den in diesem Werk zitierten Arbeiten finden sich in den Bibliographien in Bd. I, S. 366-412 bzw. in diesem Band II, S. 354 ff.

Werk dargestellten Methoden. Nur so kann eine effektive und qualitätsvolle Arbeit in den auf *Salutogenese*[4], die Förderung von Gesundheit, Wohlbefinden, Partizipation orientierten Bereichen der **B**eratung[5], **B**ildungsarbeit, **B**egleitung (vgl. Bd. I, 362 f.) gewährleistet werden, und das ist wesentlich, *weil Alter keine Krankheit ist*. Wo aber eine schwere Erkrankung, eine Demenz etwa, eine solche Mitwirkung der Betroffenen nicht mehr erlaubt, wird ein sorgfältiges, liebevolles und von ethischen Grundsätzen geleitetes, professionelles Handeln aus »unterstellter Intersubjektivität« im Kontext personell und strukturell gut ausgestatteter Einrichtungen und Dienste erforderlich, die von einer sorgfältigen, öffentlichen Fachaufsicht und feldkompetenter supervisorischer Begleitung[6] unterstützt werden sollten. Es muss also auch eine *kurative,* auf Wiederherstellung von Gesundheit, Minderung von Symptomatik oder auf gute Palliativversorgung gerichtete **B**ehandlung, **B**etreuung (einschließlich einer modernen, pflegewissenschaftlich fundierten Pflege) mit einem humanen und fachlich hochwertigen Standard bereitgestellt werden. Nur auf dem Boden guter infrastruktureller Bedingungen kann eine *differentielle* und *integrative* »angewandte Gerontologie« mit ihren Potentialen, den Ergebnissen der Alternswissenschaften von Mitarbeitern in den vielfältigen Bereichen und Institutionen moderner Arbeit »*mit*« alten Menschen und ihren Angehörigen als fruchtbare *Zusammenarbeit* realisiert werden.

Eine solche Vorbemerkung wird in einem dem Bereich der »Interventionsgerontologie«[7] zuzurechnenden Werk unerlässlich, weil die Gefahr besteht, ja es die häufig vorfindliche, traurige und skandalöse Realität in vielen strukturell und personell unzureichend ausgestatteten Einrichtungen und Maßnahmen der Altenarbeit ist, dass mit den alten Menschen etwas »gemacht« wird, oft genug etwas, was sie nicht wollen und wünschen! Eine solche Praxis spiegelt Haltungen eines zuweilen subtilen, oft sogar krassen *Ageism*[8], d. i. die Diskriminierung alter Menschen in unserer Gesellschaft, für die im gesamten deutschsprachigen Bereich – einschließlich dem der theoretischen und praktischen Sozialgerontologie immer noch eine sehr geringe Sensibilität vorherrscht, ganz zu schweigen von massiven Verletzungen der Würde von AlterspatientInnen und -klientInnen, ja von riskanter und gefährlicher Pflege und Therapie (dieses Buch S. 284 ff.). Therapie ist ja keineswegs unbedenklich – nicht nur für

alte Menschen in »prekären Lebenslagen« –, wie Untersuchungen dokumentieren und wir neuerlich wieder für den Bereich des Alters aufzeigen mussten[9]. Wir vertreten deshalb mit der »integrativen Grundregel« (Bd. 1, 361-365) die Position einer *praktischen Ethik* des »kooperativen Handelns aus wechselseitigem Respekt«, die unseren Arbeiten und diesem Buch zugrunde liegt, und damit einen dezidiert *emanzipatorischen* Ansatz in der *Zusammenarbeit* **»mit«** Alten Menschen. Dass dieser *genderbewusst* und *gendersensibel* sein muss, bedarf immer noch der ausdrücklichen Erwähnung[10].
Dieses Werk wendet sich nicht nur an Fachleute im Bereich der »angewandten Gerontologie«, sondern auch an interessierte ältere und alte MitbürgerInnen und natürlich auch an junge Mitbürger[11], die wissen wollen, was die »helfenden Berufe« an Konzepten für den Umgang mit den Alten und Hochbetagten vertreten und welche Methoden sie verwenden – Psychotherapie (dieses Buch, S. 21 ff.), Musiktherapie, Puppenspiel, Supervision[12] usw., aber auch welche Fragen und Probleme es gibt: in Altenheimen, mit der Pflege (dieses Buch S. 284–292), mit der Sterbesituation (dieses Buch, S. 295 ff.). Die Texte richten sich an Menschen, die sich mit ihrem jeweiligen Lebensabschnitt unter der Perspektive des Rückblicks und des Vorausblicks auseinandersetzen wollen, denn die Fragen des Alterns und des Alters betreffen alle. Die Adressaten sind Menschen, die durch Methoden wie »kreatives Schreiben«[13], poesietherapeutische Arbeit (dieses Buch S. 215 ff.), »Biographiearbeit« oder durch Teilnahme an »Exchange-Learning-Projekten« von Alt und Jung, sich selbst besser »im Lebensganzen verstehen lernen«, ihr Leben bewusst gestalten wollen (Bd. I, 194 ff., 219 ff., 249 ff.) – für sich und auch miteinander in ihrer Familie und ihrem Freundeskreis[14]. Sie werden von den Modellen, Konzepten und Methoden dieses Werkes Nutzen, ja Gewinn haben.
Fachpublikationen werden heute nicht mehr nur von spezialisierten Fachleuten gelesen. Überdies gehen wir im »Integrativen Ansatz« von einer »doppelten Expertenschaft«[15] aus: die der »Professionellen« und die der jeweiligen Menschen als ExpertInnen für ihr Leben und ihre Lebenssituation. Eine solche Zugehensweise, die die »Endverbraucher« direkt anspricht – und zwar nicht nur auf der Ebene von »Ratgeberliteratur« – muss im Bereich der Sozialgerontologie stärker entwickelt werden, um Hilfen zu geben, die »späte Freiheit«

(*Rosenmayr* 1983) optimal nutzen zu können. In dieser Weise haben die »Spezialisten« der Antike, die alten Philosophen/Seelenführer/ Lebenslehrer ihre Anleitungen zur »rechten Lebensführung« (*diaita*), zur »Lebenskunst«, zu einem glückseligen Leben (*Seneca*)[16] und einem gelingenden Altern und Alter gegeben. *Cicero, Iuncus, Musonius, Plutarch*[17] u. a. haben in einer reichen Literatur »Περὶ γήρως«, über das Alter Texte geschrieben, die bis heute Botschaften von bleibendem Wert haben (vgl. Bd. 1, 53–85)[18], denn sie befassen sich mit Dimensionen, für die die moderne Fachgerontologie, aber auch die gegenwärtige Psychologie und Psychotherapie bislang kaum etwas zu bieten hat: die Dimensionen des Sinnes, der Sinnerfahrungen, des Lebenssinnes, der Werte, des Lebens im Alter und an der Grenze des Todes (*Petzold, Orth* 2004a, b[19]). Und auch die aktuelle Philosophie[20] und die auf die Arbeit in einer säkularen Welt gerichtete Seelsorge[21] müssten in diese Fragen mehr investieren.
Das Alter hat heute immer noch keinen guten Stand. Schon in der Antike erhielt das Alter und die gesellschaftlich damals kleine Gruppe der Alten und Hochbetagten (5–10% über 60 Jahre[22]) Diskriminierungen und Anwürfe (crimina) und musste von Menschen mit einem reichen Lebenswissen und einer fachlichen Sicht verteidigt werden. Das hat sich bis heute nicht wesentlich geändert. Gegenwärtig sind wir als Fachgerontologen immer wieder in der Position, das Alter zu verteidigen. Das aber muss sich in einer Gesellschaft ändern, in der das Alter eine überwältigende, allgegenwärtige Realität gewonnen hat und noch weiter gewinnen wird – mehr als 50% der Bevölkerung sind 50 Jahre und älter und die Gruppe der Hochbetagten nimmt beträchtlich zu. Nicht die Gerontologen aber können primär die Advokaten des Alters sein. Die Alten werden sich selbst selbstbewusster vertreten müssen, und den Jungen wird das Alter eine Selbstverständlichkeit werden müssen. Das Alter persönlich und gesellschaftlich zu *integrieren*, liegt als Aufgabe vor dem gesamten Gemeinwesen und vor allen *gerontotrophen* Gesellschaften. *Deshalb wird gerontologisches Wissen zum allgemeinen Bildungskanon des Menschen von heute und von morgen gehören müssen.* Gerontologen haben darum ihr Wissen und ihre Forschungen zu popularisieren: *Science goes public*! Dieses Motto muss auch für diese Disziplin gelten, denn sie hat eine Informationspflicht der Öffentlichkeit, den Menschen gegenüber. Es wäre sicher von den Autoren der Antike zu lernen,

dass sie sich nicht »an den Betreuenden, sondern an die Alten selbst bzw. an alle die [wenden], die sich des Altwerdens bewusst sind und sich mit dieser Frage auseinandersetzen wollen. Die Intervention setzt somit da an, wo sie wirken muss, beim alten Menschen selbst – ein Konzept, denke ich, das aus der Antike zu übernehmen wäre«, wie *Sigismund* (2003, 320) meint, und ihm ist hier vollauf zuzustimmen.

Das **»mit«**, das kommunikative und kooperative Moment, das in diesem Werk vertreten wird, ist bei Fragen und Themen, die das Alter und das Altern betreffen, in der Vertikalen auf der Ebene der »*intergenerationalen* Kompetenz« (Bd. I, 24) im Miteinander von Alt und Jung – nicht nur in familialen, sondern auch Freundschafts- und Nachbarschaftsnetzwerken[23] – zu realisieren, aber auch auf der Horizontalen im »*intragenerationalen* Milieu« zwischen den verschiedenen Gruppen alter Menschen. Und dabei können sie durchaus von gerontologischem Wissen profitieren. Das **»mit«** ist darüber hinaus im Miteinander-Arbeiten von Senioren und Hochbetagten und von professionellen Helfern/Experten zu verwirklichen (jungen und älteren, in Zukunft wohl vermehrt auch mit alten Berufstätigen, *denn die Alten in der modernen Gesellschaft sind älter geworden*). Hinzu muss immer wieder auch die Kooperation mit Forschern kommen, die in diesen Kontexten Untersuchungen durchführen, denn ohne eine für neues Wissen zu Altersfragen aufgeschlossene Gesellschaft und eine »forschungsfreundliche Kultur«, die sich gerade auch Fragen der Erforschung von *Praxeologien* (*Orth, Petzold* 2004) zuwendet, wird man in den *angewandten Alternswissenschaften* nicht weiterkommendem. Es entstehen erfreulicherweise mehr und mehr universitäre Zentren, die sich praxeologischen Fragestellungen und der Praxisforschung zuwenden[24]. ***Praxeologie*** als »*Wissenschaft von der Praxis*«[25], der Bereich, auf den die beiden Bände des vorliegenden Werkes zentriert sind, wird in der Gerontologie einen gewichtigen Platz neben der Grundlagenforschung gewinnen müssen, wenn sie zur Sicherung und Verbesserung der Gesundheit, des Wohlbefindens und der Lebensqualität alter Menschen *praktisch-konkret* Hilfen geben will und zum Umgang der Gesellschaft mit den Problemen ihres kollektiven Alterns »politikfähige«, d. h. zu Entscheidungen und Handlungskonsequenzen führende Beiträge bereitstellen will.

Diese Neufassung des ursprünglichen Werkes hat es notwendig gemacht, aus Platzgründen unter den Beiträgen der Erstauflage eine Auswahl zu treffen, um genügend Raum für neue Arbeiten zu haben. Hier Gewichtungen zu treffen, war nicht einfach, denn die nicht nachgedruckten Beiträge sind keineswegs überflüssig oder der Sache nach als »out dated« zu betrachten, sondern sie haben vielfach noch einen hohen Aktualitätsgrad. Der Text »*Der Verlust der Arbeit durch die Pensionierung als Ursache von Störungen und Erkrankungen – Möglichkeiten der Intervention durch Soziotherapie und Selbsthilfegruppen*« (1985, 123–158) hat – gerade vor dem Hintergrund der Situation älterer Arbeitnehmer heute, die sich gegenüber den achtziger Jahre dramatisch verschärft hat und noch weiter verschärfen wird – mit seinen sozialtherapeuisch-interventiven Strategien eine hohe Praxisrelevanz. Wenn alte Menschen nicht lernen, mit dem Verlust der Arbeit umzugehen, befriedigende Tätigkeitsfelder zu finden, wird das Konsequenzen für ihre Gesundheit und ihre Lebenszufriedenheit haben. Die Interventionsgerontologie wird sich deshalb auch diesem Aufgabenfeld vermehrt zuwenden müssen, und dieser Text bietet nach wie vor eine griffige Praxeologie. In gleicher Weise hochaktuell ist der Beitrag »*Wohnkollektive – eine Alternative für die Arbeit mit alten Menschen*« (1985, 202–236). Nachdem ich die ersten Wohngemeinschaften für Senioren Ende der sechziger Jahre aufbauen konnte und das lange Zeit Einzelexperimente waren, sind heute Wohngemeinschaften als Lebensgemeinschaften oder als sozialtherapeutische Modelle eine wichtige neue Möglichkeit in einem erforderlichen »Spektrum von Wohn- und Lebensmöglichkeiten« (Leben in der Familie, Altenwohnung, Heim- und Pflegeheimunterbringung), für die die seinerzeit von mir entwickelten methodischen Gesichtspunkte nach wie vor Leitlinien bieten. Er wird aktualisiert als Internetpublikation zugänglich bleiben[26]. Das Kapitel »*Integrative Therapie in der einzel- und gruppentherapeutischen Behandlung älterer Glaukompatienten*« (1985, 383-428) behält für die Arbeit mit dieser Zielgruppe durchaus Wert, zumal in diesem Bereich leider nicht viel Neues geschehen ist. Auf den Nachdruck von »*Bewegung ist Leben – körperliche Gesundheit, Wohlbefinden und Lebensfreude im Alter durch Integrative Bewegungstherapie, Tanztherapie und Isodynamik*« (1985, 428–466) wurde verzichtet, weil ein ähnlicher Text noch gut in meinem Werk über »Integrative Bewegungs- und Leibtherapie« (1996a, 519–562) zugäng-

lich ist. Bewegungstherapeutische und bewegungsagogische Ansätze sind ja für die Arbeit mit alten Menschen von herausragender Bedeutung zur Erhaltung, Förderung, Verbesserung und Wiederherstellung der körperlichen, seelischen und geistigen Gesundheit. Die »*Integrative Bewegungstherapie*« hat in diesem Sektor – auch unter Einbezug asiatischer Formen der Bewegungsarbeit (*Petzold, Bloem, Moget* 2004) – eine Fülle von Methoden, Techniken und Medien bereitgestellt (*Hausmann, Neddermeyer* 2002; *Höhmann-Kost* 2002), sodass auf diese Publikationen verwiesen werden kann.
Auf den Beitrag »*Gestaltdrama, Totenklage und Trauerarbeit*« (1985, 500–537) zu verzichten, ist mir persönlich besonders schwer gefallen, weil seine Analysen des Reichtums slawischer Totenklagen, um Konzepte für therapeutische Trauerarbeit zu finden, und die Übersetzung vieler dieser wunderschönen poetischen Klagetexte, mich mit meinen familiären Wurzeln und mit meinen frühen slavistischen und byzantinistischen Studien in Paris, mit der Arbeit mit alten russischen Emigranten in Kontakt bringt. Der therapeutische Wert dieser ethnopsychologischen Befunde ist überdies beträchtlich. Ich gab aber einem neuen Text über »Psychotherapeutische Begleitung und ›Trostarbeit‹ bei Sterbenden – ein integratives Konzept für die Thanatotherapie« (dieses Buch S. 295–346) den Vorzug, zumal ich der einseitigen Fokussierung der humanistisch- und tiefenpsychologisch bzw. psychoanalytisch orientierten Psychotherapeuten auf katharsisorientierte, durcharbeitende »Trauerarbeit« zunehmend skeptisch gegenüberstehe, wenn die essentielle Qualität konkret vermittelten *Trostes* dabei ausgeblendet wird, wie das in der Regel der Fall ist. *Trost* ist ein theoretisch wie methodisch in der herkömmlichen Psychotherapie, zumal in den reduktionistischen Richtlinienverfahren, ein vernachlässigtes Thema. Trauer- und Klageverhalten hat u. a. die Funktion, bei anderen Trost-, Beruhigungs- und Beistandsverhalten auszulösen, um Hyperarousalreaktionen des limbischen Systems, psychophysiologischen Stress des Gesamtorganismus zu puffern und bei den Betroffenen Schmerz, Angst, Verunsicherung durch Anteilnahme, Unterstützung, die Versicherung mitmenschlicher Präsenz aufzufangen, sodass Stabilisierung, Beruhigung, Besonnenheit wiedergewonnen werden können. *Trauer-* und *Trostarbeit* müssen zusammenwirken! Durch diesen neuen Text konnte auch der Beitrag »*Gestalttherapeutische Perspektiven zu einer ›engagierten‹ und ›kri-*

tischen‹Thanatotherapie« (1982n/1985, 538–552), der seinerzeit eine Pionierqualität für den Bereich psychologischer Sterbebegleitung hatte, entfallen. Das »*Autobiographische Postskriptum*« (1985, 573–580) hatte meinen biographischen Bezug zum Alter, positive Erfahrungen mit alten Menschen von Kind auf dargestellt, meine besondere Affinität zu Fragen des Alters und Alterns verdeutlicht, von denen dieses ganze Buch zeugt. Seine Arbeiten sprechen in dieser Hinsicht für sich.

Man muss alten Menschen liebevoll zugetan sein und man muss sein eigenes Älter- und Altwerden annehmen (was keineswegs immer einfach ist), wenn man in dieses Feld »*angewandter Gerontologie*« eintritt und man **»mit«** alten Mitbürgerinnen und Mitbürgern gute Arbeit leisten will. Ich hoffe, dass ich mit den hier wieder und neu veröffentlichten Arbeiten, die ich einst als junger [1965] und nunmehr »in die Jahre« gekommener Gerontologe geschrieben habe, und mit den Konzepten und Methoden, die ich als der »biopsychosozialen Arbeit in der Lebensspanne« verpflichteter Forscher, Praxeologe, Praktiker für die Arbeit, die Zusammenarbeit **»mit«** alten Menschen, Alten und Jungen entwickelt habe, nützliche Beiträge für ein wichtiges Feld und leisten konnte. Ich wurde dabei von vielen KollegInnen und vielen jungen und alten KlientInnen, PatientInnen, Partnerinnen und Partnern[27] in gemeinsamen Prozessen und Projekten unterstützt. Dafür möchte ich ihnen danken.

[1] Vgl. *Petzold, H. G.* (2005f): Positionen – persönliche Standpunkte zu Fragen der Entwicklung im Felde der Psychotherapie und zum »Integrativen Ansatz« in der Humantherapie. In: *Sieper, J., Orth, I., Schuch, W.* (2005): Freude am Lebendigen. Bielefeld: Edition Sirius bei Aisthesis (in Vorbereitung).

[2] *Müller, L., Petzold, H. G.* (2002a): Problematische und riskante Therapie (nicht nur) in der Arbeit mit älteren und alten Menschen in »Prekären Lebenslagen« - »*Client dignity?*«. In: *Märtens, Petzold* (2002) 293–332; *Sennett, R.* (2002): Respekt im Zeitalter der Ungleichheit. Berlin: Berlin Verlag.

[3] *Beauchamp, T. L., Childress, J. F.* (1989): Principles of medical ethics. New York: Oxford University Press; *Bühler, D. A.* (1990): Informed consent and the elderly: An ethical challenge for critical care nursing. *Critical care Nursing Clinics of North America* 2, 461–471; *Alt-White, A. C.* (1995): Obtaining »informed consent« from the elderly. *Western Journal of Nursing Research* 17 (6), 700–705; *Koch, H. G., Reiter-Theil, S., Helmchen, H.* (Hrsg.) (1996): Informed Consent in Psychiatry. Baden-Baden: Nomos.

[4] Vgl. *Lorenz* (2004) zu dieser, für den Integrativen Ansatz so wichtigen Konzeption einer Gesundheitsorientierung, zu der (*Antonovsky* 1979, 1987) zentrale Beiträge – vor allem mit dem auch sozialgerontologisch relevanten Konzept des »sense of coherence« – geleistet hat und die wir mit den Konzepten der »protektiven Faktoren und Resilienzen« (Bd. I, 108 ff.) und der »komplexen, polyvalenten Sinngefüge« (*Petzold, Orth* 2004a, b) ergänzt haben.

[5] *Petzold, H. G.* (2005g): »Beratung« als Disziplin und Praxeologie zum Umgang mit subjektiven Theorien und ihren kollektiven Hintergründen in der modernen Wissensgesellschaft. *Beratung Aktuell* 1, 4–21.

[6] Forschung zeigt, dass in diesem Bereich nur *feldkompetente* Supervision sinnvoll, effektiv und verantwortbar ist. Vgl. *Petzold, H.* (2005 Hrsg.): Therapie und Supervision in der Altenarbeit. Schwerpunktheft 1–2, »Integrative Therapie«. Paderborn: Junfermann. Eine Supervisorenausbildung zu haben oder Psychoanalytiker zu sein, **reicht nicht** als Qualifikation für kompetente, sozialgerontologisch und klinisch-gerontologisch fundierte Supervision auf dem Kenntnisstand der Alternswissenschaften (vgl. als Altersstereotype fortschreibendes Negativbeispiel den Text von *Schmidbauer, W.*: Das Ringen mit dem Alter – Der Supervisor und das Pflegeheim, *Forum Supervision, Zeitschrift für Supervision und Organisation*, Heft 15, März 2000).

[7] *Lehr, U.* (1979a): Interventionsgerontologie, Darmstadt: Steinkopff; *Petzold, H. G.* (1979b): Psychodrama, Therapeutisches Theater und Gestalt als Methoden der Interventionsgerontologie und der Alterspsychotherapie. In: *Petzold/Bubolz* (1979) 147–260.

[8] Vgl. *Meeman, H.* (1999): Age Discrimination in the United Kingdom. *International J. of Discrimination and Law* 3, 227–248; *Eglit, H.* (1985): Age and the Law. In *Binstock, R. H.* et al.: Handbook of Aging and the Social Sciences. New York: Van Nostrand, Reinhold 1985[2]; *Igl, G.* (2000): Zur Problematik der Altergrenze aus juristischer Perspektive. *Zeitschr. für Gerontologie und Geriatrie* 33, Supl. 1, 57–70.

[9] *Müller, L., Petzold, H. G.* (2002a) a. a. O. Anmerk. 2: Problematische und riskante Therapie (nicht nur) in der Arbeit mit älteren und alten Menschen in »Prekären Lebenslagen« – »*Client dignity?*«. In: *Märtens, M., Petzold, H. G.*: Therapieschäden. Risiken und Nebenwirkungen von Psychotherapie. Mainz: Grünewald, S. 293–332.

[10] Vgl. *Boekler, R., Dirschauer, K.* (1990): Emanzipiertes Alter. Göttingen; *Blome, A.* (1994): Frau und Alter. »Alter« – eine Kategorie feministischer Befreiungstheologie. Aus Integrativer Perspektive. Göttingen. *Frese, W.* (1998): Biographische und sexuelle Lebenswelt von Frauen über die Lebensspanne. *Gestalt & Integration*, 2, 1998, 326–356.

[11] Die antiken Lebenslehrer raten: »Genauso, wie man bei gutem Wetter Vorbereitungen für den Sturm trifft, so soll man sich auch in der Jugend Disziplin und Selbstbeherrschung als eine Wegzehrung für das Alter anlegen« (*Plutarch*, Moralia, de lib. educ. 8C).

[12] *Petzold, Ch., Petzold, H. G.* (1997b): Supervision in geriatrischen und gerontopsychiatrischen Einrichtungen. In: *Eck, D.* (Hrsg.) (1998): Supervision in der Psy-

chiatrie. Bonn: Psychiatrie Verlag. 240–257; *Petzold, H. G., Rodriguez-Petzold, F.* (1997): Anonymisierung und Schweigepflicht in supervisorischen Prozessen – ein methodisches, ethisches, klinisches und juristisches Problem, *Familiendynamik* 3 288-311.

[13] *Petzold-Heinz, I.* (1985): Literarische Werkstätten in Altenheimen. In: *Petzold, H. G., Orth, I.*: Poesie und Therapie. Paderborn: Junfermann.

[14] In der eigenen Familie – in der man in drei Generationen in der Altenarbeit und psychosozialen Hilfeleistung tätig war (meine Mutter, Irma Petzold-Heinz, meine Schwester, Christa Petzold, meine Nichte Francisca Veal (Rodriguez-Petzold) – war das sozialgerontologische Wissen für die Lebensbewältigung der Alternssituation meiner Eltern eine große Hilfe (vgl. den Text von *Petzold-Heinz* 1991, Anmerk. 23).

[15] *Petzold, H. G.* (1991): Selbsthilfe und Professionelle – Gesundheit und Krankheit, Überlegungen zu einem »erweiterten Gesundheitsbegriff«. In: *Petzold, H. G., Schobert, R.*, 1991. Selbsthilfe und Psychosomatik, Junfermann, Paderborn, S. 17–28.

[16] *Seneca:* De vita beata. In: Seneca (1992): Die kleinen Dialoge. Lat. – dtsch, hrsg./übers.G. Fink, 2 Bde. München: Artemis & Winkler, Bd. 2, 6–74; *Petzold, H.G.* (1999q): Das Selbst als Künstler und Kunstwerk – Rezeptive Kunsttherapie und die heilende Kraft »ästhetischer Erfahrung«. *Kunst & Therapie* 1–2/1999, 105–145. Auch in: Düsseldorf/Hückeswagen. Bei www. FPI-Publikationen.de/ materialien.htm – *Polyloge: Materialien aus der Europäischen Akademie für psychosoziale Gesundheit* – 07/2001. *Schmid, W.* (1999): Philosophie der Lebenskunst, Frankfurt: Suhrkamp.

[17] *Cicero,* Cato maior de Senectute, Lat. – dtsch., hrsg./übers. von H. Merklin, Stuttgart: Reclam 1998. *Musonius* in: Epictet, Teles, Musonius, Wege zum glückseligen Leben. hrsg./übers. R. Nickel, München: Fink 1987; *Plutarch,* Moralia, Bd. X, hrsg. *H. N. Fowler.* London: Loeb Classical Library 1969; *Iuncus.* In: Ioannis Stobaei Anthologium, Bd. 4, hrsg. *C. Wachsmuth, O. Hense.* Berlin. – Zum Ganzen jetzt umfassend: *Sigismund, M.* (2003): Über das Alter. Eine historisch-kritische Analyse *Über das Alter*/Περί γήρως von Musonius, Favorinus und Iuncus. Frankfurt: Peter Lang.

[18] Die historischen Befunde sind auch für die heutigen Betrachtungen höchst fruchtbar, und es ist eine wirkliche Lücke in der Literatur, dass es noch keine wissenschaftlich umfassende »Geschichte des Alters im Abendland«, eine Längsschnittbetrachtung über die Jahrhunderte bis in die Gegenwart gibt. Vgl. *Sigismund* (Anmerk. XII); *Brandt, H.* (2002): Wird auch silbern mein Haar. Eine Geschichte des Alters in der Antike. München; grundlegend *Mattioli, U.* (1995): Senectus. La vecchiaia nel mondo classico. Bd. I Grecia, Bd. II, Rom/Bologna; *Garland, R.* (1990): The Greek Way of Life: From Conception to old Age. London; *Bremmer, J. N.* (1984): Oude vrouwen in Griekenland en Rome. *Lampas* 17, 96–113.

[19] *Petzold, H. G., Orth, I.* (2004a): Sinn, Sinnerfahrung, Lebenssinn in Psychologie und Psychotherapie. 2 Bände. Bielefeld: Edition Sirius beim Aisthesis Verlag; darin dieselben: (2004b): »Unterwegs zum Selbst« und zur »Weltbürgergesellschaft« -

»Wegcharakter« und »Sinndimension« des menschlichen Lebens – Perspektiven Integrativer »Kulturarbeit« – Hommage an Kant.

[20] Die französische Philosophie hat hier eine gute Tradition. Es sei nur an die *Essays von Montainge* (I, 57 über das Alter), an die Arbeiten des Neosokratikers *Gabriel Marcel* erinnert oder an die engagierte und tiefgreifende Philosophie *Paul Ricœurs*, vgl. für diesen Kontext z. B. (1998): Das Rätsel der Vergangenheit. Erinnern – Vergessen – Verzeihen. Göttingen: Wallstein und sein monumentales Werk (2000): La mémoire, l'histoire, l'oubli. Paris: Seuil, dtsch. München: Fink 2004.

[21] *Petzold, H. G.* (2005b): Unterwegs zu einem »erweiterten Seelsorgekonzept« für eine »transversale Moderne«. In: *Henke, K.*: Gestaltseelsorge. Stuttgart: Kohlhammer.

[22] *Parkin, T. G.* (1992): Demography and Roman Society. Baltimore/London; ders. (1992): Age and the Aged in Roman Society. Oxford.

[23] Vgl. *Petzold-Heinz, I.* (1991): Der Umzug – Wohnung und Quartier als Lebenswelt. In: *Ch. Petzold, H. G. Petzold,* Lebenswelten alter Menschen: Hannover: Vincentz, S. 128–133; *Petzold, H. G.* (1994e): »Psychotherapie mit alten Menschen – die »social network perspective« als Grundlage integrativer Intervention, Vortrag auf der Fachtagung »Behinderung im Alter« am 22.–23.11.1993 in Köln. In: *Berghaus, H. C., Sievert, U.* (Hrsg.) (1994): Behinderung im Alter. Köln: Kuratorium Deutsche Altershilfe, 68–117.

[24] Beispielhaft für Lehre und Forschung im Bereich der Praxeologie sei das »Zentrum für psychosoziale Medizin« an der Donau-Universität in Krems genannt, vgl. *A. Leitner* (2005): Weiterbildungs- und Interventionsforschung in psychosozialen und klinischen Feldern. Krems: Edition Donau-Universität Krems.

[25] *»**Praxeologie** wird gesehen als Theorie der Praxis einer ›engagierten und eingreifenden Wissenschaft‹ und als die kunstvolle und kreative Verschränkung von Theorie und Praxis, von Praxis und Theorie«. – »**Theoriegegründete Praxeologie** läßt sich bestimmen als eine theoriegeleitete, systematische Praxis in angewandten Humanwissenschaften, in welchen Praxis und Theorie sich in reflektierter Weise forschungsgestützt durchdringen«* (*Petzold* 2000h). Vgl. *Bourdieu, P.* (1976): Entwurf einer Theorie der Praxis, Frankfurt: Suhrkamp; ders. (1980): Le sens pratique, Paris: Editions de Minuit.

[26] *Petzold, H. G.* (2005c): Wohnkollektive und therapeutische Wohngemeinschaften – zur konzeptuellen Systematisierung dieser Lebens- und Arbeitsformen und ihre Bedeutung für die Arbeit mit alten Menschen, in*: www.FPI-Publikationen.de/ materialien.htm – Polyloge: Materialien aus der Europäischen Akademie für psychosoziale Gesundheit* - 1/2005

[27] Vgl. *Petzold, H. G., Gröbelbaur, G., Gschwend, I.* (1999): Patienten als »Partner« oder als »Widersacher« und »Fälle«. Über die Beziehung zwischen Patienten und Psychotherapeuten – kritische Gedanken und Anmerkungen, *Psychologische Medizin* (Österr.) 1/1999 (S. 32–39) u. 2/1999 (S. 30–35).

I

Psychotherapie – Lebenshilfe – Integrationsarbeit

Gerontotherapie: Psychotherapie mit älteren und alten Menschen – Forschungsergebnisse, protektive Faktoren, Resilienzen, Grundlagen für eine Integrative Praxis

Unter Mitarbeit von Lotti Müller, Zürich[1]

> »Die psychologische Behandlung, Beratung und Betreuung alter Menschen wird eines der wichtigsten Aufgabengebiete und eine der größten Herausforderungen für die psychologische Forschung, die angewandte Psychologie und die Psychotherapie im 21. Jahrhundert werden« *(Petzold* 1969b)

Einführung – Vorbemerkungen zum Kontext

Die dramatischen demographischen Veränderungen in der Bevölkerungsstruktur, durch die die Alterspyramide geradezu »auf den Kopf« gestellt wurde, lassen annehmen, dass die **Gerontotherapie** zu einem künftigen Schwerpunktbereich der Psychotherapie werden wird. Dies wird nicht allein durch die Zunahme an alten Menschen, ein damit verbundenes Wachsen der Probleme, sondern auch dadurch bedingt werden, dass die »neuen Alten« *(Schulz* 1985) im Erwachsenenalter schon vermehrt mit Psychotherapie in Berührung gekommen sind und sie zu nutzen verstehen, also eine größere Nachfrage entstehen wird. Anders als in vorausgehenden Generationen werden der Psychotherapie gegenüber weniger Vorurteile und Vorsichtigkeiten zum Tragen kommen. Für den schon bestehenden und den noch kommenden Bedarf ist die Psychotherapie allerdings derzeit immer noch schlecht ausgerüstet. Besonders die schulenzentrierte Psychotherapie hat sich in der Theorienbildung und Methodenentwicklung wenig mit Fragen der Behandlung älterer, alter und hochbetagter Männer und Frauen auseinandergesetzt. In der **Integrativen Therapie** als entwicklungspsychologischem,

am *life span developmental approach* orientieren Ansatz stand indes die Arbeit mit alten Menschen und mit Kindern seit ihren Anfängen an zentraler Stelle. Sie hat deshalb für die **Gerontopsychotherapie** bzw. **Gerontotherapie** – Termini, die sogar erst Mitte der sechziger Jahre vom Seniorautor dieses Beitrages *(Petzold* 1965) in die Literatur eingeführt wurden – Pionierarbeit leisten können. »Insgesamt ist die psychotherapeutische Arbeit mit alten Menschen ein nur wenig beachtetes Entwicklungsgebiet in der Disziplin der Psychotherapie« (idem 1969b). Diese vor dreißig Jahren getroffene Feststellung *(Petzold, Bubolz* 1979; *Petzold, Spiegel-Rösing* 1985) gilt – bei aller inzwischen geleisteten Arbeit *(Heuft* et al. 1995; *Hirsch* 1990; *Radebold, Hirsch* 1994; *Heuft* et al. 2000 usw.) – nach wie vor und führt zu folgenden Postulaten:
Gerontotherapie muss prinzipiell *mehrperspektivisch* ansetzen *(Petzold* 1994a), das zeigt die Situation älterer und alter Menschen, die eine Psychotherapie benötigen, in unabweisbarer Deutlichkeit. Probleme und Störungen, seelische und psychosomatische Erkankungen sind nämlich regelhaft mit »prekären Lebenslagen« *(Petzold* 2000h) verbunden, die in die Intervention einbezogen werden müssen. Sie zeigt weiterhin, dass es keineswegs um »psychische« Probleme allein geht, sondern dass somatische, seelisch-emotionale, kognitive, sozial-kommunikative, mikroökologische Fragestellungen, Sinn- und Wertefragen *(Petzold* 1983e, 2001k; *Petzold, Petzold* 1993e) Probleme im sozialen Netzwerk- bzw. Konvoy *(Hass, Petzold* 1999) massiv ins Spiel kommen. Es wird deshalb eine über ein traditionelles – ohnehin anthropologisch betrachtet *zu kurz* greifendes – Verständnis von Psychotherapie hinausgehendes Modell **»Integrativer Therapie«** erforderlich. *Gerontotherapie* wie auch *Kinder- und Jugendlichentherapie (Metzmacher, Petzold, Zäpfel* 1996) sind vielleicht unter einer solchen Perspektive gar nicht als »Sonderfälle von Psychotherapie« zu betrachten, die spezifische Zupassungen erforderlich machen, sondern sie machen wahrscheinlich eher die Defizite und Reduktionismen herkömmlicher Psychotherapie deutlich. Für die »Integrative Therapie« wurden diese Zielgruppen an den beiden Polen des Lebensspektrums auf jeden Fall zum Anlass und zur Inspiration, differenzielle und integrative Vorgehensweisen und Modelle zu entwickeln. Sie standen an der Wiege der »Integrativen Therapie« *(Petzold* 1965; 1969b).

Gerontotherapie unter einer integrativen *anthropologischen* Perspektive muss den »ganzen Menschen« differenziell betrachten, d. h. *genderspezifisch* als alten Mann und als alte Frau *(Petzold, Sieper* 1998), gegebenenfalls *ethniespezifisch* – wir leben in multikulturellen Gesellschaften – und schließlich *schichtspezifisch* – denn Benachteiligungen durch Unterschichtszugehörigkeit kommen im Alter besonders krass zum Tragen. Die differenzielle Sicht sucht weiterhin auch die Ebene des **Körpers** (Gesamtheit der biologischen bzw. physiologischen Prozesse und Lernvorgänge), die der **Seele** (Gesamtheit der emotionalen, motivationalen und volitiven Prozesse und Lernvorgänge) und die des **Geistes** (Gesamtheit aller kognitiven bzw. mentalen Prozesse und Lernvorgänge sowie ihrer Inhalte, z. B. Werte- und Sinnfragen, vgl. *Dittmann-Kohli* 1995; *Petzold* 2001k) im jeweiligen **sozialen** und **ökologischen Kontext/Kontinuum** zu erreichen (vgl. *Petzold*, *Orth*, *Schuch*, *Steffan* 2002). Körpertherapeutische, psychotherapeutische, nootherapeutische (Sinn- und Wertfragen betreffend), soziotherapeutische und ökologische Maßnahmen werden deshalb im Sinne einer komplexen **Interventionsgerontologie** *(Petzold* 1979b, *Lehr* 1979) erforderlich.

Gerontotherapie, die differenziell und integrativ orientiert ist, muss *entwicklungsorientiert* sein, an einem »life span developmental approach« *(Petzold* 1985a, 1999b) orientiert, der das Alter als eine spezifische Entwicklungsphase im Lebenslauf auffasst, die spezifische Chancen, aber auch Risiken bietet. Entwicklung richtet sich auf die Persönlichkeit, sodass persönlichkeitstheoretische Perspektiven unerlässlich sind. Eine solche Sicht ist für die Integrative Therapie charakteristisch *(Petzold* 1992a/2002a) und führt dazu, dass Entwicklungspotenziale und -risiken beachtet werden müssen: auf den Persönlichkeitsdimensionen des »**Selbst**« (das ist die »Gesamtheit aller somatomotorischen, emotionalen, volitiven, kognitiven und sozialinteraktiven Schemata und Stile«, vgl. ibid. 532 f.), des »**Ich**« (das ist die »Gesamtheit aller primären und sekundären Ichfunktionen«, ibid.) und der »**Identität**« (diese wird nach der Integrativen Identitätstheorie verstanden als das »Zusammenwirken von Fremd- und Selbstattributionen und ihrer kognitiven [appraisal] und emotionalen [valuation] Bewertung«, vgl. *Petzold* 2001p; *Müller*, *Petzold* 1999). Auf all diesen Dimensionen der Persönlichkeit können im

Alter und besonders im hohen Senium erhebliche Veränderungen eintreten, die in der Behandlung berücksichtigt werden müssen, nicht zuletzt auch in präventiver Hinsicht. Besondere Bedeutung kommt der Unterstützung der »**Identitätsarbeit**« zu, mit der das Ich einer Person die Identität immer wieder stabilisiert, eine Funktion, die Therapie und Supervision von Therapie *(Petzold* 2001p, *van Wijnen, Petzold* 2003) im gerontologischen Kontext mit identitätstherapeutischen Maßnahmen »genderspezifisch« fokussieren muss *(Petzold* 1998h, *Orth* 2002).

Gerontotherapie muss aus integrativer Sicht ein komplexes Therapieverständnis mit vier Ausrichtungen (idem 2001a, 2002a) zugrunde liegen: eine *pathologiezentrierte, klinische*, d.h. *kurative* und *palliative* Ausrichtung (**I**) von Therapie ist durch einen *salutogeneseorientierten (Lorenz* 2004), *Gesundheitsbewusstsein* und einen *gesundheitsaktiven Lebensstil* fördernden Ansatz (**II**) zu ergänzen, was gerade für die Population alter Menschen wesentlich ist. Hinzukommen sollte eine Akzentsetzung bei der Aufgabe der *Persönlichkeitsentwicklung* (**III**), da ein *»gelingendes Altern«*, das die über ein Leben hin gewachsene Sinnerfassungs-, Sinnverarbeitungs- und Sinnschöpfungskapazität des Menschen *(Petzold* et al. 2002, idem 2002k) nutzt und weiter fördert, eine zentrale Zielsetzung der Gerontotherapie sein muss, denn »konstruktives Altern« *(Saup* 1992) ist für viele ältere Mitbürger, besonders die ärmeren, »prekär« geworden. Diese *Prekarität (Bourdieu* 1998) verlangt eine *engagierte* und *kulturkritische* Ausrichtung (**IV**) von Psychotherapie bzw. Gerontotherapie, ein Eintreten von GerontopsychotherapeutInnen für die Anliegen alter Menschen, ein »an ihre Seite treten«, um *PatientInnensicherheit* und *-rechte* aktiv zu verteidigen, denn um diese ist es gar nicht gut bestellt – die zahlreichen Misshandlungen, ja Tötungen von AlterspatientInnen durch medizinisches bzw. pflegendes Personal in institutionellen Kontexten *(Müller, Petzold* 2002; *Beine* 1998) zeigen dies dramatisch und veranlassten den Seniorautor das Konzept des ***»patient dignity«*** *(Petzold* 1985d) in die Psychotherapie einzuführen.

Eine solche komplexe Sicht hat auch Konsequenzen für die von der Integrativen Therapie betonten Zielsetzungen (idem 2001a), die 1. auf Heilung *(curing)* ausgerichtet sein müssen, 2. Bewältigungsleistungen *(coping)* zu fördern haben, 3. soziale Unterstützung bieten sollten *(supporting)*, 4. das Lebensspektrum zu erweitern hätten *(enlargement)*, 5. die Lebensqualität verbessern könnten *(enrichment)* und 6. besonders die Selbstwirksamkeit und Souveränität bestärken müssen (*empowerment*).

Gerontotherapie muss heute einer *evidenzbasierten* und *forschungsgestützten* Praxis verpflichtet sein *(Dobson, Craig* 1998; *Mace* et al. 2000; *Steffan, Petzold* 2001b; *Petzold, Sieper* 2001). PatientInnen haben ein Recht, mit Methoden behandelt zu werden, die nachgewiesenermaßen wirksam sind, keine oder nur geringe und handhabbare Nebenwirkungen aufweisen und ethischen Kriterien wie *»patient welfare, patient security, patient dignity«* gerecht werden *(Müller, Petzold* 2002). In dieser Arbeit werden deshalb für die Psychotherapie mit alten Menschen relevante allgemeingerontologische und sozialgerontologische Wissens- und Forschungsstände dargestellt und die Ergebnisse der Psychotherapieforschung bei Alterspopulationen (Wirksamkeitsstudien, störungsspezifische Untersuchungen). Dabei zeigt sich auch deutlich das *Problem* des neuen Paradigmas der **»Evidenzbasierung«**. Für PatientInnengruppen, die zu klein sind oder für die kein gesellschaftliches oder forschungspolitisches Interesse vorliegt, werden nur in unzureichendem Maße oder sogar keine Untersuchungen durchgeführt. Das trifft durchaus für den so großen Bereich der klinisch behandlungsbedürftigen Alterspopulationen zu. Es fehlt an altergruppenspezifischen Mess- bzw. Erhebungsinstrumenten. Folglich werden fast regelhaft für diese Zielgruppen nicht validierte Instrumente eingesetzt, was zu Mess- und Ergebnisfehlern führt. Weiterhin werden kaum für ältere Menschen spezifisch entwickelte Behandlungsverfahren eingesetzt. Man greift vielmehr zumeist auf Behandlungsmethoden und -techniken zurück, die in der Arbeit mit jüngeren Erwachsenen entwickelt wurden. Auch das kann den Outcome verzerren. Ähnliches gilt für die »schulengebundenen« Theoriekonzepte, die sich kaum mit der Situation und den Entwicklungsaufgaben von älteren und alten Menschen auseinandergesetzt haben und – die psychoanalytische Gerontopsychotherapie zeigt dies in z. T. krasser Weise – linearkausale Pathogenesemodelle mit Rückgriff auf frühkindliche Schädigungen beiziehen, ohne die Eigenständigkeit der Entwicklungsphasen des Erwachsenenalters *(Faltermaier* et al. 2001) und des höheren Lebensalters *(Lehr* 1996; *Filipp,*

Schmidt 1995) zur Kenntnis zu nehmen und die Erkenntnisse der klinischen Entwicklungspsychologie der Lebensspanne *(Oerter* et al. 1999) und der psychosozialen Gerontologie *(Kruse* 1998) zu berücksichtigen. Das Postulat der Evidenzbasierung lässt sich beim derzeitigen Stand der Psychotherapieforschung nur bedingt realisieren, und es muss für den Bereich der Gerontotherapie breiter angelegt werden als dies mit der üblichen Zentriertheit auf Wirksamkeitsstudien in der Psychotherapie gegeben ist. Ohne gute Kenntnis gerontologischer Wissensstände und der »Evidenz« ihrer Forschungsergebnisse über die psychobiologischen Situationen, die psychosozialen, sozioökologischen *(Saup* 1992) und sozioökonomischen Bedingungen *(Naegele* 1998) der Lebenslagen älterer, alter und hochbetagter MitbürgerInnen *(Petzold, Petzold* 1991) wird eine seriöse Gerontotherapie weder entwickelt noch betrieben werden können.
Der vorliegende Beitrag will eine Übersicht geben und zu einer Verbesserung des Informationsstandes für *PraktikerInnen in der Psychotherapie*, die zunehmend auch mit älteren PatientInnen arbeiten, beitragen. Dabei musste es bei der Breite des Feldes und der Fülle an Fragestellungen und Materialien zu einer Auswahl kommen, die – so hoffen wir – im Sinne der Zielgruppe, unsere KollegInnen und Kollegen in der Psychotherapie, gut getroffen wurde.

1. Gerontologische Grundlagenforschung und ihre Bedeutung für die Psychotherapie mit alten Menschen

Psychotherapeutische Arbeit mit alten Menschen bedarf einer kritischen Überprüfung und gegebenenfalls einer spezifischen Zupassung von theoretischen und praxeologischen Konzepten bestehender Psychotherapieverfahren. Zum einen sind es Veränderungsprozesse im Alter, die eine solche Anpassung verlangen und deshalb in ihrer Bedeutung verstanden werden müssen, zum anderen gilt es ohnehin, Behandlungsansätze mit einer differenziellen und integrativen (d. h. hier methodenübergreifenden) Perspektive zu betrachten und einzusetzen. Schulenspezifische Psychotherapie-Modelle sollen nicht unhinterfragt bei alten Menschen angewendet werden, und – bisher gewonnene Erkenntnisse aus der Psychotherapieforschung berücksichtigend – entsprechend der jeweiligen Störung, dem jeweiligen Geschlecht (Genderspezifität), der jeweiligen Ethnie (Kulturspezifität), dem gegebenen Kontext usw. müssen für den Patienten/die Patientin die passende Intervention, das passende Setting, das passende Verfahren, die passende Methode, die angemessenen Techniken und Medien (vgl. *Petzold* 1993h) ausgewählt werden im Sinne »differenzieller Interventionen« *(Baltes & Danish* 1979). Denn Interventionen im Alter müssen in der Kontinuumsdimension »die vergangenen, gegenwärtigen und zukünftigen Bedingungen und Kontextgegebenheiten berücksichtigen, in deren Rahmen sich der Alternsprozess abspielt« (ibid.129; *Baltes* 1973b; 1979). Dazu wären insbesondere Ergebnisse von *alterspezifischer* Psychotherapieforschung von Belang, die bis jetzt jedoch erst in kleinem Umfang vorhanden sind. Nicht nur aus diesem Grund wird hier auch auf die allgemeine gerontologische Forschung rekurriert, aus der wichtige Fakten auch in die psychotherapeutische Arbeit einfließen können und müssen. Auch aus Gründen einer *interdisziplinären Sichtweise (Lehr* 1995; *Petzold* 1965), die immer in der Altenarbeit eingenommen werden muss, ist es sinnvoll, sich auf diese Forschungsergebnisse, in Sonderheit die der Sozialgerontologie, zu stützen. So muss zum Beispiel bei der Interpretation von Psychotherapiestudien immer berücksichtigt werden, dass ältere PatientInnen vielleicht ein (kohorten)spezifisches Gesundheitsverhalten oder andere Einstellungen zu bestehenden Behandlungsmöglichkeiten haben als andere Altersgruppen *(Waxman* 1986), dass also aufgrund einer altersspezifischen Psychotherapie-Studie auch nur bedingt Aussagen über die Wirksamkeit einer Methode, eines Verfahrens gemacht werden können. Wenn z. B. nur ein Bruchteil der älteren Menschen mit depressiven Symptomen überhaupt Behandlung sucht, weil die Betroffenen keinen Arzt informieren (ibid.) und/oder von psychotherapeutischer Behandlung nichts wissen oder halten, dann ist in dieser Selektion schon eine Verzerrung von vorliegenden Resultaten zu sehen. Es ist darum sehr sinnvoll, aus dem Fundus allgemeingerontologischer Forschungsergebnisse die für die Psychotherapie relevanten Kriterien zu kennen, um auf diesem Hintergrund die spezifischeren Untersuchungen und Theorien besser gewichten zu können.

1.1 Allgemeingerontologische Ergebnisse und ihre Implikationen für die Psychotherapie

1.1.1 Veränderungen in der Lebenssituation alter Menschen

Die Lebenssituation eines alten Menschen am Ende des 20. Jahrhunderts unterscheidet sich dramatisch von der, in die er achtzig Jahre zuvor hineingeboren wurde. Einerseits verändert sich das Individuum selbst und seine Wertmaßstäbe im Laufe seiner Entwicklung, andererseits, und damit in Wechselwirkung, ist die Umwelt stetem Wandel unterworfen *(L. Kruse, Graumann* 1998). Damit verändern sich auch die kognitiven Interpretationsrahmen, die »kognitiven Sichtweisen auf die Welt«, wie dies in Untersuchungen über »kollektive mentale Repräsentationen«[2] *(Moscovici* 1984; *Petzold* 2002d) bzw. *»social worlds«* gezeigt werden konnte *(Unruh* 1983; *Hass, Petzold* 1999). Dies kann zur Folge haben, dass die »Weltsichten« von alten und jungen Menschen (z. B. BetreuerInnen und HeimbewohnerInnen) disparat sind oder auch konfligieren *(Petzold, Petzold* 1993). Die technischen und wissenschaftlichen Fortschritte in diesem Jahrhundert haben in immer schneller werdendem Tempo auf alle Lebensbereiche Einfluss gewonnen und stellen den Menschen – bei gleichzeitiger Entlastung und Vereinfachung in vielen Belangen des Alltags und der Arbeitswelt – vor große Herausforderungen geistiger, seelischer, körperlicher und gesellschaftlicher Natur. Zunehmende Langlebigkeit und die daraus folgenden demographischen Verschiebungen, eine Häufung der gesundheitlichen Probleme und veränderte Bedingungen und Funktionen alter Menschen im sozialen Gefüge sind entscheidende Aspekte, die bei der Gesamtbeurteilung der Lebenssituationen und *Lebenslagen (Petzold* 2000h) alter Menschen berücksichtigt werden müssen.

Die mittlere Lebenserwartung der Menschen der Industrieländer hat sich in den letzten 150 Jahren um rund 45 auf über 75 Jahre erhöht *(Hörl, Rosenmayr* 1994). In Deutschland stieg die Lebenserwartung eines neugeborenen Jungen seit dem Jahr 1910 von 44,8 auf 73,7 Jahren, die eines neugeborenen Mädchens von 48,3 auf 80,0 Jahre (Quelle: Eurostat, Luxemburg, Bundesamt für Statistik 1999). In der Schweiz lag die Lebenserwartung 1998 bei 76,4 Jahren bei den Männern und bei 82,4 Jahren bei den Frauen (Quelle: Eurostat,

Demographic Statistics 1999, CD-Rom-Version). Mit der zunehmenden Langlebigkeit trägt in vielen Industrieländern eine Abnahme der Geburtenrate zu einer deutlichen Veränderung im Altersaufbau der Bevölkerung bei. Der Anteil der über 60-Jährigen ist in den letzten 100 Jahren in Deutschland von etwa 5% auf über 20% gestiegen, wobei der Frauenanteil immer größer war. Für das Jahr 2030 wird ein Anteil 65-Jähriger von über 26% hochgerechnet. Auch der Anteil der über 80-Jährigen wächst stetig. Er war 1990 in Deutschland bereits doppelt so hoch wie 20 Jahre zuvor und wird für das Jahr 2030 mit 6,8 % der Gesamtbevölkerung prognostiziert (Quelle: Statistisches Bundesamt, Modellrechnung I A, 1995). Obwohl die entsprechenden Zahlen in den Entwicklungsländern noch deutlich anders sind (die Geburtenrate ist dort meist wesentlich höher), weist alles darauf hin, dass weltweit der Anteil der älteren Menschen zu einer Herausforderung wird, die es in diesem Jahrhundert anzunehmen gilt. Eine Berechnung der Vereinten Nationen schätzt für den Anteil der über 65-Jährigen an der Weltbevölkerung einen Anstieg von 5,7% im Jahre 1980 auf 9,5% bis zum Jahr 2025 (Quelle: United Nations, 1993, The Sex and Age Distribution of the World Population), für die stärker entwickelten Regionen gar auf ca. 17%.

Nicht nur die Verteilung der Altersgruppen in der Gesellschaft ist in diesem Jahrhundert einem markanten Wandel unterworfen, sondern auch die Funktionen, Rollen und Aktivitäten alter Menschen, ihre Lebensqualität und *Lebenswelten* haben sich verändert.

Alt werden war gewiss zu allen Zeiten mit besonderen Herausforderungen und Problemen verbunden und immer schon eine Konfrontation mit dem Tod. Im Laufe dieses Jahrhunderts hat jedoch – zumindest in den Technologie- und Wohlstandsgesellschaften – die durch stark verbesserte Lebensbedingungen, medizinische Forschung und Versorgung rapid angestiegene Lebenserwartung das Gefühl der »Macht über Leben und Tod« massiv verstärkt *(Imhof* 1992), was zur Folge hatte, dass der Tod in unserem Alltagsleben und unserem Bewusstsein nicht mehr den Platz hat wie in früheren Jahrhunderten (ibid. 17), und die Auseinandersetzung mit der eigenen Endlichkeit und Sterblichkeit erschwert wird *(Fuchs* 1973; *Spiegel-Rösing, Petzold* 1984; idem 1999l). Außerdem ist die Population der älteren Menschen so groß geworden, dass »die Alten« eigene Lebenswelten *(»social worlds«)* und »Subkulturen« bilden *(Petzold, Petzold* 1991a), um deren Belange sich unsere Gesellschaft kümmert, was Vor- und Nachteile hat. Die besonderen Probleme führen zu besonderen (z. T. absondernden) »Lösungen«: Alterswohnungen, Altenviertel, Altersabteilungen, Alterszentren für Freizeit und soziale Kontakte u.ä. dienen zwar der Verbesserung der Lebenssituation, der »optimalen« Versorgung und Behandlung, fördern aber die Ausgrenzung und Isolation, akzentuieren die Trennung zwischen den Generationen.

Für die Psychotherapie mit älteren Menschen heißt das, dass man sich als Therapeutin vergewissern muss, ob einem die Lebenswelten und die mit ihnen verbundenen Weltsichten (social worlds) des Klienten/Patienten – die gegenwärtige und auch zurückliegende – vertraut genug sind, um die Probleme richtig einordnen zu können. Anderenfalls läuft man Gefahr, nicht ausreichend vertrauenswürdig zu sein oder dem Patienten eigene Wertvorstellungen und Deutungen der Situation oder gar – daraus resultierend – falsche Diagnosen überzustülpen. So meint *Knight* (1993), dass die sozialen Welten älterer und jüngerer Erwachsener in unserer Kultur so unterschiedlich seien, dass eine zutreffende Beschreibung einer Situation oder Umgebung durch einen älteren Patienten von einer jungen Therapeutin u. U. als neurotisch oder irrig angesehen werden kann, wenn sie sich nicht kundig macht.

Eine Folge der Langlebigkeit ist die trotz medizinischer Höchstleistungen wachsende Wahrscheinlichkeit, im Alter mit diversen physischen und physiologischen Defiziten konfrontiert zu werden. Die körperlichen Veränderungen zählen zu den am schwierigsten zu bewältigenden, die bei sehr vielen Menschen zwar ohne größere Probleme im Laufe der Zeit integriert werden, die aber doch häufig auch Mitursache von depressiven Entwicklungen bei alten Menschen sind.

Es muss an dieser Stelle darauf hingewiesen werden, dass die Population der »alten Menschen« längst nicht mehr nur als *eine* Gruppe zu beschreiben ist. Die »jungen Alten« *(Neugarten* 1974), die Betagten und die Hochbetagten leben in zum Teil sehr unterschiedlichen Kontexten und *Lebenslagen*, sie haben sehr unterschiedliche Herausforderungen zu bewältigen *(Spini* 2000), unterschiedliche Bedürfnisse, Potenziale und Abhängigkeiten *(Suzman* et al. 1992;

Lalive d'Epinay et al. 1999), deren Erforschung in Zukunft wohl noch mehr Aufmerksamkeit erfordern wird *(M. Baltes* 1998; *Baltes, Baltes* 1994).

1.1.2 Veränderungen der gesundheitlichen Situation

Im Alter kommen diverse chronisch gewordene und neu auftretende Beschwerden zu komplexen Krankheitsbildern zusammen, bei denen seelische und körperliche Symptome noch schwerer voneinander getrennt werden können als das ohnehin schon der Fall ist. Dieser Zustand des gleichzeitigen Leidens an mehreren Krankheiten und Funktionsstörungen (vgl. *Oster, Schlierf* 1998) wurde mit den Begriffen »Multimorbidität« und »Polypathie« gefasst, wobei Polypathie die stationären Leiden meint (z.B. Diabetes mellitus und seine Begleiterscheinungen). Da mit zunehmendem Alter, d.h. auch mit dem Altern des Immunsystems, die Wahrscheinlichkeit, von einer Krankheit betroffen zu sein, größer wird, werden die Beschwerden dann oft ins Selbstverständnis integriert, und es erfolgt – soweit möglich – eine Adaptation an die Behinderung. Die SWILSO-O (Swiss Interdisciplinary Longitudinal Study on Old-Old) konnte zeigen, dass zwar die Zahl der über 80 -Jährigen, die wegen gesundheitlicher Verschlechterung hilfeabhängig werden, in fünf Jahren von 17% auf 37% anstieg, dass aber immer noch rund 49% der Befragten unabhängig geblieben sind *(Spini* 2000).
Der allgemeine Gesundheitszustand gewinnt mit zunehmendem Alter an subjektiver Bedeutung und wirkt sich auf verschiedensten Ebenen des Lebens und der Lebensführung aus *(Westerhof* et al. 1998; *Lehr* 1987). Zufriedenheit, Selbstbild, Selbstwerteinschätzung, Zukunftseinstellungen, Kontrollüberzeugungen, soziale Kontakte, soziale Kompetenzen und Performanzen, Aktivität/Freizeitgestaltung, Sinnfindung usw. sind nicht unabhängig von ihm (vgl. *Binstock, George* 1990; *Birren* et al. 1992; *Lieberman, Collen* 1993). Es hat sich bei der Betrachtung der Gesundheit im Alter als besonders wichtig erwiesen, zwischen *objektivem* und *subjektivem* Gesundheitszustand zu unterscheiden. Ersterer ergibt sich im Vergleich mit statistischen Normen von Gesundheit und dient als Basis für den ärztlich-medizinischen Befund. Der »subjektive Gesundheitszustand orientiert sich an dem vom Individuum erlebten körperlich-seelischen Allgemeinzustand und dem gewünschten Idealzustand,

der sich aufgrund der Gesundheitsvorgeschichte als individuelle Norm herausgebildet hat« *(Junkers* 1995, 130). Er spielt für ältere Menschen eine größere Rolle als der objektive *(Lehr, Thomae* 1987; *Künemund* 2000a) und hat sich zudem als guter Prädiktor für diesen erwiesen: In Längsschnittstudien konnte gezeigt werden, dass die Selbsteinschätzung tatsächlich mit späterer Hilfe- und Pflegebedürftigkeit und der Mortalität hoch korrelierte *(Idler & Kasl* 1995). Dennoch wird damit der »objektive« Gesundheitszustand natürlich nicht adäquat erfasst, v. a. wenn nicht klar wird, ob bei der Bewertung der eigenen Gesundheit der eigene Gesundheitszustand vom letzten Jahr oder derjenige von Gleichaltrigen als Referenz betrachtet werden. Und gerade hier scheint im Alter ein Bias zu wirken, der die eigene Gesundheit zunehmend als »besser als die von anderen gleichen Alters« erscheinen lässt, dies obwohl die generelle Selbsteinschätzung schlechter ausfällt, je älter die Befragten sind *(Liefbroer & Jong-Gierveld* 1995; *Filipp, Ferring* 1998).
Zu den wichtigsten »objektiven Krankheiten« im Alter, die immer auch mit psychischen Beschwerden einhergehen können, gehören Herz-Kreislauferkrankungen, Bluthochdruck, Erkrankungen der Atemwege, Störungen der Nierenfunktion, des Verdauungstraktes und der Endokrinologie sowie Erkrankungen der Sinnesorgane und des Bewegungsapparates. Der Anteil von Personen, die keine dieser gesundheitlichen Probleme haben, nimmt von 25% (bei 40- bis 54-Jährigen) bis auf 5% (bei den 70- bis 85-Jährigen) ab *(Künemund* 2000a). Der objektive Gesundheitszustand steht offenbar in einem Zusammenhang mit der Leistung in Intelligenz- und psychomotorischen Tests, während der subjektive Gesundheitszustand sich eher auf Persönlichkeitsmerkmale niederschlägt *(Lehr* 1987,1996).
Auch zwischen der psychosozialen Situation und dem Gesundheitszustand bestehen Wechselwirkungen *(Binstock, George* 1990). Einschneidende Verluste von nahestehenden Menschen führen zu einer Häufung von körperlichen Beschwerden *(Thompson* et al. 1984; *Stappen* 1988), wie auch ein sozial niedriger Status mit mehr Behinderungen und akuten Erkrankungen einhergeht *(Victor* et al. 1987).
Bedeutung für die Psychotherapie: Die über die bekannten tiefenpsychologischen Psychosomatikkonzepte hinausgehende Berücksichtigung einer Wechselbeziehung zwischen körperlicher, psychischer, geistiger und sozialer Gesundheit sind im Feld der Psycho-

therapie noch keine Selbstverständlichkeit. »Biopsychosoziale« bzw. »sozioökologische« Modelle – wie sie für den Integrativen Ansatz charakteristisch sind (*Petzold* 2001a) – verlangen z. T. sehr unterschiedliche methodische Herangehensweisen im Umgang mit dieser Verschränkung. Es sind nämlich bei weitem nicht alle Interventionen für die Behandlung älterer PatientInnen – und im übrigen auch nicht für alle jüngeren – geeignet. So müssen z. B. Körper-Interventionen mit besonderer Vorsicht angewendet werden, weil anderenfalls Schäden verursacht werden können (*Märtens, Petzold* 2002; *Müller, Petzold* 2002). Um der unterschiedlichen Bedeutung des leiblichen Aspektes in der Psychosomatik gerecht zu werden, kann in eine allgemeine und spezielle Gerontopsychosomatik psychischer Störungen differenziert werden, wobei bei letzterer das Körperliche ganz im Vordergrund steht. Davon noch einmal unterschieden werden muss eine Gerontopsychosomatik körperlicher Erkrankungen, die sich mit der psychischen Verarbeitung von körperlichen Störungen befasst (*Heuft* et al. 2000,103). Insgesamt ergeben sich in Psychotherapie und Beratung besondere Aufgaben, um einen »gesundheitsbewussten« *und* »gesundheitsaktiven Lebensstil« (*Petzold* 2001a), altersspezifische Persönlichkeitsentwicklung und Umgang mit »developmental tasks« (*Havighurst*) sowie ein »aging in good health« (*Lieberman, Collen* 1993) zu fördern.

1.1.3 Motorische Veränderungen

Altersbedingte Veränderungen, die den Bewegungsapparat beeinträchtigen, betreffen zum einen die Muskeln, zum anderen das Knochen- und Knorpelgewebe mit einer Beeinträchtigung der Funktionen der Gelenke. Eine Abnahme der Muskelmasse geht einher mit einer langsamen Schwächung der Muskeln, bzw. einer Abnahme der maximalen statischen Muskelkraft, ein Prozess, der bereits im 3. Lebensjahrzehnt beginnt (*Hollmann & Hettinger* 1980) und vor allem an der Haltemuskulatur evident wird. *Baker & Harvey* (1985) berichten, dass die Muskelschwäche bei alten Menschen die Hauptursache bei Stürzen sei. Außerdem führen strukturelle Veränderungen der Muskelfasern und eine Abnahme der Muskelelastizität aufgrund von veränderten Stoffwechselprozessen zu einem erhöhten Verletzungsrisiko (*Kintscher* 1988).

Dieses kann noch verstärkt werden durch die geringere Belastungs-

fähigkeit der Knochen, die sich als Folge eines Verlustes von Kalk und Phosphorsäure einstellt (Osteoporose).
In den Gelenken nimmt die Menge der Synovia (Gelenkschmiere) ab, und der Gelenkknorpel wird dünner *(Cotta* 1979). Besonders eingeschränkt in ihrer Motorik sind natürlich jene Menschen, die an entzündlichen Gelenkkrankheiten leiden (Arthrose, Arthritis, Gicht), welche zu Verformungen der Gelenke und damit zu physischer und psychischer Belastung durch starke und prolongierte Schmerzen führen können. Auch eine Verschlechterung der feinmotorischen und der allgemeinen Bewegungskoordination ist häufig anzutreffen. Eine Vielzahl veränderter Bewegungsparameter werden in der Gangart alter Menschen sichtbar: z. B. eine kürzere Schrittlänge, größere Schrittbreite, ein breitbeiniger Stand, reduzierter Armeinsatz beim Gehen (vgl. *Saup* 1993).
Bedeutung für die Psychotherapie: Einschränkungen der Mobilität sind oft für das Auftreten sekundärer psychischer Symptome oder Störungen mitverantwortlich, da sie sich in gravierender Weise auf die Selbstständigkeit im Wohnen, die Selbstwirksamkeit *(Flammer* 1990) im Alltagsleben, auf die Netzwerke *(Petzold* 1994e), die Qualität und Quantität sozialer Kontakte, das Ausschöpfen von Umweltressourcen, auf die Lebensqualität schlechthin auswirken. Der Verbesserung und Förderung der Mobilität und der körperlichen Flexibilität kommt deshalb bei der Behandlung alter Menschen eine zentrale Bedeutung zu *(Petzold, Berger* 1978b; *Droes* 1991). Als Psychotherapeutin ist man aufgefordert, die vielfachen direkten und indirekten Auswirkungen körperlicher Einschränkungen auf das Wohlbefinden älterer PatientInnen zu berücksichtigen, sie in die Behandlungsplanung und -methodik miteinzubeziehen. Auch wenn die Therapeutin nicht leibtherapeutisch ausgebildet und versiert ist *(Petzold* 1977k; 1988n), gibt es verschiedene Möglichkeiten, im psychotherapeutischen Prozess die leibliche Ebene ernst zu nehmen und mit einzubeziehen:

- Eine generelle Wachsamkeit der Therapeutin gegenüber somatischen Symptomen ist erforderlich und ein vorschnelles Psychologisieren solcher Symptome zu vermeiden;
- die Ausweitung des Settings in eine bimodale Therapie *(Petzold* 1993p), d. h. die Einrichtung einer begleitenden Bewegungs-, Atem- oder Physiotherapie, eines Ausdauer- oder Körpertrai-

nings (*van der Mei, Petzold, Bosscher* 1997) u. ä. kann sehr sinnvoll und auch für den Patienten einleuchtend sein;

- die Zusammenarbeit mit einem Konsiliar-Geriater, der auftauchende medizinischen Fragen (der Therapeutin und der Patientin) beurteilen kann, ist unerlässlich;
- Psychotherapeuten müssen eine beratende Funktion übernehmen, wenn z. B. der Anstoß gegeben werden muss, eine somatische Abklärung und/oder Behandlung durchzuführen (dies wird zwar nicht so oft der Fall sein, da doch viele ältere Menschen eher mit einem psychischen Leiden zum Hausarzt gehen als mit einem physischen zum Psychiater/zur Psychotherapeutin (vgl. *Schwabe & Paffrath* 1989; *Fuchs, Kurz* 1993).

1.1.4 Sensorische Veränderungen

Einige nachgewiesene Veränderungen seien aufgelistet: *Sehen:* In fast allen Teilen des visuellen Systems sind Veränderungen festzustellen (*Johnson & Choy* 1987), z. B. zunehmende Unregelmäßigkeiten der Oberflächeneigenschaften der Cornea (*Kuwabara* 1979); eine Abnahme des Pupillendurchmessers (*Birren* et al. 1950); eine Abnahme der Akkommodationsfähigkeit der Linse (*Garner & Spector* 1978; *Gittings, Fozard* 1986), was die verbreitete Notwendigkeit der Lesebrillen im Alter erklärt; Abnahme der räumlichen (*Lehr* 1979) und zeitlichen (*Kline & Schieber* 1982) Auflösung; beschleunigter Abfall der Sehschärfe nach 60 (*Pitts* 1982), Zunahme des Glaukomrisikos (*Petzold, Bäumges* 1985). Für unseren Zusammenhang relevant ist, dass mit solchen Einschränkungen oft auch psychische Störungen, Depressionen, Ängste, Misstrauen verbunden sind (ibid. 394 ff.), denen wir in Psychotherapien gelegentlich begegnen. Das gleiche gilt für Störungen des *Gehörs:* Beinah jeder vierte Mensch über 65 hört schlecht oder leidet an Tinnitusbeschwerden. Ältere Menschen mit einem Hörverlust von mehr als 40 dB (in speech frequency range) scheinen einem erhöhten Risiko für psychologische und soziale Probleme ausgesetzt zu sein (*Gilhome-Herbst* 1983; *Tesch-Römer* 1998). Immer wieder wird Schwerhörigkeit mit Depression in Verbindung gebracht: 35% der Schwerhörigen in einer Studie waren klinisch depressiv, 10% mehr als bei den Normalhörenden (*Gilhome-Herbst & Humphrey* 1980). Häufig wird eine Tendenz zur Verleugnung des Hörproblems beobachtet.

So behaupteten in der bereits erwähnten Untersuchung von *Gilhome-Herbst* (1983) 27% der Schwerhörigen, keine Hörprobleme zu haben. Ein weiteres Phänomen ist die *phonetic regression (Gaeth* 1948, bestätigt u.a. von *Plomp & Mimpen* 1979, *Jerger* 1973), die Feststellung, dass die Sprachrezeption schlechter ist als es das (pure-tone-) Audiogramm erwarten ließe. Mit neuen Technologien und Lippenlesen können bei Gehördefiziten gewisse Erfolge verzeichnet werden. Nicht selten brauchen ältere Menschen viel Unterstützung, bis sie solche Hilfen (z. B. Hörapparate) in Anspruch nehmen. Der Makel der Behinderung und die ständige Konfrontation damit durch das Hilfsmittel stellen eine Herausforderung oder gar Bedrohung für das – vielleicht ohnehin schon angeschlagene – Selbstwertgefühl dar. Emotionaler Support und informative Beratung diesbezüglich kann und soll zuweilen auch Inhalt einer Psychotherapie sein. Denn wenn hier nicht gehandelt wird, drohen soziale und psychische Isolation. Mit diesen möglichen Konsequenzen in Auseinandersetzung zu gehen und adaptive Bewältigungsstrategien zu erarbeiten *(Tesch-Römer* 1998) kann durchaus Ziel einer psychotherapeutischen Behandlung sein, die insgesamt im Alter vermehrt *coping-* und *supporting*-Qualitäten betonen müssen.
Geschmack/Geruch: Der von alten Menschen oft beklagte Verlust von Geschmack beim Essen ist offenbar nicht auf den Geschmackssinn zurückzuführen, sondern auf ein Defizit im olfaktorischen System *(Doty* et al. 1984; *Stevens, Platinga & Cain* 1982). Dem Essen beigefügte *Geruchs*stoffe verbessern das *Geschmack*serlebnis *(Schiffman* 1979). Zu berücksichtigen ist hierbei allerdings, dass Störungen des Geschmacksempfindens mit Appetitlosigkeit, Fehlernährung *(Massler* 1980) oder gar Anorexie (obwohl dabei natürlich andere Faktoren eine viel wichtigere Rolle spielen) oder Depression in Zusammenhang stehen können.
Hautsensibilität (cutaneous sensitivity): Berührungssensibilität nimmt nach dem 20. Lebensjahr kontinuierlich ab (z. B. *Thornbury & Minstretta* 1981), vibrotaktile Sensibilität sinkt mit ca. 50 Jahren (z. B. *Plumb & Maigs* 1961; *Kenshalo* 1986). Das haptische Erkennen verschlechtert sich *(Kleinman, Brodzinsky* 1978) bei Händen und Mund *(Kenshalo* 1979). Zu Temperatur-Sensibilität und Schmerzempfindlichkeit *(Harkins* et al. 1984) liegen zu wenig bzw. widersprüchliche Ergebnisse vor.

Sehr umstritten ist noch die Frage, ob Defizite im sensorischen Bereich auf periphere oder zentrale Degenerationsprozesse zurückzuführen sind. Und auch darüber, inwieweit sensorische Fähigkeiten mit geistiger Gesundheit zusammenhängen, gibt es noch sehr wenig empirisch erhärtete Information *(Schieber* 1992). Verschlechterungen sensorischer Fähigkeiten können zu einem gewissen Grad von kompensatorischen kognitiven Strategien begleitet sein. Andere interessante Ergebnisse zu möglichen Verbindungen zwischen sensorischer und intellektueller Leistungsfähigkeit konnten im Rahmen der Berliner Altersstudie gefunden werden *(Baltes* et al. 1993): *Lindenberger* und *Baltes* (1994) konnten beträchtliche Altersunterschiede in verschiedenen Intelligenzleistungen fast vollständig durch unterschiedliche sensorische Funktionstüchtigkeit statistisch erklären *(Rott* 1995), wobei unklar bleibt, ob eine allgemeine Verschlechterung des physiologischen Zustandes des Gehirns beide Veränderungen verursacht hat, ob die nachlassenden Intelligenzleistungen auf eine mangelhafte Stimulation des Hirns zurückzuführen sind, die sich aufgrund der sensorischen Funktionseinbußen ergeben, oder ob die gängigen Intelligenz-Messinstrumente unzureichend sind, da sie intakte Sinnesleistungen voraussetzen.
Bedeutung für die Psychotherapie: Auch wenn diese ganzen Zusammenhänge zwischen sensorischer und psychischer Langzeitentwicklung noch längst nicht geklärt sind, lässt sich im Sinne einer ökologischen Interventionsgerontologie *(Wahl* 2000; *Saup* 1993; *Lehr* 1979) sagen, dass eine multimodale Aktivierung und Stimulation auch in der Psychotherapie einer unimodalen vorzuziehen ist (vgl. *Petzold* 1977e, g, 1988f, g). Gleichzeitig bzw. parallelverlaufende »Programme« zur Anregung aller Sinne sind einer reinen Gesprächstherapie meist vorzuziehen, da auf allen Ebenen selbstwertstützende Prozesse in Gang gesetzt werden können und Defizite im einen Bereich teilweise kompensatorisch durch andere überbrückt werden können, dies aber nur dann, wenn letztere gepflegt werden und eine unterstützende Umwelt dafür gegeben ist. Dies setzt ein ökologisches Menschenbild und eine biopsychosoziale Betrachtungsweise voraus, wonach der Mensch nur im Zusammenhang mit seiner räumlichen, sozialen und infrastrukturellen Umwelt zu verstehen ist *(Petzold* 1974k, 2001a; *Wahl, Oswald* 1998). Jede Sinnesbeeinträchtigung verändert das Beziehungsgeflecht zwischen Mensch und

Umwelt, und Interventionen zu seiner Verbesserung können sowohl beim Menschen/Patienten ansetzen wie auch bei seiner Umgebung. So unbestreitbar sich eine Vielzahl von Fähigkeiten und Funktionen altersabhängig verändert, so lückenhaft ist noch unser Wissen über die genauen Zusammenhänge, die zu diesen Veränderungen führen. Größte Vorsicht ist beim Ziehen von Kausalfolgerungen geboten, denn praktisch alle vorhandenen Untersuchungsergebnisse – ob sie nun psychische, physische oder soziale Parameter betreffen – zeichnen sich durch eine große Unterschiedlichkeit aus, die nur unzureichend erklärt werden kann. Das heißt: Alter ist nie *zwingend* mit diesem oder jenem Verlust oder diesem oder jenem Zuwachs verbunden, sondern es wirken immer viele bekannte und unbekannte Variablen zusammen, die unterschiedlichste Verläufe ermöglichen und vermeintliche Regeln und lineare Ableitungen auf den Kopf stellen. Diese vorgefundene *Variabilität* kann als eines der zentralen Ergebnisse in der Altersforschung – nicht zuletzt der Längsschnittstudien – angesehen werden, sodass von einer »differenziellen Gerontologie« gesprochen werden muss *(Lehr, Thomae* 1987; *Tokarski, Schmitz-Scherzer* 1991). Diese Ergebnisse stehen auch einer typologisierenden – besonders psychoanalytischen – Neurosen- bzw. Krankheitslehre entgegen und stellen ihre ohnehin schwache Basis in Frage. Praktisch jeder Lebenslauf und Alternsprozess ist höchst spezifisch, das muss bei jeder Konzeptualisierung von Behandlungen und anderen Interventionen bedacht werden. Es zwingt zu einer vielschichtigen und sorgfältigen Diagnostik und zu Flexibilität und Kreativität in der Interventionspraxis, denn durch zu enge theoretische Konzepte und ihre unhinterfragte Anwendung, aber auch durch »Unterlassungen« aufgrund negativer Altersstereotype der Therapeutin (»das ist eben das Alter!«) können durchaus Therapieschäden erfolgen *(Müller, Petzold* 2002). Insgesamt kann aber aufgrund der bis ins hohe Alter vorfindlichen hohen Plastizität des Gehirns, das auf spezifische und unspezifische Stimulierung *(Petzold* 1988f) mit der Aktivierung vorhandener neuronaler Verbindungen, ja mit Neubildungen – »new sprouting« – reagiert *(Spitzer* 2001; *Ratey* 2002, 56), die Verwendung erlebnisaktivierender Methoden bei richtiger Indikation und Anwendung empfohlen werden, wie sie die Integrative Therapie entwickelt hat *(Petzold, Bubolz* 1979; idem 1985a). Die bei zunehmendem Alter festgestellte Abnahme der für die Gedächtnisleistung wesentlichen *Acetylcholinkonzentration (Feuerstein* et al. 1992) kann durchaus auch als ein Zivilisationseffekt gesehen werden – der Neuromodulator Noradrenalin nimmt z. B. nicht ab. Sitzende, stimulierungsarme Lebensweise, Ortsstabilität und mit zunehmendem Alter geringere Mobilität (die Prähominiden und Hominiden waren über Millionen von Jahren Nomaden und unsere cerebrale Organisation und Physiologie ist für das Umherziehen, für die Verarbeitung vielfältiger Eindrücke ausgelegt!) – erfordert immer geringere Orientierungsleistungen, sodass sich diese Fähigkeiten zurückbilden bis zu einem Punkt, wo Relokationen (Übergang ins Heim) sogar zum Risiko werden *(Saup* 1984). *Erhaltung von Mobilität* und ein Angebot *reichhaltiger Stimulierung (Petzold* 1988f) in allen Bereichen (somatomotorisch, emotional, kognitiv, sozial-kommunikativ), das Ermöglichen einer lebendigen Partizipation an gesellschaftlichen Aktivitäten bis hin zur Bereitstellung verantwortlicher, sinnvoller und beriedigender Tätigkeitsfelder wird eine zentrale Aufgabenstellung moderner Gesellschaften und interventiver Sozialgerontologie werden – mit Auswirkungen, die bis in die cerebrale Physiologie reichen (Verringerung hirnatrophischer Prozesse, der Einlagerung von Lipofuscin, Erhalt der Acetylcholinkonzentration, Stimulierung des dopaminergen Systems etc.). Psychotherapie, die um diese Zusammenhänge weiß, sie an die PatientInnen vermittelt (Theorie als Intervention), wird sie bei der *Reorganisation ihres Lebens* im Sinne einer Reaktivierung durch *In-vivo-Training* und *Performanzumstellung* (z. B. durch Begleitung in neuen oder erneut aufgenommenen Aktivitäten) aktiv unterstützen. Nur *das* wird wirkliche Erfolge zeitigen, verlangt von TherapeutInnen aber auch ein Abgehen von ihrem habitualisierten, sitzenden und praxisraumgebundenen Setting (und das wird vielen nicht leichter fallen als ihren KlientInnen).

1.1.5 Kognitive Veränderungen

Nach Jahrzehnten intensiver Forschung im Bereich Intelligenz und Gedächtnis kann man sagen, dass Altern keinen uniformen Abfall von Gedächtnis und Lernen bewirkt *(Poon* 1981; 1985; *Knopf* 1998; *Gold* 1995), dass aber ältere Erwachsene im Vergleich mit jüngeren bei einer Vielzahl von Messungen intellektueller Funktionen weniger gut abschneiden *(Salthouse* 1991a). Ein Modell, welches das Verhältnis zwischen Altern und Gedächtnis mit den zum Teil noch recht widersprüchlichen Ergebnissen hinreichend erklären kann, gibt es indes noch nicht *(Sugar, McDowd* 1992). Alterskorrelierte Einbußen im Kurzzeit- und Langzeitgedächtnis sind aber als Tatsache anzusehen *(Perrig-Chiello* 1998), auch wenn viele der Unterschiede durch *Training und Übung* verschwinden, und manche Aufgaben in den verwendeten Tests (z. B. den Kern einer Prosapassage wiederzugeben im Gegensatz zu den Details) werden von Älteren schlicht besser gelöst *(Labouvie-Vief* et al. 1979). Unter Berücksichtigung der Differenzierung der Intelligenzbereiche kann festgehalten werden, dass »fluide« Intelligenzleistungen (d.h. der »flüssige« Aspekt der Intelligenz wie z. B. Wendigkeit, Kombinationsfähigkeit, Orientierung in neuen Situationen) im höheren Alter einen systematischen Abfall zeigen, während ein solcher für »kristalline« Intelligenzleistungen (stark kultur- und erfahrungsabhängiges Wissen wie z. B. Erfahrungswissen, Allgemeinwissen, Wortschatz, Sprachverständnis) nicht erkennbar ist, diese vielmehr stabil bleiben oder in manchen Fällen mit dem Alter sogar noch zunehmen *(Filipp, Schmidt* 1995). Kristalline Intelligenz ist außerdem nachhaltig trainierbar *(Schaie* 1993; *Baltes, Sowarka* 1995), fluide teilweise auch *(Sowarka* 1992), nicht jedoch (oder kaum) bei schon bestehenden Einschränkungen demenzieller Art *(Kühl, Baltes* 1988). Die Entwicklung der Intelligenz im Erwachsenenalter kann also *nicht* dem chronologischen Alter zugeordnet werden. Es werden auch neue Fähigkeiten entwickelt, welche z.B. darin bestehen, dass das Individuum bewusst ein auf Erfahrung basierendes Kontrollsystem einsetzt, das ihm beginnende Verluste in Teilfunktionen (fluide Intelligenz) signalisiert und passende Bewältigungsstrategien vorschlägt *(Rott* 1990, 260). Pragmatische, auf Wissen basierende Strategien scheinen den Verlust kognitiver Mechanismen zum Teil kompensieren zu können *(Staudinger* et al. 1995; *Ericsson & Charness* 1994). Ein rapide verlaufender Abfall auch der kristallinen Intelligenz muss aber für das Alter ab 90 angenommen werden *(Schaie* 1993).

Auf alle Fälle erweist es sich als sinnvoll, Intelligenz als »Gesamtscore« über die Lebensspanne hinweg zu betrachten und den Einfluss sozialer Faktoren wie sozioökonomischer Status *(Schaie* 1993;

Thomae 1993), Schulbildung, Berufstätigkeit *(Rudinger & Lantermann* 1980) miteinzubeziehen, wobei eine höhere Bildung eher kognitive Einbußen zu *kompensieren* scheint als dass sie davor schützen könnte *(Christensen* et al. 1997). Weiterhin erweist sich der allgemeine Gesundheitszustand als »eine der voraussagestärksten Variablen« für die Aufrechterhaltung der intellektuellen Leistungsfähigkeit *(Thomae* 1993), wie er auch die Gedächtnisleistungen stark beeinflusst *(Salthouse* 1993a). Auch schlagen sich altersabhängige Veränderungen der Lebensumstände – z. B. ein rückläufiger Aktivitätsgrad – in der Gedächtnisleistung nieder *(Knopf* 1998; *Arbuckle* et al. 1986). Dabei manifestiert sich der leistungsmindernde Effekt nachlassender kognitiver Betätigung vor allem dort, wo eine Gedächtnisaufgabe aktive, selbstinitiierte Informationsverarbeitung verlangt *(Craik, Byrd & Swanson* 1987; *Craik* 1994).
Erklärungen für die Unterschiede, die in der Regel doch zugunsten der Jüngeren ausfallen, kommen meist aus zwei Positionen: 1) Mehrheitlich *endogene* Faktoren wie eine generelle Abnahme der Verarbeitungsgeschwindigkeit seien dafür verantwortlich (z. B. *Salthouse* 1985). *Hasher & Zacks* (1988) meinen, dass Altern die Fähigkeit beeinträchtigt, irrelevante Information zurückzustellen. 2) Mehrheitlich *exogene* Faktoren wie Ausbildung, Lebensstil, Persönlichkeitsvariablen sollen die Unterschiede verursachen *(Schaie* 1983). Manche intellektuelle Fähigkeiten spiegeln eher einen reversiblen Nichtgebrauch als einen Abbau *(Schaie* 1994), sind also eher ›Unannehmlichkeiten‹ als ›Defizite‹. Sicher wurde zu Recht auch die »Testfairness« angezweifelt: die typischen Labor- und Testaufgaben bevorteilen die Jungen bezüglich Relevanz und Vertrautheit in der Art der Aufgabenstellung *(Labouvie-Vief & Schell* 1982).
Spätere Zugänge zu kognitiven Funktionen als adaptiven Prozessen sind in der Lage, die beiden Ansätze zu vereinen. *Craik* (1986) schlägt einen funktionalen Ansatz vor, der der Interaktion zwischen Verarbeitungsressourcen und der Menge von verfügbarem Umweltsupport Aufmerksamkeit schenkt. Bei der Untersuchung von altersbedingten Unterschieden müssen folgende Variablen mitberücksichtigt werden: Anforderungen aus der Umgebung (z. B. Schulbesuch), Lebensstil, Überzeugungen. So berichten *West & Bramblett* 1990, dass die Selbsteinschätzung zum Gedächtnis ein besserer Prädiktor war (bei recall scores) als Alter oder Depressions-Skala-

Scores. Die gängige Meinung, dass Altern immer mit Gedächtnisverlust einhergehe, ist vielleicht eher damit zu erklären, dass die Abnahme für Ältere in ihrer subjektiven Wahrnehmung mehr hervorsticht als für Jüngere *(Perlmutter* et al. 1987).

Sugar, McDowd (1992) heben die wachsende Bedeutung des Gedächtnisses innerhalb der Kognitionsforschung hervor. Ein vorläufiges Modell zum Verhältnis zwischen Altern und Gedächtnis betont die Unterscheidung zwischen Performanz (Fertigkeit) und Kompetenz (Fähigkeit), weiterhin die Möglichkeit, dass Altern sich positiv auf das Gedächtnis auswirken kann (z. B. über Wissenszuwachs) und dass Altern direkten und indirekten Einfluss (z. B. über Strategien, Überzeugungen, Lebensstil), negative und positive Auswirkungen haben kann. Altern scheint das *sensorische Gedächtnis* (= sehr kurzzeitiges Gedächtnis für visuelle und andere sensorische Information) und das primäre Gedächtnis bzw. Arbeitsgedächtnis (= Gedächtnis für Ereignisse, die zur Zeit im Bewusstsein sind) nicht zu beeinträchtigen, wohl aber das sekundäre Gedächtnis (= Gedächtnis für vergangene Ereignisse), wobei dies aber nicht in allen diesbezüglichen Aufgaben gleich zum Ausdruck kommt *(Poon* 1985; *Hultsch, Dixon* 1990).

Bedeutung für die Psychotherapie: Gedächtnisstörungen im Alter können sehr verschiedene Ursachen haben. Sie diagnostisch richtig einzuordnen verlangt vom Psychotherapeuten viel Erfahrung (vgl. *Perrig-Chiello* 1998) und eine medizinische oder neuropsychologische Abklärung durch Fachleute. Besonders im Zusammenhang mit Depression werden reversible Gedächtnisprobleme oft vorschnell als Zeichen einer demenziellen Entwicklung fehlverstanden, was auf die Haltung der Therapeutin bezüglich Prognose und Nutzen von Psychotherapie einen verhängnisvollen Einfluss haben kann. Eine eventuelle Verlangsamung der Informationsverarbeitung ist im gesamten Therapieprozess zu berücksichtigen *(Rabbitt* 1996; *Staudinger* et al. 1995, 815). Grundsätzlich kann sicher eine kognitive Aktivierung bzw. Reaktivierung angeregt werden, wo diese vernachlässigt scheint. Dies erfolgt nicht, ohne auch die entsprechende Information über die Zusammenhänge zwischen Aktivität und Leistungsfähigkeit im speziellen, über Funktionsweisen und -störungen des Gedächtnisses im allgemeinen mitzuliefern. Sinnvoll ist es gegebenenfalls auch, zu versuchen, Kontrollüberzeugungen und Attri-

butionsstile zu verändern *(Flammer* 1990), die die kognitiven Einbußen als schicksalhaft und unveränderbar taxieren. Bei einer Untersuchung, in der den Probanden nach einer Modulation von Kontrollüberzeugungen auch ein Multifunktions-Gedächtnistraining angeboten wurde, fanden *Perrig-Chiello & Kaiser* (1995), dass die Männer offenbar besser auf das Reattribuierungstraining ansprachen und ihre Rekognitionsleistungen durch das Training signifikant stiegen. Eindeutig erfolgreiche Maßnahmen sind beim jetzigen Stand der Forschung noch nicht zu nennen *(Dittman-Kohli* et al. 1991; *Knopf* 1993). Unter geeigneten Bedingungen können aber – sofern keine hirnorganische Krankheit vorliegt – kognitive Reserven aktiviert und bereichert werden, was die Forschung zu kognitivem Training direkt bestätigt *(Baltes* 1993; *Staudinger* et al. 1995; *Knopf* 1998). Ein Mangel an kognitiver Reservekapazität und die relative Unfähigkeit, von kognitivem Training profitieren zu können, gehören offenbar geradezu zu den Merkmalen demenzieller Erkrankungen – auch im Frühstadium *(Baltes, Kühl & Sowarka* 1992).
Als Interventionsmöglichkeiten bei Gedächtnisstörungen werden neben Gedächtnis-Training (z. B. *McKittrick* et al. 1990; *Zarit* et al. 1982; *Anschutz, Camp, Markley & Kramer* 1985; vgl. auch *Oswald, Rödel* 1995) auch Ernährungsvorschläge genannt (Vermeidung von Thiamin-Mangel, *Cherkin* 1984) sowie körperliche Aktivitäten wie Fitness-Übungen oder Krafttraining, welche die kognitive Performanz offenbar verbessern können *(Dustman* et al. 1984; *Perrig-Chiello* et al. 1998) (vgl. 2.3.2 Demenz). Insgesamt ist eine Performanzorientierung auch zur Aktivierung von Kompetenzen zu betonen, wie sie der Integrative Ansatz etwa mit aktiver und rezeptiver Musik-, Poesie-, Kunst-, Tanz- und Bewegungs- und Puppenspieltherapie als »integriertes Bündel von Maßnahmen entwickelt hat *(Petzold* 1982h; 1982j; 1985; *Petzold, Müller* 1997).

1.1.6 Veränderungen von Emotionen und Persönlichkeit – Bestärkung von Regulationskompetenz

In den achtziger Jahren lag der Schwerpunkt des Interesses zu diesem Thema noch vor allem bei der Frage nach der *Kontinuität* oder *Diskontinuität* von Emotionen und Persönlichkeitsmerkmalen *(Costa, McCrae* 1988). Dabei wurde und wird der Aspekt der Emotionalität eher vernächlässigt, und die Ergebnisse bleiben oft widersprüchlich, wie zum Beispiel diejenigen zur Frage, ob Emotionen im Alter an Intensität zunehmen oder abnehmen *(Schulz* 1985; vgl. dagegen *Diener* et al. 1985). Letzteres wurde zwar häufiger bestätigt, doch müssen experimentelle Studien, die bei alten Menschen eine verminderte Erregung des autonomen Nervensystems (ANS) festgestellt haben wollen (der differenziellen Emotionstheorie von *Izard* [1977] folgend, wonach jede Emotion sich von den anderen durch ein spezifisches Erregungsmuster des ANS unterscheidet), aus methodologischen Gründen mit Vorsicht betrachtet werden, da die untersuchten Emotionen experimentell ausgelöst wurden *(Levenson* et al. 1991). Unabhängig davon wurde aber auch in diesem Bereich eine große interindividuelle Varianz festgestellt *(Carstensen* 1993). Emotionen scheinen eher von Temperament und Persönlichkeit abhängig zu sein als vom chronologischen Alter und sind in hohem Masse kontext- und lebenslageabhängig, also vom »emotionalen Feld« *(Petzold* 1995g) bestimmt, wie die integrative »ökologische« Emotionstheorie« betont. Auf jeden Fall hat sich auch die lange verbreitete Annahme, dass im Alter negative Gefühle vorherrschen, nicht bestätigt *(Malatesta, Kalnok* 1984; *Smith, Baltes* 1993). Genausowenig konnte die in der Alltagspsychologie oft behauptete Rigidität im Alter (in Einstellungen/Haltungen) empirisch abgesichert werden *(Thomae* 1992): Rigidität kommt bei Menschen im *mittleren* Alter in höchster Ausprägung vor und nimmt nach 60 eher wieder ab *(Schaie* 1983). Auch ein Zuwachs an Angst ist – zumindest was Angst als ›trait‹ betrifft – empirisch nicht unterstützt worden *(Schultz* 1987). In einer Untersuchung von *Angleitner* (1987) wurde deutlich, dass Intoleranz das instabilste Merkmal war, Rigidität das stabilste, d. h. sie verändert sich am wenigsten in Relation zum Alter. Hohe Stabilität lässt sich auch vom Merkmal *»subjektives Wohlbefinden«* über neun Jahre feststellen *(Costa* et al. 1987), wobei gerade dieses Konstrukt gewiss nicht vom Alter allein abhängt, sondern mit Variablen wie Gesundheit – sie ist der potenteste Prädiktor für Wohlbefinden im Alter *(Baltes* et al. 1991; *Zank* et al. 1996) –, gegenwärtige Lebensumstände, soziales Netzwerk *(Chappell & Badger* 1989) usw. zusammenhängt. Hierbei muss zwischen sozialer Isolation und psychologischer (d. h. subjektiv wahrgenommener) Isolation unterschieden werden (ibid.). Untersuchungen *(Reker, Peacock & Wong* 1987; *Saup* 1984) fanden heraus, dass die wahrgenommene Kontrolle über das Leben besonders mit subjektivem Wohlbefinden zusammenhängt. In einer Untersuchung von *Mussen* (1985) mit Großvätern waren weit zurückliegende Einflüsse wie Charakterisik der Ehefrau und die Qualität der ehelichen Situation mit 30 Jahren ein sehr guter Prädiktor für subjektives Wohlbefinden im Alter. Emotionale Befindlichkeit zeigt so deutliche Kontext- und Situationsabhängigkeit *(Petzold* 1995g), dass Psychotherapie als stimmungsmodulierende Strategie wichtige Einflussmöglichkeiten bietet.

Auch die Aussagen über altersgebundene Veränderungen der Persönlichkeit blieben relativ spärlich, da für ihre Fundierung aufwändige Längsschnittuntersuchungen unerlässlich sind. Viele Ergebnisse aus der allgemeinen Persönlichkeitsforschung wurden in unzulässiger Weise auf alte Menschen übertragen, indem Testverfahren zur Messung von Persönlichkeitseigenschaften angewandt wurden, die an jüngeren Personen erprobt und an entsprechenden Normwerten gemessen wurden *(Lehr* 1996). Bei näherer Betrachtung und unter Berücksichtigung der vorhandenen Longitudinalstudien *(Schroots* 1993) kam man immer mehr zu dem Schluss, dass eine Zuordnung von Persönlichkeitsveränderungen zu bestimmten Lebensphasen kaum möglich ist *(Thomae* 1952, 1992). Die Untersuchungen von *Costa & McCrae* (1984, 1988), die sich in »nomothetischer« Vorgehensweise mit der Suche nach allgemeingültigen »Traits« befassten, brachten eine weitgehend eindeutige strukturelle Invarianz der Faktorenstrukturen zu Tage. Für das Konstrukt »Extraversion«, von dessen Nützlichkeit man im übrigen nicht mehr rundum überzeugt ist, wurde aufgrund von Daten aus der Baltimore-Längsschnittstudien (BLSA) eine hohe Konstanz ermittelt *(Costa & McCrae* 1984), was frühere Thesen einer altersbedingten Zunahme des Merkmals Extraversion *(Eysenck, Eysenck* 1969) in Frage stellt. Ergebnissen der gleichen Längsschnittstudie folgend ist auch der Grad des Neurotizismus (von *Eysenck & Eysenck* [1969] operationalisiert durch Stimmungsschwankungen, Unentschiedenheit und unangemessene Müdigkeit) über große Zeiträume hinweg konstant sowie der Bereich Openness (Offenheit für Erfahrungen). Der Wert Neurotizismus geht einher mit Klagen über gesundheitliche Beschwerden (Herzkreislauf, Verdauung, Müdigkeit).

Neuere Forschungsarbeiten befassen sich eher mit einzelnen per-

sönlichkeitsbeschreibenden Konstrukten. Weil er methodisch wohl am wenigsten Schwierigkeiten bietet, wurde von den verschiedenen Persönlichkeitsaspekten der Bereich der Intelligenz am besten erforscht (vgl. 1.1.5). Aktivität, Kompetenz, Kontrollüberzeugungen, Selbstbild, Widerstandsfähigkeit/Resilienz (vgl. 1.3) Leistungsmotivation sind einige weitere Aspekte des psychischen Erlebens und Verhaltens, denen sich die Forschung zuwandte und bei denen es mehr oder weniger direkt um die adaptiven Leistungen des Selbst im Alter geht. Mit dem Begriff des Selbst (siehe Einleitung) sind einerseits »Inhalte und Strukturen gemeint, in denen sich Einflüsse der sozialen und materiellen Umwelt widerspiegeln, andererseits aber auch selbstregulative Prozesse, die im Sinne einer aktiven Auseinandersetzung oder gestaltenden Einflussnahme des Individuums zu interpretieren sind« *(Wahl, Kruse* 1999).
Es kann hier auf das im Integrativen Ansatz so wichtige Konzept der *»Regulationskompetenz« (Petzold* 2002b) verwiesen werden. Diese Fähigkeit des Menschen, sich selbst zu regulieren – basal und fungierend auf der Ebene des Organismus, aber auch auf der psychologischen und kognitiven Ebene, wobei diese Regulationen fungierend (unbewusst/vorbewusst, *Perrig* et al. 1993), aber auch bewusst entschieden, intentional erfolgen kann.
Im Umgang mit Belastungen und Herausforderungen lässt sich eine hohe Kontinuität der Bewältigungsversuche über die Lebensspanne feststellen *(Thomae* 1996, 1998), aber auch eine zunehmende Tendenz zur »kognitiven Umstrukturierung« *(Rudinger* et al. 1997). Das heißt, *persönlich bedeutsame* Situationen und Ziele werden umbewertet, es erfolgt eine Regulation des Anspruchsniveaus, die der Erhaltung des psychischen Gleichgewichts dient. Solche »akkommodative« Bewältigungsstrategien, positive Umdeutungsmechanismen, welche die Diskrepanz zwischen Handlungszielen und Handlungsmöglichkeiten überbrücken helfen, werden umso wichtiger, je geringer die objektiv gegebenen Veränderungsmöglichkeiten sind und handlungsorientierte (»assimilative«) Strategien nicht mehr zur Verfügung stehen *(Brandstädter, Renner* 1990; *Brandstädter, Wentura* 1995; *Wahl, Kruse* 1999). In diesem Kontext wird das integrativtherapeutische Modell der »Regulationskompetenz« *(Petzold* 2002b, 2004l) bedeutsam (siehe unten).
Aus der Bonner Längsschnittuntersuchung BOLSA ergab sich eine

große längsschnittliche Konstanz des Faktors »sozial- und leistungsbezogene Aktivität«, in den die Maße Aktivität, Anregbarkeit, Stimmung, Angepasstheit eingingen *(Grombach* 1987). Außerdem wurde aber aus denselben Daten ein starker (positiver) Einfluss von Aktivität auf die Erhaltung von Gesundheit und kognitiver wie sozialer Kompetenzen nachgewiesen *(Thomae* 1983; *Lehr, Minnemann* 1987).
Unter *Kompetenz* werden in diesem Zusammenhang die *Fähigkeiten* verstanden, auch im Alter einen unabhängigen Lebensstil zu bewahren *(Abler, Fretz* 1988; *Baltes, Wilms* 1995), die allerdings in *Performanzen* umgesetzt werden müssen. Zuweilen wird eine »basale Kompetenz als die »Fähigkeit, die zur Führung eines unabhängigen Lebens erforderlichen Alltagsaktivitäten (ADL = activities of daily living) auszuüben«, unterschieden von der »erweiterten« oder »psycho-sozialen Kompetenz« und als die zwei Komponenten der »Alltagskompetenz« definiert *(Baltes* et al. 1993; *M. Baltes* et al. 1996). Da aber auch im Zustand der Abhängigkeit (z.B. Pflegebedürftigkeit) noch Kompetenzen gewonnen werden können *(Kruse* 1986), ist es nicht unbedingt angezeigt, den Kompetenz- und Performanzbegriff auf eine unabhängige Lebensführung einzugrenzen *(Lehr* 1996). Es zeigt sich hier, dass es durchaus sinnvoll ist, zwischen *Kompetenz* als kognitiver Fähigkeiten, Wissen und *Performanz* als Fertigkeiten, Können zu unterscheiden *(Petzold* 1993a, 310), da gerade bei alten Menschen Fähigkeiten und Fertigkeiten, die in den Prozessen der Regulationskompetenz und -performanz verschränkt sind, in der Gefahr stehen, auseinanderzufallen und therapeutische Interventionen – das muss immer wieder betont werden – performanzorientiert ansetzen müssen, etwa bei der aktiven Pflege sozialer Netzwerke *(Petzold* 1994e) oder bei der Unterstützung der Selbstständigkeit im Alltagsleben.
Zur Frage, ob alte Menschen eher internale oder externale »*Kontrollüberzeugungen« (Rotter* 1975; *Flammer* 1990) haben, wurden zunächst sehr widersprüchliche Antworten gefunden, die erst bei größerer Differenzierung der Bereiche und Lebenszusammenhänge (zum Heim vgl. *Saup* 1984) teilweise geklärt werden konnten. So wird bezüglich körperlicher Funktionsfähigkeit und teilweise auch in Bezug auf geistige Leistungsfähigkeit die Kontrolle eher externen Faktoren zugeschrieben. Gesichert scheint auch das Ergebnis, dass

ältere Menschen, die mehrheitlich internale Kontrollüberzeugungen haben, sich einer größeren Zufriedenheit erfreuen *(Ziegler, Reid* 1983), was allerdings vielleicht eher auf momentane Umstände als auf überdauernde Eigenschaften zurückzuführen ist. Im wesentlichen altersunabhängig scheint auch die Einstellung zum eigenen Selbst, wenngleich auch diesbezüglich Differenzierungen nötig sind. Ältere Frauen haben pessimistischere und resistentere Kontrollüberzeugungen *(Perrig-Chiello, Kaiser* 1995), was durchaus als Auswirkung von Gendernachteilen über die Lebensspanne gesehen werden kann und deshalb therapeutisch aufgegriffen werden sollte *(Petzold, Sieper* 1998). Sie kommen als verinnerlichte, soziale Repräsentationen bildende, »stigmatisierende« Fremdbilder zum Tragen. Diese wurden in jungen Jahren miterlebt, z. B. als Negativzuschreibungen gegenüber älteren Frauen (»Feind von Außen«). Sie werden als fungierende, d. h. nicht-intendierte Selbststigmatisierungen wirksam, wenn diese Menschen alt geworden sind, z. T. unter harmlosen Wendungen (»wohlverdienter Ruhestand«) und wirken depotenzierend. Sie müssen deshalb unbedingt therapeutisch bearbeitet, d. h. aufgedeckt und *umgeübt* werden. Ältere Frauen haben ein schlechteres Selbstbild als Männer *(Theissen* 1970), das sie außerdem im höheren Alter nach anderen Kriterien beurteilen als im mittleren Alter *(Back* 1974): familiäre Rollen und Aufgaben treten eher in den Hintergrund zugunsten persönlicher Werte und Erfolge *(Saup* 1992). Bei den Männern waren letztere Werte über die gleiche Zeit hinweg durchgängig maßgebend. Als besonders abhängig erwies sich das Selbstbild bzw. Identitätserleben – ein einleuchtender Befund – vom subjektiv empfundenen Gesundheitszustand: Je schlechter dieser war, desto negativer war das Selbstbild *(Theissen* 1970). Die negativen Einflüsse von alterstypischen Problemen auf das Selbstbild und das persönliche Wohlbefinden werden aber offenbar durch einen flexiblen, *akkommodativen Bewältigungsstil* teilweise abgepuffert *(Brandstädter* et al. 1993), indem also die Ziele der veränderten Ressourcenlage angepasst werden. Der Ressourcenorientierung und einer über bloße Bewältigung hinausgehenden »schöpferischen Lebensgestaltung« (vgl. die Creating-Stile der Integrativen Therapie, *Petzold* 1997p, *Petzold, Petzold* 1993) kommt deshalb in der Gerontotherapie besondere Bedeutung zu.
Im Alter werden soziale Aufwärtsvergleiche *(Festinger* 1954) selte-

ner, während laterale Vergleiche (vor allem mit jüngeren Vergleichspersonen, die ähnliche Leistungen erbringen) zunehmen, weil sie offenbar das Selbstwertgefühl unterstützen *(Heckhausen, Schulz* 1995; *Heckhausen, Krüger* 1993). Aus dieser Sicht können sogar negative Altersstereotype für ältere Menschen funktional sein, da sie »eine negative Vergleichsgruppe bereitstellen, die zur Erhöhung des eigenen Selbstwertgefühls genutzt werden kann« *(Wahl, Kruse* 1999, 284).

Zusammenfassend meint *Lehr* (1996), dass die Frage nach der Variabilität und der Konstanz von Persönlichkeitsmerkmalen im Alter noch nicht hinreichend beantwortet werden kann. Gesichert scheint auch diesbezüglich nur die folgende Aussage: »Die interindividuellen Unterschiede bei Personen der gleichen Altersgruppe übertreffen in vieler Hinsicht die Unterschiede zwischen verschiedenen Altersgruppen. Die gesamte Lebenssituation, biographische und soziale Momente, scheinen auch im Hinblick auf Persönlichkeitsveränderungen von wesentlicherem Einfluss als das kalendarische Alter.« (ibid. 162).

Bedeutung für die Psychotherapie: Der Befund einer relativ stabilen Emotionalität und Persönlichkeit räumt zwar mit einigen Vorurteilen gegenüber alten Menschen auf (z. B. die aufkommende Rigidität im Alter, Zuspitzung bereits vorhandener Persönlichkeitsmerkmale und »Macken« s. o.), doch mag er auch ein anderes begünstigen: »alte Menschen kann man sowieso nicht mehr ändern, eine Psychotherapie lohnt sich gar nicht« (vgl. *Zank, Niemann-Mirmehdi* 1998). Sieht man aber genauer hin, berücksichtigt man die vielen Variablen, die zum subjektiven Wohlbefinden – und um dieses Ziel geht es neben der kuratorischen Zielsetzung letztlich auch bei Psychotherapie – beitragen, ist die Lage alles andere als hoffnungslos. Dennoch bedeutet diese relative Konstanz der Persönlichkeit tatsächlich auch, dass die Ziele einer Psychotherapie wohl weniger Veränderungen von Persönlichkeit bzw. Persönlichkeitsstrukturen – wie sich dies der psychoanalytische Ansatz in seiner Zielsetzung anmaßt (grundrechtlich übrigens höchst problematisch) sein können oder sollen, sondern Menschen und alte Menschen in Sonderheit haben ein »Recht auf Eigensinn« *(Schützendorf* 1997) und Eigenheit, selbst wenn es nicht immer einfach ist, mit solchen Eigenarten umzugehen. Aber sie sind auch Ausdruck seiner *Regu-*

lationskompetenz/-performanz und deshalb wären hier eher Hilfen angesagt, diese einzubeziehen und für neue Entwicklungen zu »öffnen«.

Den meisten Menschen gelingt offenbar mit ihren Regulationsfähigkeiten die Bewältigung ihres Alternsprozesses, ohne dass sie psychotherapeutische Unterstützung in Anspruch nehmen müssen. Bei einem Teil der älteren PatientInnen handelt es sich aber sicher um Menschen, die nicht in der (Lebens-)Lage waren (und es gibt sehr viele Faktoren, die dazu beitragen können), ihr Selbst und ihre Umgebung den veränderten Lebensbedingungen hinreichend anzupassen, sich neu zu regulieren. Im Wissen um die Wichtigkeit, welche die Bedingung der Kontrollierbarkeit von Situation und Zukunft für *alle* Menschen hat, um im Leben zufrieden sein zu können und darum, dass es im Alter u. U. adaptiver ist, das Verhältnis von assimilativer und akkommodativer Bewältigung zu Gunsten letzterer etwas zu verschieben, lohnt es sich bei einer allgemeinen Analyse der *Lebenslage (Petzold* 2000h) sicher, auch eine Bilanzierung der Kontrollüberzeugungen und -möglichkeiten vorzunehmen: Leidet die Patientin an einem Verlust an primären Kontrollmöglichkeiten und muss sie lernen, diese als irreversibel zu akzeptieren und gegebenenfalls zu kompensieren? Oder hat – im Gegensatz dazu – jemand zu früh akkommodativ reagiert und noch bestehende Handlungsmöglichkeiten übersehen und vernachlässigt oder gar nie zu nutzen verstanden? Findet sich adäquate Ressourcennutzung oder müssen Strategien *therapeutischen Resourcings* zur Anwendung kommen *(Petzold* 1997p)? Lassen sich Hilfen leisten bei der Anpassung von Umweltgegebenheiten, d. h. müssen ökologische Interventionen geplant werden, die die Belastungssituation mildern können? Was ist erforderlich, angemessene Lernprozesse zu initiieren und zu fördern, um Potenziale vorhandener Regulationskompetenz/-performanz zu nutzen, sie zu erweitern oder, wo sie dysfunktional geworden ist, sie in neuer Weise zu orientieren. Hierzu noch einige grundsätzliche Ausführungen auf der Basis der Konzepte der Integrativen Therapie:

Unter **»Regulationskompetenz«** (das ist die »software«, also die Narrative/Programme/Strukturen von Regulationsprozessen) und **Regulationsperformanz** (Vollzug von Regulationsprozessen nach diesen Programmen) verstehen wir die grundsätzliche Fähigkeit des

Organismus bzw. Subjektes, in verschiedenen Bereichen Abläufe zu steuern – von der biochemischen Ebene, über die Ebene endokrinologischer Abläufe (z. B. HPA-Achse), emotionaler und kognitiver Regulationsvorgänge bis zu höchst komplexen Regulationsmustern der »Selbstregulation« oder der Steuerung von interpersonalen Regulationsvorgängen. Programme für die Regulationskompetenzen, welche Performanzen auf unterschiedlichen Ebenen steuern, werden *Narrative* (Schemata, Muster) genannt.
Diese *Narrative interagieren* im personalen System. Sie haben eine hohe Stabilität, zugleich aber auch eine gewisse Plastizität. Sie können über spezifische Lernvorgänge, »komplexes Lernen« *(Sieper, Petzold* 2002), verändert werden. *Narrative* dürfen nicht statisch gesehen werden. Sie sind Strukturelemente in Prozessen. *Narrative*, sind damit von den Prozesen, den *Narrationen,* nicht abzulösen, haben selbst prozessualen Charakter. Prozess und Struktur, Erzählung und Erzählfolie, Narration und Narrativ stehen in einer dialektischen Verschränkung. Regulations*kompetenzen* (plur.) sind mit Regulations*performanzen* verschränkt. Basale Regulationsfähigkeiten werden zumeist aufgrund genetischer Dispositionen als *Genexpressionen* »aufgeschaltet« und führen durch Umweltantworten zu spezifischen *Genregulationen*, die funktional oder auch dysfunktional sein können. Es gibt natürlich auch umweltausgelöste *Genexpressionen* mit spezifischen Mustern der *Genregulation* – etwa bei traumatischen Erfahrungen *(Petzold* 2004l), aber auch bei Relokationen, z. B. Übersiedlung ins Heim. Es entstehen so Regulationsmuster von der intraorganismischen, neurophysiologischen oder immunologische Regulation bis zu emotionalen, kognitiven, ja interaktionalen Regulationsvorgängen – alles in ultrakomplexen »Konnektivierungen«, wie sie für ein polyzentrisches System (Gehirn/Organismus/Umwelt-System) charakteristisch sind. Von Kindheit auf bis ins Alter gewährleisten die Regulationskompetenzen und -performanzen die Lebens-/Überlebensprozesse des Individuums durch die Bereitstellung einer Stabilität in den Organismus/Umwelt-, Mensch/Mitmensch-Interaktionen. Gleichzeitig ermöglichen sie durch eine ausreichende *Plastizität* erforderliche *Passungen* bzw. Anpassungsleistungen. In Kindheit- und Jugend ist von einer höheren Plastizität auszugehen als im Erwachsenenalter oder im Senium. Prinzipiell bleibt aber eine solche Plastizität (als Neuro-

plastizität und folglich kognitive, emotionale, volitive Plastizität) bis ins hohe Alter erhalten, vor allem, wenn die Regulationskompetenzen in den verschiedenen Bereichen auch immer wieder in die Performanz kommen, praktiziert werden (»use it or loose it«), durch angemesse ne Umweltantworten unterstützt und bekräftigt werden. Das hat natürlich erhebliche Konsequenzen für Therapie und Betreuung: Für den Bereich der Gerontotherapie und angewandten Sozialgerontologie zum Beispiel wird es darum gehen müssen, Kompetenz- und Performanzabbau entgegenzuwirken etwa durch das Bereitstellen optimaler Performanzspielräume oder das Angebot und die Förderung neuer Kompetenzbildungen und Performanzmöglichkeiten unter Nutzung des Potenzials des Menschen zu »komplexen Lernen«, d. h. aber zu Veränderungsprozessen. Diese werden optimal ablaufen, wenn es zu Lernen als Erfahrungen von »vitaler Evidenz« kommen kann.

»**Lernen** bedeutet u. a. die Bereitschaft, sich neuen, ungewöhnlichen, irritierenden, befremdlichen Erfahrungen auszusetzen, ja Selbstirritationen zuzulassen, um ›sich selber zu überraschen‹ *(Nietzsche*, Menschliches, Allzumenschliches), um sich selbst zu entdecken, um die eigenen Untiefen und Tiefen auszuloten und neue Wege des *Erlebens* (*leiblich*), des *Erfahrens* (*emotional*), des *Erkennens* (*rational*) in kontextueller *Bezogenheit* zu eröffnen und zu beschreiten und die Wege solchen Erlebens, Erfahrens und Erkennens selbst wieder in den Blick zu nehmen: Sie stehen in Traditionen der Selbsterfahrung, in kulturell vorgezeichneten Mustern der Selbsterkenntnis, in Diskursen der Selbstentwicklung – und auch diese gilt es zu übersteigen, zu unterminieren, zu hinterfragen« *(Petzold* 2002b). **Lernen** – und das heißt immer auch Veränderung – erfolgt als ein *»differenzielles* und *ganzheitliches Lernen*, das *›persönlich bedeutsam‹* ist *(Bürmann* 1992)«. Und es ist in hohem Maße veränderungswirksam, wenn sich in ihm **»leibliches Erleben (1), emotionale Erfahrungen (2) und kognitive Einsicht (3) in zwischenmenschlicher Bezogenheit (4) zu Ereignissen von vitaler Evidenz verbinden, die ein anderes Wollen und Handeln (5) ermöglicht«** (vgl. *Petzold* 1992a, 827, 916 f.; *Sieper/Petzold* 1993 für die diadaktische Konzeptbildung und dieselben 2002 grundlegend für die integrative Theorie »komplexen Lernens«). Das 1. Element *leiblichen Erlebens* (das Spannung, Entspannung, Engung, Weitung, Erregung, Erleichterung, die Mimik,

Gestik, Haltung und Bewegung und die mit ihnen verbundenen neurophysiologischen und biologischen Prozesse – etwa einer veränderten Genregulation – einbezieht), verändert z. B. »eingefleischte Gewohnheiten«, einen »dysfunktionalen Habitus«, verstärkt aber auch positive »Haltungen«. Es sind **»somatomotorische Stile«**, die verändert werden. Für die Gerontotherapie heißt das, dass Verspannungszustände, Erschlaffungszustände als Folge von Bewegungsarmut mit ihren psychischen Korrelaten gesehen werden müssen. Bewegungstherapeutische Maßnahmen (also nicht nur krankengymnastische) werden hier oft notwendig und werden viel zu wenig im institutionellen Kontext eingesetzt – eine sträfliche Unterlassung. Das 2. Element, die *emotionalen Erfahrungen* sind mit dem motorischen Verhalten eng verbunden, da durch »movement produced information« (vgl. *Petzold* 2002j, 2004h, l) physiologische und emotionale Prozesse verschränkt werden. Die Modulation von Gefühlen und Stimmungen verändert »emotionale Ereignisbewertungen« *(valuations).* Neue Möglichkeiten des »emotings«, des Aufrufens oder der Regulation von Gefühlen (idem 2003a, 617 ff.) sind für Veränderungsprozesse unerlässlich, die als Veränderung **»emotionaler Stile«** gesehen werden können. Freude, Interesse, Begeisterung, Engagement, Mitleid, Liebe, Zärtlichkeit, Fürsorglichkeit usw. sind Emotionen, für die »Kontexte des Zwischenmenschlichen« (Raum für Angehörige, Kontakt mit Kindern – »Enkel-Sharing« – liebevolle Zuwendung durch das Personal, gesellige Aktivitäten, Kontakt mit Tieren, alles Maßnahmen, deren präventiver, aber auch kurativer Wert gar nicht hoch genug eingeschätzt werden kann. Das 3. Element, die Kognitionen, müssen – wenn dysfunktionale Entwicklungen vorliegen, z. B. Selbstentwertungen, Negativismus, Misstrauen, ein »Reframing« erhalten. Andere kognitive und emotionale Bezugsrahmen durch eine Art »Rahmenanalyse« *(Goffman* 1977) und darauf folgende Veränderungen im sozialen Rahmen müssen erfolgen, dadurch – und das ist das wirksamste –, dass aufgrund realer Interaktionen andere *Inhalte* und *Bedeutungen* aufgenommen, andere Bezüge hergestellt werden können, andere **»Stile des Kogniszierens«** bzw. **»kognitive Stile«** sich etablieren können, damit es zu alternativen »kognitiven Ereigniseinschätzungen« (*appraisals*) kommen kann und zu anderen »emotionalen Bewertungen« (*valuations*), beides ist oft miteinander verbunden. Dieses Geschehen findet in der Regel ohnehin 4. in »interpersonalen Systemen von Bezogenheit«, in zwischenmenschlichen Beziehungen statt: in der therapeutischen Beziehung zwischen TherapeutIn und PatientIn oder in den interpersonalen Beziehungen einer therapeutischen Gruppe oder im institutionellen Alltag, dessen Bedeutung besonderes Gewicht hat. Ein freundliches Klima in der Einzelberatung hat keine wirkliche Chance gegen einen unfreundlichen Heimalltag, wo ein solcher vorliegt. Überlastete, überfordere Pflegekräfte können das notwendige »heilsame«, »menschenfreundliche« und damit gesundheitsfördernde Klima auf Dauer nicht gewährleisten (»Ausgebranntes Personal spendet keine Wärme!«). Auf Strukturmaßnahmen kann in der Regel also nicht verzichtet werden. Zentral steht also der Transfer aus diesen Beziehungsereignissen in die Beziehungen des Alltags, wo ja letztendlich die Veränderungen stattfinden und Nachhaltigkeit zeigen sollen als Wandel von **»Beziehungsstilen«**. Oft muss sich aber auch dieser Alltag ändern, soll es zu positiven Veränderungen kommen. Hier wird eine konsequent *entwicklungsökologische (J. J. Gibson, E. Gibson)* bzw. *sozioökologische* (grundlegend *Petzold, van Beek, van der Hoek* 1994) Perspektive vertreten, die darum weiß, dass der »Aufforderungscharakter« *(Lewin, Koffka)* der Umgebung Verhalten bestimmt, von Kindesbeinen an über die Lebensspanne bis ins Senium, dass die *»affordances«* der Umgebung und die Handlungsmöglichkeiten, die *»effektivities«* des Menschen, miteinander verschränkt sind, sich bedingen – for better and worse – *(Heft* 2001), was für die Therapie in der Lebensspanne Konsequenzen hat und haben muss, für die Arbeit mit allen Altersgruppen. 5. All diese Veränderungen können sich in *fungierenden* Prozessen vollziehen, sie können aber auch bewusste Entscheidungen und Veränderungsstreben einbeziehen, gerichtet auf Momente, die man verändern *will* und handlungskonkret verändert. Es können dabei auch **»Stile des Wollens«**, **»volitionale Stile«** des Entscheidens und des Durchtragens selbst verändert werden. Die Willenskräfte können bei alten Menschen bis in die letzten Lebenstage erhalten bleiben. Sie können aber auch in kustodialen Einrichtungen durch Bevormundung, Kontrollentzug (locus of control wird überwiegend external), Aktivitätsverhinderung, Wegnahme von Verantwortungsmöglichkeiten etc. »demontiert« werden – der Begriff ist keineswegs zu hart: Disuse führt zu Kompetenz- und Performanzverlust.

Die aufgeführten fünf Veränderungsmomente fließen und wirken zusammen in der **Synergie** der **»vitalen Evidenz«**, denn es geht, wie deutlich geworden sein sollte, um komplexe Veränderungen von *Haltungen* und *Verhalten*, übergeordneten »Stilen einer Persönlichkeit« mit ihren »persönlichen Lebensstilen«.

Das Konzept der **Regulationskompetenz** muss also immer mit einer differenziellen lerntheoretischen Konzeption verbunden gesehen werden, denn:

Die grundsätzliche und umfassende *Lernfähigkeit* der Hominiden, die *Veränderbarkeit* von Genexpressionen und Genregulationen, die Neuroplastizität des menschlichen Gehirns und Nervensystems und die damit gegebene Modifizierbarkeit von kognitiven Landkarten, emotionalen Stilen, Mustern der *Regulationskompetenz/-performanz* aufgrund »fungierender Lernprozesse« oder/und »exzentrischer und reflexiver« Auswertung und volitionaler Umsetzung von Erfahrungen sind die wesentlichen, evolutionsbiologisch höchst sinnvollen Selektionsvorteile der Hominiden vom Sapiens-Typus. Diese fungierende und exzentrische Lernfähigkeit, die Ausbildung modulierbarer *Narrative* bzw. *Regulationskompetenzen* muss als das zentrale Programm, als das »Basisnarrativ« des Homo Sapiens angesehen werden, von dem alle anderen Narrative bestimmt werden können.

Das hier dargestellte Modell der Arbeit mit Regulationskompetenzen und -performanzen in komplexen sozioökologischen Lernprozessen liegt letztendlich allen psychotherapeutischen, sozio- und kreativitätstherapeutischen und milieutherapeutischen Maßnahmen zu Grunde, die in diesem Buch in Bd. 1 und 2 dargestellt wurden.

1.2 Sozialgerontologische Forschungsergebnisse

1.2.1 Soziales Netzwerk/soziale Vereinsamung/ prekäre Lebenslagen/Identitätsarbeit

Mit der höher werdenden Lebenserwartung verändern sich auch die Funktionen und Aufgaben der Generationen. Im Alter von 50–70 Jahren haben viele Menschen noch ihre eigenen Eltern, die sie (d. h. vor allem die Töchter und Schwiegertöchter) z. T. pflegen. Sie sind oft gleichzeitig schon selbst Großeltern, die auch gegenüber ihren Enkelkindern Versorgungsaufgaben übernehmen (*Kohli* et al. 2000a).

Die sich daraus ergebenden Belastungen können gelegentlich zu Überlastungen werden, bei denen vielleicht nicht nur das Ausmaß der übernommenen Pflichten ins Gewicht fällt, sondern auch die Qualität der unterschiedlichen sozialen Rollen und ihre Konfliktpotenziale. Ohnehin sieht sich der älter werdende Mensch vor die Aufgabe gestellt, seine Rollen neu zu definieren, den Verlust von alten Rollen zu bewältigen, neue anzunehmen *(Petzold, Bubolz* 1979; *Myers* 1999). Sich verändernde Rollen müssen mit einer Anpassung des Selbstbildes und Identitätsprofils einhergehen *(Brandstädter, Greve* 1994), sonst werden sie zu störenden Fremdkörpern. Deshalb muss eine identitätstheoretisch fundierte Therapiekonzeption zur Anwendung kommen, wie sie für die Integrative Therapie charakteristisch ist *(Petzold* 2001p).
Bei der Untersuchung von Veränderungen sozialer Kontakte und Rollen im Alter lag der Fokus der Aufmerksamkeit – vielleicht aus Gründen der Operationalisierung und Messbarkeit – lange Zeit eher auf dem quantitativen als auf dem qualitativen Aspekt: Wie*viele* Kontakte, wieviel Aktivität in sozialen Rollen braucht der alte Mensch zu seinem Wohlbefinden? Um diese Frage drehte sich relang die wissenschaftliche Auseinandersetzung – obwohl zwischen der Menge an sozialen Kontakten und subjektivem Wohlbefinden nur ein schwacher Bezug besteht *(Tews* 1979) –, in der das eine Lager einen selbstgewählten Rückzug aus der sozialen Verantwortung propagierte (Disengagementtheorie, *Cumming, Henry* 1961), das andere eine positive Korrelation von Aktivität mit Lebenszufriedenheit vertrat (Aktivitätstheorie, *Tartler* 1961). Spätere, differenziellere Betrachtungen und Untersuchungsdesigns legten aber nahe, dass Persönlichkeitsmerkmale dafür verantwortlich seien, ob jemand sich im Alter aus dem Sozialverband zurückziehen oder darin integriert bleiben möchte *(Havighurst* 1963a; *Havighurst, Neugarten, Tobin* 1968; *Lehr, Minnemann* 1987). Das heißt: Die Menschen sind in der Regel dann zufriedener (d. h. sie haben einen höheren »life-satisfaction-score«), wenn sie ihren bisherigen Lebensstil beibehalten können. Eher passive, häusliche Personen sind durch ihre Entlassung aus den sozialen Rollen im Alter entlastet, während eher »extravertierten«, aktiven Menschen eine weiterhin hohe Rollenaktivität mehr Zufriedenheit verschafft. Tendenziell ist aber eine geringe Aktivität im Alter öfter mit Unzufriedenheit

gekoppelt als eine hohe *(Havighurst* et al. 1969). Eine Analyse innerhalb der Bonner Gerontologischen Längsschnittstudie (BOLSA) ergab, dass die Rollenaktivität bei zwei Dritteln der untersuchten Personen über 15 Jahre hinweg insgesamt etwa gleich blieb, bei ca. 2% deutlich zunahm und bei ca. 33% abnahm *(Lehr, Minnemann* 1987). Oft verschieben sich die Intensitäten einzelner Rollen zugunsten anderer (z. B. nimmt die Aktivität in der Großelternrolle, der Rolle als Vereinsmitglied, als Verwandte/r und Bekannte/r eher zu, während diejenige der Rolle als FreundIn, NachbarIn, BürgerIn, EhepartnerIn eher abnimmt) (vgl. ibid. 83). Frauen sind im Alter zufriedener und gesünder, wenn sie im Laufe ihres Lebens verschiedene Rollen eingenommen haben (Beruf, Familie u.a.), auch wenn dies mit Mehrfachbelastung einherging *(Höpflinger* 1994). Sie können aber oft nicht mit derselben Unterstützung rechnen wie Männer im Alter, welche zum Teil lange von ihren (im Durchschnitt länger lebenden) Ehefrauen gepflegt werden *(Künemund, Hollstein* 2000; vgl. *Backes* 2001). Ohnehin schlagen sich einige soziale Geschlechterunterschiede *zu ungunsten der Frauen* nieder: Sie sind häufiger arm, alleinlebend und mit weniger (materiellen und immateriellen) Ressourcen ausgestattet *(Kohli* et al. 2000b), was in Therapie durch Netzwerkarbeit mit Empowermentstrategien berücksichtigt werden muss.
Soziale Kontakte über die Lebensspanne bleiben eher stabil, und (alte) Menschen wissen in der Regel, wieviel Kontakt sie brauchen, damit es ihnen gut geht, es sei denn, Effekte sozialer Deprivation haben schon Wirkung gezeitigt. Alte Menschen *fühlen* sich nicht einsamer als jüngere, ausgenommen über 80-Jährige (z. B. *Smith & Baltes* 1993). Das Bild des einsamen, sozial isolierten alten Menschen gehört zu den häufigsten Altersstereotypen, die, wenn man genau hinschaut, nur bedingt bestätigt werden *(Staudinger* et al. 1995) bzw. nur besondere, oft jedoch klinisch auffälligen, Gruppen betreffen, die sich dann allerdings auch in sehr schwierigen Situationen befinden. Jüngere verbringen zwar tatsächlich weniger Zeit alleine, aber der Anteil Zeit, der mit *nahestehenden* Freunden und Familienmitgliedern verbracht wird, bleibt sich über die Lebensspanne in etwa gleich *(Baltes, Wahl, Schmid-Fürstoss* 1990; *Staudinger* et al. 1995). Es gilt dabei aber zu bedenken, dass sich soziale Aktivität natürlich aus verschiedenen Gründen verändert. Einge-

schränkte Handlungs- und Bewegungsfreiheit aufgrund körperlicher Krankheiten (s. 1.1.3) können zu plötzlichen und daher dramatischen Einbrüchen im Sozialleben alter Menschen führen, genauso wie der Umstand, dass – je älter man wird – immer mehr Menschen aus der eigenen Kohorte durch Tod verlorengehen und so das soziale Netzwerk schwächen *(Petzold* 1994e; *Hass, Petzold* 1099; *Röhrle* 1994). Damit aber wird der Boden für identitätskonstituierende Prozesse, die ein zentrales Moment in jedem Netzwerk sind, unsicher. Es muss bedacht werden, dass soziale Veränderungen und Strukturen wiederum Auswirkungen auf psychische Strukturen, auf unbewusste Informationsverarbeitung, auf Abwehrmechanismen haben können oder auf kognitive Stile *(Cohen* 1990) und natürlich auf die Identitätsprozesse von Menschen, ihre **Identitätsarbeit** *(Petzold* 2001p). Als wichtiger Faktor für »erfolgreiches Altern« gilt – trotz großer individueller Unterschiede – ein gewisses Maß an produktiven Tätigkeiten, d. h. gesellschaftliches Engagement und Aktivitäten, die für andere Nutzen stiften *(M. Baltes, Montada* 1996), nicht nur, weil die solcherart trainierten Kompetenzen und Performanzen länger erhalten werden können *(Baltes* 1987), sondern auch weil dadurch eine zeitliche Strukturierung des Alltags und eine soziale Verortung in der Gesellschaft auch nach dem Wegfall der Erwerbstätigkeit aufrechterhalten werden kann *(Künemund* 2000b). Es werden konstruktive Identitätsattributionen aus positiven sozialen Kontexten möglich, die die Identität des alten Menschen stützen, bewahren, ja ihr auch Entwicklungspotenziale bereitstellen.

Eine positive Bewältigung des Alterns – jenseits von Disengagement- und Aktivitätstheorie – kann nach heutiger Sicht nur gelingen, wenn eine »permanente wechselseitige Anpassung von Handlungsplänen und Handlungsressourcen« gewährleistet werden kann *(Brandstädter, Rothermund* 1998, 237), wenn Prozesse wechselseitiger Identitätsarbeit Raum haben.

Bedeutung für die Psychotherapie: Will man die *Lebenslage* eines alten Menschen also gesamthaft beurteilen – und das ist für die therapeutische Situation sehr wichtig –, so müssen die rein psychologische Perspektive überschritten und die zusätzlich relevanten Aspekte mitberücksichtigt werden. *Naegele* (1998) unterscheidet sieben sich zum Teil überschneidende Bereiche, die durch unterschiedliche Handlungs- und Dispositionsspielräume die individuelle *Lebenslage* kennzeichnen: 1) der Vermögens- und Einkommensspielraum, 2) der materielle Versorgungsspielraum (Infrastruktur), 3) Kontakt-, Kooperations- und Aktivitätsspielraum, 4) Lern- und Erfahrungsspielraum, 5) Dispositions- und Partizipationsspielraum, 6) Muße- und Regenerationsspielraum, 7) Spielraum an Unterstützungsressourcen. Kommt es zu einer massiven Einschränkung in diesen Handlungsspielräumen und zu einer Häufung von körperlichen, seelischen und sozialen Belastungen, welche die Ressourcenlage eines Menschen zeitextendiert überfordern, so erlebt der Betreffende die Situation als eine »prekäre *Lebenslage*« *(Petzold* 2000h; *Müller, Petzold* 2000). Diese kann durch das ihr inhärente Unsicherheitspotenzial und die geringe Kontrollierbarkeit (vgl. *Flammer* 1990) psychische Störungen verursachen, die Anlass zur Behandlung in der psychotherapeutischen Praxis werden. Es wäre aber nicht angemessen, solche Probleme allein auf der »psychodynamischen« Ebene lösen zu wollen. Eine Psychotherapie, zu deren Aufgaben auch die Erweiterung eingeschränkter Handlungs- und Spielräume gehört, soll sich nicht darauf beschränken, die »klassischen« Spielräume des Verhaltens und Fühlens, des Wollens, Denkens, Kommunizierens zu analysieren, sondern sie muss deren Beeinflussung durch und Wechselwirkungen mit anderen Bereiche im Auge behalten, ja diese müssen sogar in den Veränderungsprozess und die Zielvereinbarung miteingeschlossen werden. Da eine solche Interventionspraxis aber auch die Kompetenzen und Handlungsspielräume von GerontotherapeutInnen oft übersteigt, müssen hier Allianzen mit anderen Disziplinen gesucht werden: »Die Komplexität der letzten Lebensphase, der Chancenreichtum und die Verwundbarkeit des letzten Abschnittes der Lebensspanne machen es erforderlich, dass in der Arbeit mit alten Menschen soziotherapeutisches, pädagogisches, psychotherapeutisches und medizinisches Handeln nicht voneinander getrennt werden, dass die Disziplinen Psychologie, Soziologie, Pädagogik und Medizin kooperieren« *(Petzold* 1985a).

Innerhalb der engeren psychotherapeutischen Arbeit ist den **Identitätsprozessen** besondere Aufmerksamkeit zu schenken *(Coleman* 1996; *Müller, Petzold* 1999, 2001p). Veränderte Rollen(identität), ein sich wandelndes Selbst- und Körperbild, verlorene Fähigkeiten und

Möglichkeiten und damit veränderte und ungewisse Zukunftsperspektiven erfordern flexible Strategien der Adaption und Akkommodation *(Brandstädter, Rothermund* 1998). Dies kann oft eine Überforderung für einen alten Menschen bedeuten, nicht *weil* er alt ist, sondern weil es vielleicht so viel auf einmal ist oder so einschneidend, oder weil ihm die Ressourcen oder die soziale Unterstützung fehlen. Deshalb können die »Bilanzierung« der Situation der eigenen Identität und die Aneignung neuer Aspekte (auch ungewollter) zu psychotherapeutischen Zielen werden. Es geht dann wohl weniger darum, gewisse Verhaltensmuster oder Persönlichkeitsmerkmale (vgl. 1.1.6) zu verändern, als eben neu auftretende Probleme ganz praktisch anzugehen sowie gleichzeitig sich den neuen Gegebenheiten (den unveränderbaren) auch im Selbsterleben möglichst optimal anzupassen. Insgesamt wird es eine Frage der allgemeinen geistigen und körperlichen Gesundheit, in welcher Weise Arbeit mit Identitätsprozessen zu erfolgen hat und die **Identitätsarbeit** des alten Menschen unterstützt und gefördert werden kann. **Identitätsarbeit** hat – das wurde schon in der Antike erkannt – die Aufgabe, eine hinlängliche Konsistenz des Selbsterlebens gegen die Kräfte der Veränderung in der fließenden Zeit *(Heraklit* fr. 12, 49a, 91) zu setzen. Diese Arbeit ist ein wesentlicher Bestandteil dessen, was im sokratischen Konzept mit der »Sorge um sich« *(Sokrates,* Alkibiades 129a) gemeint ist, und es ist vielleicht nicht ohne Bedeutung, dass gerade dieses Konzept in der Philosophie und Kulturtheorie der Gegenwart im Kontext des Themas »Lebenskunst« aufgegriffen wurde *(Schmid* 1999; *Petzold* 1999q), was gerade für alte Menschen ein wesentliches Thema werden kann. Die Identitätsarbeit hört ja im Senium nicht auf, wenngleich sie prekär werden kann und im hohen Senium eine besondere Sorge des Umfeldes braucht, da sie sich in Netzwerken vollzieht, denn ein soziales Netzwerk ist eine »Matrix der Identität« *(Petzold* 1994e).
»Die »Identitätsarbeit« des personalen Selbst ist grundlegend für Gesundheit, Krankheit und Persönlichkeitsentwicklung des Subjekts, aber nicht anders zielführend denkbar als im Rahmen kollektiver Arbeit an identitätssicherndern Kontexten, als in Projekten »kollektiver Identitätsarbeit«. In dieser »doppelten Identitätsarbeit« – der individuellen und kollektiven – und durch ihre koreflexiven, polylogischen und kokreativen Prozesse, macht der Mensch *»sich*

selbst zum Projekt« der »Selbstverwirklichung mit seinem relevanten sozialen Netzwerk ...« *(Petzold* 2001p).

»**Identitätsarbeit** ist die Arbeit, die der Mensch/das Subjekt, d. h. sein **Selbst** durch sein **Ich** für die Konstituierung personaler **Identität** im Rahmen des Aufbaus und des Erhalts einer Persönlichkeit *über die Lebenszeit hin* in Prozessen ›reziproker Identifizierung‹, der Vermittlung von persönlichen Bedürfnissen und gesellschaftlichen Ansprüchen bzw. Rahmenbedingungen, in Prozessen der *Differenzierung, Integration* und *Kreation* permanent zu leisten hat, denn **Identitätsarbeit** ist der sich vollziehende, fungierende und intentionale **Identitätsprozess**, ein höchst kreatives/kokreatives Geschehen, in dem das ›Kunstwerk der Person‹ entsteht und entwickelt wird« – bis in das hohe Alter (ibid.).

Eine solche Konzeption muss für die klinische Praxis Konsequenzen haben, besonders für eine, die sich als *»identitätstherapeutische«* versteht, weil sie den Menschen mit seinem sozialen Netzwerk, seinem »Weggeleit« *(convoy)* betrachtet und zu behandeln versucht *(Hass, Petzold* 1999). Life-style-Phänomene finden sich in allen *Identitätsbereichen* (im Integrativen Ansatz sprechen wir von *»Identitätssäulen«*, vgl. Bd. I) und müssen dort als Einflussgrößen für die Identitätsarbeit des Ichs beobachtet werden.

Die Abbildung auf Seite 62 stellt in kompakter Form die Integrative Identitätstheorie und den Identitätsprozess dar, wie sie als ein Kernkonzept für die Integrative Therapie charakteristisch sind, die durchaus als eine identitätsorientierte Therapie bezeichnet werden kann. Ihr in der Graphik zusammengefasstes Modell kommt sowohl in diagnostischer als auch in therapeutischer Hinsicht in allen Therapieprozessen zum Tragen. Es erfolgen wechselseitige Fremdattributionen/Identifizierungen, die zu internalen kognitven Einschätzungen *(appraisals)* und emotionalen Bewertungen *(valuations)* führen, um dann über Selbstattributionen/Identifikationen internalisiert zu werden – und das in allen Identitätsbereichen (metaphorisch »Säulen« genannt: 1. Leiblichkeit, 2. Netzwerk, 3. Arbeit/Leistung/Freizeit, 4. materielle Sicherheit, 5. Werte). Wenn die Fremdattributionen aus dem sozialen Netzwerk negativ sind, fortwährend negative Altersstereotype transportieren, also eine stigmatisierende Qualität dominiert, kann es durchaus zu Selbststigmatisierungen kommen, die im Verein mit über die Lebensspanne hin internalisier-

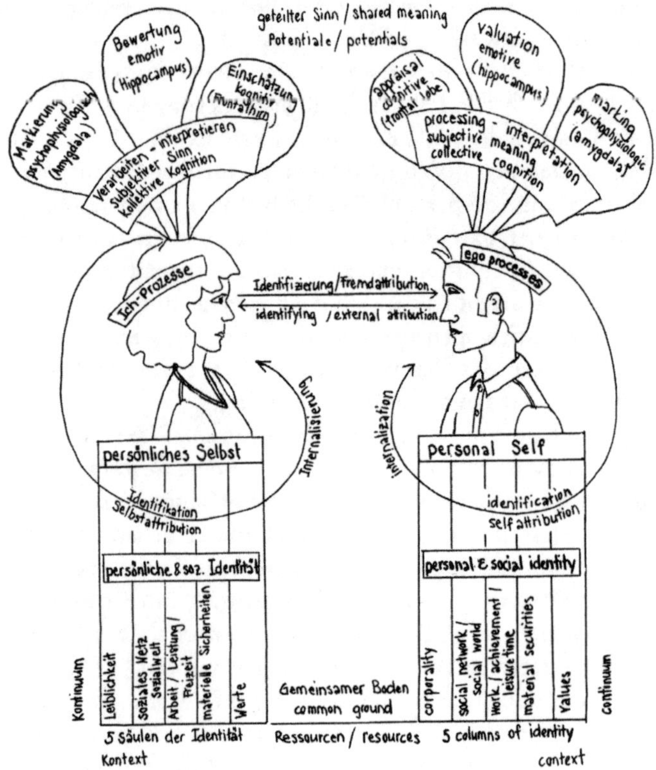

Abbildung: Das Subjekt als »Personales System: Selbst, Ich und Identität in KONTEXT/KONTINUUM – Polylogische, intersubjektive Ko-respondenz und Identitätsarbeit (aus *Petzold* 1998a, 371, vgl. 2001p).

ten negativen Altersbildern (»Feind von Innen«) zu einem negativen Selbst- und Identitätserleben führen können, Prozesse, die im Alter keineswegs selten sind. Sie machen neben der individualtherapeutischen Arbeit in besonderer Weise familien- und netzwerktherapeutische Arbeit erforderlich.

Sicher ist es grundsätzlich zu unterstützen, *Kompetenzen* und *Performanzen*, Handlungsspielräume, Netzwerkaktivitäten möglichst lange aufrechtzuerhalten, denn jede Einschränkung bedeutet auch eine Einschränkung der individuellen Freiheit und ggf. Würde und potenzielle Identitätseinbußen. Der nicht obligate (!), meist gesundheitlich bedingte Übergang in Situationen der Abhängigkeit gehört denn auch zu den identitätsbedrohendsten und am schwierigsten zu verarbeitenden Selbstbild- und Identitätskorrekturen in dieser Lebensphase und bildet oft eine der Ursachen einer Altersdepression. Dennoch meistern viele ältere Menschen diesen Schritt oder noch andere, schwerwiegendere Probleme ohne depressiv zu werden, und es stellt sich die Frage, was diesen gesund Gebliebenen geholfen hat, die Herausforderungen und Belastungen erfolgreich zu bewältigen.

1.3 »Protektive Faktoren«, »Ressourcen« bei alten Menschen/Resilienz im Alter

Der durch die Lebenslaufforschung *(Ch. Bühler, D. L. Levinson* u. a.) sich seit Ende der 60er Jahre vollziehende Paradigmenwechsel in der Entwicklungspsychologie zu einem »life span developmental approach« *(Petzold, Bubolz* 1979; *Baltes* 1990), der durch die moderne Entwicklungspsychobiologie *(Michel, Moore* 1995) noch bestärkt wurde, mag seinen Teil dazu beigetragen haben, dass eine »Psychologie des Alterns« auf wachsendes Interesse stieß *(Rutter* 1994; *Rutter, Hay* 1994; *Papouchis, Passman* 1993). Entwicklung geschieht nicht nur im Kindes- und Jugendalter, sondern über das ganze Leben hin, und sie vollzieht sich auch nicht in einer Abfolge normativer Stadien oder Entwicklungsaufgaben, wie es *Erikson, Vaillant, Havighurst, Gould* je in unterschiedlichen Ausrichtungen (vgl. *Faltermaier* et al.1992) verstehen, denn solche fallen auf ganz verschiedene Lebensverläufe und -stile *(Thomae* 1983, 1988; *Lehr, Thomae* 1987). Eine solche Konzeption kann den individuellen Lebenssituationen und Aufgabestellungen älterer Menschen also nicht gerecht werden *(Brink* 1984; *Tokarski, Schmitz-Scherzer* 1992), wie es die gerontologische Longitudinalforschung gezeigt hat *(Schmitz-Scherzer* 1987; *Schroots* 1993). Das muss eine höchst individualisierte, differenzielle Betrachtung zur Folge haben, denn die drei hauptsächlichen Einflussfaktoren, nämlich lebensalterabhängige, zeitalterabhängige und nicht-normative, werden in den verschiedenen Lebensabschnitten nicht in der gleichen Kombination wirksam *(Baltes & Danish* 1979). Darin sehen *Baltes* und *Danish* (1979) als frühe Vertreter einer systematischen »Psychologie der Lebensspanne«

eine mögliche Ursache der großen Variabilität und Multidirektionalität beim Alternsprozess (»life developmental theory«), und *Petzold* (1979k, 1999b) als Begründer einer entwicklungsorientierten »Psychotherapie der Lebensspanne« leitet daraus die Notwendigkeit altersspezifischer Therapiestrategien ab. Und »diese Konzeption des differenziellen Alterns impliziert, dass die Mehrzahl der theoriegeleiteten Interventionen im Bereich der Gerontologie differenzielle Interventionen sein müssen« (ibid.120), denn »Interventionen im Alter müssen die vergangenen, gegenwärtigen und zukünftigen Bedingungen und Kontextgegebenheiten berücksichtigen, in deren Rahmen sich der Alternsprozess abspielt« (ibid.129; *Baltes* 1973b,1979). Aus dieser Sicht nur folgerichtig sollen gerontologische Interventionen nicht erst im Alter stattfinden, sondern schon im (früheren) Erwachsenenalter *(Baltes* & *Danish* 1979). Sie müssen sich dabei auf gerontologische Längsschnittforschung abstützen, die den Schritt von einer Forschungsdisziplin in eine »gérontologie appliquée« vollzieht *(Petzold* 1965, 4, 1985, 11).
In diesem Zusammenhang ist eine erweiterte nicht-lineare Sicht »klinischer Entwicklungspsychologie« *(Petzold* 1999b; *Oerter* et al. 1999) auf die Frage der Entstehung von gesundheitlichen Störungen heranzuziehen. Es scheint sich im klinischen Feld neben der traditionellen Psychopathologie allmählich eine zweite Perspektive zu etablieren, welche Krankheit und Krankheitsentstehung nicht nur aus ihren Symptomen und deren (vermeintlichen) Ursachen verstehen will, sondern die, ausgehend vom Wissen um das gesunde Funktionieren, die Psychopathologie begreifen will, indem die Gesamtorganisation des Menschen und seines sozialen Systems betrachtet wird *(Petzold* et al. 1993, 174). Aus dieser Zusammenschau von Entwicklungspsychologie, Sozialpsychologie und Psychopathologie hat sich eine neue Disziplin herausentwickelt, die *developmental psychopathology (Achenbach* 1982) oder im deutschsprachigen Raum auch die »klinische Entwicklungspsychologie« *(Oerter* et al. 1999; *Petzold* 1994j), die sich nicht nur der Entstehung von Krankheit zuwendet, sondern auch der Entstehung bzw. Aufrechterhaltung von Gesundheit, einer Salutogenese *(Antonovsky* 1987; *Petzold* 1992a; *Lorenz* 2004), und die sich an einer Theorie der »Lebensspanne« *(Baltes* 1987; *Petzold* 1979) und – methodisch – an Longitudinalstudien orientiert *(Rutter* 1987). Damit rückten Kon-

zepte wie das der *Resilienz* oder das der *protektiven Faktoren (Rutter* 1985, 1987; *Rolf* et al. 1990; *Petzold* et al. 1993; *Petzold, Müller* 2001) ins Zentrum der Aufmerksamkeit. Ursprünglich auf die »Widerstandsfähigkeit« von Kindern und Jugendlichen gegenüber kritischen Lebensereignissen gerichtet *(Garmezy* 1984), fand das Konzept der »Resilienz«, obwohl theoretisch noch nicht hinreichend abgegrenzt *(Polk* 1997), zunehmend auch Eingang in die Forschung zu Kindes- *(Müller, Petzold* 2001) Erwachsenen – (hier oft in Verbindung mit einer spezifischen Krankheit [z.B. für AIDS: *Rabkin* 1993]) und höherem Lebensalter *(Wagnild & Young* 1990). Es geht dabei um »*die Aufrechterhaltung normaler Entwicklung trotz vorliegender Risiken und Beeinträchtigungen« und um »die Wiederherstellung normaler Funktionsfähigkeit nach erlittenem Trauma« (Staudinger, Freund* 1998, 78).

Daneben geht es aber auch um die Faktoren, die diese Fähigkeiten entweder unterstützen (protektive Faktoren, *Rolf* et al. 1990) oder aber sie gefährden (Risikofaktoren). Diese Faktoren können auf unterschiedlichen Ebenen gefunden werden. *Garmezy* (1987) ordnet die protektiven Faktoren in die drei Gruppen »Persönlichkeitsfaktoren« (Autonomie, Selbstwert, soziale Orientierung), »Familienzusammenhalt« (familiäre Wärme, Bestätigung, Abwesenheit von Streitigkeiten) und »externe Unterstützung, Förderung, Ermutigung« (vgl. *Petzold* et al. 1993). *Foster* (1997) gliedert die Variablen des vergleichbaren CAR-Konzeptes (Coping, Adaptation, Resilienz) in die Bereiche »demographische Funktionen (u.a. Alter, Geschlecht, Ethnie), »sozioökonomische Funktionen« (u. a. Bildung, Einkommen), »Ressourcen« (u. a. personale, soziale, kulturelle, finanzielle, Gesundheit), »adaptive Erfahrungen und Zugangsweisen« (u. a. Copingstil, [Selbst]Vertrauen, persönliche »philosophy«, Mastery) und »gegenwärtige adaptive Bemühungen« (u. a. Kenntnisse über Ressourcen, Stabilität der Ressourcen, Antizipation und Einschätzung von Situationen, Auswahl von Strategien). Das Thema der **»protektiven Faktoren«,** die eine schützende, sichernde, fördernde Funktion haben, und der **»Resilienzen«**, der *Widerstandskräfte, die aufgrund submaximaler,* **bewältigbarer** *Belastungssituationen, welche ggf. noch durch protektive Faktoren abgepuffert wurden, ausgebildet werden konnten,* sich herausbilden, wurde schon in diesem Werk Bd. I ausführlich behandelt.

Die Fruchtbarkeit dieser Konzepte für die Psychotherapie ist indes noch gar nicht genügend erkannt, geschweige denn ausgeschöpft worden. Zu wissen, welche Faktoren es dem einen Menschen ermöglichen, trotz vieler widriger Ereignisse im Leben gesund, integer, zufrieden zu bleiben, während ein anderer bei vergleichbaren Belastungen Krankheiten, klinisch relevante Störungen, Verbitterung – ein »*embitterment syndrome*« gar – o.ä. entwickelt, ist schon sehr aufschlussreich und gibt mancherlei Hinweise auf mögliche Interventionen und Unterstützungsmaßnahmen. Gerade »*Verbitterung* in trostlosen Zeiten« zu verhindern, ist für die Alterspsychotherapie eine bedeutsame Aufgabe, in der »*Trostarbeit*« *(Petzold* 2004l) – vernachlässigter Bereich der Psychotherapie – eine besondere Bedeutung zukommt.
Bezogen auf alte Menschen ist es interessant zu sehen, welche Faktoren zu einem gesunden, langen Leben beigetragen haben, welche protektiven Faktoren im Falle einer im Alter auftretenden psychischen Krankheit nicht mehr wirksam oder weggefallen sind, welche im Leben erworbenen Resilienzen geschwächt wurden und welche Kompensationsmöglichkeiten zu nutzen wären.
Während sich die physische Gesundheit im Alter oft verschlechtert *(Oster, Schlierf* 1998), bleiben offenbar psychische Fähigkeiten erstaunlich stabil über das Leben hinweg, wie dies für die Grundpersönlichkeit (basic personality) *(Costa* et al. 1994), für einzelne Persönlichkeitsmerkmale wie Coping- und Abwehrstrategien *(Diehl* et al. 1996) oder für kognitive Fähigkeiten (wie Intelligenz, Gedächtnis) *(Verhaeghen* et al. 1993; *Schaie* 1994) (vgl. 1.1.5; 1.1.6) bereits bestätigt wurde. Ins Wanken kommen diese Funktionen in Zeiten großer und/oder anhaltender Belastungen, auch (chronischer) Stress genannt, der Menschen krank macht. Wie der einzelne jedoch auf solche Belastungen reagiert, hängt natürlich von sehr vielen Faktoren ab, unter anderem sicher stark von der Art und der Dauer des Stressors. *Foster* (1997) berichtet von verschiedenen Studien, die die Reaktion von älteren Menschen auf Stressoren und deren Nachwirkungen auf sie beleuchteten. Es wurde in einigen Untersuchungen gezeigt, dass gerade die älteren Betroffenen nach Katastrophen (Dammbruch, Raketenangriffe, Erdbeben) – nach akuten Stresserlebnissen also – am wenigsten unter psychologischen Langzeitfolgeschädigungen zu leiden hatten *(Green* et al. 1995; *Kark* et al.

1996; *Leor* et al. 1996). Am ersten Tag der Scud Missile-Angriffe des Irak auf Israel schnellte zwar die Sterblichkeit in die Höhe (in den meisten Fällen lagen Herz-Kreislauf-Probleme zugrunde), doch sank sie danach schnell wieder ab und betraf im übrigen alle Altersgruppen gleich außer – die der sehr alten Männer *(Kark* et al. 1996)! Die hier gefundene Widerstandsfähigkeit (resilience) alter Menschen darf nun aber natürlich nicht generalisiert werden. Andere Studien haben ergeben, dass z. B. Kriegsereignisse oder andere Katastrophen gerade ältere Menschen besonders traumatisierten, weil bei ihnen – z. B. in einem historisch besonders konfliktträchtigen Kontext wie Ex-Jugoslavien lebend oder durch andere Vorgeschichten geschädigt –, dadurch z. T. lange zurückliegende Stressoren/Traumata wieder aktualisiert wurden und sie beispielsweise ein »retroaktives PTSD« entwickelten und eine Vulnerabilität erworben haben *(Petzold, Wolf* et al. 2000; *Hunt* et al. 1999; *Aarts, op de Velde* 2000).
Bei chronischem Stress, wie ihn beispielsweise BetreuerInnen von unruhigen dementen PatientInnen erleben, ließ sich auch zeigen, dass die älteren unter ihnen keineswegs stärker gefährdet waren, aufgrund der großen Belastung durch die Pflege und vor allem des oft schwierigen zwischenmenschlichen Umgangs mit den Betreuten psychiatrische Symptome oder Syndrome zu entwickeln *(Schulz* et al.1990). Wenn BetreuerInnen psychiatrisch krank wurden, dann waren es meist die, die bereits *vor* dieser Belastungszeit schon einmal Episoden psychiatrischer Störungen hatten *(Russo* et al. 1993), also bereits vulnerabler waren. Auch bei chronischem Stress in Form eines Aufenthaltes in einer medizinischen Langzeiteinrichtung, auf die in vielen Fällen mit depressiven Symptomen reagiert wird, ließ sich kein alterspezifischer Unterschied in der Häufigkeit von Belastungsreaktionen ausmachen *(Foster* et al. 1991).
Psychologische Widerstandskraft – so verdeutschen wir den Begriff »resilience« – im höheren Alter (und nicht nur in diesem) hängt offenbar stark mit der kognitiven Einschätzung (*appraisal*) und der emotionalen Bewertung (*evaluation*) – wir treffen diese Unterscheidung *(Petzold, Wolf* et al. 2000) – der adversiven Umstände zusammen. Die Art und Weise, wie und mit welcher Haltung über die kritischen Lebensereignisse berichtet wurde, sagte mehr über die gegenwärtige Funktionstüchtigkeit aus als der »objektive« Schweregrad der Ereignisse *(Colerick* 1985). Ältere Menschen mit hoher

psychologischer Widerstandsfähigkeit hatten in dieser Untersuchung von *Colerick* offenbar gemeinsam, dass sie Veränderungen als unvermeidlich, herausfordernd und bewältigbar anzusehen gelernt hatten. Hoffnungslosigkeit, Hilflosigkeit und Angst als Reaktionsmuster auf widrige Ereignisse gehen hingegen mit einer schlechteren Gesundheit und geringerer Widerstandskraft im Alter einher. Die Menschen mit einer optimistischen Haltung in widrigen Zeiten scheinen ihren guten Gesundheitszustand und ihre Abwehrkräfte auch besser bewahren zu können. Gleichzeitig sind es auch diese Menschen, die eine robustere »Gesundheitsgeschichte« haben und eine ausgewiesene höhere Schulbildung. Auch diese beiden Faktoren wirken offenbar protektiv, wobei eine vorgängige schlechte Gesundheit nur einen indirekten Effekt zeigt, indem sie nämlich bei den Betreffenden Hoffnungslosigkeit, negative Überzeugungen und düstere Zukunftsperspektiven auslöst. Interessanterweise schlug sich die Qualität der Kindheit nur insofern auf die allgemeine Widerstandskraft nieder, als die Wahrscheinlichkeit, während harten Zeiten ein supportives Umfeld zu finden, erhöht wurde, was gegen die einseitigen auf negative Auswirkungen zentrierten psychoanalytischen bzw. tiefenpsychologischen Konzeptualisierungen von belastenden Kindheitserfahrungen spricht.
Aus den Ergebnissen ihrer Longitudinalstudie über sechs Jahre leiten *Unger* et al. (1997) ab, dass sowohl *soziale Interaktionen* als auch *körperliche Aktivität* einen je unabhängigen förderlichen Einfluss auf spätere funktionale Leistungsfähigkeit haben und für diese als Prädiktoren gesehen werden können (gemessen als funktionelle Alltagstätigkeiten, die ohne Probleme selber ausgeführt werden können, z. B. gehen, baden, sich ankleiden, essen, Essen zubereiten, schwere bzw. leichte Hausarbeit usw.). Außerdem werden bei denjenigen unter den älteren Menschen, die in stärkere soziale Interaktionen und körperliche Aktivitäten involviert sind, die negativen Effekte eines allfälligen Witwenstandes gemildert *(Roos, Havens* 1991; *Ferraro* 1989), besonders bei den ohnehin weniger gesunden Personen. Die Studie von *Unger* et al. (1997) zeigte im übrigen auch, dass soziale Interaktion und körperliche Aktivitäten je eine eigene, unabhängige Wirkung haben. D. h., dass die positive Wirkung sozialer Interaktionen auf die Gesundheit nicht einfach dadurch erklärt werden kann, dass sozial aktive Menschen ja auch körperlich

eher aktiv sind. Außerdem waren diese Effekte auch unabhängig von anderen möglicherweise konfundierenden Größen wie Geschlecht, Alter, Bildung, Einkommen, vorgängige Geschichte chronischer Krankheiten, Minoritätenzugehörigkeit. Allgemein waren die Effekte *körperlicher Betätigung* stärker als diejenigen von *sozialen Interaktionen*, was vermuten lässt, dass ein »sitzender Lebensstil« sich schädlicher auf die Gesundheit auswirkt als soziale Isolation – wobei hier der bisherige Lebensstil sicher eine intermittierende Rolle spielt. Die als *direkter* Effekt nachgewiesene Wirkung dieser beiden Variablen lässt außerdem darauf schließen, dass sie *unabhängig vom Grad der belastenden Lebensereignisse eines Individuums* wirken. Dass »soziale Interaktionen« und »körperliche Betätigung« für alte Menschen nützlich sind, gehört mittlerweile beinah zum Allgemeinwissen. Entsprechend wird dafür geworben, und in vielen Alteneinrichtungen werden Bemühungen spürbar, diese protektiven Faktoren zu unterstützen. Zuweilen hat sich aber ein derart starker Abbau dieser Aktivitäten eingestellt, dass ohne motivierende und psychosoziotherapeutische Maßnahmen diese so unerlässlichen, gesundheitserhaltenden und lebensverlängernden Performanzen kaum wieder gewonnen werden können. Damit solche Maßnahmen jedoch nicht zur bloßen Beschäftigung oder gut gemeinten Anregung verkommen, müssen sie in einen größeren Zusammenhang eingebettet werden, in dem z. B. auch der *Kontakt- und Aktivitätsspielraum (Naegele* 1998) und die *Kontrollierbarkeit* und Autonomie innerhalb dieses Raumes *(Schmitz-Scherzer* 1998) gewährleistet ist.
Da unter den alten Menschen jetzt und auch in Zukunft ein hoher Anteil Frauen sein wird, der psychosoziale Dienste in Anspruch nehmen wird, ist es wesentlich, das Augenmerk auch auf geschlechtsspezifische Unterschiede zu legen *(Padgett* et al. 1998; *Backes* 2000; *Höpflinger* 1994). Dabei ist zu berücksichtigen, dass sich bereits im Gesundheits*verhalten* Unterschiede ausmachen lassen: Frauen (nicht altersspezifisch) nehmen die allgemeinen Gesundheitsdienste eher in Anspruch *(Kessler* et al. 1981) als Männer. Sie nehmen emotionale Probleme eher bei sich wahr und suchen dafür Rat/Behandlung, und Ärzte erkennen emotionale Probleme von Frauen auch eher als die von Männern *(Cleary* et al. 1990). Die Schwelle – besonders von Hausärzten –, bei Frauen eine psychiatrische Diagnose zu stellen ist

tiefer als bei Männern, deren Alkoholprobleme z. B. oft als nicht-psychiatrisch eingeschätzt werden *(Hohmann* 1989). Zu den Risiken, die mit der so genannten »double jeopardy«, der doppelten Gefährdung von Frauen, nämlich durch Sexismus und Ageism (Altenfeindlichkeit), verbunden sind, zählen ›unverhältnismäßig große ökonomische Verluste‹, eine ›größere Wahrscheinlichkeit für Witwenstand oder Alleinleben‹, ›gesellschaftliche Abwertung‹ und ›Belastung durch Pflege von Ehemann und/oder alter Eltern‹ *(Padgett* et al. 1998).

Psychologische Widerstandskraft hat mit Durchhaltevermögen und Beharrlichkeit auf der einen Seite und mit Flexibilität und Anpassungsfähigkeit auf der anderen Seite zu tun. In der Fähigkeit, das Wechselspiel zwischen Kontinuität und Diskontinuität nicht nur auszuhalten, sondern zu nutzen und daran zu wachsen könnte ein Schlüssel von Resilienz liegen. So hat sich gezeigt, dass für alte Frauen Rollen*inkonstanz* über das Leben hin einen bedeutenderen protektiven Faktor darstellt als Rollenkonsistenz, da Sozialisationseinflüsse die Frauen zu ständiger Rollenanpassung zwingen, wodurch sie Flexibilität und Anpassungsfähigkeit für das Alter gewinnen können *(Kline* 1974; *Höpflinger* 1994). Verschiedentlich wurden auch protektive Einflüsse von Religiosität auf die Gesundheit empirisch untersucht, wobei diese mehrmals mit einer tieferen Mortalitätsrate – generell und für spezifische Todesursachen (z. B. Krebs) – in Verbindung gebracht wurden (z. B. *Strawbridge* et al. 1997; *Dwyer* et al. 1990). *Strawbridge* et al. (1998) prüften in einer neueren Untersuchung die eventuelle Puffer-Qualität von Religiösität für die Effekte verschiedener Stressfaktoren auf Depression. Die Untersuchungen werfen viele Fragen auf. Haben religiöse Menschen »konservativere« Lebensstile, die stressärmer sind? Sind ihre »Verhältnisse« geordneter, sodass es weniger leicht zu *Erosion »persönlicher Tragfähigkeit«* kommt *(Petzold* 2000h)? Dass Religiosität nicht schlicht als »gesund« attribuiert werden darf, zeigen alle Untersuchungen zu Religion und Depression. Das Ergebnis: Religiosität schützt bei nicht-familiären Stressoren gegen Depression, verstärkt jedoch u. U. die Anfälligkeit für Depression, wenn familiäre Krisen zu bewältigen sind.

1.4 *Zusammenfassung der wichtigsten Forschungsergebnisse und einige Folgerungen für die Diagnose und Interventionen in der Psychotherapie mit alten Menschen*

Zunächst sprechen die Forschungsergebnisse für den Einsatz mehrdimensionaler (methodenübergreifender/integrativer) Vorgehensweisen in der Psychotherapie mit älteren und alten Menschen: kognitive Interventionen (Neuorientierung, Veränderung von Einstellungen, [Kontroll]überzeugungen), Einüben von Verhaltensänderungen (soziale Kompetenzen/Performanzen, Kontaktverhalten) können genau so sinnvoll sein wie psychoedukative kreativ-therapeutisch aktivierende oder wie milieutherapeutische Maßnahmen (Veränderung des Wohnumfeldes) *(Schmitz-Scherzer* 1998) und soziotherapeutische Unterstützung. Immer ist komplexes Lernen zu fördern und sind die **Regulationskompetenzen** und **-perfomanzen** der Menschen zu unterstützen, nicht zuletzt durch sozioökologische Interventionen, die Veränderungen der Umwelt miteinbeziehen. Weiterhin ist zu beachten, dass die psychopathologieorientierte Perspektive konventioneller Psychotherapie zu einer Orientierung auf *Salutogenese (Lorenz* 2004) und Persönlichkeitsentwicklung überschritten werden muss. Psychotherapie muss »gelingendes Altern« unterstützen und fördern. *Saup* (1998) weist in seinem Ansatz des »konstruktiven Alterns« darauf hin, dass Anforderungen und Belastungen auch im Alter noch als Entwicklungsaufgaben angesehen und genutzt werden können. Er warnt im übrigen vor einseitiger Fokussierung auf das »erfolgreiche Altern« (vgl. *Baltes, Kohli, Sames* 1989), da die Konfrontation mit Problemen (als Katastrophen, Belastungen, Typ B) und Anforderungen bzw. Lösungsaufgaben (als Chancen, Typ A) und die damit verbundenen Entwicklungspotenziale immer auch die Möglichkeit des Scheiterns beinhalten.

Folgende Perspektiven sollen hervorgehoben werden:

- Es wäre verlockend einfach, Einzelergebnisse über »protektive Faktoren« und »Resilienzen«, wo sie denn vorhanden sind, »eins zu eins« in die psychotherapeutische Praxis zu übertragen: »Soziale Interaktionen schützen gegen spätere funktionelle Einbußen, welche eine Depression verstärken oder auslösen können, also verordnen wir der depressiven Psychotherapieklientin doch den Beitritt zu einem Quartierverein!« Leider kann solch rezeptartige Verwendung nach dem Prinzip der »minimalen Intervention« *(Pinquart* 1998) nicht funktionieren. Die Schwierigkeit bei der Sichtung und Wertung all dieser Forschungsergebnisse liegt sicher darin, sie bzw. daraus gefolgerte Interventionen auf die *Lebenslage (Naegele* 1998; *Petzold* 2000h) eines einzelnen Patienten abzustimmen, nach sorgfältiger Diagnose seiner Ressourcen, protektiven Potenziale, Resilienzen, Reserve-Kapazität *(Baltes* 1987), Risiken, Belastungen, Störungen und Schädigungen *(Petzold, Osten* 1998) diese Faktoren adäquat einzuschätzen und zu gewichten. Für die Diagnostik, die als Statusdiagnostik (ICD-10, DSM-IV, spezifische gerontopsychiatrische Diagnoseinstrumente) und prozessuale Diagnostik mit Lebenslage-, Netzwerk-, Ressourcen-, Problem- und Potenzial-Analyse *(Petzold* 1997p) durchgeführt werden muss, bedeutet dies, dass am Anfang bzw. im Verlauf einer Therapie auch eine ›Bilanz‹ von protektiven Faktoren, Resilienzen und Risikofaktoren gemacht werden muss, um herausfinden, ob es positive Einflüsse gibt, die im Rahmen der Therapie und/oder durch öffentliche Agenturen der Hilfeleistung gefördert werden können. Auch muss immer in Betracht gezogen werden, dass zwischen verschiedenen Bereichen möglicher Intervention und über die Zeit immer positive und negative Wechselwirkungen entstehen können *(Staudinger* et al. 1995). So kann z. B. eine Abmagerungskur auf der einen Seite das Erreichen von mehr Mobilität , auf der anderen Seite aber den Verlust von Lebensqualität, ja Depression zur Folge haben.

- Bei der Anamnese und der Behandlungsplanung genügt es u. U. nicht, die Störungssymptome zu erfassen und nach deren biographischen, unbewussten, situativen, familiären Ursachen zu suchen. Es gilt auch herauszufinden, welche protektiven Faktoren, die eine Krise, eine Dekompensation, eine Erkrankung hätten verhindern können, gefehlt haben, und vor allen Dingen, welche davon man nun aktivieren, fördern und stützen könnte, um Rückfälle zu vermeiden, um nachhaltige Verbesserung zu erreichen.
- Ambulante und stationäre (psycho)therapeutische Behandlungskonzepte könnten den Erkenntnissen der Ressourcen- und Resilienzforschung noch weit besser Rechnung tragen, indem z. B. Hilfeleistungen zur Förderung und Erhaltung von »supportiven«

sozialen Netzwerken, das Nutzen ihrer Potenziale *(Petzold* 1979b) gezielt gefördert werden können, z. B. durch die Vermittlung von problemlösenden Techniken, von adäqatem Hilfesuchverhalten und Information *(Schaefer, Moos* 1992; *Petzold* 1997p).

- Analog zum Konzept des »significant caring adult« bei Kindertherapien und des »intuitive parenting« kann die Bereitstellung von Bezugspersonen überlegt werden, die vorübergehend Ersatzfunktionen für ein fehlendes Netzwerk übernehmen *(Petzold* et al. 1993; *Hass, Petzold* 1999).
- Wenn man Resilienzen besser erfassen könnte und Interventionen erarbeitet würde, diese Resilienzen zu verbessern, dann könnten TherapeutInnen und Pflegefachleute (bzw. interdisziplinäre Behandlungsteams in Behandlungsinstitutionen) die Verbesserung der Resilienz in Behandlungs-und Pflegepläne aufnehmen (in Heimen), evt. Krankheit dadurch verhindern und in Krisenzeiten die Resilienz von Klienten »polstern« (buffering, *Jacelon* 1997, 128) und gesundheitsfördernde Veränderungen (im Sinne einer »ökologischen Gerontologie«) anstreben *(M. Baltes, Wahl* 1998).

2. Psychotherapie-Forschung

Wie Psychotherapie überhaupt muss auch die Behandlung alter Menschen auf »evidenzbasierten«, forschungsgestützten Modellen gründen. Es sollen deswegen im Folgenden Untersuchungen der Psychotherapieforschung mit einem Schwerpunkt auf Wirksamkeitsstudien und einem weiteren auf störungsbildspezifischen Studien vorgestellt werden, denn ihre Ergebnisse sind für ein differenzielles und integratives Vorgehen unverzichtbar.

2.1 Allgemeine Ergebnisse der Psychotherapieforschung und ihre Bedeutung für die Behandlung

»Es besteht kein Zusammenhang zwischen dem Alter eines Patienten und dem Erfolg einer Psychotherapie bei alten Menschen, wohl aber ein Zusammenhang zwischen der Abneigung und den Verdrängungspozessen des Therapeuten gegenüber Alter und Tod und dem Erfolg seiner Therapie« *(Birbauer* 1986, zit. nach *Fuchs, Kurz*

1993; *Smith, Glass* 1977). Die Scheu vieler PsychotherapeutInnen vor der Auseinandersetzung mit dem Alter und die letztlich in einem Defizitmodell des Alterns begründeten niedrigen Erfolgschancen, die sie einer Psychotherapie mit alten Menschen geben, sind mit ein Grund dafür, dass die Forschung auf diesem Gebiet noch immer rückständig ist *(Lehr* 1996; *Häfner* 1986). *Heuft* und *Marschner* (1994) fanden in den Datenbanken MED-LINE, PsycLIT und PSYNDEX und unter Berücksichtigung greifbarer Monographien aus den Jahren 1970–1990 gerade einmal 406 Publikationen, die sich mit Psychotherapie (im engeren Sinne nach *Strotzka* 1978) mit AlterspatientInnen befassen. Nur 10% davon sind Therapiestudien, bei den anderen handelt es sich um Übersichtsarbeiten und Kasuistiken. Seit 1991 nimmt die Gesamtzahl der Publikationen zum Alter generell schnell zu. Zu den verschiedenen Verfahren und Methoden liegt dabei aber – ähnlich wie bei der Psychotherapieforschung im allgemeinen – Literatur in sehr unterschiedlichem Umfang vor *(Grawe* et al. 1994). Theoretische Arbeiten auf der konzeptuellen Basis der Psychoanalyse, der Verhaltenstherapie und der humanistischen Therapieverfahren überwiegen deutlich gegenüber anderen Verfahren *(Heuft, Marschner* 1994), wobei von den Mainstream-AutorInnen der »Richtlinienverfahren« notorisch die Arbeiten aus den systemischen und humanistischen Bereichen ausgeblendet oder offenbar systematisch übergangen werden, obgleich man von ihnen inzwischen Erkenntnisse und Methoden (in der Regel ohne Nennung) übernimmt. Bezüglich Outcome-Studien kann die Verhaltenstherapie aufgrund ihrer Forschungstradition, aber auch aus methodischen Gründen (leichter abgrenzbare und operationalisierbare Therapieziele) die meisten Resultate vorweisen (ibid. 212). Unabhängig vom Verfahren kommt bei der Auswertung von Psychotherapie bei alten Menschen noch dazu, dass die verwendeten Tests in den wenigsten Fällen für diese Altersgruppe(n) validiert sind und dass somatische Krankheiten und Beeinträchtigungen vermehrt die Ergebnisse beeinflussen können. Diese Ausgangslage macht einen Vergleich verschiedener Verfahren sicher problematisch, zumal die Studien selbst große qualitative Unterschiede aufweisen. Außerdem wurde in den bisherigen Untersuchungen, wie *Heuft* et al. (2000, 328) zu recht bemängeln, die immense interindividuelle Variabilität im Alter viel zu wenig berücksichtigt. Der Erfolg von Psychotherapie im Alter müsste demnach eigentlich auch in Relation zu psychosozialen Rahmenbedingungen und körperlicher Gesundheit gemessen und ausgewertet werden. Dabei kommt qualitativen Forschungsansätzen, differenzierten Einzelfallstudien und Untersuchungen mit »sophisticated designs«, die qualitative und quantitative, klinische und sozialwissenschaftliche Ansätze kombinieren *(Steffan, Petzold* 2001) in Zukunft besondere Bedeutung zu.

2.2 *Methodenspezifische Ergebnisse*

In den bisher vorhandenen Therapievergleichsstudien zur Psychotherapie im Alter – der größte Teil befasst sich mit der Behandlung depressiver PatientInnen – lassen sich laut *Heuft* und *Marschner* (1994) keine nennenswerten Effektivitätsunterschiede zwischen den untersuchten Methoden und Verfahren nachweisen (z. B. *Gallagher-Thompson* et al. 1990; *Steuer* et al. 1984; *Scogin* et al. 1989; *Weinman* et al. 1972). »Diese Aussage bildet jedoch letztlich die Wirklichkeit des therapeutisch Erreichbaren in keiner Weise ab, da vor allem hinsichtlich der Outcome-Kriterien zwischen den einzelnen Studien enorme qualitative Unterschiede zu verzeichnen sind. Einen weiteren schweren Mangel stellen die in der Regel völlig unklaren Eingangskriterien der Patienten zu Therapiebeginn dar« *(Heuft, Marschner* 1994, 213). Unter diesen und den weiter oben genannten Voraussetzungen ist es natürlich sehr problematisch, relevante Aussagen zum Vergleich der untersuchten Methoden zu machen. Insgesamt finden sich häufig unklare oder widersprüchliche Ergebnisse.
Vergleichsstudien: Im Vergleich von Remotivationstherapie und psychodynamisch orientierter Therapie bei Dementen fanden *Birkett* und *Boltuch* (1973) keine nachweisbaren Unterschiede, beide Methoden führten zu Verbesserungen von interpersonalen Beziehungen (gemessen mit der Pablo Altro Scale und dem Remotivation Progress Report). Hingegen zeigte bei *Poeples'* (1985) Studie die Validationstherapie bessere Erfolg bei der Behandlung von dementen PatientInnen als die Methode der Realitätsorientierung. Bei der Behandlung von Angststörungen waren in einem Outcome-Vergleich weder der kognitiv-behaviorale Ansatz, noch die Methode der Reminiscing-Activity-Gruppe erfolgreich *(Scates* et al. 1985/86),

in einer anderen Studie waren Techniken der Meditation und Entspannung einer kognitiv-behavioralen Therapie überlegen *(Deberry* et al. 1989). Signifikant bessere Ergebnisse ergab die Behandlung von Schizophrenie-PatientInnen mit einer »socioenvironmental therapy« gegenüber Desensibilisierungs- und Entspannungsmethoden *Weinmann* et al. (1972), wobei hier alle drei Verfahren positive Veränderungen (bezüglich Selbstbehauptung und Angstgefühlen) bewirkten. Keinen signifikanten Unterschied bezüglich Outcome fanden *Gallagher* und *Thompson* in ihren drei Studien von 1982, 1983a, b und 1990, in denen jedesmal kognitive Therapie, behavioristische Therapie und eine psychodynamisch-eklektische Therapieform in der Behandlung von depressiven PatientInnen verglichen wurden. Einzig in Nachfolgeuntersuchungen von 6 Wochen bzw. einem Jahr zeigte sich eine Verschlechterung bei den mit der psychodynamisch-eklektischen Methode Behandelten, während bei den beiden anderen Gruppen der Erfolg konstant blieb (idem 1983a, b). Auch nach *Steuer* et al. (1984), der drei Verfahren (ein psychodynamisches, ein entwicklungsorientiertes und ein kognitiv-behaviorales) in der Gruppenbehandlung von Menschen mit Depressionen prüfte, sind die Verfahren gleich wirksam (wenn man als Kriterien eine Verminderung der depressiven Symptome, eine Verbesserung interaktionaler und sozialer Funktionen und die Unterstützung des Selbstwertes misst). Keines ist so effizient wie *Psychopharmakotherapie (Steuer, Hammen* 1983), aber jedes ist signifikant besser als keine Behandlung *(Steuer* et al. 1984).
Das heißt nun nicht, dass die Verfahren alle gleich gut (oder gleich schlecht) sind. Aus den Ergebnissen kann auch geschlossen werden, dass nicht alle PatientInnen auf die gleichen Behandlungsarten gleich gut ansprechen bzw. die verschiedenen Verfahren und Methoden bei einem gewissen PatientInnentyp wirksamer ist als bei anderen *(Beutler & Clarkin* 1990). So muss man also vermehrt davon ausgehen, dass integrative Modelle die wirksamsten therapeutischen Werkzeuge zur Verfügung stellen *(Leszcz* 1990; *Sponsel* 1995; *Norcross* 1995; *Petzold* 1997p, 2001) und die diversen Methoden nach einer differenziellen Indikation eingesetzt am meisten Erfolg haben *(Heuft, Marschner* 1994, 213; *Fuchs, Kurz* 1993). Im weiteren erweist es sich als sinnvoll, den Begriff der Psychotherapie breiter zu definieren und z. B. Arbeit mit dem sozialen Netzwerk,

Gruppen für wechselseitige Hilfe u. ä. darin einzuschließen *(Cohen* 1990; *Hass, Petzold* 1999).

Verhaltenstherapie: »Trotz vielversprechenden Ansätzen ist der Kenntnisstand im Bereich der Verhaltenstherapie und Verhaltensmedizin bei Älteren noch unzureichend. (...) Forschungsdefizite existieren bei der vergleichenden Therapieforschung, der Frage der Indikation von Verhaltensmedizin und Verhaltenstherapie und der Kombination dieser Methoden mit anderen Behandlungskonzepten.« So fasst *Hautzinger* die Situation bezüglich Verhaltenstherapie 1994 (S. 71) zusammen. An dieser Situation hat sich leider kaum etwas verändert. Vergleichsstudien haben immerhin belegt, dass die Verhaltenstherapie in der Behandlung von leichter und mittelgradig ausgeprägter Depression erfolgreich und der *kognitiven Therapie* – sie ist von der Verhaltenstherapie klar zu differenzieren (s. u.) – ebenbürtig ist *(Hautzinger* 1992; *Kurz, Fuchs* 1998). In der Behandlung von dementen PatientInnen hat sich die *Verhaltenstherapie* bewährt *(Korintenberg* 1994) als Orientierungstraining ROT *(Taulbee & Folsom* 1966) und Diskriminationslernen oder als Veränderung der Umgebung bzw. des Verhaltens der Betreuungs- und Bezugspersonen *(Fisher & Carstensen* 1990; *Kurz* 1991). Aber auch bei anderen, klar abgegrenzten Problemen werden verhaltensmodifizierende Mittel eingesetzt: z. B. bei Schlaflosigkeit, Inkontinenz, Unselbstständigkeit *(Hautzinger* 1994). Bei unkomplizierten Angststörungen, wie sie im Alter allerdings selten vorkommen, denn oft sind sie von Depressionen oder Abhängigkeit begleitet *(Boerner* 1993), verzeichnet die Verhaltenstherapie gute Erfolgsquoten: bis zu 90% in Kurzzeitstudien *(Fiegenbaum* et al. 1992), bis zu 80% in langfristigen Studien (bis 5 Jahre, vgl. *Margraf, Schneider* 1990). Bei der Behandlung von Depression setzt die Verhaltenstherapie v. a. durch Aufbau von Verstärkern und Förderung sozialer Kompetenz *(Hautzinger* 1986; im Rahmen eines Assertiveness-Training-Programms vgl. *Stuhlmann* 1992; *Ullrich, Ullrich de Muynck* 1978) an, wobei methodenintegrative Ansätze diese Elemente aufnehmen *(Petzold, Müller* 1997).

Psychodynamische Therapie: Die Frage, ob psychodynamische Therapie – Behandlungsformen, denen psychoanalytische bzw. tiefenpsychologische Konzepte zugrundeliegen (nicht gleichzusetzen mit klassischer Analyse) – bei älteren Menschen wirkt, wird sowohl für Fallstudien als auch für kontrollierte Outcome-Studien bejaht *(Knight, Kelly & Gatz* 1992). Die Ansicht, tiefenpsychologische Psychotherapie mit älteren Menschen sei nicht nützlich, wird offenbar – so *Knight* (1996) – nur oder vorwiegend von TherapeutInnen geäußert, die selber keine oder wenig Erfahrung mit dieser Zielgruppe haben. Meist wird die psychoanalytische Therapie in Anpassung an diese Alterspopulation als Kurzzeittherapie angewendet *(Gallagher, Thompson* 1982; *Steuer* et al. 1984). Sie wurde teilweise auch im Vergleich zu anderen Methoden untersucht *(Gallagher-Thompson, Steffen* 1994). Außerdem sind Bemühungen im Gange, die psychodynamische Therapie dergestalt zu verändern, dass gerontologische Konzepte darin integriert werden können *(Knight* 1993, 1996): Aspekte der Entwicklung im Erwachsenenalter etwa oder »Kohorten-Effekte« und das Konzept der »social world«. Die Notwendigkeit eines kontextuellen, differenziellen Gesichtspunktes zum Verständnis von psychischen Problemen im Alter wird damit auch von dieser Seite gegenüber der traditionellen Orientierung auf die Kindheit berücksichtigt.

Psychoanalytisch/psychodynamisch orientierte AutorInnen raten für die Therapie mit älteren Menschen zu Modifikationen der Behandlungstechnik, die im Grunde Annäherungen an oder »Anleihen« aus anderen Therapieverfahren gleichkommen *(Radebold* 1994; *Leszcz* et al. 1985): hohe Aktivität und hoher Support, therapeutische Transparenz, direktere und aktivere Kommunikation, Arbeit an vorbewussten und bewussten Problemen. *Wertheimer* und *Lohrinus* (1981) sprechen sich explizit gegen Abstinenz und für eine »elastische Konzeption der Psychotherapie« aus (vgl. *Ferenczi* 1927/1928). Es werden – wie bereits erwähnt – Fokal- bzw. Kurzzeittherapien (ca. 20 Stunden innerhalb weniger Monate) für Krisenintervention und pathologische Trauersituationen empfohlen *(Lazarus, Groves* 1987) und langfristige Einzeltherapien (1-2 Wochenstunden über mehrere Monate) den traditionellen Langzeit-Psychoanalysen vorgezogen *(Nemiroff, Colarusso* 1985; *Radebold* 1992).

Kognitiv-behaviorale Therapie: Diese Art der kombinierten Anwendung kognitiver und behavioraler Strategien *(Dick* et al. 1996) und Techniken wurde vor allem für die Behandlung depressiver älterer PatientInnen erforscht und hat dort zu guten Resultaten geführt *(Teri* et al. 1994). Dabei gibt es Hinweise dafür, dass die Me-

thode für eine umschriebene Gruppe von PatientInnen/KlientInnen besser geeignet ist als für andere. So haben *Gallagher-Thompson & Steffen* (1994), die depressive family caregiver mit zwei verschiedenen Methoden behandelten, festgestellt, dass diejenigen KlientInnen, die länger als 44 Monate als »family caregiver« gewirkt hatten besser auf die kognitiv-behaviorale Therapie ansprachen, während die anderen (während weniger als 44 Monaten als caregiver tätig) von der psychodynamischen Kurzzeittherapie mehr profitieren konnten. Es gilt also in Zukunft noch vermehrt herauszufiltern, welche Wirkfaktoren bei welcher Problemstellung zum Tragen kommen, um potenziell wirksame Verfahren und Methoden störungsspezifisch und differenziell einsetzen zu können. Generell scheinen kontrollerhöhende Interventionen, wie sie in der kognitiv-behavioralen Methode zum Einsatz kommen, tendenziell wirksamer zu sein als andere (bisher nur von *Pinquart* [1998] postuliert).
Interpersonelle Therapie (IPT), eine Methode, die in der Regel störungsspezifisch für die Behandlung von Depression eingesetzt wird *(Hinrichsen* 1999), hat – trotz noch nicht ausgereifter theoretischer Verankerung – gute Erfolge bei jüngeren depressiven PatientInnen erzielt *(Elkin* et al. 1989; *Klerman* et al. 1974, 1984). Die Untersuchungen bezüglich älterer PatientInnen sind – wen erstaunt es noch – spärlich. In einer Studie von *Schneider* et al. (1986) wurde IPT im Vergleich mit Nortriptylin bei akuter Major Depression angewendet und erzielte gleich gute Erfolge wie das Medikament. Eine größere Untersuchung mit älteren schwer depressiven PatientInnen ergab, dass die *Kombination* von IPT mit demselben Antidepressivum (Nortriptylin) in der Nachbehandlungsphase die beste Rückfallprophylaxe war *(Reynolds* et al. 1994, 1999).
Die Effekte von **kognitivem Training** bzw. **Realitätsorientierung**, die als begleitende Maßnahmen zur Verbesserung kognitiver Leistungen bei Demenzkranken eingesetzt werden, sind bescheiden. Das Üben von Gedächtnisstrategien oder von anderen geschädigten kognitiven Funktionen zeigt – wenn überhaupt – durchwegs nur vorübergehende Erfolge bzw. Trainingseffekte *(Beck* et al. 1988; *Deisinger, Markowitsch* 1991; *Yesavage* et al. 1981). Diese Übungsmethoden (auch ADL-Training) haben aber oft positive Nebenwirkungen auf das allgemeine Wohlbefinden, auf soziale Interaktionen und Aktivitätsniveau, besonders dann, wenn sie von milieu-

therapeutischen Interventionen begleitet sind (vgl. *Junkers* 1995, 301) oder von Angehörigen weitergeführt werden *(Quayhagen & Quayhagen* 1989; *Kurz, Lauter* 1993).

Entspannungstechniken: Als »Basistherapeutikum« *(Hirsch* 1994) oder begleitende und unterstützende Therapien seien auch Entspannungsmethoden wie **autogenes Training** *(Schultz* 1966), *progressive Muskelrelaxation (Jacobson* 1976) **Hypnose** *(Langen* 1979) oder **Yoga** (vgl. *Peters* 1990) erwähnt. Obwohl noch wenig an empirischem Nachweis vorliegt *(Hespos* 1990; *Hirsch* 1987b, 1991a; *Krampen* 1992b,1996), wird davon ausgegangen, dass sie ähnlich positiv wirken wie bei Jüngeren *(Völkel* 1965; *Hamm* 1993; *Vaitl, Petermann* 1993). Unter dem Aspekt, dass »Erfahrungen eigener Wirksamkeit« *(Flammer* 1990) gerade für Menschen im höheren Lebensalter wichtig sind, weil sich deren Handlungs- und Wirkspielraum manchmal vielfältig einschränkt, können autogenes Training oder progressive Muskelrelaxation als wertvolle Hilfe zur Selbsthilfe verstanden und vermittelt werden *(Krampen, Ohm* 1985). Prophylaktisch, kurativ (psychotherapeutisch) oder rehabilitativ angewendet *(Hirsch* 1994), kann damit ein psychophysischer Entspannungszustand geübt werden, der die Gesundheit und das Selbstwertgefühl des älteren Patienten unterstützt oder als Baustein eines multimodalen Therapieprogrammes den Ansatz der leiblichen Dimension darstellt und dabei je nach Diagnose entsprechende methodische Anpassungen erfordert (ibid.).

Kreativtherapeutische Methoden: Kreative Therapiemethoden werden oft erst dann zur Anwendung empfohlen, wenn die Sprache als Zugang zum Patienten ganz oder teilweise versagt. Dies, obwohl sie auch mit verbal kompetenten PatientInnen ihre ganz spezifischen Wirkungsweisen und Interventionsmöglichkeiten sehr fruchtbar entfalten können *(Petzold, Orth* 1990). Wenn auch hier der Forschungsstand bezüglich älterer PatientInnen genauso dürftig ist wie in anderen Teildisziplinen, so zeigt doch die klinische Praxis, dass die Potenziale kreativtherapeutischer Techniken im psychotherapeutischen Prozess auch mit alten Menschen sehr nützlich zum Tragen kommt (z. B. *Hanser* 1999 für die Musiktherapie; *Weiss* 1999; *Marr* 1995 für die Kunsttherapie). Und langsam folgt doch auch die empirische Unterstützung (z. B. *Hanser & Thompson* 1994; *Ward* et al. 1996; vgl. *Aldrigde* 2000) oder zumindest das Bemühen um Qualitätssicherung und wissenschaftliche Verankerung *(Petersen* 1990, 1999; *Zdunek, Petzold* 1999). Dennoch fehlt in vielen Lehr- und Handbüchern zur Psychotherapie und Gerontologie ein eigenes Kapitel über diese Interventionsformen *(Kruse* 1998; *Knight* 1996), was wohl nicht nur auf deren mangelnde empirische Grundlage zurückzuführen ist, sondern auch auf eine Hybris der PsychoanalytikerInnen gegenüber solchen »ancillarischen« Verfahren *(Zwerling* 1990).

Integrative Verfahren: Integrative Behandlungsansätze werden seit langem in der Psychotherapie mit alten Menschen angewandt. Die Erfahrungen mit AlterspatientInnen – die immer auf der leiblichen, sozialen, kognitiven, emotionalen und sozial-kommunikativen Ebene angesprochen werden müssen –, haben die Entwicklung der Integrativen Therapie nachhaltig beeinflusst *(Petzold* 1965, vgl. *Sieper* 2001). Hier wurden die ersten eigenständigen Methoden und Theoriekonzepte der Integrativen Therapie entwickelt und erprobt unter Einbezug von Leib- und Bewegungstherapie (aufgrund der vielfach vorfindlichen Unbeweglichkeit, vgl. *Petzold, Berger* 1978b), dramatischer Therapie (zur Aktivierung, Training der Rollenflexibilität, vgl. *Petzold* 1973a), Poesie- und Kunsttherapie (idem 1982 h,j). Konsequent die Ergebnisse der empirischen Gerontologie bzw. Sozialgerontologie einbeziehend *(Petzold* 1985a; *Petzold, Müller* 1997) wird die Integrative Therapie (idem 1992a, 2001a, 2002a) auf die komplexe Arbeit mit alten Menschen differenziell zugepasst. In empirischen Untersuchungen wurde die Wirksamkeit der Integrativen Therapie zur Verbesserung der Netzwerkqualität von alten Menschen *(Petzold* 1979c) nachgewiesen. In zwei größeren Untersuchungen mit guten Ergebnissen zu Integrativer Therapie in freier Praxis profitierten die älteren PatientInnen nicht weniger als die jüngeren *(Petzold, Hass, Märtens, Steffan* 2001; *Märtens, Steffan, Leitner, Telsemeyer, Petzold* 2002). Bei letztgenannter Studie zeigte die medikamentös behandelte Kontrollgruppe bei der Symptomreduktion ähnlich gute Werte wie die mit Integrativer Therapie behandelte Gruppe. In beiden Studien wurde die deutliche Verbesserung der Lebensqualität für die älteren wie für die jüngeren PatientInnen nachgewiesen und konnten negative Nebenwirkungen – die eigens untersucht wurden – nicht festgestellt werden. Bei den komplexen Lebenslagen und der Multimorbidität, die man in der Arbeit mit AlterspatientInnen vorfindet, der Wichtigkeit der Erhaltung und Verbesserung der Lebensqualität, der Notwendigkeit der Aktivierung und multiplen Stimulierung hat sich die Integrative Therapie in besonderer Weise mit nunmehr 35 Jahren der Anwendung bewährt und zwar als dyadische Behandlung *(Petzold* 1977g) und als Gruppentherapie (idem 1985e) gleichermaßen. Hier wurde ein spezifisches Modell entwickelt, das u. a. auf die *Wiederaneignung* geminderter bzw. verlorener Performanzen/Kompetenzen/Ressourcen zentrierte sowie auf das »reowning« von Leiblichkeit, Beziehungsfähigkeit, Kreativität usw. Ein Prozess der Integration künstlerisch-kreativer Methoden im Feld der Psychotherapie – insbesondere in den integrativen »Schulen« – ist zwar seit langem im Gange *(Petzold* 1965; *Petzold, Orth* 1990; *Petersen* 1992, 1999), doch werden sie vom »Mainstream« entweder noch immer misstrauisch als Aktionismus oder als »bloße Aktivierung« angesehen, die am eigentlichen Ziel von Psychotherapie, der Bewusstwerdung verdrängter Konflikte, vorbeigehe, oder aber sie werden – da man daran Gefallen gefunden hat – fragmentarisch in ursprünglich rein verbale Verfahren »einverleibt«. Der systematische und theoretisch fundierte Einsatz ihrer spezifischen Wirkungsmomente ist bisher auf jeden Fall rar (vgl. aber *Petzold* 1985a, *Bubolz* 1979).

Gruppentherapie: Verschiedentlich wird für ältere Menschen Gruppentherapie empfohlen (vgl. *Zimpfer* 1987; *Nemiroff, Colarusso* 1985; *Bechtler* 1991, 1994, 2000; *Radebold* 1983, 1994b; *Reichlin* 1999), der Anteil an Publikationen zu diesem Thema ist im Vergleich mit anderen Bereichen jedoch verschwindend klein *(Radebold* 1994b). In ihrer Metaanalyse konnten *Scogin & McElrath* (1994) keine Überlegenheit von Gruppen- gegenüber Einzeltherapie ausmachen, während dagegen *Pinquart* (1998) – ebenfalls in einer Metaanalyse – nach Einzeltherapien eine stärkere Verbesserung des selbstbeurteilten Befindens feststellte als nach Gruppentherapien. *Gilewski* hat 1986 die Ergebnisse einiger bezüglich Methode und Design sehr unterschiedlicher Studien zur Gruppentherapie mit dementen PatientInnen zusammengetragen. Am häufigsten wird von einer Verbesserung der Stimmung bei den PatientInnen wie beim Personal berichtet, von höheren Entlassungsraten bei PsychiatriepatientInnen, von erhöhter Teilnahme an Stationsaktivitäten *(Manaster* 1972) oder verbesserten kognitiven Funktionen und Verhaltensänderungen. Vor

allem LangzeitpatientInnen können von Gruppentherapie profitieren. Als Haupteffekt kann hier die Reduktion negativer Institutionseffekte angesehen werden. Viele Studien zeigen keine signifikanten Unterschiede zwischen verschiedenen experimentellen Behandlungen (*Jessum* 1978; *Moran* 1979; *Steuer* et al.1984), aber wenn die Bedürfnisse der PatientInnen richtig erkannt, die Zielsetzungen und die Zusammensetzung der Gruppe daran angepasst sind (*Radebold* 1994b), scheinen Gruppenbehandlungen erfolgreich zu sein, »no matter what it is« (*Zimpfer* 1987, 91). Als »identitätsstiftendes Umfeld«, als »Reservoir an (geteilten) Ressourcen«, als »Stütze und Generator von sozialen Netzwerken« und als »Ort wechselseitiger Hilfeleistung und gemeinsamer Sinnfindung« (*Petzold* 1985b, 1997p) bietet die therapeutische Gruppe sicher gute Chancen, zentrale altersspezifische Probleme mit verschiedenen Methoden zu bearbeiten. Dabei scheinen zeitlich kürzere Interventionen, welche außerdem die Selbstkontrolle erhöhen, stärkere Veränderungen zu bewirken als längerdauernde (*Pinquart* 1998).
In seiner Untersuchung über soziale Netzwerke alter Menschen konnte *Petzold* (1979b) nachweisen, dass sie durch Integrative Gruppentherapie an Personenzahl, Stabilität und Interaktionsdichte zunahmen und dieses sich positiv auf die Befindlichkeit und das Aktivitätsniveau der behandelten AlterspatientInnen auswirkte.
Werden psychosoziale bzw. psychotherapeutische Interventionen im Vergleich mit **medikamentöser Behandlung** untersucht, wird postuliert, dass eine Kombination bei der Vorgehensweisen fruchtbarer sei als die einzelne Anwendung (*Thompson, Gallagher-Thompson* 1994; *Reynolds* et al. 1992, 1994; *Miller* et al. 1999). Doch auch dieser Aspekt muss differenziert betrachtet werden, denn es gibt genügend Hinweise, dass z. B. bei schweren Depressionen eine gute medikamentöse Behandlung allen anderen überlegen ist (*Elkin* et al. 1989). Obwohl gerade auch kombinierte Therapieansätze (medikamentöse mit psychotherapeutisch/psychosozialen Methoden) sehr interessante Ergebnisse und Erfolge bewirken könnten, gehen wir im Rahmen dieser Arbeit nicht weiter auf die pharmakologischen Interventionen ein. Es soll bei dem Hinweis bleiben, dass man sich als Gerontotherapeutin mit der Pharmakotherapie vertraut machen und zumindest einen guten gerontologisch/geriatrisch ausgewiesenen Mediziner konsiliarisch zur Seite haben sollte.

Zusammenfassend bestätigen die Ergebnisse methodenvergleichender Untersuchungen die Erfahrung, dass psychotherapeutische Behandlung besser ist als keine oder eine Placebo-Behandlung, und dass sie in Kombination mit medikamentöser Behandlung effizienter sind als isoliert angewendet. Über die spezifische Wirksamkeit der einzelnen Verfahren sind jedoch noch wenig Aussagen möglich. Bei vielen Ansätzen liegen keine oder zu wenig Daten vor. Neben den methodenspezifischen Ansätzen müssen störungsspezifische in den Blick genommen werden, die im Folgenden dargestellt werden sollen.

2.3 Störungsspezifische Ergebnisse

Bei störungsspezifischen Behandlungen ist davon auszugehen, dass diesen ein allgemein wirksames Therapieverfahren zugrundeliegt, welches über eine konsistente Theorie und Methodik zur Handhabung der therapeutischen Situation und Beziehung verfügt in spezifischer Zupassung auf die verschiedenen Populationen alter Menschen. Drei im Alter häufige Störungsbilder, über die auch weitaus am meisten Literatur vorhanden ist, seien im folgenden exemplarisch herausgegriffen zur Beschreibung des Forschungsstandes bezüglich psychotherapeutischer Behandlung bei AlterspatientInnen.

2.3.1 Depression

Depressive Störungen sind bei alten Menschen zwar keinesfalls häufiger als bei jüngeren. Jedoch gehören sie wohl zu den meistbehandelten Störungen bei dieser Altersgruppe (*Hinrichsen* 1999). Epidemiologische Angaben weichen zum Teil ziemlich stark voneinander ab und sind bislang mit Vorsicht zu betrachten, da sie von klassifikatorisch uneinheitlichen Prämissen ausgehen (*Bergener* 1998; *Rudolf* 1993). Es hat sich beispielsweise gezeigt, dass die Unterscheidung in »depressive Symptome« versus »depressive Störung« (= depressive disorder nach den Kriterien der gängigen Diagnoseschlüssel) viele sozialwissenschaftliche Forschungsergebnisse zu »splitten« vermag. Ein Beispiel: Es besteht ein signifikanter Zusammenhang zwischen depressiven *Symptomen,* niedrigem Einkommen und geringem Bildungsniveau, hingegen nur ein sehr schwacher zwischen depressiven *Störungen* und den genannten sozioökonomischen Parametern *(George* 1992). Betrachtet man die depressiven Symptome isoliert, so besteht tatsächlich eine höhere Auftretenswahrscheinlichkeit im Alter *(Krause, Goldenhar* 1992). Depressive Störungen im klinischen Sinn scheinen jedoch bei jüngeren Erwachsenen sogar häufiger *(Myers* et al. 1984; *Gatz & Hurwicz* 1990; *George* 1992; vgl. dagegen *Gatterer* 1994).

Besonders sorgfältig muss auf eine Abgrenzung von Demenz gegenüber kognitiven Störungen bei Depression geachtet werden *(Krebs-Roubicek* 1992). Konzentrationsschwäche ist ein häufiges Begleitsymptom einer Depression, Gedächtnis- und Aufmerksamkeitsschwächen in depressiven Phasen beinah eine logische Folge *(Sugar, McCowd* 1992). Diese kognitiven Störungen lassen sich stärker feststellen bei hospitalisierten PatientInnen in einer schweren depressiven Episode und in einem generell schlechten physischen Zustand. Schlechte ökonomische Verhältnisse *(Thompson* et al. 1987, 307) sowie soziale Isolation und supportarme Netzwerke *(Blazer* 1989; *Petzold* 1979b) wirken ähnlich negativ.

Die relativ hohe Prävalenz von Depression unter älteren Menschen mit physischen Krankheiten *(Gurland* et al. 1983) bzw. mit Multimorbiditäten und unter HeimbewohnerInnen *(Rovner* 1993) sowie die doch alarmierende Häufigkeit von Rückfällen oder gar Suiziden v.a. bei unbehandelter Depression im Alter *(Conwell* et al. 1990; *Osgood* 1992) mögen die Gründe dafür sein, dass auch die Forschung sich diesem Thema verhältnismäßig ausgiebig annimmt, um die (erfolgreiche) Suche nach verträglicheren Antidepressiva und die Bemühungen um ein besseres Verständnis der biomedizinischen Zusammenhänge voranzutreiben. Dennoch ist der Forschungsstand zu Depression im Senium gemessen an dem bei anderen Altersgruppen sehr bescheiden. Noch 1980 fanden *Smith, Glass* und *Miller* in ihrer Meta-Analyse unter 442 Psychotherapie-Outcome-Studien gerade eine einzige, die sich auf ältere PatientInnen bezog. Die Lage ist heute nicht mehr ganz so prekär, doch müssen vorhandene Untersuchungen mit viel Vor- und Weitsicht betrachtet werden, wie dies etwa *Bortz* und *O'Brian* (1997) in ihrer Übersichtsarbeit tun, in der sie nicht nur die Ergebnisse von Outcome-Studien sichten, sondern auch die vielfältigen psychosozialen Umstände in Betracht ziehen, die eine adäquate Behandlung behindern, ja zu Risiken, Nebenwirkungen und Therapieschäden bei AlterspatientInnen führen können und oftmals auch führen *(Müller, Petzold* 2002). Das sind z.B. 1) *Fehl- bzw. Unterbehandlung durch den Hausarzt:* Häufige Verschreibung von *sub*therapeutischen Dosen von Antidepressiva *(Wells* et al. 1994), Ungeübtheit in der Diagnosestellung und in der Behandlung von psychischen Störungen, altersfeindliche Einstellungen *(Callahan* et al. 1992) und übermäßige Orientierung an biomedizinischen Modellen von psychischen Störungen sind mögliche Ursachen unzweckmäßiger Behandlung durch den Hausarzt *(Alexopoulos* 1992). 2) *Nicht-Befolgen der ärztlichen Verordnung:* Bei depressiven PatientInnen ist die Compliance in hohem Masse gefährdet bzw. anfällig, wie *Carney* et al. (1995) im Vergleich der Befolgung von Medikationsvorschriften von depressiven und nicht-depressiven Herzkranken berichten (69% der nicht-depressiven Herzpatienten waren compliant, hingegen nur 45% bei den depressiven Herzkranken). Laut *Saltzman* (1995) sind 40–75% der PatientInnen in dieser Altersgruppe bezüglich Medikamenteneinnahme nicht compliant im Sinne von Vergesslichkeit, Substanzenmissbrauch oder selbstverordneter Veränderung des Einnahmeplans oder der Dosis. 3) *Die geringe Bereitschaft, bei psychischen Problemen Hilfe aufzusuchen:* Die meisten älteren Menschen betrachten bislang eher den Allgemeinpraktiker als zuständig für die Behandlung von Depression oder Demenz als einen psychologischen oder ärztlichen Psychotherapeuten *(Waxman* 1986). 4) *»Ageism« in der Gesellschaft* und 5) *eine noch rückständige Forschungstätigkeit, was die Wirksamkeit von Psychotherapie mit alten PatientInnen betrifft, insbesondere bei neuorologischer oder somatischer Komorbidität.*

In ihrem Übersichtsaufsatz referieren *Bortz & O´Brian* (1997) verschiedene Outcome-Studien, die im Wesentlichen darin übereinstimmen, dass Psychotherapie bei älteren depressiven PatientInnen nachhaltig wirksam sei. Die Ergebnisse zu einzelnen Verfahren im Vergleich fallen dabei unterschiedlich aus: Während manche Studien keine signifikanten Unterschiede in der Wirksamkeit der verschiedenen angewandten Behandlungsverfahren feststellen konnten *(Gallagher-Thompson* et al. 1990 für kognitive, behaviorale und psychodynamische Kurzzeittherapie), fanden *Engels & Vermey* (1997) »Favoriten«.

In ihrer Metaanalyse von 17 Studien über die Wirksamkeit von psychologischen (d. h. nicht-medizinischen) Behandlungsansätzen bei Depression kommen sie zu dem Schluss, dass diese Behandlungen effektiver waren als Placebo oder keine Behandlung, dies sowohl bei leichter wie auch bei schwerer Depression. Dabei schnitten Verhaltenstherapie und kognitive Therapie einzeln angewandt je besser ab als eine Kombination davon oder als Erinnerungstherapie und expressive Techniken z. B. »Ausdrücken von Wut« (was immer man sich methodisch darunter vorzustellen hat). Auch erwies sich bei den analysierten Studien die Einzeltherapie erfolgreicher als die Gruppentherapie. Bei der Heterogenität und der unterschiedlichen Qualität der Studien ist dieses Ergebnis allerdings nicht zu generalisieren. Es wurde weiterhin klar, dass nicht alle KlientInnen von einer der geprüften Behandlungsarten profitieren konnten. KlientInnenmerkmale, Behandlungsfaktoren und Untersuchungsfaktoren hatten einen Einfluss auf die Effektgröße. So konnten z. B. PatientInnen mit einer diagnostizierten Major Depression oder einfach einer Depression befriedigendere Ergebnisse erzielen als solche mit »depressiven Beschwerden«. Tendenziell konnten die jüngeren unter den alten Menschen etwas mehr profitieren als die Betagten. Es konnte aber nichts darüber ausgesagt werden, ob eine Anpassung der Therapiemethode (an die spezifischen Bedürfnisse/Probleme alter Menschen) mehr Erfolg bringt.

Im Gegensatz zu *Engels & Vermey* (1997) zeichnete sich bei *Scogin & McElrath* (1994) keine der untersuchten psychosozialen Behandlungen (kognitiver, interpersonaler, behavioraler, psychodynamischer, eklektischer Ansatz und Erinnerungsarbeit wurden miteinander oder versus Placebo oder keiner Behandlung verglichen) bei 17 Effizienz-Studien durch eine bessere Wirksamkeit aus. Hingegen waren alle Behandlungen bei Major Depression und noch deutlicher bei subklinischen Variationen von Depression wirksamer als Placebo oder keine Behandlung.

Areán und *Miranda* (1996) untersuchten die Wirkung von psychosozialen Interventionen bei physisch erkrankten PatientInnen, die – wie besonders häufig der Fall – zusätzlich an einer Depression litten *(Finch* et al. 1992; *Gurland* et al. 1983). Es waren alles PatientInnen mit niedrigem Einkommen und über 60 Jahre alt. Im Rahmen dieser Studie nahmen sie an einer kognitiv-behavioral orientierten

Gruppen- oder Einzeltherapie teil (das bedeutete hier eine Kombination von kognitiver Restrukturierung, planvoller Teilnahme an angenehmen Aktivitäten und Assertiveness-Training). Die depressiven Symptome (Beck Depression Inventory) waren nach einer Behandlungsdauer von 16 Wochen reduziert (ohne Medikamente!), was als kostengünstigere Behandlungsvariante gepriesen wird. Ein Unterschied in der Wirksamkeit von Einzel- oder Gruppentherapie konnte nicht gefunden werden. Die Depressions-Scores waren aber trotz Erfolg auch am Schluss der Behandlung noch relativ hoch, was zur Vermutung Anlass gab, dass low-income PatientInnen aufgrund der bescheidenen Mittel außer der Depression noch unter so vielen weiteren Stressoren zu leiden haben, dass sie deshalb noch weitere flankierende Maßnahmen (z. B. case management interventions, sozialarbeiterische Interventionen) benötigten, um bei ihren Problemen adäquat unterstützt zu sein. Die Erfolge psychosozialer Interventionen sind auch deshalb besonders wichtig, weil die medikamentöse Behandlung bei manchen chronisch-somatischen Krankheiten kontraindiziert ist *(Koenig* et al. 1989; *Drevets* 1994) und weil psychosoziale Interventionen – gerade für PatientInnen mit niederem Einkommen – besser auf deren Problemlage zugeschnitten werden müssten, um greifen zu können.
Auch *Mossey* et al. (1996) empfehlen für subdysthymische Depression bei (medizinisch) hospitalisierten älteren Menschen eine psychosoziale Intervention, nämlich »Interpersonelle Beratung« *(Weissman & Klerman* 1993), die als leicht durchführbar, akzeptabel und effektiv in der Reduktion von depressiven Symptomen und in der Verbesserung der selbsteingeschätzten Gesundheit beschrieben wird.
Psychosoziale Interventionen und klinisches Management werden von *Miller* et al. (1999) als ergänzende Behandlung zu Medikamenten gesehen. Sie halten in ihrem Artikel fest, dass »psychosoziales oder klinisches Management der Leim [sei], der einen erfolgreichen Medikamenten-Versuch zusammenhalte« (228). Ihre Bemühungen um anhaltende Kooperation bei den Probanden (Nortriptyline mit/ohne IPT) seien erfolgreich gewesen, da sie klinisches Management als eine begleitende »supportive Psychotherapie« *(Rockland* 1989) bereitgestellt hatten (etwa im Sinne eines Therapeuten als Ansprechperson, der als Hilfs-Ich Entscheidungsfindungen begleitet, An-

passungsleistungen fördert und zu positivem Verhalten ermutigt). Es wurden vielfältige soziale Hilfeleistungen angeboten (mehr als bei anderen Altersgruppen: nämlich Fahrdienst, Finanzmanagement, Wohnen), und unerwünschte Nebeneffekte wurden offensiv, d.h. direkt und durch ein Angebot zur Abhilfe angegangen. Schließlich wurde Wert darauf gelegt, dass informed consent *(Müller, Petzold* 2000) gewährleistet war und zwar nicht nur einmal am Anfang, sondern – und das dürfte auch besonders für alte PatientInnen wichtig sein – immer wieder, indem nämlich *informed consent* nicht als Ereignis verstanden wird, sondern als kontinuierlicher Prozess, ein wiederholtes Erklären des Zwecks der Untersuchung/Behandlung, der Methoden und der anstehenden Entscheidungspunkte. Dieser unspezifische Support (der ganze Aufwand, der um ihrer Kooperation willen betrieben wurde, wurde von den Probanden im übrigen als äußerst wichtig und gewinnbringend erlebt, sodass davon ausgegangen werden kann, dass dies nicht nur compliancebegünstigend war, sondern einen eigenen (Neben)effekt darstellte (vgl. *Elkin* et al. 1989). So fanden *Elkin* et al. (1989) vom National Institut of Mental Health, dass klinisches Management mit Placebo bei leichteren bis mittelschweren Depressionen genauso effektiv sein kann wie IPT, kognitive Therapie oder Imipramin. Bei den schwerer depressiven PatientInnen allerdings war Imipramin den anderen Behandlungsarten überlegen. Dies weist aber u.E. deutlich genug darauf hin, dass die aufgebrachte Zuwendung, die Zeit, das Ernstnehmen aller Anliegen und eine spezielle Aufmerksamkeit hinsichtlich der Information und Einwilligung (informed consent) von großer Wichtigkeit sind, nicht nur für die Schaffung von Compliance für Medikamente, sondern auch um »client welfare, patient security und patient dignity« zu gewährleisten *(Müller, Petzold* 2002).

Um Erfolgsmessungen richtig gewichten zu können, muss gerade bei Depression auf follow-up-Studien größten Wert gelegt werden, die nicht nur klinische Merkmale, sondern auch physische und psychosoziale Faktoren erheben sollten *(Burvill* 1993). Je später das follow-up, desto größer die Wahrscheinlichkeit eines Rückfalls oder von Demenz und Tod *(Cole* 1990; *Burvill* 1993). In der *Burvill*-Studie von 1991 wurden nach 12 Monaten bei 47% der Untersuchten eine komplete Genesung, bei 18% eine Genesung mit späterem

Rückfall, bei 13% »depressiver Invalidismus« (d. h. teilweise Genesung bzw. Verbesserung bei bleibenden Beeinträchtigungen), bei 11% eine weiterhin bestehende Depression, bei 0% eine Demenz und bei 11% der Tod festgestellt. Die Mortalitätsrate lag bei Depression um das zweifache (bei Frauen) bis dreifache (bei Männern) höher als bei einer Vergleichsgruppe (siehe auch *Helmchen* 1992), wobei Selbstmord nur einen verhältnismäßig kleinen Teil der Todesfälle ausmachte. Bei erfolgreicher Behandlung (d. h. »störungsfrei« bei der Entlassung aus der Klinik) ist die Mortalität entschieden niedriger, Rückfälle sind seltener *(Murphy* 1983), und die Prognose ist besser für diejenigen, deren Depression weniger als ein Jahr dauerte *(Post* 1986). Chronische körperliche Krankheiten und Behinderungen gelten ebenfalls als Faktoren für eine schlechte Prognose bzw. als Risikofaktoren *(Cole* 1985; *Helmchen* 1992), wobei natürlich durch die damit oft verbundenen Hilflosigkeitsattributionen sensu *Seligman* und die Negativerwartungen auch schlechte Ergebnisse im Sinne einer *self fulfilling prophecy* produziert werden können.
Neben den Bemühungen, mehr über die Wirksamkeit von bestehenden Behandlungsmethoden zu forschen, gibt es einen weiteren wichtigen Wissenssektor in Bezug auf die Behandlung von depressiven PatientInnen. Es geht um die Ermittlung von Faktoren, die sich a) moderierend auf Depression auswirken (Moderatoren, vgl. *Van den Heufel* et al. 1996), b) die die Entstehung einer Depression begünstigen (Risikofaktoren, vgl. *Davies* 1996) oder im Gegensatz dazu c) Faktoren, durch die sich gewisse Populationen auszeichnen, die besser vor Depression geschützt sind als andere (protektive Faktoren und Resilienzforschung, vgl. 1.3 und *Foster* 1997). *Van den Heuvel* et al. (1996) untersuchten z. B., ob die Persönlichkeitsmerkmale »locus of control« und »Neurotizismus« einen moderierenden Einfluss auf den bereits gefundenen Zusammenhang zwischen herabgesetzten kognitiven Funktionen und depressiven Symptomen haben. Ihre Ergebnisse weisen darauf hin, dass vor allem bei Frauen mit kognitiven Beeinträchtigungen ein relativ starker *internaler locus of control* einen protektiven Faktor gegen depressive Symptome darstellt, was folglich in der Therapie Interventionen verlangt, die den »inneren Ort der Souveränität« fördern. Bei Männern stellte sich heraus, dass bei Gedächtnisstörungen eher ein niedriger

Neurotizismuswert mit einen Schutz gegen Depression einhergehen kann. *Coleman* et al. (1993) haben versucht herauszufinden, welche Faktoren als Prädiktoren für depressive Symptome und eine tiefe Selbsteinschätzung gefunden werden können. Sie haben ältere Menschen interviewt und nach 10 bzw. 23 Jahren die unterdessen depressiv Gewordenen mit den übrigen verglichen. Die deutlichsten Prädiktoren für depressive Symptome und/oder tiefe Selbsteinschätzung waren »eine negative Einstellung zum Alter«, »Hilfsbedürftigkeit im Haushalt« und »wahrgenommene Inaktivität« (viel zu Hause sein). Ein hoher Selbstwert und viele »bedeutsame Andere« (*significant others*) außerhalb der Familie waren dagegen verbunden mit hoher Resilienz gegen Depression.
Zusammenfassend sollen folgende Punkte noch einmal betont werden, weil sie besonders sorgfältig beachtet werden müssen, wenn mit älteren depressiven PatientInnen therapeutisch gearbeitet wird:

- Zunächst einmal müssen nach der Statusdiagnostik in der Phase der prozessualen Diagnostik (*Petzold, Osten* 1998; *Osten* 2000) die möglichen Ursachen bzw. Bedingungen, die zu der depressiven Episode geführt haben könnten, nicht nur innerpsychisch, sondern *im gesamten Lebenskontext und Lebenskontinuum* der erkrankten Person gesucht werden. Im Integrativen Ansatz lebenslaufbezogener Diagnostik und Therapie untersuchen wir das »Zusammenwirken von Ketten widriger Ereignisse (chains of adverse events), Ketten protektiver Einflüsse und prolongierte Defizite« anhand der bildlichen Darstellung dieser drei »chains« im »dreizügigen Karrierepanorama« (*Petzold, Orth* 1993), das die PatientInnen erstellen und das unter Einbeziehung ihrer »subjektiven Gesundheits-/Krankheitstheorien« mit ihnen exploriert wird. Häufig werden hier »kritische Lebensereignisse« mit »kausaler Wirkung« in der multikausalen Dynamik der Pathogenese und Salutogenese (*Lorenz* 2004) dieser PatientInnen erkennbar. Insbesondere gilt es, sich auch nach körperlichen Leiden zu erkundigen und allfällige Wechselwirkungen zu bedenken. Auch hier wurden spezifische Diagnoseinstrumente, die »body charts« entwickelt, semiprojektive Darstellungen des eigenen Körpers (*Petzold, Orth* 1994), die gerade bei alten Menschen durch »Schmerzzonenanalysen« diagnostisch/therapeutisch relevant werden. Liegen außerdem erkennbare kognitive Störungen vor, soll nach Möglichkeit eine Art Base-Line erfasst werden, um Veränderungen feststellen zu können, die ja gerade bei Depression sehr wohl wieder in Richtung einer Verbesserung gehen können. Auch die genaue Betrachtung und Analyse des Wohnumfeldes kann manchmal wichtige Hinweise darauf geben, wie eine Depression gefördert oder aufrechterhalten bleibt, ganz zu schweigen von der Qualität des (noch) verfügbaren sozialen Netzes, das durch »Netzwerkkarten« exploriert werden kann (idem 1994e).

- Wie *Bortz & O'Brian* (1997) eindrücklich dargelegt haben, verlangt nicht nur die Behandlung der Depression an sich die Aufmerksamkeit der Therapeutin, sondern auch die Umstände, welche eine Therapie verhindern oder sie in ihrer Effizienz schmälern. Auch diese können oder müssen angegangen werden, was als »erweiterte« Behandlung verstanden werden kann. Zum Beispiel lässt sich das Gesundheitsverhalten oder das Verhalten bei Hilfebedürftigkeit vielleicht auch im Beratungsmodus verändern – vorausgesetzt natürlich, das Verhalten des Patienten ermöglicht überhaupt eine Begegnung bzw. ein Arbeitsbündnis. Psychoedukativen Aspekten (Information über die Krankheit und den Stand des Wissens über die Behandlungsmöglichkeiten: *prozessualer informed consent*) kommt ohnehin eine große Bedeutung zu *(Huck, Petzold* 1985). Dies – es sei noch einmal betont – nicht nur, um Compliance (wir sprechen lieber von Kooperation) zu gewinnen bzw. zu erhalten, sondern um den internalen »locus of control«, die »persönliche Souveränität« – gerade für alte Menschen so wesentlich – zu fördern. Eine bestmögliche Kooperation für die gleichzeitige Medikamenteneinnahme ist zwar in einigen Fällen schwerster Depression besonders wichtig, doch soll die Information, Beratung und Aufklärung (z. B. über Risiken und Nebenwirkungen) als *Teil der Behandlung* betrachtet werden, auf den der Patient ein Recht hat. Dies betrifft selbstverständlich nicht nur die depressiven oder die älteren, sondern alle PatientInnen *(Müller, Petzold* 2002).
- Die Behandlung von Depressionen ist noch immer ein eher langwieriges Unterfangen. Entsprechend müssen längerfristige Behandlungskonzepte ausgearbeitet und angewendet werden. Die Fragen der Nachbehandlung und Rückfallprophylaxe müssen

besonders berücksichtigt werden (*Reynolds* 1997; idem et al. 1999). Beim heutigen Kostendruck, unter dem die Aufenthaltsdauer von psychiatrischen PatientInnen ständig sinkt, obwohl diese ja nicht einfach schneller gesund werden, ist dies besonders auch in der stationären Behandlung zu bedenken. Wo die Maschen eines nachbehandelnden Versorgungsnetzes nicht ausreichend eng sind, ist es sehr gefährlich, depressive ältere Menschen frühzeitig aus der Behandlung zu entlassen. Der (volkswirtschaftlich sehr teure) Drehtüreffekt und die Chronifizierung sind dann vorprogrammiert.

Schließlich erweist es sich mehr und mehr als notwendig, als PsychotherapeutIn und BehandlerIn das Blickfeld zu erweitern auf Konzepte wie »protektiven Faktoren«, »Resilienz«, »Ressourcen«, »Netzwerkinterventionen«, wie sie in der Integrativen Therapie zu den Standarddimensionen der Behandlung gehören. Diese Aspekte liefern wichtige Interventionshinweise.

2.3.2 Demenz

Voraussetzung für die Diagnose Demenz ist nach ICD-10 »der Nachweis einer Abnahme des Gedächtnisses und des Denkvermögens mit beträchtlicher Beeinträchtigung der Aktivitäten des täglichen Lebens«, wobei die Störung des Gedächtnisses typischerweise Aufnahme, Verarbeitung, Speichern und Wiedergabe neuer Information betrifft. Zur Beeinträchtigung des Denkvermögens gehört der Verlust der Fähigkeit zu vernünftigem Urteilen und eine Verminderung des Ideenflusses. Der Diagnose-Schlüssel unterscheidet Demenz bei Alzheimer-Krankheit, vaskuläre Demenz und Demenz bei sonstigen Krankheiten (wie Pick-Krankheit, Huntington-Krankheit, Creuzfeldt-Jakob-Krankheit, Parkinson-Krankheit, cerebralem AIDS).
Der *Demenz*-Begriff wird heute so breit verwendet, dass die ursprünglich implizite Abgrenzung zu reversiblen Formen – Demenz wurde im deutschsprachigen Raum als dauerhaft bleibendes Syndrom verstanden – nicht mehr gegeben ist (*Böcker* 1991). *Böcker* sieht darin die Gefahr, dass behandelbare oder vorübergehende kognitive Beeinträchtigungen, denen eine primäre körperliche Erkrankung zugrunde liegt – immerhin 10–15% aller so genannten De-

menzen (*Schneider* 1991) – allzu leicht als definitive Defizite missverstanden werden und zu einer resignativen Haltung von seiten der Behandelnden führen, zumal die vorhandenen Tests zur Unterscheidung sehr aufwändig und daher unpraktikabel sind. Der Unterscheidung der verschiedenen Ursachen von Demenz kommt in jedem Fall entscheidende Bedeutung zu, was die Behandlung und die Prognose betrifft, und entsprechende Tests zielen auf eine möglichst zuverlässige Diskriminierung.
Auf der Verhaltensebene scheint dem Auftreten der ersten kognitiven Symptome einer Alzheimer-Demenz eine längere Entwicklung von relativer Passivität in geradezu charakteristischer Weise vorauszugehen (*Bauer, Bauer & Teising* 1995), ein Umstand der aber meist erst im Nachhinein als diagnostischer Hinweis, verstanden werden kann. Von einer sicheren Früherfassung von Demenzen sind wir noch so weit weg, dass in Prävalenzstudien (aus den siebziger und achtziger-Jahren) der Anteil der Bevölkerung mit einer *leichten* Demenz mit Zahlen angegeben wird, die von 1,5 bis 52,7% reichen (vgl. *Bergener* 1998)!
Die Häufigkeit von schweren bzw. mittelschweren Demenzprozessen beträgt nur 3–7% unter den 65- bis 70-Jährigen, jedoch über 30% in der Altersgruppe der 85- bis 90-Jährigen (*Cooper* 1992). Diese exponenziell ansteigende Kurve verläuft in vielen Ländern sehr ähnlich (*Cooper, Bickel* 1989). Der altersbezogene Prävalenzanstieg lässt sich dabei auf die zunehmende Indzidenzrate zurückführen. Insgesamt beträgt der Anteil demenzerkrankter über 64-jähriger Menschen zehn bis zwölf Prozent (*Bergener* 1998). Während sich im Durchschnitt die Prävalenz für Männer und Frauen nicht sehr unterscheidet, ist die Häufigkeit einer Demenz vom Alzheimer Typ (DAT) bei den Frauen höher, diejenige einer vaskulären Demenz hingegen bei den Männern. Außerdem beginnt bei Männern die demenzielle Entwicklung früher als bei Frauen. Bei den bereits an einer Demenz Erkrankten liegt bei ca. 50–60% eine Diagnose DAT vor, bei ca. 20% eine vaskuläre Demenz, d. h. eine durch eine Erkrankung der Hirngefäße verursachte Demenz (für Deutschland und vergleichbare europäische Länder: *Tomlinson, Henderson* 1976).
Pharmakotherapeutisch wird bislang versucht, auf die kognitive Kernsymptomatik Einfluss zu nehmen, um eine unspezifische Ver-

besserung höherer kognitiver Leistungen zu erzielen (*Tenter* 1992). Im Übrigen beschränkt sich die medikamentöse Behandlung auf die Milderung von einzelnen Symptomen wie motorische Unruhe, psychiatrische und somatische Begleiterkrankungen und -symptomatiken (Depression, Wahn, Halluzinationen, Parkinson usw.). Die Mortalitätsrate kann dadurch nicht gesenkt, eine bessere Lebensqualität in der noch verbleibenden Lebenszeit jedoch meist bewirkt werden. Eine medikamentöse *Ursachen*behandlung besteht zur Zeit noch nicht.

Das Ziel der Verbesserung von Lebensqualität ist besonders in der frühen Phase einer Demenz wichtig, da hier noch mehr Ansatzmöglichkeiten greifen können (*Ehrhardt* et al. 1997; *Zaudig* 1994) und mit gezielten therapeutischen Mitteln (Psychomotoriktherapie, Gedächtnistraining, Revitalisierung, Remotivation, Resensibilisierung usw., vgl. *Lehr* 1979; *Droes* 1991, *Droes, Breebaart* 1994; *Li Chiu* 1999) der Verlauf der Krankheit doch noch beträchtlich beeinflusst werden kann (*Schneider* 1991; *Stähelin* et al.1989; *Weitzel-Polzer, Rasehorn* 1988). Je nach prämorbider Ausgangslage können viele kognitive Ausfälle durch spezifisches Training – über eine beschränkte Zeit allerdings – kompensiert und selbst erhebliche hirnorganische Schädigungen dank einer stabilen Persönlichkeit aufgefangen werden (*Schneider* 1991). Bei zwei Dritteln der TeilnehmerInnen eines Therapieprogramms für demente PatientInnen konnte am Ende der Behandlungsphase eine Steigerung der Punktezahl im Mini Mental Test und eine allgemeine Leistungsverbesserung festgestellt werden (*Weitzel-Polzer, Rasehorn* 1988). In ihrem Übersichtsartikel über psychologische Therapieansätze bei Demenz geben *Ehrhardt* et al. (1997) den Stand der Forschung zu diesen für Demenz-PatientInnen entwickelten oder zugepassten nicht-medikamentösen Interventionskonzepte und Behandlungsansätzen. Sie unterscheiden dabei »neuropsychologische Interventionen«, »kognitive Aktivierung« und »Psychotherapie« (wobei diese Einteilung nicht einleuchtend ist). Ziel der neuropsychologischen Maßnahmen ist es, »durch das Üben von ausgewählten kognitiven Fertigkeiten ihrem Abbau entgegenzuwirken oder durch die Vermittlung kompensatorischer Strategien eine Erhaltung der Leistungsfähigkeit trotz bestehender Defizite anzustreben« (ibid. 87). Dies wird mit Gedächtnistraining erreicht, d. h. mittels bestimmter Mnemotechniken *(Reisberg* 1988) und Gedächtnisstrategien *(McKitrick* et al. 1990; *Zarit* et al. 1982) oder bei *Romero* zu einem Therapiekonzept ausgearbeitet, der so genannten Selbst-Erhaltungs-Therapie (SET) *(Romero, Eder* 1992), bei welcher die Aufrechterhaltung des Identitätserlebens im Zentrum steht. Zu diesem Behandlungsansatz liegen allerdings keinerlei kontrollierte Studien vor. Studien zum Gedächtnistraining im oben geschilderten Sinn haben ergeben, dass die Maßnahme wohl Wirkung zeigt (in Form von verbessertem Recall-Gedächtnis bzw. MMSE-Scores), doch ist die Verbesserung nur von kurzer Dauer und mit fortgeschrittener Krankheit auch verschwindend klein *(Zarit* et al. 1982; *Heiss* et al. 1994). Zu der kognitiven Aktivierung wurde ein kognitives Kompetenztraining gezählt, wie es in der Memory-Klinik Basel entwickelt wurde, das Realitätsorientierungstraining ROT nach *Folsom & Taulbee* (1986) bzw. *Weitzel-Polzer* (1987), die »Validation« nach *Naomi Feil* (1992) und die Erinnerungstherapie *(Lohmann, Heuft* 1995). Diese Methoden umfassen eine Vorgehensweise, die neben der kognitiven auch die kommunikative Ebene betrifft. *Ermini-Fünfschilling* (1992) bezeichnet das von ihr entwickelte Kompetenztraining (oder Gedächtnistraining GT) denn auch als »kombinierte kognitive Aktivierungs- und Psychotherapie«. Das Programm umfasst Übungen zu Gedächtnis, Konzentration und Entspannung sowie Gespräche in der Gruppe über Probleme und freudige Ereignisse. Bei TeilnehmerInnen eines solchen Programmes über 12 Monate konnte eine Verbesserung der Stimmung und der Reproduktionsfähigkeit festgestellt werden, nicht aber eine allgemeine Verbesserung des Gedächtnisses *(Ermini-Fünfschilling, Meier* 1995). Da die Kontrollgruppe, eine unbehandelte Wartegruppe, gleichzeitig nach Ablauf des Jahres aber signifikante Leistungseinbußen erkennen ließ, ist diese Methode doch als erfolgreich einzustufen *(Meier* et al. 1996), denn Therapie im Sinne einer *Heilung* steht bei Demenz nicht zur Rede. Untersuchungen zu Wirksamkeit des ROT brachten heterogene Ergebnisse zu Tage. Zwar ließ sich die verbale Orientierungsfähigkeit verbessern (Fragen zu Ort, Zeit und Person), doch bliebe die Frage nach der Generalisierbarkeit des Erfolgs ungeklärt. Es wird sogar vermutet, dass ROT eine Stimmungsverschlechterung bewirken kann, da die Konfrontation mit der Realität Angst und Unzufriedenheit auslösen kann *(Baines, Saxby, Ehlert* 1987; *Haag, Bayen* 1996). Die Methode

der »Validation« (das sind von Wertschätzung und Empathie gekennzeichnete Kommunikationstechniken, vgl. *Feil* 1993), durch die bei den demenzerkrankten PatientInnen Stress abgebaut und Selbstwertgefühl aufgebaut werden soll, ist bisher durch keine kontrollierte Studie geprüft worden. Es liegen lediglich Falldarstellungen aus Validationsgruppen vor *(Bleathman, Morton* 1992). Eine ähnliche Methodik wie die der Validation haben *Stokes & Goudie* (1990) mit der resolution therapy entwickelt, in der aber nicht wie bei *Feil* die empathischen Gespräche in die Vergangenheit gelenkt werden, um »zerrissene Beziehungen zu reparieren« *(Feil* 1993,30), sondern die gegenwärtige Situation als Basis der verbalen Kommunikation im Zentrum steht. Auch hier ebenso wie für die so genannte »Erinnerungstherapie«, eine mit vielen Aktivitäten kombinierte positive Bilanzierung des eigenen Lebens zur Stützung des Identitätserlebens und des Selbstwertgefühls *(Lohmann & Heuft* 1995, *Petzold* 2001p) stehen Wirksamkeitsstudien bisher aus. Und selbst wenn eine signifikante Verbesserung nachgewiesen werden könnte, wäre es wohl schwierig herauszufinden, welchem Umstand sie zu verdanken sind, denn diese Methoden stellen sich als Kombination mehrerer heterogener Einzelinterventionen dar.
Einer Psychotherapie bei Demenz wird oft nur wenig Erfolg zugetraut, da im Vergleich mit anderen PatientInnen doch viele Voraussetzungen für eine »richtige« Psychotherapie fehlen, viele Techniken vielleicht nicht angewendet werden können und überhaupt die gewohnten Denk- und Ausdrucksmuster in der Kommunikation mit dementen PatientInnen in Frage gestellt werden. In der Tat ist es – beim gängigen Psychotherapieverständnis – schwierig, sich vorzustellen, wie jemand, dessen Gedächtnisleistungen (und dies heißt vor allem der Teil des Gedächtnisses, der für die Engrammierung neuer Information zuständig ist) nicht mehr zuverlässig sind, neues Verhalten, neue Einstellungen *lernen,* neue Erkenntnisse speichern und umsetzen soll. Es stellt darum eine besondere Herausforderung für die Therapeutin dar, diesen verwirrten, zunehmend desorientierten, um Identität ringenden Menschen beizustehen, Verständigung aufzubauen, realistische Ziele zu definieren und zu vereinbaren und Veränderung zu bewirken, ohne die PatientInnen zu überfordern und mit ihren Defiziten allzusehr zu konfrontieren. Versteht man Psychotherapie »palliativ« – und das ist

eine wichtige Aufgabe –, als einen Weg, Menschen in seelischer Not mit psychischen Mitteln Erleichterung zu schaffen, so hat gewiss auch Psychotherapie bei dementen PatientInnen ihren Sinn: Vor allem im Anfangsstadium der Krankheit, in dem Lernen auch noch möglich ist *(Backman* 1992; *Bird, Kinsella* 1996, *Sandman* 1993), ist die psychische Belastung sehr groß. Es gilt Angst, Trauer, Aggression, Verzweiflung, ungewohnte Reaktionen der Umgebung, Entfremdungserlebnisse oder gar eine Entwurzelung (durch Hospitalisierung o. ä.) zu bewältigen, eine vorzeitige Desaktivierung zu vermeiden *(Bauer* et al.1995). Bis zu 30% der an Demenz Erkrankten leiden zusätzlich an einer schweren Depression *(Teri, Reifler* 1987; *Teri* 1994; *Lindesay* 1993), die auch psychotherapeutisch behandelbar ist. Von verschiedenen Seiten und mit entsprechend unterschiedlicher Zielsetzung wird über erfolgreiche Versuche von Psychotherapie mit Dementen (meist im Frühstadium) berichtet. So verwandte *Petzold* (1979h) mit guten Erfolgen aktivierendes Rollenspiel in der Gruppe, um Kompetenz- und Performanzabbau zu verlangsamen, setzte mit seinen MitarbeiterInnen bewegungszentrierte Methoden ein und entwickelte psychomotorisch ausgerichtete Alltagsprogramme, da das »motorische Gedächtnis« (beim Kartoffelschälen, Abspülen, Brote schneiden etc.) ganze Handlungssequenzen aktiviert *(Petzold, Berger* 1978b; *Droes* 1991). In der empirischen Evaluation zeigten diese bewegungszentrierten Ansätze gute Ergebnisse *(Droes* 1991).
Radebold (1994) meint, Demenz sei eine pathologische Regression, die meist durch die Umwelt, durch Infantilisierung und selbstständigkeitshemmende Behandlung noch gefördert werde und der es regressionshemmende, ich-stabilisierende Maßnahmen entgegenzustellen gilt. Verhaltenstherapeutische Outcome-Studien berichten von Behandlungen der begleitenden Depression *(Teri* 1994), von Programmen, die auf einen Aufbau von Aktivitäten zielen (durch Prompting und Verstärkung, vgl. *Götestam, Melin* 1990) oder auf eine Stärkung der Selbstständigkeit im Alltag *(McEcoy, Patterson* 1986). Erfolge sind wohl vorhanden, aber meist bescheiden, da sie sich nicht auf andere Situationen übertragen ließen oder nur sehr eingegrenzte Verhaltensbereiche betreffen *(McEcoy, Patterson* 1986). Ein recht differenziertes Therapieprogramm stellen *Ehrhardt* et al. (1998) unter der Bezeichnung »Verhaltenstherapeutisches Kom-

petenztraining« (VKT) vor, die die Inhalte ihrer Therapiemodule auf die durch Forschung abgestützten Interventionsebenen bei Demenz abstimmen. Nach einer Phase der Verhaltensanalyse und Therapieplanung werden Psychoedukation (d. h. Information und Aufklärung), Stressmanagement, Aktivitätenaufbau, Förderung sozialer Kompetenz und Modifikation depressiogener Kognitionen angeboten, Elemente, wie sie teilweise auch in einer für Alzheimer-PatientInnen im Frühstadium adaptierten Form der Interpersonalen Therapie (IPT) beschrieben werden *(Bauer* 1997).

Allgemein fällt auf, dass sich die psychotherapeutischen Ansätze in ihrer auf demente PatientInnen abgestimmten Varianten von ihrer »Original«-Version in Richtung Methodenvielfalt und Multimodalität entwickeln, wie es sich für den gesamten Altersbereich – und nicht nur für den – aus verschiedenen Gründen empfiehlt *(Oswald* 1993; *Petzold* 1985a).

Da die verbalen Ansätze bei fortgeschrittener Symptomatik einer demenziellen Erkrankung zunehmend schwieriger anzuwenden bzw. kaum mehr angebracht sind, kommen bei leichten und mittleren Graden von Demenz auch zunehmend Methoden zum Einsatz, die neben oder anstelle der verbalen Kommunikation ergänzende oder eben substituierende Mittel zur Verfügung stellen *(Duffy* 1999a). Damit sind zum einen Therapiemethoden wie Musik- *(Aldridge* 2000), Kunst- *(Marr* 1995) oder Tanz- und Bewegungstherapie *(Bräuninger* 2000) gemeint, welche mit einem je eigenen und differenzierten methodischen Interventions-Fundus auf einer Ebene des Handelns, des atmosphärischen und emotionalen Geschehens ansetzen können und der Sprache im linguistischen Sinn nicht zwingend bedürfen. Das heißt aber nicht, dass sie sich ihrer gar nicht bedienen, denn auch in einem Stadium der Demenz, in dem die Bedeutung des Gesprochenen nicht mehr offenliegt, ist die Sprache mit ihrer Prosodik, Rhythmisierung und Intonation doch noch Trägerin von Gefühlen, von emotionalen Botschaften und persönlicher Bedeutung. Darauf zentriert eine weitere Zugehensweise zu dementen PatientInnen, die *Duffy* (1999a) »subvocale und nonverbale Strategien« nennt und mit denen er vor allem affektive Begleitsymptome und -erkrankungen von Demenz zu behandeln empfiehlt. Da die Demenz vom Alzheimer-Typ wahrscheinlich im Frontal-Cortex beginnt und quasi entgegen der Richtung der phylogenetischen Entwicklung dann zum Mittelhirn, später zu den Strukturen des Stammhirns fortschreitet *(Feyereisen* 1991), bleibt das »emotionale Gedächtnis« in Zwischenhirnstrukturen noch länger unbeeinträchtigt bzw. weniger beeinträchtigt als cortikale Funktionen wie logisches Denken. Das emotionale Leben hört also nicht auf, wenn die Sprache und gewisse Gedächtnisfunktionen zerfallen, und, in gewisser Weise vergleichbar mit der »vorsprachlichen« Kommunikation, in der Eltern mit ihren Säuglingen ›sprechen‹, obwohl diese »noch nicht verstehen« *(Papoušek* 1995), kann es so zu emotional bedeutsamen und psychotherapeutisch relevanten »Gesprächen« auch mit PatientInnen kommen, die den logisch-rationalen Zusammenhang nicht mehr verstehen. Dabei ist zu berücksichtigen, dass der prämorbide emotionale Bindungsstil (sichere, vermeidende oder ambivalente Bindungsmuster) offenbar auch nach Beginn der Krankheit weitgehend erhalten bleibt *(Magai & Cohen* 1988). PatientInnen mit einem ambivalenten Bindungsmuster zeigten öfter auch depressive oder Angstsymptome als sichere und vermeidende PatientInnen. Die »Vermeidenden« hatten öfter Aktivitätsstörungen und paranoide Vorstellungen, während die prämorbid »sicher« Gebundenen trotz Demenzerkrankung mit dem Leben im Alter besser zurecht zu kommen schienen (ibid.). Allerdings muss unterstrichen werden, dass hier kein Rekurs auf frühkindliche Bindungsmuster *(Ainsworth, Main, Bowlby)* genommen wird und die Muster der Bindungstheorie für den Gerontobereich bislang lediglich analogisierend gebraucht werden – ohne sorgfältige Forschung ein fragwürdiges Unterfangen, zumal es sich nicht um Personen des primären familialen Beziehungsnetzes handelt.

Je schwerwiegender die demenziellen Ausfälle werden, desto mehr zielen die Interventionen und unterstützenden Maßnahmen statt auf die kranken PatientInnen selbst auf die sie versorgende Umgebung *(Haupt* 1992; *Morris* et al. 1988; vgl. auch 2.3.3), für die nebst der pflegerischen Versorgung die sich verändernde Persönlichkeit des Erkrankten mehr und mehr zur Belastung werden kann. So sind vor allem im Zusammenhang mit der wachsenden Prävalenz der Alzheimer-Demenz viele Angehörigenprojekte und Beratungsstellen eingerichtet worden *(Bruder* et al. 1981; *Schreiter-Gasser* 1992; *Galliker, Klein* 1993; *Toseland, Smith* 1990; *Droes* 1994; *Wilz* et al. 1998). Die Arbeit mit Angehörigen kann dabei sowohl beraterische als auch psychoedukative und psychotherapeutische Dimensionen annehmen, auch wenn sie grundsätzlich als gesunde, wenn auch stark belastete Menschen angesehen werden müssen (*Bruder* 1998). Die Beratung bezieht sich dann meist auf die optimale Nutzung von Hilfs- und Unterstützungsangeboten sowie auf die Vermittlung von Information zu der Krankheit und deren Folgen, wobei moderne beratungspsychologische und forschungsgestützte Konzeptionen zur Anwendung kommen sollten (*Rahm* 1993; *Rechtien* 1998; *Petzold* 2002[2]). Die eher psychotherapeutischen Ziele liegen beim Ausdruck und bei der Bearbeitung von belastenden Gefühlen, die im Zusammenhang mit der (Pflege-)Situation entstehen, bei der Unterstützung im sozialen Rollenhandeln gegenüber der kranken, zu pflegenden Person, beim Bewahren von positiven Beziehungsanteilen trotz Wesensveränderung des Kranken und beim Erwerben von »filialer Reife« (der Beziehungsqualität des erwachsen gewordenen Kindes seinen Eltern gegenüber, vgl. *Blenkner* 1965; *Bruder* 1988), weiterhin Hilfen bei der Akzeptanz und Verarbeitung der irreversiblen Verluste, welche die demenzielle Erkrankung eines Angehörigen mit sich bringt oder – ganz wichtig – bei der Anerkennung und Bestätigung der geleisteten praktischen und emotionalen Arbeit (*idem* 1998) – versorgen sie doch rund vier Fünftel der an mittelgradig und schwerer Demenz leidenden PatientInnen (*Bergener* 1998, 95)! Während die Notwendigkeit von Angehörigenarbeit im Bewusstsein der Gesellschaft im Allgemeinen und der »professional communities« im Besonderen schon so verankert ist, dass auch die Pflegeversicherungen die Übernahme von Pflegekursen und Beratungen diskutieren, fehlen immer noch die entsprechenden Lehrinhalte in der Ausbildung von ÄrztInnen. Auch liegen leider noch kaum empirische Studien vor, welche die Effizienz, aber auch ggf. die negativen Folgen von Angehörigenarbeit untersuchen, d. h. ihre Wirkung bei den Angehörigen selbst und bei den Kranken (*Toseland & Rossiter* 1989; *Haenselt & Bruder* 1993).

2.3.3 Angststörungen

Mit einer Lebenszeitpraevalenzrate von ca. 14% (*Wittchen* 1991) stellen die Angst*störungen* eine psychiatrisch bedeutungsvolle psychische Störung dar. Insgesamt wird zwar mehrfach berichtet, dass sie im klinischen Sinne im Alter nicht häufiger vorkommen (*Tho-*

mae 1992; *Vermeulen* et al. 1994) oder sogar seltener als in jüngeren Altersgruppen *(Flint* 1994; *Stuhlmann* 1992; *Myers* et al. 1984;*Hagnell* et al. 1990), dass aber Angst*symptome* häufiger auftreten und sie oft als sekundäre Symptome zu verstehen sind *(Stuhlmann* 1992). So treten sie oft in Kombination mit Depression und PTSD auf *(Lindesay* 1991; *Flint* 1994) oder sind – vor allem in der Form von Zwängen – Begleiterscheinungen einer beginnenden Demenz *(Lindesay* 1993). Das bedarf einer sorgfältigen Abklärung. *Vermeulen* et al. (1994) vermuten außerdem, dass die Diagose z.B. aufgrund von Komorbidität und Vorurteilen (ageism in Sinne: »Ängstlichkeit gehört zum alten Menschen«) leicht verkannt und vorschnell mit Medikamenten behandelt werde und die Prävalenz deshalb eher höher eingeschätzt werden müsse *(Blonski* 1995). Jedenfalls scheint gesichert, dass die Neuauftretensrate für phobische Störungen im Unterschied zu Zwang und Panik nach 50 nicht koninuierlich abnimmt, sondern gleich bleibt und bei Frauen dreimal so hoch ist wie bei Männern *(Eaton* et al. 1989; *Hagnell* et al. 1990). Es scheint auch, dass aufgrund von traumatischen Stresserfahrungen im Lebensverlauf bei Abnahme der persönlichen Stabilität im Alter und der cerebralen Kompensationsfähigkeit sowie einer Aktivierung des Altgedächtnisses als »retroaktives PTSD« *(Petzold* et al. 2002) posttraumatische Stresssymptomatik aufkommen kann *(Aarts, op dem Velde* 2000; *Ruskin, Talbot* 1996) und damit verbundene Angstzustände auftreten. Es wird im Integrativen Ansatz mit den hier spezifisch entwickelten traumatherapeutischen Methoden behandelt: der »**I**ntegrativen und **D**ifferenziellen **R**elaxation (IDR) sowie mit Mitteln »philosophischer Therapeutik« *(Petzold* et al. 2002), die die Persönlichkeit stabilisieren und Sinnverlust entgegenwirken.
Von den im Alter vorkommenden Angststörungen wird ein großer Teil durch Phobien und generalisierte Angststörung erklärt. So kommt Agoraphobie als primäre Störung auch im Alter erstmals vor, während Panikstörungen dagegen meist schon in jüngeren Jahren bestand oder im Zusammenhang mit anderen psychiatrischen oder medizinischen Störungen auftritt *(Flint* 1994). Dass spezifische Ängste wie diejenige, Opfer eines Verbrechens *(Cutler* 1980; *Hosser, Greve* 1999) oder von Misshandlung *(Podnieks* 1989) zu werden, im Alter häufiger zu sein scheinen *(Thomae* 1992), darf dabei nicht einfach mit einer größeren allgemeinen Ängstlichkeit älterer Menschen

erklärt werden, da diese als »trait« nachgewiesenermaßen nicht existiert *(Thomae* 1992), sondern muss auch in den Zusammenhang realistischer Veränderungen in der sozialen Umgebung (z. B. steigende Kriminalität in Städten, deren Opfer alte Menschen oftmals sind) gestellt werden. Deshalb und weil ältere Menschen u. U. noch jahrelang unter einer erfolgten Victimisierung leiden, ist die Forderung nach mehr Einrichtungen, die sich aus einer geronto-victimologischen Perspektive um die Opfer kümmern, nicht übertrieben *(Hosser, Greve* 1999; *Greve, Niederfranke* 1998).
Je höher das Auftretensalter bei der generalisierten Angst, welche neben den Phobien die häufigste Angststörung darstellt *(Flint* 1994), desto schlechter die Prognose *(Noyes & Clancy* 1976). *Coryell* (1984) und *Weissman* et al. (1990) berichten, dass Panik, wenn sie im Alter erstmals auftritt, mit einer größeren Mortalität (auch suizidaler) einhergeht. Abgegrenzte Ängste lassen sich hingegen mit verschiedenen Ansätzen relativ erfolgreich behandeln *(Blonski* 1995). Konfrontation – schrittweise oder massiert, in Gedankenexperimenten (in sensu) oder in der Realität (in vivo) – mit der vermiedenen Situation (bei spezifischen Phobien) bzw. mit den Körpersymptomen (bei Paniksyndrom) kennzeichnet die verhaltenstherapeutische Behandlungsstrategie, die auch – in einen intersubjektiven Rahmen gestellt – im Integrativen Ansatz verwendet wird *(Butollo* et al. 1997). Bei generalisierter Angst wird zur Senkung des allgemeinen Erregungsniveaus ein Entspannungstraining (z. B. Progressive Muskelrelaxation nach *Jacobson* oder *Wolpe*) empfohlen, das auch bei den anderen Angstformen als Begleittherapie oft Anwendung findet *(Hirsch* 1994), dessen Wirkungen aber empirisch nicht überzeugend nachgewiesen sind *(Hamm* (1993). Bei der Panikstörung scheint die Verhaltenstherapie nach heutigem Wissensstand die effektivste Therapie zu sein *(Boerner* 1993, 56). In der Regel wird heute im Sinne einer »differenziellen Indikation und Intervention« *(Fuchs, Kurz* 1993; *Papouchis, Passman* 1993) für Angststörungen generell ein verhaltenstherapeutischer Ansatz als erfolgsversprechend angesehen *(Kurz* 1993; *Haupt* 1993), wobei eventuelle Nebenwirkungen von Expositionstechniken auf das Immunsystem noch nicht ausgeschlossen sind. Wie bei der PTSD-Behandlung durch Exposition müssen auch für Angstkonfrontationen *in sensu* und *in vivo* bei AlterspatientInnen unbedingt Kontraindikationen

beachtet werden, die unverständlicherweise in der Literatur nicht auftauchen, weil man Behandlungsformate aus der Therapie mit jüngeren Erwachsenen unhinterfragt auf Alterspopulationen überträgt. Bei diesen sind aber Herz-Kreislaufprobleme, Hochdruckerkrankungen sehr häufig und damit Infarkt- und Insultgefährdungen gegeben, weshalb die Mehrzahl der verhaltenstherapeutischen Methoden der Angsttherapie als risikoreich eingestuft werden muss und »sanftere« Behandlungswege wie das IDR *(Petzold* et al. 2002) – ggf. mit indirekten oder moderaten Expositionen – eingesetzt werden sollten. Als Beispiel indirekter Angstverminderung kann Förderung der sozialen Kompetenz durch Assertiveness-Training angesehen werden. Ist die Angst Begleitsymptom einer Demenz, so verlagern sich die Interventionen mit dem Schweregrad der Demenz und der Angststörung zunehmend von einer erlernten Verhaltensänderung des Patienten hin zu Verhaltensmodifikationen der Bezugsperson(en), was *Haupt* (1992), der Angst und Aggression als Reaktion auf bzw. Bewältigungsversuch bei Verlusterlebnissen (Verlust von Kontinuität, Kompetenz, Kommunikation, Kongruenz) versteht, *mediatorzentrierte Interaktionstherapie* nennt.
Unter den Angststörungen wird am erfolgreichsten die Panikstörung medikamentös behandelt *(Boerner* 1993; *Ballenger* 1990). Einige Substanzen (z. B. einzelne Antidepressiva, MAO-Hemmer, Benzodiazepine) haben sich gegenüber Plazebo (dessen Wirksamkeit auch unbestritten ist) als wirksamer erwiesen. Bei Agoraphobie scheinen MAO-Hemmer wirksamer zu sein als Imipramin *(Liebowitz* 1990). Auf pharmakologische Strategien wird insbesondere auch dann zurückgegriffen, wenn der Angstpegel sehr hoch ist, die Angstzustände mit einem hohen Maß an Aggressivität einhergehen und Verständigungs- und Kooperationsschwierigkeiten mit dem Patienten aufgrund von hirnorganischen Krankheiten vorliegen *(Haupt* 1993). Dann werden erfolgreich Neuroleptika, Benzodiazepine, gelegentlich auch Antidepressiva oder Medikamente aus dem Bereich der Epilepsie- und Schmerzbehandlung angewendet *(Ballenger* 1990; *Kurz* 1993). Besonders bei Panikstörungen können trizyklische Medikamente als alleinige Therapie manchmal ausreichen *(Klerman* 1992). In der medikamentösen Therapie muss allerdings die Gefahr der Abhängigkeit im Auge behalten werden, die gerade bei älteren PatientInnen hoch ist *(Miller* et al. 1991; *Glaeske, Gün-*

ther, Keller 1997). Weitere unerwünschte Nebeneffekte verdienen ebenfalls erhöhte Beachtung. Viele von ihnen sind nämlich nicht nur unangenehm, sondern gefährden den älteren Patienten indirekt, etwa durch erhöhte Sturzgefahr (bei muskelrelaxierenden Mitteln oder durch sekundäre Sehstörungen oder Schwindel) oder durch Wechselwirkungen mit Medikamenten, die auf Grund anderer organischer Krankheiten verordnet wurden. Die geradezu als Regelfall vorfindliche unkontrollierte Multi- und Hypermedikation (in der Regel durch unabgestimmte Verordnungen mehrere Ärzte) bietet ein hohes Risikopotenzial. Dies zu thematisieren, zu einem zentralen ärztlichen Behandler zu raten, der eine Abklärung, Revision und Harmonisierung der Medikation herbeiführt, kann eine wichtige Aufgabe von Beratung und Therapie werden. Dass auch psychosoziale Aspekte auf vielfältige Weise bei Ängsten mit im Spiel sein können, zeigt eine Untersuchung über social support von *Schwarzer* (1992), in der berichtet wird, dass das Vorhandensein von social support auf den Angstlevel eines Patienten nur dann einen Einfluss hatte, wenn sich in dessen Familien- oder Freundeskreis ein Todesfall ereignete. In diesem Fall steigerte sich der Angstlevel, wenn zugleich ein Mangel an social support gegeben war.

Integrative Behandlungsansätze sind darauf ausgerichtet, den Patienten über die verschiedenen Ursachen und Behandlungsmöglichkeiten zu informieren und diese problemorientiert und gegebenenfalls kombiniert bzw. sequenziell anzuwenden *(Boerner* 1995, 110). Auch die in den USA weit verbreitete Methode kombinierter kognitiver und behavioraler Strategien (CBT) scheint gegenüber rein medikamentöser Angstbehandlung überlegen zu sein *(Gorenstein, Papp, Kleber* 1997). Zu weiteren psychosozialen Interventionsmöglichkeiten bei Angststörungen sowie generell zu altersspezifischen Ansätzen fehlen in den meisten Fällen noch empirische Befunde *(Stanley, Averill* 1999; *Boerner* 1995).

3. Schlussbemerkungen

Dass Psychotherapie mit älteren und alten Menschen, u. a. wegen ihrer Unfähigkeit sich zu ändern, wenig fruchte – wie *Freud* verschiedentlich behauptete, obgleich er selbst bis in hohe Alter seine

Ideen weiterentwickelte –, ist einer der vielfältigen »Mythen« der Psychotherapie *(Petzold, Orth* 1999). Die vorliegende Arbeit hat wohl deutlich gezeigt, dass dieser Mythos keinen Boden hat, denn alte Menschen können von (Psycho)therapie nicht weniger profitieren als jüngere und sie haben keine geringeren Chancen als diese, sich zu verändern. Das dokumentiert die Praxiserfahrung und die Forschung. Wir konnten weiterhin aufzeigen, wie bedeutsam die gerontologische Forschung im Allgemeinen und die gerontotherapeutische Forschung im Besonderen für eine wohlfundierte (Psycho)therapie und psychosoziale, *interventionsgerontologische* Praxis (Agogik, Beratung, Sozialtherapie, Kreativtherapien) ist. Weiterhin haben wir dargestellt, dass in der Arbeit mit alten Menschen eine rein *psycho*therapeutische Vorgehensweise nicht ausreichend ist, sondern »eine Integrative Therapie erforderlich wird« *(Petzold* 1965, repr. Bd. 1), die **leibtherapeutische, psychotherapeutische, soziotherapeutische, ökologische Interventionen** einbeziehen muss, **kognitive, emotionale, volitive und netzwerkdynamische** Dimensionen aufzugreifen hat. – Wir sind im übrigen der Auffassung, *dass dies in gleicher Weise für die (Psycho)therapie mit allen anderen Altersgruppen gilt* und die Gerontotherapie nur sehr überzeugend und plastisch ein grundlegendes (u. a. im abendländischen Körper-Seele-Dualismus gründendes) Strukturdefizit der Psychotherapie insgesamt zeigt (mit den Richtlinienverfahren jetzt sogar rechtlich festgeschrieben), das dringend zu verändern wäre. Seit ihren Anfängen hat die **Integrative Therapie** deshalb ein solches übergreifendes Modell vertreten. Sie hat für die interventionsgerontologische Praxis im beständigen Bezug auf die jeweils aktuelle Forschungslage elaborierte Praxismodelle entwickelt und in zahlreichen Publikationen dargestellt *(Petzold, Bubolz* 1976, 1979; *Petzold* 1965, 1977e, g; 1979c, k; 1985a; 1999l; *Petzold, Spiegel-Rösing* 1985; *Spiegel-Rösing, Petzold* 1984/1996; *Petzold, Petzold* 1991; *Müller, Petzold* 1997 usw.). Diese Arbeiten zeigen, was insgesamt für spezialisierte Gebiete der (Psycho)therapie gelten sollte:

- Es müssen einerseits durch klinische Erfahrung und Erprobung beständig eigene theoretisch-konzeptuelle und methodische Weiterentwicklungen stattfinden,
- es müssen andererseits diese Entwicklungen durch empirische Forschungen abgesichert werden im Sinne einer hinlänglichen

Evidenzbasierung, bei der die Nebenwirkungs- und Schadensforschung wesentlich ist *(Märtens, Petzold* 2002; *Petzold, Müller* dieser Band)

- es muss konzeptkritische, ideologiekritische, dekonstruktivistische *(Derrida)* Arbeit geleistet werden, um unangemessene Mythen *(Petzold, Orth* 1999) offenzulegen,
- es muss schließlich eine permanente Rezeptionsarbeit der relevanten Forschungsstände erfolgen, die in den eigenen Ansatz eingearbeitet werden müssen und ggf. kritische Revisionen in Theorie und Praxis verlangen (und das kann auch *Grundpositionen* betreffen, wovon leider in den *schulenzentrierten* Ansätzen der Psychotherapie und Gerontotherapie kaum etwas zu merken ist),
- es müssen die eigenen Konzepte und Methoden in den kritischen, schulenübergreifenden *intra*disziplinären Diskurs der Gerontotherapie und der vergleichenden Psychotherapie sowie in den *inter*disziplinären Diskurs der Gerontologie und der Psychotherapiewissenschaft gestellt werden.
- es muss mit einer engagierten gesundheitspolitischen Arbeit für die Situation der alten Menschen in diesem Lande und international Position bezogen und konkrete Hilfe geleistet werden (für alte Menschen in Krisen- und Elendsgebieten geschieht erschreckend wenig), und es ist gleichermaßen offensiv und engagiert für für die Situation der MitarbeiterInnen in der institutionellen Altenarbeit einzutreten, damit sie ihre Arbeit unter angemessenen Bedingungen durchführen können *(Petzold, Müller* 2005).

Nur so kann die *Qualität* und *Humanität* gerontotherapeutischer Arbeit nachhaltig gesichert werden und eine optimale *Qualitätsentwicklung* in diesem zukunftsträchtigen Feld stattfinden, die **patient security, patient welfare** und **patient dignity** gewährleistet und für die therapeutischen PraktikerInnen eine erfolgreiche und befriedigende Arbeit mit ihren PartnerInnen *(Petzold, Gröbelbaur, Gschwendt* 1999), den alten Menschen, ermöglicht. Wir hoffen, mit diesem Text zu diesen Zielsetzungen einen Beitrag geleistet zu haben.

[1] Gerontopsychiatrisches Zentrum Hegibach, Psychiatrische Universitätsklinik Zürich, Leitung PD Dr. med. *Ursula Schreiter*

[2] Das Konzept von *Serge Moscovici* (1984, 2001) wurde von uns erweitert: »**Komplexe soziale Repräsentationen** sind Sets kollektiver Kognitionen, Emotionen und Volitionen mit ihren Mustern des Reflektierens bzw. Metareflektierens in polylogischen Diskursen bzw. Ko-respondenzen und mit ihren Performanzen, d.h. Umsetzungen in konkretes Verhalten und Handeln. Soziale Welten entstehen aus *geteilten Sichtweisen* auf die Welt, und sie bilden geteilte Sichtweisen auf die Welt. Sie schließen Menschen zu Gesprächs-, Erzähl- und damit zu Interpretations- und Handlungsgemeinschaften zusammen und werden aber zugleich durch solche Zusammenschlüsse gebildet und perpetuiert – rekursive Prozesse, in denen soziale Repräsentationen zum Tragen kommen, die wiederum zugleich narrative Prozesse *kollektiver Hermeneutik* prägen, aber auch in ihnen gebildet werden.« *(Petzold* 2002g).

[3] Das Integrative Beratungskonzept ist wie folgt gefasst: »**Beratung** ist eine fachliche Dienstleistung und eine person- und sachbezogene, ziel- und ergebnisorientierte Methodologie für dialogische bzw. polylogische interpersonale Prozesse, die kognitive, emotionale, volitive und sozial-kommunikative Dimensionen einbeziehen. Im Beratungsgeschehen arbeitet ein *Berater als Experte* ›vom Fach‹ mit besonderen personalen, sozialen und professionellen Fähigkeiten/Kompetenzen, Fertigkeiten/Performanzen und spezifischen Ressourcen an Wissen und Methoden korrespondierend und partnerschaftlich mit einem *Ratsuchenden* (Klienten, Kunden) zusammen, der als *Experte für seine Situation*, für seine Bedürfnisse, Probleme und Potenziale relevante Fragen und Interessen in einen kooperativen Arbeitsprozess einbringt. Dieser hat zum Ziel, Wissensstände und Informationen bereitzustellen, Zielfindungen und Entscheidungen zu fördern, Handlungsfolien und Innovationsstrategien gemeinschaftlich durch Koreflexion und Metareflexion zu erarbeiten, so dass Probleme gelöst und Entwicklungsaufgaben gemeistert werden können. **Beratung** kann dabei auch die Umsetzung von Zielen und die Implementierung von Entscheidungen vorbereiten sowie ressourcen- und lösungsorientiert Prozesse der Problembewältigung und Zielrealisierung begleiten. Ein Klima der wechselseitigen Wertschätzung, der Partnerschaftlichkeit und positiven Affiliation, der gradlinigen Offenheit *(parrhesia)* und Transparenz kennzeichnet Beratungsprozesse« (*Petzold* 2002g).

Die Methode der Lebensbilanz und des Lebenspanoramas in der Arbeit mit alten Menschen, Kranken und Sterbenden

Unter Mitarbeit von Kurt Lückel

> »Sie leben aber mehr von der Erinnerung als von der Hoffnung, die ihnen das Leben noch gelassen hat, ihr Leben, welches im Vergleich zur langen Vergangenheit nur noch kurz ist. Daraus erwächst ihre Beredsamkeit, da sie sich des Erinnerns erfreuen.«
>
> *Aristoteles* (Rhetorik)

1. Über die Bedeutung des Erinnerns

Im Kontakt mit alten Menschen, Kranken und Sterbenden, sei er nun privater oder beruflicher Art, kommt man immer wieder mit dem Phänomen in Kontakt, dass in mehr oder weniger ausführlicher Weise Ereignisse des vergangenen Lebens berichtet werden, dass Erinnerungen aufkommen und erzählt werden, dass offenbar ein Bedürfnis besteht, die »Lebensgeschichte« zu erzählen. Es scheinen Erinnerungen verfügbar, die über lange Jahre verschüttet gewesen sind. Das Nachdenken über Vergangenheit, das »Leben in der Vergangenheit« und auch die Bewertung von vergangenen Ereignissen ist für viele alte Menschen, Schwerkranke und Sterbende eine wichtige Aktivität, die einen großen Teil ihrer Lebenszeit erfüllt. Es ist dieses Faktum in der Literatur vielfach diskutiert worden, aber es fällt uns schwer, eine einheitliche Antwort herauszustellen: Ist es ein grundlegendes Bedürfnis nach Sinngebung für das Leben, wie es *Frankl* (1972) gleichsam als anthropologische Kategorie postuliert, oder wird die Frage nach dem Sinn durch schwere Schmerzen und Einschränkungen des Lebens aufgeworfen, wie *LeShan* (1964) meint; ist es ein »Kausalitätsbedürfnis« *(Meerwein* 1981), das dem Menschen eigen ist *(Budde, Thielen* 1979)? Ist es die »awareness of finitude« *(Marshall* 1980, 107), die Menschen auf dem letzten Wegstück ihres Lebens dazu motiviert, sich auf die Vergangenheit zu richten? Oder

sind es die bedrückenden, bedrohlichen Lebensumstände, die durch eine »Flucht in die Vergangenheit« ertragen werden können, deren Hauptziel es ist, »die Unsicherheiten und Bedrohungen der Identität zu mildern, die durch problembehaftete Lebensübergänge verursacht wurden« *(Davis* 1979, 69)? Sicherlich kann die persönliche Lebensgeschichte in ihrer Vergegenwärtigung bedrohte Identität bewahren helfen *(Unruh* 1983a, b), aber in gleicher Weise kann das Abblenden von Erinnerungsperspektiven im Sinne einer defensiven Bewältigungstechnik *(Thomae* 1968; *v. Langermann* 1970) eingesetzt werden. Nach den empirischen Untersuchungen von *Engelke* (1980) fragt knapp die Hälfte der sterbenden Patienten im Rahmen eines seelsorgerlichen Gesprächs nach dem *Sinn.* Nach dem *Warum* fragt jeder dritte Patient. Hier dürften die unterschiedlichen Lebens-, Alterns- und Sterbestile *(Thomae* 1983; *Petzold* 1965; 1984, 442) zum Tragen kommen.
Es liegt uns fern, das Konzept eines »endogenen«« Sinn- oder Kausalitätsbedürfnisses zu vertreten. Wo dieses ausgeprägt ist, ist es kulturspezifisch und sozialisationsbedingt. Die *Aktivierung des Altgedächtnisses* im Alter *(Lehr* 1979; *Oswald, Fleischmann* 1983) ist ein Moment, das die Erinnerungsmöglichkeiten fördert und das »dwelling on the past« zu einem typischen Phänomen des Alters macht, dem man in der gerontotherapeutischen und geragogischen Arbeit sowie bei gerontologischen Forschungsvorhaben immer wieder begegnet *(Unruh* 1983a, 50; *Liebermann, Falk* 1971; *Havighurst, Glasser* 1972; *Costa, Kastenbaum* 1967; *Meacham* 1977; zusammenfassend *Merriam* 1980). Es kann dieses Phänomen der Erinnerungszentriertheit nicht allein als Anpassungsleistung *(Boylin* et al. 1976) an die Bedingungen des Alters gesehen werden, wenngleich es als Ausfluchtreaktion eine Entlastungsfunktion haben kann *(McMahon, Rohdick* 1976). Die Arbeiten von *Fred Davis* (1979) zeigen, dass belastende Lebenssituationen auch bei jüngeren Leuten eine Vergangenheitsorientierung fördern. Im klinischen Bereich können wir dies besonders bei jüngeren Patienten, ja bei Jugendlichen und Kindern beobachten, die von einer schweren Erkrankung betroffen sind. Es muss noch nicht einmal eine Krebserkrankung mit infauster Prognose sein, auch bei guten Heilungschancen führt die körperliche Reduktion der Erkrankung oder eine anstehende Operation dazu, dass sich die Betroffenen vermehrt mit ihrer Vergangenheit aus-

einandersetzen. Auch hier wird durch die »kritische Lebenssituation« Identität bedroht. Das identitätsstiftende Erleben eigener leiblicher Integrität ist gemindert. Die Identitätszuweisungen aus dem sozialen Kontext haben sich verändert oder sind durch die Hospitalisierung, die Aufnahme in ein Altenheim, das Sterben von Freunden und Bekannten fortgefallen, so dass auf Erinnerungen, auf alte Sozialwelten, auf frühere Identitätsattributionen und Selbstbilder zurückgegriffen werden muss, um Identität zu wahren *(George* 1980; *Unruh* 1983b). Es kommt eine solche Situation für den alten Menschen in besonderer Weise zum Tragen. Seine Identität ist in allmählicher Auflösung begriffen. Der gewachsenen sozialen Welten, intakten Lebensgefügen inhärente *Sinn,* der als der funktionierende Lebenszusammenhang selbst interpretiert werden kann *(Luhmann* 1971), ist nicht mehr als selbstverständliche Gegebenheit vorhanden. Er muss deshalb aktiver konstituiert werden. Die »awareness of finitude« kann vermittels der Konstituierung von Sinn durch erinnertes Leben und Erleben ausgehalten werden *(Havighurst* et. al. 1968; *Tolor, Murphy* 1967). Alte Leute »gelangen dazu, sich in einer autobiographischen Perspektive zu sehen. Sie sehen, wie sich die Kapitel ihres Lebens entfalten, und ihre erhöhte Fähigkeit für die Wahrnehmung des Endes, die das spätere Leben normalerweise begleitet, bringt sie ins letzte Kapitel« *(Marshall* 1980, 107). Dieses letzte Kapitel muss nun oft in einer erheblichen Verknappung persönlicher Ressourcen durchlebt werden, in veränderten Sozialwelten, für die keine ausreichenden Orientierungen zur Verfügung stehen, und so dienen die Erinnerungen an alte Szenen oftmals als Interpretationsmöglichkeit für die gegenwärtige Lebenssituation *(Lyman, Scott* 1968). »Deswegen sind kognitive Verknüpfungen mit der Vergangenheit, die durch die Erinnerung aufrechterhalten werden, entscheidende Komponenten alternder Menschen« *(Unruh* 1983a, 50). Vergangenheitserinnerungen haben also im Alter und in anderen kritischen Lebenssituationen die Funktion der Gegenwartsbewältigung durch Rückgriff auf alte Verhaltensstrategien, der Identitätsbewahrung durch Rekurs auf vergangenes Identitätserleben *(Meyerhoff* 1975, 19), der Identitätssicherung durch Konstitution von persönlicher Sinnerfahrung *(Unruh* 1983b), des Ausfüllens von Leerräumen, wenn durch soziale Deprivation oder Einschränkungen aufgrund von Infirmität die Partizipationsmöglichkeiten am Leben kaum noch gegeben sind *(Coleman* 1978). Das »dwelling on the past« kann als defensive oder evasive Daseinstechnik betrachtet werden *(Thomae* 1968; *v. Langermann* 1970; *Lazarus, Launier* 1978), als Bewältigungs oder Abwehrvorgang *(Haan* 1977), als eine Möglichkeit, den Verlust eines Zukunftshorizonts von Zeit durch die Ausbreitung eines Vergangenheitshorizonts aufzufangen *(Meerloo* 1970; *Hendricks, Hendricks* 1976; *Stork-Groenfeld, Meerloo* 1974).

Die Erinnerung an gelebtes Leben gibt die Möglichkeit, Gewonnenes und Erreichtes noch ein Stück zu bewahren, Dinge, die einem liebgeworden sind und die von den äußeren Bedingungen her verloren sind, noch ein wenig zu behalten *(Lo Gerfo* 1980); denn diese Ereignisse, Szenen, sozialen Welten haben ja eine persönliche Bedeutung, auch wenn sie nicht mehr existieren *(Shibutani* 1955). Die Erinnerung bietet auch in besonderer Weise die Möglichkeit der *Aneignung* von Leben im Sinne eines Verstehens und Begreifens *(Myerhoff, Tufte* 1975). Die eigene Lebensgeschichte wird noch einmal einem interpretativen Prozess unterworfen, in dem sich »das Leben aus dem Leben selbst erklärt« *(Dilthey* 1957). Es wird damit über die rein adaptive und die identitätssichernde Funktion hinaus *(Boylin* et. al. 1976) die Erinnerung zu einer Möglichkeit des Wachstums. Die *»persönliche Hermeneutik des Subjekts«* findet zu einer letzten Auslegung der eigenen Existenz, die es ermöglicht, das Altern und das Sterben in persönlicher Würde und im Erleben einer Sinnhaftigkeit zu vollziehen. Es wird in diesem Geschehen jedoch die Vergangenheitsorientierung überschritten und die Perspektive der »ganzen Zeit« *(Petzold* 1981) wahrgenommen, insbesondere der begrenzte Zukunftshorizont *(Krapf* 1953; *Lehr* 1967; *Thomae* 1980). Die Lebensrückschau wird zur Lebensüberschau, zum Blick auf das Panorama des Lebens, die gesamte Lebensspanne. Die verstandene, bejahte, integrierte Vergangenheit macht den Blick auf das Ende möglich *(Butler* 1963; 1980; *Myerhoff, Tufte* 1975; vgl. *Revere, Tobin* 1980).

Lebenserinnerungen, Lebensrückschau haben für alte Menschen, Kranke und Sterbende unterschiedliche Funktionen *(Havinghurst, Glasser,*1972; *Lo Gerfo* 1980). Sie sind unterschiedlich motiviert und bestimmt. Es können diese Phänomene jedoch als anthropologische Größe gesehen werden, denn der Mensch wird unter anderem dadurch zum Menschen, dass er zu seiner Geschichte und zu seiner

Zukunft in Distanz zu gehen vermag, sein Leben, sich selbst aus *»exzentrischer Position« (Plessner)* wahrzunehmen vermag. Er kann in der Auseinandersetzung mit seiner eigenen Geschichte seine Einzigartigkeit und zugleich seine Verbundenheit mit den Menschen seiner Lebenswelt erfahren. Hominisation und Geschichtsbewusstsein, Individuation und Biographie sind aufs engste verbunden. Vielleicht ist dieses tief in unsere Evolutionsgeschichte zurückgreifende Faktum ein Grund für das Phänomen der »Lebensbilderschau«, wie es aus Extremsituationen wie Absturz, Ertrinken, Anästhesie berichtet wird *(Mickorey* 1966), wo das gesamte Leben noch einmal in Sekunden abläuft *(Petzold* 1935; *Husemann* 1938; *Linden* 1979).

2. Lebensrückschau, Lebensbilanz, Lebenspanorama

Die Lebensrückschau bei Alten, Kranken und Sterbenden kann vielfältige Formen haben. Oftmals tauchen die Erinnerungen als *unstructured recollections* spontan und mehr oder weniger zufällig auf. »Das Auftreten dieser Erinnerungen und Bindungen an die Vergangenheit war sehr stark situationsabhängig. D. h., die Zeiten und Orte, bei denen ältere Menschen sich in die Vergangenheit eingetaucht erlebten, schienen im großen und ganzen dem direkten Einfluss der Kontrolle entzogen zu sein. In Gesprächen tauchten zum Beispiel Themen auf, die spontan Erinnerungen an vergangene Beziehungen, Aktivitäten oder soziale Gegebenheiten hervorriefen. Diese Erinnerungen waren dann unstrukturiert in dem Sinn, dass ältere Menschen nicht bewusst bestimmte Erinnerungen bewahrten, versuchten, deren Inhalt vorherzubestimmen und sie willentlich hervorzurufen« *(Unruh* 1983a, 51). Wir finden aber auch *active reconstructions,* den Versuch, sich die Vergangenheit wieder zugänglich zu machen durch das Anschauen von Tagebüchern und Fotoalben, durch Betrachten von Sammelstücken, Aufsuchen alter Plätze, Gespräche mit Verwandten und Nachbarn, durch *Erinnerungsarbeit.* Menschen, die aktive Rekonstruktion praktizieren, beziehen diese auch auf die Zukunft, indem sie Tagebücher und Alben anlegen, um ihre eigene Geschichte für sich und für nahe Angehörige zu dokumentieren (ibid.; *Myerhoff* 1978). Aus klinischer Perspektive können wir den beiden Kategorien

Unruhs noch eine dritte hinzufügen: *compulsive recollections.* Hier handelt es sich um das wiederholte und immer wiederkehrende Auftauchen von Vergangenheitsthemen, und zwar nicht aufgrund hirnorganisch bedingter Perseveration, sondern aufgrund psychodynamischer Konstellationen: unerledigte Situationen *(Perls* 1980), Schuldgefühle *(Buber* 1957; *Heimannsberg* 1985), nicht betrauerte Verlusterfahrungen *(Spiegel* 1972; *Petzold),* Vergangenheitsereignisse also, die wiederkehren *müssen,* unter einem Zwang zur Vergegenwärtigung stehen, weil die Situationen, mit denen sie verbunden sind, noch *offen* sind und auf *Schließung* drängen *(Walter* 1977). Es gehören hierhin wohl auch Träume und Wiederholungsträume *(Perlin, Butler* 1964; *Petzold* 1977a; *Lückel* 1981). Derartige Memorationen gehen ein in die Dynamik, die eine »Lebensbilanz« motivieren. Die Lebensbilanz ist eine aktive oder zwanghafte, bewusste oder unbewusste Auseinandersetzung mit der eigenen Geschichte, in die über das Moment des Verstehens des Lebens ein Aspekt der *Bewertung* des Lebens und der Lebensereignisse einfließt. Eine derartige Bewertung gehört mit in den Vorgang der *Konstitution von Sinn,* der nicht frei von jeder Bewertung (denn auch das ist wertend) gewonnen werden kann. Die bilanzierende Lebensüberschau kann mit *Butler* (1963) gesehen werden als »ein natürlich eintretender universaler geistiger Prozess. Er ist charakterisiert durch ein fortschreitendes Bewusstwerden vergangener Erfahrungen und speziell durch das Wiederauftauchen ungelöster Konflikte; gleichzeitig und im Normalfall werden diese wiederauflebenden Erfahrungen bewertet und neu integriert« (ibid.). Es findet sich dieser Prozess der bewertenden *life review* in vielen religiösen Formen unterschiedlichster Kulturen, bei Übergangs- und Initiationsriten, wo noch einmal auf das »alte Leben« zurückgeschaut wird vor dem Übergang in einen neuen Bereich. Die Generalbeichte, wie sie mit durchaus therapeutischen Intentionen in den ignatianischen Exerzitien praktiziert wird *(Immler* 1985) oder als Lebensbeichte über die Jahrhunderte in der christlichen Sterbepastoral ihren Platz hatte, ist hierfür ein bekanntes Beispiel. Das Erstellen einer *Bilanz* ist eine komplexe und schwierige Aufgabe, besonders was die *Bewertung* bestimmter Güter anbelangt, Lebensszenen, die – geliebt oder ungeliebt – zum *Besitz* der eigenen Geschichte gehören. Die Maßstäbe der Bewertung haben gleichermaßen ihren biographischen Hintergrund. Es handelt sich zumeist

um tradierte Normen aus Elternhaus, Kirche, Gesellschaft, die mit unterschiedlicher Schärfe und Strenge oder Großzügigkeit und Nachsicht zur Wirkung kommen. Dieser Prozess der Bilanzierung ist sehr oft ein einsames Geschehen. Es sind keine Dialogpartner da, mit denen man sich über die Ereignisse aussprechen könnte. Vielleicht sind auch Geschehnisse darunter, über die man im näheren Freundes- und Bekanntenkreis nicht sprechen kann. So kann es sein, dass Menschen in ihren Bilanzen einseitig negativ werten, durch die Rückschau unter große seelische Belastung und Druck kommen (*Rechtschaffen* 1959), ausschließlich vergangenheitszentriert sind und keinen Blick für die Gegenwart haben, die es noch zu bewältigen, zu leben, ja zu genießen gilt, und keinen Blick für die Zukunft (*Lehr* 1967), für die Dinge, die noch getan werden müssen und getan werden können. Die Lebensbilanz wird dann nicht Basis für eine Lebensüberschau, ein *Lebenspanorama,* das über die Bilanzierung hinaus auf die vorfindliche Gegenwart und die verbleibende Zukunftsspanne *verändernd* wirkt.
Mit dem Verschwinden religiöser Formen und einer zunehmenden Säkularisierung des Lebens, mit dem Zerfall der Mehrgenerationenfamilie und der damit verbundenen zunehmenden Isolation alter Menschen von intimen Kommunikationsformen – die »Intimität aus der Distanz« (*Rosenmayr* 1983) reicht hier nicht aus – werden alten Menschen immer weniger Gesprächssituationen über belastende Vergangenheitsereignisse möglich. Treten dann noch schwere Krankheiten, Übergang ins Heim oder andere bedrückende Lebensereignisse ein, so kann die in diesen Zusammenhängen häufig verstärkte Reminiszenz, die im Dienste einer Sicherung von Identität wirken soll, noch zu einer zusätzlichen Belastung werden, wenn nämlich die memorierten Inhalte einen überwiegend düsteren Charakter haben und in eine negative Bilanzierung führen. Die Beobachtung derartiger Zusammenhänge im geronto-psychiatrischen Kontext hat 1909 den russischen Mediziner, Psychologen und Philosophen *Vladimir N. Iljine* dazu geführt, bei der Lebensbilanz therapeutische Hilfen zu geben und die Lebensbilanz in der Arbeit mit alten Menschen und Sterbenden als therapeutisches Mittel einzusetzen. »Und weil die Rückschau auf ein unglückliches Leben eine bedrückende Gegenwart noch düsterer macht, weil der Blick aus einer schlimmen Gegenwart deren Schatten selbst auf lichte Strecken der Vergangenheit wirft

und weil damit die Abwertung eines ganzen Lebens und eine Verzweiflung für die letzte Lebensstrecke entstehen kann, wird es notwendig, dass unsere Kranken ihre Lebensbilanzen nicht alleine ziehen – dies gilt für die Alten wie für die Jungen – sie brauchen einen Begleiter« *(Iljine* 1909). Es wurde damit zum ersten Mal außerhalb eines seelsorglichen Kontextes die Lebensbilanz als psychotherapeutische Intervention im geronto- und thanatotherapeutischen Bereich praktiziert, ein Ansatz, der bis in die jüngste Zeit viel zuwenig Beachtung gefunden hat. »In der thanatologischen Literatur hat die antizipatorische Trauer (was ich hatte, verliere ich) mehr Aufmerksamkeit bekommen ... als die wichtigen Fragen etwa nach der Lebensbilanz, den ungelösten Konflikten, dem »unfinished business«, den Teilen ungelebten Lebens« *(Spiegel-Rösing* 1984, 150). Zwar fand *Engelke* (1980), dass nur 15% der von ihm beforschten sterbenden Patienten in einem seelsorgerlichen Gespräch eine Art Lebensbilanz ansprechen, jedoch hat *Spiegel-Rösing* (ibid. 149) mit Recht darauf hingewiesen, dass der Begriff der Lebensbilanz hier zu eng gefasst wurde und die hinterfragende Reflexion der Vergangenheit insgesamt diesem Phänomen zuzuordnen ist. Das »dwelling on the past« hat meistens einen wertenden Charakter. Lebensbilanz darf also nicht nur als differenzierte, in sich konsistente und mit buchhalterischer Genauigkeit ausgeführte Abschlussrechnung verstanden werden. Sie kann unterschiedliche Grade an Exaktheit und Prägnanz aufweisen, fragmentarisch oder umfassend sein, ein vorbewusstes Suchen, ein zunächst unbewusstes Auftauchen von Erinnerungsfetzen bis zur bewusst vollzogenen Rekonstruktion. In einer eigenen Untersuchung bei 270 Altenheimbewohnern wurde die Frage: »Denken Sie oft darüber nach, ob die Geschehnisse in Ihrer Lebensgeschichte gut oder weniger gut gelaufen sind?«, von 84% der Befragten positiv beantwortet.

Obwohl bilanzierende Aktivitäten sich transkulturell bei alten Menschen, Kranken und Sterbenden beobachten lassen, sind sie im Bereich der Psychotherapie und insbesondere in der Psychoanalyse, die doch in spezifischer Weise auf eine Auswertung der Vergangenheit gerichtet ist, kaum aufgegriffen worden. *Dreifuss* und *Meerwein* (1984, 259 f.) haben wohl zu Recht die Zukunftsorientierung der Psychoanalyse mit Richtung auf wachsende Ich-Autonomie des Analysanden und weiterhin die Abwehr eigener Todesängste und Trauerarbeit als Gründe für dieses Faktum geltend gemacht (vgl. auch *Speidel* 1985). Neben *Iljine,* der als Psychoanalytiker phänomenologischem und existenzialistischem Denken verpflichtet war, insbesondere aber der auf Sinnfragen gerichteten Philosophie der »Slavophilen Schule« *(Zenkowsky* 1953; *Zernov* 1972), hat nur *Erikson* (1950) den Bezug persönlicher Integrität zum vollzogenen Leben hergestellt und haben *Butler* (1963, 1970,1980) in seiner *life review* und *Myerhoff* (1978) in der *life history technique* den Fragen der Lebensbilanzierung größere Aufmerksamkeit geschenkt. Heute wird ihre Bedeutung zunehmend erkannt. »Sie kann als ein letzter Versuch angesehen werden, die eigene Identität zu deuten und für das Leben ein Gefühl des Sinnes zu gewinnen. Die Lebensüberschau hat, wie alle Muster der Adaptation, für die Psychotherapie des sterbenden Patienten bedeutende Implikationen« *(Karasu, Waltzmann* 1976). In der gestalttherapeutischen Arbeit mit alten Menschen und Sterbenden hingegen wurde der Lebensüberschau besondere Bedeutung zugemessen. Ein Grund hierfür ist das Verständnis des Lebens als »Lebensgestalt«, die durch Anfang und Ende konstituiert wird, eine »Zeitgestalt« *(v. Weizäcker* 1942), weiterhin die Vorstellung, dass das Leben ein kreativer Prozess ist, der ein *Wachstum* bis zum Lebensende ermöglicht *(Zinker* 1966; 1982), und das Konzept des »unfinished business«, der »offenen Gestalten« der Vergangenheit, die zur Schließung drängen *(Perls* 1980). Der Begründer der Gestalttherapie fasst dies in seiner Autobiographie in folgenden Vers:

»Junk and chaos come to halt
'stead of wild confusion –
form a meaningfull Gestalt
at my life's conclusion«
(Perls 1969).

So lag es nahe, sich mit der terminalen Phase des Lebens stärker auseinanderzusetzen, als dies in anderen psychotherapeutischen Verfahren geschah *(Petzold, Bubolz* 1979; *Petzold* 1980a; *Lückel* 1981; *SpiegelRösing, Petzold* 1984; *Petzold, Spiegel-Rösing* 1985).
»Eine Schließung der Lebensgestalt ist aber für den ›ins Leben geworfenen‹ *(Heidegger)* Organismus das ultimative Ereignis des Todes. Der Abschluss des Lebens, der Tod, könnte in dieser Sicht zum ἐσχατων ἔϱγον, d.h. aber nicht nur zur letzten, sondern auch zur

wesentlichsten Leistung des menschlichen Lebens werden: Schließung der offenen Gestalt des Lebens, Vollendung der ›guten Gestalt‹« *(Petzold* 1973, 15).
Die Arbeiten von *Butler* (1960; 1963; 1970; 1974; 1980) haben Anregung zur Entwicklung einer *life review therapy (Hausmann* 1980; *Spiro* 1981; *Lewis, Butler* 1974) gegeben. Unsere eigene Vorgehensweise ist durch die Erfahrung bestimmt, die *Petzold* in der Zusammenarbeit mit *Iljine* machen konnte und auf deren Grundlage er die Methode des *»Lebenspanoramas«* entwickelte *(Petzold* 1965; *Heinl, Petzold, Fallenstein* 1983), die den Ansatz der Lebensbilanz erweitert und vertieft.
Iljine hat die Methode des» Therapeutischen Theaters« begründet, in der anhand von Rahmenstücken Szenen aus dem Leben des Patienten gespielt werden, die aufgrund einer gemeinsamen Problemanalyse entworfen worden sind *(Iljine* 1909; 1942; 1972; *Petzold* 1982a, b). Es wurde durch derartige »Szenarien« eine strukturiertere Form dramatischer Therapie möglich, als dies im Psychodrama *Morenos* der Fall war. Überdies war *Iljine* der tiefenpsychologischen Sicht seines Lehranalytikers *S. Ferenczi* (1964; *Cremerius* 1983) verpflichtet und seiner aktiven Form der emotionalen Zuwendung zum Patienten, die sich gerade für den Umgang mit alten Menschen, Schwerkranken und Sterbenden besonders eignet. *Iljine* hatte oft in monatelanger Begleitung von sterbenden Patienten, aber auch mit Freunden Szenarien ihres Lebens erarbeitet, »um eine Bilanz im Angesicht des Todes zu ermöglichen, in der keine Rolle, kein Spieler ausgelassen wird, in der vergangenes Leben noch einmal lebendig werden kann« *(Iljine* 1963). Diese Szenarien wurden in der Imagination aktiviert und im erlebnisaktivierenden Gespräch erarbeitet, wobei durch vorsichtige Deutungstechnik und stützende Interventionen eine Verarbeitung und Integration ermöglicht werden sollte.
Eine Weiterentwicklung dieses Ansatzes im Rahmen der »Integrativen Therapie« *(Bünte-Ludwig* 1984) ist die *»Lebenspanoramatechnik«* von *Hilarion Petzold* (1965; 1975). Sie ist darauf gerichtet, Patienten ihre Lebensgeschichte mit bildnerischen Mitteln darstellen zu lassen, um ihnen durch diese »Kartierung« eine Überschau über ihr Leben zu ermöglichen. Im Unterschied zum herkömmlichen psychotherapeutischen Procedere, etwa in der Psychoanalyse oder in der Gestalttherapie, in dem eine Situation, die belastend wirkt (Pro-

totrauma, unfinished business), gesucht und aufgefunden wird, indem man gleichsam den Untergrund sondiert, eine »Bohrung niederbringt«, wird in der Gestaltung der gesamten Lebensspanne auf eine »Synopse« abgezielt. Der Klient erhält eine Einstimmung: Er soll Jahr um Jahr zurückzählen bis zum Tag seiner Geburt und dann noch einmal neun Monate bis zum Punkt seiner Zeugung und wird dann aufgefordert, die Geschehnisse seines Lebens wie in einem Panorama von seinem Anfang bis zur Gegenwart und darüber hinaus bis an sein Lebensende, so wie er es sich vorstellt, zu zeichnen.

Das Einstimmungshypnoid reduziert die Widerstände und führt dazu, dass neben den bewusst intendierten Ereignissen unbewusstes Material über das Medium der Form und Farben in das Bild einfließt. Das Medium wird mit intendierten und nicht intendierten Inhalten »geladen« *(Petzold* 1977; 1983a). Es wird damit die Chance geboten, im Betrachten des spontan Geschaffenen nach der Fertigstellung des Panoramas aus einer »involvierten Distanz« Zusammenhänge zu entdecken, die bislang noch nicht bewusst waren. Das Synopse-Prinzip besagt, dass das Gesamt von Eindrücken und Informationen mehr und etwas anderes ist als die Summe von Teilinformationen *(Petzold* 1974, 303 ff.). So werden Kontext und Kontinuum des persönlichen Lebens plastisch. Der »Lebensweg« stellt sich nicht als Aufreihung unverbundener Einzelergebnisse dar, sondern seine Iterationen werden als Textur erlebt, deren Muster und Regelhaftigkeiten ins Auge springen und deren Sinn sich dem Betrachtenden ganzheitlich enthüllt. Das Lebenspanorama ist selbstexplikativ, weil es in der ursprünglichen Gegebenheit des Lebens selbst wurzelt. Die Gestalt des Lebenspanoramas tritt ein in die immanente Reflexivität des Lebens. Der Mensch schaut hin, und »das Wissen ist da, es ist ohne Besinnen mit dem Leben verbunden« *(Dilthey* VII, 18; vgl. *Misch* 1930). Das Lebenspanorama eröffnet einen hermeneutischen Zugang zur eigenen Biographie *(Flach* 1970). Diese wird als eigene, als ganze erfahren, eingebettet in den historischen und sozialen bzw. sozio-ökonomischen Rahmen. Die »Struktur des Lebens« wird zugänglich, wie ein Text, der durchdrungen und als Ganzer erfasst wird, auch in den Teilen, die an der Einheit der Bedeutung partizipieren *(Petzold, Orth* 1985).

Das Lebenspanorama verbindet seinen Schöpfer, der es hier und jetzt betrachtet, mit seiner Vergangenheit und seinem eigenen Zukunftsentwurf, mit der Gewissheit seines Anfangs und seines Endes, mit der *Lebensspanne,* dieser Strecke Zeit, die sich aus dem Strom der Geschichte in Zeugung und Geburt ausgegliedert hat und individuelle Identität begründet. Es bringt ihn in Berührung mit dem Leben selbst, das sich aus dem Strom des Lebens, der die Evolution durchfließt, aus der *chair commune (Merleau-Ponty* 1964) leiblich ausgegrenzt hat; jedoch diese Ausgrenzungen sind nicht gleichbedeutend mit dem Verlust der Verbundenheit, denn Grenze ist Abschattung und Berührung zugleich, und nur aus diesem Paradoxon wird Verstehen als das sinnhafte Erfassen der »Einheit in der Vielfalt«, der Fülle des Ganzen und der Würde der Teile möglich.

Dilthey hat das, was im Prozess der Lebensbilanz und des Lebenspanoramas geschieht, der ja auch in die Zukunft ausgreift über das individuelle Leben in das epochale, treffend beschrieben: »Wir erfassen die Bedeutung eines Momentes der Vergangenheit. Er ist bedeutsam, sofern in ihm eine Bindung für die Zukunft durch die Tat oder durch ein äußeres Ereignis sich vollzog ... Der einzelne Moment (hat) Bedeutung durch seinen Zusammenhang mit dem Ganzen, durch die Beziehung von Vergangenheit und Zukunft, von Einzeldasein und Menschheit. Aber worin besteht nun die eigene Art dieser Beziehung vom Teil zum Ganzen innerhalb des Lebens? Es ist eine Beziehung, die niemals ganz vollzogen wird. Man müsste das Ende des Lebensablaufes abwarten und könnte in der Todesstunde erst das Ganze überschauen, von dem aus die Beziehung seiner Teile feststellbar wäre. Man müsste das Ende der Geschichte erst abwarten, um für die Bestimmung ihrer Bedeutung das vollständige Material zu besitzen. Andererseits ist das Ganze doch nur für uns da, sofern es aus den Teilen verständlich wird. Immer schwebt das Verstehen zwischen beiden Betrachtungsweisen. Beständig wechselt unsere Auffassung von der Bedeutung des Lebens. Jeder Lebensplan ist der Ausdruck einer Erfassung der Lebensbedeutung. Was wir unserer Zukunft als Zweck setzen, ist bedingt durch die Bestimmung der Bedeutung des Vergangenen« *(Dilthey* Bd. VII, 233). Die Lebensbilderschau in der Todesstunde ist in der Tat ein letzter Versuch, »sich selbst im Lebensganzen zu verstehen« *(Hugo Petzold* 1935). Im Lebenspanorama ist der Vorentwurf konkretisiert, indem die Wünsche, Befürchtungen, Hoffnungen, soweit sie bewusst sind, gestaltet werden und, soweit sie unbewusst sind, miteinfließen. Das

Konzept des Unbewussten und das gestaltpsychologische Konstrukt der »guten Kontinuität«, d. h. der Scripts, Lebensstile, Wiederholungszwänge, Handlungsmuster, fügen der Betrachtungsweise *Diltheys* neue Dimensionen hinzu und noch etwas: Der Betrachter steht in seinem hermeneutischen Prozess nicht alleine. Das Lebenspanorama ist nicht nur Autobiographie, die von anonymen Lesern gelesen wird, es wird in den therapeutischen Diskurs gestellt, Gegenstand von Korrespondenzprozessen in der therapeutischen Beziehung *(Petzold* 1980), die den Prozess der individuellen Sinnfindung bereichern, vertiefen und zu transzendieren vermögen. »Nicht nur gelegentlich, sondern immer übertrifft der Sinn eines Textes seinen Autor. Daher ist Verstehen kein nur reproduktives, sondern stets auch ein produktives Verhalten« *(Gadamer* 1975, 208). Das Lebenspanorama und damit das Leben selbst wird also als Text aufgefasst, bei dem Autor, Leser, Interpret und Kritiker koinzidieren; aber es ist ein Text, der weder allein geschrieben noch allein gelesen wird. Die Vielzahl der gegebenen Horizonte kann nur gemeinsam verstanden werden. Ihr Sinn ist nur im Konsens greifbar.
Der hermeneutische Prozess, »sich selbst im Lebensganzen verstehen zu lernen« und damit das Lebensganze zumindest ahnend zu erfahren, wird letztendlich zu einer sich wiederholenden Grenzerfahrung, die vielleicht das eigentliche Wesen des hermeneutischen Zirkels ausmacht und die ich nur aushalten kann, wenn ich in ihr die anderen berühre, die für sich und mit mir in diesen Prozessen stehen, die nichts anderes sind als das Leben selbst.
In der Arbeit mit alten, schwerkranken und sterbenden Patienten hat die Methode des Lebenspanoramas durch die Intensität der Imagination *(Brandau* 1985; *Meier* 1983) und die Plastizität der bildnerischen Gestaltung den Vorteil, sinnfällig und sichtbar widrige Ereignisse des Lebens den Gestaltenden vor Augen zu führen. Dabei kommen nicht nur intendierte Inhalte auf das Papier, sondern in Formgebung, Farb- und Motivwahl kommen unbewusste Materialien zum Ausdruck, vergessene Szenen, verdrängte Ereignisse. Oder es werden unbewusste Bewertungen deutlich. Mögliche Negativwirkungen können auf diese Weise erkennbar und durch Deutung und Neubewertung beseitigt oder gemildert werden. Der Prozess der bildnerischen Gestaltung ist selbst eine formative, eine kreative Bewältigungsleistung *(Petzold* 1975; 1985b; *Bubolz* 1979). Die Ar-

beit mit den Wachsmalfarben oder Buntstiften ist für den alten Menschen, für den an das Bett gefesselten Kranken oder den Sterbenden eine neue Möglichkeit des Ausdrucks, des Tunkönnens, der Auseinandersetzung mit seinem Schicksal und der Mitteilung an den Betrachter. Sie gibt ihm auch die Möglichkeit, seinen Zukunftshorizont – und sei er noch so klein – im Bild zu gestalten, und das heißt in gewisser Weise auch, sein Sterben zu gestalten. Es entsteht vielleicht eine untergehende Sonne, ein tröstliches Bild oder die Darstellung der um das Bett versammelten Familie. Oder es wird ein dunkles Tor gestaltet oder ein einsames Sterbelager, und dann kann der Begleiter diese Vision mit dem Klienten bearbeiten, mit dem Ziel, sie soweit als möglich zu verändern; denn oft kann man etwas dazu tun, dass man in der Sterbestunde nicht allein ist, oder es kann in der Dunkelheit ein Hoffnungslicht aufscheinen – und sei es nur die Gewissheit, einen Menschen neben sich zu haben, »wenn es soweit ist«.

3. Dimensionen der Lebensbilanz

Es sollen im Folgenden verschiedene Dimensionen der Lebensbilanz und der Arbeit mit diesem methodischen Ansatz dargestellt werden.

3.1 Lebensbilanz als Selbstbegegnung

In der *Lebensbilanz* begegnet der Sterbende sich selbst, er begegnet Abschnitten und Szenen oder Gesamtübersichten seines Lebens fokussiert wie in einem Hohlspiegel. Er erlebt sich im Geflecht von Selbstbestimmung und Fremdbestimmung, er begegnet seinen »leeren« Lebensabschnitten ebenso wie den erfüllten, den flachen wie den herausgehobenen. Er sieht die Brüche und die Wiederholungen *(Petzold* 1982c). Er erkennt im Nacherleben der einzelnen Szenen und im Nachzeichnen seiner Lebenslinie, was er jeweils aus seiner Zeit gemacht hat, was aus ihm gemacht worden ist und was er aus sich hat machen lassen. Wer so angesichts des geahnten nahen Endes auf sein Leben zurückschaut, ist meist selbst davon sehr bewegt. Er spürt ja an jedem Punkt, in jeder Phase, in allem, was er erzählt: Dies war mein Leben – dies war ich selbst – dies war meine Beziehung zu den Menschen, die mir vertraut sind, zu den Menschen, von denen ich mich entfremdet habe – dies ist meine Beziehung zu den Dingen, zu den Werten, zu den Aufgaben meines Lebens.

3.2 Lebensbilanz und unerledigte Lebenssituation

Bei solch bilanzartiger Rückschau auf das Leben entdeckt man in der Regel, wieviel Unerledigtes bedrängend aus der Vergangenheit in die Gegenwart hineinwirkt, wieviel *Nichtgelebtes,* wieviel schmerzliche Erlebnisse, wie viele Konflikte man unbewältigt mit sich schleppt. Diese unbewältigte Vergangenheit ist keineswegs immer konkret greifbar. Sie ist oft derart verdrängt oder verschüttet, dass sie dem Sterbenden nur als unbestimmtes Schuldgefühl oder als ihn belästigende ständige Unruhe greifbar ist. Äußerungen von Sterbenskranken über eine unerklärliche Unruhe, über Schlaflosigkeit, über Schreckhaftigkeit im Aufwachen, über Schuldgefühle und dergleichen sind sehr oft der Einstieg in eine *Lebensbilanz,* die dann die Begegnung mit den unerledigten Situationen des Lebens ermöglicht. Im einen Falle war es z. B. ein destruktiver Erbstreit, der die Familie auseinandergebracht hat, im anderen Fall ging es um die Trennung vom Lebenspartner, die nicht wirklich bewältigt war; im dritten Fall ging es um eine Abtreibung, die eine Frau nie in ihrem Leben hat verkraften können, oder es ging darum, dass eine Frau ihrem Mann nicht verzeihen konnte, dass er Alkoholiker war, und sich selbst nicht verzeihen konnte, dass sie ihn so lange bemuttert und ihm ihr Leben geopfert hatte.
Immer wieder kann man beobachten, dass solche unerledigten Situationen es dem Sterbenden schwer oder zum Teil auch fast unmöglich machen, sich auf seine Sterbesituation einzulassen *(Petzold* 1984, 478 ff.). Fast immer ist es so, dass die Rückschau auf gewisse Lebensabschnitte oder gar auf das Lebensganze sich an ganz bestimmten Stellen fokusartig vertieft, nämlich genau dort, wo ungelöste Konflikte heraufdrängen. Im theoretischen Rahmen der Gestalttherapie *(Bünte-Ludwig* 1984; *Albrecht* 1982) heißt das, die Figur der unerledigten Situation konstelliert sich auf dem Hintergrund des Lebensganzen oder einer ganz bestimmten Lebensszene. In dem Maße, wie diese »unerledigte Gestalt« bearbeitet oder verarbeitet werden kann, kann ein Sterbenskranker dann auch das Vergangene loslassen und wird offener für die Gegenwart. In vielen Fällen genügt

es, wenn das Bedrängende ausgesprochen wird. Schon dann oft verliert es seine belastende oder ängstigende Gewalt.

3.3 Lebensbilanz als Lebens-»Ernte«

Die Lebensrückschau gilt aber keineswegs nur den belastenden Phänomenen *(Eilenberger* 1982). Wer auf sein Leben beteiligt zurückblickt, erinnert sich an das, was er erlebt und gelebt hat. Wie auf einer Drehbühne werden vor seinen Augen noch einmal die verschiedenen Lebensszenen lebendig. Auf der Bühne seines Lebens sieht sich der Sterbenskranke noch einmal als Schauspieler und Regisseur seines eigenen Lebensdramas. Dabei geschieht dieser Blick auf die Lebensbühne und in die verschiedenen Lebensszenen sehr oft in einer eigentümlichen Konzentration auf das Wichtigste: Menschen, die einem nahestanden, Beziehungen, die einem wichtig waren, Höhepunkterlebnisse des Lebens *(Maslow* 1963), Schwierigkeiten, die man bestanden hat, Gefahren, denen man mit knapper Not entronnen ist, Werte, nach denen man sein Leben ausgerichtet hat, Entwicklungen, die man durchlaufen musste – oft unter Schmerzen, oft mit viel Anstrengung und Auseinandersetzung –, Reisen, die man gemacht hat, Personen, die einem wichtig waren, weil sie das eigene Leben geprägt haben, politische Ereignisse, von denen man betroffen oder an denen man beteiligt war, Wendepunkte im Leben, Entscheidungen, Schicksalsschläge, Erlittenes und Gestaltetes – dies alles zieht an einem vorüber, als ob der Lebensfilm.abliefe *(Petzold* 1935; *Husemann* 1938). Lebensrückschau ist Vergegenwärtigung des Lebens angesichts des geahnten nahen Todes. Entsprechend erlebt der Sterbenskranke sich selbst in der Lebensbilanzierung sehr beteiligt, oft bewegt, oft trauernd, manchmal aber auch beglückt, sehr oft auch dankbar. Es sind dies Augenblicke, in denen man das Gefühl hat, hier bringt ein Mensch seine Lebensernte ein.

3.4 Der forensische Aspekt der Lebensbilanz

Es scheint etwas Selbstverständliches, nicht Erwähnenswertes zu sein, dass solche Lebensrückschau vor dem »Forum« anderer Menschen, zumindest eines anderen Menschen geschieht. Da hat z. B. eine sterbende alte Hutmacherin, die in einer relativ intakten Nachbarschaft lebte, in ihrem über Monate dauernden Sterben immer wieder Nachbarn um sich herum versammelt, um mit ihnen Rückschau zu halten auf das, was man gemeinsam erlebt hatte. Manchmal ist es die engere Familie, manchmal ist es ein Freund, manchmal ist es der vertrauteste Mensch, manchmal ist es der Seelsorger oder die Nachtschwester im Krankenhaus, zu der man eine Vertrauensbeziehung gefunden hat. *Lebensbilanz* ist die Chance, dass jemand sein Leben noch einmal vor seinen eigenen und vor den Augen anderer ausbreitet. Er hat es ja nicht allein gelebt. Er war ja auch in seinem Leben immer auf andere bezogen und andere auf ihn. Und nur in diesem Bezogensein hat er seine Identität gefunden (*Petzold* 1980; 1984a).

Vielfach ist es so, dass die Anwesenden auf den Bericht der Lebensrückschau nicht unbedingt reagieren müssen. Es scheint dem Sterbenden oft zu genügen, dass jemand bei ihm ist, der seinen Lebensbericht anhört. Er benötigt den anderen als Spiegel (*Petzold* 1982c), um sich selbst und sein Leben darin betrachten zu können. Oder es ist, als wollte er, der nun sterben muss, sich mit seinem Leben den Überlebenden anvertrauen. Sehr oft aber benötigt der Sterbenskranke auch die Anregung eines Begleiters, eines Menschen, der sich für ihn und sein Leben wirklich interessiert. Vielfach ist es ja so, dass der Sterbende sich von seiner Umwelt schon abgeschrieben fühlt. Er fühlt sich schon im Voraus aus der Welt der Lebenden ausgesondert. Wer interessiert sich denn noch wirklich für ihn und sein Leben? Um so befreiender für ihn, wenn da wirklich ein Ohr oder gar ein Herz wäre, bei dem er mit seinem Leben noch einmal Resonanz finden könnte, für den er noch einmal wichtig sein könnte!

Der Begleiter hat dabei nicht nur die Aufgabe, zu einem erlebnisnahen Aufarbeiten der Lebensszenen anzuleiten (*Lückel* 1981; *Petzold* 1984) – eine Rolle, die in ihrer Enthaltsamkeit und durch das bloße Dabeisein wichtig ist –, er ist Zuschauer, Mitzuschauer, wenn der Sterbende auf sein Leben zurückschaut. Der Sterbende ist nicht alleingelassen mit den Eindrücken, die sein Denken und Fühlen überschwemmen. Er kann sich mit einem weiteren Zuschauer über die einzelnen Akte, Szenen und Rollen austauschen, und es kommt auf das Gespür des Begleiters an herauszufinden, wo dichteres Mitgehen oder vertiefendes Anregen nötig und weiterführend ist, ja, wo vielleicht das Aufarbeiten eines unerledigten Problems angezeigt und hilfreich wäre. Vor allem aber hat er immer wieder zu klären und zu merken, worauf der andere sich nicht einlassen will. Dies Letzte gilt schon für das Angebot einer *Lebensbilanz* überhaupt. Denn so sehr eine integrierende Lebensrückschau anregend und entlastend sein kann, möchte doch nicht jeder vor anderen oder gar fremden Augen und Ohren sein Leben offenlegen. Der professionelle Begleiter, sei er nun Seelsorger, Psychologe oder der Arzt, sollte eine *Lebensbilanz* nur nach klärender Absprache mit dem Gesprächspartner anbieten.

3.5 Das Paradox des »reowning«

Wir haben in der Begleitung Sterbender immer wieder erlebt, dass Menschen, die nach medizinischer Einschätzung eigentlich längst hätten gestorben sein müssen, ein quälend langes Sterben hatten und offenbar nicht sterben konnten. Nach mehreren Gesprächen stellte sich dann heraus, dass ihr ungelebtes Leben sie letztlich hinderte zu sterben. Da war zu vieles in ihrem Leben, zu dem kein Kontakt und keine Beziehung bestand, was ausgeklammert werden musste. Da war zuviel Unerledigtes, was festhielt. Es war, als ob sie sich von ihrem eigenen Leben entfremdet hätten. Sie litten an unterschwelligem Hass und Vorwürfen gegen sich selbst und andere. Sie waren irgendwie atmosphärisch unglücklich, verzehrten sich in Selbstmitleid, waren verschlossen, wortkarg oder gar stumm.
Es muss quälend sein, ein Leben abzugeben, das man gar nicht als sein eigenes Leben ansehen kann. In einer solchen Situation ist *Lebensbilanz* das Angebot einer Chance, nämlich der Chance, sich das eigene Leben, zumindest aber bestimmte Lebensabschnitte, von denen man sich entfremdet hat, wieder anzueignen oder überhaupt erst aufzufinden – bevor man das Leben abgibt. Es ist meist ein sehr schmerzlicher, ein oft mit großer Angst besetzter Prozess, noch einmal auf jene Lebensszenen zu schauen, die man am liebsten vergessen möchte, von denen man den Eindruck hat: Da habe ich gar nicht gelebt, da habe ich mich von mir und von anderen Menschen entfremdet, da ist mir Herzleid widerfahren, da habe ich einen geliebten Menschen verloren, da war ich ohnmächtig dem Schicksal ausgeliefert, einer Krankheit oder den Folgen eines Unfalls, da habe ich versagt, da bin ich Konflikten ausgewichen, da ist mir bitteres Unrecht geschehen. Der Umgang mit solchen Lebensrückblenden stellt

auch an den Begleiter hohe Anforderungen an Einfühlung, an Sich-einlassen-Können bei gleichzeitig genügend großer Distanz *(Heinl, Petzold, Fallenstein* 1984). Er muss darauf gefasst sein, dass angesichts des nahen Endes das Vergangene derart bedrängend in die Gegenwart hineinragt, dass der Sterbende unbedingt etwas loswerden möchte, obwohl es ihm gleichzeitig schwerfällt, überhaupt darüber zu sprechen. Es bedeutet meist schon den entscheidenden Durchbruch, wenn dann der Sterbenskranke um etwas *trauern* kann, was ihn schmerzt oder was nun endgültig vorbei ist, wenn er klagen oder anklagen kann wegen des Unrechts, das ihm geschehen ist, wenn er gar zornig werden kann, ja, wenn er überhaupt konkret benennen kann, was ihn da so sehr bedrängt oder belastet, weil er darüber Bewusstheit, *awareness*, gewonnen hat *(Davis* 1985). Viel schwieriger ist es, wenn ein Mensch in seinem Leiden einfach verstummt, wenn er sich jedem Kontakt entzieht, wenn er mit starren Augen wie ins Leere schaut. In solchen Fällen ist es unerlässlich, sich Zeit zu nehmen, damit überhaupt erst einmal Beziehung entstehen kann zwischen dem Begleiter und dem Sterbenden, bevor man dann eventuell gemeinsam auf dessen Leben blicken kann. Manchmal ist es so, dass der Sterbende eine Sperrzone des Entsetzens durchschreiten muss; er muss sich erst des Begleiters vergewissern, dass dieser wirklich in der Lage und bereit ist, mit ihm durch diese schlimmen wüsten Zonen seiner Lebenserinnerung hindurchzugehen, den »Charondienst« *(Petzold* 1965; 1984) zu leisten. In solchen Phasen gewinnt der Begleiter die Bedeutung einer emotional hoch besetzten Übertragungsfigur. Manchmal berichten Sterbenskranke nach überstandener Krise, der Begleiter sei in jenen Tagen für sie »wie ein Engel« gewesen, der sie bei der Hand genommen habe.

Zu den entfremdeten, mit Angst besetzten, verdrängten Lebensabschnitten gehört nicht nur Vergangenes. Bei vielen alten Menschen und Sterbenden ist gerade die Zukunft *(Tolor, Murphy* 1967; *Reynolds, Kalish* 1974; *Lehr* 1967; *Thomae* 1980) tabuisiert, ist das Sterben-Müssen verdrängt. *Lebensbilanz* darf entsprechend nicht nur vergangenheitsorientiert bleiben, sondern muss sich in die Zukunft richten. Sie wird damit zum *Lebenspanorama.* Allerdings erschließt sich diese Zukunft sehr oft gerade im Rückblick auf die vielen erlittenen »kleinen« sozialen Tode des Lebens *(Keleman* 1977). Wenn erst einmal im Rückblick auf das eigene Leben ausgesprochen und nacherlebt worden ist, wie oft man Trennung, Abschied, Isolierung durchlebt und vielleicht sogar ein Stück weit bewältigt hat, auf jeden Fall aber überlebt hat, kann oft auch der Blick frei werden für den letzten Abschied, für den letzten sozialen und leiblichen Tod. Wer in sein vergangenes Leben einwilligt, der kann – erstaunlicherweise – auch in sein zukünftiges Leben, und das heißt für den Sterbenden: in sein Sterben einwilligen. Das *Wiederaneignen (Petzold* 1984, 462 ff.) des eigenen Lebens macht es vielen Sterbenden erst möglich, sich nun auch für das Sterben zu öffnen. Dazu gehört dann auch immer, dass der Betreffende in seine jetzige Situation einwilligt. Sterben wird dann vielfach nicht mehr nur als Schicksal erlebt, sondern als ein selbstvollzogener Prozess des Abgebens und des Annehmens. Ich gebe ab, was ich war, und nehme an, was ich nun bin: dieser Mensch, der nun sterben muss.

Nicht immer bedeutet das Wiederaneignen des Lebens und das Einwilligen ins Sterben, dass dieser Mensch nun auch stirbt. Genannt sei als Beispiel ein 79-jähriger Handwerker, dem eine medizinische Untersuchung bestätigt hatte, dass er nun unabweisbar erblinden müsse. Dieser alte Mann wollte lieber sterben als erblinden. Er durchlitt nacheinander mehrere Krankheiten, die alle einzeln schon zum Tode hätten führen können (Thrombose, Herzinfarkt, Lungenentzündung und dann zu allem Überfluss auch noch Gürtelrose). Die Krankheiten hatten ihn derart geschwächt, dass auch die Angehörigen und der behandelnde Arzt ihn schon aufgegeben hatten. Begleitend zu diesem ihn schwächenden Krankheitsverlauf haben wir in verschiedenen *Lebensbilanzen* unter verschiedenen Gesichtspunkten sein Leben erlebend nachgezeichnet. Und dabei schien es, als würde, zunächst unmerklich, aus dem Boden des emotional wieder angeeigneten eigenen Lebens neue Lebensenergie keimen. Dennoch, er war bereit zu sterben, hatte auch schon drei- oder viermal von seinen Angehörigen Abschied genommen. Den letzten Abschied kommentierte er mit dem überraschenden Satz: »Ich nehme nun von euch Abschied zum Sterben oder auch zum Leben.« – Er ließ offen, ob er dieses »zum Leben« diesseitig oder jenseitig verstand. Einige Wochen später hatte er sich entschlossen zu leben. Nach wiedergewonnenen Kräften entschied er sich für eine Hornhauttransplantation, die auch gelang. Das Wiederaneignen des Lebens in der Lebensbilanz ermöglichte es ihm, sich neu für das Leben zu entscheiden, es ermöglichte ihm, sich selbst mit seinen Einschränkungen und Begrenzungen und Behinderungen anzunehmen.

3.6 Die Doppelrolle der Sterbenden in der Lebensbilanz und die »dunklen Szenen«

In der Lebensbilanz wird das »Drama der Gedanken mit den Gesprächen nach ›außen‹ gebracht, wird mitgeteilt, muss nicht mehr allein gespielt *und* betrachtet werden. Der Sterbende ist Autor und Zuschauer zugleich, wenn er sein Leben an sich vorüberziehen lässt, ja, wenn es an ihm vorüberzieht, sein Denken überschwemmt, ohne dass er es abstellen kann. Diese quälende Doppelrolle ist um so bedrängender, weil er gewesener Autor ist. Das Stück ist fertig und unverfügbar geworden. Er ist nunmehr nur noch Autor, Spieler und Zuschauer des letzten Aktes« *(Iljine* 1963).
Der entscheidende Punkt war schon im Konzept *Iljines* (1963), den Sterbenden erfahren zu lassen: dies ist mein Leben, dies sind meine Lebensszenen. Der Sterbende erlebt sich dabei wiederum in einer paradoxen Situation, die man als »betroffene Distanz« bezeichnen könnte. Er steht ja noch in seinem Leben und schaut trotzdem auf sein Leben zurück. Der Text seines Drehbuches ist fast zu Ende geschrieben und auch schon fast zu Ende gespielt. Das Stück ist ihm vielfach diktiert worden, und oft hat er es selbst geschrieben. Die Lebensrollen wurden ihm vorgeschrieben, er hat sie selbst gespielt, übernommen und variiert oder verworfen.
Aus der Rückschau erlebt er an jedem Punkt seiner Lebenslinie ein Stück Zukunft. Hält er an diesem Punkt inne, versetzt er sich noch einmal an diese Stelle, so spürt er genau, dass er an diesem Punkt seines Lebens verschiedene Möglichkeiten der Lebensentscheidung und Lebensgestaltung gehabt hätte. Nun sieht er aus der Rückschau, dass er viele Möglichkeiten gehabt, aber nur die eine gewählt hat. – Oder blieb ihm keine andere Wahl? – In jeder anderen historischen Situation sind auch andere Möglichkeiten gewesen. (Das heißt, was für ihn gut war, hätte auch schlecht sein können, und was für ihn schlecht geworden ist, hätte auch gut werden können.)
Dies alles erlebt er aus der quälenden Sicht dessen, der *gewesener* Autor und *gewesener* Regisseur und *gewesener* Spieler seines Lebensdramas ist. Gleichzeitig aber ist er in der aktuellen Situation aufs

Neue Autor, Regisseur und Spieler seines jetzigen momentanen Lebens. Die Art und Weise, wie er im Vollzug der *Lebensbilanz* auf sein Leben zurückschaut – die Frage: Welche Einstellung gewinne ich *hier und heute* zu diesem meinem so gelebten Leben? – ist nun sein von ihm selbst gestalteter Text. Mit anderen Worten: Das gestalttherapeutische Hier-und-Jetzt *(Naranjo* 1983; *Petzold* 1981) gibt ihm in der *Lebensbilanz* erneut einen Schlüssel für sein Leben in die Hand. Seine Doppelrolle ermöglicht ihm nicht nur Betroffenheit und Bewegtheit und Beteiligtsein, sondern auch Distanz. Der Begleiter hat an dieser Stelle die Aufgabe, ihm diese seine Position und diese seine Möglichkeit bewusst zu machen – ihm vielleicht sogar deutlich zu sagen: Es zählt deine Position *heute,* es zählt deine Haltung zu den Lebensszenen hier und jetzt. Ja, es geht vielleicht sogar um die *Umwertung der Lebensszene* durch deine jetzige Lebenssicht.

Iljine hat diese Technik vor dem Hintergrund seiner philosophischen Anschauungen von der Formbarkeit des Bewusstseins *(Petzold* 1974a; 1982b) praktiziert, indem er mit den Patienten Szenen in der Phantasie neu gestaltete unter der Frage: »Was würden Sie anders machen, wenn Sie die Situation verändern könnten?« Er geht von folgendem Konzept aus: »Gedanken sind Kräfte. Der intensive Wunsch, Versäumtes nachzuholen, Böses ungeschehen zu machen, Ungesagtes zu sagen, wird in der Vorstellung verwirklicht. Im Leben, dem vergangenen, war es anders. Aber das, was vor sechzig oder dreißig Jahren oder gestern war, ist im Strom der Zeit verloren und entfernt sich immer weiter. Der Gedanke *jetzt,* das Gefühl *jetzt* zählt. Die Szene auf dem Schlachtfeld 1918 ist Geschichte, deine Geschichte und zugleich irgendeine Geschichte. Es geht hier nicht um die Nivellierung von Schuld. Die Relativität menschlicher Handlungen im großen Zusammenhang der Geschichte relativiert sie nicht, aber mildert ihre Bedeutung, zeigt sie als Handlung unter Handlungen, unter abertausenden. Reue, die nur Versäumtes betrauert, wiegt nicht schwer genug. Wo keine materiellen Fakten mehr gesetzt werden können, setzen wir Fakten durch unsere Gedanken. Wir spielen das Geschehen neu, so wie wir es jetzt wollen, bejahen und für richtig halten« *(Iljine* 1963).

Als Beispiel mag eine Frau stehen, die sich mit Schuldgefühlen wegen einer Abtreibung quälte und die nach dem Durchspiel verschiedener

alternativer Möglichkeiten, die sie vielleicht seinerzeit gehabt hätte, ihr Verhalten von damals versöhnlicher sehen konnte. Sie konnte auch die Frau, die sie damals in ihrer bedrängten Situation gewesen war, liebevoller annehmen. Diese versöhnliche Sicht war allerdings erst möglich, nachdem sie in einem phantasierten Dialog mit dem Fötus *(Lüthoff* 1985) diesen überhaupt erst einmal angeschaut und als ihr Kind bezeichnet hatte und nachdem sie in einer Trauer von seltener Intensität das nichtgelebte Leben dieses Kindes und die nichtgelebte Beziehung zu ihm beweint hatte.
Es hat dieser vertiefende, erlebnisorientierte Umgang mit belastenden Lebensszenen die Qualität einer »säkularen Beichte«. Wir haben immer wieder erlebt, dass ein solches Durchspielen von Szenarien eine wirklich entlastende Funktion hatte. Der Sterbenskranke gewinnt in der Regel eine neue Einstellung zu dem, was historisch nicht mehr korrigierbar ist, was aber in seiner emotionalen Bewertung nun korrigiert wird. Wir halten es für sehr wichtig, als Begleiter zu dieser Differenzierung anzuleiten: Das war *früher* und so siehst du es *jetzt.* Manchmal muss man es dem Betroffenen direkt ermutigend zusprechen: »Es zählt das, was du jetzt tun würdest!« Man sollte möglichst aber auch, etwa einen Tag später, durch Rückfragen noch einmal überprüfen: »Wie stehen Sie denn jetzt zu dieser Sache, nachdem Sie eine Nacht darüber geschlafen haben?« Wiederholt haben dann Sterbende geäußert, wie entlastend und tröstend es war, dass ihnen der Begleiter mit voller Überzeugung gesagt hatte: »Ich kann es verstehen, wie Ihnen damals zumute war und warum Sie so gehandelt haben.« Ein solcher Zuspruch in einer solchen Situation setzt allerdings voraus, dass man wirklich selber dieser Überzeugung ist. Und dies setzt wiederum voraus, dass man auch selbstbeteiligt mit dem Sterbenden an seine *dunklen Szenen* herangeht und es mit ihm dort aushalten kann, ja, dass man zum Anwalt der von ihm abgelehnten Seite wird. Es ist also von zentraler Bedeutung, dass die Lebensbilanz in der »Präsenz« eines anderen Menschen geschieht, der »ein Wort der Erlösung« sprechen kann. Die therapeutische Arbeit mit der Lebensbilanz bei alten Menschen, Schwerkranken und Sterbenden intendiert nicht, eine sakramentale Lossprechung zu ersetzen. Sie geht davon aus, dass dunkle Szenen ihr niederdrückendes Gewicht durch die verinnerlichten Normen von Gut und Böse erhalten. Es sind Vater und Mutter, die in früher Jugend Schuld zuwei-

sen oder beschwichtigen oder sagen, es sei nicht so schlimm und werde wieder gut. Alte, kranke und sterbende Menschen sind durch ihre physische und psychische Befindlichkeit oft auf einer regressiven Ebene, auf der moralische Normierungen besonders schwerwiegen. Die Präsenz des Therapeuten oder Begleiters, der gute, vergebende Elterninstanzen verkörpert oder strafenden Über-Ich-Druck mildert, kann sich deshalb in besonderer Weise als hilfreich erweisen.

Aber auch wo kein toxisches Über-Ich im Spiel ist, wirkt das gesetzliche Moment des *»kategorischen Imperativs« Kants,* das viele Menschen in ihren Werthaltungen bestimmt. Hier kann es hilfreich werden, wenn der Therapeut oder der Begleiter eine Haltung vertritt, die von ihrem Ansatz her nachsichtiger und verstehender ist. Wer Verständnis für unglückliche, ja für negative und schuldhafte Verhaltensweisen erhält, wer erfährt, dass Irren und Fehlen menschlich verstehbar und verzeihbar ist, dem wird es eher möglich, seinem Handeln in der Vergangenheit gegenüber Nachsicht walten zu lassen. Für einen menschengerechten *anthropologischen Imperativ* zählt, dass persönliches Handeln vor »Menschen mit liebevollen und klarsichtigen Herzen bestehen kann« *(Petzold* 1985a; vgl. *Heimannsberg* 1984; *Saint Exupéry* 1978; *Buber* 1957).

Ich *(Lückel)* erinnere mich an eine Frau, die durch einen Verkehrsunfall durch fremdes Verschulden für ihr Leben lang einen verkrüppelten Fuß davontrug. Diese Verstümmelung hat sie sich selbst eigentlich nie verziehen. Sie empfand sie als totale Beeinträchtigung ihrer Schönheit. Ich weiß noch, wie ich etwa bei meinem dritten Besuch bei ihr sie bat, mir ihren verstümmelten Fuß zu zeigen, nachdem sie selbst sehr abfällig und verächtlich von »diesem Krüppel da« gesprochen hatte. Das beteiligte Mitvollziehen ihrer Lebensgeschichte hatte mich sehr für diese Frau geöffnet. Als ich ihren verstümmelten Fuß sah, war in mir kein Entsetzen, keine Angst, kein Ekel, sondern eine ganz tiefe Trauer um diesen Fuß, von dem sie erzählt hatte, wie gerne und leicht sie mit ihm getanzt hätte und wie gerne und leicht sie mit ihm über Wiesen gelaufen wäre. Ich nahm den Fuß in beide Hände und musste weinen. Ich habe den Fuß gestreichelt mit beiden Händen und habe ihn mit meinen Tränen benetzt. Ich war ganz auf diesen Fuß konzentriert. Mit einem Mal spürte ich, ohne aufzublicken, an der Erschütterung, die durch ihren ganzen Körper ging, wie diese Frau nun selbst anfing, über ihren Fuß zu weinen, ihre Verstümmelungsgeschichte zu betrauern. Es war eine Versöhnungsszene, die nicht nur ihre Beziehung zu ihrem Fuß betraf, sondern viel umfassender eine Versöhnung mit sich, auch mit ihrem Frausein. Ich hatte den Eindruck, dass sie nach dieser Aussöhnung mit sich selbst in ganz anderer Weise Anwalt ihres so gelebten Lebens war. Sie sprach auch versöhnlicher von anderen Menschen, sogar über das Krankenhauspersonal. Sie beschrieb als emotional veränderter Autor und Regisseur auch ihre Lebensgeschichte in ganz neuer Weise.

Die Doppelrolle des Sterbenskranken als der, der sein Leben, so wie es war, gelebt hat – und als der, der nun »distanziert *und* beteiligt« auf dieses Leben zurückschaut, der es im Nacherleben sich noch einmal vergegenwärtigt als *sein* Leben –, diese Doppelrolle ist quälend, weil von Abschiedstrauer durchtränkt, sie ist aber gleichzeitig eine Chance, nämlich die Chance, das eigene Leben neu zu sehen und damit eine versöhnlichere Beziehung zu sich selbst zu gewinnen.

3.7 Lebensbilanz und Identität bzw. Identitätsverlust

Alte und sterbenskranke Menschen in unserer Gesellschaft sehen sich in bis dahin vielleicht noch nie erlebter Weise der Bedrohung, ja dem Verlust der eigenen Identität ausgesetzt. Man ist in der leiblichen Existenz betroffen, verletzt, geschwächt, krank und unansehnlich. Vielleicht mag man seinen eigenen Leib nicht mehr. Vielleicht wird man auch wegen des leiblichen Verfalls von vertrauten geliebten Menschen gemieden, jedenfalls nicht mehr so gern berührt oder angesehen. Auch das Selbsterleben im sozialen Leib, im sozialen Umfeld ist erschüttert. Das soziale Umfeld alter Menschen ist verdünnt, wenn nicht gar leer, das soziale Netzwerk, besonders von chronisch Kranken, kann leicht defizitär werden. Arbeit und Kollegen stehen für die Selbstdefinition nicht mehr zur Verfügung. Werte, wie z. B. selbstständig und unabhängig sein, fallen fort. Die gewohnte Einteilung des Tages und die Erfüllung persönlicher Bedürfnisse sind stark verändert. Für manchen gerät auch die materielle Sicherheit ins Wanken. Alles, was die eigene Identität ausgemacht hat *(Petzold* 1984a), scheint zu verfallen. Äußerungen wie: »Was bin ich denn noch?« signalisieren das Bewusstsein des eigenen Identitätsverlustes. Wird der alte Mensch oder Sterbende in der Institution überdies zum »Fall«, zum Objekt entsubjektiviert, so wird er sich in seiner Umgebung als wertgeschätztes oder gar geliebtes Ich kaum wiederfinden können.

In dieser Situation fast totaler Identitätskrise wirkt *Lebensbilanz* schon dadurch, dass ein Mensch mit seinem so gelebten Leben ernstgenommen wird, als Stütze und Hilfe für das eigene Identitätserleben. In der Beziehung zu sich selbst kann der Sterbende sein Leben als Ganzheit erleben. Und es ist dann so, als ob die in sich zerfallende Identität noch einmal um eine Mitte gesammelt wird. Im Blick auf den Begleiter gewinnt der Sterbende das Gefühl, dass sein Leben, und das heißt, dass er selbst etwas wert ist. Und dadurch, dass Lebensgestalten sich runden, kann der Sterbende im nachvollziehenden Erzählen eine neue Identität gewinnen: seine Identität als Sterbender.

Dieses Sich-Einlassen auf seine neue Identität als der, der er ist, ermöglicht es dann auch zu differenzieren, nämlich zu unterscheiden, was er noch ist und was er nicht mehr ist, zu unterscheiden, was er kann und was er nicht mehr kann, zu überprüfen, welche Wünsche und Bedürfnisse er in dieser jetzigen Situation vorrangig hat. (Vielleicht möchte er nun unbedingt noch einmal einen Menschen sehen, sprechen, der ihm lieb ist, den er aber seit längerer Zeit schon aus dem Blick verloren hat – vielleicht möchte er noch einmal mit jemandem sein Lieblingslied singen – vielleicht möchte er noch einmal zu seinem Lieblingsaussichtsplatz chauffiert werden.) Die neugewonnene Identität kann es ermöglichen, dass jemand noch einmal die letzten Früchte seines Lebens genießt.

Mehr noch: Die Lebensrückschau ist selbst ein äußerst kreativer, gestalterischer Vorgang *(Brandau* 1985). Ein Mensch gestaltet sein Leben nach! Und auch wenn es zumeist erzählend als *narrative Lebensbilanzierung* geschieht *(Petzold, Orth* 1985), also ein sprachliches Gestalten ist, so ist doch der ganze Mensch beteiligt mit seinem Verstand, mit seinen Emotionen, mit seiner Imagination, mit Körper, Seele und Geist. Oft hat man den Eindruck: Hier ergreift jemand die Chance, noch einmal er selbst, noch einmal selbst Handelnder zu sein – und dies oft in Situationen, in denen er als Sterbender schon längst zum Betreuungsfall, zum passiven Objekt verurteilt schien, sozusagen eigentlich schon abgemeldet war. Er stellt sich mit seinem Leben noch einmal gestaltend in den Mittelpunkt – im Beisein der Angehörigen oder Freunde oder eben des Betreuers. Er verschafft damit sich und seinem Leben noch einmal eine besondere Bedeutung und einen besonderen Wert. Viele Sterbende können weit häufiger, als wir landläufig denken und zulassen, Subjekt sein, Selbsthandelnde und Akteure, statt zu bloßen Objekten von Fremdentscheidungen und funktionalen Abläufen zu werden (*Petzold* 1983a, b). Sie müssen zwar ihr Leben aus der Hand geben, das spüren, das erfahren sie aufs Schmerzlichste. Aber dieses »aus der Hand geben« ist nicht passiv, sondern Lebensvollzug, gelebtes Sterben. Und die Lebensrückschau ist dort, wo sie geschieht und gelingt, stets ein belebendes Element eines aktiv gelebten Sterbens. Sie gibt dem Sterbenden seine Identität als Selbsthandelnder zurück. Sie hilft ihm einerseits, den quälenden Identitätsverlust zu betrauern und zu verkraften, und sie hilft ihm andererseits, seine neue Identität als Sterbender anzunehmen (idem 1984, 460 ff.).

3.8 Lebensbilanz und Leibzeiterfahrung

Immer wieder konnten wir die Beobachtung machen, dass Menschen, die wir im Sterben begleitet haben, uns plötzlich ganz dringend zu sich rufen ließen – erfahrungsgemäß geschah dies fast immer, wenn sie spürten, dass ihre *Leibzeit* (idem 1981a; 1985) nun bald ganz zu Ende gehen würde.

Folgendes *Beispiel:* Es bat mich *(Lückel)* eine 50-jährige Frau, die nach einer Tumoroperation innerhalb von sechs Wochen starb, etwa drei Wochen vor ihrem Tod dringend zu sich, weil die belastende Beziehungsgeschichte zu ihrem von ihr geschiedenen Mann sich bedrängend in ihre Gedankenwelt schob, so dass sie nicht schlafen konnte. Sie hat mir in einer erstaunlich dichten, konzentrierten Darstellung die Beziehungsgeschichte zu ihrem Mann erzählt. Ich brauchte nur an einigen Stellen vertiefend nachzufragen.

Sie sagte mir am Schluss, sie hätte sich dies alles »von der Seele reden« müssen, solange sie noch die Kraft dazu hätte. Es war sehr viel Zorn dabei, sehr viel Trauer, auch sehr viel Bitterkeit. Der Mann hatte sie in ihrem Selbstwertgefühl als Frau tief gekränkt, und zwar immer wieder. In ihrer Bitterkeit sprach sie aus, wie sie sich das alles habe gefallen lassen. In ihrem Zorn sprach sie aus, dass sie sich das nie mehr gefallen lassen würde: Das tust du nie mehr mit mir! In ihrer Trauer beweinte sie die verlorene Zärtlichkeit und auch die verlorenen Jahre ihres Lebens. Es gab keinen versöhnlichen Abschluss in dem Sinne, dass sie nun den geschiedenen Mann noch einmal zu sich an ihr Krankenbett hätte rufen lassen. Ganz im Gegenteil: Der soll mich so nicht mehr sehen! Der kriegt

> von mir auch kein gutes Wort mehr! – Der entdeckte Zorn und die entdeckte Abgrenzung waren ihr wichtiger als eine vielleicht wünschbare Versöhnung. »Ich habe viel zu lange für die Harmonie gelebt. Das war mein Fehler.« Nach dieser klärenden Beziehungsbilanz verfiel sie in ihren Kräften zusehends. Eine knappe Woche vor ihrem Sterben ließ sie mich noch einmal zu sich rufen, und zwar sehr dringend: Sie müsse unbedingt die Einzelheiten der Trauerfeier mit mir besprechen. Sie hatte genaue Vorstellungen, was ihr bei der Trauerfeier, bei ihrem eigenen Begräbnis alles wichtig war. Sie bedauerte, dass sie nicht selbst den Stein für ihr Grab aussuchen könne – es war dies das letzte Aufflackern ihrer Lebenskräfte. Sie hatte mit dieser letzten Lebensenergie ihr Leben über den Zeitpunkt des Sterbens hinaus abgerundet. Sie hatte sich sozusagen selbst einen Grabstein gesetzt. Ihr sehr feines Leibgespür hatte ihr das bald nahende Ende deutlich signalisiert. Die Ahnung des nahen Endes motivierte sie dazu, mit den letzten ihr verfügbaren Lebenskräften »ihr Haus zu bestellen«. Dies war die letzte Lebensaufgabe, die sie aktiv noch selbst bewältigen konnte. Auch hier ermöglichte die Lebensbilanz eine abschließende Identitätsfindung.

Das Bewusstsein des nahen Endes gab dieser Frau eine neue Leibzeitidentität. Auf der Beziehungsebene hat sie sich – endlich – ganz klar von ihrem Mann abgegrenzt und auf diese Weise ein Stück ihrer leiblichen Integrität wiedergewonnen. Diese leibliche Grenzziehung gab ihr mitten im leiblichen Zerfall eine leibliche Würde. Dies ist das Paradox der Grenze *(Perls* et al. 1951), dass sie uns zugleich abgrenzt und gleichzeitig in Kontakt bringt mit dem, was jenseits dieser Grenze ist. Sie gewann zu ihrem Mann eine Art von Kontakt, wie sie ihn zu Lebzeiten nie zu leben gewagt hatte. Auch in der Zeitdimension erschloss sich ihr das Paradox der Grenze: Sie spürte in der *Lebensbilanz* schmerzlich ihr Ende, ihre Grenze – und gleichzeitig gewann sie Kontakt mit dem, was jenseits der Grenze ist. Das Besondere daran war: Je klarer und deutlicher sie ihre Lebensgrenze spürte, um so bestimmter und prägnanter wurden ihre abschließenden Lebensbedürfnisse. Methodisch gesehen, folgte hier das Angebot der *Lebensbilanz* lediglich dem Integrationsbedürfnis dieser sterbenden Frau. Mit anderen Worten, das Konzept der *Lebensbilanz* steht im Dienst der *Prägnanztendenz (Walter* 1977) unserer Lebensgestalten.

3.9 Lebensbilanz und Kommunikation

Wird im Umkreis des Sterbenden das Sterben oft verschwiegen, werden die Signale der Todesahnung oft übergangen, ist oft keiner da, der die Sprache der Verstummten aufnimmt, so hat Sterbebegleitung die spezielle Aufgabe, Sprachhilfe zu leisten und Kommunikation zu ermöglichen. Wird das Sterben aus dem Leben ausgeklammert und der Sterbende von den Lebenden zum Teil isoliert, so hat Sterbebegleitung die Aufgabe, darauf zu achten und auch mitzuhelfen, dass Sterben und Leben, Lebende und Sterbende zusammenfinden können – vielleicht sogar zu helfen, dass das Sterben als wichtiger Abschnitt des Lebens begriffen und von den Beteiligten vielleicht sogar als Chance, Aufgabe und notwendige Lebenserfahrung übernommen werden kann (*Petzold* 1981 b). Die Lebensbilanz hat sich hier immer wieder als besonders geeignete Kommunikationshilfe erwiesen. So wurde in einem Fall ein alter Mann, der durch einen Schlaganfall in seinem Sprachzentrum getroffen war, dazu ermutigt, Lebensaphorismen in die Schreibmaschine zu tippen. Die Wirkung war erstaunlich. Während vorher in der Familie des alten Mannes Ratlosigkeit herrschte, weil tiefergehende persönliche Kommunikation mit ihm nun nicht mehr möglich schien, so entwickelte sich jetzt ein schriftlicher, sehr persönlicher Austausch zwischen den Familienangehörigen und dem alten Mann, an dem sogar der 7-jährige Enkel sich mit schriftlichen Mitteilungsversuchen beteiligte.

Beispiel

Durch eine Lebensbilanz kam es zu einer neubelebten Beziehung zwischen zwei zerstrittenen Brüdern. Der eine von beiden war als 18-Jähriger durch eine schwere Schussverletzung im Krieg total erblindet und fast ertaubt. Der andere hatte den Krieg als hoher Offizier beendet und war sehr bald nach dem Krieg, in seinem politischen Bewusstsein völlig ungebrochen, in eine steile berufliche Karriere eingetreten. Der Erblindete war erklärter Pazifist, der ehemalige Offizier und jetzige Karrieremann war erklärter Aufrüstungsbefürworter. Wegen der unversöhnlichen politischen Differenzen hatte es zwischen den beiden nie einen persönlichen Austausch über das im Krieg Erlebte gegeben. Bei einem meiner Besuche hatte ich den sterbenden blinden alten Mann dazu angeregt, mir einmal die Geschichte seiner Verletzung und Verwundung zu erzählen. Dies geschah im Beisein und in der Gegenwart des Bruders. Aus dieser Erzählung wurde eine ganze Bilanz seines Lebens. Denn diese Verwundung hatte ja sein Leben und seine Weitsicht und seine politische Einstellung von Grund auf verändert. Es war eine erschütternde Bilanz. Wir alle in der Runde – es waren noch weitere Angehörige da – waren tief betroffen von der schmerzlichen Farbigkeit, mit der dieser blinde alte Mann uns Einblicke in sein Leben gab. Der Bruder erzählte mir später, dies Erlebnis am Sterbebett seines Bruders habe eine Wende in ihrer Beziehung bewirkt. Er habe ihn von da an täglich besucht, und sie hätten sich in einer Weise aussprechen können, wie er es nicht mehr für möglich gehalten habe.

3.10 Lebensbilanz, Sinnerfahrung und Nootherapie

Alle Erfahrungen, die wir mit dem Konzept der Lebensbilanz und in der Praxis des Lebenspanoramas mit alten Menschen, Kranken und Sterbenden gemacht haben, zeigen deutlich: diese Art der Lebensrückschau weckt die Sinne, lässt einen *sinnenhaften Sinn* entstehen. Der Klient »sieht« – sehr oft mit geschlossenen Augen – konzentriert auf sein Leben. Die Ereignisse, zum Teil vereinzelt, unverbunden, »Rohmaterial«, fügen sich plötzlich zusammen und werden als sinnvoll erlebt. Starke Gefühle kommen auf: Schmerz und Trauer, Sehnsucht und Zärtlichkeit, Glück und Dankbarkeit, und der Klient ist eigentlich immer sehr tief berührt von all dem, was da in seiner Erinnerung noch einmal an gelebtem und nichtgelebtem Leben vorüberzieht. Es sind nicht nur Beziehungen, deren eigentliche Tiefe jetzt noch einmal mit dem Blick auf ihre *Dauer* erfahren wird, es breiten sich auch die gleichsam schicksalhaften Verflechtungen aus, die das Eingebettetsein in eine Zeitgeschichte, in historische, epochale Ereignisse vermitteln. Der Mensch vermag sich als Mensch seiner Zeit zu sehen, und das bringt eine gewisse Abständigkeit und manchmal ein Staunen mit sich. Es führt zuweilen zu einer Relativierung der eigenen Existenz, aber nicht dergestalt, dass sie unwichtig wird, sondern dass sie Teil eines größeren Zusammenhanges ist. Es sind dies Momente, wo »Überschreitungen« möglich werden im Sinne einer »säkularen Seelsorge« (*Petzold* 1983c; 1979). Die Dimension des *Geistigen* erschließt sich dann zuweilen mit einer sehr schlichten Konkretheit: »Wenn ich so sehe, wie viele Menschen hier liegen und leiden müssen und sterben müssen, und vielleicht eine Station weiter werden wieder welche geboren, dann wird mir so richtig deutlich, dass man nicht alleine ist und was es heißt, Mensch zu sein. Das klingt vielleicht ganz banal, aber ich habe das so klar noch nie gespürt. Das macht es mir sehr viel leichter, dass ich bald sterben muss.« So ein 58-jähriger Tumorpatient.

In bildnerisch gestalteten Lebenspanoramen entdecken die Malenden oft, dass Anfang und Ende ganz ähnlich gestaltet sind, dass man am Beginn und am Ende einen Baum gezeichnet hat oder eine Quelle oder eine Sonne oder ein Meer. Dass der Lebensstrom aus der Unendlichkeit zu kommen scheint und sich in der Unendlichkeit verliert. Es werden in der kreativen Gestaltung und im Nachsinnen über das Dargestellte zuweilen meditative Erfahrungen möglich, ein Sich-Versenken in die Begriffe *Anfang* und *Ende*, Leben und Sterben, Begrenztheit und Unendlichkeit. Es ergeben sich aus solchen Erfahrungen Gespräche über den Sinn des Lebens, über die Geheimnisse der Welt und darüber, was es heißt, Teil dieser Welt zu sein. Das Nachsinnen über Lebensbilanz und Lebenspanorama, die gleichsam eine *Synopse* von sinngeladenen Lebensbezügen ermöglichen, führt manchmal zu Ganzheitserfahrung, »ozeanischen Gefühlen«, Ahnungen von der Unendlichkeit des Universums, die Zugang zu einer »innerweltlichen Transzendenz« ermöglichen. Hier werden die *Überschreitungen* zur Seelsorge fließend, wie so oft in der Arbeit mit alten Menschen, Kranken und Sterbenden, wenn die Dimension des Sinnes, der Werte und der religiösen Inhalte angesprochen wird. – Es ist uns aber gerade in diesem Zusammenhang wichtig festzuhalten, dass Lebensbilanz und Lebenspanorama Möglichkeiten zur Sinnerfahrung für Menschen bieten, die nicht kirchlich oder in einem spezifischen Sinne religiös gebunden sind, ja, die sich selbst als areligiös oder atheistisch bezeichnen würden. Die Frage »Was war das eigentlich für ein Leben, das ich da geführt habe?« leitet immer zu nootherapeutischer Arbeit über (*Petzold* 1983c), auch wenn sie nicht im philosophischen Sinne global beantwortet wird. Aber es wird Zugang gewonnen, emotional bestimmter Zugang, zu mir selbst, zu meinem Leben, zu den Menschen um mich her, zu den Dingen dieser Welt, zur »Lebenswelt« und damit auch zum Altsein und zum Sterben. Und das bedeutet Sinnerfahrung: Möglichkeit der Versöhnung und die Chance, *in Frieden* von dannen zu gehen.

II

Formen kreativer Therapie mit alten Menschen

Wie wirkt Integrative Musiktherapie im gerontopsychiatrischen Setting[1]

Hilarion G. Petzold und Lotti Müller

Musiktherapeutische Arbeit muss in der Behandlung spezifischer Altersgruppen, spezieller Krankheitsbilder und bei ihrem Einsatz in besonderen Settings auf die jeweiligen Bedürfnisse der Zielgruppen, Erfordernisse des Krankheitsgeschehens und die Bedingungen des institutionellen Rahmens zugerichtet werden – in theoretischer wie in methodischer Hinsicht. Differenzielle Indikationen und spezifisches Vorgehen in der musiktherapeutischen Praxis machen deshalb eine Auseinandersetzung mit den jeweils relevanten »Referenztheorien« erforderlich mit der Konsequenz problem- und aufgabenorientierter Zupassungen. Andernfalls würde Musiktherapie zu einem unspezifischen »Breitbandverfahren«, das nur aufgrund allgemeiner Wirkfaktoren (*Garfield* 1982; 1992) Effekte hat und der besonderen Situation der verschiedenen Patientenpopulationen nicht gerecht würde. Musiktherapie mit Kindern muss sich in besonderer Weise mit entwicklungspsychologischen Erkenntnissen, Konzepten und Forschungsergebnissen auseinandersetzen (*Papoušek* 1994a, b; *Schwarzer* 1994; *Stern* 1985; 1990; *Petzold* 1993e; 1994e), sonst greift sie zu kurz. Musiktherapie mit Suchtkranken etwa in therapeutischen Wohngemeinschaften muss sich mit Theorien süchtigen Verhaltens, Methoden der Suchtkrankentherapie und den Bedingungen des Wohngemeinschaftssettings (*Petzold, Thomas* 1995; *Heigl-Evers, Helas, Vollmer* 1991; *Petzold, Vormann* 1980) befassen, sonst bleibt sie im Status einer »adjunctive therapy« (*Zwerling* 1990). Viele andere Bereiche wären noch zu nennen (*Frohne-Hagemann* 1989; 1990a,b). Die vorliegende Arbeit versucht, diese Aufgabe für den Bereich der musiktherapeutischen Behandlung gerontopsychiatrischer Patienten und Patientinnen anzugehen und nimmt deshalb explizit Bezug auf gerontologische Theorienbildung, Forschung und gerontotherapeutische Methodik. Sie entstand in der Kooperation einer Musiktherapeutin mit gerontopsychiatrischen Interessen und einem im Bereich der Gerontotherapie praktisch arbeitenden und forschenden Psychotherapie- und Bewegungswissenschaftler.

1. Der gerontopsychiatrische Kontext

Die Arbeit mit gerontopsychiatrischen PatientInnen ist als solche äußerst schwierig und – vergleicht man sie mit therapeutischen Maßnahmen bei anderen PatientInnengruppen und institutionellen Rahmenbedingungen – nur von geringen Erfolgen belohnt. Dies ist einerseits dadurch bedingt, dass die Erfolgskriterien an der Arbeit mit anderen Altersgruppen und den dort möglichen Veränderungen gemessen werden, zum anderen aber auch dadurch, dass gerontopsychiatrische Stationen bislang häufig nur sehr schlecht ausgestattet sind, was die personellen Ressourcen – qualitativer und quantitativer Personalschlüssel – und die materielle Ausstattung anbelangt. Insgesamt herrscht auch eine große Hilflosigkeit im Blick darauf vor, was denn neben der medizinischen und pflegerischen Grundversorgung an therapeutischen Maßnahmen indiziert sei. Zwar beginnt sich – nicht zuletzt als Nebenprodukt der Reformbestrebungen in der Psychiatrie und der Behindertenarbeit – auch in der Gerontopsychiatrie die Auffassung durchzusetzen, dass mit diesen PatientInnen doch »irgend etwas getan werden müsse«. Die Frage ist nur, was?
Die Psychotherapie mit alten Menschen, die bis in die jüngste Zeit auch im europäischen Raum nur eine marginale Position eingenommen und erst seit Ende der 70er Jahre eine bescheidene Entwicklung gemacht hat (*Petzold, Bubolz* 1979; *Petzold* 1985a; *Radebold* et al. 1973; *Radebold* 1992; *Hirsch* 1990; 1991), hat sich mit der Behandlung gerontopsychiatrischer PatientInnen praktisch nicht befasst. Es finden sich nur vereinzelte Studien (*Petzold* 1979k;). *Häfners* (1986) Aussage, dass in der Bundesrepublik (und dies gilt für den gesamten europäischen Bereich mit Ausnahme der Niederlande) die »Psychotherapie alter Menschen wissenschaftlich und praktisch absolut unterentwickelt ist«, gilt in weitaus umfassenderer Weise noch für die Psychotherapie im Bereich der Gerontopsychiatrie.
Bei gerontopsychiatrischen PatientInnen handelt es sich zu einem Teil um chronifizierte, alt gewordene PsychiatriepatientInnen, zum Teil um alte geistig Behinderte, zum Teil um Menschen mit Demenzerkrankungen oder mit psychiatrischen Akuterkrankungen im Senium (*Müller* 1981; 1982; *Kraus* 1989; *Österreich* 1975). Bei den chronifizierten PatientInnen kommen durch die langwierigen Institutionskarrieren schwerwiegende Hospitalisierungsschädigungen

hinzu. Introspektions- und Verbalisationsfähigkeit sind in der Regel sehr eingeschränkt. Kommunikationsstereotypien beeinträchtigen Interaktionsprozesse. Geringe Gedächtnisleistung und oft sehr mäßige Konzentrationsfähigkeit machen ein auf kontinuierliche Entwicklungsprozesse setzendes therapeutisches Arbeiten nicht oder kaum möglich. Die zumeist vorhandene Multimorbidität und der damit verbundene schwankende Gesundheitszustand machen die Arbeit nicht einfacher. Bei einer solchen Ausgangssituation, was die PatientInnengruppe anbetrifft, wird das Spektrum möglicher Behandlungsverfahren sehr eingeschränkt (*Radebold* 1979; *Kruse* 1989). Hinzu kommt, dass sich unter den Berufsgruppen, die in der Gerontopsychiatrie tätig sind, kaum Personen mit einer spezifischen Ausbildung für die Behandlung dieser PatientInnengruppe finden (*Kemper* 1990; *Kipp, Jüngling* 1991). Im Wesentlichen findet man in der Behandlung gerontopsychiatrischer PatientInnen verschiedene Formen der Beschäftigungstherapie oder Physiotherapie (*Suden-Weickmann* 1993).
In neuerer Zeit wurden auch vermehrt Ansätze der Bewegungs- und Tanztherapie sowie der Psychomotorik in der Behandlung gerontopsychiatrischer PatientInnen eingesetzt (*Dröes* 1991; *van der May* 1993; *Petzold* 1985f, 1991h; *Petzold, Berger* 1978). Der Grund für diese Entwicklung ist naheliegend: die physische Mobilisierung bietet eine ausgezeichnete Möglichkeit, diese verbalisationseingeschränkten PatientInnen zu erreichen und ihre Lethargie und Passivität – Ergebnis von Deprivation, Hospitalisierung, Übermedikation, Vernachlässigung, resignativer Selbstaufgabe und unter anderem auch der gerontopsychiatrischen Erkrankung – zu durchbrechen.

1.1 Musiktherapie im gerontotherapeutischen Kontext

Wird Musiktherapie lebensalterspezifisch eingesetzt, wie dies bei der Arbeit im gerontotherapeutischen Kontext der Fall ist, ist die »Entwicklungspsychologie des Seniums« (*Mayring, Saup* 1990) einzubeziehen, weiterhin aber auch (sofern vorhanden) spezifisches Wissen über die Entwicklung musikalischer Fähigkeiten. Ist dieser letztgenannte Bereich für die Frühentwicklung recht gut untersucht (*Schwarzer* 1993; *Papoušek* 1994), so liegen für das höhere Lebensalter nur wenige Studien vor (*Gembris* 1993; 1995). Da neben allgemeinen Entwicklungstendenzen der Persönlichkeit *(Flammer* 1988) auch bereichsspezifische Entwicklungen vorhanden sind – und musikalische Fähigkeiten sind ein solcher Bereich *(Hargreaves* 1986) –, ist es wesentlich, Wissen über musikalische Kompetenzen und Performanzen aus einer entwicklungszentrierten musikpsychologischen Perspektive *(Bruhn* et al. 1963) beizuziehen. Für den Bereich des Seniums findet sich in der Literatur bislang wenig an Information, ja man kann sagen, dass musiktherapeutische Erfahrungsberichte aus der Arbeit mit AlterspatientInnen derzeit sogar noch als wichtige Informationsquelle dienen müssen *(Clair, Bernstein* 1990a,b; *Müller-Schwartz* 1994; *Bright* 1988) und weiterhin Erfahrungen aus dem musikgeragogischen Bereich *(Harms, Dreischulte* 1995; *Kemser* 1979; *Latz* 1988; *Geck* 1991), um fehlende Entwicklungsforschung halbwegs zu kompensieren, ohne dass damit empirische Untersuchungen je ersetzt werden könnten, weil gerade in Erfahrungsberichten sich auch Vorurteile und Fehlmeinungen fortschreiben.

Was die musikalischen Fähigkeiten bei psychisch und physisch gesunden alten Menschen anbetrifft, so haben verschiedene Untersuchungen festgestellt, dass melodische, harmonische und rhythmische Wahrnehmungsfähigkeit im Alter nicht abnehmen und allenfalls im hohen Senium leichte Einbußen festzustellen sind *(Gibbons* 1979, 1983a, b). Musikalisches Lernen scheint im höheren Alter nicht beeinträchtigt *(Mack* 1982; *Myers* 1986). Die Merkfähigkeit ist beim Lernen zwar verlangsamt, aber das Wiedererkennen von Modulationen und thematischen Variationen ist vollauf gegeben *(Funk* 1977). Allerdings findet sich eine Bevorzugung mittlerer und langsamerer Tempi gegenüber jeweils schnelleren *(Moore* et al. 1992).

Diese generellen Aussagen haben ihren Wert für die Arbeit mit cerebral validen AlterspatientInnen und PatientInnen mit Altersneurosen *(Fuhrmann* 1979; *Petzold, Bubolz* 1979). Für die Population von gerontopsychiatrischen und hirnorganisch erkrankten AlterspatientInnen und für das hohe Senium lassen sich derartige Ergebnisse nicht verallgemeinern, da durch spezifische Selektionsprozesse in der Auswahl von Untersuchungspersonen die Datenlage verfälscht werden kann *(Gembris* 1995). Die klinische Praxis zeigt auf jeden Fall eine sehr große Spannbreite, was die aktive Memorationsfähigkeit beim musikalischen Gedächtnis anbelangt oder das Fungieren des Retrieval-Gedächtnisses, d. h. des Memorierens aufgrund des

Angebots von Schlüsselreizen, das offenbar wesentlich länger erhalten bleibt als die aktiven Erinnerungsmöglichkeiten (*Bartlett, Snelus* 1980; *Smith* 1991). Für die musiktherapeutische Arbeit gilt es deshalb jeweils durch experimentierende Explorationen festzustellen, was erinnert wird und in welcher Weise. Prinzipien, die in der geragogischen Arbeit mit alten Menschen im Hinblick auf die Akzeptanz von Musikprogrammen erarbeitet wurden (*Darrough, Boswell* 1992, 30 f.), können auch für die Musiktherapie Bedeutung gewinnen. Ein gleiches gilt für musikalische Präferenzen (*Gibbons* 1977; *Smith* 1988; *Moore* et al. 1992; *Gilbert, Beal* 1982).
Da musikalisches Tun sensorische bzw. sensumotorische Fähigkeiten voraussetzt, müssen diese auch in musiktherapeutischer Arbeit berücksichtigt werden, etwa die auditorische Diskriminationsfähigkeit (*Borod, Goodglass* 1980) oder die Beeinträchtigung der Feinmotorik (*Mack* 1982), insbesondere aber das Faktum – und dies ist für phonodische Arbeit wesentlich – dass der Stimmumfang mit dem Alter erheblich sinkt (von durchschnittlich 20 Halbtönen bei 60-Jährigen bis auf durchschnittlich 15 Halbtönen mit 90 Jahren). Für die musiktherapeutische Arbeit mit alten Menschen, bei der die phonodische Arbeit, d. h. die Singtherapie, sich großer Beliebtheit erfreut (*Bright* 1981; 1984; 1988; *Muthesius* 1990a,b, 1993a,b), sind derartige Ergebnisse, die Stimmumfang, die Kraft der Stimme und die Fähigkeiten der Stimmführung betreffen (*Greenwald* 1979; *Sataloff* 1992), von Bedeutung. Auch das Wissen um die Möglichkeiten des Retrieval-Gedächtnisses, das Aufrufen durch Wiedererkennen und die damit oftmals einhergehende Aktivierung umliegender Gedächtnisinhalte, wie sie aus den Forschungen zum »autobiographischen Memorieren« (*Conway* 1990) bekannt sind, könnte zu einer gezielteren Arbeit mit Liedern führen als die in der Literatur vorfindlichen, eher okkasionellen Empfehlungen nach dem Motto »Singen ist gesund und kommunikationsfördernd« (*von Blanckenburg* 1988; *Bright* 1988; *Depping* 1991; *Harms, Dreischulte* 1995; *Jochims* 1992; *Lohse-Blohm* 1990; *Muthesius* 1990a; *Scheu* 1990; *Schwabe* 1991). Es soll diese Auffassung nicht in Abrede gestellt werden, zumal mit besonderen Formen des Singens (Wechsel- und Responsorialgesang) Kommunikation geübt werden kann und durch die Verbindung von Singen und Atemarbeit auch ein cardio-pulmonäres Training möglich ist. Dennoch wird es wichtig werden, in der Musiktherapie das Sin-

gen, Lieder und Texte noch spezifischer einzusetzen im Sinne eines gezielten Gedächtnistrainings oder im Sinne einer spezifischen biographieorientierten Psychotherapie *(Butler* 1974; 1980; *Petzold, Lückel* 1985).
Der Einsatz musiktherapeutischer Arbeit im sozialgerontologischen Bereich umfasst das ganze Spektrum von der *übungszentriert-funktionalen* Modalität über die *erlebnisaktivierend-stimulierende* bis hin zur *konfliktzentriert-aufdeckenden* Vorgehensweise *(Petzold* 1979g; *Frohne* 1979; *Riegler-Wolfe* 1983; *Jochims* 1993), und entsprechend ist natürlich auch eine Differenziertheit im klinischen Vorgehen erforderlich, abhängig von den Settingbedingungen, dem Grad der Validität, der Spezifität der Erkrankung. Zwischen der Arbeit mit Demenz-PatientInnen *(Fuhrmann* 1990) und aktiven Senioren mit hoher kognitiver Kompetenz *(Jochims* 1992) liegen Welten.
Gab es in den 70er/80er Jahren nur vereinzelt Publikationen über die Musiktherapie im sozialgerontologischen und gerontotherapeutischen Bereich, so zeigt sich seit Mitte der 80er Jahre eine Zunahme von Publikationen von praxeologischer Ausrichtung *(Latz* 1991; *Blanckenburg* 1988; *Maler* 1979; *Muthesius* 1993b; *Schnaufer-Kraak* 1994; *Junge* 1993). Arbeiten mit klinischer Ausrichtung *(Beyer* 1986; *Summers* 1993; *Schwabe* 1981; *Müller-Schwartz* 1994; *Jochims* 1993) sind noch selten, und Forschung findet sich noch kaum, wenngleich im Rahmen der intensivierten Aktivitäten in der Demenz-Forschung auch vermehrt Publikationen über Arbeit mit Alzheimer-PatientInnen oder anderen Formen der Demenz zu finden sind *(Clair, Bernstein* 1990a, b; *Groene* 1993; *Fitzgerald-Cloutier* 1993; *Prickett, Moore* 1991). Die Zunahme der Publikationen dürfte auch im Zusammenhang damit zu sehen sein, dass mehr und mehr MusiktherapeutInnen im sozialgerontologischen und gerontopsychiatrischen Bereich tätig werden. Die Literaturübersicht von *Smith* (1990) gab einen guten Überblick über die Behandlungsmodalitäten, Formen der Dokumentation und über Evaluation. Dabei zeigte sich ein Vorherrschen behavioral-orientierter Studien, was für den anglo-amerikanischen Bereich als typisch anzusehen ist und durch eine Befragung von einer repräsentativen Stichprobe von 176 MusiktherapeutInnen unterstrichen wird. Allerdings wird auch die große Breite und Variabilität im musiktherapeutischen Vorgehen mit AlterspatientInnen deutlich *(Smith* 1991).

Vereinzelt finden sich Arbeiten, die spezifischen Fragestellungen nachgehen, wie etwa der Artikel von *Hanser* und *Thompson* (1994), der die Effekte der Musiktherapie mit depressiven AlterspatientInnen untersucht. Gegenüber einer Kontrollgruppe konnte für zwei experimentelle Gruppen mit rezeptiver Musiktherapie gezeigt werden, dass diese durch die Behandlung im Bezug auf Depression, Selbstwertgefühl und Stimmungslagen signifikant besser dastanden. *Gerdner* und *Swanson* (1993) konnten zeigen, dass Musikeinzeltherapie bei verwirrten und agitierten Demenz-PatientInnen vorübergehende Beruhigungen bewirken konnte.
Auch im gerontopsychiatrischen Bereich wird Musiktherapie in der Regel neben anderen Kreativtherapien oder psychotherapeutischen Maßnahmen eingesetzt, wobei bislang noch wenig über differenzielle Indikationen bekannt ist. Vergleichende Untersuchungen wie z. B. die von *Heaney* (1992), der Musiktherapie mit Kunsttherapie und rekreativen Therapieformen verglichen hat, zeigten, dass Musiktherapie in einem semantischen Differenzial im Verhältnis »pleasurable/painful« höher rangierte als die übrigen Therapien. Ansonsten wurden aber keine signifikanten Unterschiede gefunden. Häufig kommt es ja auch zum kombinierten Einsatz kreativer Therapieverfahren etwa von Musiktherapie *und* Entspannungsverfahren, Musiktherapie *und* Bewegungsarbeit, Musik- *und* Maltherapie *(Rosling, Kitchen* 1992). Dabei wird immer wieder die stimulierende Qualität solcher Kombinationen, ihre Fähigkeit, Gefühle und Erinnerungen anzuregen und Stimmungen zu verändern, hervorgehoben. Langzeitig hospitalisierte depressive PatientInnen, die sehr zurückgezogen sind, oder unter Angstzuständen leiden, sprechen ebenfalls, wie *Rosling* und *Kitchen* zeigten, auf derartige kombinierte therapeutische Interventionen gut an. Angebote dieser Art sind nicht nur oder gar überwiegend unter kurativer Perspektive zu sehen. Sie sind wesentlich auch darauf gerichtet, die »Lebensqualität« von AlterspatientInnen zu verbessern *(Lipe* 1991; *Smith, Lipe* 1991), oder sie haben die Zielsetzung, bestimmte körperliche und soziale Kompetenzen und Performanzen zu erhalten, etwa in der Kombination mit Bewegung, sensory awareness und anderen kreativen Ausdrucksmöglichkeiten *(Bryant* 1991; *Segal* 1990). Schließlich ist auch noch auf das rekreative Moment zu verweisen, das gerade im institutionellen Zusammenhang nicht unterschätzt werden darf (*Kartman* 1990).

Um die Qualität musiktherapeutischer und kreativtherapeutischer Arbeit in geriatrischen und sozialgerontologischen Settings zu gewährleisten, sind nicht nur spezifische geragogische *(Petzold, Bubolz* 1976; *Bubolz* 1983), gerontologische *(Lehr* 1987; *Thomae* 1983) und gerontopsychiatrische *(Österreich* 1975; *Müller* 1982) Kenntnisse erforderlich, die durch spezialisierte Weiterbildungen (*Petzold, Petzold* 1993) vermittelt werden müssen. Es wird auch Supervision notwendig, die einerseits auf die Förderung musiktherapeutischer Kompetenz und Performanz ausgerichtet sein muss (*Rüegg* 1996), andererseits aber auch von seiten des Supervisors einige gerontologische *Feldkompetenz* verlangt *(Ch. Petzold* 1996), um MusiktherpeutInnen Hilfen in der Arbeit mit dieser besonderen Zielgruppe zu bieten. Dabei kommen immer wieder auch Fragen der Wertorientierung und der Ethik im Umgang mit AlterspatientInnen auf, die thematisiert und bearbeitet werden müssen, weil sie auch zwischen TherapeutIn und PatientIn selbst Gegenstand des Gesprächs sind *(Clair* 1990, 1994).

Für die hier kurz im Überblick referierten Untersuchungen und Erfahrungsberichte kann gesagt werden, dass sie dokumentieren, dass Musiktherapie als Methode eingesetzt wurde, von der man sich Erfolge versprach, und dass diese Erwartungen aufgrund der klinischen Erfahrung und aufgrund einiger empirischer Untersuchungen sich auch bestätigten.

1.2 Alternswissenschaftliche Fundierung musiktherapeutischer Praxis

Der Einsatz von Musiktherapie in gerontopsychiatrischen Einrichtungen, Alten- und Pflegeheimen etc. war vielfach von der praktischen Überlegung bestimmt, aktivierende und motivierende Angebote für die HeimbewohnerInnen oder PatientInnen zu machen, die im Rahmen allgemeiner Bemühungen zur Verbesserung der Situation der »institutionalized elderly patients« unternommen wurden. Es war nicht eine Rezeption der gerontologischen Forschung, die seit Ende der 60er-Jahre enorme Fortschritte gemacht hat, welche im klinischen Bereich und im Heimwesen zum Beschreiten neuer Wege der Behandlung führte, sondern es war der allgemeine Trend zur Humanisierung *(Petzold* 1979l) der Situation von PatientInnen und HeimbewohnerInnen, wie er im Rahmen der Reformen in der Psychiatrie sowohl in den angelsächsischen wie auch in den deutschsprachigen Ländern wirksam wurde. So wurden häufig Erfahrungen, die man mit kreativen Therapiemethoden im Bereich der Psychiatrie gemacht hatte, in den gerontopsychiatrischen bzw. sozialgerontologischen Bereich übertragen. Auch in der Musiktherapie ging man in der Regel von dem Fundus aus, der über viele Jahre mit der musiktherapeutischen Behandlung psychiatrischer PatientInnen gewonnen worden war *(Strobel, Huppmann* 1978, 115 ff.; *Smeijsters* 1991). Dieses Herkommen zeigt sich denn auch in den Fachartikeln, die wir durchgesehen und zum Teil in dieser Arbeit vorgestellt haben, wie auch in den Buchveröffentlichungen zur musiktherapeutischen Arbeit mit alten Menschen *(Bright* 1984) und zum Teil auch mit Hochbetagten und dementen PatientInnen *(von Blanckenburg* 1988), denn durchgängig ist auffällig, dass kaum eine vertiefte Auseinandersetzung mit allgemeingerontologischer, gerontopsychologischer, sozialgerontologischer Fachliteratur erfolgt. Referenzen sind okkasionell, ohne Überblick über das Feld. Die Konzeptrezeption ist zuweilen fehlerhaft, ganz zu schweigen von einer reflektierten, systematischen Umsetzung gerontologischer Erkenntnisse und Forschungsergebnisse für die musiktherapeutische Praxis mit AlterspatientInnen, wie wir es im bewegungstherapeutischen Bereich etwa beispielhaft in den fundierten Büchern von *Dröes* (1991) oder *van Dasler* (1994) finden, die hier Maßstäbe gesetzt haben. Auch wird deutlich, dass eine differenzierte Diagnostik häufig fehlt.

Wenn man musiktherapeutische Arbeit im Rahmen gerontopsychiatrischer Settings nicht auf unspezifische Therapie-Effekte und Zufallswirkungen beschränken will, so ist es notwendig, über die geriatrische und gerontopsychiatrische Diagnose hinausgehend, ein sehr individualisiertes »assessment« des Patienten und seiner Situation vorzunehmen, d. h. eine detaillierte Bestandsaufnahme seiner Probleme, Verhaltensauffälligkeiten, Symptomatiken, aber auch seiner noch vorliegenden Kompetenzen und Performanzen, Ressourcen und Potenziale unter Beiziehung sozialgerontologischer und sozialpsychologischer Referenztheorien. Gerade bei gerontopsychiatrischen PatientInnen, denen häufig von seiten des Personals keine Möglichkeiten der Verhaltensänderung oder gar der Verbesserung ihres Zustands attribuiert werden, ist eine solche Zentrierung auf

Bereiche gesunden Funktionierens besonders wesentlich, weil diese oftmals die Grundlage für therapeutische Ansatzpunkte bieten. Weil Erwartungsstrukturen des sozialen Kontextes in der Institution für Verhalten, Gesundheit, Wohlbefinden, Symptomatik, Dysphorien und Depressionen der PatientInnen herausragende Bedeutung haben, muss das »assessment« immer auch den sozialen und mikroökologischen Kontext *(Saup* 1993) miteinbeziehen. Die ökologische Wahrnehmungs- und Entwicklungstheorie von *Gibson* (1979, 1988) wird hier als Referenztheorie besonders wichtig, weil sie die Aufforderungsqualität und die Begrenzungen des Kontextes hervorhebt, die *affordances and constraints (Warren* 1990), die Aktivitäten fördern oder behindern und die die unlösbare Verschränkung von Wahrnehmen und Handeln in »environments« aufgezeigt hat *(Salvesbergh, Pijpers* 1992; *Thelen* 1990). Daraus ergeben sich für die Ebene der Intervention in der Gerontopsychiatrie *(Petzold* 1990g; idem et al. 1994) wichtige Konsequenzen, etwa die eines »environmental modelling«, das einen stimulierungsreichen Kontext bereitstellt, in dem vielfältige *affordances* geboten werden, Wahrnehmungsangebote, die mit Handlungsmöglichkeiten der PatientInnen *(effectivities)* verbunden werden. Weiterhin kommen bei diesen PatientInnen und in diesem institutionellen Rahmen auch *stigmatheoretischen (Goffman* 1967; *Hohmeier, Pohl* 1978), *attributionstheoretischen* (*Krampen* 1989), *kontrolltheoretischen (Flammer* 1990) und *netzwerktheoretischen (Röhrle* 1994; *Petzold* 1994c) Überlegungen besondere Bedeutung zu. Erhalten nämlich diese PatientInnen keine »soziale Unterstützung« *(Sarason, Sarason* 1985), sind therapeutische Maßnahmen, ganz gleich welcher Art, von vornherein in ihren Wirkungsmöglichkeiten eingeschränkt oder ganz zum Scheitern verurteilt. Es muss deshalb mit aller Deutlichkeit unterstrichen werden, dass die Behandlung gerontopsychiatrischer PatientInnen – ganz gleich mit welcher Diagnose – immer als Gesamtmaßnahme im Rahmen einer institutionellen Behandlungskonzeption vor dem Hintergrund gerontologischen bzw. sozialgerontologischen Wissens gesehen werden muss. Musiktherapeutische Einzel- oder Gruppenstunden sind in einer solchen institutionsbezogenen und alternswissenschaftlich fundierten Konzeption anzusiedeln. Dabei wird die »Interventionsbreite« der Musiktherapie davon abhängen, was sonst noch an therapeutischen Maßnahmen etwa auf einer gerontopsychiatrischen Station angeboten wird. Ist dies, wie häufig der Fall, nicht sonderlich viel, steht die Musiktherapeutin in der Situation, ihr therapeutisches Angebot entsprechend breit anlegen zu müssen, um ein Optimum an gerontotherapeutischer Qualität zu gewährleisten.

2. Die musiktherapeutischen Rahmenkonzeptionen

Will man mit Musiktherapie sinnvoll therapeutisch arbeiten, wird man sich nicht allein auf instrumentelles Spiel, Singen oder Angebote rezeptiver Therapie *(Shapiro* 1969; *Muhl* 1994) beschränken können. In kaum einem anderen Bereich musiktherapeutischer Behandlung wird es so deutlich wie im gerontopsychiatrischen Setting, dass Musiktherapie sich als *umfassende Behandlungskonzeption* verstehen muss und nicht als »adjunctive therapy«, als eine medienzentrierte »anzillarische« Methode *(Zwerling* 1990) oder als eine Spezialintervention, die, allein auf die »heilende Kraft« der Musik vertrauend, im »Tusculum« des musiktherapeutischen Behandlungsraumes ein elitäres Dasein pflegt.
Diagnose und Bestandsaufnahme im Setting, Problem- und Ressourcenanalysen *(Petzold* 1993p; *Petzold, Orth* 1994a; *Osten* 1995) bieten die Grundlage, um hier für eine Einzelpatientin oder für eine PatientInnengruppe spezifische Ziele zu entwickeln: Globalziele, Grobziele und Feinziele, die kurzfristig, mittelfristig oder langfristig gesteckt und realisiert werden, indem man angemessene Methoden, Behandlungsstrategien und -techniken auswählt und zum Einsatz bringt. Die Wirkung der in solcher Form geplanten therapeutischen Maßnahmen lässt sich evaluieren, wenn es gelingt, die festgelegten (und operationalisierten) Ziele zu erreichen. Dies kann aufgrund therapeutischer Wirksamkeitsstudien unter kontrollierten Bedingungen geschehen, wie dies im Bereich der Musiktherapie bislang noch selten geschieht *(Grawe* et al. 1994, *Smeijsters, Rogers* 1993), oder durch sorgfältig dokumentierte Einzelfallstudien – auch diese findet man selten *(Czogalik* et al. 1995). Schließlich ist es möglich, aufgrund systematischer Auswertung theoretisch und methodisch gut konzipierter Behandlungsstrategien die eigene Praxis so zu reflektieren – möglichst unter Begleitung durch Supervision oder Intervision –, dass sich »Heuristiken« *(Grawe* 1988a; *Ambühl* 1987) therapeutischen Han-

delns herauskristallisieren, die sich als probat erweisen. Wir sprechen dann von »systematischen Heuristiken« *(Petzold* 1988n, 206 f., 267 f.). Gerade in einem Bereich, in dem so wenig an Forschung und Praxiserfahrung für die Musiktherapie vorliegt und wo auch bislang wenig Investitionen wissenschaftlicher Forschung festzustellen sind, werden klinische MusiktherapeutInnen darauf verwiesen sein, die zuletzt genannte Strategie »systematischer Heuristik« aufgrund sorgfältiger Vor- und Nachbereitung ihrer Therapien zu verfolgen.
Als Ausgangspunkt dient uns die Heuristik der »prozessualen Diagnostik«, wie sie in der »Integrativen Therapie« entwickelt wurde (idem 1986n, 200 ff., 1993p, 326 ff.; *Osten* 1995). Folgende Beobachtungsfelder gilt es zu betrachten: Körper/Leiblichkeit, emotionaler Bereich, kognitiver Bereich, sozial-kommunikative Fähigkeiten sowie die Kontextqualitäten *(Gibson* 1988).
Bei gerontopsychiatrischen PatientInnen finden wir bei der Betrachtung dieser Felder gehäuft bestimmte »Leitsymptomatiken«, die gleichzeitig auch Leitlinien und Zielsetzungen für therapeutisches Handeln bieten, aufgrund deren die Methoden, Techniken und Medien der Integrativen Musiktherapie *(Frohne-Hagemann* 1989) im Rahmen der therapeutischen Heuristiken eingesetzt werden können. Von diesen Heuristiken kommen bei unserer Zielgruppe vor allem zum Einsatz: die *übungszentriert-funktionale Modalität (Petzold* 1979g), in der durch musikalisch-rhythmische Übungen Funktionen des Wahrnehmens, des Ausdrucks, des Handelns gefördert, geübt, restituiert werden. Weiterhin die *erlebniszentriert-stimulierende Modalität* (ibid.), die durch Angebote mit hohem Aufforderungscharakter anregt, eigenaktiv tätig zu werden (z. B. mit kleinen Improvisationen, dialogischem Musizieren, Gruppen-Zusammenspiel), um alternative Möglichkeiten des Erlebens und Handels zu erschließen. Neue *affordances* bieten die Chance, neue *effectivities* zu entwickeln *(Petzold* et al.1994a). Alte *Fähigkeiten* (*Kompetenzen)* werden reaktiviert, neue *Fertigkeiten (Performanzen)* werden erschlossen, um über diese auch neue *Kompetenzen* zu erarbeiten (*Conquergood* 1983; *Schweinsberg-Reichart* 1989; *Petzold* et al. 1994b). Gerontotherapeutische Interventionen müssen aufgrund des häufig vorfindlichen Abbaus kognitiver Fähigkeiten bei PatientInnen in der Regel über die Ebene der *Performanz*, des erfahrbaren, erlebnisaktivierenden Tuns ansetzen *(Petzold* 1994c), um auf diese Weise auch die Bereiche

des Erinnerns, Wiedererkennens, Denkens und der Kreativität zu stabilisieren oder sogar verlorene Potenziale wiederzugewinnen.

3. Die therapeutischen Handlungsbereiche

Von den Kernbereichen des therapeutischen Handelns, die sowohl Gegenstand der diagnostischen wie auch der interventiven Heuristiken bei gerontopsychiatrischen PatientInnen sind, seien folgende vorgestellt:

3.1 Bereich: Körper/Leiblichkeit

Bei unseren PatientInnen finden wir häufig: allgemeine Verlangsamung der Motorik, eingeschränkte Gelenkradien, Störungen der Bewegungskoordination, insbesondere der Rechts/links-Differenzierung und -synchronisierung, Minderung feinmotorischer Fertigkeiten, Gleichgewichtsstörungen, Bewegungsstereotypien der Mimik (Grimassieren) etc.
Wo immer *motorische* Einschränkungen vorhanden sind, finden sich auch *sensorische* Einbußen, weil Motorik und Sensorik unlösbar miteinander verschränkt sind *(Gibson* 1988; *Kugler, Turvey* 1987; *Warren* 1990; *Petzold* et al. 1994a; *Whiting* 1984). Wenig beachtet werden die Funktionsminderungen des vestibulären Systems, der kinästhetischen und taktilen Sinnesvermögen. Es imponieren in der Regel mehr visuelle und auditive Einschränkungen. Auch Verluste olfaktorischer und gustatorischer Wahrnehmung werden vielfach vernachlässigt.
Zunächst muss das »environment« betrachtet werden, die »Mikroökologie« der Klinik, die in der Regel reizarm ist und wenig *affordances* bietet. Es wäre ein »environmental modelling« erforderlich, was zumeist leider nur begrenzt möglich ist. Therapeutisch gilt es deshalb bei aufgezeigten Einschränkungen anzusetzen und kombiniert eine umfassende *motorische Mobilisierung* und *multiple sensorische Stimulierung (Petzold* 1988 f.) zur Grundlage des Behandlungskonzepts zu machen. Es kann dabei auf die Methodologien der Frühförderung *(Ayres* 1979, 1984) und der Behindertenarbeit *(Affolter* 1987) zurückgegriffen werden, wobei Adaptierungen an die spezifischen Erfordernisse der Zielgruppe notwendig werden.

Für musiktherapeutische Arbeit, zumal, wenn sie rhythmische und bewegungsorientierte Elemente einbezieht *(Frohne* 1976; 1979; 1981; *Orff* 1974; *Petzold* 1979g), besteht hier eine besondere Indikation. Die Feststellung von Defiziten und Störungen in den erwähnten Bereichen ergibt klare Zielformulierungen für die Behandlung, die methodisch umgesetzt werden müssen. Die eingeschränkte Motorik etwa wird zunächst ganz global in Einzel- und Gruppentherapie durch die Musik angeregt, die zur Bewegung stimuliert im Sinne der unlösbaren Kopplung von Sensorik und Motorik *(Salvesbergh, Pijpers* 1992; *Thelen* 1990; *Gibson, Spelke* 1983). Für die PatientInnen, die sich im Raum nicht mehr selbstständig bewegen können, geschieht dies durch stützendes Führen oder Bewegung im Sitzen. Langsame, rhythmisch einfache Musikstücke, die auch ein Mitklatschen, Mitstampfen und Mittrommeln erlauben, sind dazu besonders geeignet. Die Musiktherapeutin lässt die Musik vorzugsweise von Wiedergabegeräten abspielen, um die TeilnehmerInnen einzeln unterstützen zu können. Wo dies nicht nötig ist oder eine Co-Therapeutin mitanwesend ist (was leider fast nur in Praktikumssituationen oder bei Einbezug von Pflegepersonal der Fall ist), kann natürlich mit dem Klavier als Begleitinstrument viel flexibler mit Tempi, Dynamik und Formen variiert werden. Wichtig ist, dass alle Körperteile systematisch in den Bewegungssequenzen miteinbezogen werden. Was die Rhythmen betrifft, so ist es meist Anforderung genug, Akzente zu setzen (z. B. den »Einer« zu klatschen) und dies in der Gruppe zu synchronisieren *(Schmidt* et al. 1990; 1994). Das Erleben von rhythmischem Zusammenspiel als »sozialem Rhythmus« trägt u. U. mehr zu einem Erfolgserlebnis bei als das Nachklopfen eines komplizierten Musters.

Vibrosensorische bzw. vibrotaktile Aufgaben *(Clair, Bernstein* 1990b), z. B. »blindes Abtasten« von Instrumenten, das Spüren ihrer Vibration, das Massieren der eigenen Hände, Arme oder Beine können die rein musiktherapeutischen Übungen ebenso sinnvoll ergänzen wie das Herumreichen duftender Blumen (olfaktorische Stimulierung). Bei all diesen bewegungs- und sinnesstimulierenden Übungen hat die Musik – und das ist eine große Chance – einen hohen *Aufforderungscharakter (Lewin* 1926). Insbesondere wenn die gespielte Musik bekannt ist, ist eine wesentliche Motivationsbasis, nämlich »inneres Bewegtsein« (Emotion), gegeben *(Petzold* 1992b*).*

Die dynamische Spannung und formale Elemente wie Wiederholungen, Refrains usw. vermögen die Aufmerksamkeit und die aktive Teilnahme weit besser aufrecht zu erhalten als bloße verbale Anleitung. Eine solche kann auch durch Rhythmisierung oder singend vorgetragen »musikalisiert« werden. Oft bedarf es ja außer der sprachlichen auch der visuellen Anleitung, d. h., dass manche PatientInnen vielleicht gewisse Bewegungen leichter oder erst dann ausführen können, wenn sie ihnen vorgemacht werden, wenn Prozesse des modellgestützten Imitationslernens *(Bandura* 1976, 1986) stattfinden können. Modell- und Spiegeltechniken lassen auch schwerwiegende Störungen in der Wahrnehmung und in der Informationsverarbeitung erkennbar werden, die dann aber durch derartige Übungssequenzen positiv beeinflusst werden können.

3.2.1 Fallvignette – Arbeit mit Leiblichkeit

Herr K., ein 64-jähriger, chronisch schizophrener Patient, der 30 Jahre seines Lebens in der Klinik verbracht hat, kommt einmal wöchentlich in die Musiktherapie (Einzelstunde). Die vielen Jahre der Krankheit, der Klinik und der medikamentösen Behandlung haben an seinem *Leib* deutliche Spuren hinterlassen: der ganze Körper ist versteift und die Sprechmotorik ist so eingeschränkt, dass man Herrn K. nur schwer versteht. Manchmal ist er sehr unruhig und in Ideosynkrasien gefangen, dann wieder fallen ihm vor Müdigkeit beinahe die Augen zu. In der Musiktherapie (sowie in den anderen Therapien) gibt er sich trotz all dieser Beeinträchtigungen große Mühe, »alles richtig zu machen«. Der Therapieraum bietet neue Angebote der Wahrnehmung und des Handelns, *affordances*, die mit Hilfe der Therapeutin genutzt werden können. Wir haben beide eine Conga vor uns stehen. Herr K. spielt nicht zum ersten Mal darauf, aber ich muss ihm jedesmal von neuem zeigen, wie sie zwischen den Knien gehalten wird und dass man dazu möglichst auf der vorderen Kante des Stuhls sitzen muss. Seine ersten Schläge auf der Conga wirken mechanisch steif, und es fällt mir auf, dass nur seine Fingerspitzen das Fell berühren, obwohl er meine Schläge zu kopieren versucht und ich mit der ganzen flachen Hand auf das Instrument schlage. Das visuelle Wahrnehmungsvermögen und die Umsetzung der wahrgenommenen Bewegungen in eigene sind also sehr eingeschränkt. Ich fordere ihn darum auf, zunächst mit der ganzen Handfläche nur über das Fell zu streichen, Kreise und Vorwärts- und Rückwärtsbewegungen zu machen (taktile Erfahrungen also). Ich lege dabei meine Hänge auf seine Handrücken und gebe etwas Druck, damit eine möglichst große

Berührungsfläche gegeben ist. Unter solcher Führung erkundet er mit beiden Händen die Oberfläche des Instrumentes und schlägt nach Lockerungsübungen für die Handgelenke beim zweiten Versuch, einen Grundschlag zu spielen, prägnanter und kräftiger auf die Conga. Akustische, taktile und kinästhetische Stimulierung wirken auf diese Weise zusammen. Da die meisten Fertigkeiten und Tätigkeiten das Zusammenspiel mehrerer Sinne voraussetzen, ist es angezeigt, derartige »multiple Stimulierungen« gezielt einzusetzen, um die sensumotorische Verschränkung zu fördern bzw. zu restituieren. Um die Grobmotorik zu trainieren, halte ich später in dieser Stunde eine Handtrommel hoch – etwa in Kopfhöhe. Mit zwei Schlegeln soll Herr K. nun zu einem Ländler, den er sich ausgesucht hatte, im Wechsel den Rhythmus schlagen (Rechts/links-Differenzierung). Nach einer kurzen Ruhepause, die in der Arbeit mit alten Menschen nicht vergessen werden darf, wiederholen wir diese Spielsequenz, wobei ich diesmal die Trommel seitlich oder vertikal verschiebe. Das geht im Moment an die Grenzen von Herrn K.s Beweglichkeit und Konzentrationsfähigkeit: der Rhythmus und die Koordination zerfallen, aber ich setze keine Korrekturen, weil Herr K. Freude am Spiel mit mir hat. Diese zwischenmenschliche Qualität ist von großer Bedeutung und muss bei aller Notwendigkeit übungsorientierten Trainings das Zentrum der therapeutischen Interaktion bleiben.

3.2 Bereich: Emotionen, Stimmungen

Bei gerontopsychiatrischen PatientInnen finden sich emotionale Störungen, die krankheitsbedingt sind: Monopolare oder bipolare Fixierungen der Affektlage, starke Stimmungsschwankungen, Angstzustände, Unruhe, Dysphorien, Aggressivität oder Feindseligkeit bei Alterspsychosen, chronifizierte Depressionen durch cerebrale Veränderungen *(Izard* 1979), dies sind Probleme gerontopsychiatrischer stationärer Arbeit, die in einer Kombination von pharmakotherapeutischen *(Hirsch, Schneider* 1990) und milieutherapeutischen Maßnahmen *(Saup* 1984; *Mathes* 1986; *Schwartz* 1975; *Petzold* 1980e) und dann auch vermittels spezifischer psycho- und kreativtherapeutischer Interventionen *(Kruse* 1989; *Heuft, Marschner* 1994; *Hirsch* 1990; *Bubolz* 1979, 1983; *Petzold* 1985a) angegangen werden müssen. Hier liegt auch ein Aufgabenbereich der Musiktherapie *(Frohne* 1979; *Muhl* 1994). Es wird allerdings in der pathologieorientierten gerontotherapeutischen Literatur *(Radebold* 1993) oftmals übersehen, dass auch schwer depressive oder paranoide AlterspatientInnen neben der prädominanten Affektlage noch über ein durchaus breites normales emotionales Spektrum im Alltagsleben verfügen *(Malatesta, Izard* 1984; *Wan* 1985; *Thomae* 1988; *Lawton* 1982). Und hier liegt ein wichtiger therapeutischer Ansatzpunkt. Es gilt, Beiträge dazu zu leisten, dass das emotionale Spektrum erhalten bleibt, ja, womöglich verbreitert wird. Musiktherapie verfügt mit der Musik als Medium der Beeinflussung emotionaler bzw. affektiver Zustände *(Strobel, Huppmann* 1978, 34 f.) über einen hervorragenden Ansatz, Affekte, Gefühle, Stimmungen *(Petzold* 1992a, 822 ff.) zu Stimulierungen und »Umstimmungen« oder »Feinstimmungen« anzuregen (ibid. 842). Bei krankheitsspezifischen Emotionen sind »Umstimmungen« nur sehr kurzfristig zu erreichen. Insgesamt bewirken sie aber eine Flexibilisierung fixierter emotionaler Lagen. Maßnahmen aktiver und rezeptiver Musiktherapie *(Schroeder* 1995) müssen sich dabei nicht auf die musiktherapeutischen Stunden beschränken, sondern können im Sinne des »environmental modelling« in den Stationsalltag (Singen) und den Wohnbereich (Musikhören) integriert werden *(Aldridge* 1993a,b) – wir sprechen hier von unspezifischen musiktherapeutischen Milieuinterventionen, die das »emotionale Feld« *(Petzold* 1992b, 810), das »emotionale Klima« des Settings, die Mikroökologie beeinflussen, was sehr dazu beitragen kann, Unzufriedenheit und Dysphorien zu reduzieren, und die allgemeine Lebenszufriedenheit zu verbessern. Sie sind dann als infrastrukturelle Maßnahmen zur Förderung von Lebensqualität, Glück und Wohlbefinden im Alter zu sehen (*Mayring* 1987, 1990).

In der spezifischen musiktherapeutischen Gruppen- und Einzelbehandlung hat der *personale Faktor* natürlich ein großes Gewicht. Die Musiktherapeutin, die mit der Patientin singt, mit ihr zusammen musiziert, wird u. U. zu einer »bedeutsamen Bezugsperson«, die als »protektiver Faktor« *(Petzold, Goffin, Oudhof* 1993) zur positiven Tönung situativer Stimmungen oder auch von »Grundstimmungen« *(Petzold* 1992b, 823) beitragen kann. Die musiktherapeutische Arbeit zur Mobilisierung oder Umstimmung von Gefühlslagen hat viele Möglichkeiten zur Verfügung. Bei unserer Zielgruppe geht es oftmals darum, sehr einfach mit der übungszentriert-funktionalen Modalität (ibid. 1240) anzusetzen. Man schlägt z. B. auf dem Klavier einen d-moll-Akkord an, lässt ihn ausklingen, fordert die PatientInnen auf, ihn nachklingen zu lassen und die Stimmung oder das Gefühl mitzuteilen, das dabei deutlich geworden ist. Dann wird D-dur angeschlagen und auf die Unterschiedlichkeit in der Klangfarbe zentriert, vielleicht beim Ausklingen das Ohr an den Klavierkörper gelegt. Um fixierte Stimmungen zu verändern, sind durchaus suggestive Einflussnahmen angezeigt *(Stratton, Zalanowski* 1989): Moll-Akkord – »ein Schatten fällt über das Land«, Dur-Akkord – »die Sonne kommt zwischen den Wolken hervor«. Das »Shifting« der Stimmungslagen ist zunächst wichtiger als eine stabile Umstimmung. Auch Rhythmuserfahrungen können einen solchen Effekt haben. Man lässt einen langsamen Rhythmus klopfen, der dem schleppenden depressiven Gang ähnlich ist. Dann wird auf einen leichten, flüssigen Rhythmus, Hüpfen und Springen umgestellt. Als nächster Schritt ist eine Zusammenführung des rhythmischen und des melodischen Moments möglich: ein getragenes Thema wird von einer swingenden Passage abgelöst.

Derartige einfache übungszentrierte Arbeit mit behavioralen Komponenten soll man nicht unterschätzen, bahnt sie doch Wege, die in die *erlebniszentriert-stimulierende Modalität* (ibid. 1235) überleiten können, in der man PatientInnen auffordern kann, Gefühle bzw. Stimmungen auf Instrumenten zu spielen. Mit dem Singen und Musizieren kann auch die Ermutigung einhergehen, Gefühle »ins Gesicht«, d. h. in die Mimik kommen zu lassen, emotionstypische Haltungen einzunehmen, wie dies in der thymopraktischen Arbeit aufgrund experimenteller Emotionsforschung geschieht (ibid. 845), wo das sensomotorische Eigenfeedback der Affektmimik therapeutisch genutzt wird *(Izard* 1990).

3.2.1 Fallvignette – Arbeit mit Gefühlen und Stimmungen

Eine 70-jährige depressive Patientin, Frau A., kommt häufig unruhig und ziellos in die Einzelmusiktherapie. Im Verlauf der Behandlung hat sie herausgefunden, dass in ihr Beruhigung und Zentrierung aufkommt, wenn sie zunächst einmal auf einer der fünf Bordunleiern eine Weile vor sich hinspielt. Von hier aus gelingt es ihr mittlerweile ganz gut, ihre aktuelle Gefühlslage differenzierter wahrzunehmen, darzustellen und zu sehen, wie sie ihre Stimmung modulieren, »umstimmen« kann.

In dieser Stunde ruft ihre Grundstimmung nach einer Dialogpartnerin. Deshalb trete ich als Musiktherapeutin über ein zweites Instrument mit ihr in Kontakt, z. B. mit einer zweiten Leier, einem F-dur Akkord zu ihrem d-moll. Eine Zeit lang hören wir uns nur diese Akkorde im

Wechselspiel an, ihre Qualitäten, unsere Assoziationen dazu, ihr Verhältnis zueinander. Daraus entwickelt sich bei Frau A. der Wunsch nach ihrem Lieblingsstück, dem *Kanon* von *Pachelbl*, den sie unter viel Aufmunterung und mit einigem Üben auf den fünf Bordunleiern zu begleiten gelernt hat. Die getragene Musik nimmt, im Sinne des ISO-Prinzips, ihre Stimmungslage auf, aber eigentlich wird ihr Aktionsfeld ausgeweitet. Wir üben das Harmonie-Muster wieder kurz ein und spielen das Stück zusammen, sie die Akkorde, ich die Melodie. Dies erfüllt sie immer mit großer Befriedigung und Stolz. Ihre gedrückte emotionale Ausgangslage wurde umgestimmt und doch ernst genommen. Frau A. wird dadurch zu weiteren Aktivitäten und Experimenten ermutigt.

In einer anderen Stunde lässt das Spiel auf der einen Bordunleier sie realisieren, dass »noch etwas fehlt«, wie sie sich ausdrückt. Es stellt sich heraus, dass sie mit dem Leierspiel ein negativ bewertetes Gefühl wegschieben wollte, das nun an die Oberfläche drängt. Der Nachhall des stützenden Akkordes gibt ihr Vertrauen genug, das Leierspiel loszulassen und sich einem kontrastierenden Instrument zuzuwenden, der Djembé. Mit der Kraft, die hier allein für die Erzeugung des Basstones erforderlich ist, spürt sie ihre wachsende Lebendigkeit in sich aufsteigen, die »Energie«, die sie zuvor für das Zurückhalten unangenehmer Gefühle aufgewendet hat. So wandeln sich die Unzufriedenheit, die Ohnmachtsgefühle in positive Gefühle der Stärke, des Wohlbefindens *(Mayring* 1987) und der *Kompetenz (Steen, Vermeer* 1987; *Flammer* 1990), zuweilen Erstaunen über sich selbst, was nichts anderes heißt als das Entdecken eines neuen Aspektes im Sinne einer *Selbst*erfahrung, die ihr durch die Krankheit beeinträchtigtes Gefühl »für sich selbst«, ihr »Selbstgefühl« *(Petzold* 1992b, 685 ff., 823 f.) bekräftigt. Musiktherapeutische Arbeit sollte – wo immer möglich – *selbstreferenzielle Kognitionen und Emotionen* (ibid. 827) fördern.

3.3 Bereich: Kognitive Kompetenz

Die gerontologische Kognitionsforschung hat eine Abhängigkeit der Intelligenz von den Kontextbedingungen herausgearbeitet *(Sternberg* 1984; *Botwinick* 1977), Disuse-Effekte *(Lehr* 1987) in stimulierungsarmer Umgebung, wie wir sie in gerontopsychiatrischen Einrichtungen häufig finden, sind für therapeutische Maßnahmen in Rechnung zu stellen. Daneben finden sich im hohen Senium und bei krankheitsbedingten hirnatrophischen Prozessen ein progredierender, aber differenziell zu betrachtender Abbau verschiedener kognitiver

Fähigkeiten *(Schaie* 1983; *Fleischmann* 1989), insbesondere bei Abnahme der sozialen Partizipation *(Schaie, Gribbin* 1975).
Leider gibt es für unsere Zielgruppe kaum spezifische Forschungen, so dass man von allgemeingerontologischen Erkenntnissen zur Intelligenzentwicklung unter verschiedenen sozialen Bedingungen *(Rudinger* 1987) extrapolieren muss.
Die Erhaltung und Förderung der »kognitiven Plastizität« *(Baltes, Lindenberger* 1989), insbesondere der Gedächtnisleistung als Grundlage der Lern- aber auch der Orientierungsfähigkeit *(Knopf* 1987; *Schuster* 1990) müssen in allen therapeutischen Maßnahmen einen wichtigen Platz erhalten. So auch in der Musiktherapie. Legt man die Konzeption eines holographischen *(Pribram* 1979) und zugleich differenziellen, »multimodalen Gedächtnisses« *(Engelkamp* 1990) zugrunde, so kann die Gedächtnismodalität des »musikalischen Erinnerungsvermögens« *(Schwarzer* 1994) spezifisch erhalten und gefördert werden. Sie evoziert aber auch aufgrund der multiplen neuronalen Vernetzungen »holographisch« Szenen und Erinnerungsbilder (z. B. an einen Tanz-, Lieder- oder Konzertabend). Ebenso wie im Vergleich zum verbal-semantischen Erinnerungsvermögen das Gedächtnis für Szenen und Bilder von Alterungsprozessen weniger betroffen ist *(Puglisi* 1986; *Schuster* 1990), ist das musikalische Gedächtnis bei unserer Zielgruppe – auch bei Hochbetagten – oft noch gut funktionsfähig: Melodien, Akkorde, Harmonien, Rhythmen – besonders von bekannten und beliebten Stücken der eigenen Jugendzeit – werden gut erinnert und mit ihnen auch *spezifische Episoden.* Neue, kurze und einfache Melodien mit »Ohrwurmcharakter« werden gut gelernt. Besonders in der Musikeinzeltherapie können »lange verschüttete« musikalische Erinnerungen aufgefunden werden. Allerdings kann bei demenziell erkrankten PatientInnen keineswegs immer von Erinnerungsmöglichkeiten von Melodien und Liedtexten ausgegangen werden *(Clair, Bernstein* 1990a; *Grümme* 1995).
Bei hochbetagten PatientInnen, die mit sozialer Zuwendung in der Regel nicht gerade reichlich bedacht sind, wird überdies das gemeinsame Erlernen und Singen eines Liedes mit der Musiktherapeutin immer wieder zu einem »persönlich bedeutsamen Ereignis« und eine derartige »self-reference« führt zu besonders guten Gedächtnisleistungen *(Perlmutter, Mitchel* 1983). In der musiktherapeutischen Arbeit zentrieren wir im Sinne einer allgemeinen kognitiven Förde-

rung und emotionaler und sozialer Flexibilisierung nicht nur auf das Lernen von Melodien, Liedern, »Erkennungsmelodien« für bestimmte Ereignisse, sondern wir sprechen auch über Inhalte, ausgelöste Gefühle, fragen aktiv nach Erinnerungen und Assoziationen, vermitteln *vibrotaktile Erfahrungen (Clair, Bernstein* 1990b) an Instrumenten wie Klavier, Trommel, Gong etc. Wir lassen Instrumente betasten, beschreiben, um »multiple Enkodierung« durch Stimulierung auf verschiedenen Sinneskanälen und von verschiedenen Gedächtnissektoren zu erreichen *(Litowtschenko* et al. 1976). In der Gruppenarbeit beginnen wir oft mit kleinen Gedächtnisspielen, z. B. dem Erinnern von Liedern, Melodien oder Instrumenten aus vorausgegangenen Stunden. Es werden von der Therapeutin Lieder »angesungen«, die dann zu Ende gesungen werden oder Melodien auf dem Klavier angespielt, zu denen dann der Text gefunden werden soll oder die weitergesummt oder gespielt werden können. Derartige »forcierte Elaborationen« durch Materialien mit Aufforderungscharakter suchen also »Altersdefizite auszugleichen« *(Schuster* 1990, 138). Die systematische Umsetzung gerontowissenschaftlicher Erkenntnisse – etwa zu kognitiven Funktionen oder zur Gedächtnisleistung – in der Musiktherapie mit AlterspatientInnen kann deren Effizienz nachhaltig verbessern und praktisches Tun fachlich fundieren.

3.3.1 Fallvignette – Förderung kognitiver Kompetenz

Ich bringe ein paar bunte Herbstblätter verschiedener Art in die Gruppensingstunde *(Petzold* 1985a). Wir geben sie im Kreis herum, bestaunen ihre schöne Färbung und versuchen, die Bäume herauszufinden, von denen sie stammen. Mit einem Blatt streichen wir uns nun alle über die Handfläche, erst über die eigene, dann über die einer Nachbarin. Ich beginne, dazu die Melodie eines Herbstliedes zu summen, das wir in der letzten Stunde gesungen hatten – einige kannten es schon. Die meisten erkennen das Lied jetzt wieder (was für manche PatientInnen bereits eine beachtliche Gedächtnisleistung ist), doch niemand kann sich an den Text erinnern. »Das ist das Lied vom letzten Mal, aber mein Gedächtnis ist so schlecht geworden, dass nichts mehr hängenbleibt«, jammert Frau B.

Tatsächlich haben Frau Bs. körperliche und geistige Fähigkeiten seit einer organisatorischen Umstellung auf der Station merklich abgenommen. Sie ist verwirrter und ängstlicher geworden. Es ist aber zu berücksichtigen, dass AlterspatientInnen – nicht zuletzt abhängig von ihrer Befindlichkeit und Stimmung – dazu tendieren, ihre Gedächtniseinbußen überzubewerten *(Zarit* 1982). Dies ist auch bei Frau B. der Fall.

»Wenn gar nichts mehr hängenbleiben würde, hätten sie auch die Melodie nicht wiedererkannt«, entgegne ich. »Lassen Sie uns doch versuchen, ob wir miteinander den Text herausfinden. Noch einmal summe ich das Lied »Bunt sind schon die Wälder« bis auf die letzten beiden Takte. Die *unabgeschlossene Form* aktiviert tatsächlich Herrn Fs. Gedächtnis (forcierte Elaboration) im Sinne eines Zeigarnik-Effekts. »Kühler Wind«, wirft er ein, und prompt doppelt Frau B. nach: »Kühler weht der Wind«. Diese etwas schwierige Stelle hatten wir letztes Mal besonders geübt und mit wiegenden Armbewegungen begleitet (multiple Enkodierung). Das ganze Lied bringen die PatientInnen zwar in dieser Stunde nicht zusammen, aber es wird doch mehr als sie selber zunächst erwartet hatten. Beim Singen der dritten Strophe (... Junge Winzerinnen ...) – nun mit Hilfe des Liederbuchs – fällt Frau B. plötzlich ihr »Welschlandjahr« ein, das sie als sechzehnjähiges Mädchen auf einem waadtländischen Weingut verbracht hatte. Diese eine Textzeile lässt in ihr eine ganze Reihe von freudvollen, aber auch belastenden Stimmungen (Atmosphären), Szenen und Bildern aufsteigen (holographisches Gedächtnis, *Pribram* 1979). Sie hatte schwer unter Heimweh zu leiden und fühlte sich von den Eltern abgeschoben. Es kommen ihr auch ein paar Melodien auf, die sie in der Zeit gelernt hatte (differenzielles, modales Gedächtnis, *Engelkamp* 1990). Durch die »musikalische Erinnerung« wird in dieser Stunde insgesamt eine Aktivierung der Gedächtnisleistung bewirkt und im Austausch der erinnerten Geschichten ein *narratives Klima (Petzold, Petzold* 1991) aufgebaut, das so wichtig für das subjektive Identitätserleben und Wohlbefinden ist.

3.4 Bereich: Soziale Kompetenz und Performanz

»Der Mensch wird zum Menschen durch den Mitmenschen« in wechselseitiger sozialer Wahrnehmung, Kommunikation und Interaktion, die über die gesamte Lebensspanne hin zentral sind *(Petzold* et al. 1994), denn sie gewährleisten ein stabiles Selbsterleben und eine prägnante Identität (idem 1980g; 1991o; 1994e; *Ryff* 1986; *Chappell, Orbach* 1992). Das ist eine Grunderkenntnis gerontologischer Psychologie und Soziologie *(Lehr* 1987; *Saup* 1990; *Thomae* 1983; *Mayring, Saup* 1990; *Tews* 1979). Der Verlust sozialer Interaktion, Kommunikation und Partizipation und die damit verbundenen Einbußen von sozialer *Kompetenz* und *Performanz* stellen für den alten Menschen gravierende »Depotenzierungen auf allen Ebenen« *(Petzold, Bubolz* 1976) dar, die sehr häufig massive psychische und psychosomatische Folgen in Form von Erkrankungen hat *(Häfner* 1986; 1989; *Mathes* 1986; *Petzold* 1994e). In der institutionellen Situation wirken sensorische, motorische, emotionale, kognitive und kommunikative Deprivationen pathogen genau wie Rollenfixierung (Patientenrolle), d. h. Rollenverlust (idem 1979k) und Vereinsamung trotz Personendichte *(Saup* 1984; 1990), denn »Einsamkeit macht krank« *(Eder* 1990; *Stöckler* 1990). Es ist so ein progredierendes Aufkommen und ein Chronifizieren von Negativaffekten *(Alteninitiativen* 1983; *Gössling* 1987) zu beobachten. Hinzu kommen schwer wiegende Netzwerkverluste und damit Verlust von »social support« *(Röhrle* 1994), Einbußen an Selbstbestimmtheit durch Verlust von Kontrollmöglichkeiten und Selbstwirksamkeit *(Bandura* 1977,1989; *Flammer* 1990) – gerade in institutionellen Settings *(Saup* 1984) – und verhängnisvolle Stigmatisierungen alter Menschen und geriatrischer Institutionen *(Lehr* 1987; *Belardi* 1991; *Hohmeier, Pohl* 1978). Diesen Prozessen gilt es auf allen Ebenen entgegenzuwirken. Der Aufbau sozialer Netzwerke *(Röhrle* 1994) auf der Station, sozialer Kontakte in der Musiktherapiegruppe, sozialer Intimität in der Musikeinzeltherapie sind hier einige Möglichkeiten, die es zu nutzen gilt. Besonders der Verlust »bedeutsamer Bezugspersonen«, z. B. Lebenspartner *(Fooken* 1990), wiegt schwer, sind sie doch für alte Menschen die wichtigsten »protektiven Faktoren« *(Petzold* et al. 1993). Derartige »close support figures« *(Levitt* et al. 1987), mit denen Beziehungen möglich werden, die Identität durch positive Attributionen *(Krampen* 1989) und damit die Gesundheit der Persönlichkeit gewährleisten und sichern *(Deusinger* 1990), Sinnerleben *(Dittmann, Kohli* 1990, 160) und Gefühle des Glücks und des Wohlbefindens *(Mayring* 1990) ermöglichen, sind an positive soziale Beziehungen gebunden.

Sozialer Kontakt, Begegnung, Beziehung, Bindung *(Orth, Petzold* 1993) wird durch gemeinsames musikalisches Erleben und Tun besonders gefördert. Muster *prosodischer Kommunikation*, wie sie zwischen Menschen von Säuglingszeiten an *(Papoušek, Papoušek, Bornstein* 1985; *Papoušek* 1994) für intime emotionale Relationen über die Lebensspanne hin charakteristisch sind *(Petzold* et al.1994) und auch im hohen Senium zum Tragen kommen (ibid. und *Petzold*

1990g), werden als therapeutische Heil- und Entwicklungsfaktoren *(Emde* 1995) gezielt in der Musiktherapie eingesetzt. Dabei kommt den mimisch-gestischen Komponenten der Interaktion, insbesondere den Blickdialogen *(Petzold* 1990e; 1992a; 770 ff.) besondere Bedeutung zu. Spiel und Gesang im Duo geschieht im Austausch von Blicken. Man sieht sich beim Spielen an, tauscht Blicke, ein Lächeln, man singt sich zu. Selbstversunkene Instrumentenzentrierung ist nicht angesagt. Die genetisch disponierten Muster des »intuitive parenting« *(Papoušek, Papoušek* 1987) werden gezielt in der musikalischen Interaktion aufgenommen. Wechselseitiges Grüßen, wie man es im »social referencing« findet *(Feinmann* 1985), wird in kleinen ritualisierten Responsorien eingeführt.
Trommelspiel, an einer Trommel oder mit den Bongos (oder Glockenspielen, Bordunleiern usw.) einander gegenüber sitzend, macht ein Dialogisieren möglich, in dem der unmittelbare affektive Austausch im Zentrum steht und ein »reciprocal reward system« *(Emde* 1980) zum Tragen kommt sowie das therapeutische Prinzip der »emotionalen Verfügbarkeit« (idem 1993) wirksam wird, das »dyadische Therapien« *(Petzold* 1992a, 651, 1993q) kennzeichnet. Die verbale Ermutigung beim Singen und Spielen ist in diesem gesamten Geschehen genauso wichtig wie der Austausch im Gespräch nach musikalischen und vokalen Sequenzen. Von da aus kann wieder ins Spiel übergegangen werden, etwa in den emotionsgetönten Austausch vermittels Blockakkorden.
Besonders in der Gruppenarbeit wird es Aufgabe der Therapeutin sein, musikalische *und* verbale Kommunikation zwischen den TeilnehmerInnen zu fördern. Auch hier sind Interaktionen vom Typus des »social referencing« einzuführen und zu bestärken. Der Blickkontakt, die mimische und verbale Bestätigung und Bekräftigung (etwa durch Zurufe) – man kann sie in jeder *Jam-Session* von ProfimusikerInnen beobachten – zwischen den TeilnehmerInnen fördert Kohäsion und den so wichtigen affektiven sozialen Austausch, der durch Instrumentenzentrierung und die Orientierung auf musikalische Kooperation beeinträchtigt werden kann. Deshalb muss die Musiktherapeutin darauf achten, dass diese zumeist sehr eingeschränkte PatientInnengruppe (was Konzentrations- und Kommunikationsfähigkeit anbelangt) nicht zu sehr durch die musikalische Aufgabe absorbiert ist. Vokalarbeit ist deshalb hier besonders

angezeigt. Nicht nur das Singen bekannter und beliebter Lieder, sondern auch das »responsoriale« Spiel mit Tönen und Klängen – etwa der Aufbau eines Dreiklanges durch drei PatientInnen oder Untergruppen oder das Singen von kurzen Melodien mit häufigen Refrains erweisen sich als sehr ansprechend und kommunikationsschaffend. Die Kreativität und Improvisationsfreude der Musiktherapeutin sind hier wesentlich, weil gerade bei gerontopsychiatrischen PatientInnen das Prinzip der »emotionalen Ansteckung«, des affektiven *»attunements«*, der *Koaffektivität*, das die empirische Säuglingsforschung aber auch die Emotionspsychologie *(Stern* 1985; *Petzold* 1992b, 1993b) herausgearbeitet hat, zum Einsatz kommen muss, um das eingefrorene emotionale Repertoire zu mobilisieren. Damit ist auch ein Weg zur Förderung von Rollenflexibilität gebahnt – eine Fähigkeit, die ein Grundmoment sozialer und interaktiver Kompetenz *(Peukert* 1979) und Performanz *(Petzold* 1994a) darstellt und die bei geriatrischen PatientInnen in der Regel sehr eingeschränkt ist (idem 1979k), ja überhaupt im Alter durch soziale Deprivation abzunehmen droht *(Petzold, Bubolz* 1976). Platzwechsel bei Wechselgesängen, Instrumententausch zur damit verbundenen Vermittlung unterschiedlicher vibrotaktiler Erfahrungen beim Gruppenmusizieren hat einen derartigen flexibilisierenden Effekt, der bei PatientInnen mit noch ausreichender kognitiver Kompetenz durch Rollentausch in thematischen »musikalischen Geschichten« (vom Typ »Peter und der Wolf«), die die Musiktherapeutin vorbereitet und einübt, oder einfachen Singspielen noch intensiviert werden kann.

3.4.1 Fallvignette – Förderung sozialer Kompetenz und Performanz

Zur Illustration eine Sequenz aus einer gerontopsychiatrischen Musiktherapie-Gruppenstunde mit z. Z. vier TeilnehmerInnen. Wir sitzen im Kreis, alle haben eine Trommel oder ein Tambourin vor sich und einen Schlegel in der Hand. Nach einer einstimmenden musikalisch-rhythmisch zentrierten Übungssequenz fordere ich die TeilnehmerInnen auf, doch ruhig einmal auf die Trommel des Nachbars oder der Nachbarin zu klopfen. Herr R., ein chronisch schizophrener Patient, der heute einen eher hohen Antrieb hat, nimmt diesen Impuls sofort auf und schlägt zweimal recht heftig auf die Bongos von Frau T., die ganz verdutzt erst ihn, dann mich anschaut. Ich realisiere erst jetzt, dass ich wieder einmal vergessen hatte, dass sie sehr schlecht hört und meine Aufforderung wahrscheinlich gar nicht verstanden hatte. (Ich nehme dies als Anstoß, meine Gegenübertragung zu reflektieren). Deshalb wiederhole ich also meine Aufforderung und blicke Frau T. dabei ermunternd an: »Schlagen sie doch auch einmal auf seine Trommel, Frau T!« Als sie immer noch zögert, blinzle ich ihr nochmals bestätigend zu, worauf sie zu schmunzeln beginnt. Der Blickdialog hat zur Verständigung zwischen uns beigetragen. Überraschend kräftig klopft sie anschließend auf Herrn Rs. Tambourin, der lachend gleich noch einmal auf Frau Ts. Bongos schlägt. Der sonst sehr passiven, zurückgezogenen Frau T. gelingt es auf diese spielerische Weise, in eine andere Rolle zu schlüpfen. Es erfolgt also vorübergehend eine Lockerung der Rollenfixierung. Das Hin-und-Her zwischen Herrn R. und Frau T. löst auch bei den anderen beiden Gruppenteilnehmern Heiterkeit aus (Gefühlsansteckung) und sie schauen lachend zu mir herüber. Die Tatsache übrigens, dass viele Äußerungen der PatientInnen (verbale oder mimische) sich zunächst an mich als Gruppenleiterin richten, ist ein Hinweis auf die eingeschränkte Interaktionsfähigkeit der Gruppenmitglieder untereinander. Es gilt deshalb, mit gezielten Interventionen und Spielanleitungen (z. B. Instrumententausch) die Interaktionen *zwischen den TeilnehmerInnen* in der Gruppe immer wieder zu fördern.

4. Schlussbemerkung

Zusammenfassend möchten wir zum Schluss Folgendes festhalten: Vielleicht denken manche Leser, es wäre etwas wenig über Musik und etwas zu viel über Bewegung, Sozialverhalten, Kognition, Emotion, Setting u. a. geschrieben worden. Es war uns aber wichtig aufzuzeigen, dass bei geriatrischen PatientInnen verbale und aktionale Ansätze mit den vokalen und instrumentalen Angeboten zusammenspielen müssen, weiterhin dass Musik und Musiktherapie in verschiedenen Bereichen und auf sehr verschiedenen Ebenen ansetzt und wirkt (sie wirkt auffordernd, stukturgebend, verbindend, kommunikativ, anregend usw.), dass diese vielschichtigen Wirkungen gerade bei dieser PatientInnengruppe und in diesem institutionellen Setting ganz besonders genutzt werden können und genutzt werden müssen, da alte Menschen in der Psychiatrie – und nicht nur dort – auf vielen Ebenen Verluste an *Selbstwirksamkeit (Flammer* 1990), Kontrollmöglichkeiten, Partizipation, Stimulierung, Gestaltungsräumen erlei-

den. Nur ein breit gefasster, durch Konzepte der gerontopsychologischen und sozialgerontologischen Theorie und Forschung abgesichterter, musiktherapeutischer Ansatz macht in diesem Umfeld Sinn. Alleinige Orientierung an psychotherpeutischen Theorien und musiktherapeutischen Praxeologien greift zu kurz.
Es wurden in dieser Arbeit keine »Rosinenfälle« vorgestellt, nicht nur, weil es solche in diesem Bereich vielleicht noch seltener gibt als in anderen Arbeitsfeldern, sondern auch um deutlich werden zu lassen, dass Arbeit mit gerontopsychiatrischen PatientInnen (und mit alten Menschen überhaupt) immer auch bedeutet, sich mit Stagnationen, Misserfolgen oder gar Rückschritten auseinanderzusetzen. Abbau, Zerfall, Verluste, letztlich Tod sind die Themen, mit denen man beständig konfrontiert ist, die es auszuhalten gilt und für die es auf der zwischenmenschlichen Ebene, in der persönlichen Kommunikation mit den PatientInnen durchaus einen Ausgleich gibt, der diese Arbeit sinnvoll und lohnenswert macht.

[1] Grundlage dieses Beitrages sind der gleichnamige Vortrag von *L. Müller* auf der Tagung: »Was wirkt in der Musiktherapie«, Zürich, 07.–09.10.1994 und das Arbeitspapier »Grundlagen der kreativen Gerontotherapie«, FU Amsterdam von *H. Petzold*, die für diese Veröffentlichung von den AutorInnen zusammengeführt und erweitert wurden.

Puppenspiel in der therapeutischen und geragogischen Arbeit mit alten Menschen[1]

1. Puppen in der Gerontotherapie

In der gerontotherapeutischen und geragogischen Arbeit haben kreative Medien vielfach Verwendung gefunden und sich bewährt, und zwar sowohl im Hinblick auf das Ziel der Behandlung von Erkrankungen als auch auf das Ziel der Persönlichkeitsentwicklung (*Petzold* 1965; 1977a, b; 1982a, b; *Frohne* 1979; *Bubolz* 1979; *Petzold, Berger* 1979; *Thurman, Piggins,* 1982). Dabei kommt den Möglichkeiten, die ein Medium, z. B. Ton, Farben, Musik – bietet, besonderes Interesse zu, haben Medien doch ein je spezifisches Ausdruckspotenzial, unterschiedlichen Stimulationseffekt und variierende Möglichkeiten der Kommunikation (vgl. *Petzold* 1977b; *Janson-Michl* 1980).
Das Medium der Puppe wurde bislang vorwiegend auf die Arbeit mit Kindern beschränkt (*Rambert* 1969; *Straub* 1972; *Philpott* 1977; *Petzold, Geibel* 1972). Nur vereinzelt wurde es in der Therapie mit Erwachsenen eingesetzt (*Pfeiffer* 1966; *Petzold* 1975; *Franzke* 1977), in ähnlicher Weise wie das »Puppenspiel für Erwachsene« (*Szilagyi* 1979) nur wenig Verbreitung gefunden hat. Für die Arbeit mit alten Menschen – »den vielleicht am wenigsten dokumentierten Bereich« des therapeutischen Puppenspiels (*Philpott* 1977, 140) – finden sich in der Literatur kaum Hinweise oder Berichte. Eine Ausnahme stellt die Master-Thesis von *Rochelle H. Ginis* dar (1976). Nach einjähriger Arbeit im »Lawrence Nursing Home« in Averne, New York, kommt die Autorin zu dem Schluss, dass der Gebrauch von Puppen im geriatrischen Setting »sich als wesentlich effektiver erwies, als je zu erwarten war«.
Ich selbst verwende seit Mitte der 60-er Jahre immer wieder Puppen in der Einzeltherapie und Gruppenarbeit mit alten Menschen. Dabei variiert die Arbeit mit Puppen natürlich mit der jeweiligen Zielsetzung und Zielgruppe, weil es keine monolithe Population *der* alten Menschen gibt und die therapeutische Arbeit andere Akzente erfordert als die geragogische. Immerhin gibt es einige gemeinsame

Grundelemente und Prinzipien, die von der Situation alter Menschen bestimmt sind *(Bubolz* 1983).
Wenn wir psychotherapeutisch, soziotherapeutisch und geragogisch mit *alten Menschen* arbeiten, so geht es wesentlich um die Restitution kommunikativer Felder *(Petzold* 1981g), den Aufbau eines positiven Selbstkonzeptes, den Kampf gegen den »Feind von innen«, um eine allgemeine Aktivierung und die Förderung von Expressivität und Kreativität, kurz um *»Persönlichkeitsentwicklung«.* Spezifisch therapeutisch sind Hilfestellungen bei der Verarbeitung von belastenden Problemen, besonders wenn Symptombildung, d. h. die Ausformung einer altersspezifischen Neurose oder einer psychosomatischen Erkrankung, vorliegt. Weitere Bereiche stellen die Trauerarbeit um Freunde, Bekannte und Verwandte dar, die verstorben sind (ibid. 1981c), und der Umgang mit offener und verdrängter Todesangst (letztere führt oftmals zu Symptombildung) sowie die Vorbereitung auf das eigene Sterben (ibid. 1980, *Lückel* 1981). Eine spezielle Aufgabe ist die Hilfe beim Umgang mit irreversiblen Verlusten *(coping, Whitlock* 1978; *Haan* 1977), z. B. Verlust des Augenlichts, des Gehörs, der Bewegungsfähigkeit (Apoplex-Patienten), aber auch des Ehepartners oder – beim Umzug ins Heim – der Wohnung, in der man lange Jahre gelebt hat *(Cole, Barret* 1980).
Die Verwendung psychotherapeutischer Methoden, Techniken und Medien kann immer nur auf dem Hintergrund des skizzierten breiten Kontextes im Rahmen *integrativer Interventionen (Petzold* 1979a, 298 ff.) erfolgen. Bloße *»Psycho*-Therapie« ist nicht ausreichend. Wenn im Folgenden das *Puppenspiel* als Mittel der Intervention herausgegriffen wird, so muss der skizzierte Hintergrund mit berücksichtigt werden. Dabei sei betont, dass das Puppenspiel *Medium* im Rahmen eines methodischen Ansatzes ist und nicht beanspruchen kann, selbst eine »Methode« zu sein (vgl. zum Methodenproblem, *Petzold* 1977b und *Petzold, Orth* 1985). Vielmehr bedarf es Verfahren wie der Psychoanalyse, des Psychodramas oder der Gestalttherapie, die einen angemessenen theoretischen und methodologischen Rahmen bereitstellen können. Gerade von den beiden letztgenannten Verfahren erhält das Puppenspiel auch wichtige technische Impulse, wie z. B. Doppel-, Rollentausch- und Identifikationstechnik.

Den gestalttherapeutischen und psychodramatischen Aspekt meiner Arbeit mit alten Menschen habe ich an anderer Stelle ausführlich dargestellt *(Petzold* 1977a; 1979a). Er bedarf deshalb hier keiner differenzierten Präsentierung. Es sollen vielmehr einige Spezifika der Arbeit mit Puppen herausgearbeitet werden.

2. Puppen als Medien, Übergangs-, Intermediär- und Passage-Objekte

Puppen werden im Ansatz integrativer und kreativer Therapie unter einer doppelten Perspektive betrachtet: einer *medientheoretischen* und einer *tiefenpsychologischen.* Die Puppe dient als »Medium« im Behandlungsprozess, d. h., sie hat die Aufgabe, Informationen zu übermitteln und in der therapeutischen Interaktion zu vermitteln. Vor dem Hintergrund unserer medientheoretischen Überlegungen *(Petzold* 1977, 102 ff.; *Petzold* 1983, 36 ff.) beschreiben wir das »kommunikative Potenzial« eines Mediums 1. *durch seinen Aufforderungscharakter,* seine stimulierende Wirkung; 2. durch seine *Ausdrucksmöglichkeit,* worunter die Quantität, Qualität und Variabilität im Hinblick auf die Informationsaufnahme und Übermittlung zu verstehen ist; 3. durch die *Wirkungsmöglichkeiten,* die bei den Sinnen ansetzen und um so größer sind, je mehr sie angesprochen werden; 4. durch *Rückwirkungsmöglichkeiten,* worunter die Effizienz eines Mediums in zirkulärer Kommunikation verstanden wird. Puppen haben ein sehr hohes »kommunikatives Potenzial«. Sie sprechen die optischen, akustischen, taktilen Sinne an. Sie ermöglichen intensiven Ausdruck im Spiel, stimulieren zum Spiel und geben in Dialogsequenzen unmittelbare Rückwirkungsmöglichkeiten.

Im Kommunikationsprozess mit der Puppe finden wir bei Verwendung einer Puppenbühne eine »gemäßigte« Ein-Weg-Kommunikation, in der Spielgruppe zirkuläre Kommunikation, im Spiel mit einer Puppe, etwa einer Marionette, »Autokommunikation«: man kommuniziert über das »Medium Puppe« mit sich selbst. Im Spiel wird nicht nur *bewusst* intendierte Information weitergegeben (Inhaltsaspekt), auch *unbewusste* Materialien werden weitergegeben (Beziehungsaspekt), und es fließen Informationen aus dem situativen Kontext und vom Typus der Puppe selbst her in das Spiel ein. An diesem Punkt muss die medientheoretische Sicht, die auf »Senden, Übermitteln, Empfangen (Decodieren) und Reagieren (Wieder-Senden)« gerichtet ist, durch die tiefenpsychologische ergänzt werden. Puppen sind symbolische Repräsentationen, ihre Handhabung wird von unbewussten Strebungen bestimmt. Sie haben in der Entwicklungsdynamik des Lebensverlaufes spezifische Funktionen. *Winnicott* (1953) hat herausgearbeitet, dass Puppen als *»Übergangsobjekte«* für den Entwicklungs- und Individuationsprozess zentrale Bedeutung haben. Sie ermöglichen den Aufbau eines integrierten Selbst. Sie sind keine Triebobjekte noch Teile des Körpers. Sie wirken wie Symbole und ermöglichen es, zwischen phantasierten Vorstellungen und Realität unterscheiden zu lernen *(Petzold* 1983a). Übergangsobjekte haben deshalb für ein Selbst, das belastet wird, eine entlastende Funktion. Auch in der Arbeit mit alten Menschen, deren Selbst durch soziale Deprivation und durch Kränkungen gefährdet wird, können Puppen die entlastende Funktion von Übergangsobjekten gewährleisten. So dienen Stofftiere zuweilen als »Substitutionspuppen«, besonders bei hochbetagten und infirmen Patienten. Derartige »Kuscheltiere« ermöglichen das Ausleben regressiver Bedürfnisse. Sie haben oftmals einen beruhigenden und tröstenden Effekt. Die Altersregression und die damit verbundene Reaktivierung des Altgedächtnisses – und hierzu sind auch »emotionale Erinnerungen«, das Aufkommen »archaischer Gefühle« zu rechnen – sind einer der Gründe, weshalb Puppen von alten Menschen als Protektions- und Substitutionspuppen gern angenommen werden. Die Funktion als Übergangsobjekt allerdings ist für das Senium allenfalls in modifizierter Form anzunehmen, denn es wird ja nicht die Entwicklung der Persönlichkeit im Sinne eines Prozesses wachsender Individuation gefördert, sondern es wird ein verlöschendes Ich, ein verblassendes Selbst, eine zerfallende Identität vorübergehend stabilisiert.

Die Puppen gewinnen hier oftmals den Charakter eines *»Intermediär-Objektes« (Rojas-Bermúdez* 1983). Sie helfen Patienten, die sich aufgrund von Verletzungen im zwischenmenschlichen Kontakt oder durch fehlende Kommunikationspartner in sich zurückgezogen haben, wieder einen Zugang zu finden, zunächst dadurch, dass sie vielleicht nur beginnen, mit der Puppe zu sprechen. Die Puppen werden häufig in den idiosynkratischen Monolog einbezogen, der damit eine gewisse dialogische Charakteristik bekommt und auf diese Weise Chancen zu einem neuen interpersonalen Dialog eventuell zunächst von Puppe zu Puppe eröffnet. In ähnlicher Weise können Marionetten und Gliederpuppen eingesetzt werden. Sie bieten aufgrund der spielerischen Komponente, der Beweglichkeit und vor allem der Veränderbarkeit von Positionen nicht nur eine ausgezeichnete Beschäftigung, sondern auch die Möglichkeit der »Autokommunikation« *(Petzold* 1977b). Von hier ist der Schritt zur Funktion als »Intermediär-Objekt« nicht groß. Aber auch diese Möglichkeit kann im hohen Alter verlorengehen. Dem Rückzug bei schwerer Erkrankung und zunehmendem cerebralen Abbau ist auch mit Intermediär-Objekten nicht immer zu begegnen. Und dennoch behalten Puppen und Kuscheltiere eine Bedeutung. Sie werden festgehalten, stellen eine »Präsenz« dar, geben offenbar ein Gefühl von Sicherheit und Vertrautheit, wie dies auch die Übergangsobjekte im Kleinkindalter vermitteln. Puppen können so im Prozess des Sterbens, im Vorgang des *Hinübergehens* (passage) vom Leben in den Tod eine Hilfe geben. Sie gewinnen die Funktion von *»Passage-Objekten« (Petzold* 1965; 1984).

Die Vorstellung, alten Menschen Puppen oder Kuscheltiere (Teddybären, Kuschelkissen, Schafsfellrollen etc.) zu geben, mag zunächst befremdlich erscheinen. Wenn man aber sieht, wie gut derartige Dinge als Übergangs-, Intermediär- und Passage-Objekte aufgenommen und wirksam werden, sind derartige Bedenken nicht begründet, da durch die Puppen nicht zwischenmenschlicher Kontakt ersetzt werden soll und werden kann. Übergangs- und Passage-Objekte können nur wirksam werden, wenn sie immer wieder im zwischenmenschlichen Kontakt eine Erfahrungsgrundlage finden, die übertragbar wird.

3. Die Puppen und ihre Herstellung

Das therapeutische Puppenspiel hat vielfältige Formen von Puppen in seinem Arsenal, die mit unterschiedlicher Zielsetzung und Indikation und mit unterschiedlichen Effekten eingesetzt werden können. Wir haben die herkömmlichen Handpuppen, Marionetten,

Stabpuppen, Großpuppen (vgl. *Petzold* 1975a). Wir können ganz gewöhnliche Kinderpuppen und Stofftiere verwenden, Strohpuppen, Marotten, Holzgliederpuppen, Flaschenpuppen usw. In der Arbeit mit alten Menschen verwende ich im Wesentlichen Handpuppen ohne Bühne. Bei sehr mobilen Gruppen mit alten Menschen können auch Stabpuppen verwandt werden, da bei ihnen der Übergang zum freien Rollenspiel und Psychodrama, in dem die Kommunikation nicht mehr über die Puppe abläuft, leichter zu bewerkstelligen ist. Großpuppen kommen nicht in Frage. Sie sind zu schwierig zu handhaben und lösen zuweilen Ängste aus. Stofftiere, Kuscheltiere, Gliederpuppen werden zum Spiel, als Regressionsobjekte und als Intermediär-Objekte in kommunikativen Prozessen, besonders mit sehr eingeschränkten alten Menschen und gerontopsychiatrischen Patienten, eingesetzt.

In der Arbeit mit alten Menschen sind wir nicht nur auf das Spiel mit vorgefertigten Puppen gerichtet. Auch die Herstellung von Puppen *(Schreiner* 1980[2]; *Meilink* 1952; *Mulholland* 1969) ist oftmals eine lohnende Aktivität in der agogischen und psychotherapeutischen Arbeit *(Wall* et al. 1965). Stoff-, Strick- und Strohpuppen *(Kindler* 1962) herzustellen, erfordert keine große manuelle Geschicklichkeit. Bei guter Anleitung macht diese Beschäftigung Spaß. Sie führt zu Austausch in der Gruppe und zu *wechselseitiger* Hilfe. Man tauscht Stoffstücke, bunte Wolle für die Haare. Man gibt sich Hilfen beim Binden von Strohpuppen usw. Es kommt ein lebendiges kommunikatives Klima zustande. Geschicktere Gruppenteilnehmer helfen anderen, die sich schwertun, und so kommen die Prinzipien des »exchange learning« *(Laschinsky, Petzold, Rinast* 1979) zum Tragen. Auch die komplizierte Herstellung von Handpuppen *(Micovich* 1967; *Arndt* 1959; 1964), Stabpuppen *(Fettig* 1970; 1977) oder Marionetten *(Batek* 1980; *Bernhard* 1978; *Dorst* 1957) bietet reizvolle Möglichkeiten *(Fedotow* 1956; *Schreiner* 1980).

Diese Arbeit macht Freude. Man hat etwas Bleibendes geschaffen, Puppen, die man verschenken kann und die besonders von Enkelkindern begeistert aufgenommen werden. Wir haben in beschäftigungstherapeutischen Gruppen in Alten- und Pflegeheimen ganze Kasperletheater mit einer breiten Auswahl von Puppen für Enkelkinder, aber auch für Kindergärten hergestellt. Zuweilen sind Kin-

dergruppen ins Pflegeheim gekommen und haben die Puppen in einem Spiel entgegengenommen, oder es sind rüstige Gruppenteilnehmer in eine Kindertagesstätte gegangen und haben ein Puppenspiel aufgeführt, zunächst alleine, dann unter Beteiligung der Kinder. In einem Fall ist sogar eine Puppenspielarbeitsgemeinschaft zwischen Hortkindern und alten Menschen zustandegekommen, die für beide Altersgruppen ganz hervorragende Auswirkungen hatte. Die alten Menschen hatten eine lohnende und befriedigende Aufgabe, den Kontakt zu Kindern, und die Kinder hatten» Wahlgroßeltern«, mit denen sie spielen und von denen sie lernen konnten: *exchange learning* (dieses Werk, Bd. I, S. 194 ff.).
In einer solchen Arbeit sind die Grenzen von der agogischen zur beschäftigungstherapeutischen und psychotherapeutischen Arbeit fließend. Schon in der Entscheidung, welche Puppe hergestellt werden soll, zeigt sich häufig therapeutisch relevantes Material. *Symbolfiguren* wie Tod, Teufel, Engel, Zauberer, Hexe, König und Königin geben Aufschluss über psychodynamische Konstellationen; ein Faktum, das sich im Übrigen bei der Auswahl vorgegebener Puppen im Spiel wiederholt. Das Puppenarsenal wird ein projektiver Test *(Dunhill* 1977; *Anderson* 1951). Auch relevante Familienkonstellationen werden deutlich durch das Herstellen von Familienpuppen.
Um den projektiven Prozessen noch mehr Raum zu geben, sind wir dazu übergegangen, nicht nur eine Vielfalt von Materialien anzubieten die stimulierende Wirkung des Mediums regt die projektive Produktion an *(Petzold* 1977b), sondern wir haben auch im Hinblick auf die Herstellung eine Neuerung eingebracht: Die *Improvisationspuppe.* Die Gesichter werden aus weißlackierten, bemalbaren, abwaschbaren Holzkugeln oder aus veränderbarer Knetmasse hergestellt. Um ein Stück Bambusrohr als Kern, das gleichzeitig die Führung für den Zeigefinger bietet, wird relativ starre Plastik-Knetmasse gegeben. Das Gesicht wird geformt und bemalt. Durch die Plastizität des Materials und die Veränderbarkeit der Farben werden die Gesichter zum Teil sehr ausdrucksstark und spiegeln die emotionale Beteiligung des Herstellers wieder. Der eigentliche Puppenkörper besteht aus neutralen weißen Puppenhandschuhen, mit Kragenöffnung und Händen. Er ist mit zahlreichen Druckknöpfen oder Haftbändern bestückt. Dazu habe ich eine Kiste voll ge-

säumter Flicken von allerlei Stoffqualität und vielen Farben, an denen die anderen Druckknopfteile bzw. Haftbänder sind. Auf diese Weise wird es möglich, relativ schnell jede Puppe beliebig und phantasievoll auszustaffieren. Ich habe diese Improvisationspuppen einmal in größerer Stückzahl in der Beschäftigungstherapie einer psychiatrischen Anstalt anfertigen lassen, und sie haben sich in der Arbeit mit Einzelpatienten oder Gruppen als sehr praktikabel erwiesen, wenn man keine Zeit oder Möglichkeiten hat, Puppen von Grund auf herzustellen.
Neben den Handpuppen, die durch ein formbares Gesicht veränderbar sind, verwende ich noch einfachere Formen: die *Marotte (Schreiner* 1980, 96), eine einfache Stockpuppe, die z. B. gut aus einem Holzrührlöffel hergestellt werden kann, weiterhin die von mir konzipierten *Flaschen-* oder *Kegelpuppen.* Leere Mineralwasser- oder Weinflaschen oder besser, weil nicht zerbrechlich, die Hartpapierkerne von Packrollen, versehen mit einem Stock als Handgriff, werden wie folgt als Puppen verwandt: Die Teilnehmer malen auf ein DIN-A-5-Blatt die Gesichter ihrer Puppe, bei den Selbstpuppen z. B. ein freundliches und ein griesgrämiges Gesicht. Diese Blätter werden mit Klebeband auf den Körper der Flasche geklebt. Dabei ist es möglich, auf jede Seite ein Gesicht zu kleben, sodass durch einfache Drehung der Flasche, die am Hals gefasst wird, ein anderes Gesicht im Spiel erscheint. Diese Puppen bieten eine große Variabilität für kurze dynamische Spielsequenzen.

4. Puppenspiel in der Einzeltherapie – die »Selbst-Puppe«

In der therapeutischen Einzel- und Gruppenarbeit lassen wir zuweilen eine *»Selbst-Puppe«* herstellen. Es wird folgende Instruktion gegeben: »Sie kennen aus der Malerei das Selbstporträt. Jemand stellt sich selbst dar. Sie können jetzt versuchen, eine Puppe von sich selbst zu machen. Die Technik der Herstellung ist Ihnen ja vertraut. Sie können Ihr Gesicht formen und malen, wie es Ihrer Stimmung entspricht. Genauso können Sie für die Kleider die Farben und Stoffe aussuchen, die Ihnen am meisten liegen.«
Für die Herstellungsphase braucht man, wenn die Teilnehmer schon

Erfahrung mit dem Anfertigen von Puppen haben, etwa zwei Sitzungen. Schon beim Herstellen der Selbst-Puppe lassen sich intensive emotionale Prozesse beobachten. Viele Teilnehmer treten schon während der Herstellung mit der Puppe in Dialog. Sie murmeln vor sich hin und sprechen die Puppe an, wägen die Wahl von Farben und Stoffen ab. Oftmals brauchen sie längere Zeit für die Entscheidung und zwar vorwiegend, wenn ambivalente Stimmungen oder polarisierte Selbstkonzepte anliegen. Bei manchen Patienten wird es nötig, schon in dieser Phase therapeutisch einzugreifen, um Entscheidungshilfen zu geben oder Ambivalenzen zu klären. Die Gruppen dürfen deshalb nicht zu groß sein (was auch die späteren Spielphasen beeinträchtigen würde). Gruppen zwischen 5 und 8 Patienten sind optimal.

Die Selbstpuppen können *»Realpuppen«* sein, d. h. Rollen des Selbst aus dem alltäglichen Leben des Herstellers darstellen: Ehemann, Vater, Lehrer, o. ä. Sie können aber auch *»Symbolpuppen«* sein, d. h. Rollen des Selbst in symbolischer Form repräsentieren: König, Zauberer, Mond o. ä.

Sind die Puppen fertig, so werden sie in der Gruppe vorgestellt. Dies kann auf verschiedene Weise erfolgen: Die Teilnehmer berichten *»über«* ihre Puppe und insbesondere über die Gedanken und Gefühle, die sie während der Produktionsphase hatten. Ein solches Vorgehen empfiehlt sich besonders in Anfängergruppen. Wurde schon über einige Zeit therapeutisch gearbeitet, so kann die gestalttherapeutische »Identifikationstechnik« angewandt werden. Der Patient spricht »als Puppe«. Das emotionale Erleben wird hierdurch sehr intensiviert, doch bleibt zugleich eine gewisse Distanz erhalten. Es ist diese Doppelgleisigkeit von emotionaler Beteiligung und Distanziertheit (die Puppe spricht ja, lacht, weint, ist wütend), die Integrationsprozesse fördert *(Scheff* 1979).

Bei der Identifikationstechnik in der Arbeit mit Selbst- Puppen sind kaum Kontraindikationen gegeben, es sei denn, ein Patient hat in der Puppe seinen »Schatten« *(C. G. Jung)* dargestellt oder eine ihn besonders belastende Situation herausgegriffen. Hier empfiehlt sich zunächst, mit dem Bericht »über« die Puppe zu beginnen. Größere Vorsicht ist geboten, wenn die Identifikationstechnik bei *Symbolpuppen* verwandt wird. Denn hier können traumatische Inhalte in komprimierter Form berührt werden, ohne dass sie dem Bewusst-

sein direkt zugänglich wären. Die Identifikationstechnik bewirkt häufig ein unmittelbares Erfahren, einen direkten Kontakt mit den Ereignissen und Emotionen, die sich in der Symbolfigur verdichtet haben, sodass auch die Gefahr von Konfluenzzuständen *(Perls* 1980) gegeben ist, Überflutungen mit verdrängten Gefühlen, die nicht mehr gehandhabt werden können.
Mit der Vorstellung der Selbst-Puppe über die Identifikation beginnt das *»Selbst-Spiel«*. Der Klient fängt an, sich selbst zu spielen, und nimmt sich dabei durch die beschriebene, charakteristische Distanz in besonderer Weise wahr. Er vermag damit, obgleich er involviert ist, zu seinem Denken, Fühlen und Tun einen Abstand zu gewinnen, durch den die Konfrontation, die die Selbst-Puppe und das Selbst-Spiel oftmals darstellt, handhabbar wird. Mit etwas Übung können während des Selbst-Spiels die Gesichtszüge durch den formbaren Kopf teilweise verändert werden. Hier ist es gut, wenn der Therapeut im Hinblick auf die manuellen Fertigkeiten Hilfestellungen gibt. Trauer, Freude, Zorn können ohne großen Aufwand durch Veränderungen der Mundformen, Einkerben oder Glätten von Stirnfalten dargestellt werden. Nach jeder Umformung des Gesichts wird der Patient aufgefordert, zunächst einmal Kontakt mit dem neuen Gesicht aufzunehmen und dann erst ins Spiel zu gehen. Hilfreich ist dabei die aus dem Psychodrama und der Gestalttherapie übernommene Technik der »Selbst-Präsentation«. Sie geschieht zumeist in der Form, dass ein Klient sich neben seinen Stuhl stellt und über den imaginär auf dem» leeren Stuhl« sitzenden Protagonisten spricht (vgl. *Blatner* 1970). Diese Technik ermöglicht der Gruppe Feed-Back oder Kommentare, die konfrontativen Charakter haben können, ohne dass der Patient zu stark belastet wird, wie es zuweilen in der »face-to-face-Konfrontation« geschehen kann. Besonders alte Menschen sind häufig leicht kränkbar. Das Zusammenleben im Altenheim oder im Altenwohnheim erfordert, wenn ein kommunikatives Klima gefördert werden soll, zuweilen auch Konfrontationen, die »von Puppe zu Puppe« unter Verwendung der Selbst-Puppen zunächst leichter ausgetragen werden können. Interpersonale Auseinandersetzung, in der selbstbezogener Rückzug aufgebrochen wird, kann auf diese Weise vorbereitet werden.
In der Einzeltherapie bietet die Selbst-Puppe die Möglichkeit der unmittelbaren Auseinandersetzung mit der eigenen Persönlichkeit.

Es wird dabei die bei alten Menschen häufig zu beobachtende Tendenz zu Selbstgesprächen ausgenutzt und über das Gespräch mit der Puppe in eine dialogische Richtung gebracht. Das Selbst-Spiel als Dialog mit der Selbst-Puppe erhält durch die Möglichkeit der Veränderung des Gesichtes eine intensivierte Möglichkeit der *»Autokommunikation«;* Dieses im Rahmen meiner Medientheorie entwickelte Konzept *(Petzold* 1977b) unterscheidet sich von der Einweg-Kommunikation technischer Medien (z. B. Radio) oder der interpersonalen Zweiweg-Kommunikation (Dialog, Korrespondenz) dadurch, dass es eine »Botschaft von mir selbst, über mich, für mich selbst und zugleich an die anderen« zum Gegenstand hat *(Petzold, Orth* 1985). Dabei geht es nicht nur um intentionale Botschaften, etwas, das man *bewusst* in das Medium, hier das formbare Gesicht der Selbst-Puppe, hineinlegt, sondern es geht auch um *»nichtintendierte* Inhalte«, d. h. um Material, das unbewusst während des Prozesses des Formens in das Medium einfließt und oftmals erst beim Anschauen des fertigen Werkes oder sogar erst über die Identifikationstechnik erschlossen wird. So vermag der Protagonist in den Gesichtszügen seiner Puppe, aber auch in der Wahl der Kleidung, des Stoffes, der Farben plötzlich etwas zu entdecken, das ihm bisher nicht oder nur unpräzise bewusst war.
Ein Vorteil der Autokommunikation im Selbst-Spiel mit Puppen liegt gegenüber rein verbal verlaufenden therapeutischen Sitzungen im gestalterischen Moment. Der Klient ist weniger »ausgeliefert« an den Therapeuten. Er leistet einen sehr aktiven Beitrag am therapeutischen Prozess, und er kann die Arbeit mit der Selbst-Puppe auch außerhalb der Therapiesitzungen fortsetzen. Es ist häufig für die Arbeit mit alten Menschen wesentlich, dass zu intensive Übertragungen vermieden werden, damit vorhandene regressive Tendenzen, die zu einem unerwünschten Verlust von Selbstständigkeit und Selbstregulation führen können, nicht gefördert werden. Hospitalisierungserscheinungen entstehen bei alten Menschen nämlich nicht nur durch den Reizentzug in den Institutionen *(Weinstock, Bennet* 1969; *Lehr* 1979), sie sind oft genug das Resultat überprotektiver Verhaltensweisen von seiten des Personals. In der Einzel- und Gruppentherapie mit alten Menschen treten übermäßige Regressionen häufig dann auf, wenn der Therapeut sich gegenüber spezifischen Übertragungsphänomenen z. B. der Zuschreibung des stüt-

zenden, fürsorglichen Sohnes, der zur Hilfe verpflichtet ist –, nicht abzugrenzen vermag, bzw. wenn er seine Gegenübertragungsreaktion (Schuldgefühle usw.) nicht im Griff hat. Die Arbeit mit Puppen, insbesondere mit der Selbst-Puppe, entlastet zumindest zu einem Teil von derartigen Phänomenen. Der Klient wird nicht, wie in der Abstinenz therapeutischer Arbeit in psychoanalytischen Gruppen, auf sich zurückgeworfen. Ein abstinentes Vorgehen ist für die Arbeit mit alten Menschen ohnehin nicht indiziert. Hier geht es mehr um Abgrenzung, um Kontakt, um Eindeutigkeit in der Nähe. Die Arbeit mit der Selbst-Puppe stärkt das Identitätserleben. Der Patient schärft das Bewusstsein seiner selbst. Die wichtige Fähigkeit, sein eigenes Tun, seine Gefühle, Empfindungen, Phantasien, Gedanken zu identifizieren, mit ihnen in Kontakt zu sein, die *Moreno* *»Autotele«* nennt *(Moreno* 1953; *Petzold, Mathias* 1983), wird erhalten oder, wo sie schon gemindert ist, sogar restituiert. In der Persönlichkeitstheorie *Morenos* ist das Autotele, die Beziehung zu sich selbst, eine wichtige Konstituente der Persönlichkeit, eine Annahme, die durch die Selbstkonzept- Theorien *(Filipp* 1979) gestützt wird. Im Verlaufe der Arbeit mit der Selbst-Puppe wird der Klient/ Patient ermutigt, die unterschiedlichsten Seiten seiner selbst darzustellen, positive wie negative. Er wird aufgefordert, die verschiedensten Rollen, die er im Leben spielt oder gespielt hat, zu inszenieren. Dabei wird deutlich, welche Rollen in seinem *Rollenrepertoire* noch vorhanden und welche schon ins *Rolleninventar* gesunken sind und nicht mehr aktiv gespielt werden. Der Klient/Patient kann so »hautnah« erfahren, wie der »Feind von innen« wirkt, welche Kompetenzen ihm im Verlaufe seines Alternsprozesses verlorengegangen sind. Er erhält die Chance, zunächst einmal im Spiel mit der Selbstpuppe, später dann im Puppenspiel in der Gruppe und oftmals dann auch in seinem Alltagsleben, verlorene bzw. desaktivierte Rollen wieder zu beleben und seinem Rollenrepertoire einzugliedern. Die »Sozialpsychiatrische Rollentheorie des Alters« *(Petzold, Bubolz* 1976, 37 ff.; *Petzold, Mathias* 1983) hat die Bedeutung eines reichhaltigen Rollenrepertoires für die psychische und physische Gesundheit des Menschen im Alter betont. Neben der Restitution atropher sozialer Atome bzw. in direktem Zusammenhang damit, ist der Restitution verarmter Rolleninventare in der Therapie alter Menschen Bedeutung zuzumessen.

Im Spiel der Selbst-Puppe kommt es oftmals spontan zur Darstellung alter Rollen und der damit verbundenen Situationen, die ein Mensch z. B. »in seinen besten Jahren« oder sogar in seiner Jugend gespielt hat. Wir ermutigen derartige Rollenperformanzen und legen insbesondere auf die entsprechende Darstellung von Gesicht, Kleidung und Haltung Wert. So kommt es manchmal zu einer Folge von Darstellungen, die von der frühen Kindheit bis ins hohe Alter reicht. Es wird auf diese Weise eine Erfahrung der *Lebensspanne (Baltes* 1979) in ihrer Ganzheit möglich. Wo angezeigt, regen wir in der Einzelarbeit, aber auch in der Gruppe an, in verschiedenen Sequenzen die Selbst-Puppe vom Baby-Stadium fortlaufend umzugestalten. Dabei wird immer wieder die Parallelität zwischen dem Neugeborenengesicht und dem runzeligen Gesicht des Alters, der Hilflosigkeit des Säuglings und der zunehmenden Hilflosigkeit zum Tode hin als beeindruckend erlebt. Das Leben wird als ein Zyklus erfahren, der sich rundet. Gerade in der Arbeit mit Hochbetagten wird die Nachbildung der Lebensspanne an der Selbst-Puppe, deren Gesicht jeweils umgeformt und deren Kleidung jeweils verändert wird, als tröstlich erlebt.
Den alten Menschen wird dabei die Veränderung der Leiblichkeit *bewusst.* Es beginnt die Auseinandersetzung mit dem Problem der Leiblichkeit. Kommt es zu diesem Thema, gehen wir oftmals dazu über, die gesamte Puppe als den nackten Leib in Knetmasse oder auch in Ton formen zu lassen. Es wird auf diese Weise in eindrücklicher Weise deutlich, dass der Mensch der jeweilige Leib *ist,* dass der Leib Ausdruck der persönlichen Geschichte, Ort der eigenen Existenz ist, dass man seinen Körper nicht *hat (Marcel* 1978; *Dürckheim* 1974; *Petzold* 1985). Diese konkreten Erfahrungen über die Selbst-Puppe führen zu einer Reflexion der eigenen Phantasien über den Leib. Die Phantasmen des Körpers werden durch die Puppe greifbar *(Bellmer* 1976). Auch die kollektive Eingebundenheit von Leiblichkeit und die soziale Bedingtheit von Mustern körperlichen Verhaltens im Alter werden erkennbar. Es kann so deutlich gemacht werden, dass die kollektiven Leib-Konzepte einer je gegebenen Gesellschaft verinnerlicht werden und hinderlich sein können *(Kamper, Rittner* 1976).
Wir lassen dann häufig alternativ Rollen übernehmen: Ein alter Buchhalter im Wohnheim übernimmt die Puppe eines alten Berg-

bauern, der mit dem Rucksack noch auf die Alm geht, obwohl er schon »hoch in den Siebzig ist«. Gerade städtischer Bevölkerung wird auf diese Weise deutlich, dass sie Opfer der negativen Aspekte des »social body« sind. In einem integrativen Programm der Arbeit mit alten Menschen werden solche Erfahrungen in Abstimmung mit bewegungstherapeutischen Angeboten vertieft und alternative Wege und Verhaltensweisen etwa durch »Vitalisierungstraining«, Tanz, Bewegungsübungen gezeigt *(Petzold, Berger* 1979).

Beispiel
Clara C., 74 Jahre, lebt seit vier Jahren in einem Altenwohnheim. »Ich hatte mir mein Siebzigstes als Grenze gesetzt. Ich wollte niemandem zur Last fallen, besonders meinen Kindern nicht.« Mit der Übersiedlung von Düsseldorf nach Wuppertal hat sie zahlreiche gewachsene Kontakte abgebrochen. Die täglichen Einkäufe fielen weg, die Hausarbeit, die Besuche bei Bekannten. Auch die Kinder, zu denen kein gutes Verhältnis bestand, kamen relativ selten, etwa einmal monatlich. Innerhalb eines Jahres kam Clara C. »fast gänzlich vom Laufen ab«, sie war ohnehin schon seit langen Jahren durch ein Venenleiden behindert. Im Altenwohnheim isolierte sie sich zunehmend und litt häufig an schweren Depressionen. Als massive Suizidphantasien auftauchten, vertraute sich die sehr religiöse Frau dem Heimseelsorger an, der mich um Hilfe bat. Ich hatte in diesem Heim ein agogisches Projekt mit meinen Studenten von der Fachhochschule für Sozialarbeit, in dessen Rahmen eine Theater-/Puppenspiel- und eine politische Diskussionsgruppe abgehalten wurde. Clara C. konnte in den Kontaktgesprächen, die die Studenten führten, zu keiner dieser Aktivitäten motiviert werden. Da mir bei begrenzten zeitlichen Möglichkeiten nur eine Fokalintervention mit dem Ziel der Integration in eine der bestehenden Projektgruppen indiziert schien, entschloss ich mich zur Arbeit mit Handpuppen.
Die Initialsituation erwies sich als schwierig. Clara C. war sehr verschlossen und erst allmählich entwickelte sich ein Gespräch, in dem sie berichtete, dass sie sich seit Wochen deprimiert fühle und immer wieder in ihr Gedanken aufkämen, sie solle sich doch besser das Leben nehmen. »Das belastet mich so, Herr Doktor. Ich möchte wirklich nicht mehr weiterleben. Ich wäre ja so froh, wenn ich sterben könnte. Aber mich umbringen ... Ich will doch meine Seligkeit nicht verlieren!« Ich spreche mit ihr ein bisschen über ihre isolierte Lebenssituation, und dass es doch wichtig wäre, wieder Kontakte aufzunehmen. »Ach, wissen Sie, am liebsten will ich niemanden sehen. Ich bin ja doch für alle eine Last. Und was soll ich mit anderen Leuten an-

fangen? Ich bin mein ganzes Leben allein zurechtgekommen; glauben Sie mir, das war oft nicht leicht. Und ich will es auch so für das letzte bisschen Zeit, das ich noch zu leben habe, so halten.« T. *(Therapeut):* »Aber da müssen Sie sich wenigstens beschäftigen. So wie Sie sich den ganzen Tag mit trüben Gedanken beschäftigen, werden die Selbstmordideen nicht weggehen. Sie müssen auch raus an die frische Luft.« »Ach, ich kann schon lange nicht mehr richtig laufen. Ich gehe manchmal auf den Balkon. Das Laufen, das fällt mir sehr schwer. Das geht schon seit Jahren nicht mehr richtig.« *T.:* »Man hat mir aber erzählt, als Sie in das Wohnheim kamen, waren Sie noch ganz gut zu Fuß.« – »Ach, das ist schon lange her. Wohin soll ich denn gehen? Ich kann ja hier doch nur auf den Tod warten.«

Ich sage Clara C., dass ich ihr etwas zur Beschäftigung mitgebracht habe, Handpuppen, die sie nach ihrem eigenen Geschmack zusammenbauen könne. Ich habe fünf »Improvisationspuppen« mitgebracht. Ich mache zwei Puppen fertig, um Frau C. zu zeigen, wie es geht. Sie begreift sehr schnell, und ihr Interesse ist geweckt. *T.:* »Ich möchte Ihnen vorschlagen, dass Sie Figuren anfertigen, die Ihnen in den Sinn kommen und Ihnen Spaß machen. Sie können sie mir, wenn ich nächstes Mal komme, zeigen.« Ein paar Tage später besuche ich Frau C. wieder. Sie hat drei Puppen fertiggemacht. Den »Gevatter Tod«, die »Gänseliesel« und ein Mädchen, ihr Enkelkind. Die Puppen sind sehr sorgfältig gearbeitet. Frau C. hat aus ihrem eigenen Nähkörbchen noch Materialien geholt. »Ich muss sagen, das hat mir wirklich Spaß gemacht.« *T.:* »Könnten Sie nicht solche Puppen für Ihre Enkelkinder machen?« – »Ach nein, die sind schon zu alt, 12 und 15. Da spielen die Kinder heute nicht mehr mit Puppen.«

Die drei Puppen weisen einige wichtige dynamische Aspekte auf; die starke Auseinandersetzung mit dem Tod, der als Puppe recht bedrohlich dargestellt ist und vielleicht doch nicht so sehr herbeigesehnt wird, wie Frau C. immer wieder affirmiert. Überdies ist der Tod in dem Märchen, auf das Bezug genommen wird, ein heimtückischer Geselle, der arglistig das Lebenslicht umstößt *(Grimm 1979,* 256). Mit der zweiten Märchengestalt, der »Gänseliesel«, verbinden sich die Themen des Verstoßenseins, der ungerechten Behandlung, der Verlassenheit. Die Puppe des geliebten Enkelkindes, das sich nur wenig um die Großmutter kümmert, weist auf ein weiteres Problem hin.

Werden Märchenfiguren als Symbolfiguren bei der Gestaltung von Puppen verwandt, so können deutende Überlegungen, wie sie soeben vorgetragen wurden, nur als mögliche *Arbeitshypothesen* in Betracht gezogen werden: denn oftmals erweisen sich in der konkreten therapeutischen Ausarbeitung ganz andere Aspekte des gewählten Mär-

chens oder der entsprechenden Figur als relevant (vgl. *Lückel* 1979). Vor allen Dingen sind voreilige Deutungen zu vermeiden.
T.: »Was hat Sie dazu bewogen, ausgerechnet diese Puppe herzustellen?« »Ach, eigentlich nichts besonderes.« (Mir fällt auf, dass Clara C. die meisten ihrer Sätze mit »Ach« beginnt, was ihren klagsamen Ton noch akzentuiert.) »Der Gevatter Tod, mit dem habe ich ja auch zu tun, und die Gänseliesel, ja, das ist ein schönes Märchen, das habe ich schon immer gerne gehabt ... schon als Kind.« *T.:* »Aber der Gänseliesel geht es doch über lange Zeit sehr schlecht. Sie hat eigentlich niemanden.« Frau C. ist betroffen und schweigt. Dann weint sie ein bisschen. »Ich habe auch niemanden, niemanden richtig. Aber bei mir kommt kein Königssohn am Schluss. Bei mir kommt der Gevatter Tod. Ach ja, in Gottes Namen soll er kommen.«
Die beiden Märchenthemen haben sich verbunden, ohne Deutung des Therapeuten wurden sie für die Klientin selbst evident. *T.:* »Ja, da haben Sie mit der Gänseliesel ein Stück Ihres eigenen Lebens, Ihrer eigenen Persönlichkeit gestaltet, und auch der Gevatter Tod ist ein Stück von Ihnen ... so düster und bedrohlich, wie Sie ihn darstellen.« »Der ist ja auch düster und bedrohlich! ... Aber ich habe auch Angst vor ihm, furchtbare Angst. Wenn ich nicht zu meinem Jesus beten würde, könnte ich es gar nicht ertragen. Das Warten, wo man nie weiß, wann die Stunde kommt. Ob es plötzlich kommt, oder wie? Man ist da so ausgeliefert.« Ich überlege einen Moment, ob ich eine Deutung wagen soll. *T.:* »Beim Selbstmord hat man das wenigstens selbst in der Hand!« »Da haben Sie recht, Herr Doktor, da haben Sie wirklich recht.« Ich wage die Deutung: »Vielleicht entstehen die Selbstmordgedanken, weil Sie sich so vor dem Tod fürchten, vor dem Warten, sodass Sie es lieber in der Hand haben möchten.« Frau C. überlegt: »Ich weiß nicht, so habe ich das noch gar nicht gedacht. Vielleicht haben Sie recht. Ich muss darüber nachdenken.«
Zur nächsten Stunde bitte ich Frau C., die restlichen beiden Puppen fertigzumachen, und schlage ihr vor, sie möchte doch sich selbst einmal darstellen. Situationen aus ihrem Leben, in denen sie sich einmal sehen möchte. Sie nimmt das Angebot interessiert auf. Sie hat offenbar an der Arbeit mit den Puppen Gefallen gefunden. Die Symbolpuppen, insbesondere die gewählten Märchenfiguren (die in ihrer Weise auch »Selbst-Puppen« waren), haben einen guten Einstieg ermöglicht. Den, wie ich durch den Altenheim-Seelsorger wusste, sehr belastenden Konflikt mit dem Enkelkind hatte ich bewusst in dieser Sitzung nicht aufgegriffen.
In der kommenden Stunde überraschte mich Frau C. mit zwei sehr schön gearbeiteten Puppen, eine junge Frau mit langen blonden Haa-

ren (sie hatte mit gelber Nähseide sorgfältig eine Perücke geklebt) in einem Ballkleid und eine gepflegte alte Dame in einem dunkelbraunen Samtkleid. »Das war ich«, sagte sie stolz, »mein erster ›großer Ball‹«, und hier«, sie weist auf die alte Dame, »der Besuch in der Oper. Fünf Jahre ist das her. Ich bin so gerne in die Oper gegangen. Fünf Jahre ...« *T.:* »Erzählen Sie mir doch ein bisschen von Ihrem ersten Ball.« »Ich war eine gute Tänzerin. Eine sehr gute Tänzerin. Ich habe gerne getanzt ... Ich frage Frau C., ob sie eine Walzer-Platte habe. Es gibt Walzermusik. Wir suchen eine Platte aus und legen sie auf. Die Musik erfüllt den kleinen Raum. Ich improvisiere aus einer meiner Therapiepuppen und einem schwarzen Druckknopfflicken einen Tanzpartner mit ein bisschen Phantasie kann man sich einen Herrn im Frack vorstellen –, und dann lassen wir die beiden Puppen tanzen. Es gelingt uns ein gutes Zusammenspiel, und das ganze sieht sogar elegant aus. Die Musik ist zu Ende. »Da haben wir die Puppen tanzen lassen«, sage ich. »Ja, dabei kann man fast hinter Atem kommen ... und Sie werden es nicht glauben, aber ich habe zwischendurch in meinem Körper diese Leichtigkeit gefühlt, so wie damals beim Tanzen, ich fühle mich noch ganz beschwingt, bis in die Füße hinein.« *T.:* »Ob wir das nicht ausnutzen sollten? Für ein paar Schritte vors Haus? Es ist recht schön draußen.« Frau C. (schelmisch): »Wozu wollen Sie mich nur verführen, Herr Doktor? Na, versuchen kann ich es ja. Ich weiß nicht ...«
Ich gehe langsam mit Frau C. bis zum Aufzug, dann durch die Eingangshalle bis zur Bank auf dem Hof. Dort pausieren wir. Nach einigen Minuten gehen wir weiter bis zur Bank am Eingang des Parks etwa 50 Meter. Wir sitzen eine Viertelstunde in der Sonne und unterhalten uns. Ich erkläre ihr, wie Funktionen, die nicht gebraucht werden, sich zurückbilden, unnötigerweise, und wie wichtig es sei, dass sie deshalb ein bisschen mehr Bewegung, Kontakt in ihr Leben bringe. Wir sind zurückgegangen. Diese Erfahrung war für Frau C. ein einschneidendes Ereignis. Sie hatte das Zutrauen in ihre eigenen Möglichkeiten wiedergefunden. In weiteren Sitzungen arbeiten wir mit der Selbst-Puppe: die Tänzerin, die Witwe am Grab, die erfolgreiche Abteilungsleiterin, die einsame alte Frau in der Wohnung, die junge Mutter, die Großmutter, die Rotkreuzhelferin im Krieg, die fast bewegungsunfähige Greisin im Altersheim, all das waren Stationen, die wir mit der Selbst-Puppe durchspielen konnten, in etwa 5 Sitzungen. Danach war Frau C. entschlossen, an der Puppenspielgruppe teilzunehmen. Die Selbstmordgedanken waren verschwunden und die depressiven Stimmungen erheblich gemindert. Im Verlauf der Puppenspielgruppe hatte sich ihr Zustand noch weiter gebessert, und an ihrem fünfundsiebzigsten Geburtstag ging sie mit einigen anderen Bewohnern des Altenheimes »zur Feier des Tages« in die Oper.

Ein paar Wochen später spreche ich mit dem Altenheimseelsorger über Frau C. »Ihre Puppen haben sie verzaubert«, meinte er. »Sie kennen das ja, Magie. Es soll eine sehr effektive Sache sein.« Ich antwortete ihm: »Ja, warum eigentlich nicht, die alten mantischen Praktiken! Man fertige die Puppe eines Feindes aus Wachs, statte sie mit Fingernägeln oder Haaren von ihm aus, dann nehme man nur eine Nadel. . .« Wir beide lachen. »Der Sympathiezauber war schon immer ein wirksames Mittel, und warum soll man ihn nicht im Hinblick auf die eigene Person verwenden? Sich noch einmal jung darstellen, im Tanze drehen, das aktiviert das kinästhetische Gedächtnis ein bekanntes Phänomen. Aber das ist schon wieder eine rationale Erklärung, und warum soll das Spiel mit der Selbst- Puppe nicht doch ein wenig Magie bleiben?«

Das Beispiel hat, so hoffe ich, deutlich gemacht, wie das Medium der Puppe in der Einzeltherapie, hier in einer Fokalintervention auf dem Hintergrund tiefenpsychologisch fundierter Gestalttherapie, mit gutem Erfolg eingesetzt werden kann. Dabei kommen durchaus auch persuasive und suggestive Komponenten neben der aufdeckenden, einsichtsfördernden Arbeit zum Tragen. Gerade in der Behandlung alter Menschen ist ein multimodales Vorgehen erforderlich. Entscheidend war, dass die begonnene Initiative durch die sozialgeragogische, mit Puppenspiel arbeitende Gruppe aufgenommen und fortgeführt wurde. Im Rahmen dieser Arbeit konnte über Puppenspiel auch eine familientherapeutische Sitzung (*Petzold* 1979a) vorbereitet werden, in der Clara C. ihren Vorwürfen gegenüber ihrer Tochter und ihrem Schmerz über ihre Enkelin Ausdruck verleihen konnte. Diese Sitzung ermöglichte es, dass in der später folgenden Familienberatung eine Verständnisebene erreicht werden konnte, ohne dass einzig die Ebenen des Vorwurfs und der Bitterkeit zum Tragen kamen.

5. Das Puppenspiel in der Gruppe

Prinzipiell verwende ich in der Gruppenarbeit ähnliche Techniken und Methoden wie in der Einzelarbeit mit Puppen. Hinzu kommt jedoch die Dynamik der Gruppe. Diese entfaltet sich schon im gemeinsamen Herstellen von Puppenfiguren. Die Wahl der Figuren ist hier genauso aufschlussreich wie die wechselseitigen Hilfeleistungen

und Kooperationen während des Fertigungsprozesses. Diese Momente der Arbeit sollen hier nicht näher beschrieben werden, sondern ich will auf einige Aspekte des Puppenspiels in der Gruppe eingehen.
Im Puppenspiel orientiere ich mich, wie auch in meiner psychodramatischen Arbeit, am »Tetradischen System« *(Petzold* 1979a). Auf eine *Initialphase* (1), in der Kohäsion gestiftet wird, sich das Thema herauskristallisiert und der Therapeut diagnostische Aufschlüsse erhält, folgt eine *Aktionsphase* (2), in der das gefundene Thema prägnant und ausgespielt und individuelle und kollektive Katharsis möglich werden. Schließlich folgt die *Integrationsphase* (3), in der das vorausgegangene Geschehen kognitiv durchgearbeitet wird. Damit ist die Grundlage für die *Phase der Neuorientierung* (4) gewonnen, in der neue, alternative Verhaltensweisen erprobt werden können *(Petzold* 1981e; 1979a). Diese Folge ist nicht mechanistisch zu verstehen. Zuweilen werden Phasen übersprungen oder sie oszillieren. Das »Tetradische System« gibt nur eine prinzipielle Richtung an: von der Problemformulierung bis zur Neuorientierung.
Sofern man die Puppen mit der Gruppe nicht hergestellt hat, empfiehlt es sich, ein möglichst großes Reservoir an Symbol- und Alltagspuppen zur Verfügung zu haben. Man kann sich dabei der herkömmlichen Kasperlepuppen bedienen. Nützlich ist es jedoch, auch eine größere Zahl der vorher beschriebenen Improvisationspuppen zu haben, entweder mit formbaren Knetmasseköpfen oder lackierten weißen Holzkugelköpfen, die mit abwaschbarer Farbe bemalt werden können. Da es bei einigen Gruppen schwierig ist, ein frei improvisiertes Puppenspiel in die Wege zu leiten, empfiehlt es sich, für die Initialphase Szenen vorzugeben, aus denen sich dann später Improvisationsspiele entwickeln können. Besonders geeignet sind hier Märchenszenen. Sie werden von den alten Menschen gerne aufgenommen. Genauso fruchtbar aber sind auch Szenen aus dem Heimalltag. Meistens geht eine Gruppendiskussion voraus, in der man sich auf ein Thema einigt. Dann geht es an das Aussuchen der Puppen. Eventuell fehlende Puppen lassen sich durch Improvisationspuppen ohne große Schwierigkeiten und zeitlichen Aufwand herstellen.
Die Märchenthemen bieten von vornherein einen intensiven Ein-

stieg, da sich in der Wahl des Textes und der Figuren individuelle und gruppale Dynamik manifestiert. Indes, es empfiehlt sich nicht, zu früh diese Hintergründe aufzudecken, da sonst mit Widerstand, Abwehr- oder Angst-Reaktionen gerechnet werden muss. Die ersten Sitzungen sollten durchgängig einen ludischen Charakter haben. Das spielerische Element fördert die Kommunikation und lässt die Teilnehmer mit dem Medium Puppe vertraut werden. Wesentlich ist auch die Modellfunktion des Therapeuten bzw. des Gruppenleiters. Falls erforderlich, sollte er mit seiner Puppe die ersten Interaktionen beginnen, um so Resonanzen hervorzurufen. Klischees aus dem Kasperletheater (Kinder, seid ihr alle da?) sind zu vermeiden, um einer Abwertung der Gruppenarbeit als »Kinderei« nicht Vorschub zu leisten. Die Gruppe sitzt relativ dicht beieinander, damit die Puppeninteraktionen unmittelbar vonstatten gehen können. Sind zwei Puppen in einem Dialog engagiert und die Teilnehmer sitzen zu weit auseinander, so wechseln sie kurz den Platz, sodass sie nebeneinander sitzen. Die Gruppe gewöhnt sich sehr schnell an dieses Vorgehen. Bei Handpuppen kann zuweilen jede Hand eine Puppe tragen, das ermöglichet den Teilnehmern auch, »auf Tuchfühlung zu gehen« und somit Distanzen zu überwinden, die ansonsten problematisch sind. Wenn sich die beiden Puppen umarmen oder zurückstoßen, wenn sie miteinander schimpfen oder flirten, werden Interaktionen in Szene gesetzt, die zu Imitationsmodellen für Kommunikationsformen in der Gruppe werden, sobald die Puppen beiseite gelegt worden sind; denn in der Integrationsphase, wenn *»Sharing«*[3] *(Leutz* 1974) gegeben und danach das Spiel reflektiert wird, werden die Puppen beiseite gelegt und die Teilnehmer sprechen in »direktern Kommunikation«. Erst in der Phase der Neuorientierung, wenn aufgrund emotionaler Erfahrung und rationaler Einsicht neue Verhaltensweisen im Spiel erprobt werden, können die Puppen wieder zur Hand genommen werden. Von diesem Procedere wird in der Regel nur abgewichen, wenn es sich um sehr zurückgezogene, gestörte Patienten handelt, zumeist Alterspsychosen *(Oesterreich* 1975), die ohne die Puppe als »intermediäres Objekt« *(Rojas-Bermúdez* 1970; 1982; 1983) die Kommunikation verweigern oder nicht aufnehmen können.

5.1 Techniken in der Gruppenarbeit mit Puppen

Im Puppenspiel verwenden wir die wichtigsten psychodramatischen und gestalttherapeutischen Techniken, z. B. die Identifikations-, Rollentausch-, Doppel-Ich-Technik mit all ihren Variationen (empathisches, stützendes, interpretierendes, konfrontierendes Doppel usw.; vgl. *Petzold* 1979a, 139 ff.). Dabei können die Techniken auf zwei Ebenen eingesetzt werden, auf der *Personenebene* und der *Puppenebene.*

5.1.1 Doppel-Ich-Technik

Beim Doppeln auf der *Personenebene* tritt der Therapeut oder ein Hilfs-Ich hinter den spielenden Patienten und spricht als dessen ›alter ego‹. In der *Puppenebene* wird gedoppelt, indem sich Hilfs-Ich oder Therapeut selbst mit einer neutralen Handpuppe bestücken, sich in die Szene begeben und Doppelfunktionen wahrnehmen. Es wird durch ein solches Vorgehen eine *einheitliche Ebene* gewährleistet. Das Spiel der Puppen bleibt in sich konsistent. Wir haben für die Doppelfunktion auf der Ebene der Puppen zuweilen eigene »Doppel-Puppen« eingesetzt, die des »weisen Mannes« und der »weisen Frau«. Sie können sich über die Doppelfunktion hinaus in das Gespräch mischen, Ratschläge geben, Kritik äußern usw.
Auf der Ebene der Protagonisten, der Personenebene, wird das Doppel eingesetzt, wenn der Spieler bei der Übernahme einer Puppe Schwierigkeiten hat; wenn es also nicht darum geht, den Fluss der Interaktion zwischen den Puppen zu fördern, sondern wenn die Puppe aus irgendeinem Grunde als intermediäres Objekt nicht angenommen werden kann, ein »Split« zwischen Puppe und Spieler entsteht. Das Doppel-Ich hat in diesem Falle die Funktion, dem Spieler zu helfen, seine Gefühle zu klären. Diese Aufgabe ist von großer Wichtigkeit, zeigen die Splits doch ein Zerfallen bzw. ein Auseinanderfallen der identifikatorischen Prozesse an, die Puppe und Spieler verbinden. Hier ist meist relevantes dynamisches Material zu finden. Im Puppenpsychodrama *(Petzold* 1983) doppeln die Spieler die Puppen. Sie verschwinden gleichsam als Personen hinter ihnen, was besonders bei sehr belastenden Szenen oder abgewehrtem Material hilfreich sein kann.

5.1.2 Rollenwechsel und Rollentausch

Die gleiche Konzeption der zwei Ebenen wenden wir bei den Techniken des *Rollenwechsels* und des *Rollentausches* an. Im Psychodrama verstehen wir unter dem *Rollenwechsel* die Übernahme einer anderen Rolle im Rahmen des eigenen Rollenrepertoires. Hat ein Lehrer zum Beispiel gerade in seiner Berufsrolle gespielt, so kann er in einer nächsten Szene in die Rolle des Ehemannes wechseln. Der *Rollentausch* hingegen bedeutet, dass er sich in die Rolle eines anderen hineinversetzt und sie übernimmt. Hierzu ist eine umfassendere identifikatorische Leistung vonnöten als beim *Rollenwechsel.* Diese von mir gegenüber dem klassischen Psychodrama eingeführte Unterscheidung (vgl. *Petzold* 1970) bietet die Möglichkeit zu differenzierterem Arbeiten insbesondere auf der Ebene des eigenen Rollenrepertoires und -inventars.

Im Puppen-Psychodrama erfolgt der *Rollenwechsel* auf der Ebene der Puppen durch Aufnehmen einer neuen Puppe oder Spiel mit der Puppe auf der zweiten Hand, wobei beide Puppen, sofern es sich um Realpuppen, d. h. um Alltagsfiguren, handelt, dem eigenen Rollenrepertoire angehören müssen oder, sofern es sich um Symbolpuppen handelt, dem Set der zuvor ausgewählten Puppen. Der *Rollentausch* auf der Ebene der Puppen erfolgt dadurch, dass die Spieler ihre Puppen austauschen und sich damit in die Charakteristik einer anderen Puppe oder sogar eines ganzen ›Puppensets‹ (mehrere Puppen eines Spieles) einfinden müssen. Wieder bleibt die Ebene der Puppen bei diesem Vorgehen konsistent. Besonders beim Spiel mit *Symbolpuppen* ist dies von Wichtigkeit, da im Unterschied zu Realpuppen, die für Rollen des täglichen Lebens stehen, keine unmittelbare Homologie zwischen Spieler und Puppe angenommen werden kann. Im Rollentausch der Puppen muss sich der Spieler in die jeweils angebotene Symbolwelt versetzen, die die Puppe seines Mitspielers in der vorausgegangenen Handlung materialisiert hatte. Es kommen hierbei sehr komplexe psychodynamische Konstellationen ins Spiel, die zuweilen mehrdimensionale Deutungen erfordern (*Schützenberger* 1981), damit sich die Spieler *»ihren* Sinn« wählen können. In der Regel aber reguliert sich die Dynamik selbst, d. h. sie bringt die notwendigen Prägnanzen hervor. Das Symbolspiel wird »selbst-explikativ«, oftmals ohne dass das Geschehen von dem Beteiligten kognitiv durchdrungen wird. Lösungen »geschehen«. Besonders in der Symbolisierung ödipaler Themen zeigen sich bei eingespielten Gruppen die Diskurse des Unbewussten in spontanen Rollentauschaktionen, Puppenwahlen und Themenentwicklungen; man soll nicht meinen, dass in Gruppen mit alten Menschen ödipale Themen seltener auftauchen. Der »umgekehrte Ödipus« regiert *(Grotjahn* 1979), denn es hat ein Rollentausch stattgefunden. Die Eltern treten in die Kinderrollen, und die Kinder werden zu Eltern ihrer Eltern *(Z. Moreno* 1977). Es kommen derartige Konfigurationen im Übertragungsgeschehen zu den meist jüngeren Therapeuten immer wieder zum Tragen. Oft wird dann die Ebene der Puppen verlassen, ohne dass dies klar deklariert wird, und es erfolgt ein Agieren auf der Ebene der Personen.

Die tiefenpsychologische Komponente im psychodramatischen und gestaltdramatischen Spiel mit Puppen erweist sich u. a. an der *Regel,* dass die Ebenen konsistent eingehalten werden müssen. Wird die Ebene der Puppen verlassen, so wird die Puppe abgelegt. Die Kommunikation läuft *eindeutig* als interpersonale, ohne das dazwischenstehende Medium der Puppe. Wird die Unterscheidung der Ebenen klar durchgehalten und die Regel eindeutig eingeführt, so zeigen sich an den Übertretungen der Regel die Angst und das Begehren als Äußerungen des Unbewussten *(Lemoine, Lemoine* 1981). In einem solchen Fall kann der Therapeut das »Ablegen der Puppe« anordnen, um ein Reflexionsmoment einzuführen, das die Ebene klärt und die wirkenden Impulse erfahrbar macht. Es ist dies ein Moment, an dem das »interpretierende Doppel« auf der Personenebene einsetzen kann – Spieler und Puppe sind ja auseinandergefallen – oder in dem ein Rollentausch auf der Personenebene stattfindet. Eventuell kann die Spiegeltechnik als Deutungsmodalität auf der Puppen- und/oder Personenebene eingesetzt werden, indem ein Hilfs-Ich oder mehrere Gruppenmitglieder in Hilfs-Ich-Funktion die ganze Sequenz noch einmal spiegelnd nachspielen und die Protagonisten »von außen« zuschauen können, um Klarheit über das Geschehen zu gewinnen. Eine verbale Interpretation ist dann häufig nicht mehr vonnöten.

Der Rollentausch auf der Personenebene setzt den Spieler in die Position des Antagonisten. Er übernimmt dessen Position *und* Rolle *und* seine Puppe. Er wechselt also nicht nur mit seiner Puppe die

Position, er muss seine Puppe an den Antagonisten weitergeben. Auf diese Weise wird gewährleistet, dass er die Position des Spielers bzw. Gegenspielers voll einnimmt, und es wird verhindert, dass der Rollentausch nicht vollzogen wird, weil der Protagonist unter Beibehaltung seiner Puppe im alten Gleis weiterspielt. Bei der Verwendung von Symbolpuppen ist dies die häufigste Form des Vorgehens. Bei der Verwendung von Realpuppen, insbesondere von Selbst-Puppen, findet der Rollentausch auf der Personen- und Puppenebene statt, solange keine manifesten »Splits« sichtbar werden, d. h. dass die Identifikationen in der Homologie verbleiben. Diese scheinbar komplizierte Vorgehensweise wirkt sich für das Gruppengeschehen nicht störend aus. Sie tangiert die Spieler nicht, weil der Therapeut den Prozess durch seine Interventionen strukturiert, indem er Rollentausch mit oder ohne Wechsel der Puppe anordnet. Die Spieler haben sich in die neue Situation einzufinden, und die Art und Weise, in denen ihnen dieses gelingt oder misslingt, gibt Aufschluss über die Dynamik oder über eine Fehlintervention des Therapeuten, der durch Rücktausch die alte Konfiguration wiederherstellen kann. Reflexionsphasen, die immer wieder eingeschaltet werden, unter der gestalttherapeutischen Fragestellung: »Was erlebst du jetzt, und wie erlebst du es?« gewährleisten die Trennschärfe, und um Trennschärfe geht es bei der Stabilisierung und Restituierung von Identität.

5.1.3 Identifikationstechnik

Ähnliche Zielsetzungen hat die aus der Gestalttherapie stammende Identifikationstechnik *(Perls* 1980). Sie dient in der Initialphase dazu, die Verbindung zwischen Puppe und Spieler aufzubauen und zu intensivieren. Der Spieler greift seine Puppe auf, betrachtet sie, bewegt sie, prüft das Material der Kleidung usw. Dann wird er aufgefordert: » Versuchen Sie jetzt in die Puppe hineinzuschlüpfen, indem Sie sich ganz an ihre Stelle setzen und zum Beispiel beschreiben, welche Kleider sie anhat, welche Gedanken, Gefühle und Empfindungen in Ihnen bei der Übernahme der Puppe aufkommen. Als Beispiel: ›Ich bin die gute Fee. Ich habe goldenes Haar und einen grünen Schleier. Auf meiner Brust funkelt ein Edelstein. Ich fühle mich mächtig und von allen Kräften des Guten erfüllt. Ich habe das Ziel, guten Menschen zu helfen‹. Sprechen Sie so oder in ähnlicher Weise aus, was sie als ›gute Fee‹ sagen würden!«

Die Identifikationstechnik mobilisiert, besonders bei *Symbolpuppen,* die Reservoire des Unbewussten und bringt verborgene Wünsche, Sehnsüchte, Defizite, Ängste an die Oberfläche. Bei der Identifikation mit Realpuppen wird die Fähigkeit der Rollenübernahme und Rollenflexibilität gefördert. Die Rollen werden als »Extension der Identität« erlebt. »Die greifbaren Aspekte des Selbst sind die Rollen, in denen es handelt« *(Moreno* 1960). Soweit über die Identifikationstechnik mit der Puppe Alltagsrollen aus dem eigenen *Rollenrepertoire* aufgenommen werden, werden diese erhalten und bekräftigt. Handelt es sich um Rollen, die schon ins *Rolleninventar (Petzold, Mathias* 1983) zurückgefallen waren, können sie über die Identifikationstechnik reaktiviert und in das Handlungsrepertoire erneut aufgenommen werden. *Mit jeder gelungenen Identifikation wird Identität gestärkt.* Das Eigene wird prägnant, ohne dass das andere ausgeschlossen wird. Eigene und fremde Rolle sind klar geschieden, damit eine Rollendiffusion vermieden wird, zu der alte Menschen zuweilen tendieren. Sich-abgrenzen-Können und dabei im-Kontakt-Bleiben, dieses Paradoxon der Grenze, die Abgrenzung und Berührung zugleich ist, verhindert die Regression in die Konfluenz, die Aktualisierung symbiotischer Gefühle und Verhaltensweisen, die eine partnerschaftliche Interaktion unmöglich machen.

5.2 Dynamik, Ziele und Themen der Gruppenarbeit

Die Gruppe ist die Matrix der Identität. Es gilt, den alten Menschen durch die Arbeit in der Gruppe zu helfen, ihre Identität, soweit es geht, stabil zu halten, ihnen zu ermöglichen, auch in der Umkehr der ödipalen Situation ihre Würde zu behalten, sodass sie nicht von Angst und Begehren regiert werden, sondern ihre berechtigten Wünsche nach Zuwendung und Liebe in angemessener Weise befriedigen können. Die Dynamik und die Themen der Gruppe bedingen sich wechselseitig. In der Gruppe spiegeln sich die Themen aus der Lebenswelt des alten Menschen. Konfluentem Verhalten in der Gruppe stehen meistens auch Verschmelzungswünsche und Festhalten im Alltag parallel, z. B. durch Anklammern an die Kinder. Dieses erfolgt häufig aus verdrängter Todesangst, vor der die Stärke der Jugend schützen soll. Der Weg dazu ist die Identifikation bzw. die Übertragung. Damit wird z. B. das Todesthema ein be-

stimmender Faktor für die Gruppendynamik, eine Auseinandersetzung mit dem Potenzial des noch verbleibenden Lebens mit der Möglichkeit, das Begehren nicht nur über symbolische Partizipation oder identifikatorische Prozesse zu befriedigen. Die Problematisierung der gesellschaftlichen Tabus im Hinblick auf »den alten Leib« oder die Sexualität im Alter *(Schneider* 1980) wird zu einem weiteren Thema der Gruppe. Sofern eine Auseinandersetzung mit diesen und ähnlichen Themen nicht geschieht, treten regressive Überflutungen auf. Hilflosigkeit und Anklammern und Infantilisierung gewinnen Raum. Viele alte Menschen können sich gegenüber dem andrängenden Sog der Konfluenz durch die Auseinandersetzung mit dem eigenen Leben, der Reflexion der Lebensspanne und durch Werte und Normen, die ihnen zur Verfügung stehen, schützen. Die Gruppe steht ihnen hier als »Wert-Gemeinschaft« zur Seite, die das Ich, die Identität schützt.
Doch es kommt der Moment, da können die Kräfte des Ichs dem Sog, der aus dem Vergehen kommt, nicht mehr widerstehen. Die Prägnanz der Identität nimmt ab, wird blasser, steht vor dem Verlöschen. Dies ist der Moment, an dem der Begriff der Regression durch den des »Heimgehens« ersetzt werden muss. Hier, bei den Hochbetagten und Siechen, wird die Gruppe im vollen Sinne wieder »Familien-Gruppe«. Genau wie die Kinder in solchen Situationen in die Elternrolle eintreten müssen, werden die Gruppenleiter die in die Kinderebene gehenden Ansprüche und Wünsche des alten Menschen anzunehmen haben. Beiden, Therapeut und Klient, wird ihre Würde dadurch nicht genommen. Es ist dies auch die Situation, in der Substitutions-Puppen und »Kuscheltiere« vermehrt Bedeutung gewinnen, und wo die Gruppenarbeit mit den Puppen zu immer einfacheren Formen des Spiels findet. Es ändern sich die Ziele der Therapie und der Gruppe. Es geht nicht mehr um die Restitution atrophierter Funktionen und auch nicht mehr um das Erhalten von Fähigkeiten und Fertigkeiten »um jeden Preis«, sondern es geht um die Begleitung eines *angemessenen* Rückzuges. Die involutiven Einbußen werden angenommen und in ihrem Charakter als »natürliche Gegebenheiten« des hohen Alters akzeptiert. Nur so kann man der Gefahr entgehen, dem alten Menschen eine Aktivierung *ad (in)finitum* aufzuzwingen. So wichtig es ist, dem »Feind von außen und dem Feind von innen« Paroli zu bieten,

wann immer nämlich eine erzwungene Reduzierung des alten Menschen gegeben ist, so wesentlich ist es, ihm seinen natürlichen Rückzug zu lassen und ihn nicht noch im hohen Alter zu Leistungen zu quälen, die eher unserer Leistungsideologie als seinen Bedürfnissen entsprechen. Hier liegt übrigens eine der Gefahren der gerontologischen Aktivitätstheorie, wenn sie nicht differenziell, d. h. die spezifische Situation eines jeweiligen Klienten berücksichtigend, angewandt wird. Es richtet sich danach auch der Charakter der Interventionen – hier der Arbeit mit Puppen – aus, ob sie nämlich mehr psychotherapeutisch, soziotherapeutisch oder geragogisch akzentuiert ist.

Steht in der agogischen Arbeit mit ludischem Akzent das Spiel selbst im Vordergrund, so ist die therapeutische Arbeit von der Dynamik der Gruppe und der an ihr teilnehmenden Gruppenmitglieder bestimmt. Die Puppe ist Medium, das von den Teilnehmern intendierte und nichtintendierte »Ladungen« erhält. Bewusst und unbewusst Kommuniziertes wirken ineinander. Die Puppen, die aufgrund ihres hohen Aufforderungscharakters, ihrer hohen »natürlichen Ladung« ein sehr aktivierendes Potenzial haben, lassen in den Spielaktionen die individuelle und gruppale Dynamik *sichtbar* werden. Das jedoch darf nicht dazu führen, dass das Spiel zum Vordergrund wird, dem alleinige Aufmerksamkeit geschenkt wird, wohingegen der Hintergrund aus dem Blick gerät. Geschieht dies, so wird das Spiel selbst zu einer Form des Widerstandes *(Petzold* 1981 f.). Das therapeutische Puppenspiel verliert dann seine therapeutische Valenz. Die Puppe wird zu einem Medium der Verschleierung. Es muss daher Folgendes immer im Blick bleiben: Wer nimmt eine Puppe auf, wer setzt sich auf der Personen- und auf der Puppenebene zu wem in Beziehung? Welche Formen repräsentieren die Themen auf der Puppenebene und die Themen der Einzelpersonen und der Gruppe? In welcher Form sind die Puppenaktionen auf den/die Therapeuten bezogen?

Es werden mit diesen Fragestellungen die Übertragungsebenen angesprochen: Die Übertragung zu den Therapeuten hin, die lateralen Übertragungen in der Gruppe und die Übertragung auf die Gruppe als Ganzer in ihrer Funktion als »große Mutter« *(Battegay* 1977) und als »ordnende Vaterinstanz« *(Petzold* 1969). Das Faktum, dass das Puppenspiel ein methodischer Ansatz, die Puppe selbst ein

Medium im therapeutischen Prozess ist, stellt, methodisch gesehen, das Therapieverfahren in den Vordergrund, hier den integrativen Ansatz einer tiefenpsychologisch fundierten Gestalttherapie. Das Puppenspiel bedarf also immer der Fundierung in der Theorie und Methodologie des therapeutischen Grundverfahrens *(Petzold, Orth* 1985).

5.3 Der Gruppenverlauf

Die Gruppenarbeit mit alten Menschen unter Verwendung von Puppen, so wie ich sie praktiziere, ist deshalb nicht nur auf das Spiel zentriert. Ähnlich wie im »Triadischen und Tetradischen Psychodrama« *(Schützenberger* 1981; *Petzold* 1973; 1981d) wechseln Sequenzen mit Puppenspiel und Gespräch.

5.3.1 Initialphase

In der Initialphase gilt es zunächst, Kontakt herzustellen, die Teilnehmer miteinander vertraut zu machen. Fängt eine Gruppe ganz neu an, ist dies schwieriger als bei Gruppen, die schon länger miteinander arbeiten. Aber auch hier haben wir immer eine kleine Initialphase. Die Kohäsion muss jeweils von Neuem aufgebaut oder zumindest wiederhergestellt und bekräftigt werden. Der Abbau individueller und gruppaler Widerstände ist erforderlich. Die Angst, sich zu zeigen, die Furcht, bloßgestellt oder verletzt zu werden, ist mehr oder weniger ausgeprägt wirksam und hindert die Themenfindung – oftmals sogar den Prozess, dass eben diese initiale Angst thematisiert wird. Die Gruppe ist blockiert. Hier bieten die Puppen ideale Möglichkeiten, die initialen Widerstände aufzulösen und zu einem kohäsiven Klima zu gelangen, aus dem sich therapierelevante Themen ergeben. Die Puppen sind am besten auf einem *Puppenbord* aufgehängt, sodass sie gut überschaubar und damit leicht auszuwählen sind. Auch die althergebrachte *Puppenkiste,* um die die Gruppe kauert und in den Puppen herumwühlt, ist nützlich. Die Konkretheit des Ausprobierens und Hantierens vermindert Spannungen und ermöglicht unmittelbaren Kontakt. Hat dann jeder Teilnehmer sein Puppen-Set gefunden, drei Puppen, die ihn spontan angesprochen haben – dies war die vorausgehende Instruktion –, so gehen die Teilnehmer an ihre Plätze zurück.

T.: So, jetzt haben ja alle ihre Puppen ausgesucht. Vielleicht kann jeder mal seine drei Puppen in der Gruppe vorstellen? Ich selbst habe hier den »weisen alten Mann« mit dem weißen Bart und der braunen Kutte. Wenn wir ein Spiel machen, gibt diese Puppe manchmal gute Ratschläge, hilft weiter oder stellt auch einmal eine kritische Frage. Dann habe ich hier den »flinken Toni«. Man sieht, das ist eine Lausbub-Puppe. Mir gefällt sie. Ich verbinde Spaß und Lebendigkeit mit ihr. Und dann habe ich hier noch einen Bären. Er ist kuschelig und weich, ein richtiger Braunbär. Nicht der aus »Schneeweißchen und Rosenrot«, sondern ein richtiger Bär aus dem Wald. Wer geht einmal weiter und berichtet über seine Puppen?
Heimo (79 Jahre): Ich habe einen Holzfäller. Das ist was Handfestes. Ich habe da noch einen Müller. Das ist auch was Handfestes. Dann habe ich noch einen Schäferhund. Schade, dass da kein Schäfer da war bei den Puppen.
T.: Warum haben Sie so naturverbundene Puppen gewählt?
Heimo: Als Junge habe ich Schafe gehütet. Im Erzgebirge. Das war eine schöne Zeit, eine wirklich schöne Zeit.
Hedwig (72 Jahre): Ich habe eine Großmutter-Puppe gewählt. Ich bin gerne Großmutter. Und meine zwei Enkel habe ich sofort mit dazugenommen. Ein Junge und ein Mädchen, wie meine Enkelkinder, Klaus und Gabriele. Wir könnten ja Kindergeburtstag spielen. Da hat es ja noch viele Enkelpuppen. Die waren fast alle gleich weg (lacht).
Gustav (76 Jahre): Mir hat keine Puppe so richtig gefallen. Ich habe mir einen König genommen. Da kann man wenigstens im Puppenspiel mal König sein. Die zwei Diener habe ich mir auch dazugeholt.

So stellen alle Teilnehmer ihre Puppen vor, begründen zum Teil ihre Wahl, und oftmals wird schon eine relevante Thematik deutlich. Die Wahl der Puppen ist diagnostisch aufschlussreich. Es wurden von den Teilnehmern etwa hälftig Realpuppen und Symbolpuppen gewählt. Nur ein Teilnehmer wählte nur Realpuppen aus dem Alltag. Die Mehrzahl hatte ein gemischtes Set. Je zwei Teilnehmer hatten eindeutige »Selbst-Puppen« gewählt, beide Male Großeltern-Rollen.

T.: Jetzt kennen wir ja alle Puppen. Und es sind auch schon eine Menge möglicher Spielvorschläge gemacht worden. Für welchen sollen wir uns denn entscheiden?

Es kommt eine recht lebhafte Diskussion in Gang. Folgende Themen werden vorgeschlagen: Schneewittchen, Der treue Johannes,

Kindergeburtstag, Bauernfamilie, Försterfamilie, Familientreffen, Königshochzeit, Hochzeit.

Die beschriebene Gruppe hatte schon drei Termine gehabt, die dem Kennenlernen dienten und verbal ohne die Verwendung von Medien verliefen. In der vorausgehenden Sitzung war die Arbeit mit Puppen angekündigt worden. Durch die Puppenkiste und das Puppenbord im Therapieraum waren die Puppen schon bekannt. Sie waren bestaunt, in die Hand genommen, erprobt worden. In der Eingangsrunde stellt der Therapeut seine Puppen zuerst vor, um ein Modell zu geben, ein Vorgehen, das gerade in der Arbeit mit alten Menschen wesentlich ist. Die nachfassende Exploration bei einzelnen Teilnehmern dient einerseits dem Sammeln diagnostischer Informationen, zum anderen soll es spielbare Themen prägnant machen. In der anschließenden Diskussion der Themen ist auffällig, dass die Familienthematik auf den verschiedensten Ebenen prädominant ist. Dies erweist sich als ein Ausdruck des Kohäsionswunsches der Gruppe und – wie im Verlauf späterer Sitzungen deutlich werden sollte – auch als Manifestation des Leidens an den zerfallenden Strukturen des eigenen Familienverbandes (6 der 8 Teilnehmer in der Gruppe hatten gestörte Familienbeziehungen und relativ wenig Besuchskontakte). Die Thematik erweist sich also als *mehrperspektivisch.*

5.3.2 Aktionsphase

Man einigt sich auf das Thema »Bauernfamilie«. Fünf Teilnehmer wollen mitspielen. Heimo wählt die Rolle des Knechtes, Gustav (81 Jahre), ein großer und vitaler Mann, wird als der Bauer vorgeschlagen und nimmt die Rolle an. Ida (70 Jahre) will Bäuerin sein. Else (73 Jahre) versucht, ihr die Rolle streitig zu machen. Hier beginnt ein erstes Puppenspiel.

> *T.:* Vielleicht streift jeder von Ihnen einmal die Puppe über, die als Bäuerin zum Einsatz kommen soll, und dann kann jeder seinen Standpunkt klarmachen! – Im übrigen, wer für sein Spiel keine geeignete Puppe hat, der kann sich aus dem Puppenkasten eine neue holen, oder eine seiner Puppen einfach umfunktionieren!
> *Ida:* Ich denke, ich bin eine gute Bäuerin. Ich bin als Kind auf dem Dorf großgeworden. Im Haus, im Stall und im Garten weiß ich Bescheid. Da kann ich zupacken.

Else: Ich habe auch lange Jahre auf dem Land gelebt. Als Lehrersfrau. So direkt im Stall gearbeitet, nein ... das habe ich nicht ... hier ist das auch nicht nötig. Ich weiß, wie es geht. Ich habe es auch oft genug gesehen. Ich kann das sicher genauso gut, sicher so wie Sie.
Ida: Ich habe mich zuerst gemeldet. Sie können ja später auch nochmal spielen. Wir werden ja hier sicher noch oft spielen.
Walter (69 Jahre, zu Else gewandt): Machen Sie doch die Bauerstochter. Ich mache den Bauerssohn.

Else gibt sich damit zufrieden. Die Sequenz, die im Wesentlichen auf der Personenebene gespielt wird, macht die Spannungen zwischen Else und Ida deutlich, die im übrigen, wie sich später herausstellt, auch um Gustav rivalisieren. Walter, der Schwächste, Blasseste in der Gruppe und auch der Jüngste, wählt »freiwillig« diese Position. Heimo hat die Rolle des kernigen Einzelgängers gewählt. Die Dynamik der Gruppe, wie sie sich auch im Heimalltag manifestiert, kommt klar zum Ausdruck.

Gustav (bestimmend): Wir fangen mit dem Frühstück an, da wird die Arbeit verteilt.

Alle stimmen zu, oder besser, es erfolgt kein Widerspruch. Nur Heimo brummelt etwas vor sich hin.

T.: Vielleicht können wir den Tisch da drüben nehmen als Frühstückstisch.

Die Teilnehmer setzen sich um den Tisch. Zwei (Gustav und Ida) haben ihre Puppen ausgewechselt, um für ihre Rolle angemessenere Figuren zu haben.

Gustav: Guten Morgen miteinander. Schöner Tag heute. Da kann es ja richtig losgehen. Die Arbeit wartet schon. Ida, wo bleibt der Kaffee?
Ida: Ich komm ja schon, ich komm ja schon!
Gustav (zu Heimo): Hast du die Tiere schon versorgt und eingespannt? *Heimo* (mürrisch): Sicher.
Gustav: Walter, beeil dich, du bist sowieso schon spät dran. Du gehst mit Heimo und Else Heu machen. Ich gehe eggen!
Else: Wieso geht Ida nicht mit? Immer sollen wir Kinder die schwere Arbeit tun! *Ida:* Als ob hier im Hause keine schwere Arbeit wäre. Sei nicht so widerspenstig, Else!
Else: Sei du bloß nicht so herrschsüchtig!

Gustav: Jetzt herrscht aber Ruhe, sonst platzt mir der Kragen. In Ruhe frühstücken will ich. Verstanden?
T. (mit Doppel-Puppe »weiser Mann« hinter Gustav tretend): Soll ich mir die gute Laune verderben lassen? Dass die Weiberleut auch immer streiten müssen. Else und Ida geraten immer aneinander. Wer da wohl schuld ist?
Gustav: Das liegt wohl auf beiden Seiten. Aber heute ist Else einfach renitent!
Else (imitiert Weinen): Huhu, immer werde ich ungerecht behandelt!
Walter: Mach dir nichts draus, das wird ein schöner Tag. Wir sind ja draußen nicht dabei. Und im Heu gibt's immer Spaß.
Gustav: So, aufgestanden! An die Arbeit! Einen guten schaffensfrohen Tag wünsche ich euch!

5.3.3 Integrationsphase

T.: Wir wollen ein bisschen über das Spiel sprechen. Wie hat es euch, Spielern und Zuschauern, gefallen?
Gustav: Mir hat's Spaß gemacht!
Else, Walter, Ida: Mir auch – Mir auch – Ich fand es toll.
Heimo: Ich hatte es mir schlimmer vorgestellt.
Peter: Ihr habt wirklich großartig gespielt.
Hedwig: Ja, sehr gut. Die Rollen sind aber auch bekannt hier, nicht war?
Walter: Wieso?
Ida: Das habe ich auch gemerkt, dass sich hier die Beziehungen widerspiegeln, die wir auch sonst haben.
Peter: Noch was deutlicher sogar!
T.: Wie sind denn die Beziehungen hier?
Gustav: Nicht schlecht sind sie, aber manchmal auch nicht einfach.

Es kommt ein Gespräch über die Beziehungen in Gang, insbesondere der Konflikt Ida/Else, aber auch Gustavs Dominanz werden vorsichtig angesprochen. Ohne den »Schutz« der Puppe verlaufen die Kommunikationen indirekter. Darauf wird aufmerksam gemacht, und auf Vorschlag streifen die Spieler wieder ihre Puppen über und die Kommunikation wird in der Tat direkter. Walter kann äußern, dass er sich von Gustav oft unterdrückt fühlt und dass er mit Else gerne mehr Kontakt hätte. Worauf diese ihm vorwirft, er sei oft so »distanzlos« (Walter wollte ja mit Else »ins Heu« gehen – auf die Doppeldeutigkeit dieser Aussage wurde natürlich von seiten des Therapeuten nicht hingewiesen). Heimo kommt Walter zu Hilfe: »Er wird ja auch oft zum kleinen Jungen gemacht, genau wie Else hier oft in der Aschenbrödelrolle ist.«

> *Else* (spitz): Dann passen wir doch auch gut zusammen.
> *T.* (weiser Mann): War das nicht etwas zu scharf?
> *Ida* (ärgerlich): Sie gehen ja auch immer in die Kinderrollen.
> *Gustav:* Ja, besonders Walter sollte mal ein bisschen mehr seinen Mann stehen!
> *Walter:* Würde ich ja gerne, aber das ist hier sehr schwer. Das fällt mir selber immer wieder auf, dass ich hier als der Jüngste nicht ernst genommen werde. Immerhin bin ich auch 69 Jahre. Das sind wirklich Kindereien, wie wir hier mit dem Alter umgehen.

5.3.4 Neuorientierungsphase

> *T.:* Ich möchte vorschlagen, dass wir das Spiel noch einmal wiederholen, und zwar mit Walter und Else in der Rolle von Bauer und Bäuerin. Dann können sie auch einmal in »starken« Rollen spielen.

Der Spielvorschlag wird angenommen. Else und Walter übernehmen die Puppen von Ida und Gustav. Walter ist in der Rolle weniger autoritär, Else bringt viel mehr Aktivität in das Spiel ein. Im Nachgespräch stellt die Gruppe dies fest, und auch diese Spielsequenz bekommt ein positives Feedback, was sich für Else und Walter sehr konstruktiv auswirkt. Sie werden selbstsicherer. Das Spiel in der Phase der Neuorientierung konnte im Sinne eines »Behaviourdramas« assertives Verhalten aufbauen *(Petzold* 1981e).
Die Arbeit mit der Puppenspielgruppe führt im Verlauf eines halben Jahres zu einer nachhaltigen Veränderung der gruppendynamischen Struktur. Walter kommt aus seiner infantilen Rolle heraus, Else und Ida freunden sich sogar etwas an. Heimo hat sich noch mehr zurückgezogen und scheidet auf eigenen Wunsch nach einiger Zeit aus der Gruppe aus. Peter beginnt, mit Gustav in der Führung der Gruppe zu wechseln, ohne dass ein belastendes Rivalisieren und Kämpfen entsteht. Auf der Grundlage dieser »geklärten« gruppendynamischen Situation wird es möglich, in dieser Gruppe therapeutisch mit größerer »Tiefung« zu arbeiten und belastende Probleme anzugehen; oft aber blieb das Spielgeschehen auf einer ludischen Ebene, und der »Spaß am Spiel« stand im Vordergrund. Die Gruppenarbeit hatte sowohl psychotherapeutische als auch geragogische Charakteristik, typisch für Gruppen mit alten Menschen.

6. Besondere Formen des Puppenspiels mit alten Menschen

Im therapeutischen und agogischen Puppenspiel mit alten Menschen finden sich spezifische Themen und Formen, wie z. B. die »Bilanzspiele« und auch »Symbolspiele« mit typologisch-allegorischem Inhalt, häufiger als bei jüngeren Erwachsenen.

6.1 Bilanzspiel mit Puppen

Das Thema der *»Lebensbilanz«* ist für die Gruppenarbeit mit alten Menschen von zentraler Bedeutung *(Petzold* 1979a; 1980; *Lückel* 1981, dieses Buch S. 109 ff.). Als Technik bzw. als psychotherapeutisches Instrument wurde sie erstmalig systematisch von *Vladimir Iljine* (1963) im Rahmen des Therapeutischen Theaters eingesetzt *(Petzold* 1981 b). Bilanz zu ziehen im Angesicht des Todes, kommt offenbar einem elementaren Bedürfnis des Menschen entgegen. Das Phänomen der Lebensbilderschau in akuten Situationen der Lebensgefahr (Absturz, Ertrinken u. ä., vgl. *Mikorey* 1963) untermauert diese Aussage genauso wie die Reaktivierung des Altgedächtnisses und die damit bei vielen alten Leuten verbundene Reflexion der Vergangenheit. Die Lebensbilanz kann in der Einzel- und in der Gruppentherapie gezogen werden. Dabei lassen sich die verschiedensten Medien einsetzen: gestalttherapeutische Imagination, psychodramatisches Rollenspiel, kreative Medien wie Malen, z. B. das Malen des Lebenspanoramas *(Petzold* 1981a). Das Puppenspiel bietet hier gleichfalls gute Möglichkeiten. In der Einzeltherapie können durch die Vielzahl der Puppen sehr plastisch und sehr erlebnisnah Szenen gegenwärtig gesetzt werden. Der Protagonist spielt im Schutz des eigentümlichen Zwischenreichs von Identifizierung und Distanzierung *(Scheff* 1979), das die Puppe bietet, alte Situationen noch einmal. In der Gruppentherapie dienen ihm die Mitspieler als »auxiliary egos«, indem sie mit den entsprechenden Puppen in das Spiel eintreten. In der Arbeit mit Hochbetagten und Schwerkranken, die nicht mehr in Gruppen arbeiten können, ersetzt die Vielfalt der Puppen, die vom Protagonisten selbst und vom begleitenden Therapeuten gespielt werden, die Gruppenmitglieder.

Beispiel

Johann F. (75 Jahre) liegt mit einer halbseitigen Lähmung nach einem Zerebralinsult seit einem halben Jahr im Pflegeheim. Er hat einen starken Lebenswillen. Es ist ihm mit verbissener Anstrengung gelungen, wieder einigermaßen flüssig sprechen zu können. Die Puppen hatte ich ihm gegeben, um ihm ein Stück Ansporn zu bieten. Über die rechte, gelähmte Hand streifte Johann eine Puppe. »Wenn ich mit der Hand auch nicht mehr spielen kann, so richtig, meine ich, aber die Puppe halten kann sie doch. Das ist schon was.« Dialoge zwischen den beiden Puppen auf den Händen haben seine Bemühungen, die Sprache wiederzugewinnen, sichtlich erleichtert. Als ich dann mit ihm näher in Kontakt kam, weil mir eine Bewältigungshilfe (Coping) angebracht erschien, erreichten wir bald eine Vertrauensebene, und Johann lässt mich teilnehmen an seinen Bemühungen, eine Lebensbilanz zu ziehen. Der Schlaganfall war für ihn, der jeden Tag spazierenging, der lustig und lebensfroh war, eine Konfrontation. »Ich habe nicht viel an den Tod gedacht. Ich habe das Alter kaum gefühlt, und jetzt kann ich plötzlich nicht mehr laufen. Hilflos. Das ist schon schlimm. Aber ich lass mich nicht unterkriegen.« Johann möchte einige Sachen in seinem Leben in Ordnung bringen. »Wenigstens mit jemandem darüber sprechen.« Er erzählt aus seiner Jugend. Sein Vater arbeitete auf einem Gutshof in Ostpreußen als kleiner Verwaltungsangestellter. Johann, als Ältester von 6 Kindern, durfte zur Schule gehen, auf das Gymnasium. Er sollte es einmal besser haben. Die Mühen der »kleinen Leute« werden plastisch, die harten Leistungsanforderungen. Die Eltern durften nicht enttäuscht werden. Es galt die Devise, sich nie unterkriegen zu lassen. »Das hat mir mein ganzes Leben geholfen, durch manches Schwere, und manchmal war es wohl zu hart.«

Wir beginnen, alte Szenen zu spielen. Es werden Improvisationspuppen verwandt. Ich stelle nach seinen Angaben die erforderlichen Puppen her: Den kleinen Jungen, der jeden Morgen und bei jedem Wetter, Sommer wie Winter, anderthalb Stunden zur Schule laufen muss, der an der Tür lauscht, wenn Vater und Mutter Sorgen besprachen. Das Durchspielen alter Szenen beschränkte sich aber nicht nur auf Ereignisse, die belastend und dramatisch waren. Es wurden viele positive Geschehnisse gegenwärtig gesetzt, ins Spiel gebracht, Kinderfeste, Jagderlebnisse, Gespräche mit Freunden, Liebesszenen. Dabei war immer wieder beeindruckend, wie das Gespräch von Puppe zu Puppe die alte Szene mit einer Intensität aktualisierte, die dem Patienten ermöglichte, das Geschehen voll noch einmal zu erleben.

Von den Szenen, die unerledigt »wie ein Schatten« über dem Patienten lagen und die wir bearbeiten konnten, sei eine herausgegriffen: Johann erzählte vom Rückzug aus Russland. Er hatte sich, versprengt mit einigen Kameraden, nach Danzig durchgeschlagen, um auf einem der letzten Bootstransporte wegzukommen. Johann hat die Puppe eines deutschen Soldaten über die Hand gestreift, die wir aus einigen grauen Lappen gefertigt hatten.

Johann/Soldaten-Puppe: »Wir waren zu viert. Seit einer Woche hatten wir versucht, wegzukommen. Tag und Nacht. Immer wieder gefragt, verhandelt, versucht, uns einzukaufen. Es gab fast keine Hoffnung mehr. Wir hatten alles zusammengelegt, was wir hatten. Die Ringe, zwei goldene Uhren; ein Kamerad, ein Pfarrer, hatte einen Brillianten, und wir hatten uns vorgenommen, zusammen wegzukommen. Das alles sollte für uns zusammen reichen!«

Pfarrer-Puppe: Wir haben so viel miteinander geschafft, mit Gottes Hilfe werden wir auch dieses letzte Stück schaffen. Der Herr wird uns nicht im Stich lassen.

Johann/Soldaten-Puppe: Wir hatten uns geteilt. Jeder versuchte, etwas herauszufinden. Und dann hatte ich eine Möglichkeit: auf einem Kutter einen Platz für meine goldene Taschenuhr mit ihrer schweren Kette. *Einen* Platz (stöhnt auf und fängt trocken an zu schluchzen). Ich hab meine Kameraden verraten. Ich hab nur noch an mich gedacht. Nicht an Karl – er war schon so krank. Sie sind alle umgekommen.

T.: Lassen Sie die Pfarrer-Puppe sprechen!

Pfarrer: Ich hätte das nie gedacht. Als der nicht wiederkam, dachte ich, es sei ihm was zugestoßen. Ja, es konnte ihm nur etwas zugestoßen sein.

T.: Hier, nimm die Karl-Puppe (reicht eine andere Soldaten-Puppe rüber). *Karl:* Der hat sich davongemacht. Der wird's auch schaffen. Natürlich hat er sich davongemacht. Geht doch auch. Lasst mich nur. Alleine packt ihr das noch!

Johann/Soldaten-Puppe: Ich hab das nie verwunden. Ich war ... Ich war ein solches Schwein.

T. (weiser alter Mann): In Extremsituationen verlieren wir uns oft, und hinterher würden wir es gerne ungeschehen machen.

Johann: Ja, ich würde das gerne ungeschehen machen.

T. (weiser alter Mann): Was würdest du tun?

Johann/Soldaten-Puppe: Ich würde Karl den Platz geben. Ich glaube, ich wäre auch so irgendwie durchgekommen mit den anderen. Ich war der führende Kopf. Ich hatte den Schneid. Ich habe immer irgendeine Lösung gefunden, und ich habe sie einfach sitzenlassen.

T. (weiser alter Mann): Geh zurück in die Situation. Komme zurück zu deinen Kameraden und berichte, dass du einen Platz hast, einen Platz für Karl.

Johann/Soldaten-Puppe: Kameraden, es gibt einen Platz. Ich meine, er sollte für Karl sein. Wir anderen schaffen das auch so.
T. (weiser alter Mann): Was geht jetzt in Ihnen vor?
Johann/Soldaten-Puppe: So ist es richtig. So hätt's sein sollen.
T. (weiser alter Mann): Du siehst, das ist auch in dir. Das Gute ist auch in dir. Das kann sich nicht immer verwirklichen. Aber es ist da und es ist *jetzt* da, und das zählt.
Johann/Soldaten-Puppe: Ja, jetzt hätte ich die Kraft, etwas anderes zu machen. Ich würd' es wirklich anders machen, das macht mich ruhiger.

Das Durchspielen alternativer Szenen zu misslungenen Lebensereignissen, das Aufzeigen der »anderen Seite«, die auch noch da ist, ist ein wesentliches Moment in der Versöhnungsarbeit mit den Schattenseiten des eigenen Tuns. Die Arbeit im Puppenspiel hat Johann gezeigt, dass in ihm die »andere Seite« nicht nur da ist, sondern dass sie *stark* ist. Die Umbewertung negativer Szenen, eine von *Iljine* (1963) eingeführte Technik, hat nicht das Ziel, Schuld hinwegzudeuten. Sie will vielmehr den Blick öffnen für andere Seiten der Persönlichkeit und deutlich machen, dass die Haltung wesentlich ist, die man *jetzt* gegenüber einem Ereignis gewonnen hat und einnimmt.

6.2 *Symbolspiele mit Puppen*

Neben den Märchenspielen *(Lückel* 1979) entwickelten sich häufig märchenhafte Spiele mit symbolischem Charakter. In ihnen verdichten sich individuelle und gruppale Phantasmen, gewinnen Ängste und Sehnsüchte Gestalt, geschieht auf der symbolischen Ebene Bewältigung von Problemen – zuweilen ohne dass dies »aufgedeckt« und ins Bewusstsein gerufen wird. Gerade die Themen Altern und Sterben und die damit verbundenen Fragen nach Tod, Teufel, Gott, Jenseits führen zu Symbolspielen als Manifestationen kollektiver Mythenbildung. Bewusst intendierte Allegorien wechseln mit spontanen Symbolszenen, deren Deutung und Zusammenhang den Teilnehmern erst im nachhinein klar wird oder die dem Zugriff der zergliedernden Rationalität gänzlich verborgen bleiben. Improvisationspuppen ermöglichen, besonders wenn im Hinblick auf die Materialien, die Stoffe und Ausstattung genügend Angebote vorhanden sind, stimulierende Symbolszenen. Auch Vorgaben von

Symbolpuppen in der Puppenkiste, z. B. Sonne und Mond, die Jahreszeiten, Tag und Nacht, Tod und Leben, Fortuna und Justitia eröffnen Anregungen für symbolisches Puppenspiel, dessen Möglichkeiten beachtlich sind und von den herkömmlichen Formen der Puppenarbeit bislang in keiner Weise ausgeschöpft wurden, obgleich es dieses Genre im Repertoire der Puppenbühnen gibt.
Im Symbolspiel mit Puppen herrschen die Gesetze der Symbolisierung. Wirklichkeit wird verdichtet – nicht etwa verschlüsselt. Sie wird mit anderen Augen wahrgenommen und in einer anderen Sprache beschrieben. Es ist nicht die zergliedernde Sprache der Rationalität. Die »Sprache des Tages« hat eine andere Syntax als die »Sprache der Nacht«, der Träume, der Phantasie (*Petzold* 1977c). Die Sprache der Symbole steht in eigenem Recht. Sie muss erlernt werden – Übersetzung verkürzt nur. Sie vermag den Bereich des »Transverbalen« zu erfassen, all das, was nicht mehr aussagbar ist: wenn man *stumm* vor Glück oder vor Staunen ist oder von *namenlosem* Entsetzen ergriffen wird, von Ereignissen, bei denen einem die Worte fehlen. Die Sprache des Dichters, des Malers, der Musik fängt Atmosphäre ein, ermöglicht ein ganzheitliches Erfassen von Lebenszusammenhängen, wie wir es in den »Märchen, Mythen und Träumen« finden (*Fromm* 1978).
In den Maskenspielen, den Puppenspielen, in der Arbeit mit kreativen Medien treten wir in diesen Bereich ein. Die Puppen als Symbolfiguren werden zur Verkörperung individueller und kollektiver Phantasmen, persönlicher und gruppaler Träume. Im Puppenspiel ermöglichen sie ganzheitliches Erfassen und Verarbeiten persönlicher Geschichte und allgemein menschlichen Schicksals, ja darüber hinaus kosmischen Geschehens. Die »vier Jahreszeiten« symbolisieren nicht nur den Zyklus des menschlichen Lebens. Im Mitvollzug des Spiels ermöglichen sie ein Verstehen von Werden und Vergehen in einer Tiefe und Intensität, die jede philosophische Reflexion übersteigt und die jedem Menschen erlebnisnah zugänglich wird, der sich in die Sprache der Symbole einlässt; denn die Symbolisierung ist keine Fremdsprache: sie ist *unsere* Sprache, die in jedem von uns lebt, die Sprache unserer rechten Hirnhemisphäre bzw. unserer »linken Seite« (*Ornstein* 1968).
Die Qualität dieser intuitiven, sanften Seite, im Unterschied zur linken Hirnhemisphäre und der von ihr bestimmten »rechten Seite«,

zeigt sich deutlich in der Wahl der Puppen. Aggressionspuppen, Puppen, die Alltagsfiguren, Berufsrollen verkörpern, werden bevorzugt mit der rechten Hand gespielt; Märchenpuppen, zarte (weibliche) Symbolfiguren werden häufiger von der linken Seite aufgenommen. Auf die Seitentypologie hatte schon *C. G. Jung* aufmerksam gemacht, und das Puppenspiel scheint sie weitgehend zu bestätigen, ohne dass daraus allerdings dogmatische Auffassungen hergeleitet werden könnten.

In den Symbolisierungen des Puppenspiels geht es nicht darum, diese beiden Seiten zu polarisieren, die Sprache des Tages durch die Sprache der Nacht zu ersetzen. Es geht auch nicht darum, das Symbol zu explizieren, – es ginge damit seine Unmittelbarkeit und Fülle verloren. Vielmehr soll eine Annäherung der beiden Sprachen geschehen, eine *Permeation,* wechselseitige Durchdringung, ohne dass sich die eine in der anderen auflöst *(Petzold* 1977c). Die entfremdete Sprache, die sich vom Erlebnishintergrund abgehoben hat, erhält damit ihren vollen *Sinn,* ihre Sinnenhaftigkeit zurück. Sie gibt uns nicht mehr nur Benennungen, Kategorisierungen, Identifizierungsraster, sie eröffnet als *Sprechakt,* als *Sprechaktion,* den gesamten Erlebnis und Handlungshorizont *(Petzold, Orth,* 1985). Die Freude der Kinder beim Puppenspiel, ihr Jauchzen, ihre Lebendigkeit, ihre roten Wangen und Gespanntheit nehmen dem Inhalt, dem Stückzusammenhang nichts von seiner Klarheit. Das Stück wird in seinem Grund erfasst, die einzelnen Figuren finden ihren Zusammenhang. Der Sinn »entsteht«, er wird nicht gemacht. Das Symbolspiel der Gruppe von der Rettung der Königstochter aus der Gewalt des Magiers/Todes (s. u.) lässt dies deutlich werden.

Durch das Eintauchen in die Ebene des Symbols wird das Leben nicht nur verstehbar, sondern begreifbar, sinnenhaft erfahren, *gewinnt es Sinn.* Die Symbolisierung erschließt auch Quellen der Kraft und Möglichkeiten der Bewältigung. Das Durchleben der »vier Jahreszeiten« ermöglicht ein Loslassen. Das Darstellen des Baumes im Bewegungsspiel, der fest in der Erde verwurzelt ist, vermittelt die Erfahrung von Kraft und Stärke. Die bildnerische Gestaltung der »eigenen Wurzeln« hilft Menschen, sich besser gründen zu können und Zugang zu ihren Quellen zu finden. Die Übernahme einer positiven Symbolpuppe, der Königin, der Sonne, des Sommers, lässt den Spieler Anteil nehmen an den Qualitäten der

Puppe, mit der er sich identifiziert. Er wird strahlender, wärmer, lebendiger. Dies zeigt sich besonders dann, wenn Patienten, denen derartige Qualitäten fehlen, die depressiv und mutlos sind, das Spiel mit einer positiven Identifikationspuppe aufnehmen. Gerade in der Arbeit mit dem alten Menschen gewinnt dieser Aspekt Bedeutung; wird ihm doch ermöglicht, über das Symbolspiel und die Identifikation mit der Symbolpuppe sein Selbstwertgefühl, sein Identitätserleben zu bereichern.

Beispiel
Im Rahmen eines Volkshochschulkurses mit dem Thema *»Puppenspiel für alte Menschen – Therapie gegen die Einsamkeit«* hatte ich mit einer Gruppe von 12 älteren Menschen (zwischen 50 und 74 Jahren) des öfteren mit Symbolspielen gearbeitet. Ausgangsmaterial waren die selbstgefertigten Puppen. Schon während der Herstellungsphase zeigte sich bei den Teilnehmern eine starke Tendenz, Symbolpuppen zu basteln. Könige, Märchenprinzen, Königinnen, Feen, Hexen, Zauberer, Berg- und Wassergeister, Feuergeister, ein Drache, ein Einhorn, der Vogel Greif – Fabeltiere also – wurden hergestellt. Das Gespräch über die Figuren, ihre Bedeutung und Hintergründe begann schon während der Anfertigung, für die etwa vier Abende angesetzt waren. Für den Gruppenleiter war dieser Abschnitt der Arbeit sehr aufschlussreich, wurde doch eine Fülle diagnostischer Informationen über die Lebenssituation, Interessen und Problemlage der Teilnehmer erkennbar.
Durch die Art der Ausschreibung war die therapeutische Ausrichtung der Gruppe eindeutig vorgegeben. Es sollten Leute angesprochen werden, die vereinsamt waren und Schwierigkeiten hatten. Dieser Personenkreis war dann auch in der Gruppe vertreten. Depressionen, Angstzustände, psychosomatische Beschwerden waren die vorwiegenden Krankheitsbilder. Alle Beteiligten lebten in eigener Wohnung und hatten ein sehr atrophiertes »soziales Atom«, d. h. nur wenige tragende Sozialkontakte. Der Entschluss, an einer solchen Gruppe teilzunehmen, muss unter diesen Umständen schon als ein bedeutsamer Schritt aus der Isolation bewertet werden; denn mit der Gruppe selbst wird das soziale Atom aufgefüllt, indem die Gruppenmitglieder wechselseitig füreinander zu relevanten Personen im sozialen Netzwerk werden. Das gemeinsame Tun, der Austausch über Erleben und Erfahrungen lässt die Teilnehmer füreinander emotional bedeutsam werden. In einem solchen Klima wechselseitigen Interesses können dann im Spiel oft auch Themen realisiert werden, die für einzelne Teilnehmer, aber auch für die Gruppe als Ganzes, bedeutsame Problematik zum Ausdruck bringen.

In der Gruppe wurden einige Märchenspiele aufgeführt *(Lückel* 1979), als erstes »Rotkäppchen«. Da sich bei einigen Teilnehmern unterschiedliche Versionen des Märchens zeigten, beschloss man, schon für die nächste Sitzung ein Märchen auszuwählen und in der Zwischenzeit den Text zu lesen: »Die sieben Raben«. Die Märchen wurden ziemlich getreu mit großer Begeisterung und Beteiligung nachgespielt. In einer weiteren Sitzung beschließen die Teilnehmer, selbst ein Märchen zu erfinden und zu improvisieren. Eine Königstochter wird gerettet, die in die Macht eines bösen Zauberers geraten war. Die Themenlinie der Märchen ist deutlich: Rettung in großer Gefahr. Der Zauberer, ein finsterer Geselle, ganz in Schwarz gekleidet, mit einem roten Hut, hielt die Königstochter in einer Berghöhle gefangen. In der Gruppe breitet sich eine gedrückte Stimmung aus. Der Berg ist dargestellt durch einige Sitzelemente aus dunklem Cordsamt, die man zusammengeschoben hat, der Fluss durch zwei dunkle Schals, die davorgelegt wurden. Der Ritter und sein Knappe stehen ratlos vor dem Hindernis.

Ritter: Wie still das Wasser hier ist, obwohl es reißend erscheint.
Knappe: Ja, Grabesstille. Und alles so düster.
Sonne (zum Mond gewandt): Es ist so finster über diesem Lande, dass ich nicht hindurchdringen kann, um dem Ritter zu leuchten. Du musst hervorkommen und mir helfen. Vielleicht schaffen wir es gemeinsam.
Mond: Für dieses Mal will ich dir helfen, denn der böse Zauberer vergiftet auch die Nacht.
Knappe: Jetzt wird es etwas heller. Schau nur, Sonne und Mond scheinen zusammen!
Weiser Mann: Das Licht der Gestirne spiegelt sich im Fluss, bildet eine Silberbrücke, über die man gehen könnte!
Ritter: Dann wollen wir in die Höhle eindringen!
Weiser Mann: Nehmet einen Strahl mit, er wird euch leiten, damit euch nichts geschieht!
Sonne und Mond: Für die Höhle haben wir keinen Strahl mehr übrig. Unser ganzes Licht hat die Finsternis und den Fluss gebändigt!
Abendstern (geht auf): Ich schenke euch einen Strahl. Unter seinem Schutz können euch der böse Zauberer und der Tod nichts anhaben! (Die Abendstern-Puppe geht hinter den Berg und weist in die Höhle).
Zauberer: Das Licht des Abendsterns! Wehe, wehe, meine Macht ist gebrochen. Ich muss hinab in den Fluss! (stürzt sich in den Fluss).
Ritter, Prinzessin, Knappe und alle anderen Puppen rufen: Wir danken euch, Sonne, Mond und Abendstern!

Das Symbolspiel war, wie im therapeutischen Theater *(Iljine* 1942; *Petzold* 1981b), nach einem kurzen skizzierten Szenarium inszeniert worden. Es hatte eindeutig die Auseinandersetzung mit dem Todesthema zum Gegenstand, ohne dass die Teilnehmer diesen Bezug bewusst intendiert und hergestellt hätten. Die »Grabesstille«, die Höhle, Sinnbild des Hades, der Unterwelt, der schwarze Zauberer, der in seiner Charakteristik so viel mit dem Tod gemein hat und vom Abendstern dann auch mit ihm parallel gesetzt wird, der dunkle Fluss, der an den Styx, den Hadesstrom erinnert. Das Licht, das die Finsternis des Todes besiegt.

Das Stück hat bei allen Teilnehmern tiefe Berührtheit hervorgerufen und eine gelöste, ausgeglichene Stimmung bewirkt. Im Mythos wurde der Tod besiegt, die Prinzessin (die menschliche Seele) befreit. Aber die Möglichkeit der Überwindung erspart nicht den Schmerz des Abschiedes und die Angst vor dem Ungewissen. Sie hilft jedoch, beides leichter zu ertragen. Der so klar zu Tage liegende symbolische Gehalt, der sicher auch einigen Gruppenmitgliedern deutlich geworden ist, wurde nicht ausgesprochen. Die Gruppe lehnte eine Reflexionsphase ab: »Das Spiel war so schön, man soll das nicht zerreden.« – »Ja, das denke ich auch. Ich hätte dazu auch nichts mehr zu sagen.«

Es ist schwer zu entscheiden, ob diese Reaktion der Gruppe als eine kollektive Abwehr zu sehen ist gegen das Bewusstwerden der Inhalte, oder ob es tatsächlich eine angemessene Reaktion war, weil die Dichte der Bildsprache für sich selber stand. Die Fortsetzung des Symboldramas spricht eigentlich für die letztere Annahme; denn in der nächsten Sitzung wird als Thema vorgeschlagen, die »Vier Jahreszeiten« zu spielen. Der Vorschlag findet großen Widerhall. Vorhandene Puppen werden umgestaltet, Improvisationspuppen werden für das Spiel ausstaffiert.

Das Thema der» Vier Jahreszeiten« führt recht unmittelbar an den Abschied (Herbst) und das Ende (Winter) heran. Das Symbolspiel impliziert deshalb die Auseinandersetzung mit diesen Themen. Der *Frühling,* dargestellt durch eine Jünglingspuppe, wird begleitet von *Blumenpuppen,* von einer guten *Fee,* vom *Frühlingswind* und der *Sonne.* Der Frühling ruft die Pflanzen aus dem Boden, aus dem Winterschlaf. Die Pflanzenpuppen bringen ihre Freude über den Frühling und die Sonne zum Ausdruck. Die Sonnenpuppe gibt dem Frühling und den Pflanzen Kraft. Auf dem Höhepunkt des Spiels schlägt die Puppe des Frühlings vor, dass die Gruppe ein Lied singen soll: »Es geht eine helle Flöte, der Frühling zieht über das Land.« (Wo angezeigt, kann bei ähnlichen Spielen auch vom Spielleiter über die Puppe »des weisen Alten« ein derartiger Vorschlag eingebracht werden.)

Auf das Singen des Liedes folgt eine kleine Gesprächsphase. Die alten Menschen tauschen Erinnerungen aus, an den Frühling, an die Jugendzeit, an die guten Erlebnisse, die man miteinander gehabt hat. Dann verteilt man die Rollen für den Sommer. Eine Königinpuppe wird umgeschmückt, die Sonnenpuppe bestückt sich zusätzlich mit roten und orangenen Lappen, um die stärkere Sommersonne deutlich zu machen. Der *Sommer* wird von einer sehr resoluten Gruppenteilnehmerin (72 Jahre) gespielt. Neben den *Pflanzen* sind als Symbolpuppen vorhanden: die *Hitze,* die *Dürre* und das *Gewitter;* es kündigt sich Unheil an; ein Element des Bedrohlichen erscheint durch die Ballung dieser drei Puppen. Im Spiel drückt sich dies in den Ausrufen der dürstenden Pflanzen aus. Im Spielgeschehen wird eine Puppe umgewandelt in die Mutter Erde, die gleichfalls »aufgesprungen und ausgedörrt unter der Hitze leidet«. Doch das Gewitter bringt Erlösung. Das Gewitterdonnern wird durch trommelnde Füße auf dem Boden dargestellt. Der Wind heult und faucht. Die Pflanzen biegen sich hin und her. Das Spiel der Puppen wird pantomimisch – keine Rede, nur noch Bewegung. Doch die Luft nach dem Gewitter ist klar. Dürre und Hitze ziehen sich zurück.

Die Teilnehmer verwandeln ihre Puppen. Die Dürre wird *Herbstwind,* die Hitze wird zum *Erntegott.* Auch das Sommerspiel solle durch ein Lied abgeschlossen werden, schlägt man vor, aber die Gruppe kann kein gemeinsames Sommerlied finden. Es werden mehrere Vorschläge gemacht, auf die man sich nicht einigen kann. Die Puppenebene ist verlassen und wechselt in die Personenebene. Das Spiel beginnt zu verfallen. Ich greife deutend ein: »Ich höre so viele Vorschläge zu Sommerliedern, und auf keines kann man sich einigen. Vielleicht will die Gruppe den Sommer nicht vorbeigehen lassen; denn es wartet der Herbst, und es kommt der Winter mit Kälte und Dunkelheit.«

Die Deutung wird aufgenommen. Nicht, dass sie diskutiert würde! Es steht plötzlich der Vorschlag eines Herbstliedes, eines Erntedankliedes da, das von allen aufgenommen wird. Die Gruppe singt. Der Widerstand ist in sich zusammengesunken. Er flackert noch einmal kurz auf nach dem Lied mit dem Vorschlag, Herbst und Winter doch in der kommenden Gruppensitzung zu spielen, man habe schon so viel an diesem Nachmittag gespielt. Aber es ist noch Zeit, noch eine dreiviertel Stunde bis zum Ende der Gruppensitzung. Und so werden die Puppen wieder umgestaltet. Der *Herbst* ist die umgeschmückte Frühlingspuppe, mit vielen braunen und orangenen Tönen. Weitere Puppen sind der *Herbststurm,* mehrere Teilnehmer sind fallende *Blätter.* Eine Puppe spielt den *Nebel.* Der älteste Teilnehmer der Gruppe übernimmt die Rolle des *Frostes.* Der Herbst wird noch bunt gehalten. Er ist gedämpft, aber nicht freudlos. Die wirbelnden Blätter freuen sich an ihrem Tanz im Wind. Die *Sonnenpuppe* hat einige der roten Tücher abgenommen, aber das Orange dominiert noch. Abschied wird laut. Trauer um den vergangenen Sommer, und in diese Stimmung spricht ein Teilnehmer das Herbstgedicht von *Rilke:*

Herbsttag

Herr: es ist Zeit. Der Sommer war sehr groß.
Leg deinen Schatten auf die Sonnenuhren,
und auf den Fluren laß die Winde los.
Befiehl den letzten Früchten, voll zu sein,
gib ihnen noch zwei südlichere Tage,
dränge sie zur Vollendung hin und jage
die letzte Süße in den schweren Wein.

Wer jetzt kein Haus hat, baut sich keines mehr.
Wer jetzt allein ist, wird es lange bleiben,
wird wachen, lesen, lange Briefe schreiben
und wird in den Alleen hin und her
unruhig wandern, wenn die Blätter treiben.

Hiernach schweigt die Gruppe ergriffen. Die meisten Teilnehmer sitzen zusammengekauert.

Weiser alter Mann: Es ist Zeit, Ruhe zu suchen unter der Erde, Schutz zu suchen in der Wärme, gesichert von den gesammelten Kräften des Sommers, geschützt von der Erdendecke …
Frost (der sich zum Winter umdefiniert hat): … und von mir, dem Winter mit seinem Schnee, mit seiner weichen Schneedecke, die alles zudeckt und beschützt. Unter meiner Schneedecke kann alles schlafen, seid ihr alle gut aufgehoben, bis eine bessere Zeit kommt.

Die Gruppe ist still. Nach einiger Zeit beginnt eine Teilnehmerin (die den Sommer gespielt hat und jetzt ein Herbstblatt ist) mit dünner, aber klarer Stimme zu singen: »Leise rieselt der Schnee …« Sie singt das Lied für die Gruppe. Mit der zweiten Strophe fällt ein weiterer Teilnehmer ein. Nach Beendigung dieser Strophe verharrt die Gruppe noch etwas im Schweigen. Es braucht nicht mehr viel gesagt zu werden. Die Stimmung ist gelöst. »Das war ein schönes Spiel. Das hat mir viel gegeben.« – »Ein Sinnbild für das menschliche Leben. Frühling, Sommer, Herbst und Winter.«
In der nächsten Sitzung wird nur kurz einmal wiederholt, wie schön doch das Spiel beim letzten Treffen war. Dann werden Themen gesammelt, und es kommen ganz »handfeste« Alltagssituationen zum Vorschlag: Schwierigkeiten mit den Nachbarn, Weihnachtsgeschenke für

die Enkel, Probleme mit dem Heizen. – Nach dem Symbolspiel, in dem Verabschiedung und auch ein Stück Sterben vorweggenommen wurde, ist die Aufmerksamkeit für den Alltag wieder klarer. Das tägliche Leben wird beherzt angegangen.

7. Schlussbemerkung

Das Puppenspiel bietet in der Arbeit mit alten Menschen – gesunden wie auch kranken – Möglichkeiten, die so reichhaltig und vielversprechend sind, dass sie unbedingt in größerem Maße als bisher in Geragogik und Gerontotherapie benutzt werden sollten. Das Medium Puppe ist auch noch für den alten Menschen stimulierend. Die Puppe wird mit Freude zur Hand genommen. Sie vermittelt Spaß am Spiel und sie ermöglicht Integrationserfahrungen. Der vorliegende Beitrag konnte nur einige Aspekte aufzeigen, und er möchte zum Experimentieren mit dem »Medium Puppe« ermutigen, das sowohl in einfachen Spielaktionen als auch äußerst differenzierten therapeutischen Prozessen eingesetzt werden kann *(Petzold* 1983). Das therapeutische Puppenspiel erfordert, wenn man seine Möglichkeiten voll ausschöpfen will, ein hohes Maß an Erfahrung und breites theoretisches und methodisches Wissen, aber es bietet auch Möglichkeiten, sich langsam an »die hohe Kunst« der therapeutischen Arbeit mit Puppen anzunähern.

[1] Aus: Integrative Therapie 1–2 (1982) 74–112.

[2] Das Buch von *Schreiner* kann als grundlegend empfohlen werden.

[3] *Sharing:* Mitteilen der eigenen emotionalen Beteiligung und Betroffenheit in der Schlussphase des Psychodramas oder der Gestalttherapie *(Blatner* 1973).

Poesie- und Bibliotherapie mit alten Menschen und Sterbenden[1]

Poesie- und Bibliotherapie als Verfahren kreativer Therapie *(Leedy* 1969; 1973; *Lerner* 1978; *Petzold, Orth,* 1985) erweisen sich für die Arbeit mit alten Menschen als besonders geeignet, weil sie an eine der Grundfähigkeiten der menschlichen Existenz anknüpfen, das Sprechen, den Ausdruck von Gedanken und Gefühlen im Wort. Dieses »sich ausdrücken« ist seinem Wesen nach kein autistisches Monologisieren, es ist gesprochenes Wort, das sich an jemanden richtet. Die Sprache ist ihrem Wesen nach bezogene. Sie wird im Dialog erworben und bleibt auf Zuhörer gerichtet, und selbst der Monolog unterstellt, sofern er noch nicht in die Idiosynkrasie degeneriert ist, einen Zuhörer. Das expressive, das aktionale und das dialogische Moment im »Medium Sprache« gewährleisten, dass kommunikative Funktionen erhalten bleiben oder restituiert werden, wenn man es in therapeutischen und agogischen Prozessen einsetzt.

1. Das Alter und das Verstummen

Das Alter ist häufig davon gekennzeichnet, dass die Dialoge verarmen, oder dass ein Mangel an dialogischen Situationen eintritt. Das Gespräch verarmt, verkümmert zum Selbstgespräch, das nicht eine innere Rede ist, die der Klärung dient, das feinste Schwingungen aufnimmt und weiter differenziert. Viele alte Menschen führen einen »Monolog aus Not«, der, wenn sich keine Dialogpartner mehr finden, im Perseverieren verödet oder in das Verstummen führt. Deshalb geht es darum, den Dialog wieder herzustellen sowie den »reichen« inneren Monolog, der wirkliche Zwiesprache mit sich selbst ist. In der Poesietherapie mit alten Menschen geht es vielfach darum, ihnen die Sprache wiederzugeben, mehr noch, ihnen eine neue Möglichkeit der Sprache, des Sprechens zu geben. Alte Menschen sind oftmals verstummt. Man hat sie zum Schweigen gebracht: ihre Wünsche, ihre Klagen, ihre Proteste. Die permanente Minderung, der beständige Entzug an Kompetenzen, an Ressourcen, an Zuwendung hat in eine

resignierte, oftmals verbitterte Stille hineingeführt, in der der Schrei der Empörung vergessen worden ist *(Petzold* 1982a). Die Grabesstille ist schon anwesend, denn wo der Dialog verstummt, stirbt der Mensch *(Spitz* 1978).
Wie aber soll man die wieder zum Sprechen bringen, die des Sprechens entwöhnt sind? Wie den idiosynkratischen Monolog zur Zwiesprache verwandeln? Die Wortkargheit alter Menschen, ihr Perseverieren ist – und das gilt besonders für den geriatrischen Patienten – nur schwer zu durchbrechen; die Sprachhülsen der Resignation haben das Leben ausgetrocknet: die Besuchsdialoge in Altersheimen machen dies nur allzu plastisch.

> *Sohn:* »Wie geht es dir, Vater?« – »Ich kann nicht klagen, man wird halt alt!« – »Was machen deine Beinbeschwerden?« – »Das Bein will halt nicht mehr so recht, aber es geht schon.« – »Das ist ja schön, dass es dir besser geht.« – »Kommt ihr nächsten Sonntag wieder zu Besuch?« – »Ich weiß noch nicht, ich habe viel zu tun, ich rufe dich an.« – »Wann wirst du denn anrufen?« – (ungeduldig) »Ich sagte doch, ich rufe noch an.« – Schweigen.

Viele alte Menschen sind dem Reden gegenüber misstrauisch geworden. Das Wort, das ohne Antwort bleibt, Rede, die kein Echo findet, Sagen, das ins Leere geht, hat den Zugang über das Gespräch vielfach verstellt. Es waren zu viele Enttäuschungen und Verletzungen damit verbunden.
Für diese Situationen können Poesie- und Bibliotherapie Möglichkeiten eröffnen, Worte zu gewinnen, Resonanz auf Gesagtes hervorzurufen. Der Text wird *Brücke,* Zugang, Vermittler. Das gelesene Gedicht, die Geschichte, der Roman, das sind Worte, die ich im Lesen gleichsam zu mir selbst spreche, entliehen von dem, der sie niedergeschrieben hat. Die Präsenz dieses Schreibers hinter den Buchstaben, der mit seinem geschriebenen Wort Interesse weckt, anrührt, betroffen macht, bewirkt eine Nähe, die keine Angst macht. Es ist eine Distanz da. Es ist die Möglichkeit der unberechenbaren Reaktion ausgeschlossen. Der Text kann jederzeit aus der Hand gelegt werden, und er kann jederzeit wieder aufgenommen werden. Es ist keine Gefahr gegeben, dass er sich entzieht. Der Text steht in der Verfügbarkeit.
Das Gedicht als geschriebenes Wort wird zum *intermediären Objekt* zwischen dem alten Menschen und der Welt der Sprechenden,

ein Objekt, das er beherrscht und dem er nicht ausgeliefert ist, das Partizipation ohne Bedrohung möglich macht. Wo immer ein solcher Text angeboten wird, dem Leser übergeben wird, steht der, der den Text aushändigt, auf der Seite des Autors, hinter den Schriftzeichen. Er wird möglicher Dialogpartner für ein Zwiegespräch, wie es ein Leser mit dem Autor führt. Darin besteht die Brückenfunktion des Intermediär-Objektes (*Rojas-Bermúdez* 1979; 1982): Neben seiner Möglichkeit, Ängste zu reduzieren, Verfügbarkeit zu gewährleisten, assoziiert es Menschen, zwischen denen Gemeinsamkeit nicht mehr möglich war.

2. Zur Methodik

Poesietherapeutische Arbeit aus dem Praxisfeld, insbesondere aus dem Umgang mit alten Menschen, Schwerkranken und Sterbenden »wissenschaftlich« darzustellen, widerstrebt mir oder bringt mich zumindest in einen Zwiespalt. Die Arbeit mit diesen Menschen macht betroffen. Sie kann eigentlich nur aus der eigenen Betroffenheit legitimerweise getan werden. Der wissenschaftliche Zugriff objektiviert den Menschen und das Gedicht. Beide jedoch überschreiten die Dimensionen der analysierenden Zergliederung. Die Texte sprechen für sich selbst: persönlicher Ausdruck tiefer Empfindungen, Einsichten, Sinnverdichtung von Erfahrung, Lebensereignissen, Schicksalen. Das Gedicht ist sehr oft eine Deutung, und zwar eine, die keine rationalisierende Einsicht vermittelt, sondern zu einer ganzheitlichen Schau, zu einem tiefen Verstehen führt. Derartige Gedichte bedürfen in der Regel einer analytischen Interpretation nicht. Eine solche wird allenfalls nur Partikularaspekte herausheben, diese deutlicher machen. An den Reichtum des Gedichtes, an seinen Charakter als Interpretationsmodus komplexer Lebensmöglichkeiten, reicht sie nicht heran. Ich verzichte in dieser Arbeit weitgehend auf den interpretativen Zugang. Dem in der Psychoanalyse *Freuds* oder in der Tiefenpsychologie *un*geschulten Leser werden die Gedichte und Texte reiches Material für theoretisch-spekulative Überlegungen bieten, und auch für eine narzissmustheoretische Explikation (*Kohut*) des letzten Lebensabschnittes ergeben sich vielfältige Anregungen. Auch diese Perspektiven führe ich in der vorliegenden Arbeit nicht aus; sie

bleiben späteren Auswertungen meines umfangreichen Materials vorbehalten.
Für die praktische Handhabung poesietherapeutischer Prozesse, für den Umgang mit der unmittelbaren Betroffenheit, für das »Verstehen«, was das Gedicht aussagt, was der Klient meint, bietet sich neben der tiefenpsychologischen Sichtweise der phänomenologische bzw. hermeneutische Ansatz an, wie ihn z. B. die Gestalttherapie *(Perls* 1980) vertritt. Sie ist mit ihren erlebnisaktivierenden Methoden für den Umgang mit Texten besonders geeignet. Biblio- und Poesietherapie in der Arbeit mit alten Menschen wird in ihrer Ausrichtung und in ihrem methodischen Ansatz stark bestimmt von unterschiedlichen Kontexten und Zielgruppen und natürlich auch von den Intentionen des Therapeuten. Sie wird bestimmt von den Themen, die aufgegriffen werden sollen, und von den Widerständen gegen diese Themen. Die Arbeit auf der geriatrischen Station, im Altenheim oder in Einrichtungen der Erwachsenenbildung gewinnt eine jeweils eigene Charakteristik. Die Arbeit im klinischen Setting ist von der Zielsetzung her stärker darauf gerichtet, Konflikte und Probleme aufdeckend oder stützend anzugehen. Im Bereich der Geragogik sind erlebniszentrierte Methoden vorherrschend. Darüber hinaus ist man auf den Umgang mit alterstypischen Konfliktkonstellationen gerichtet, die im Bereich der für jeden Alternden auftauchenden Lebensproblematik anzusiedeln sind (Umgang mit Kräfteabbau, Verlust von Freunden, Wohnsituation usw.). Schließlich ist ein weiterer Akzent in der Persönlichkeitsentwicklung zu sehen, in der Auseinandersetzung mit dem bisher gelebten Leben und dem Gewinn neuer Einsichten und Erkenntnisse. Die beiden letztgenannten Schwerpunkte, Lebenshilfe und Persönlichkeitsentwicklung, sind für die Arbeit im Rahmen der Erwachsenen- und Altenbildung bestimmend. Oftmals gehen auch klinische und persönlichkeitsbildende Arbeit ineinander, sodass eine Trennung weder nötig noch sinnvoll ist.
Im vorliegenden Beitrag sollen Beispiele aus den genannten Arbeitsbereichen mit ihren unterschiedlichen Akzenten vorgestellt werden. Dabei wird poesie- und bibliotherapeutisches Arbeiten verbunden. Eine methodische Abgrenzung im Sinne einer Trennung der Ansätze erweist sich als nicht sinnvoll, da die Poesietherapie *(Leedy* 1973; *Lerner* 1978) sowohl in rezeptiver Hinsicht eingesetzt wird –

Gedichte werden vorgelesen – als auch in produktiver Hinsicht – Gedichte werden selbst geschrieben (vgl. *Petzold, Orth* 1985). Bibliotherapie wird andererseits nicht nur als das gezielte Anbieten angemessener Lektüre verstanden, sondern auch als das Vorlesen von Texten, wobei jeweils die Resonanz auf das Gelesene bzw. Vorgelesene im Gespräch aufgearbeitet wird, ein rezeptiv-produktiver Ansatz also (vgl. *Rubin* 1978a, b). Trotz methodischer Besonderheiten der einen oder anderen Ausrichtung müssen die verschiedenen Techniken im Zusammenhang gesehen werden: »Bibliotherapy is a family of techniques for structuring an interaction between a *facilitator* and a *participant*, an interaction, which is in some way based on their mutual sharing of *literature* in the broadest sense possible« *(Berry* 1978, 186). Unser Konzept einer *integrativen und dynamischen Poesie-* und *Bibliotherapie (Petzold, Orth* 1979) greift noch weiter, wenn wir der Definition von *Berry* hinzufügen: »mit der Zielsetzung einer Behandlung von Defiziten und Störungen, der Hilfestellung in der Bewältigung von Lebenssituationen, des Verbesserns von Lebensqualität und der Entwicklung der Persönlichkeit«. Ausgangspunkt für die poesie- und bibliotherapeutische Arbeit mit alten Menschen wird damit seine Lebenssituation und ihre Einbettung in den gesamtgesellschaftlichen Kontext. Aus dem aktuellen Lebenskontext mit seinen Ressourcen und Defiziten, mit seinen förderlichen und abträglichen Außeneinflüssen einerseits, und aus einer anthropologischen, psychologisehen und soziologischen Theorieposition im Hinblick auf das Alter andererseits (vgl. *Rosenmayer* 1981; *Petzold, Bubolz* 1976; *Marcel, Petzold* 1976) lässt sich die Zielsetzung poesie- und bibliotherapeutischer Arbeit klientenzentriert und situationsspezifisch, also *differenziell* bestimmen *(Lehr* 1979a).

3. Arbeit in der Gerontopsychiatrie

Über poesie- und bibliotherapeutische Arbeit im gerontopsychiatrischen Bereich liegen kaum Berichte vor *(Sweeny* 1978), obgleich besonders in den USA durchaus in diesem Feld mit derartigen Methoden gearbeitet wird. Eine interventionsorientierte Gerontopsychiatrie steht ohnehin noch in den Anfängen *(Lehr* 1979b; *Österreich* 1975; *Bellak, Karasu* 1976), und der Entwicklungsstand von

Einzelverfahren spiegelt sicher die Gesamtsituation wider. Ausgangspunkt für unsere Arbeit mit gerontopsychiatrischen Patienten, insbesondere den langzeitig hospitalisierten, wurde immer wieder das Phänomen des *Verstummens,* der Verlust des Dialogs, die Reduktion des Gesprächs und des Sprechens *(Zimmermann* 1982; *Sosna* 1983).

Ich war zwanzig Jahre hier,
in der Anstalt war ich zwanzig Jahre.
Ich bin hier zu Hause.
In der Anstalt.
Habe keine Verwandten mehr,
die haben mich vergessen.
Schwestern sind weggegangen,
Ärzte sind weggegangen,
andere sind weg,
die Anstalt ist bei mir geblieben.
(Johann, 68 Jahre).

Das Gedicht dieses chronisch schizophrenen Patienten, der seit vielen Jahren nicht mehr gesprochen hatte, wurde nach zwei Gruppensitzungen, in denen zunächst rezeptiv-poesietherapeutisch gearbeitet wurde, niedergeschrieben. Es wurde *nicht* verlesen. Wir haben es zusammen mit ihm auf eine Tapetenrolle geschrieben, in dicken Filzstift-Buchstaben, und diese aufgehängt.

Die Gruppe mit acht Alterspatienten eines psychiatrischen Krankenhauses – sie waren zwischen acht und siebenundzwanzig Jahren hospitalisiert – hatte als Lesegruppe begonnen. Es wurden ausgewählte, einfache Gedichte, Texte verlesen, über die es zwischen den Teilnehmern zu ganz spärlichen, kleineren Äußerungen kam. »Das ist ein schönes Gedicht.« – »Mit so einem Gedicht kann ich nichts anfangen.« – »Der hat die Landschaft so schön geschildert, so als wenn man sie richtig sehen kann.«

Etwas ergiebiger wurden die Gespräche über Fragen aus dem Klinikalltag. Die Texte der ersten Sitzung, sie dauerte dreißig Minuten, waren vorwiegend Schilderungen, weil die Therapeuten der Auffassung waren, dass diese Thematik am leichtesten aufgenommen werden könnte. Sie hatte bei einigen Teilnehmern in der Tat gute Resonanz, bei anderen wurde sie abgelehnt. Die Schönheit der Natur war offenbar für einige Teilnehmer eine Konfrontation mit der Öde des

Klinikalltags, die abgewehrt werden musste. In der zweiten Sitzung begannen zwei Teilnehmer, unmittelbar nachdem sich die Gruppe getroffen hatte, wieder die Situation in der Klinik anzusprechen. Wir hatten einige Texte über Wohnhäuser, Krankenhäuser, Gebäude zusammengestellt, die wir zwischenzeitlich vorlasen. Das Gespräch zentrierte in der Frage: Ist eine Klinik oder ein Heim eigentlich ein Haus, in dem man leben kann? Die Meinungen gingen sehr weit auseinander. Von einem Teil der Gruppe wurde die Klinik als »die Heimat« angesehen *(Krapp* 1984), der größere Teil sah sie als »schlimme Lebenssituation«. Wir forderten die Patienten auf, zur nächsten Sitzung etwas über die Klinik als Wohnort zu schreiben. Vier Patienten brachten tatsächlich Texte mit. Hannes (72 Jahre) liest vor, was er geschrieben hat:

> »Die Klinik ist eine schlimme Lebenssituation, wenn man in ihr leben muss. Es ist so vieles unwürdig und schlimm, und alles ist so freudlos. Nichts gehört mir. Selbst das Bett gehört mir nicht. Die Klinik ist einfach kein Haus und keine Wohnung. Sie ist ein Lagerhaus, wo man uns lagert bis ...«

Auch die anderen beiden Gedichte von Peter (75 Jahre) und Klaus (69 Jahre) stellen das Bedrückende der Klinik heraus. Nur das eingangs mitgeteilte Gedicht kennzeichnet die Anstalt als das einzig Stabile, etwas, das einen Hauch von Sicherheit und Geborgenheit vermitteln kann. Die » Veröffentlichung« des Gedichtes von Johann, der nicht mehr gesprochen hat, beeindruckt die Gruppe, verändert das Klima der Resignation und lässt Überlegungen aufkommen, wie die Station, wie die Zimmer wohnlicher gemacht werden könnten. Die Unterstützung durch die Therapeuten wird hier wichtig. Initiativen können nur greifen, wenn substanzielle Hilfe von außen kommt. Wir sammeln Ideen dazu. Jeder kann seine Idee mitteilen, die mit Filzstift auf einem großen Bogen aufgeschrieben wird. Es entsteht der folgende Gruppentext:

> Einen gemütlichen Sessel, viele Blumen,
> eine schöne Decke, schöne Bilder,
> ein Aquarium, noch ein Radio,
> blaue Vorhänge, rote Vorhänge,
> eine schöne Blumenvase.
> Schöne Steine und Gläser, viele Farben.

Das wollen wir haben,
das wollen wir sammeln,
das wollen wir kaufen,
wir machen eine bunte Station.

Die Initiative wird schon in der nächsten Gruppensitzung aufgenommen, indem von den Therapeuten Materialien für Collagen mitgebracht werden. Aus Illustrierten und Bildheften, Blumen- und Reisekatalogen werden großflächige Wandbilder hergestellt. Auch in diesen Materialien konkretisieren sich die Wünsche und Sehnsüchte der Gruppenteilnehmer. Die Arbeit mit Collagen hat ein sehr hohes aktivierendes Potenzial. Eine Aufarbeitung im Gruppengespräch kann mittels gestalttherapeutischer Techniken erfolgen. Da aber in der beschriebenen Gruppe ein Teil der Mitglieder sehr große Schwierigkeiten hatte, sich mitzuteilen, wurde wiederum ein poesietherapeutischer Ansatz gewählt. Zu den Collagen konnten Texte gemacht werden, die, auf Wandzeitungen gemalt und mit Wachsmalfarben schön gestaltet, eine andere Möglichkeit des Ausdrucks boten.
Fritz (70 Jahre) hat ein großes Wandbild geklebt, das nur aus Bäumen besteht, die er in verschiedenen Zeitungen und Katalogen ausgeschnitten hatte. Er schrieb dazu folgendes Gedicht:

Wald liebe ich sehr,
die großen Bäume schauen auf mich herab.
Ein Haus aus Bäumen,
ein Lager aus Blättern,
sanftes Rauschen am Abend,
bringt mir mein Bild
ins Zimmer.
(*Fritz*, 70 Jahre)

Wir sehen uns Bild und Gedicht an. Auf die Frage »Wie lange waren Sie denn nicht in einem Wald?« laufen Fritz die Tränen über die Wangen. »Zu lange«, schluchzt er, »zu lange ist das weg.« Die Gruppe ist betroffen; man überlegt, ob es eine Möglichkeit gibt, einen Waldspaziergang zu machen. Auch hier kann mit Hilfe der Therapeuten ein Sonntagnachmittag- Ausflug nur für die Gruppe organisiert werden.

Soviel Grün ist schon viele Jahre
nicht mehr gewesen,
alle meine Gedanken sind voller Blätter,
als ob ich neue Wurzeln hätte,
als ob ich noch einmal leben könnte,
so war mein Sonntagsspaziergang.
(Fritz, 70 Jahre).

Die poesietherapeutische Arbeit in gerontopsychiatrischen bzw. geriatrischen Stationen muss immer wieder aktivierende Elemente einbeziehen, andere Medien verwenden sowie therapeutische und geragogische Initiativen ergreifen, um die oftmals nur schwachen Impulse der Teilnehmer aufzugreifen, um ihnen eine Hilfe bei der Realisierung zu geben. Milieutherapeutische Maßnahmen und Einbeziehung des Stationspersonals werden unumgänglich, wenn ein breiterer Einfluss gewährleistet werden soll. Es ist daher auch notwendig, die aktivierenden Interventionen nicht nur auf die Therapiesitzung zu beschränken, sondern in den Stationsalltag hereinzutragen. Die poesie- und bibliotherapeutische Methode bietet hierzu gute Möglichkeiten. So wurden die Patienten von uns ermutigt, auch unter der Woche zwischen den Gruppenstunden Gedanken und Gefühle aufzuschreiben. Mit spezifisch ausgewählten Texten wurde versucht, die Teilnehmer zum Lesen zu motivieren. Es trat dabei die Schwierigkeit auf, dass die Mehrzahl der Gruppenmitglieder des Lesens entwöhnt war. So versuchten wir, den Zugang zunächst über das Vorlesen zu gewinnen. In den Stunden wurde ein etwa 10-minütiger Text vom Therapeuten vorgetragen und anschließend besprochen. In der Folge übernahmen Gruppenteilnehmer die Rolle des Vorlesers. Sie wurden dazu angehalten, auch außerhalb der Gruppenstunden einander vorzulesen. Es konnte damit die Kommunikation auf der Station wesentlich verbessert werden. Das Niederschreiben von Texten stieß bei drei Teilnehmern auf keine Resonanz, sie brachten nie Texte mit. Es handelte sich um die schwierigsten und zurückgezogensten Patienten der Gruppe. Nach zwei Monaten jedoch brachte einer von ihnen, Werner (67 Jahre), der mit einer chronifizierten Schizophrenie bei deutlicher Defektbildung seit 12 Jahren hospitalisiert war, ein erstes Gedicht auf einer Wandzeitung.

Habe keinen   mehr
wenn Du nach   geest
trifft Dich der   am Abent
er hat keinen   im
Wirklich nicht.
Habe   selbst gesehen.
(Werner, 67 Jahre).

Diesem Text folgte eine recht produktive Phase, in der Werner immer wieder Gedichte und Prosastücke brachte, in denen die charakteristischen Lücken auftauchten. Wir fragten, ob wir die leeren Räume und Lücken mit der Gruppe ergänzen dürften, und erhielten eine panische Reaktion und völligen Rückzug über einige Wochen. Dann hat Werner selbst in seiner Wandzeitung eine Zeile vervollständigt: »Er hat keinen *Mund im Gesicht«.* Er begann, in der Gruppe wieder aktiver teilzunehmen, und übernahm kurze Zeit später zum ersten Mal die Rolle des Vorlesers. – Hatte er seinen Mund wiedergefunden?

Die Texte auf den Wandzeitungen oder in Tagebüchern als intermediären Objekten der Kommunikation, das Vorlesen, Lesen, Schreiben, haben in vielfältiger Hinsicht das Leben der Patienten bereichert und über die Gruppe hinaus das Klima auf der Station positiv beeinflusst, sodass über das Schreiben von Briefen oft Patienten einbezogen werden konnten, die nicht an der Gruppe teilnahmen und nach unserer Einschätzung auch nicht teilnehmen konnten. In einer Zwischenbilanz nach 12 Monaten erhielten wir auf die Frage, was an der Poesietherapie am besten gefalle, folgende Antworten: »Man kann wieder reden zusammen! – Man kann etwas Schönes machen. – Ich habe mehr Freude am Leben. – Man wird wieder lebendiger. – Ich mache das gerne, die Gruppe und das Schreiben«, usw. Für einige Patienten ergab sich auch ein neuer oder intensivierter Kontakt zur Außenwelt, indem sie, ermutigt durch die Therapeuten, anfingen, Briefe und Gedichte an Kinder und Verwandte zu schreiben. Ein Patient machte deutlich, wie wesentlich diese neue Möglichkeit für ihn ist: »Jetzt kann ich meinen Kindern auch mal was Schönes von mir schenken. So ein Gedicht oder auch mal was Gemaltes. Geld hat man ja nicht. Mir war schon immer schlimm, nie was zu haben, womit ich den Kindern eine Freude machen konnte. Ich bin sehr dankbar, dass wir das mit den Gedichten gelernt haben hier.«

4. Poesie- und Bibliotherapie mit Hochbetagten

Die Arbeit mit gerontopsychiatrischen Patienten weist zahlreiche Gemeinsamkeiten zur Arbeit mit Pflegebedürftigen und hochbetagten Menschen auf. Methoden und Strategien sind in vieler Hinsicht austauschbar. Es wird vom Konzept und vom praktischen Procedere her ein spezifischer Zugang erforderlich. Dieser ist im Wesentlichen vom Fassungsvermögen und der Ansprechbarkeit der Patienten bzw. Klienten bestimmt *(Moody* 1964). In der Regel beginnt man mit einem rezeptiven Ansatz: ausgewählte Texte werden vorgelesen. Sie sollen dem Patienten Ermunterung, Trost, Anregung geben und ihm die Partizipation ermöglichen, um so die Effekte »intellektueller Deprivation« anzugehen, z. B. Niedergeschlagenheit, Depression, Angstzustände. Der Kontakt mit dem Vorlesen, mit dem Text und den dort dargestellten Ereignissen bietet eine Stimulation, die als solche schon heilsam ist. Neben dem kommunikativen Faktor hat die Arbeit die Zielsetzung der Beschäftigung und Entspannung, der Informationsvermittlung, der intellektuellen Stimulierung und der Vermittlung von Einsichten *(Moody* 1964). Das Aufgreifen der Textinhalte im Gespräch führt über den rein rezeptiven Ansatz zu einem rezeptiv-produktiven Vorgehen: auf das Vorlesen folgt das erlebnisaktivierende Gespräch. Das Vorlesen ist selbst bei schwer Infirmen, z. B. Apoplex-Patienten, mit denen sprachliche Kommunikation nicht mehr möglich ist und eine Verständigung nur über Augen- und Kopfzeichen erfolgt, einsetzbar. Textauswahl und Gesprächsführung bekommen dabei eminente Bedeutung. Die Textauswahl hat sich an den Bedürfnissen und Interessensbereichen des Patienten auszurichten. Diese aber sind nicht immer leicht herauszufinden. Landschaftsbeschreibungen, die in dichter Weise Stimmungen evozieren, ohne dabei eine zu komplizierte Sprache zu verwenden, bieten sich häufig als Einstiegstexte an, über die man mit dem Patienten ins Gespräch kommen kann. Zuweilen sind es auch Texte, die den Patienten bekannt sind, etwa Liedtexte, wie das folgende Beispiel (aus *Bubolz* 1979, 372) deutlich macht:

Therapie mit einer 87-jährigen, fast blinden Frau

Therapeutin: Ich habe Ihnen heute einen Liedtext mitgebracht, der mir vor einigen Tagen in die Hände gefallen ist. Soll ich es Ihnen vorlesen?

Sie kennen es vielleicht. Es ist ein Abendlied.
Klientin: Ja gerne. Ich höre Sie so gerne lesen.
Therapeutin: Abend wird es wieder
Über Wald und Feld
säuselt Frieden nieder
und es schläft die Welt.
Nur der Bach ergießet
sich am Felsen dort ...
(Das ganze Lied wird langsam und klar vorgelesen.)
Klientin: Das war ein schönes Lied. Ja, ich kenne es (singt die erste Strophe).
Therapeutin: Ich finde, der Text fängt den Abendfrieden gut ein.
Klientin: Ja, das stimmt. Ich entsinne mich da an viele friedliche Abende. Ich habe viele Jahre auf dem Lande gewohnt, müssen Sie wissen. Wenn dann abends der Nebel aus den Wiesen stieg, das war schon schön.
Therapeutin: Ja, stellen Sie sich das ruhig vor, wie das war.
Klientin: Sehen kann ich das ja alles nicht mehr, aber ich kann's mir jetzt gut vorstellen. Da zieht einem der Friede richtig ins Herz. Glauben Sie mir, der Friede ist schwer zu halten. Sehr schwer! Ich habe eben zu viel Schmerzen, und dass ich nicht sehen kann.
Therapeutin: Ich weiß. Aber Sie können doch mit dem inneren Auge sehen. *Klientin:* Ihre Gedichte helfen mir sehr dabei. Manchmal sage ich mir auch welche vor mich hin. Ich kann nur zu wenig. Lesen Sie's mir bitte noch mal. *Therapeutin:* Gerne.

Das Beispiel macht sehr eindrücklich deutlich, wie in der Kombination von Vorlesen und erlebnisaktivierendem Gespräch eine dichte Kommunikation zustande kommen kann und wie für die Klientin selbst das Rezitieren von Gedichten und Liedern die Gemütslage beeinflusst.
Oft müssen Texte mehrfach vorgelesen werden. Besonders solche, die gut gefallen haben, können immer wieder einmal gebracht werden. Die Freude des hochbetagten Patienten, einen Text wiederzuerkennen, steht hier der Befürchtung entgegen, dass ein Monotonieeffekt auftreten könnte. Klare Diktion, eine einfache Syntax und eine unmittelbare Ansprache sind vonnöten. Dabei ist darauf zu achten, dass sich nicht unter der Hand ein infantilisierender Kommunikationsstil ausbildet, der durch das Verhalten mancher Patienten nahegelegt wird. Dies gilt auch für die Kommunikation in und mit Gruppen, die, wo immer möglich, in der Arbeit mit Hochbetagten, sowohl in der Heimsituation als auch im geriatrischen bzw. geronto-

psychiatrischen Setting, angestrebt werden sollte, um kommunikative Netze aufzubauen, und zwar besonders auch für Patienten, bei denen die kommunikativen Fähigkeiten durch Senilität, hirnorganische Veränderungen und Hospitalisierung weitgehend abgebaut sind. »Diese Gruppe alter Menschen ist vielleicht die am meisten vernachlässigte und am wenigsten versorgte Population«, die man in Landeskrankenhäusern und Heimen findet *(Sweeny* 1978, 197). »Bibliotherapy can be used with one of the most difficult patient populations to be found in hospitals: The elderly, and even those who have experienced some organic impairement« (ibid.). Isolation, Verzweiflung und Gefühle der Hilflosigkeit, zuweilen Ärger, der keinen adäquaten Ausdruck finden kann, sind für diese Population kennzeichnend. Depressionen, Angstzustände und Apathie finden sich als Konsequenz eines Zustandes, der als *»demoralization«* bezeichnet wurde (ibid. 181). Zielsetzung ist deshalb: »the restauration of moral«.
Die poesie- und bibliotherapeutische Arbeit mit Hochbetagten zentriert auf diesem Ziel. Das erfordert Aktivierung, Angebote, Modelle. »Eine Gruppe für Hochbetagte, besonders für die, die hirnorganische Veränderungen erlitten haben, erfordert, dass die Leiter äußerst aktiv sind« (ibid. 183), dass man intensiv strukturiert, Kommunikation fördert, Perseverieren unterbricht, den Patienten zeigt, wie man einander zuhört, wie man auf das Gedicht eingeht, oder gar, wie man miteinander spricht – Kompetenzen, die oftmals weitgehend verlorengegangen sind. Neben massiven Einschränkungen des Hör- und Sehvermögens ist eines der schwerwiegendsten Hindernisse die fehlende Kapazität des Kurzzeitgedächtnisses. Oft gelingt es Patienten nicht, obwohl sie sich über Monate treffen, Namen zu behalten, auch die Namen der Therapeuten. Hier wird wichtig, dass die Signale für das Erkennen nicht an Namen festgemacht werden, sondern dass man »andere Kanäle« der Identifikation aktiviert: optische und kinästhetische Eindrücke, wie z. B. spezifische Begrüßungsrituale, die man entwickeln kann. In kleinen Gruppen von 4–6 Teilnehmern werden derartige Identifikationsraster praktikabel. Patienten, die beim Vorlesen eines kurzen Textes gegen Schluss schon den Anfang vergessen haben, die selbst nach einjähriger Teilnahme keine Namen behalten können, entwickeln auf diese Weise Möglichkeiten des Wiedererkennens und ein Gefühl, dass das »ihre Gruppe« ist.
Die Kommunikation ist von Herzlichkeit und Lebendigkeit geprägt.

Die Gruppensitzungen finden in einem Aufenthaltsraum statt. Die noch etwas rüstigeren Teilnehmer holen die Schwerbehinderten und Eingeschränkten ab. Zuweilen ist dies ein etwas schwieriges Unterfangen, weil zwei Gruppenmitglieder regelmäßig einen gewissen Widerstand zeigen. Sie wollen ihr Zimmer nicht verlassen und wissen nicht, wohin sie sollen. Im Gruppenraum, wenn die ganze Gruppe versammelt ist, stellt sich dann das Erkennen ein.
Der rezeptiv-produktive Ansatz der Poesietherapie scheint mir neben den anderen Formen kreativer Therapie (Musiktherapie, *Frohne* 1979; zuweilen Puppenspiel, *Petzold* 1982b oder einfachste Bewegungsarbeit, *Petzold, Berger* 1979) die einzige Form des Zugangs zu der Population der Hochbetagten zu sein. Die multidimensionale Arbeit ist denn auch kennzeichnend für den Verlauf der Gruppenstunden.

Beispiel
Wir gestalten eine Gruppensitzung über das Thema »Der Baum«. Die Gruppe beginnt, indem die Therapeutin folgenden Text vorliest, der in einer anderen poesietherapeutischen Gruppensitzung zum gleichen Thema an einer Volkshochschule von einer 65-jährigen Teilnehmerin geschrieben wurde.

> *Der Baum*
> Es ragt die mächtige Krone des Baumes, ein grünes Gewölbe, gegen den Himmel. Die Blätter, die Zweige, die Äste bauen einen Dom des Friedens. Er hat mich umfangen, in meinen Kindertagen, mir Ruhe gegeben in den Wirren des Lebens. Er umfängt mich jetzt im Alter unverändert mächtig. Baum, du erfüllst mich mit Andacht. Meine Sehnsucht ist, unter dir, Baum, meine letzte Ruhe zu finden.

Der Text wird zweimal laut und deutlich vorgelesen. Im Nachgespräch zeigt sich, dass er für einige Teilnehmer zu schwierig ist. Wir lesen einzelne Zeilen und Bilder noch einmal und zeigen dazu große Poster von Bäumen. Wir haben einige Zweige mitgebracht, eine Baumscheibe mit Rinde, die frisch geschnitten ist und noch herrlich nach Holz und Harz duftet. Die Objekte werden herumgereicht, man riecht sie, man ertastet sie, wiegt sie in der Hand, legt das Gesicht in die Blätter der Zweige.
T.: »Stellen Sie sich vor, Sie stehen unter einem großen Baum, einer großen Eiche, einer großen Linde oder einem Kastanienbaum, einem

Baum, der sein grünes Blätterdach über Ihnen ausbreitet, das sanft rauscht und Ihnen Schatten gibt. Stellen Sie sich das ganz intensiv vor. Jeder Teilnehmer sagt jetzt einmal laut: ›Ich sitze unter einem Baum!‹«. Wir sprechen in der Gruppe über diese Erfahrung: »Mein Baum war ein Kastanienbaum mit roten und mit weißen Kerzen.« – »Die haben nur weiße *oder* rote Kerzen.« – »Ist doch egal, ich hatte einen Lindenbaum.« – » Und ich eine Weide, einen ganz großen Weidenbaum, Trauerweide. Ich saß unter einem ganz großen Weidenbaum, einer Trauerweide. « – Die Patientin beginnt ein wenig zu perseverieren und wird freundlich unterbrochen. *T.:* »Das waren ja ganz verschiedene Bäume. Jeder hat sich wohl den Baum gesucht, den er am liebsten hat. Frau S., können Sie etwas mehr über ihre Kastanie sagen?« – »Ich habe Kastanienbäume sehr gern. Schon in der Schule, auf unserem Schulhof. Besonders, wenn sie blühen.« – Es folgt eine Schilderung des Schulhofes und der Schulzeit. Die Teilnehmer der Gruppe werden aufgefordert, die Form ihres Baumes mit den Händen zu zeichnen und dabei zu sagen: »Ich bin eine Kastanie, ich bin eine Weide, ich bin eine Eiche usw.« Die Stunde wird mit dem Vorschlag beschlossen, dass jeder, der möchte, etwas über seinen Baum schreibt und es in der nächsten Stunde mitbringt. Die Altenpflegerin, die als Co-Therapeutin an der Gruppe teilnimmt, wird die einzelnen Mitglieder an diese Aufgabe erinnern. Zur nächsten Sitzung haben wir zwei Texte, die selbst geschrieben wurden, und einen dritten, der mit Hilfe unserer Kollegin zustande kam.

Kastanien
Die Kastanienbäume stehen vor unserer Schule,
Kinder werden sie nie vergessen.
Die weißen und roten Kerzen
bleiben im Gedächtnis und im Herzen.
Grüne stachelige Kugeln bringen die schönsten Kindergeschenke,
glänzende, braune Kastanien.
Man kann die schönsten Sachen
zum Spielen daraus machen.
(*Hedwig,* 91 Jahre).

Eiche
Die deutsche Eiche ist ein herrlicher Baum.
Mein Lieblingsbaum.
Sie ist stark wie das deutsche Volk.

Wenn ich an sie denke, bin ich stolz
fühle ich noch Kraft in den alten Knochen.
Man soll die Bäume lieben und schützen.
(Hartmut, 88 Jahre).

Wir lesen in dieser Sitzung Waldgedichte vor und spielen Tonbandaufnahmen von Waldliedern aus »der guten alten Zeit«. Manche Lieder werden von einigen Teilnehmern oder der ganzen Gruppe mitgesungen oder mitgesummt. Wir sprechen über Walderlebnisse, Reisen und Ausflüge. Besonderen Anklang findet:

Wo lind des Waldes Lüfte wehn,
in hundertjährigen Bäumen,
da muss auch eine Schänke stehen,
zum Zechen und zum Träumen ...
(»In der Waldschänke«, Text: *Hugo Kegel,* Musik: *Rudolf Simon*)

Die Kombination von Text, Musik, Medien hatte für die Gruppe einen ausgesprochen auflockernden Effekt. Die Teilnehmer vermochten zunehmend miteinander zu sprechen. Personen bezogene Herzlichkeit entwickelte sich. Die *»restauration of moral« (Sweeny* 1978) zeigt sich in einer positiveren Einstellung zum Lebensalltag, einer größeren» Wachheit« und einer besseren Kooperation und Kommunikation mit dem Personal.

5. Biblio- und poesietherapeutische Arbeit in der Heimsituation

Im Unterschied zu gerontopsychiatrischen bzw. geriatrischen Stationen und Pflegeheimen haben wir es in Altersheimen und Altenwohnheimen in der Regel nicht mit *Patienten* zu tun. Einschränkungen und Altersgebrechen rechtfertigen nicht die Zuweisung eines festschreibenden Patientenstatus. Lebensspezifische Einschränkungen müssten entsprechend aufgenommen und integriert werden, und erst beim Misslingen der notwendigen Integrationsleistung kann es zur Ausbildung eines Patientenstatus kommen. Je größer die Ressourcen sind, die ein alter Mensch zur Verfügung hat *(Schneider* 1979), je besser seine Supportsysteme funktionieren, desto größer sind seine Chancen, lebensaltersspezifische Probleme zu bewältigen. Poesie-

und bibliotherapeutische Arbeit vermag sowohl im Hinblick auf erforderliche Adaptionsleistungen *(coping)* als auch im Hinblick auf die Entwicklung alternativer, neuer Möglichkeiten vielfältige Hilfen anzubieten. Der alte Mensch in der Heimsituation, der sich in eine neue Umgebung eingewöhnen muss, von Verlusten vorgängiger Lebensräume betroffen ist, also Diskontinuität in seinem sozialen und ökologischen Feld auffangen und neue Lebensformen entwickeln muss, kann durch poesie- und bibliotherapeutische Arbeit Entlastung und Hilfe erhalten. Außerdem können die generellen Altersthemen: Kräfteabbau, Verlust wichtiger Bezugspersonen, Altersgebrechen und Infirmität, das Heranrücken des eigenen Todes über die Medien Text und Gedicht in konstruktiver Weise angegangen werden.
In der Heimsituation ist die rezeptive bibliotherapeutische Arbeit (vgl. *Rubin* 1978) ein Desiderat im Gesamt geragogischer und psychosozialer Interventionen. Es sollte durch die Heimbibliothek oder durch Außendienste örtlicher Bibliotheken gewährleistet sein, dass ausreichend Literatur für die alten Menschen zur Verfügung steht, die den Bedürfnissen nach Entspannung und Freizeitbeschäftigung gerecht wird, nach Information zu Fragen des Alters bis hin zur Lektüre über spezifische Fragestellungen und Probleme (Diät, Hygiene, Umgang mit Erkrankungen und Leiden), und die damit für die Bewältigung emotionaler Probleme Hilfen bietet, z. B. für Kommunikationsschwierigkeiten, Familienprobleme, Verlust, Trauer usw. Das Angebot an Büchern, Zeitschriften und Broschüren muss spezifiziert sein im Hinblick auf Komplexität, Differenziertheit und Umfang der Darstellung, abhängig von der jeweiligen Zielgruppe. Wesentlich ist das Vorhandensein altersgerechter Bücher, was die Typographie (Schriftgröße) anbelangt.
Die bibliotherapeutische Arbeit beginnt demnach bei der Auswahl des Schrifttums für eine entsprechende, zielgruppenorientierte Heimbibliothek bzw. Abteilung einer öffentlichen Bücherei. Das aber bedeutet, dass der Zusammensteller über die Erfordernisse der Zielpopulation informiert ist, also über gerontologische Kenntnisse einerseits, Erfahrungen mit alten Menschen andererseits, und dass er schließlich eine Überschau über das entsprechende Bücherangebot hat. Dies kann gewährleistet werden durch Fachbibliotherapeuten, die sich auf der Grundlage einer Bibliothekarausbildung therapeutisch und gerontologisch orientiert haben, oder die sich andererseits

auf der Grundlage eines psychosozialen Berufes mit gerontotherapeutischer Spezialisierung im Bereich des Bücherangebotes informiert haben; oder es kann geschehen durch die Zusammenarbeit von Bibliothekaren und Gerontotherapeuten.
Der rein bibliotherapeutische Ansatz ist darauf gerichtet, im Gespräch mit dem alten Menschen einen Eindruck von seinen Wünschen, Bedürfnissen, Schwierigkeiten und Problemen zu gewinnen, um ihn bei der Auswahl förderlicher Lektüre angemessen beraten zu können. Es kommt zu einer Beratungssituation, die, wenn sie optimal verlaufen soll, nicht mehr mit der üblichen bibliothekarischen Beratung des Lesers bewältigt werden kann *(Teirich* 1962). Sie erfordert eine spezifische Diagnostik und besondere Beratungsskills. Hier liegt eine der wesentlichen Aufgaben des Bibliotherapeuten. Er muss mit dem Klienten eine kommunikative Situation herstellen können, in der er einen Eindruck von der Lebenswirklichkeit und der Persönlichkeit seines Gegenübers gewinnt. Er muss seine unausgesprochenen Wünsche oder Nöte erfassen und ins Gespräch bringen können. Ihm muss es möglich sein, zu erfassen und zu entscheiden, welche Lektüre für den Klienten verstehbar ist (z. B. im Hinblick auf emotionale Probleme), welche ihn belastet oder gar gefährdet (im Hinblick auf aktuelle Belastungssituationen im Lebenskontext oder aufgrund psychopathologischer Veränderungen). Er muss schließlich entscheiden, ob es sinnvoll ist, die bibliotherapeutische Intervention auf die Beratung bei der Textauswahl zu begrenzen, oder ob es angezeigt ist, mit dem Klienten das empfohlene Buch nachzubesprechen, ihn zu einer Bibliotherapiegruppe mit geragogischer, auf die Entwicklung der Persönlichkeit gerichteter Akzentuierung oder mit klinischer Orientierung zu motivieren. In derartigen Gruppen wird dann je nach Akzentsetzung immer über einen rein rezeptiven Ansatz hinausgegangen zu produktiv-dynamischer Arbeit.
Auf die Methodik bibliotherapeutischer Einzelberatung mit alten Menschen in der Heimsituation soll hier nicht näher eingegangen werden. Auch die Frage der Textauswahl, des Gebrauchs des »Arznei-Buchs«, wird an dieser Stelle nicht aufgegriffen (vgl. *Rubin* 1978a, b; *Engelmann* 1956); vielmehr soll der Schwerpunkt der Darstellung bei Erfahrungen in der Arbeit mit Gruppen liegen.
Je nach Zielgruppe, d. h. nach Motiviertheit zur Gruppenarbeit und

Selbsterfahrung, Flexibilität und geistiger Lebendigkeit, wird der Einstieg in die Arbeit unterschiedlich zu wählen sein. In der Regel empfiehlt sich zunächst ein bibliotherapeutischer bzw. *rezeptiv-poesietherapeutischer* Ansatz: Die Therapeuten bzw. Gruppenmitglieder wählen Texte aus, die in der Gruppe vorgelesen und diskutiert werden. Das Vorlesen findet bei den alten Menschen meist guten Anklang, zumal einige von ihnen mit dem Lesen Mühe haben. Allerdings wird auch damit eine passiv-rezeptive Haltung gefördert, die der Zielsetzung der Aktivierung und Mobilisierung entgegensteht. Vermeiden kann man das dadurch, dass die Texte möglichst kurz sind und den Gesprächsphasen Bedeutung beigemessen wird. Als Übergangsschritt zur *aktiven* poesietherapeutischen Arbeit bietet sich das *Weitererzählen* von Geschichten an. Dabei ist es empfehlenswert, Geschichten zu wählen, die von ihrer Handlungsdynamik zum Weiterspinnen einladen und von den Teilnehmern gut vervollständigt werden können. Die Charakteristik des heiteren Gesellschaftsspiels, die diese Form der Gruppenarbeit oftmals kennzeichnet, ist weiterführenden Zielsetzungen durchaus nicht abträglich. Der ludische Aspekt fördert kommunikatives Verhalten; gemeinsames Lachen, gemeinsame Freude bricht das Eis eingefrorener Kommunikation oder resignativer Isolation. Der Schritt zum Erfinden eigener Geschichten wird leicht vollzogen, vielleicht, weil es zu einer der habituellen Eigenschaften der Großeltern-Rolle gehört, Geschichten zu erzählen. Eine gewisse Barriere bildet noch die Vorstellung, dass sich »erwachsene Leute« Geschichten erzählen. Die Zuhörer sind eben keine Kinder, und so kommen Ängste auf vor Kritik und Bewertung, werden Hemmungen wirksam oder Profilierungszwänge, die für die Handhabung der Gruppendynamik Schwierigkeiten aufwerfen können. Verbalisationsstarke Teilnehmer dominieren und behindern andere Gruppenmitglieder in ihrer Entfaltung. Durch Regelspiele wie das der *»rotierenden Geschichte«* kann dem gegengesteuert werden. Jeder Teilnehmer muss eine Geschichte oder ein Stück einer Geschichte vortragen, dabei ist es möglich, sich eine Geschichte zwischen den Sitzungen zu überlegen, sodass für Teilnehmer, denen zunächst die freie Improvisation noch nicht gelingt, über die Vorbereitung die Angstschwelle gemildert wird. Ist auf diese Weise erst einmal ein Einstieg gefunden, so wird der Übergang in aktiv-produktives sowie therapeutisches Arbeiten nicht mehr als

Schwierigkeit empfunden. Die Orientierung wird jeweils von den Erfordernissen der Gruppe her gewonnen. Ist nur ein schwaches Kommunikationsverhalten vorhanden, so wird der Akzent der Arbeit zunächst auf Förderung von Gespräch und Austausch liegen. Stehen aber – etwa ausgelöst durch äußere Ereignisse – Themen wie Erkrankung, Altersleiden, Verlust oder Tod an, so wird der Ansatzpunkt in diesem Bereich zu suchen sein.

5.1 Der alte Mensch und die Institution

Häufig beginnen wir mit sehr generellen Themen, z. B.: »Was heißt das, alt werden?« oder: »Der alte Mensch und seine Rolle im Alltagsleben und in der Gesellschaft«, oder: »Das Lebensgefühl alter Menschen«. Ausgewählte Texte zu den Themen geben Anstöße und Diskussionsgrundlage. Dabei können die Materialien von Passagen aus *Ciceros* Schrift »Über das Greisenalter« bis hin zu *Hemingways* »Der alte Mann und das Meer« oder zu Tagesmeldungen und Zeitungsartikeln zu Altersfragen reichen. Zielsetzung ist, alten Menschen Hilfen bei der Selbstfindung, bei der Definierung ihrer Rollen zu geben, Altersstereotype, negative gesellschaftliche Altersklischees zu reflektieren und aktiv anzugehen. Diese Arbeit kann durch Auswertung von Illustrierten, insbesondere vermittels Collagen, gefördert werden, indem untersucht wird, in welcher Art und Weise das Alter und der alte Mensch in den öffentlichen Medien oder Schulbüchern *(Hunzinker, Manser* 1983, *Viehbahn* 1971) dargestellt wird. Auf diese Weise werden Abgrenzungen, Proteste, positive Selbstattributionen möglich. Dabei bietet die Wandzeitung eine hervorragende Ausdrucksmöglichkeit. Es empfiehlt sich auch, das Erarbeiten von Gruppentexten, gemeinsamen Gedichten, Resolutionen zu fördern und auf diese Weise Außenwirksamkeit der Gruppe möglich zu machen, was besonders für die Heimsituation bedeutsam ist *(Hummel* 1982).

Die Förderung des positiven Selbstwertgefühls ist oftmals mit der *Einsicht* in eigene Passivität und Resignation verbunden und führt in der Folge zu Reaktionen von Selbstbehauptung oder Auflehnung. Für den Gruppenleiter können sich daraus problematische Situationen gegenüber der Verwaltung oder dem Träger ergeben. Er kann in Rollen- oder Interessenskonflikte kommen. In einer von uns geleiteten Heimgruppe wurde mehrfach Beschwerde über das schlechte Essen und die zu knapp bemessenen Essenszeiten geführt. Die Rückspiegelung durch den Therapeuten: »Was hat das Essen mit den Heimbewohnern zu tun?« führte zu einer intensiven, selbstkritischen Reflexion der eigenen Passivität und Mutlosigkeit. Die Gruppe, die schon längere Zeit mit poesie- und bibliotherapeutischen Mitteln arbeitete, verfasste folgendes Gedicht:

> Wir werden von allen abgeschoben,
> wir lassen das mit uns machen,
> die Herren von der Verwaltung da oben,
> die können über uns lachen.
> Als zahlende Gäste sind wir gut,
> ansonsten unnütze Esser,
> wir ballen die Fäuste in heimlicher Wut
> und machen es leider nie besser.
> Damit ist jetzt Schluss,
> damit ist's jetzt aus,
> wir kommen aus unseren Löchern heraus,
> mit uns kann man's nicht mehr machen.
> Euch Herren vergeht noch das Lachen.

Ein Beschwerdebrief an die Verwaltung und dieses Gedicht als Wandzeitung sorgten für einigen Ärger, der, als Ignorieren der Beschwerde oder repressive Repliken nicht mehr verfingen, von der Verwaltung an die Gruppenleiter delegiert wurde, die nur mit großen Schwierigkeiten deutlich machen konnten, dass die alten Menschen eigenständig ihre Rechte vertraten und wahrnahmen. Der Druck wurde schließlich so massiv, dass die Verwaltung nachgeben musste. Den Gruppenleitern blieb allerdings das Omen der »Verhetzung der Heimbewohner«, zumindest bei der Verwaltung, noch lange anhaften. In der ganzen Auseinandersetzung war es wichtig, dass die Gruppenleiter von der Heimleitung unterstützt wurden.

Das emanzipatorische Potenzial poesie- und bibliotherapeutischer Arbeit kann gar nicht hoch genug eingeschätzt werden. Das geschriebene Wort oder gar das gedruckte ist gerade für ältere Menschen häufig mit einem Autoritätsmythos versehen, der gehorsame Anpassung an schriftliche Verordnungen zur Folge hat. Wenn sich diese Menschen das Medium Schrift verfügbar machen, führt das zu einer Steigerung des Selbstwertgefühls und der Durchsetzungsfähigkeit.

Die »Veröffentlichung« der eigenen Kundgebung von Wünschen, Bedürfnissen, Ansprüchen verleiht den Teilnehmern einen großen Elan, für ihre Rechte einzutreten, zumal wenn eine derartige Deklaration oder Wandzeitung als Gruppenprodukt entsteht, d. h. von der Solidarität aller getragen wird.

5.2 *Der alte Mensch und die Gebrechlichkeit*

Auf der Grundlage eines durch Poesie- und Bibliotherapie aufgebauten positiven Selbstwert- und Gruppengefühls wird es dann auch möglich, belastendere Themen anzugehen. Zu diesen gehören die Auseinandersetzung mit dem Tod, mit Infirmität, Leiden und Verlust. Das Altersheim fordert durch die Konzentration alter Menschen auf engem Raum beständige Verdrängungsleistungen oder Bewältigungsversuche, zu denen allerdings Hilfestellungen wesentlich sind. In der Heimsituation besteht die Tendenz der Abwehr durch *Verleugnung,* »Totschweigen«. Das Sterben von Mitbewohnern wird kaum zur Kenntnis genommen. Trauerreaktionen sind selten. Im Hinblick auf Leiden und Infirmität erfolgt die Abwehr häufig durch eine relativ oberflächliche »quengelnde« Klagsamkeit. Das Essen, die Medikamente, die Arztbesuche bilden ein zentrales Gesprächsthema, ohne dass dabei die wirkliche Betroffenheit, der Schmerz, die Angst und die Trauer zugelassen werden könnten. Auch hier sind Hilfen angezeigt.
In die Gruppenarbeit werden derartige Themen zuweilen durch aktuelle Ereignisse eingebracht. Die mehr besinnliche oder heitere Atmosphäre, die das engagierte Problemgespräch über die poesie- und bibliotherapeutische Gruppenarbeit kennzeichnet, wird durchbrochen, und eine andere Qualität gewinnt Raum. So wurde durch den Oberschenkelhalsbruch eines Mitgliedes mit anschließendem längeren Krankenhausaufenthalt das Thema »Vom Körper im Stich gelassen sein« von der Gruppe behandelt. Die Therapeuten geben die Anregung, Texte zu diesen Themen zu schreiben.

Mein Bein
Mein Bein, das will nicht mehr so recht.
Ja, ja, die Knochen werden lahm.
Das Material wird langsam schlecht,
man ist halt nicht mehr auf dem Damm.

Hab' genug gelaufen im Leben,
hab' geeilt und gehastet,
hab' mein Bestes gegeben,
und selten gerastet.
Und mein liebes Bein ...
ich habe es nicht geschont
und der Schmerz fragt bohrend ...
hat sich's gelohnt?
Ich sollte mein Bein mal streicheln,
ihm schmeicheln,
vielleicht vergibt's mir dann.
(Friedrich, 72 Jahre).

Das Gedicht setzt sich mit einer schmerzhaften Arthrose des Kniegelenks auseinander. Das Bein wird nicht nur gescholten. Friedrich setzt den » Verschleiß« zu seiner Lebensgeschichte in Beziehung. Er sieht, welche »Dienste« ihm sein Bein geleistet hat, wie er es überbeansprucht hat, und er gewinnt eine neue Beziehung zu ihm, obwohl es ihn peinigt. »Ich sollte mein Bein mal streicheln, ihm schmeicheln.« Friedrich war Vermessungsingenieur. Er war viel in Auslandseinsätzen. Seine Familie hatte er im Krieg verloren. Er schreibt gerne Gedichte, benutzt sie, um »das Leben zusammenzufassen«.
In der Gruppe findet das Gedicht gute Resonanz. Es eröffnet für viele eine wichtige Perspektive: zu seinem Körper gut sein, ihn nicht ablehnen, ihn nicht hassen, auch wenn er alt wird und nicht mehr bedingungslos alles leistet, oder gar wenn er Schmerzen bereitet. Eine Teilnehmerin mit einem Glaucom, das ihre Sehfähigkeit sehr einschränkt, bringt folgendes Gedicht:

Alte Augen werden matt,
junge Augen sehen klar.
Die Klarsichtigkeit ist eine dritte Sache.
Auch matte Augen können ins Herz sehen,
alte Augen wollen nicht alles sehen müssen.
Trübe Augen sind schon von den Nebeln umhangen,
die die Unendlichkeit umhüllen.
Ich vermisse die Klarheit junger Augen nicht,
denn meine Augen sind sanft.
(Liese, 82 Jahre)

Diese alte Lehrerin hatte schon verschiedentlich über ihre Augen gearbeitet, den Verlust des Augenlichts betrauert, ihren Zorn über die

»Unzuverlässigkeit« der Augen zum Ausdruck gebracht, aber doch eine versöhnliche, versöhnte Haltung gefunden. Die Gruppe spricht über den Verlust der Sehfähigkeit. Es können Ängste geäußert werden, die einige Teilnehmer wegen der Abnahme ihrer Sehfähigkeit haben. Die Dunkelheit des Todes wird assoziiert, die »ewige Nacht«, und es erfolgt ein Übergang zum Todesthema, das durch ein weiteres Gedicht einer hochgradig schwerhörigen Teilnehmerin, die meistens relativ passiv in der Gruppe sitzt, noch akzentuiert wird.

Ich kann nicht mehr hören.
Die Welt ist stumm,
die Stille tut mir weh.
Ich kann mich nicht vor ihr wehren.
Der Tod muss wortlos sein,
die Stille ist der Tod,
das Schweigen ist eine Gewalt,
der ich ausgeliefert bin.
Was hat noch Sinn?
Die Welt ist stumm,
denn ich kann nicht mehr hören.
(*Hedwig*, 78 Jahre)

Die Teilnehmerin weint, als sie ihr Gedicht vorträgt. Den anderen Gruppenmitgliedern wird ihre Isolation zum ersten Mal richtig klar. Zuvor war ihre Schwerhörigkeit oftmals ärgerlich aufgenommen worden (vgl. *Petzold, Heinz* 1985). Nicht nur das Fehlen von Augenlicht ist ein Tod, auch die Stille kann als Tod erlebt werden. Die Gruppe beschließt, auf die Teilnehmerin vermehrt und intensiver einzugehen, die Schreibtafel häufiger zu benutzen und so wenigstens den geschriebenen Dialog zu ermöglichen und lebendig zu erhalten.

Das Thema Gebrechen, Gebrechlichkeit wird noch unter verschiedenen Gesichtspunkten diskutiert: Wie wird man als alter, gebrechlicher Mensch angesehen? Wie wird man mit Gebrechlichkeit fertig? Wie reagieren Angehörige auf das Gebrechlicherwerden? Wie beeinflusst es mich selbst, über die körperliche Behinderung hinaus? Die Gruppenarbeit macht es einfacher, darüber zu reden. Es kommen zum Teil heftige emotionale Regungen auf, bei denen Trauer und Ärger vorherrschen. Besonders die Ungeduld der Umgebung wird thematisiert und das Erleben, »wie man abgeschrieben wird, einfach nichts mehr wert ist. Dann wird man links liegengelassen, oder betütelt. Das eine ist so schlecht wie das andere.«

Wenn man nicht mehr kann,
ist man nichts mehr wert,
ein lahmer Gaul, ein altes Pferd,
es will nicht mehr traben,
soll's Gnadenbrot haben,
beschämend ist das, beschämend.
(Friedrich, 72 Jahre)

In der Diskussion über diesen Text wird aber auch deutlich, wie sehr man sich die Würde nehmen lässt, und dass eine verbitterte griesgrämige Haltung dazu beiträgt, von der Umgebung negativ behandelt zu werden. Die Teilnehmer stimmen darin überein, dass es sehr schwer ist, körperliche Einschränkungen mit Würde zu tragen und den Humor nicht zu verlieren, jedoch nicht nach der Devise: »Humor ist, wenn man trotzdem lacht ..., da kommt man leicht an den Galgenhumor ... vielleicht eher: Humor ist, wenn man das Lächeln nicht verliert. Man soll noch lächeln können. Mir wird das besonders schwer, weil ich weiß, dass mein Lächeln so schief wirkt, aber ich habe es nicht verloren« (Irmtraud, 72 Jahre, mit Gesichtslähmungen nach einem Apoplex). Insgesamt wird bei der Bearbeitung dieser Themen die Stimmung in der Gruppe zuversichtlich. Man beginnt an einem Gruppengedicht zu arbeiten und reimt gemeinsam, diskutiert und verwirft die verschiedenen Zeilen und kommt schließlich zu folgendem Text:

Gebrechen habe ich viele,
doch treibe ich meine Spiele
und werde nicht verzagen,
im Alter was zu wagen,
wenn man den Mut verliert,
ist man schon halb krepiert,
die Krücke hindert nicht,
das Lachen im Gesicht,
den Teufel hol' das Jammern,
das Nörgeln und das Klammern,
ich halte mich in Schwung,
mein altes Herz ist jung.

5.3 Altwerden

In geragogischen Gruppen, in denen das Thema Altern, Altwerden im Zusammenhang allgemeinerer Auseinandersetzungen mit der Altersproblematik aufkommt, können poesietherapeutische Elemente, Diskussionen und Reflexionen aktivieren und vertiefen. Es soll ja nicht nur über das Altwerden *geredet* werden, sondern es soll als Erfahrung konkret werden, damit aufkommende Probleme unmittelbarer und effektiver angegangen werden können. Es kommen dabei häufig die Themen »Gebrechlichkeit«, »Leben und Tod«, »Krankheit« auf und auch das »Überraschtwerden« vom Alter. Viele Teilnehmer berichten, dass sie sich subjektiv bis ins hohe Alter jung gefühlt hätten, jedenfalls in der Regel jünger, als sie tatsächlich waren.

Als ich alt wurde,
hat mich das Alter überrascht,
an einem Regennachmittag schaute es vorbei.
So selbstverständlich, so unmerklich,
so plötzlich war ich alt geworden.
Das Erschrecken darüber habe ich schnell vergessen.
Den Eiseshauch in meinen Knochen,
habe ich weggedrängt,
doch blieb ein Rauhreif auf meinem Scheitel,
mein Haar ist weiß geworden.
(Heinrich, 68 Jahre)

In der gestalttherapeutischen Arbeit wird das Gedicht als Ganzes vorgelesen: »Vielleicht kann jeder in der Gruppe einmal schauen, welche innere Resonanz dieses Gedicht in ihm auslöst, welch innere Stimmung es aufkommen lässt!« Viele Gruppenteilnehmer berichten von ähnlichen Erfahrungen, Momenten plötzlichen Erkennens: »Ich bin alt geworden.« Es werden Situationen berichtet, scheinbar belanglose Szenen, an die sich die Teilnehmer jedoch detailliert erinnern: ein Blick in den Spiegel nach einem anstrengenden Tag, sehen, wie viele graue Haare man doch hat, ein Anhalten beim Treppensteigen, ein Treffen mit Leuten, die man lange nicht gesehen hat und die »alt geworden« sind, Geburt des Enkelkindes (Oma-Erfahrung), das Wachsen der eigenen Kinder usw. Immer wieder wird die Veränderung der Umwelt als konfrontierendes Element der eigenen Alterserfahrung deutlich.

Heute wurde ich zum ersten Mal Oma genannt,
ich war empört, wütend.
Ich, gutaussehend, Mitte fünfzig,
ein unverschämter Flegel.
Bin ich wirklich so alt?
Sehe ich schon so aus?
Ich verspüre ein Erschrecken.
Zum ersten Mal, heute, hat man mich Oma genannt.
Ich denke an ein Gebiß und an eine Schnabeltasse.
(Waltraud, 62 Jahre)

Es wird immer wieder thematisiert, wie schwer es fiel, die Bezeichnung »Oma« oder »Opa« anzunehmen, aber nach einer anfänglichen Phase des Abwehrens verlor sich das kränkende Element. Die Rolle wurde angenommen. Erst in der Reflexion dieser Thematik fällt einigen Teilnehmern auf, dass sie sogar von ihren Kindern nicht mehr Vater und Mutter, sondern »Oma und Opa« genannt werden. Der Sprachgebrauch der Enkel wird generalisiert. »Man wird dann noch älter gemacht, als man ist.« – »Die Kinder machen sich damit auch noch jünger, vielleicht wehren sie so das eigene Altwerden ab?« – »Ich habe mir das nie so überlegt. Wenn ich's recht bedenke, möchte ich von meiner Schwiegertochter nicht mehr mit ›Oma‹ angeredet werden.« Es werden Kränkungen bewusst, die man »weggesteckt« hat, Kleinigkeiten des Alltags, gegen die man sich nicht rechtzeitig abgegrenzt hatte. Es wird auch die Zwiespältigkeit bestimmter sozialer Klischees, bestimmter sprachlicher Formulierungen deutlich.

Meine Enkel werden groß,
ich werde kleiner.
Die liebe kleine Omi, sagen sie.
Meine Enkel werden klug,
sie meinen, ich würde dümmer.
Langsamer werde ich vielleicht,
noch sehe ich viel,
noch weiß ich viel,
noch kann ich vieles verstehen,
das *noch* erschreckt mich,
noch wie viel,
noch wie lange,
noch ...
(Hertha, 70 Jahre)

Wir arbeiten mit der *inneren Resonanz* auf diesen Text:
T.: »Welche Zeile dieses Gedichtes spricht Sie am meisten an?«
M.: »Zuerst diese vielen nochs, aber dann ›die liebe kleine Omi, sagen sie‹. Da ist noch mehr. So lieb meinen die das ja oft gar nicht. Das ist oft auch mitleidig. Sie sind halt so. Mal lieb und mal ziemliche Flegel. An ihnen merke ich, wie ich alt geworden bin. Ich bin denen einfach nicht mehr gewachsen. Ich lasse sie vieles auch einfach nicht mehr merken. Was soll ich machen?«
In diesem, wie auch in vielen anderen Texten, kommt das Thema Alter und Unterdrückung, Alter und Ausgeliefertsein auf. Die Teilnehmer der Gruppe stellen fest, dass mit zunehmendem Alter und zunehmender Hilflosigkeit auch Abhängigkeit und Unterdrückung wachsen, dass aber auch die Verdrängung bei den Betroffenen zunimmt. Eine gewisse Verbitterung kommt in der Gruppe auf. Es ist dies ein Punkt, der in der Gruppenarbeit mit alten Menschen häufig auftaucht: das Schwanken zwischen Resignation und Verbitterung, Verzweiflung und einer würde vollen Haltung bzw. einem Gefühl der Integrität. Mag diese von *Erikson* (1974, 114 ff.) gekennzeichnete Konfliktkonstellation auch nicht nur für das Alter kennzeichnend sein und sich auch in anderen Lebensperioden (insbesondere in der Adoleszenz, *Muuss* 1977) finden (vgl. *Peck* 1968), so müssen wir uns doch in der gerontotherapeutischen Gruppenarbeit häufig mit dieser Thematik auseinandersetzen. Die Gedichte, die in diesen Phasen geschrieben werden, machen die Spannung deutlich, der der alte Mensch ausgesetzt ist.

> Altwerden in Würde ist nicht leicht,
> es sei denn, man hat sehr viel erreicht,
> selbst das wiegt nicht sehr viel,
> es bleibt einem nur der Tod als Ziel,
> weil ich alt geworden bin,
> bleibt meinem Leben nicht viel Sinn.
> (*Josef*, 71 Jahre)

Zwei Gruppensitzungen später folgendes Gedicht des gleichen Teilnehmers:

> Ich habe schöne Stunden so viele gehabt,
> sie haben mir die Seele gelabt,
> sie haben mir das Herz erquickt,
> in Zeiten geholfen, wo ich bedrückt,

sie helfen mir jetzt, wenn ich ende den Lauf,
das Gute und Böse, es rechnet sich auf.
(Josef, 71 Jahre)

Diese »versöhnliche Wende«, die dem Teilnehmer zumindest eine »ausgeglichene Bilanz« möglich macht, wurde durch die intensive Auseinandersetzung mit den Themen »Leben und Tod« möglich, die in der Zwischenzeit in der Gruppe stattgefunden hatte. Auch in der einzeltherapeutischen Arbeit sind diese Themen von Bedeutung, wie Beispiele aus *Bubolz* (1979, 373 f.) zeigen:

Das Leben war ein schweres Leben
Das Leben war ein schönes Leben
Das Leben war ein langes Leben
Ich danke Gott, der's mir gegeben.
(Johannes, 73 Jahre)

Auf altem Holz schimmert der Tau im Moos,
duftet die Rinde – morsch.
Sie ist der Erde schon so nah.
Der hohe Stamm, auf dem einst Vögel sangen,
jetzt huschen goldne Käfer über ihn.
(Johanna, 81 Jahre)

Das Haus für mein Herz ist alt geworden.
Das Herz für mein Haus ist alt geworden.
Ich bin alt geworden.
Mein Herz ist alt geworden.
Die Sonne scheint durch die Spinnweben.
Der Wind streicht durch die Fugen
warm, frisch, kalt.
Hüte dich, mein Herz, vor dem Frost!
(Kläre, 73 Jahre)

Die Texte werden nach dem Integrativen Verfahren aufgearbeitet: mit Identifikationstechnik, Dialog, Phantasie etc. (vgl. *Petzold* 1977d; 1983).

»*Therapeut:* Johanna, können Sie einmal die Rolle des Taus auf dem Stamm übernehmen?
Johanna (Tautropfen): Ich bin ein Tautropfen. Ich schmücke dich, wie ein Diamant auf grünem Samt. Die Sonne spiegelt sich in mir. Aber ich weiche dich auch auf, dringe in dein morsches Inneres.
Therapeut: Was sagt der Stamm dazu?

Johanna (Stamm): Ich habe viel Regen und Wind getrotzt. Jetzt bin ich alt und morsch. Ich gebe Nahrung für neue Bäume und Pflanzen. Für das Moos. Ich habe Zeit, das Moos anzuschauen und den Tau darauf.
Therapeut: Was sagt das Moos?
Johanna (Moos): Ich bin ein grüner Teppich, eine weiche Decke, unter mir vergisst der Stamm die rauhen Winde ... und die Vögel (wird traurig).
Therapeut: Spielen Sie die Vögel! Was sagen die?
Johanna (Vögel): (lacht) Wir suchen uns neue Bäume.« (Aus *Bubolz 1979*, 379.)

Im dynamisch-poesietherapeutischen Vorgehen wird die kreative Produktivität des Klienten stimuliert. Es ist in diesem Sinne »aktivierend«. Es gilt, den Klienten zu vermitteln, dass es nicht darauf ankommt, ein »Kunstwerk« herzustellen, sondern das auszudrücken, was man fühlt. So können auch sehr einfache alte Menschen ermutigt werden, Gedichte und Prosatexte zu schreiben. In der Gruppenarbeit können die Teilnehmer kollektiv ein Gedicht oder ein Stück schreiben wie im »therapeutischen Theater« (vgl. *Petzold* 1979). Sie können zu Gedichten Phantasien bilden, wenn die Texte in der Gruppe vorgelesen und im Gruppengespräch oder mit Methoden der Integrativen Therapie und der Gestalttherapie aufgearbeitet werden.

5.4 Leben und Tod

Das Thema» Leben und Tod« stellt im Verlauf gerontotherapeutischer und geragogischer Gruppenarbeit immer wieder einen Schwerpunkt dar, der nach Phasen der Vermeidung, des Umgehens, der Verleugnung eine solche Prägnanz gewinnt, dass die Auseinandersetzung unumgänglich wird. Eine Teilnehmerin bringt das Thema »Leben« als Stundenthema für die Poesietherapiegruppe ein. Es wird aufgegriffen. Es findet bei allen Teilnehmern Resonanz. Noch zwei Sitzungen vorher war ein ähnliches Thema übergangen worden. Am Anfang der Gruppenarbeit hatte es sogar direkte Ablehnung erfahren. Die Gruppe macht sich an die Arbeit. Jeder sucht sich einen Platz zum Schreiben. Einige setzen sich an die Fenster, mit dem Blick hinaus in den Garten, andere setzen sich an die Tische, einige gehen hinaus. Es ist eine halbe Stunde als »Produktionsphase« angesetzt, sodass jeder genügend Zeit hat, über das Thema nachzudenken, es zu »meditieren« *(Petzold* 1983a). Als die Gruppe wieder zusammenkommt, herrscht eine ernste Stimmung. Die Auseinandersetzung mit dem Thema, das Herstellen der Texte hat die Einzelnen verändert. Das Thema zeigt sich in den Gesichtern. Josef, 79 Jahre, beginnt:

Mein Leben war nicht schön.
Es war zu hart mit mir,
ich habe zu viel Böses gesehen,
ich habe zu viel gelitten
und gehungert
ich war viel allein.
Das Leben geht zu Ende,
es geht endlich zu *Ende.*
(Josef, 71 Jahre)

Die Stimmung in der Gruppe ist gedrückt. Die Resonanz ergibt, dass viele Teilnehmer gleichfalls sehr schlimme Erfahrungen gemacht haben, dass sie aber eine so negative Sicht nicht teilen können. Es kommt ein Gespräch über die »Einstellung zum Leben« auf, in dem verschiedene Gedichte kontrastierend nebeneinander gestellt werden.

Leben ist
Anfang
ist Strecke
ist Leben
ist Ende
ist Sterben
ist Werden
Vergehen
ist Gruß
ist Abschied
ist Höhe
ist Tiefe
ist rund.
(Hermann, 75 Jahre)

Vögel sind das Leben
Wasser
Wind
Feuer ist das Leben
mein Herz
mein Atem
meine Sinne sind Leben
ich bin alt
und ich bin voller Leben.
(Lina, 82 Jahre)

Zwei Gruppenmitglieder wenden sich gegen diese »zu positiven« Darstellungen. Die übrigen stimmen zu. Die Lebendigkeit des Lebens wird betont, das Freudige, Satte, Runde, das in seiner Fülle nur erfahren werden kann, weil auch Schmerzliches da ist, weil nicht »alles glattging«.

Freude und Schmerz
bedrücktes Herz Auge,
das lacht

Sorge, die wacht
Schönheit und Graun
beides zu schaun
das ist das Leben
holprig und eben.
(Gertrud, 70 Jahre).

Immer wieder wird der Ausgleich, die Ausgewogenheit angestrebt, »Man muss irgendwie zu einer Balance kommen, sonst kann man das Alter nicht aushalten. Wenn man vor dem Tod steht, muss man ausgeglichen sein. Nur das kann einem helfen« *(Lina,* 82 Jahre). Das Thema Tod wird zum Thema Leben in Beziehung gesetzt. »Den Tod kann man wohl nur verstehen, wenn man wirklich gelebt hat« *(Claus,* 82 Jahre).

Tod
Mit dem Tod ist alles aus,
sagte mein Vater,
mit dem Tod fängt alles an,
sagte meine Mutter,
was wirklich mit dem Tod ist,
weiß *ich* nicht.
Ich werde es sehen.
(Claus, 82 Jahre)

Die innere Haltung zum Tod, das wird aus den Texten poesietherapeutischer Gruppen immer wieder deutlich, wird von zwei Faktoren nachhaltig bestimmt: 1. von der gegenwärtigen Lebenssituation, 2. vom Lebensverlauf und der durch ihn gewonnenen Haltung und Einstellung zu Leben und Tod. Diese müssen keinen expliziten Ausdruck gefunden haben; vielfach sind sie den alten Menschen selbst »nicht klar«. Sie kommen in den Texten spontan zum Ausdruck und werden zum größten Teil mit Selbstverständlichkeit, zuweilen aber auch mit Verwunderung aufgenommen. Oftmals findet sich ein Erstaunen darüber, derartiger Gedanken fähig zu sein, oder zumindest darüber, dass man sie in gestalteten Texten auszudrücken vermag. Auch der Bezug zur gegenwärtigen Lebenssituation wird häufig erkannt: »Ich hätte mir das nicht träumen lassen, einmal so negativ zum Alter und zum Sterben zu stehen. Ich habe früher darüber immer positiv gedacht. Mir ein schönes Alter vorgestellt. Ich hätte mir aber auch nicht träumen lassen, in einem so miesen Heim meine letzten Tage verbringen zu müssen« *(Karl,* 74 Jahre, Handelsvertreter, alleinstehend). Vom gleichen Klienten stammt das nachstehende Gedicht:

> Über allen Wipfeln ist Ruh,
> dieser Trost macht mir Angst,
> über allen Wipfeln,
> dieser Frieden macht mich bange,
> ist Ruh,
> die letzte Ruhe lässt mich frieren.
> Das ist alles zu schön.
> Ich hasse den goldenen Lebensabend,
> den erbärmlichen.
> *(Karl,* 74 Jahre)

In der gestalttherapeutischen Verarbeitung des Gedichtes wird deutlich, dass vor allen Dingen der Begriff »Ruh« den Klienten mit Angst erfüllt. »Da ist noch was, es ist irgend wie ein Schmerz. Diese Ruhe tut weh.« – *T.:* »Woher kennen Sie einen solchen Schmerz?« – *K.:* »Es ist nicht wie Abschiedsschmerz ..., mehr ...wie Verlassensein, (traurig) ich fühle mich so gottverdammt verlassen. Das macht mir angst. Das ist nicht der Tod. Aber ich möchte im Tod nicht alleine sein. Aber wenn man sieht, wie die hier sterben.«

In dem Altersheim machen Mitglieder einer christlichen Jugendgruppe regelmäßig Besuche. Darauf angesprochen, kommt folgende Antwort. *K:* »Was sollen die jungen Menschen mit uns Alten? Jeden Tag eine gute Tat? Nicht bei mir!« Im Gespräch kann deutlich gemacht werden, wie stark die verbitterte, zum Teil zynische Haltung Kontakt verhindert und neben der äußeren Einsamkeit auch zu einer inneren führt. Ich schlage Karl vor, dass er sich bei anderen Heimbewohnern einmal über die Erfahrungen erkundigt, die sie mit den jungen Leuten machen. *T.:* »Mein Eindruck ist, dass diese Jugendlichen sehr viel über das Altern lernen können, dass es durchaus nicht nur eine gute Tat ist. Aber Sie können natürlich mit Recht einwenden: ›Ich bin kein Studienobjekt für das Lernen des Altwerdens.‹« *K:* »Nun übertreiben Sie nicht gleich. Ich will mir das Ganze noch einmal überlegen.«

Aus dem gleichen Altersheim stammt das folgende Gedicht von *Joseph,* 82 Jahre, der unter ähnlichen unbefriedigenden Bedingungen leben muss:

Wenn der Abend fällt,
wenn die Müdigkeit groß wird,
wenn alle Arbeit ruht,
ist der Schlaf ein willkommener Gast.
Das Erwachen – es ist unwichtig geworden.
(Joseph, 82 Jahre)

Joseph hat eine sehr gelassene Haltung. »Ich habe ein sehr arbeitsreiches Leben hinter mich gebracht. Ich war Schriftsetzer. Mein Beruf hat mir immer Freude gemacht. Ich bin auch jetzt noch ganz rege, aber das Leben ist vorüber. – Angst vor dem Tod? – habe ich nicht. Das hat seine Richtigkeit, dass der Mensch sterben muss.«

6. Poesietherapie mit Sterbenden

Die poesietherapeutische Arbeit mit Alten und Hochbetagten, in der die Themen Leben, Sterben, Tod immer wieder auftauchen, hat viele Gemeinsamkeiten mit der Poesietherapie in der Begleitung Sterbender. Es finden sich aber auch deutliche Differenzen. Die wesentlichste ist die Gewissheit, dass »der Tod unmittelbar vor der Tür steht«. – Ich rede hier von Sterbenden, die um ihren Zustand wissen, die sich mit ihrem Sterben auseinandersetzen. In dieser Situation bietet das Schreiben von Texten Entlastung, Integrationshilfe, Kommunikationsmöglichkeiten. Das Moment der Entlastung darf nicht unterschätzt werden, Entlastung von Schmerz, von Angst, von der Ungewissheit, im Hinblick auf den »Augenblick« des Sterbens *(Cannetti* 1978).

Ich habe in vielen Häusern gewohnt,
ich mache mich auf für das letzte Haus,
bin viele Wege gegangen
und gehe auf dem letzten Weg
hab' viele Worte geredet,
und warte auf mein letztes Wort,
der letzte Atemzug kommt
unerwartet.
(Paul, 73 Jahre)

Paul, an einem Prostatakarzinom erkrankt, wird durch die Ungewissheit gequält. »Die setzt mir so zu wie die Schmerzen. Wann ist das endlich vorbei? Wenn es mir dann gut geht, denke ich, den Tag nehme ich noch mit. Ein Tag kann so schön sein und auch eine solche Hölle.« Paul schreibt sich seine Gedanken »von der Seele«. »Wenn ich so alles niedergeschrieben habe, ist mir leichter. Die Schmerzen werden dann auch weniger. Es ist, wie wenn ein Druck weggeht.« Paul »arbeitet« an seinen Gedichten, schreibt sie um, wechselt Worte und Zeilen aus, bis sie die Form haben, die ihm gefällt, und es ist diese intensive Auseinandersetzung, die ihn ablenkt, ihn zentriert und ihm hilft, mit seiner Situation umzugehen.

Der Schmerz ist wie ein rotes Tuch,
der mich durchbohrt,
er ist ein Fluch,
er ist so drängend,
dringt er ein,
Schmerz, Schmerz, Schmerz
Schmerz.
(Paul, 73 Jahre).

Das Gedicht ist für Paul mehr als eine Selbstäußerung. Das Gedicht hat einen Adressaten: mich, der zweimal in der Woche kommt und zwischendurch einmal anruft, dann noch die Stationsschwester und den Zimmernachbarn. Mit allen diesen Mitmenschen spricht Paul über seine Gedichte. Es macht ihm Freude, sie vorzulesen, zu zeigen, Lob, Kritik und Anregung zu erhalten. Auch das ist ihm wichtig. Die Gedichte aber dienen noch zu etwas anderem. Sie ermöglichen eine Zusammenschau des Lebens, Lebensbilanz. Die Ereignisse der Vergangenheit werden noch einmal angeschaut, werden lebendig.

Die Wolken zwischen den Ästen,
meines Baumes zu Hause,
waren meine Welt.
Für mich allein bauten sie Schlösser, Fabeltiere,
die Wolken in meinem Baum.
Sie haben mich begleitet,
durchs Leben.
Heute morgen sah ich –
Wolken durchs Fenster ziehn.
(Paul, 73 Jahre).

Gedichte dieser Art sind Verdichtung. Sie kondensieren Lebensgefühl, Lebensthemen. Sie schaffen Synthesen, die in der Alltagssprache nicht möglich sind. Der »Trost« von Gedichten liegt nicht zuletzt in ihrer synoptischen Kraft, die Ereignisse noch einmal zusammenzufassen, zu runden. Für Paul, der am Niederrhein gelebt hatte, waren die Wolken, die über der flachen Weite des Landes Türme und Schlösser bauten (*Petzold* 1969), ein begleitendes Motiv. Sie vermittelten ihm das Gefühl von Heimat, von Getragensein. Das letzte Gedicht, geschrieben an einem ruhigen Abend vor einer unruhigen Nacht, auf die für Paul kein Morgen folgen sollte, bringt dies zum Ausdruck.

Der Abend fällt so still.
Die Wolke trägt den Himmel
in die Dämmerung
schweigend und sacht.
(*Paul,* 73 Jahre)

Es ist immer wieder beeindruckend und berührend, die antizipatorische und zugleich integrierende Kraft der »letzten Gedichte« zu erleben. Sie sind oftmals eine Zusammenfassung des Lebens oder der Gewinn einer letzten, klaren Position dem Tod gegenüber. Es finden sich in derartigen Gedichten immer wieder bestimmte Topoi: das Bild vom Traum, vom Strom, vom Baum, von der untergehenden Sonne, von der Mutter Erde.

Wie ein Traum ist das Leben
vorbeigegangen.
So fern ist das alles und so nah
bunt und reich und verwunderlich
wie eine Erinnerung
wie eine Träne an meiner Wimper
ehe sie fällt.
(*Iris,* 65 Jahre, letztes Gedicht)

Durch viele Länder wie ein breiter Strom
ist mein Leben dahingeflossen.
Der Weg war lang
das Meer, vor mir, ist unendlich.
(*Gerhard,* 62 Jahre, letztes Gedicht).

Es findet sich oft in diesen Bildern, Sinnbildern des menschlichen Lebens, eine Gelassenheit, ein Abstand vom Vergangenen, in dem die lebensgeschichtlichen Ereignisse nicht verloren gegangen sind.

Sie sind fern und doch »so nah«. Aber das »Klammern ans Leben«, das für bestimmte Stadien des Sterbens kennzeichnend ist, hat aufgehört. Ein Loslassen ist möglich geworden, indem eine Öffnung in das »Unendliche« geschehen kann. Es wird immer wieder von Sterbenden diese Erfahrung des »Loslassens«, des sich Hingebens, des sich Öffnens, berichtet – häufig nach harten inneren Kämpfen –, und dass dann ein »Friede einkehrt«. Dieser Prozess findet sich bei jungen und alten Menschen, die auf den Tod zugehen *(Petzold* 1981).
Es widerstrebt mir aus vielfältigen Gründen, von den »Phasen des Sterbeprozesses« zu sprechen. Das Sterben ist kein technischer Ablauf, kein wohlgeregelter Prozess, der sich in chronologischer Folge vollzieht. Die von *Kübler-Ross* (1969) beschriebene Verlaufsdynamik lässt sich zwar immer wieder einmal beobachten, sie lässt sich aber weder verallgemeinern, noch findet sich eine lineare Folge. Vielfach finden sich bestimmte Phasen bei Patienten überhaupt nicht *(Karasu, Waltzmann* 1976; *Spiegel-Rösing, Petzold* 1984). Ich möchte lieber von Themen sprechen, die sich bei Sterbenden häufig finden. Allenfalls von Stadien, die recht undeterminiert und wechselnd im Geschehen des Sterbens eintreten können. Hervorgehoben werden muss dabei noch, dass es sich meistens um Beobachtungen des Begleiters und nicht um die subjektiv erlebte Realität des Sterbenden handelt. Durch die poesietherapeutische Arbeit wird ein sehr reiches Material zu derartigen Themen bereitgestellt. Auf einige dieser Themen soll kurz eingegangen werden.

6.1 Verleugnung

Ich bin noch sehr erschöpft
die Krankheit hat mich schlimm gepackt
ich muss viel Kraft aufwenden
um wieder gesund zu werden.
Es ist viel Arbeit liegen geblieben
es warten viele Aufgaben auf mich
ich bin ungeduldig
ich warte
ich freue mich, das alles wieder anpacken zu können.
(Franz, 57 Jahre)

Das Gedicht dieses 57-jährigen Leukämie-Patienten wurde zwei Wochen vor seinem Tod geschrieben. Der Patient kannte seine Krankheit. Es war ihm von seiten der Ärzte und seiner Angehörigen gesagt worden, dass er »nicht mehr sehr lange zu leben habe«. Er hatte während seines letzten Krankenhausaufenthaltes miterlebt, wie zwei Patienten mit der gleichen Krankheit und gleicher Symptomatik, die seine Zimmernachbarn waren, verstorben waren. Die Verleugnung aber ist so stark, dass in den Gesprächen oder in dem mitgeteilten Gedicht affirmiert wird: »ich komme ja bald schon wieder aus dem Krankenhaus und werde alles, was liegengeblieben ist, aufarbeiten«. Der Patient war selbstständiger Unternehmer und mit seinem Beruf sehr identifiziert.

Das Phänomen der Verleugnung tritt sehr häufig in dieser massiven Form auf. Man muss sich davor hüten, es negativ zu bewerten, wie die semantische Konnotation des Begriffes dies gerade für den Psychotherapeuten nahelegt. Vielmehr muss beim Sterbenden und Schwerkranken die Verleugnung als *»Schutzstrategie«* gesehen werden, die im Moment nicht aushaltbare Realitäten dem Bewusstsein fernhält. Es wird nicht darum gehen, der Verleugnung die »Wahrheit« entgegenzuhalten, sondern durch Präsenz und Gespräch, durch Bewältigungshilfen, wie sie die Formen kreativer Therapie bieten, durch Mobilisierung des sozialen Netzwerks und der inneren psychischen Ressourcen den Patienten so zu stärken, dass er die anwesende, aber verleugnete Wahrheit aushalten und annehmen kann. Zuweilen steht hinter der Verleugnung nicht nur die Abwehr, die Realität des unvermeidbaren Todes anzunehmen, sondern auch eine Angst vor der Auseinandersetzung mit dem bisherigen Leben und mit den Lebenden, den Angehörigen.

Wenn ich wieder auf die Beine komme
will ich intensiver leben.
Ich will das Leben genießen.
Meiner Frau und mir mehr gönnen.
Wir werden Reisen machen.
Ich habe einfach zu viel gearbeitet.
Ich habe ganz vergessen dabei, wie schön die Welt ist.
Wir werden zuerst nach Italien fahren.
Zur Hochzeitsreise sind wir auch nach Italien gefahren...
(*Horst*, 55 Jahre)

Dieser 55-jährige Patient mit einem Pankreaskarzinom und infauster Prognose führt, von uns angeregt, ein »Krankentagebuch«. Die Kon-

frontation mit der Krankheit lässt ihn erkennen, wie schlecht er mit sich und seiner Familie umgegangen ist. Die Realität des bevorstehenden Todes bedeutet zugleich die Konfrontation mit unwiederbringlich Versäumtem. Dies wiegt schwerer als die Todesdrohung selbst, denn in der Eintragung vor der Operation lesen wir: »Bei so einer Operation muss man mit dem Schlimmsten rechnen. Ich habe mich gefragt, ob ich vor dem Tod Angst habe. Vor der Operation habe ich Angst, vor dem Tod nicht. Ich habe dem Tod schon mehrfach ins Auge geschaut. Bei der Operation habe ich Angst vor den Schmerzen danach. Auch die gehen vorbei.«
Das Krankentagebuch von Horst lässt erkennen, wie im Schreiben die Barriere der Verleugnung allmählich perforiert wird, sich die Erkenntnis durchsetzt: »Ich bin unheilbar krank. Die Ärzte haben gesagt, dass es nicht gut aussieht, dass man nicht viel tun kann. Ich werde auch immer schwächer. Heute habe ich zum ersten Mal das Gefühl, dass ich hier nicht mehr rauskomme …«

6.2 *Auflehnung*

Zwei Tage später finden wir im Krankentagebuch folgenden Text:

> Ich will nicht sterben
> ich will nicht sterben
> ich *will nicht sterben.*
> *(Horst,* 55 Jahre)

Ein Stadium der Auflehnung findet sich bei vielen Patienten. Im Verlauf längerer Sterbeprozesse erleben wir immer wieder ein solches Aufbäumen. Wir haben oft gesehen, dass Angehörige und medizinisches Personal den Kranken in einer solchen Phase zu beruhigen versuchen, indem sie die Realität gegen die Verzweiflung setzen. Zumeist, weil ihnen der Ausdruck der Verzweiflung schwer erträglich ist. Für den Kranken selbst ist es aber wichtig, dass er Auflehnung, Zorn, Verzweiflung zeigen kann, dass seine Gefühle sich ausdrücken können. Durch kreative Medien gewinnen sie Gestalt, eine Form, die sich schließt und nach dem »vollendeten Ausdruck« einen qualitativen Umschwung möglich macht. Dieser kommt nicht zuletzt dadurch zustande, dass man sich zu dem, was man im Medium ausgedrückt hat, in Beziehung setzen kann.

Im Leben darf nur das Leben siegen
der Tod soll mich nicht kriegen.
Verdammt, nein!
Ich will laut schreien
ich will beten
ich will Gott zertreten
ich werde mein Leben
nicht kampflos aufgeben
(*Thea*, 67 Jahre, Melanom)

Die Patientin, eine ehemalige Krankenschwester, kennt ihre Prognose, sie weiß, was ihr bevorsteht, und sie kämpft, obgleich die Erkrankung rapide fortschreitet.

Ich bin ein einziger Schrei
die Empörung
brennt
lichterloh.
(*Thea*, 67 Jahre)

Thea schreibt eine ganze Serie von Gedichten der Auflehnung. Im Gespräch sagt sie darüber: »Ich will so nicht sterben, so nicht. Ich habe zu viele Leute so sterben sehen, jämmerlich verrecken!« – *T.:* »Nach meinen Erfahrungen, und Ihre werden wohl ähnlich sein, gehen die Patienten mit ihrer Krankheit doch recht verschieden um.« – *Thea:* »Die meisten gehen nicht gut damit um.« – *T.:* »Was heißt für Sie ‘gut damit umgehen?« können Sie mir das sagen?« – *Thea:* »In Würde sterben, meine ich. Das können nicht viele. Ich will das in Würde hinter mich bringen!« – *T.:* »Sie schreiben sehr viel über Empörung und Auflehnung.« – *Thea:* »Ich finde das unwürdig. Krebs, Hautkrebs, Metastasen. Ausgerechnet das. Ich finde das unwürdig, so innerlich zu zerfallen. Ich will wenigstens seelisch nicht zerfallen.«

6.3 Loslassen

Die Krankheit wird als Kränkung erlebt, als Entwürdigung, als Zerfall, und es wird das Bestreben dagegengesetzt, die persönliche Würde und Integrität zu bewahren, Empörung und Auflehnung sind hierzu wesentliche Elemente. Das Ich wehrt sich gegen den Zerfall, oft bis an die Grenzen der Kräfte, worauf dann ein Zusammenbruch eintritt, in dem die Integrität, um die so hart gerungen wurde, zerfällt. Aus einem solchen Zusammenbruch in eine akzeptierende Haltung zu gelangen ist schwierig. Oft bleiben Verbitterung, Resignation oder Apathie. Die Poesie- und bibliotherapeutische Arbeit will Zusammenbrüche verhindern, ohne dass damit die Schärfe der Auflehnung gebrochen würde. Das Niederschreiben der Gedanken und Gefühle ermöglicht eine Kanalisierung. Das Lesen des Geschriebenen bietet die Chance zu einer inneren Distanz in der Nähe. In dieser Mittelposition von Betroffenheit und Danebenstehen können sich Integrationsleistungen vollziehen. Die Auseinandersetzung mit der Massivität ihrer Empörung, wie sie in den Gedichten zum Ausdruck kam, die Gespräche mit dem Therapeuten, die Erinnerung an Menschen, die sie hat sterben sehen, führen Thea zu einem Loslassen, einer akzeptierenden Haltung der Krankheit und dem eigenen Sterben gegenüber, das nicht durch den Zusammenbruch der psychischen Ressourcen eine resignative Anpassung ist.

> Dass ein jeder sterben muss
> ist leicht zu sagen.
> Der persönliche Schluss
> ist schwer zu ertragen.
> Wirklich bei mir zu sein
> fiel mir nie leicht.
> Durch all diese Pein
> hab' ich's erreicht.
> Ich bin ein Mensch
> und Menschen müssen sterben.
> Und doch –
> es ist gut, ein Mensch zu sein.
> (*Thea,* 67 Jahre)

Das Akzeptieren des Sterbens führt meistens zu einem Nachlassen von Todesangst. Der Tod verliert seine Schrecken, wenn deutlich wird: *der Tod ist Teil meines Lebens.* Er ist nicht Schlussstrich, sondern Rundung. Der Topos der Rundung ist charakteristisch für das Stadium der Akzeptanz. Die scharfen Kanten sind gebrochen. Das Runde ist weich, fügt keine Verletzungen zu. Eines der letzten Gedichte von Thea drückt diese Erfahrung aus:

Wie ein Bogen spannte sich mein Leben
der Sonne, dem Tag, der Zukunft entgegen.
Der Tag neigt sich zur Nacht.
Der Anfang zum Ende,
der Tod nimmt sacht
mein Leben in die Hände.
(Thea, 67 Jahre)

Das Moment der Geschlossenheit, der Erfahrung, dass sich das Leben gerundet hat, ist von Tod und Sterben nicht zu trennen. Anfang und Ende grenzen das individuelle Leben zu einer Einheit ab, die als eine intensive Bekräftigung von Identität erlebt wird und nicht als Zerfall.

Mein Leben kommt zu Ende
ich hatte meinen Anfang vergessen.
Mein Ende führt mich zum Anfang.
Ich habe mich selbst gefunden
ein letztes Mal
ganz.
(Thea, 67 Jahre)

Poesietherapeutische Arbeit ermöglicht ein »aktives Sterben«. Aktives Sterben meint nicht Aktivität bis zum letzten Atemzug im Sinne eines Tun-Müssens. Annehmen, akzeptieren darf nicht mit Passivität gleichgesetzt werden. Sich überlassen, sich offenhalten für Erfahrungen ist nichts Passives. Die Einwilligung wird konstitutiv für die Synergie *(Petzold* 1972); und Sterben ist ein synergetischer Prozess, in dem Leib und Bewusstsein *miteinander* wirken, nicht *gegeneinander.* Das schmerzliche, das kämpfende Sterben begegnet uns häufig, wo diese Synergie nicht gelingt. Wenn ein Einklang zwischen den Strebungen des Organismus und den Strebungen des Bewusstseins erreicht werden kann, wenn die Bedingungen der Krankheit, des Settings, der Medikation diese Synergie nicht stören, zerstören, kann ein fließendes, strömendes Sterben erreicht werden, wie es gerade in Gedichten, die unter derartigen Erfahrungen entstanden sind, zum Ausdruck kommt.

Wie der Oleander
verströmt sich
mein Leben
in den Abend
(Hilde, 64 Jahre, letzte Lebenswoche)

Die Hand des Tods
ist wie ein Flaum
ein sanfter Traum
am Saum des Boots
gleitet sie
wie eine Welle
(*Johanna,* 83 Jahre, letzte Lebenswoche)

6.4 *Poesietherapeutische Sterbebegleitung als dialogische Erfahrung*

Das Gedicht des Sterbenden ist eine Selbstäußerung. Er teilt sich der Welt mit, den Begleitenden, seinen Angehörigen und nicht zuletzt sich selbst. Der geschriebene Text bietet eine Möglichkeit, mit sich selbst intensiver in Kontakt zu kommen, in Dialog zu treten. Eine derartige Autokommunikation (*Petzold* 1977c, 102 f.; 1983, 16) hat eine bedeutende Funktion für das Ich, das im Verlöschen begriffen ist. Ich spreche im Text zu mir selbst, ich erkenne mich im Text, mir werden Dimensionen meiner Persönlichkeit bewusst, die mir über die Ebene der reinen Reflexion verborgen geblieben waren. Der geschriebene Text wird ein Medium, das mit bewussten und unbewussten Inhalten *geladen* ist (ibid. 103). Die Diskurse des Unbewussten werden durch das Geschriebene dechiffrierbar.

Der Wald
Mir ist, als hätte ich einen Wald durchschritten
die Dunkelheit der Bäume lässt von mir ab
die Schatten sind wie abgefallen
vor mir liegt die Weite der Ebene.
(*Else,* 50 Jahre, Lungenkrebs, infaust)

Die Patientin, die einen sehr schweren, von Schicksalsschlägen gezeichneten Lebensweg hinter sich hatte, war über ihre Krankheit und ihren Zustand in Unkenntnis gehalten worden. Zum Schreiben von Gedichten wurde sie durch eine Stationsschwester, die poesietherapeutisch arbeitete, angehalten. Die Patientin selbst hatte ihrer Krankheit gegenüber eine massive Verleugnungstendenz. Den Angehörigen, den Schwestern und Ärzten gegenüber hatte sie immer wieder die Zuversicht bekundet, bald gesund zu werden, und sie war auch in dieser Auffassung bestärkt worden. Gedichte schreiben machte ihr Spaß, und sie entwickelte eine große Produktivität. Die Gedichte werden den Schwestern und Mitpatienten gezeigt und vorgelesen. Zum *Gedicht* »Der Wald« überrascht sie die Schwester mit folgenden Sätzen: »Schwester M., ich weiß, dass ich nicht mehr lange zu leben habe. Ich muss sogar schon bald sterben.« *M.:* »Wieso das denn, Frau F.?« *P.:* »Ich hab' das Gedicht da vor ein paar Tagen geschrieben. Gestern abend habe ich es dann noch mal gelesen, und da wusste ich es plötzlich. Der dunkle Wald, das ist mein Leben, die Ebene, das ist der Tod, die Unendlichkeit. Ich hab' auch gar keine Angst. Ich bin ganz gefasst. Wie ich das Gedicht geschrieben hab', wusste ich gar nicht, was war. Das ist mir erst später klargeworden, als ich es noch mal gelesen habe.«

Die Patientin hatte die Botschaft ihres Unbewussten entziffert. Die Bilder des Gedichtes waren eine Verdichtung ihres Lebensgefühls, das bedrückt, düster war, eine Bedrängnis, die jetzt, im Sterben, von ihr abfiel. Sie verstarb 14 Tage später. In ihren letzten beiden Lebenswochen arbeitete sie intensiv an neuen Gedichten und stellte etwa vierzig fertig. Die Endfassungen wurden von ihr in ein Album eingetragen als » Vermächtnis für ihre Tochter«. Frau F. hatte ihre Tochter kurz nach der Geburt in ein Heim gegeben und sie erst mit 8 Jahren, nach einer erneuten Heirat, wieder zu sich geholt. Das Verhältnis blieb gestört. »Ich bin nie mehr an mein Kind herangekommen. Ich hab' ihr viel Liebe gezeigt. Ich konnte das erst zu spät. Sie hat mich total abgelehnt. Erst in den letzten beiden Jahren und jetzt, während der Krankheit, ist es ein bißchen besser geworden. Richtig reden können wir nicht miteinander.« Das »Vermächtnis« sollte der Tochter nach ihrem Ableben übergeben werden. Der erste Text des Bandes lautet:

Vermächtnis
Was kann ich dir hinterlassen?
Eine letzte Berührung
einen Wunsch für dein Leben?
Von Herzen, mit aller Liebe
wünsche ich dir,
im Leben geborgen zu sein.
Das hab' ich gefunden, Geborgenheit,
ich.
Glaube mir, es gibt sie.

Ich, selbst ich, habe sie gefunden.
Nimm, was ich schreibe,
wie ein letztes Streicheln deines Gesichts.
Zart,
wie ich es vielleicht nie vermochte.
Es gibt diese Zartheit!
Ich fühle sie
für dich.

Der Gedichtband ist eine letzte Kommunikation, und mehr noch, er steht für einen Dialog, der nie stattfinden konnte, ist eine Mitteilung, die in der Intensität und Innigkeit weder der Tochter entgegengebracht werden noch von dieser angenommen werden konnte. Die Gedichte des Bandes über »Die Blume«, »Die Tränen«, »Nachtstunden«, »Verlorene Zeit«, »Meiner Hände Arbeit«, »Meine Mutter«, »Mein Vater«, »Meine Kindheit«, »Ich hatte eine Puppe« usw. waren autobiographische Zeugnisse, Erlebnisse und Erfahrungen, mit der die Mutter sich ihrer Tochter verständlich machen wollte, ihr vermitteln wollte, was für ein Mensch sie geworden war, wodurch sie so geworden war. Keine Entschuldigung, keine Appelle, kein Werben um Verständnis war in diesen Texten.

Du sollst mich kennen,
ich kannte meine Mutter nicht!
Du sollst mich kennen,
weil auch ich dir unbekannt blieb.
Du sollst mich kennen, denn ich möchte dir –
in letzter Stunde noch,
den Spiegel geben, der mir fehlte:
das Herz der Mutter,
die Liebe der Mutter,
die Hände der Mutter.
Glaube mir – es ist so schwer
sich zu lieben, ohne das alles.
Erst jetzt – in letzter Stunde noch –
beginne ich
mich zu lieben.

Für die Tochter war das »Vermächtnis« eine Konfrontation, die lebensverändernd wirkte. Das Büchlein wurde ihr von der Schwester/Poesietherapeutin mit einem konkreten Gesprächsangebot übergeben: »Ich habe das Entstehen dieser Gedichte miterlebt. Ihre Mutter hat mit mir über viele dieser Texte gesprochen. Wenn Sie sich mit mir über den Inhalt dieses Bändchens unterhalten möchten, werde ich das gerne tun. Vielleicht hilft es Ihnen, das eine oder andere besser zu verstehen.«

In der poesietherapeutischen Arbeit mit Sterbenden regen wir des öfteren Patienten, die sich gerne in Gedichten ausdrücken, dazu an, ihre Texte für Menschen zu sammeln, denen sie etwas ganz Persönliches von sich hinterlassen möchten. Derartige Hinterlassenschaften sind für die Autoren selbst und mehr noch für die, denen sie zugedacht sind, kostbare Geschenke. Wir bieten dabei verschiedene Formen an: die des Krankentagebuches, die der Gedichtsammlung, oft auch die Form des Briefes. Hinterlassene Briefe an wichtige Bezugspersonen geben dem Kranken die Möglichkeit einer letzten Aussprache, einer Entlastung, einer gesammelten Mitteilung. Natürlich dürfen derartige Anregungen nicht dazu führen, den tatsächlichen Dialog zwischen den Angehörigen und dem Sterbenden zu ersetzen oder gar zu verhindern. Es kommt vielmehr in der Regel durch das Schreiben der »nicht abgesandten« Briefe oder der »Vermächtnis-Gedichte« zu einer Intensivierung der Kommunikationsmöglichkeiten, zu einer Vorbereitung des Gesprächs durch den Text. Die Autokommunikation, die Zwiesprache mit sich selbst, ermöglicht die dialogische Situation.

Dies gilt nicht nur für den Kontakt mit den Angehörigen, sondern auch für die Beziehung zu Personen, die das Sterben begleiten: Schwestern, Ärzte, Seelsorger o. a. Der Brief bietet hier eine hervorragende Zugangsmöglichkeit bei Patienten, die schwer anzusprechen sind. Er ermöglicht besonders dem von außen kommenden Begleiter, auch Kontakt zu halten, wenn er nur ein oder zweimal in der Woche kommen kann. Manche Dinge lassen sich in einem Brief leichter sagen oder in einem Gedicht, wobei das Geschriebene zum Ausgangspunkt für nachfolgende Gespräche genommen werden kann. Wir finden immer wieder Situationen, in denen der Text die einzig mögliche Form der Kommunikation ist. Der Patient hat die Rede verloren, aber nicht die Worte. Zumindest gelingt es ihm nicht, belangvolle, gefühlsbesetzte Inhalte mitzuteilen. Sie bleiben dem Gedicht vorbehalten. »Ich kann Ihnen das im Gedicht viel besser sagen, was mich bewegt. Es ist so schwer, über diese starken Gefühle zu sprechen, die die Krankheit in mir auslöst, und dass ich sterben muss. Das Gedicht macht mir da vieles leichter. Ich glaube auch, Sie verstehen mich da besser.«

Poesietherapeutische Arbeit kann auch durch Gedichte initiiert werden, die für einen alten, krankenden oder sterbenden Menschen geschrieben werden, um ihn in seiner Situation zu erreichen. Gedichte vermögen zu berühren, wo alle Zugänge verschüttet scheinen. Derjenige, der ein Gedicht erhält, fühlt sich in ganz besonderer Weise gemeint. Er erhält etwas Einzigartiges, das nur ihm gilt. *Irma Petzold-Heinz* (1938; 1985) hat in den dreißiger und vierziger Jahren als Krankenschwester in dieser Weise Patienten begleitet, indem sie für sie Gedichte oder Gedichtzyklen schrieb, die Trost gaben, Dialog und Auseinandersetzung mit der Krankheit ermöglichten. Dem poesietherapeutisch erfahrenen Begleiter sollte das Gedicht als Medium des Ausdrucks und der Problemverarbeitung selbst vertraut sein. Er vermag dann Patienten durch Gedichte anzusprechen oder auf die Texte der Patienten, wo es angezeigt und stimmig ist, mit einem Gedicht zu antworten. So können sich dialogische Gedichtzyklen ergeben, eine sehr intime, innige Form des Dialogs, der nicht nur die Fähigkeit, sich berühren zu lassen und Resonanz zu geben, erfordert, sondern die Möglichkeit, eigene intensive Regungen im Text auszudrücken. Diese Fähigkeiten sind in uns oft verschüttet oder verloren gegangen. Die Sterbenden können uns helfen, sie wiederzufinden.

Das Land ist sanft von Dämmerungen,
Der Horizont ist silbergrau.
Mit schweren Tropfen sinkt der Tau,
Das letzte Vogellied verklungen.

Jetzt singt mein Herz dir neue Lieder,
Die mir der Tag, die Nacht zusang.
Der Wind nimmt meiner Harfe
Klang Legt ihn vor deinem Fenster nieder.

Dort spielt er fort, mit dunklem Klingen
Sagt er dir Trost mit warmem Ton.
Dann fliegt er durch die Nacht davon,
In meinem Herzen fortzusingen.
(Irma Petzold-Heinz, 1938)

[1] Aus: Integrative Therapie 4 (1982) 286-324.

III

Riskante Therapie und die Würde des alten Menschen

Die Verletzung der Alterswürde – zu den Hintergründen der Misshandlung alter Menschen und zu den Belastungen des Pflegepersonals

Von der »Würde des Alters« zu sprechen ist eine demodierte Sache. Es ist dies ein Begriff, der im Verschwinden begriffen ist wie so vieles. Er scheint überflüssig geworden zu sein, finden die Jungen, die nicht wissen und auch nicht verstehen, dass bei den vielfältigen schmerzlichen Verlusten und Einbußen, die das Alter bringt, die Würde etwas Kostbares ist. Sie wissen nicht darum, dass auch sie im Alter die Würde einmal notwendig brauchen könnten. Sonst würden die Jungen den Alten die Würde nicht verweigern. Es ist nämlich ein Mythos zu glauben, dass man die Würde nur aus sich oder in sich habe. Sie erfordert vielmehr die Ehrerbietung, Wertschätzung und Achtung. Sie ist, wie alle Werte im Leben der Menschen, gemeinsamer Besitz, Gabe und Eigentum zugleich. Und selbst wo einer einsam und verlassen, aber in Würde alt wird und stirbt, tut er es vor den Augen unsichtbarer Betrachter, die diesem seinem Altern und Sterben Würde zuerkennen.

Die ersten physischen und psychischen Misshandlungen alter Menschen habe ich als kleiner Junge erlebt. Das Altersheim »am Gallberg« mit seinen dunklen vollgepferchten Zimmern machte auf mich genauso einen nachhaltigen Eindruck wie die Schwester in einem Altenheim in Heerdt, die einem alten Patienten, der nicht trinken wollte oder konnte, die Tasse mit der Suppe ins Gesicht schüttete. In zwanzig Jahren der Arbeit mit alten Menschen habe ich immer wieder Fälle von körperlicher und seelischer Grausamkeit bis in die jüngste Zeit hinein miterlebt, von den gröbsten bis zu den subtilsten Formen, und zwar sowohl in Alten- und Pflegeheimen, auf Krankenhausstationen, in Hauspflegediensten als auch – und das verdient hervorgehoben zu werden – in Familien *(Bircher* 1982, 111) mit zumeist dementen alten Familienmitgliedern. Es ist zweifellos so, dass *in unserer Gesellschaft die beiden größten unterdrückten Minderheiten die Kinder und die alten Menschen sind.*

Den Kindesmisshandlungen – für die BRD wurde die Zahl von 400 000 misshandelten Kindern jährlich bei großer Dunkelziffer genannt *(Hövels* 1985) – ist in den vergangenen beiden Dekaden vermehrte Aufmerksamkeit geschenkt worden – bei weitem noch nicht genug, meine ich. Eine vergleichbare Dokumentation über Grausamkeiten an alten Menschen steht bezeichnenderweise noch aus; von einer öffentlichen Beachtung, die zu nachhaltigen Veränderungen führen würde, ganz zu schweigen. Die mit bedrückender Regelmäßigkeit in der Presse auftauchenden »Altenheimskandale« echauffieren die Gemüter nicht nachhaltig. Zumeist werden sie als kurzlebige Sensationsnachrichten konsumiert.

Durch Weiterbildungsseminare für Mitarbeiter aus dem Bereich der Altenarbeit und Krankenpflege *(Petzold* 1965; 1982; 1985; *Huck, Petzold* 1984), zu denen sehr motivierte und engagierte Menschen aus den helfenden Berufen kommen, werde ich immer wieder mit Berichten und Ereignissen durch meist jüngere Pflegekräfte konfrontiert, die sich nur als »Horrorgeschichten« klassifizieren lassen. Derartige Erlebnisse stellen für diese Pflegekräfte eine schwere seelische Belastung dar, die durch den Druck der Institution und des übrigen Personals oftmals zur Ausbildung von Symptomen führt: psychosomatische und depressive Reaktionen, Suizidalität. Meistens wird nach einiger Zeit der Arbeitsplatz gewechselt. Die Erlebnisse bleiben ein »Alptraum«. Da ich die Kursteilnehmer oft in mittelfristigen Weiterbildungsseminaren zum Teil über mehrere Jahre habe, wird durch die wiederholte Thematisierung solcher Ereignisse in den Selbsterfahrungsteilen ihre traumatische Wirkung deutlich. Wie mag es da den Misshandelten erst selbst ergangen sein! Meine Weiterbildungstätigkeit in den deutschsprachigen Ländern, in Frankreich, den Niederlanden, Norwegen, Spanien hat mir gezeigt, dass es sich hier nicht um ein spezifisch deutsches, französisches oder österreichisches Problem handelt. Das »Elend der alten Leute« *(Schenda* 1978) verschärft sich in manchen Institutionen zur *Tortur.* Würde man mit den Kriterien von »Amnesty International« über die Praxis der Folter und der Verletzung der Menschenrechte an geriatrische Einrichtungen, Alten- und Pflegeheime herangehen *(Klie* 1983), so würden sich in einem großen Teil derartiger Institutionen schwere und schwerste Menschenrechtsverletzungen finden lassen. Es handelt sich dabei eben nicht um Einzelfälle, dafür treten sie zu gehäuft auf. Diese

Situation ist auch den politischen Entscheidungsträgern bekannt. Pflegesätze und Personalschlüssel, Mitarbeiterqualifikation und Bettenzahl pro Zimmer sind keine Geheimnisse (vgl. Graue Panther 1983; 1984). Dem Argument: »Man tut ja schon viel mehr als je zuvor«, lässt sich immer mit einer Frage begegnen: »Würden Sie in *diesem* Pflegeheim liegen wollen, mit fünfundsechzig, nach einem Schlaganfall, halbseitengelähmt, bei klarem Bewusstsein?« Oder: »Entspricht dieses Pflegeheim der Lebensqualität, die Sie sich für sich wünschen und vorstellen, wenn Sie einmal pflegebedürftig werden?«

Ich halte die Situation alter Menschen unter Bedingungen der Hilflosigkeit und des Ausgeliefertseins für derart gravierend, dass sie in diesem Buch nicht unerwähnt bleiben darf. Wenn sich eine Gruppierung der »Grauen Panther« in Deutschland unter dem Namen *»Senioren-Schutzbund«* zusammengeschlossen hat, so ist dies durchaus eine adäquate Reaktion und Namenswahl im Hinblick auf das Faktum vielfältiger Bedrohung. Wir müssen uns als Gerontologen, Ärzte, Psychologen, Psychotherapeuten in der Tat fragen lassen, wie wir und wo wir politisch für die Rechte alter Menschen engagiert eintreten. Empfehlungen für »decision makers« *(Thomae, Maddox* 1983) sind wichtig, aber sie reichen nicht aus. Wo werden die fatalen Ergebnisse, die wir oft vorfinden, wirklich in die Öffentlichkeit getragen? Wo sind Gerontologen Mitglieder von »Seniorenschutzbünden«? Wo gibt es in gerontologischen Fachgesellschaften, die ja für alle möglichen Angelegenheiten Fachsektionen gebildet haben, eine Sektion, die sich spezifisch mit der Verletzung der Rechte alter Menschen auseinandersetzt und darauf gerichtet ist, Missstände aufzugreifen und zu beseitigen?

Um verstehen zu können, warum diese Fragen zu negativen Antworten führen, müsste eine differenzierte kulturgeschichtliche Hintergrundanalyse geleistet werden (Konrad 1982). Eine – sicherlich überfällige – Institutionsgeschichte der Alten- und Pflegeheime müsste hinzukommen *(Kuhlmey* 1984). Wie fruchtbar eine solche Perspektive ist, haben die Arbeiten von *Foucault* (1977; 1978) zur »Archäologie« von Psychiatrie und Gefängnissen gezeigt. Sicher kann man nicht davon ausgehen, dass es alte Menschen, Sieche, Kranke und Sterbende in früheren Zeiten oder bei Naturvölkern durchgängig besser hatten. Es werden heute keine alten Menschen mehr vom

»Greisenfelsen« gestürzt wie in der griechischen Frühzeit. Die »schröklichste Barbaries«, die Alten aufzuhängen oder mit der Keule zu erschlagen *(Hartknoch* 1684, 181), die Tötung der Alten, das lebendige Begraben der Schwachen und Hochbetagten *(Koty* 1984; *Kucher* 1961), kommt heute nicht mehr vor. Die Studien von *Simons* (1945; 1960) und *Glascock & Feinman* (1981) zeigen, dass in originären Kulturen überwiegend unterstützendes Verhalten den Alten gegenüber praktiziert wurde, dass aber die Beschleunigung des Todes und die Tötung ebenfalls vorkamen.

Die Methoden unserer Gesellschaft sind indirekter und subtiler – so können unzureichende Pflegeschlüssel durchaus »als schleichende Form der Euthanasie« (Graue Panther 1984, 7) gesehen werden. Das Thema der Tötung der Alten ist nach wie vor präsent z. B. als Gegenstand zahlreicher Science-fiction-Romane (z. B. *Cowper* 1970; *Charbonneau* 1971). Die medikamentöse Ruhigstellung durch chronische Überdosierung ist eine moderne Form der »Entledigung«. Wenn auch die alten Zeiten nicht besser waren *(Imhof* 1971; *Konrad* 1982), so zeigen die Untersuchungen von *Cowgill* und *Holmes* (1972) oder *Palmore* und *Manton* (1974), dass man in den westlichen »hochzivilisierten« Industrienationen dem Alter überwiegend negativ gegenübersteht. In nicht-westlichen Ländern waren bei der Hälfte der untersuchten Fälle die Alten den anderen Altersgruppen gegenüber gleichberechtigt, in den westlichen Ländern nur ein Drittel. Die Untersuchung von *Bengtson* und Mitarbeitern (1975) zeigt in einer Befragung von 5400 Personen in 6 Ländern eine deutliche Abwertung der Alten in den westlich beeinflussten Nationen. Natürlich müssen solche Ergebnisse differenziert gesehen werden. Bildungsstand, Schichtzugehörigkeit, Geschlecht sind wichtige Einflussgrößen. Dennoch, dass in einem Land wie der BRD [1985] die größte Armutspopulation die alten Menschen sind *(Bujard, Lange,* 1978), dass sie vereinsamen bis zur Erkrankung *(Cooper* et al. 1984; *Sosna* 1983; *Heinemann-Knoch* et al. 1985; *Lynch* 1977), die hohe Suizidrate *(Miller* 1979) und das Faktum der Misshandlungen zeigen, dass viele alte Menschen in einer inhumanen Situation leben. Das Postulat nach einer »Humanisierung des Alters« *(Petzold* 1965; 1979) ist deshalb keine modische Forderung, sondern eine reale Notwendigkeit.

Wenn auch die Situation der in freier Wohnung lebenden alten Menschen und insbesondere der Hilfsbedürftigen unter ihnen (1978 waren von den 2,5 Millionen in eigener Wohnung lebenden Hilfsbedürftigen 67% Menschen über 65 Jahre, *Sozialdata* 1980, 39) im Hinblick auf die Verletzung von Menschen- bzw. *»Altersrechten«* nicht klar einschätzbar ist, so müsste zumindest in staatlichen Institutionen oder bei Einrichtungen in der Trägerschaft freier Wohlfahrtsverbände eine humane Lebenssituation und mehr noch eine gute Lebensqualität gewährleistet werden, was sicher kein einfaches Unterfangen ist *(Collot* et al., 1984). Mit der Entlassung unkorrekten Pflegepersonals *(Böhme* 1984) allein ist aber nichts getan. Es wird eine sorgfältige Auswahl und Ausbildung der Mitarbeiter notwendig, die eine Schulung der Persönlichkeit miteinbezieht *(Huck, Petzold* 1984). Die Auflösung von Altenheimen zugunsten von Sozialstationen einerseits und die Zentrierung auf psychiatrisierte Pflegeheime andererseits *(Hummel* 1984) müssen gleichfalls mit zwiespältigen Gefühlen gesehen werden, wenn man weiß, dass Kostenersparnis als Motivation dahintersteht und die Fragen der Humanität für den alten Menschen, die Fragen, was alten- und altersgerecht ist, dabei zu kurz kommen *(Geißler* 1982). Auch hier wäre es wohl notwendig, dass die Planer und die Entscheidungsträger von sachkompetenten Gerontologen beraten werden, die überdies psychodynamisch so geschult sind, dass sie in der Konferenzbegleitung von Gremien vorsichtig aufdeckend Verleugnungstendenzen und verdeckte Aggressionen aufzeigen können. Manche der politischen und institutionellen Entscheidungen können in ihrer offensichtlichen und doch von den Akteuren nicht erkannten Inhumanität nur auf dem Hintergrund einer unbewussten Aggression gegen Alter, Krankheit und Tod und ihre Repräsentanten, die alten und sterbenden Menschen, verstanden werden.

Krankheit, Altern und Alter sind für den Menschen eine extreme Bedrohung. Sterben und Tod sind der ultimative Schrecken. Der Tod hat im Verlauf der Menschheitsgeschichte zur Ausbildung der großen ideologischen und religiösen Bewältigungssysteme geführt *(Marcel, Petzold* 1976). Oft genug waren es Verleugnungssysteme. Aber je geringer der Erklärungswert der in den Volkskirchen angebotenen Theologien gegenüber dem Todesereignis wird, je weniger Menschen daran glauben können, dass »dem Tod der Stachel genommen wurde«, desto *not*-wendiger sind Menschen auf andere Abwehrstrategien verwiesen: Projektion, Verleugnung, Spaltung *(Cohen* 1982). Werden bei Mitarbeitern in den Einrichtungen der Altenarbeit aber Verleugnung oder Spaltung als Abwehrmechanismen perforiert, wie dies in der tagtäglichen Konfrontation mit Sterben und Tod in Alten- und Pflegeheimen geschehen kann und geschieht, so kommen Aggressionen auf oder Fluchtreaktionen, man verlässt diesen Arbeitsbereich. Letzteres aber ist besonders bei der heutigen Arbeitsmarktsituation zum Teil schwierig.

Aggressivität als Bewältigungsmechanismus kann in der Regel nicht offen eingesetzt werden, denn Aggressionen sind gesellschaftlich tabuiert. Sie stehen unter der sozialen Kontrolle. Erst wo diese Kontrolle nachlässt oder außer Kraft gesetzt wird, kann die Aggression manifest werden. Dies kann durch innerpsychische Überlastungsreaktionen geschehen, wie wohl bei dem Fall des skandinavischen Altenpflegers, der – offenbar psychotisch – alten Menschen durch Gift den »Gnadentod« gab. Es kann aber auch dadurch geschehen, dass sich Kollektive in der Aggression gegen den Tod und seine Repräsentanten, die Schwerkranken und Alten, solidarisieren und es zu einer *Akkumulation von Inhumanität* kommt.

Hinzu kommt die inhumane Situation des Personals *(Ostner, Beck-Gernsheim* 1979), das in Großeinrichtungen, in denen alte und kranke Menschen »konzentriert« werden, zu Pflegerobotern degradiert wird *(Petzold* 1984a). Bei zu knappen personellen Ressourcen und ohne Möglichkeiten der psychischen Entlastung wird das Personal von der Inhumanität dieser Institutionen infiltriert und gerät in besonderer Weise in die Gefahr des aggressiven Agierens.

Durch Aggression kann das Kränkende, der eigene mögliche Verfall, das mögliche Siechtum, der sichere Tod attackiert werden in der Gestalt des alten Menschen. Macht man diesen lächerlich, so kann man im unbewussten Phantasma wähnen, den Tod verspotten zu können. Dominiert man den Siechen, verleiht das die Illusion, Alter und Siechtum zu beherrschen. Verhängt man den Tod, so bietet das die trügerische Gewissheit, »Herr über Leben und Tod« zu sein und im Makabertanz nicht mitschreiten zu müssen.

Der alte Mensch im Gitterbett, eingekotet, verwirrt, sabbernd, wird als die Disfiguration des Menschlichen gesehen. Er ist das Gespenst eigener möglicher Zukunft, das so angstauslösend ist, dass es archaische Formen der Abwehr und Bewältigung aus der frühesten Kindheit mobilisiert: *die Vernichtung des Bedrohlichen.* (Hoffentlich wird der Papi totgefahren, dann sieht er die kaputte Vase nicht!) Die Tötung von Geisteskranken, von Behinderten, Hochbetagten und geriatrischen Patienten, wie sie im Dritten Reich geschah, kann unter anderem auch als ein Durchbrechen archaischer Aggression gegen die Alten und Kranken interpretiert werden. Der Lobpreis des rassisch Gesunden, Starken und Mächtigen ist dabei die flankierende Abwehrform.

Es gibt vielfältige Formen, Abgelehntes und Bedrohliches zum Verschwinden zu bringen. Die Tötung ist die radikalste, die Isolation in Altersheimen und *Konzentration* in Großheimen und Großkrankenhäusern ist eine andere. Es werden aber nicht nur die Opfer solcher Maßnahmen verdinglicht, entmenschlicht, sondern auch die Schergen und Wächter verlieren ihre Würde und Menschlichkeit. Und so sind es sicher nicht nur die »unmenschlichen Pfleger und Schwestern«, über die man, wird ein Skandal offenkundig, als erschreckende Ausnahmen herfallen kann, sondern es müssen die destruktiven Tendenzen in der Gesellschaft untersucht werden, die solche Konditionen begünstigen. Es müssen die modernen Formen der Abwehr des Todes, die sich als säkularisierte Reste magischer Antriebskräfte hinter der Isolierung alter Menschen, hinter der Ächtung des Alters finden, aufgedeckt werden. Nur wenn eine Gesellschaft wieder die Kraft findet, der Faktizität des Alterns und des Sterbens ins Auge zu sehen, hat sie es nicht mehr nötig, die Tötung der Alten zu praktizieren oder sie zu verstecken, in Asyle einzuschließen, in Altenvierteln zusammenzufassen, damit man sie nicht mehr sieht, ja hat sie die Chance, zur »Würde des Alters« als einer Qualität des Menschlichen einen Zugang zu finden.

Die Zerstörung des Aggressors und die *Identifikation mit dem Aggressor* liegen so weit nicht voneinander. Jemanden vom Leben zum Tode zu befördern bedeutet, dass man zum Gehilfen von »Freund Hein« wird. Ein Leben mit allen Mitteln und um jeden Preis zu verlängern (wie in der Intensivmedizin) bedeutet, zum mutigen Ritter zu werden, der Tod und Teufel nicht fürchtet. Die *Identifikation mit den Betroffenen*, den Alten, Gebrechlichen und Kranken, indes fällt schwer. Sie bedroht unsere eigene Existenz. Sie gibt uns nicht die Grandiosität allmächtiger Helfer *(Schmidbauer* 1983). Das empathische Eingehen auf den alten Menschen bedeutet, dass man auch mit dessen Ängsten in Kontakt kommt: die Furcht, überflüssig zu sein, die Angst vor Abhängigkeit, dem Verlust persönlicher Attraktivität, der Erkenntnis, selbst festgesetzte Lebensziele nicht erreicht zu haben, usw. (*King* 1980). Man kommt mit der Angst vor dem Verlust an Beziehungen und letztlich vor dem Verlust des eigenen Ich in Kontakt (*Loch* 1982). Empathisches Mitschwingen bringt den Kontakt mit der inneren Vereinsamung, die der alte Mensch spürt (*Cohen* 1982), mit der inneren Verunsicherung und mit den emotionalen Reaktionen auf diese bedrückende Situation: Depressionen, Angst, Aggressionen, Neid, Verfolgungsängste ... oder man kommt mit den Abwehrformen der prägenitalen Regression (*Ferenczi* 1921), mit Spaltung, Projektion, Verleugnung, Omnipotenz in Kontakt (*Cohen* 1982; *Jaques* 1965), autodestruktiven Retroflexionen, Reaktionen der Selbstanästhesierung, archaischer Konfluenz, wenn das Selbst sich auflöst und das Ich seine Grenzen verliert (*Petzold* 1984), oder mit dem Verlust des Ich-Ideals (*King* 1980).

Die Identifikation mit dem alten Menschen und dem Pflegebedürftigen ist für den Pflegenden selbst gefährlich. Empathische Reaktionen (*Kohut* 1981), wie sie eigentlich für einen guten, verständnisvollen und adäquaten Umgang mit pflegebedürftigen Menschen notwendig wären, werden auf diese Weise für das betreuende Personal zu einer Bedrohung der Stabilität des eigenen Selbst, die Widerstände und Abwehrformen mobilisiert. Am besten wird diese Situation noch ausgehalten, wenn man dem alten Menschen gegenüber eine Pflegehaltung entwickelt, wie sie Kindern gegenüber eingenommen wird. Das Einlassen auf »den alten Menschen als Kind« ist leichter vollziehbar und entbindet vom Rekurs auf aggressive Abwehrhaltungen. – Aber der alte Mensch ist kein Kind, selbst wenn er Aspekte des Kindlichen gewinnt; und so ist auch diese häufigste Form des Umganges mit alten Menschen »aus der Abwehr heraus« nichts Ideales. Der alte Mensch, der Kranke und Pflegebedürftige, wird zumeist mit der *totalen Zuschreibung* einer Kindrolle – total, weil im archaischen Milieu immer *Pars-pro-toto-Tendenzen* auftauchen – in seiner Persönlichkeit eingeschränkt bis zur Deformation. Er kann sich dem Druck der Rollenzuschreibung nicht entziehen und wird wirklich kindisch oder reagiert mit aggressiven, paranoiden oder resignativen Bewältigungstechniken (*Fischer* 1981), was ihm wiederum den Entzug sozialer Zuwendung einhandelt – ein Teufelskreis.

Aus den klinischen Untersuchungen zur Genese narzisstischer

Störungen in der ersten Lebensphase wissen wir, wie schwer wiegend und pathogen die fehlende Empathie wichtiger Bezugspersonen, insonderheit der Mutter, ist. Wir stimmen *Kohut* (1981) durchaus zu, wenn er mangelnde oder fehlgeleitete empathische Reaktionen des Selbstobjektes als einen der bedeutsamsten Faktoren für die »frühen Störungen« annimmt (vgl. auch *Rohde-Dachser* 1978). Bei den narzisstischen Störungen der letzten Lebensphase *(Kernberg* 1980) wird in gleicher Weise das Fehlen angemessener Empathie wichtiger Bezugspersonen – insbesondere von Verwandten und Kindern – zur pathogenen Ursache *par excellence,* die schwere psychosomatische Reaktionen *(Bircher* 1982), depressive Verstimmungen und psychotische Phänomene im Gefolge haben kann *(Cohen* 1982; *Rosenfeld* 1978). Das *Selbst* des Patienten ist ohnehin matt *(McCarthy* 1980), das *Ich* geschwächt, die *Identität* reduziert *(Petzold* 1984; 1984b). Die Altersregression mobilisiert weiterhin archaisches Material. Die Reaktivierung des Altgedächtnisses führt in früheste Erinnerungen aus dem präverbalen, ja präszenischen Gedächtnis (ibid.), die durch ein labiles Ich nicht mehr kontrolliert werden können. So kann ein nicht geringer Teil der so genannten »Alterspsychosen« erklärt werden als »ein Zusammenwirken von reaktivierten frühen Erlebnisinhalten, belastenden Aktualsituationen und zerebralen Abbauerscheinungen«, wobei letzteren wohl noch weitaus weniger Bedeutung zukommt, als man – und das war ja auch eine sehr bequeme Lösung – bisher anzunehmen geneigt war. Derartige Abbauerscheinungen sind vielmehr weitgehend außenverursacht *(Ernst* et al. 1977; *1978; Avorn, Langer* 1982). In diesem Sinne sind seelische Erkrankungen im Senium in den seltensten Fällen ein Fortschreiben von Neurosen aus dem Erwachsenenalter oder verursacht durch pathogene Konstellationen der frühen Kindheit, sondern sie sind von den aktualen Lebensumständen bestimmt *(Larson* et al., 1984). Sind diese abträglich, *dann* wird der Alternsprozess pathogen *(Simon* et al. 1970; *Lowenthal 1964),* er ist es nicht *per se (Abraham* et al. 1980). Um zu angemessenen empathischen Reaktionen zu kommen, ist es notwendig, die eigenen Ängste gegenüber dem Altern, der Krankheit, dem Sterben und dem Tod zu bearbeiten und zu thematisieren: das heißt, seinen eigenen Grund zu betrachten. Eine sichernde, nähernde Frühbeziehung, gelungene Prozesse der Lösung aus der frühen positiven Symbiose *(Mahler* 1978; *Petzold, Maurer* 1985; *Petzold* 1985a)

sind eine gute Voraussetzung für dieses Unterfangen. Es wird unter anderem eine Auseinandersetzung mit den eigenen Eltern notwendig, denn gar nicht selten sind aggressive Haltungen des Pflegepersonals auch ein »Abarbeiten« von Kränkungen aus der eigenen Biographie, Kränkungen, die lieblose, uneinfühlsame, ja gewalttätige Eltern gesetzt haben. Auch das ist also ein Hintergrund für aggressive Handlungen den nunmehr hilflosen Patienten-Eltern gegenüber. Die Dominanz gegenüber den Alterspatienten verleiht ein Gefühl der Omnipotenz. Sie werden Gegenstand infantiler Rachetendenzen, archaischen Hasses, narzisstischer Wut. Die auf derartige Vergeltungsmaßnahmen häufig folgenden Schuldgefühle werden durch Strategien der Betäubung (Alkohol- und Medikamentenmissbrauch, wie bei Pflegepersonal häufig anzutreffen) beseitigt oder führen zu neuen aggressiven Reaktionen – *Perls* (1980) sieht die Schuldgefühle als introjizierten Groll. Da aber die alten Menschen und Patienten die bei solchen Hassaktionen gleichzeitig mit eingeklagte Liebe nicht geben können, da sie zuweilen in verzweifelten Versuchen der Auflehnung auf Reaktionen der Elterngeneration zurückgreifen, Sprachwendungen ihrer Zeit verwenden, wird die Übertragung von seiten derart verstrickter Pflegekräfte noch heftiger. Das Karussell der Übertragungen kann von niemandem angehalten werden, der sich auf ihm befindet. Die Bearbeitung der Beziehungen zu den eigenen Eltern bietet die Chance, Gegenübertragungen bzw. eigene »notorische Übertragungen« *(Petzold* 1980) zu handhaben und zu meistern. Es kann dann eine versöhnliche Haltung gefunden werden, die ein Gelingen der »ödipalen Situation im Senium« möglich macht *(Grotjahn* 1979), die es Angehörigen und Pflegepersonal erlaubt, die Zuwendungswünsche und -bedürfnisse der alten Menschen in einer Art und Weise anzunehmen, die nicht zu einer Infantilisierung führt.
Das Verhältnis der Generationen zueinander *(Majce* 1982) ist so bestimmt, dass es von der Omnipotenz auf seiten der Eltern gegenüber dem Kleinkind zu einer Überlegenheit gegenüber dem Kind, dann zu einer allmählichen, oft schmerzlichen Gleichwertigkeit gegenüber dem Adoleszenten und idealiter zu einer Partnerschaftlichkeit gegenüber dem erwachsen gewordenen Kind führt. Diese Periode der Partnerschaftlichkeit als gelungenem Verhältnis zwischen den Generationen bleibt in der Regel bis zum Alter erhalten und führt dann zu einer allmählichen Überlegenheit auf der Seite der erwach-

senen Kinder, die auch gut angenommen werden kann, wenn die Beziehungen geklärt sind. Sie kann, besonders im hohen Senium, bei schwerer Krankheit und im Sterbensprozess, dazu führen, dass die Kinder zu *»Eltern ihrer Eltern werden«*. Und auch das ist ein gelungener Prozess, wenn er sich im rechten Zeitpunkt vollziehen kann. Dann nämlich muss keine Aggressivität gegen den alten Vater, die alte Mutter aufkommen, die ein noch nicht innerlich gereiftes erwachsenes Kind zurücklassen, das mit dem Verlust nicht umgehen kann. Ich habe erwachsene Männer den sterbenden Vater und die sterbende Mutter beschimpfen sehen, voller Vorwürfe bis zum letzten Atemzug für Fehler der Vergangenheit. Wo sich derartige Konstellationen in der Pflegesituation als Übertragungsgeschehen reproduzieren, kann das für den Heimbewohner oder Alterspatienten böse Folgen haben, wenn er keinen Schutz durch institutionelle Kontrollen erhält.

Die Formen des aggressiven Agierens können von der manifesten brachialen Misshandlung über verbale Kränkungen und andere Strategien seelischer Grausamkeit bis zu schikanösen Hausordnungen und rigiden Heimregeln führen. Ehepartner werden auf zwei Stationen oder in getrennten Zimmern untergebracht; eigene Möbel, Bilder oder Tiere (selbst Fische und Vögel) dürfen nicht ins Heim gebracht werden, trotz ihrer großen Bedeutung für das Wohlergehen alter Menschen *(Kay* et al. 1984; *Fogel* 1981; *Bustad* 1980). Es kommt auch zur Anwendung von »wissenschaftlich fundierten« Interventionsprogrammen, die im Sinne klassischer Verhaltenstherapie mit Belohnung und Bestrafung oder *token economy* operieren *(Ritter-Vosen* 1979), um »maladaptives Verhalten« zu modifizieren. Und was maladaptiv ist, entscheiden die Jungen oder die »Experten«. Ich habe zu dieser prekären Thematik an anderem Ort ausführlich Stellung genommen *(Petzold, Bubolz* 1979, 154 f.).

Was wäre nun zu tun, um die geschilderte Situation zu verbessern? Es können keine einfachen Lösungen angeboten werden. Die Zusammenhänge sind hierfür zu komplex. Es können auch keine einseitigen Schuldzuweisungen aus eben demselben Grunde erfolgen. Maßnahmen der Bewusstseinsbildung, der Öffentlichkeitsarbeit sind erforderlich, der Information von Entscheidungsträgern, der direkten, unmittelbaren Arbeit mit ihnen, denn nur diese wirkt nachhaltig *(Petzold* 1984c). Maßnahmen zur Humanisierung der Struktur von

Institutionen und Weiterbildung der Mitarbeiter – dies alles sind mögliche Interventionen, die ja auch schon vielerorts praktiziert werden. Was sicher unverzichtbar ist, ist ein Einbeziehen der persönlichen Betroffenheit bei allen diesen Ansätzen, ist das Verdeutlichen der eigenen Endlichkeit und das Bewusstmachen unserer verleugnenden oder aggressiven Abwehrstrategien. Damit setzt man sich natürlich selbst Angriffen aus. (Ich bin mir sicher, dass dieser Beitrag auch mir Angriffe eintragen wird.) Der Persönlichkeitsbildung von Mitarbeitern im Alten- und Pflegebereich messe ich ein besonderes Schwergewicht zu. *Balintgruppen* und Weiterbildungen unter Einbeziehung von Selbsterfahrung, Einzel- und Gruppensupervisionen können die Strebungen des eigenen Unbewussten zugänglich machen, die eigenen Ängstge, Aggressionen, Bedrohtheiten aufdecken. Fachspezifische Fortbildungen, in denen gerontologisches und thanatologisches Grundlagenwissen vermittelt wird, sind ein weiteres Element, das nützlich ist, sofern diese Maßnahmen in einer Form erfolgen, die lebensnah und konkret ist und für die Praxis motivierend. Wenn nämlich die berufliche Situation positiver erlebt werden kann, entlastender, weniger bedrückend, kommt es auch zu weniger Entgleisungen.

Wichtig wird auch die Verbesserung der Personal- und Führungsstruktur insgesamt. Gerade Menschen in Führungspositionen im Alten- und Pflegebereich müssen besondere Hilfen gegeben werden, mit ihren Mitarbeitern konstruktiv umzugehen, sie richtig anzuleiten, sie zu entlasten und ihnen in normativen Konflikten Orientierung zu geben (*Klie* 1984). Oft genug aber wird von den selbst unzureichend qualifizierten Vorgesetzten mit repressiven Strategien gearbeitet, die nahtlos an die Patienten weitergegeben werden nach dem Motto: »Wer getreten wird, tut treten.« Die Institutionen haben jedoch nicht nur eine Sorgfaltspflicht den Patienten gegenüber zu erfüllen, sondern in gleicher Weise eine Sorgfaltspflicht gegenüber den Mitarbeitern, indem dafür Sorge getragen wird, dass diese nicht nur von seiten der Arbeitsansprüche keinen Überlastungen ausgesetzt werden, sondern dass man auch ihren seelischen Belastungsgrenzen Rechnung trägt. Wenn junge Schwesternschülerinnen oder Altenhelferinnen ohne Vorbereitung auf die Themen Leiden, Altern, Siechtum, Sterben, Tod in Pflegeheimen in den Dienst »gestoßen werden«, fallen sie in die Überlastung, die zu psychosomatischen und depressiven Reaktionen, in die Flucht aus diesem Arbeitsbereich, in den Alkoholismus oder in die Verrohung führen kann, wenn die Dinge schlecht laufen. Wenn sie gut laufen, wird es unter großen Anstrengungen zu einer Professionalität kommen, die sich in guter Routine und engagiertem Patientenbezug zeigt. Für eine patientenzentrierte Pflege wird man in der Regel aber durch ein solches »Schwimmenlernen aus dem Überlebenmüssen« nicht ausgerüstet.

Die körperlichen, vor allem aber die seelischen Belastungen des Pflegepersonals besonders in der Ausbildungszeit, aber auch im beruflichen Alltag *werden von den Institutionen, Trägern und Vorgesetzten chronisch unterschätzt.* Der permanente Umgang mit alten Menschen, Schwerkranken und Sterbenden erfordert besondere Entlastungsmöglichkeiten, die bereitgestellt werden müssen. Weiterbildung, Supervision, Jobrotation kommen hier ganz besondere Bedeutung zu, um »professionellen Deformationen« zu steuern, die ohne derartige Maßnahmen kaum zu vermeiden sind. Im Etat der meisten Einrichtungen sind aber für Weiterbildung oder Supervision keine Mittel vorhanden. Die permanente Überforderung, in der ich die Mehrzahl des Personals in diesem Bereich sehe, ist eine massive, aggressive und persönlichkeitsschädigende Haltung der Institution ihren Mitarbeitern gegenüber, die zu einem hohen Maß die Gefahr negativer Auswüchse in Form von Reaktionsbildungen birgt. Unsere Gesellschaft praktiziert eine geradezu schon traditionelle Missachtung der Pflegeberufe im Altenbereich, Berufe, die ihr eine der schwersten und bedrückendsten Aufgaben abnehmen. Die schlechten Arbeitsbedingungen, die zur Schwere der Arbeit geringe Honorierung und das fehlende Sozialprestige in der Altenbetreuung und -pflege sind ein wesentlicher Grund dafür, dass in diesem Bereich so wenig ausgebildete Mitarbeiter zu finden sind, ja er die schlechteste Mitarbeiterstruktur im psychosozialen und pflegerischen Feld hat. Wie sollen die, die in oft entwürdigenden Situationen arbeiten müssen und nur minimale Anerkennung erhalten, die Kraft finden, alten Menschen so zu *begegnen,* dass in ihnen das Gefühl der Würde aufkommt, erhalten bleibt und Raum gewinnen kann? Arbeit mit alten und pflegebedürftigen Menschen kann nicht nur auf der Ausbeutung des Idealismus von Mitarbeitern gründen. Sie erfordert eine Mitarbeiterstruktur, die im einzelnen Zeit lässt und Möglichkeiten, auf die Patienten und Pflegebefohlenen einzugehen, nicht nur Funktionspflege zu betreiben, sondern auch noch Kraft zu haben für Gespräche, kreatives Tun, Zuwendung und Angehörigenarbeit. Es sind dieses Aufgaben, die auf keinen Fall nur an Spezialberufe, Beschäftigungstherapeuten, Krankengymnasten, Psychologen, Krankenhausseelsorger delegiert werden dürfen, sondern die integraler Bestandteil der Pflege sein und bleiben müssten. Der Ruf nach dem Spezialisten von seiten der Schwestern ist sicher verständlich. Das Fehlen von Bewegungstherapeuten, Beschäftigungs- und Musiktherapeuten ist wirklich ein schwer wiegender Mangel in den meisten Einrichtungen der Altenarbeit. Die berechtigte Forderung nach Entlastung durch derartige Berufsgruppen darf aber nicht zur Einschränkung des eigenen Berufsbildes führen, da sonst die Möglichkeiten, ein befriedigendes Berufs- und Arbeitsleben zu realisieren, eingeschränkt sind.

Ein letztes Moment erscheint mir noch wichtig: die stärkere ethische Fundierung der Arbeit in den helfenden und pflegenden Berufen im Rahmen der Aus- und Weiterbildung *(Rest* 1983). Es ist dies eine schwierige Aufgabe, besonders da es nicht darum gehen kann, ›aufgesetzte Normen‹ zu indoktrinieren, sondern ein Verständnis für die Menschenwürde und ihren existenziellen Grund *(Marcel 1952;* 1965) zu wecken, eine Wertschätzung besonders für den alten, kranken und leidenden Menschen zu fördern, die in der Schwingungsfähigkeit der eigenen Person verwurzelt ist. Nur eine so gegründete ethische Haltung kann in Belastungssituationen die notwendige Tragfähigkeit gewährleisten. Sie bietet darüber hinaus die Chance zu eigenem Wachstum der Persönlichkeit und zur Individuation.

Im Folgenden soll der Erfahrungsbericht einer Schwester aus einer meiner Weiterbildungsgruppen wiedergegeben werden, der meine Ausführungen über die die Menschen- und Alterswürde verletzende Behandlung geriatrischer Patienten und ihre Hintergründe illustriert. Dieser Bericht wurde von mir, durch die Konsultation einer weiteren ehemaligen Mitarbeiterin auf dieser Station, einer Patientin und eines Zivildienstleistenden, der ebenfalls dort tätig war, überprüft. Er ist nicht übertrieben. Ich könnte derartige Berichte auch aus anderen Alters- und Pflegeheimen im europäischen Raum vorlegen und werde dies im Rahmen einer umfassenderen Dokumentation über die Misshandlung alter Menschen zu einem späteren Zeitpunkt auch noch tun.

Ich habe als Schwester in einem Wiener Pflegeheim gearbeitet. Das hat mich innerlich und äußerlich kaputt und krank gemacht. Jetzt, nachdem ich dort fort bin, unter Einbeziehung der Erfahrung eines Kollegen und unterstützt durch meine Weiterbildungsgruppe, kann ich schreiben, was ich dort erlebte.
Die Station hatte 58 Betten, alles bettlägerige Menschen. Alles Interesse des Personals war, dass die Leute bettlägerig werden (die es noch nicht waren) und es bleiben. Bettlägerige machen am wenigsten Arbeit.
Nachdem Iwanow* vom Arzt untersucht worden ist, fragt der Patient mit weinerlicher Stimme: »Werde ich wieder gehen können, Herr Doktor?« – »Erst müssen Sie sich ein wenig erholen, dann werden Sie querbett sitzen und schön langsam wird es wieder gehen. Der Patient sitzt heute zu Mittag querbett«, sagt der Arzt zu der Schwester. Nachdem der Arzt die Station verlassen hat, sagt sie: »Der sitzt nicht querbett, ich bin doch nicht deppert und za mi o, bei mir sitzt der nicht querbett.« Iwanow sitzt nicht querbett, und selbst nach wiederholten »Donnerwettern« des Arztes wird seinen Anweisungen nicht entsprochen.
Was mich am meisten betroffen machte und immer wieder kränkte, war die furchtbare, ordinäre Sprache unter den Schwestern, z. B.:
»Na, bist wieder anbrunzt?« – »Also, eines sag' ich dir, wenn du dich jetzt wieder anscheißt, lass' ich dich im Dreck liegen, mir ist's dann wurscht, wie oft du nach mir schreist.« – »Bist schon angschißn, scheiß weiter.«
Die wehrlosen Patienten zu sekkieren war ein beliebtes Spiel, das man selbst spielte oder worüber man sich in der Teeküche amüsierte: »Na, was ist los?« fragte der blinde Gitterbettpatient Krause, denn die Schwester rüttelte sein Bett durch. »Hör auf«, brüllte er wütend. »Wenn ich hier rauskomme, fliegen die Watschen.« Die Schwester konnte ruhig lachen und weiter das Bett schütteln, denn Krause kommt nie mehr raus.
Eine andere hatte es auf den Patienten Sezemsky abgesehen: »Na, wie heißt'? Schmid? Na, wie heißt'? Schmid?« Sezemsky schrie zurück: »Sezemsky heiß' ich! Sezemsky!« – »Ah, Schmid heißt'!« – »Ich heiß Sezemsky! Sezemsky heiß' ich!«
Oder – Gitterbett-Müller verlangt stürmisch nach der Leibschüssel. »Jetzt kannst noch warten«, sagt die Schwester, »jetzt haben wir andere Arbeit.« Das Verlangen nach der Leibschüssel wird immer stürmischer. Die Schwester vertröstet ihn, hindert auch andere, ihm die gewünschte Schüssel zu bringen. »A bisserl beherrschen kann er sich schon.« Da wird es dem Gitterbettpatient zu viel, mit aller Kraft zieht er sich am Gitterbett hoch, steckt sein Glied durch die Maschen und pinkelt in

* Alle Namen sind geändert.

hohem Bogen ins Zimmer. »So was nennt sich Dankbarkeit, für so was habe ich den Schädel hingehalten. Pfui Teufel!« schreit er. »Jetzt siehst, wie dein Liebling wirklich ist«, sagt die Schwester zu mir, »der ist nicht so nett, wie du glaubst.«
Der blinde Gitterbettpatient Krause fühlt sich von jedem Wort im Zimmer angesprochen. Die Schwester legt den Nachbarpatient trocken. »Hast wieder einegmacht, Brunzferdl?« – »Ich habe Sie nicht verstanden«, sagt Krause. »Gib einmal eine Ruh'«, knurrt die Schwester. »Du bist wirklich ein Brunzferdl«, sagt sie, zu Patient Klinker zugewandt. »Was ist denn das für ein Ton?« erregt sich Krause. »Ist das ein Spital, in dem man so unfreundlich behandelt wird?« Krause lässt nicht locker. »Leck mich am Arsch«, schreit die Schwester zurück. »Ich werde mich beschweren. Ist dieses furchtbare Weib eine Krankenschwester?« empört sich Krause, klammert sich am Gitter fest und zieht sich hoch. Die Schwester dreht sich um und schlägt ihm auf die Hände und ins Gesicht. »So, jetzt kannst' dich beschweren.«
Manche Patienten durften die Schwester auch anfassen am Gesäß, an der Brust. Wenn er bezahlt, dann hat die Schwester im Moment ein Lächeln für ihn. Sollte sich der Patient in sie verlieben und macht größere Aktionen dafür, wird er auf eine andere Station verlegt, oder er kommt nach S. auf die Psychiatrie. Das hängt davon ab, wie die Schwester dem Arzt schildern kann, wie unmöglich der Herr sich verändert hat, dass er nicht mehr zurechnungsfähig ist, dass er sich so verschlechtert hat, usw. Der Patient ist so schnell weg, so schnell kann er gar nicht schauen. Den ganzen Tag gibt es nur ein Thema, über das sich die Schwestern amüsieren können: »Sex.« Alles dreht sich um das, der einzige Spaßfaktor mit viel, viel Alkohol vermischt. Den ganzen Tag Alkohol. Alle haben einen Spiegel, ohne Ausnahme.
Von 12 Stunden Dienst wurden vielleicht, wenn's gutgeht, 5 Stunden wirklich gearbeitet, Essen austeilen inbegriffen. Die andere Zeit saßen die Schwestern im Schwesternzimmer und tranken literweise Kaffee und Alkohol; auch schweren Alkohol (Whisky, Schnaps).
Bevor der Dienst um 7 Uhr früh begann, saßen alle schon seit 6 Uhr 30 zusammen und tranken: »Man muss sich ja stärken für den Anfang.« Der Stationsarzt saß meistens auch dabei. Wenn er da war, spielte er alles mit: ein Verbündeter der Schwestern. Niemand hat einen Handgriff zuviel gemacht. Kein Patient hatte eine Glocke; somit gab es für die Schwestern keine Störung.
Zwischen den Durchgängen war Totenstille auf der Station. Da hörte man nur Gelächter von den Schwestern, wie sie sich unterhielten. Zwei- bis dreimal ging der Tagdienst (3 Schwestern) durch die Station, nahm die alten »Windel« (Durchzug) weg, strich eine dicke Paste auf jedes Gesäß, auf jeden Decubitus, wickelte neu ein und fertig. In der Nacht

einmal. Das geht wie am Fließband; Patient wird auf die andere Seite geworfen, Paste drauf, wehe, er kann sich seitlich nicht allein halten oder er jammert ... der Teufel ist los! Da wird er angeschrien, geschlagen, alle Schimpfwörter hört er.
Einmal in der Woche ist Chefvisite; da werden alle Betten blütenweiß überzogen und glattgestrichen. Die Patienten lagen wie tot in den Betten. Keiner traute sich zu rühren. Die Visite dauerte 10–15 Minuten. Der Chef kam ins Zimmer mit ein oder zwei Schwestern. »Guten Tag, wie geht's?« – »Danke gut, Herr Doktor.« – »Gibt es etwas?« – »Nein danke, alles in Ordnung.« Weg war er. Jeder wird sich hüten, etwas zu sagen. Nicht einmal eine Türklinke musste er in die Hand nehmen; grad dass kein roter Teppich für ihn ausgelegt wurde. Ich dachte mir oft, wenn er nur einmal eine Bettdecke heben würde, Füße und Gesäß anschauen würde ... der würde schauen! So viele Decubitus haben gefault, gestunken, groß, geschwürig, schwarz, nekrotisch. Das heißt für die Schwestern: noch mehr Paste darauf. Die Paste ist in einem Topf drinnen mit einer Spatel. Alle werden aus diesem Topf und mit diesem einen Spatel eingerieben, egal ob und wie groß der Decubitus ist; auch die keinen haben, werden damit eingerieben – zur Vorsorge, heißt es.
In der Nacht bekam eine Frau eine Magenblutung und hat furchtbar gebrochen. Die Schwester wollte in der Nacht Ruhe haben und hat keinen Arzt gerufen. Am Morgen war die Frau tot! Die Oberschwester hat mit der Schwester in der Früh' geschimpft, nach einer Stunde war alles vorbei, als ob nichts gewesen wäre. Lachen, Alkohol und Lachen. Das alles geschah, obwohl die Pflegestation in eine Interne Abteilung eines großen Krankenhauses integriert ist.
Kein Patient hatte einen Dauerkatheter; das ist nur mehr Arbeit. Der Nachtdienst besteht aus zwei Schwestern. Eine schläft immer in der Nacht, auf einem Notbett in der Garderobe, weil es verboten ist, in der Nacht zu schlafen; sie steht erst morgens auf, um die Patienten zu waschen; in 1 1/2 Stunden. 58 Patienten waschen. Die Raserei und Schreierei geht los. Vor 5 Uhr früh darf man nicht anfangen zu waschen und um 1/2 7 muss man fertig sein. Die Patienten, die die Hände noch bewegen können, denen wird eine Schüssel Wasser ins Bett gestellt. Die meisten konnten nicht mehr sitzen. Die meisten hatten keinen Waschlappen und kein Handtuch, denen warf die Schwester einen Durchzug hin; ein Eck wurde ins Wasser getaucht, mit dem sollte man sich waschen, mit dem anderen Eck sich abtrocknen. Fertig war die Toilette. Auch die Halbseitengelähmten mussten sich so waschen, weil die ja noch einen Arm bewegen konnten ... Die Patienten hatten so lange Zeit mit dem Waschen, wie die Schwester Zeit brauchte, um die anderen im Zimmer zu waschen, die sich überhaupt nicht mehr rühren konnten. Das ging so vor sich: Die Schwester hatte einen Nachttopf lauwarmes Wasser;

dazu nahm sie einen Durchzug, mit dem sie ca. drei Patienten gewaschen hatte. Mehr ging sich nicht aus, weil dann im Topf kein Wasser mehr war. Ein Eck zum nass Darüberstreichen und eines zum Trocknen. Danach Paste auf das Gesäß, neu einwickeln und fertig.

Alles ging sehr schnell, die Schwester nahm den anderen das Wasser wieder weg, warf die Bettdecke über die Leute, und das Zimmer war fertig. – Zahnprothesen mussten nicht gereinigt werden, niemand trug welche.

Weinen durften die Patienten nie. Wenn, dann wird der Patient angeschrien: »Halt den Mund und sei nicht so deppert.« – Einmal ging ich zu einer Frau hin, um zu fragen, warum sie weinte; als ich das Zimmer verließ, warteten die Schwestern schon auf mich und schrien mich an. »Was mir denn einfällt, wo käme man da hin? Die Patienten so verwöhnen. Dass ich das ja nicht mehr tue, sonst passiert was!« Manche Patienten haben mir dann bei der »Arbeit« was Persönliches zugeflüstert. Sie wollten auch nicht, dass ich Schwierigkeiten bekomme.

Einmal starben zwei Patienten an »Herzstillstand« innerhalb einer halben Stunde. Da war die Hetz fertig. Ein großes Gelächter ging durch die Station. Die zwei Männer von der Bestattung kamen immer mit einer Rumflasche. Das war zunächst der Anlass, wo sich alle zusammensetzten und tranken. Die schmutzige Sprache tut ihr bestes für den Alkohol. Dann wurden mit viel Gelächter die zwei Leichen nackt aufeinander in den Sarg gelegt; zweimal anrufen für den zweiten Sarg, das zahlt sich nicht aus. Mit großer Gaudi wurden sie abgeführt.

Es ist auch vorgekommen, dass Schwestern während des Dienstes auf eine andere Station gegangen sind, um abtreiben zu lassen; kamen sie zurück, wurde fast nichts mehr gearbeitet, noch mehr getrunken, und die Gespräche waren noch lauter.

Eine Frau hatte Polyarthritis; sie war hier, weil sie sich und den Haushalt nicht mehr allein versorgen konnte: geistig völlig normal und eine sehr liebe Frau (für mich jedenfalls). Die Frau bekam am Anfang eine Bettschüssel ins Bett; dort konnte (sollte) sie hineinmachen und mit der Bettdecke zudecken. Die Schwester leert die Schüssel beim Wickeldurchgang. Sie bekam die Schüssel oft nur ausgeleert und nicht ausgewaschen zurück.

Erstens: Im Gitterbett die Schüssel zu benutzen ist schwierig (sie darf nicht aufstehen, sie könnte sich ja den Fuß brechen). Zweitens: Die Bettdecke war oft nass, weil sie die Schüssel zudecken sollte. Drittens: Wenn die Frau im Bett eine falsche Bewegung macht, fällt die Schüssel um, und alles ist nass. Resultat: Die Frau wird als geistig total daneben deklariert und kommt in ein geschlossenes Gitterbett. »Die ist ja völlig deppert.« – Sie ist ganz erschreckt, ängstlich, was da alles mit ihr passiert, wird immer mehr verwirrt. In einem Monat war sie tot!

Zu Mittag gab es einmal Powideltatschkerl; die Schwester nahm sie mit der Hand aus dem großen Stationstopf und gab sie auf den Teller. Zu dem Patienten: »Du isst's eh mit der Hand.« – »Nein, ich kann nur mit der Gabel essen.« – Die Nachbarin sagt zur Bettnachbarin: »Am besten, man isst da nichts, weil scheißn darf man da ja auch nicht!« Die Schwester gab ihr knurrend eine Gabel.
Bevor der Tagdienst aus dem Dienst geht, muss er die Leute noch mit Schlafpulver abfüttern, ist dafür verantwortlich, dass die Nacht ruhig ist. Mit zwei bis drei verschiedenen Medikamenten, einem Glas Wasser und einem Löffel gehen sie durch die Zimmer. Alle bekommen eine Schlaftablette mit dem gleichen Löffel, er wird nur in das Wasserglas eingetaucht. – In der Nacht ist heilige Ruhe.
Die Patienten haben sich vor den Schwestern gefürchtet. Sie werden maschinell wie Nummern gepflegt.
Sie haben Angst vor dem nächsten Tag, was der wohl wieder bringen mag? An Schikanen, an Aggression …
Offiziell war Trinkgeld-Nehmen verboten. Aber – jede hat gern genommen! Damit konnten sich die Patienten extra Handgriffe erkaufen. Die Freundlichkeit hat nur für den Moment angehalten. Im nächsten Augenblick war alles weg. Der Handgriff geht sehr schnell, damit sie gleich erlöst ist von ihm.
Es gibt von der Oberschwester ein Gebot, das heißt: Die Schwester darf mit dem Patienten nichts Persönliches reden.
Ebenso sind Freundschaften unter den Patienten verpönt; wenn der Schwester eine Freundschaft nicht gefällt, werden die Patienten am nächsten Tag kommentarlos auseinandergelegt. – Dass sich etwas entwickelt, darf nicht sein.
Makabrer, galliger Humor ist ein sicher schlechter Versuch, die Situation auszuhalten: »Wie lange bleiben wir noch eingesperrt?« fragt Patient Krofka.
»Sie sind hier nicht eingesperrt, Sie sind in einem Krankenhaus, in dem Sie gepflegt werden.« – »Ach so«, antwortet Krofka, »ein Spital ist das, ich hab' immer geglaubt, wir sind in einem Gefängnis.«
»Kennt ihr den Witz vom Kasperl, der ins Heim kommt?« fragt uns Walter in der Teeküche. Wir schütteln den Kopf. »Also, der Kasperl kommt ins Heim, die Leute sitzen vor dem geschlossenen Vorhang: ›Seid ihr alle da?‹ – ‚Ja‹, rufen die Patienten. ›Aber nicht mehr lang‹, antwortet der Kasperl.«*

Schwester M. S.

* Die Dialoge wurden zum Teil von der Verfasserin dieses Berichtes dem Buch von *H. Niederle* (1983) mit freundlicher Genehmigung des Autors, der in derselben Einrichtung gearbeitet hat, übernommen.

Ein schlimmer Rückblick: Die »Würde des Patienten ist antastbar« – »Patient Dignity« als Leitkonzept angewandter Gerontologie

Der voranstehende Bericht mit Materialien aus einer offenen Weiterbildungs- und Supervisionsgruppe für Pflegeberufe in Wien, an der Krankenschwestern aus Lainz teilnahmen – es handelte sich also um keine Inhouse-Maßnahme, so etwas gab es damals nicht für das dortige Pflegepersonal – wurde unverändert aus der ersten Auflage übernommen. Wir haben zwar inzwischen zu diesem Themenkreis Publikationen neueren Datums verfasst (*Petzold, Petzold* 1997a oder *Müller, Petzold, H.G.* 2002a: Problematische und riskante Therapie [nicht nur] in der Arbeit mit älteren und alten Menschen in »Prekäre Lebenslagen« – »*Client dignity?*«), auf die hier verwiesen werden muss. Aber dieser Text, ein Dokument der weit verbreiteten »Inhumanität gegenüber alten Menschen« (*Petzold* 1979l), hat eine bedrückende Geschichte und eine skandalöse Aktualität behalten, und deshalb gehört er weiterhin in dieses Buch. Ich hatte ihn seinerzeit vor der Publikation an die Verantwortlichen für dieses Pflegeheim geschickt: den Wiener Bürgermeister *Zilk*, den Gesundheitsstadtrat der Stadt Wien, *Stacher*, den Leiter der klinischen Einrichtung in Lainz, Primarius *Pesendorfer*. Wir hatten so massive Zurückweisungen erhalten, dass wir uns – vor allem aufgrund der Bedenken und Ängste der berichtgebenden Schwestern – entschließen mussten, den Namen der Einrichtung nicht exakt zu nennen, sondern von einem »Wiener Pflegeheim« zu schreiben. Dieser Text sowie der gedruckte Bericht des Zivildieners *Niederle* zu den gleichen Vorfällen blieben völlig ohne Konsequenzen von Seiten der Verantwortlichen, was die geschilderten unglaublichen Zustände im Pflegeheim Lainz anbelangte. Schon 1974 hatte die Wiener Ärztin *Mila Kars* Berichte über die Zustände im Pflegeheim Lainz veröffentlicht. Sie wurde beschimpft, ihr wurde mit der Psychiatrie gedroht, sie wurde eingeschüch tert und hat dann auch tatsächlich das Land verlassen. Insgesamt war die Situation in vielen Einrichtungen unglaublich. Wir wussten das und das hat uns – engagierte österreichische Pflegekräfte und Ärzte in meinen Weiterbildungsgruppen zur Sterbebegleitung – damals derart belastet und aufgebracht, dass wir in Österreich vermehrt in der Weiterbildung von Schwestern, Ärzten, Medizinstudenten im Bereich Kranken- und Sterbebegleitung, Burnout-Prophylaxe, geriatrischer Weiterbildung aktiv wurden, auf meine Initiative zusammen mit *Magdalena Stöckler, Dr. Isabella Kernbichler, Dr. Jutta Rett* und den »Aktiven Senioren – Wien«, 1987 »Pro Senectute Österreich« gründeten, ein Verein, der sich die Weiterbildung im Alten- und Pflegebereich zur Aufgabe gemacht hatte (*Petzold* 1997b). Ich wurde in der beginnenden Hospizbewegung durch Schulungen tätig (vgl. dieses Buch, S. 347 ff.). Seit 1977 führte ich als Lehrbeauftragter an der medizinischen Fakultät und der pastoralpsychologischen Abteilung der Universität Graz thanatologische Veranstaltungen durch, supervidierte im dortigen Projekt »Medizinethik« MedizinstudentInnen in ihren freiwilligen Aktivitäten als Kranken- und Sterbebegleiter und leitete bzw. leite seitdem über bald 30 Jahre (bis heute) zahllose gerontologische und thanatologische Weiterbildungskurse für Pflegepersonal und helfende Berufe am Bildungshaus Maria Trost (unterstützt durch *Prof. Dr. Erika Horn* und *Paul Bendek*). Ich kannte also die österreichische Situation in diesem Bereich. Lainz war für mich deshalb damals nur ein Fall von vielen. Die Zustände in vielen anderen Alteneinrichtungen, die ich kennen gelernt hatte, die vielen MitarbeiterInnen, die in großer persönlicher Not mit diesen Situationen zu mir in Supervision und Beratung gekommen waren, sind damals für mich eine starke Motivation geworden, mich zu engagieren. Ich *wollte* stets eine »*engagierte, angewandte* Gerontologie und Thanatologie« vertreten (*Petzold*, 1982n), denn ich war überzeugt: »Man kann durch das Bemühen um Humanisierung des Alters Entfremdung vemindern, zu einer humaneren Gesellschaft beitragen und für sich selbst ein Stück Humanität zurückgewinnen« (*Petzold* 1965/dieses Werk, Bd. I, 107).

Auf der Grundlage einer solchen »philosophy« konnten wir in Niederösterreich die Landesrätin *L. Prokop* gewinnen, das Projekt »Miteinander Leben im Pensionistenheim« zur Verbesserung der Heimsituation in diesem Bundesland zu finanzieren und durchzuführen, das ich supervidierte, die Weiterbildung der Weiterbildner übernahm usw. – Eine Fülle von Aktivitäten entstand, durch Publikationen zum Thema unterfangen (*Petzold* 1985u, 1986 d, f; 1989b). In diese Situation kam die Nachricht von den Tötungen in Lainz!

Ich hatte seinerzeit die damaligen Missstände, Vorfälle, Pflegefehler und auch meinen voranstehenden Text in meiner Wiener Intervisionsgruppe mit KollegInnen in leitender ärztlicher Funktion thematisiert (*Petzold* 1994a/1998a, 182 ff.), und obwohl ich in diesem Text über »*Aggressivität als Bewältigungsmechanismus*« schrieb, die »*Tötung von Geisteskranken, von behinderten Hochbetagten und geriatrischen Patienten ... im Dritten Reich*« erwähnte, ein »*Durchbrechen archaischer Aggression gegen die Alten und Kranken*« aufwies, haben wir – die TeilnehmerInnen meiner Supervisionsgruppe, Schwestern aus Lainz und anderen Pflegeeinrichtungen sowie in meiner hochprofessionellen Intervisionsgruppe – *die letzte Konsequenz*, nicht zu denken gewagt, sie *abgewehrt*, so dass der gewichtige Satz letztlich rhetorisch blieb: »Es gibt vielfältige Formen, Abgelehntes und Bedrohliches zum Verschwinden zu bringen. Die Tötung ist die radikalste, die Isolation in Altersheimen und *Konzentration* in Großheimen und Großkrankenhäusern eine andere« (siehe den Text im voranstehenden Kapitel). Und doch war dieser Satz in furchtbarer Weise wahr, wie dann offenkundig wurde, als die Tötungsdelikte 1989 ans Tageslicht kamen (*Friedrichsen* 1989; *Kretschmann* 1989). Wir hatten damals das wirkliche Ausmaß der Missstände, die über die Schwesternberichte an uns herangetragen wurden, nicht sehen können. Das Unvorstellbare durfte nicht Wirklichkeit sein. 1991 wurden vier Stationsgehilfinnen (»notorische Mörderinnen«, *Zilk*) wegen 40 Morden und zwei Mordversuchen verurteilt. Die katastrophalen strukturellen Mängel der Institution, die die Politiker zu verantworten hatten, die mangelhafte ärztliche Aufsicht kamen nicht vor Gericht. Die zur Untersuchung der Vorgänge von den Verantwortlichen einberufene (und zusammengestellte!) »Internationale Expertenkommission« (1989) belastete diese politischen und institutionellen Verantwortungsträger nicht. Sie blieben im Amt, keiner »nahm den Hut« oder musste ihn nehmen.

Für mich und meine Kolleginnen war die Aufdeckung der Serie der Tötungsdelikte, die bis in die Zeit meines Berichtes zurückreichen, ein Schock. Was hätten wir damals mehr sehen, mehr tun müssen, tun können? – Der österreichische Psychiatrieprofessor *G. S. Barolin* publizierte 1990, mitten in den Wiener Prozessen (*Friedrichsen* 1991), nach der zufälligen Lektüre meines Texte in »Mit alten Menschen arbeiten« (1985) in der *Österreichischen Krankenhauszeitschrift* einen Artikel: »Schwerste Missstände in »einem Wiener Pflegeheim« – schon 1985 in allen Details publiziert!«, forderte die Verantwortlichen (*Zilk, Stacher*) zur Stellungnahme auf – Abwiegelung. Wir sammelten mit »Pro Senectute« und den »Aktiven Senioren« 1989 mehr als 40 000 (!) Unterschriften mit Forderungen zur Verbesserung der Situation des Pflegepersonals, zur Ermöglichung von Weiterbildung, Supervision usw. Als Prof. Dr. *Anton Amman*, Dipl.-Sup. *Magdalena Stöckler* und ich die Kleinbusladung mit den Unterschriftenkartons beim Wiener Rathaus abgeben wollten, wurde die Annahme verweigert. Wir fuhren zum Gesundheitsministerium, und der Gesundheitsminister nahm die Listen entgegen. Wir erhielten Förderungen für die Weiterbildung und Projekte. Im in diesem Bereich sehr fortschrittlichen Niederösterreich konnten wir – wieder gefördert von *L. Prokop* (heute österreichische Innenministerin) – in einer Kooperation mit der Niederösterreichischen Landesakademie (*G. Kienast*) mit meiner Abteilung an der FU Amsterdam die ersten Supervisorenausbildungen für den Alten-, Krankenhaus- und Pflegebereich durchführen und später auch mit einer Bundesförderung beforschen (*Petzold, Schigl* 1996; *Schigl, Petzold* 1997). Der erste Landesaltenplan Österreichs konnte in diesem Bundesland auf den Weg gebracht werden, ich wirkte als Berater mit. Das alles war auch Energie, die aus der Katastrophe von Lainz kam. Ich habe später in einer differenzierten metakritischen Analyse des supervisorischen Pozesses und der damaligen Situation mit ihrer – so meine Einschätzung – unzulänglichen Handhabung (heute würde ich versuchen, in großem Stil an die Presse zu gehen) es unternommen, die Dynamik solcher Prozesse aufzuschlüsseln (*Petzold* 1994a). Mit dem Aufsatz »Die Verletzung der Alterswürde« führte ich den medizin-, pflege- und therapieethischen Term »**patient/client dignity**« als Leitkonzept in das Feld und in die Literatur ein, das neben den Leitkonzepten *»informed consent«*, *»joined decision«*, *»patient security«*, *»patient wellbeing«* stehen muss, denn in der Tat: **»Die Würde des Patienten ist antastbar«**. Iatrogene Behandlungen, Therapieschäden, riskante und gefährliche Pflege und Therapie sind leider ubiquitär und finden immer wieder statt. Deshalb muss man sich beständig, immer wieder für Patientenwürde und die genannten Leitkonzepte einsetzten, wie unsere Publikationen – zumeist aus gegebenem Anlass – über die Jahre zeigen (*Petzold* 1979l, 1982n, 1989b, 1990t; 1998b, 2000d, *Märtens, Petzold* 2000, 2002; *Petzold, Gröbelbauer, Gschwendt* 1999). Und genauso ubiquitär sind die Belastungen, Überlastungen Leiden des Pflegepersonals, die »Krisen der Helfer«, die unter z. T. unmöglichen Bedingungen körperliche und seelische Schwerstarbeit machen müssen und die die Hilfen und die Unterstützung nicht nur der Öffentlichkeit, sondern einer *engagierten, »eingreifenden Wissenschaft«* (*Petzold, Sieper* 2001c, d) verdienen, wie sie etwa auch *Pierre Bourdieu* (1997, 1998) vertreten hat. Die Helfer dürfen nicht stigmatisiert werden. Ihre Situation war mir, wie *Egon Leitner* (2000) richtig herausgestellt hat, stets ein zentrales Anliegen, denn ihre Überforderungen bergen für sie erhebliche gesundheitliche Risiken (*Petzold* 1993g), ja sie können durch das Erleben schlimmen Leidens und Sterbens – erhalten sie keine Unterstützung, Anleitung, Supervision, Begleitung, Trost – durchaus traumatisiert werden, eine posttraumatische Belastungsstörung ausbilden. »So ist es nicht auszuschließen, dass die bedrückend hohe Zahl von Gewalthandlungen und Patiententötungen ... durch Pflegepersonal – fast ausschließlich im intensivmedizinischen und gerontopsychiatrischen Bereich vorkommend (z. B. nie in der Pädiatrie) – mit schweren traumatisierenden Erfahrungen dieses Personals durch das Erleben schweren Leidens und Sterbens mitbedingt ist« (*Petzold, Wolf* et al. 2000, 464), denn Bereicherung als Motiv findet sich praktisch nicht. Wir wissen darum, dass Opfer auch in einer Gefährdung stehen, zu TäterInnen zu werden. Die TäterInnen von Lainz und anderen Orts sind nie auf ihre Pflegebiographien und etwaige Traumaerfahrungen (besonders als junge Menschen in den Anfängen ihres Berufes) untersucht worden. Die im Kontext der PatientInnentötungen in der Fachwelt bislang »vergebliche Suche nach der Psychopathologie« (*Maisch* 1997, 298) der einzelnen TöterInnen und die Spezifität der Bereiche des Vorkommens dieser Phänomene spricht ja sehr für die »Sozialtoxizität« der Überlastungskontexte in der »schweren Pflege«. Dennoch wären, aus Gründen möglicher Strategien der Prävention von »*Burnout*« (eine schwerwiegende Stresserkrankung, nicht bloßer Jobstress), »*defensivem Coping*« (emotionale Distanz, Rückzug, Zynismus, Rigidität) und »*malignen Dekompensationen*« (Vernachlässigung, verbale Gewalt, Misshandlung, Tötung, so *Petzold* 1991j,

265; 1993g) solche weitere Untersuchungen zu »Risikopersönlichkeiten« bzw. etwaigen psychopathologischen Hintergründen dringend erforderlich. In dreißig Jahren der Supervision in diesem Bereich habe ich viele traumatisierte Pflegekräfte kennen gelernt und einige mit posttraumatischen Belastungsstörungen (offenbar durch »*job traumatization*« bedingt) in Therapie gehabt.

Die Geschichte ist noch nicht zu Ende. In einer APA-Meldung vom 4. 9. 2003 wird von schlimmen Zuständen und gefährlicher Pflege in Lainz (!), dem nunmehrigen Geriatriezentrum »Am Wienerwald«, berichtet. Nachdem noch am 1. September »*Der Standard*« (»Koalition vor Problemen«) berichtet hatte, »dass als das vordringlichste Anliegen der Politik der Aufbau eines Pflegesystems für alte Leute gesehen wird« – 14 Jahre nach »Lainz 1« – bricht ein Pressesturm mit dem Pflegeskandal von »Lainz 2« los:
»Pflegepatienten mussten jeden Tag unter Höllenqualen leiden« (*Kronenzeitung* 5.9.). Am 26. Juli schon meldete die Kronenzeitung Missstände: »Es gelten täglich bis zu sechs Lainz-Patienten als vermisst«. Ein Prüfbericht des Magistrats deckte schon im Juli schwere Mängel auf: »Lainz bleibt Lainz« (*Pletzl* 2003). »Fall Lainz: Zwei Pfleger für 30 Intensivpatienten« (*Kronenzeitung* 28. Sept.). »Lainz wird zum Thema für Untersuchungsausschuss« (*Die Presse*, Wien 18. Sept.). »Pflegermangel in Altenheimen: Wir stehen an der Kippe« (*Kleine Zeitung*, Graz 6. Sept.). Das Fazit: Man hat nichts hinzugelernt nach »Lainz 1«, die gleichen strukturellen Mängel. »Das liegt im strukturellen Wahnsinn Wiens.« – »Die Zustände sind allen Beteiligten, Verantwortlichen wie Betroffenen jahrelang bekannt« (*Die Presse* 25. Sept.), der gleiche Mangel an Kontrolle: »Es gab keine Kontrollen« (*Kurier*, Wien 5. Sept.), das gleiche Abwiegeln der Verantwortlichen (Misstrauensantrag wurde abgelehnt, *Wiener Zeitung* 25. Sept.). Die Einrichtung ist immer noch zu groß. »Pflegeeinheiten zu groß ... Die verantwortlichen Politiker haben es verschlafen, Anfang der neunziger Jahre dementsprechende Konsequenzen aus ›Lainz 1‹ zu ziehen« (*Der Standard* 25. Sept.). Die Berufsverbände der Pflegeberufe bringen es auf den Punkt: »Lainz kann überall passieren«, denn »Entscheidungen würden nur auf der ›Wirtschaftsebene‹ getroffen, die »menschliche, moralische und menschenrechtliche Situation‹ werde kaum bedacht« ... Der »Innsbrucker Zivil-

rechtler *Michael Garner* meint: »Wir befinden uns im Pflegebereich rechtlich im Mittelalter« ... freiheitsbeschränkende Maßnahmen gegenüber Pfleglingen seien Konsequenzen der Unsicherheit des Pflegepersonals, dem vielfach das Wissen fehle. »Die derzeit große Diskussion um die Pflegeheime hält *Garner* für ›reinen Zufall‹, denn die Missstände im Anlassfall sind nichts Großartiges – zumindest nicht im Vergleich zum österreichweiten Alltag in vielen Heimen« (*Der Standard* 17. Sept.).
Dozent Dr. *Garner* hat Recht, und er weiß, wovon er spricht, denn in Tirol wurden von Studierenden aus seinem Umfeld, dem Institut von Univ.-Prof. *Heinz Barta*, (anonymisierte) Interviews mit Pflegekräften geführt, die skandalöse Zustände in Heimen, riskante und gefährliche Pflege und schwere Schädigungen von PatientInnen dokumentieren. Wieder wiegelte die Politik ab, so der Landeshauptmann *Dr. D. Herwig van Staa*. Man möge doch die Namen der Einrichtungen bekannt geben, die Interviews seien ja nur anonym, die interviewenden Studenten aus dem Ius-Bereich seinen keine Fachleute, das alles sei so nicht richtig. Ich bin zusammen mit meiner Kollegin, der Gerontopsychologin *Lieselotte Müller*, vom gerontopsychiatrischen Zentrum der Psychiatrischen Universitätsklinik Zürich – und uns kann man die Fachkompetenz wohl nicht absprechen – nach Innsbruck gefahren, und wir haben unter strikter Diskretionszusicherung an die interviewten Pflegekräfte (deren Arbeitsplatz und Existenz auf dem Spiel steht, die Angst haben und bedroht worden sind) einen Teil dieser Interviews repliziert. Unser Expertenurteil:
Die Pflegekräfte, die sich hier offenbart haben, sind langjährig erfahren und kompetent, und vollauf glaubwürdig. Die dargestellten Missstände erfüllen alle Kriterien »riskanter« und auch »gefährlicher Pflege«. Es wurden Patientenmisshandlungen und Pflegefehler mit Folgen für die Betroffenen, Vernachlässigungen und Verstöße glaubwürdig berichtet. Unsere fachlichen Nachfragen ließen die Situationen in ihrer risikohaften und schädigenden Brisanz z. T. noch deutlicher hervortreten als in den vorliegenden Ausgangsinterviews der StudentInnen (*Petzold, Müller* et al. 2005).

In der Tat: »Lainz ist überall«. PatientInnentötungen kommen überall vor (Aufstellungen und Kommentare bei *Beine* 1998; *Kretschmann*

1989; *Maisch* 1997; *Oemichen* 1996; *Richter, Sauter* 1997; *Schreiber* 2000; *Wagner* 1992) und »riskante und gefährliche Pflege«, Fehlernährung, Liegegeschwüre und Gewaltanwendungen sind leider keine Seltenheit. Wir definieren differenzierend:

»**Riskante Pflege** wird als eine einerseits durch Nachlässigkeit, Überlastung, Unwissen und geringer fachlicher Kompetenz und Performanz von einzelnen Pflegenden oder Gruppen bzw. ›Pflegeteams‹ und andererseits durch infrastrukturelle Mängel, Fehlen von Pflegemitteln und -hilfen, schlechte quantitative und qualitative Personalschlüssel und fehlende bzw. inkompetente Fachaufsicht und Leitung gekennzeichnete *Pflegesituation* gesehen, in der die Pflegenden und ihre Vorgesetzten Risiken von Fehlleistungen und Pflegefehlern, Mangelbetreuung, schlechter Versorgung und kommunikativer Vernachlässigung zu Lasten der Pflegebedürftigen als *Möglichkeiten* in Kauf nehmen«.

Diese Situation des Risikos, einer *»Gefährdung«*, kann sich durchaus noch verschärfen, sodass akute *»Gefahr«* besteht oder schon eintritt und ein Risikio zur feststellbaren – weil eingetretenen – Schädigung wird, wie in der Situation von »Lainz 1«.

»**Gefährliche Pflege** ist einerseits eine durch (offene oder verdeckte) massive Vernachlässigungen, Gleichgültigkeit, Verrohung (d. h. verbale und physische Gewalt) und ggf. pathologische Grausamkeit von einzelnen Pflegenden oder Gruppen/Teams einerseits und andererseits durch infrastrukturelle Mängel, verwahrloste institutionelle Strukturen, inkompetente oder toxische Leitung andererseits gekennzeichnete Pflegesituation, in der die Pflegebedürftigen verdinglicht werden und faktisch schon geschädigt werden und sie der unmittelbaren Gefahr ausgesetzt sind, durch Gewalt, vernachlässigende und falsche Pflege weiteren Schaden zu nehmen, zu Tode zu kommen oder – im Extremfall – Opfer eines Tötungsdeliktes zu werden. Die Faktizität dieser Delikte wird z. T. von Kolleginnen und Vorgesetzten ausgeblendet, verschleiert, gedeckt.«

Pflege wird hier in diesen Definitionen nicht nur als Handlung von Einzelnen gesehen, sondern als die *Pflegesituation* aufgefasst, denn in institutionellen Kontexten pflegt niemand als Einzelperson. Fehler, sich wiederholende zumal, müssten bemerkt werden. Kollegen und Fachaufsicht können sich der Verantwortung nicht entziehen. – In die Vorbereitungen zu diesem Text trifft die Nachricht:

»**Pfleger tötet zehn Kranke.** 25-Jähriger gesteht die Taten in Sonthofen und nennt als Motiv Mitleid.« *Berliner Morgenpost* 31.07.04. Es werden schließlich 16 Tote!
Als Gerontologen, Praktiker, Pflegende, Verwaltungsmitarbeiter, Angehörige, als junge und alte Mitbürger müssen wir alles daran setzen, dass derartige Missstände keinen Boden haben und beseitigt werden, dass die PolitikerInnen Verantwortung übernehmen und die notwendigen Maßnahmen ergreifen, dass gute infrastrukturelle Situationen und Pflegebedingungen geschaffen werden können, damit qualitätsvolle, professionelle und menschlich stimmige Pflege – wie hier definiert – gewährleistet werden kann.

»**Professionelle Pflege** ist die im Auftrag sozialstaatlicher Fürsorgepflicht durchgeführte, qualifizierte Betreuung eines kranken, leidenden, behinderten, geschwächten oder in irgendeiner anderen Form in seinen Möglichkeiten der selbstversorgenden Lebensführung eingeschränkten Mensch als Ganzem in lebenserhaltender, Krankheit und Sterben begleitender, heilender, lindernder Absicht, aber auch mit stützender, identitätssichernder Lebensqualität und Entwicklung fördernder Zielsetzung.
Professionelle Pflege bedient sich dabei medizinischer, pflege- und sozialwissenschaftlicher, psychologischer und pädagogischer Erkenntnisse und Methoden im jeweiligen institutionellen Kontext (z. B. Krankenhaus, Pflegeheim) und auf dem Hintergrund des mitmenschlichen Engagements in zwischenmenschlichen Beziehungen: zwischen den Pflegenden, den Pflegebefohlenen und ihren Angehörigen. Pflege ist demnach von der Struktur her interaktional und intersubjektiv angelegt. Sie bezieht stets gleichermaßen Pflegende und Gepflegte als Personen ein.« (*Petzold, Petzold* 1993, 636 f.)

In dieser Definition wird die ganze Breite pflegerischer Tätigkeit deutlich, in die wesentliche Momente der »privaten Pflege«, für die »familiale Intimität« kennzeichnend ist, auch noch zu einem Teil einbezogen wird, die aber natürlich von der Pflege der Familie auch sehr verschieden ist, allein durch das Faktum, dass sie eine Dienstleistung darstellt, allerdings eine Dienstleistung am Menschen, in der mitmenschliches Engagement, »Herz«, »inneres Beteiligtsein« nicht ausgespart werden können.
Dafür einzutreten, dass solche Pflege möglich wird, ist Aufgabe von jedem, denn jeder kann einmal Pflege nötig haben.

IV

Sterbende begleiten

Psychotherapeutische Begleitung und »Trostarbeit« bei Sterbenden – ein integratives Konzept für die Thanatotherapie*

1. Einleitung

Obwohl ich seit bald dreißig Jahren mit den Themen Sterbebegleitung, Trauer/Trauerarbeit, Trost/Trostarbeit in der Theorie und Praxis befasst bin[1], halte ich nicht so viele Vorträge zu diesem Thema; es ist nicht gut als Vortragender oder Vortragende in Sachen Sterben durch die Welt zu ziehen, wofür es ja große Vorbilder gibt. Es ist wirklich schwierig, über dieses Thema öfter zu sprechen. Wenn man sich in einem Vortrag damit befasst, dann tauchen doch vor dem inneren Auge Menschen auf, Bilder und Situationen, und das sind nicht immer schöne Situationen. Das »gute Sterben«[2], so wie wir uns das erträumen und ersehnen, gibt es selten[3]. Dass Menschen so sanft hinüberschlafen, entschlummern, findet man nicht so oft. Das Sterben in Kliniken ist sehr oft hart[4], das Sterben zu Hause ist da manchmal besser[5], das Sterben in Katastrophensituationen extrem belastend. Ich war mehrfach mit solchen Katastrophensituationen konfrontiert: 1963 beim großen Erdbeben in Skopje in Mazedonien, wo ich als junger Student bei den internationalen Hilfsorganisationen half, und ein Jahr später bei der großen Überflutung in Zagreb. Dort gab es viele Tote, Ertrunkene. In Skopje waren es viele Tote und noch viel mehr Verletzte. Und in den letzten drei Jahren bin ich wieder in Jugoslawien in zwei Projekten tätig – das sind belastende Dinge. Aber auch die klinischen Situationen sind oft schwer zu ertragen. Das muss ich vorausschicken, weil der Vortrag natürlich auch eine professionelle Seite anspricht, die des Psychotherapeuten, der tha-

* Dieser Text wurde am 17. November 1997 im Rahmen der Vortragsreihe »Umgang mit Sterbenden heute« an der Universität Mainz als Referat gehalten, per Tonband aufgezeichnet. Transkription und Redaktion von Anke Dillender und Randolph Ochsmann. Vom Autor durchgesehen, ergänzt und mit einiger Literatur versehen behält der Text die Charakteristik des Vortrages.

natologisch orientierte Psychotherapie betreibt und in dieser Situation doppelt gefragt ist, nämlich als ein besonderer Psychotherapeut und als Mensch, der Leid und Trauer miterlebt und »Trostarbeit« (*Petzold* 1965, 2004l) zu leisten hat. In der *Thanatotherapie*[6] kann man sich hinter keiner professionellen Rolle wirklich verstecken – weder hinter einem weißen Kittel noch hinter einem therapeutischen Habitus: wenn man »undurchsichtig wie ein Spiegel« wird, wie *Freud* das in seinen behandlungsmethodischen Schriften formuliert hat, der mit der »Kälte eines Klinikchirurgen« daherkommt, mit »wohlwollender Neutralität« (*Kernberg*) den Patienten gegenübertritt oder mit einer zurückgenommenen Abstinenz. All das geht in den Sterbesituationen nicht, denn sie machen betroffen, und diese Betroffenheit ist dabei ein sehr wesentliches Moment. Der Patient, dem wir begegnen, ist Mitmensch, Begleiteter und wir sind Berufsrollenträger und Mitmenschen, wir werden Begleitende, Begleiterinnen[7]. Ich stelle in diesem Vortrag auch eine integrative Perspektive vor, die auf dem Boden der »Integrativen Therapie«[8] steht, einem methodenübergreifendem Verfahren, das dem »neuen Integrationsparadigma«[9] in der klinischen Psychologie und Psychotherapie verpflichtet ist[10] und traditionelles Schulendenken zu überwinden versucht, aber die nützlichen Elemente der verschiedenen Richtungen einbezieht. Sie ist auch integrativ, weil sie – über die herkömmliche Psychotherapie hinausgehend und auf einem **integrativen Menschenbild**[11] gründet – und ein solches ist für die Arbeit mit Sterbenden unverzichtbar.

1965 haben wir dieses Menschenbild in einer »**anthropologischen Grundformel**« umrissen (vgl. Text Bd. I), das »*den Menschen in seiner* ***leiblichen Realität****, ... in seiner* ***emotionalen Realität****, ... in seiner* ***geistigen Realität*** *ernst nimmt ... Der Mensch ist eben körperliches, seelisches und geistiges Wesen in einer je gegebenen* ***Lebenswelt***« (idem 1965, 16; 1985a, 29 f. und dieses Werk Bd. I).

Der Integrative Ansatz bezieht in einer elaborierten **Praxeologie**, die über bald 30 Jahre erarbeitet wurde[12], deshalb die Ebene des Körpers ein[13], z. B. durch Aufgreifen der Nonverbalität[14], Atem- und Bewegungstherapie und die Ebene des Geistigen durch meditative und künstlerisch-ästhetische[15] Ansätze sowie die Ebene des Sozialen durch Netzwerk- und Kontextinterventionen[16]. Das folgt aus einem umfassenden Menschenbild, das **fünf** Dimensionen herausstellt:

»Der Mensch ist ein Körper-Seele-Geist-Wesen in einem sozialen und biophysikalischen Umfeld, d. h. er steht in Kontext und Kontinuum in der lebenslangen Entwicklung einer souveränen und schöpferischen Persönlichkeit« (*Petzold* 2003e). *Diese »steht auf ihrem* ***Lebensweg***[17] *in einer Vielfalt intersubjektiver Beziehungen, in Polylogen – Gesprächen, Ko-respondenzen nach vielen Seiten, lebendigem Austausch in Erzählgemeinschaften*[18] *–, Kooperationen in kokreativen Unternehmungen, durch welche Menschen ihre* ***Identität*** *und persönlichen und gemeinschaftlichen* ***Sinn, Lebensinn*** *gewinnen*[19].
Das zentrale Moment des Integrationsgedankens ist die *Intersubjektivität*[20]: Menschen müssen in integrativen Beziehungen leben, wenn sie selbst für sich Integration gewinnen wollen. Sterbebegleitung[21], Thanatotherapie ist eine solche Integrationsarbeit, die aus der Begegnung und der Beziehung, einem liebevollen Sich-Einlassen, durch Beistand und in »Trostarbeit« (*Petzold* 2004l) erfolgen kann. Betritt man den intersubjektiven Raum der Sterbesituation, ist das immer ein Intimitätsraum, auch wenn das Setting dem manchmal entgegensteht. Es ist zum Beispiel auf einer Intensivstation sehr schwierig, einen Intimitätsraum aufzubauen und zu erhalten, für manch andere Situationen im Krankenhaus gilt das ebenfalls, und dennoch bleibt es ein Intimitätsraum, denn es ist ja das Sterben dieses Menschen, zu dem ich trete. Und es ist unabdingbar, dass sich dieses Sterben nicht vertreten lässt. Man ist da alleine anwesend, man kann nicht entkommen. Es ist auch der Intimitätsraum der Menschen, die den Sterbenden begleiten. In der Regel ist dies das familiale und amicale »soziale Netzwerk« – der »Konvoi«[22], wie wir das in unserer sozialpsychologischen Fachsprache sagen. Denn Menschen reisen nicht alleine auf der Lebensstrecke, sie haben ein Weggeleit, sie fahren im Konvoi. Wenn dieser Konvoi, dieses Netzwerk, eine gute Tragfähigkeit, eine positive Valenz hat, dann ist ein Mensch in der Sterbesituation auch gut aufgehoben. Es sei denn, er stirbt irgendwo in der Fremde, auf irgendeiner Reise, unverhofft, aber ansonsten ist er gut »aufgehoben« und behütet, »getragen« im »Schoß der Familie«[23]. Dies ist es, was sehr viel an Lebens- und Sterbequalität bereitstellt: das Tragen, das Halten, das Umsorgen, Trösten, wie wir es in der Situation mit kleinen Kindern tun. Es ist sehr signifikant, dass Sterbende in ihrer Sprache genau diese Metaphern aufnehmen. Sie wollen also im Kreise ihrer Lieben, im Schoße der Familie sterben[24]

und gut wäre es, wenn sie dann einen »Konvoi« haben. Der besteht natürlich nicht nur aus Familienangehörigen, aus Blutsverwandten, sondern dazu gehören, das ist ganz wichtig, auch die *Wahlverwandten*, also die Leute, die man seiner Lebensgemeinschaft hinzugefügt hat. In einem solchen Kontext ist würdiges Sterben möglich. Solche Kontexte sollten auch klinische Institutionen ermöglichen. Leider ist das oft nicht der Fall.[25]

2. Was ist das Sterben?

Wenn man als Professioneller[26] an die Sterbesituation herangeht, wird man mit der »anthropologischen Frage« konfrontiert, als Laie natürlich auch, nämlich mit der Frage: Was ist das Sterben? Was sind wir Menschen doch für zerbrechliche/gebrechliche Geschöpfe! Warum geschieht junges Sterben, das Sterben im jungen Alter, von Kindern, aber auch von Erwachsenen? Was geschieht danach? Was stirbt da eigentlich?[27] Das sind lauter anthropologische Fragen, die gar nicht so einfach zu beantworten sind. Denken sie daran, dass die Fragen immer schwieriger geworden sind. Zunächst hatten wir das Kriterium des klinischen Todes: der Spiegel gab kein Atemzeichen mehr, das Stethoskop hörte keine Herztöne mehr, die tastende Hand fühlte den Puls nicht mehr. Dann hatten wir den Hirntod und mit ihm den Glauben, das ultimative Kriterium zu haben. Ein Mensch, dessen Hirn nicht mehr arbeitet, nicht mehr funktioniert, ist tot. Aber das ist ja nicht so: Das »Erlanger Baby«, die Mutter des Erlanger Babys haben es gezeigt, genauso, wie die »gewarteten Toten«, die für die Transplantation als Spendekörper am Leben gehalten werden.
Der Tod tritt offensichtlich später ein. Mit der Verwesung? Und was stirbt? Die Frage muss nochmals gestellt werden: Stirbt nur der Körper? Nehmen wir an und unterstellen wir, dass da vielleicht eine Seele sei und dass es vielleicht so etwas wie eine unsterbliche Seele gebe. Diese Fragen betreffen nicht nur den Philosophen oder den Theologen, sondern den Menschen, der darüber nachdenkt und die Fragen nach Unrecht und Gerechtigkeit, nach Schuld und Vergebung, dem Sinn des Lebens stellt[28]. Sie betreffen diejenigen, die sterben werden, wenn sie noch kognitiv kompetent sind und über ihre Situation nachdenken können, die Angehörigen – manche stellen

sich diese Fragen auch nicht – und natürlich das Pflegepersonal, das notgedrungen in den Sterbeprozess einbezogen wird.
»Meine« anthropologische Position, wurde ja schon kurz umrissen. Ich sage »meine«, weil es *die* anthropologische Sicht natürlich nicht gibt. Mein Lehrer in der Philosophie *(Gabriel Marcel)*[29], sagte einmal zu mir: »Der Mensch ist ein Mysterium, ein Geheimnis, das nicht eindimensional aufgelöst werden kann. Es kann nicht eindimensional ausgelegt werden, denn es gibt vielfältige Möglichkeiten der Interpretation, was das Leben des Menschen ist.« Jeder, der in eine Sterbesituation hineingeht, vor allen Dingen sich professionell hineinbegibt, sollte sich zunächst einmal über seine anthropologische Position klar werden und dann sich über den Wert des Menschen Rechenschaft ablegen, dem er begegnen wird.
Wir haben zwei Schichten von Menschenbildern: zum einen diejenigen, die wir im Kreise unserer Familie aufgenommen haben, wo wir vielleicht auch Sterben erlebten, etwas, was wir mitbekommen haben, uns *fungierend* mitgeliefert wurde und uns meistens gar nicht so recht bewusst ist. Das sind dann unsere eigenen fungierenden »belief systems«. Zum anderen haben wir natürlich auch professionelle Menschenbilder, die uns durch unseren Grundberuf und durch unsere psychotherapeutische Ausbildung, sofern wir eine solche haben, mitgegeben werden. Mit der oben gegebenen anthropologischen Grundformel, die den Menschen als *»Körper-Seele-Geist*-Wesen innerhalb einer *sozialen* und *ökologischen* Umwelt« sieht, ergibt sich ein Definitionsbedarf: Ich definiere den *»**Körper**«*[30] *als die Gesamtheit aller physiologischen Prozesse, also der biologischen und chemo-elektrischen Prozesse und dem in ihnen erfolgten Lernen*[31] (z. B. des Immunsystems mit somatischen Mustern etwa der Genexpression und Genregulation[32]). Es ist eine eher naturwissenschaftliche Definition, weshalb ich mich auch für den Versuch entschieden habe, *»Seele«* in ähnlicher Weise zu bestimmen, indem ich *»**Psyche**«* für die Psychotherapie *»als die Gesamtheit aller emotionalen, motivationalen und volitiven Prozesse und den in ihnen erfolgten Lernerfahrungen«* (z. B. Ausbilden emotionaler Stile[33]) definiere. Die Seele umschließt Antriebe, Motivationen, Gefühle und die Willensdimensionen des Menschen. Diese Dimensionen haben für die Sterbebegleitung wie für die Psychotherapie eine große Bedeutung. Die Frage, ob die Seele unsterblich sei oder nicht, wird also hier gar nicht berührt, weil es

eine Frage ist, die wir wissenschaftlich, aus einer säkularen Position nicht beantworten können und zu beantworten versuchen sollten. Wir können *glauben*, dass es eine unsterbliche Seele gibt, aber wir können es nicht *wissen* – auch wenn Menschen eine »Glaubensgewissheit« zu dieser Frage haben. Deswegen können wir auch in der klinischen Arbeit unsere fachliche Hilfe-, Beratungs- und Hoffnungsstrategien nicht von einer solchen Idee ableiten – das wäre Sache der Seelsorge –, wohl aber werden wir persönlichen Glaubensvorstellungen und -gewissheiten mit Respekt begegnen.
Die Definition des »***Geistes***« wird etwas schwieriger: man kann *»Geist als die Gesamtheit aller kognitiven bzw. mentalen Prozesse, ihrer Lernerfahrungen und ihrer Lernergebnisse, Prozessen der »Mentalisierung«*[34] *(z. B. kognitive Stile)* und ***Inhalte«*** bestimmen. Geist ist nicht nur Prozess, sondern dieser Prozess bringt etwas hervor[35]: Gedankengebäude, Philosopheme, Denksysteme, Güter der Kultur. Insofern muss ich mich in der Psychotherapie, auch in der Psychotherapie mit Sterbenden, mit den *mentalen Prozessen* befassen und ebenfalls mit den Ergebnissen und den Inhalten dieser Prozesse. In der Sozialpsychologie zum Beispiel ist dies Gegenstand der Forschungen zu »kollektiven Kognitionen« und »sozialen Repräsentationen«[36] oder zu »social worlds«[37]. Die subjektiven Theorien eines Menschen über Leben und Sterben, über Gott und Tod und Teufel, sind **Inhalte** solcher geistigen Prozesse der »Mentalisierung«, d. h. sie wurden durch solche Prozesse hervorgebracht, die wiederum über die Sprache und die Wissensbestände des »kollektiven Gedächtnisses«[38], auf die das Subjekt zurückgreift, zu denen es auch beiträgt, in kollektive *soziale Konstruktionen* eingelassen sind, gesellschaftliche Konstruktionen der Wirklichkeit, wie *Berger* und *Luckmann* aufgewiesen haben.
Sie sehen, dass ich mit dieser Definition nicht den »göttlichen« Geist, der vielleicht im Menschen ist, die *ruach*, den göttlichen Atem, nicht die *»scintilla animae«*, das Seelenfünkchen, als ontologische Realitäten im Blick haben kann. Das sind subjektive und auch kollektive *mentale Konstruktionen*. So versuche ich auch *Geist* in einer Weise zu definieren, dass er mir als Wissenschaftler zulänglich wird: also als die Gesamtheit aller kognitiven bzw. mentalen Prozesse und ihrer Ergebnisse, und auch das ist eine mentale und soziale Konstruktion. Ich kann mich mit kognitiven Prozessen spezifisch befassen. Wenn

zum Beispiel ein Patient über religiöse Inhalte sprechen will, dann ist es keine unwissenschaftliche Vorgehensweise, dies zu tun, denn was der menschliche Geist hervorgebracht hat, gehört mit in seine Leidensthematik hinein und kann und muss Gegenstand wissenschaftlich begründeter Therapie werden. Und wenn jemand religiöse Gefühle hat – es gibt Gefühle wie Inbrunst oder auch wie »bliss« (was kaum ins Deutsche zu übersetzen ist: Entzücken, Glückseligkeit, Ergriffenheit) – gehören auch diese religiösen Gefühle des Patienten, wenn er es wünscht, in die Therapie. All diese Emotionen gehen auf phänomenal beobachtbare und emotionspsychologisch durchaus auch erfassbare Gefühlsregungen zurück. Auch religiöse Inhalte sind ja von Menschen in kollektiven *kognitiven* und *emotionalen* Prozessen hervorgebracht[39], z. B. durch Religionsgemeinschaften, die solche kollektiven Kognitionen und Gefühle entwickelt haben.

3. Sterben als Lebensprozess

Ich habe jetzt sehr stark auf eine professionelle Sicht abgestellt, und eine solche muss man hineinbringen, wenn man als *Psychotherapeut*, als *thanatologisch fundierter Therapeut*, in eine Sterbesituation, in den Intimitätsraum des Sterbenden hineingeht, den wir in der Regel nicht als Angehöriger kennen. Selten sind wir in der Situation, in einer längeren Sterbebegleitung eine »Wahlverwandtschaft« zum Begleiteten aufbauen zu können, wo uns der Sterbende emotional »adoptiert« und wir ihn. Selten können wir, wie Thanatotherapeuten das manchmal nennen, einen »Freundschaftspakt« *(Feigenberg)*[40] mit diesem Menschen schließen. Gerade Wahlverwandtschaft ist ja so etwas wie eine wechselseitige »Adoption«, und es ist nicht so häufig, dass wir in eine solche Situation kommen. Wir gehen auch nicht in die Sterbesituation wie eine Schwester oder ein Pfleger, also in einer festgelegten professionellen Rolle. Wir gehen auch nicht hinein als ein Angehöriger, der ein bisschen mehr Abstand hat und alles organisiert, arrangiert. Solche Leute sind sehr wichtig, die emotional ein bißchen »abständig« sind und Dinge tun für die Menschen, die unmittelbar und stark betroffen sind. Wir gehen auch nicht hinein als somatisch ausgerichtete Ärzte, sondern wir gehen hinein – vielleicht als klinische Psychologen oder psychotherapeutisch ausgebildete Ärzte – mit einer Zusatzkompetenz, einem ganz spezifischen Auftrag und einer entschiedenen persönlichen Motivation: nämlich Sterbenden und ihren Angehörigen in Situationen zu helfen, die aus dem Bereich der alltäglichen professionellen Hilfeleistung herausfallen und unser authentisches menschliches Engagement und unser Beteiligtsein verlangen. Das ist thanatotherapeutische Arbeit, wie ich sie 1965 definiert habe: »*Thanatotherapie ist ein in vielen Aspekten ›junger‹ therapeutischer Ansatz für den Umgang mit Menschen, die von Fragen des Sterbens und des Todes betroffen sind, und die der Hilfe für die Bewältigung bzw. Verarbeitung von Verlusten, die der Unterstützung für Prozesse persönlichen Wachstums oder des Beistands und Trostes im Leid bedürfen*«[41]. Hier ist schon die Bedeutung des Trostes herausgestellt und wurde in der Praxis schon »Trostarbeit« als Aufgabe in Angriff genommen.

Das Sterben ist keine pathologische Sache, sondern ein Lebensprozess, der in das Leben eingebettet ist. Es ist auch kein spezifischer Prozess für den Lebensabschnitt des Alters, er kann zu jedem Zeitpunkt des Lebens eintreten, obwohl er das Ende des Alternsprozesses darstellt und er deshalb für die Gerontotherapie und für die Psychotherapie Bedeutung hat[42]. Sterbebegleitung müsste eigentlich in die Möglichkeiten alltäglicher Hilfeleistungen genauso eingebettet sein wie die *Linderung* in die *Pflege* von Kranken zu Hause[43]. Dass diese alltägliche Hilfeleistung nicht mehr greift, hat verschiedene, zum Teil sozialhistorische und auch soziodemographische Gründe. Man hat keine Großfamilie mehr, wo man komplexe, schwierige Sterbeprozesse gemeinsam trägt durch Verteilung der Lasten auf mehrere Geschwister oder auf die zwei unverheirateten Schwestern, die früher immer für diese Situationen da waren. Diese Ressourcen stehen nun nicht mehr zur Verfügung. Wenn wir es mit langen belastenden Sterbeprozessen zu tun haben, dann ist für die Betreuungsperson, oft »die Frau im Hause«, leider wenig Entlastung gegeben. Selbst wenn vielleicht noch eine andere Person verfügbar ist, ein groß gewordenes Enkelkind beispielsweise, reicht das meistens nicht aus. Wenn Menschen solche Situationen nicht mehr ertragen und tragen können, *tragen* nämlich im wirklichen Sinne, denn sie haben eine schwerwiegende Belastung, die manche von ihnen in einen persönlichen oder einen »family-burnout« führt, dann muss die professionelle Hilfe eintreten. Der Thanatotherapeut kommt nicht wie die Gemeindeschwester kommt, sondern er kommt in Belastungssituationen, wo der Patient, der langfristig Leidende und Sterbende sich verändert, und zwar so, dass er sich selbst schwer oder gar nicht mehr regulieren kann, psychisch und mental so verändert, dass die Angehörigen ihren Vater, ihre Mutter, ihre Großmutter nicht mehr kennen. Die Person erfuhr eine Wesensveränderung, und das löst Ängste aus, das ist bedrohlich, das ist oft kaum mehr tragbar, nicht mehr erträglich. In den Sterbeprozessen kann es also zu psychischen Ausnahmesituationen kommen, die der Thanatotherapeut kennen muss. Da hilft es ihm wenig, als Psychotherapeut ausgebildet zu sein. Die Theorien, die Instrumente, die Methoden, die die klassischen Psychotherapien ausgearbeitet haben, reichen nicht aus. Wissen über frühkindliche Störungen (wo solche Nachwirkungen haben, und das ist gar nicht immer sicher, denn die Forschung unterstützt diese Theoreme nicht oder nur mäßig), die Kenntnisse über spezifische klinische Widerstands- oder Abwehrformen, Phänomene der Übertragung, Gegenübertragungsreaktionen, aber auch für die so wichtigen sozialpsychologischen Phänomene wie *Affiliation* und *Reaktanz*[44] gelten nicht unbesehen für Sterbeprozesse, denn diese Konzepte sind in Erfahrungen mit mäßig gesunden oder schwer neurotischen erwachsenen Menschen entwickelt worden, nicht mit Menschen, die in einer Chemotherapie sind, die bestrahlt werden, nicht für Menschen, die schwere invasive Eingriffe hatten und dadurch »traumatischen Stress« erlebten, sehr häufig sogar posttraumatische Stressreaktionen ausgebildet haben[45], und zwar aufgrund ihres Erlebens etwa auf einer Intensivstation, durch starke Bestrahlung oder auch durch eine schlecht vertragene Chemotherapie.

Das ist etwas, was viel zu wenig beachtet wird: Solche lang dauernden Krankheitsprozesse, die in einen Sterbeprozess auslaufen, sind oftmals traumatische Erfahrungen, die auch »traumatischen Stress« hervorrufen und dann gar nicht so selten eine *posttraumatische Belastungsstörung* im Gefolge haben. Anzumerken ist, dass wir das natürlich auch bei manchen Schwestern oder Pflegern finden, die unvorbereitet und nicht gut begleitet sehr früh und sehr jung schlimmes Sterben sehen mussten: wenn z. B. nachts jemand verstirbt, sich erbricht, Blut bricht, und der Arzt auf einer anderen Station ist, er dann »zu spät« kommt und es dann für die Jungschwester noch Schelte gibt. Dann geschieht das die nächste Nacht wieder, zwei Wochen später wieder. Das wird oft nicht gut verarbeitet. Wir finden auch bei Schwestern und Pflegern posttraumatische Stresserfahrungen. Wir haben körperlich schwerstbehinderte aber geistig gesunde Menschen in der Gerontopsychiatrie oder in einem Altenheim mit gerontopsychiatrischem Bereich, weil es einfach keine Unterbringungsplätze gibt. Diese armen Menschen hören, sehen, erleben den »alltäglichen Horror«, ohne ihm je entkommen zu können, was auch bei solchen Patienten traumatische und posttraumatische Stresserfahrungen hinterlassen kann. Natürlich ist man als Sterbebegleiter immer wieder traumatischen Situationen und auch traumatischem Stress ausgesetzt. Ich möchte aber darauf hinweisen, dass ein *geschulter* Thanatotherapeut keine posttraumatische Belastungsstörung ausbilden sollte. Deshalb ist auch eine bestimmte *Professionalität* erforderlich. Man kann diese Arbeit auch nicht jeden Tag tun, und man muss sich mit der Frage des eigenen *Sterbens* auseinandersetzen, was das Schwierigste ist, viel schwieriger als die Frage nach dem eigenen Tod.

Man wird alt[46]. Der Tod ist unumgehbar. In früheren Zeiten war man sich dieses Faktums sehr bewusst[47]. Mit den möglichen Formen des Sterbens allerdings muss man sich befassen: mit der Möglichkeit eigener Verstümmelung, der Invalidität, der Verwirrung, der geistigen Umnachtung, der Disfiguration des eigenen Gesichtes. Denken wir an Chemotherapie-Patienten mit Haarausfall, Veränderungen der Haut, des Gesichtes. Wenn man solche Patienten sieht und begleitet, wird man damit konfrontiert, was einem selber alles zustoßen kann. Gehen wir nicht den Weg durchs Leben, als ob wir ständig gesund wären, als ob uns all das nicht zustoßen könne? Erst nach den ersten Nierenbeschwerden, nach den ersten Herzbeschwerden sind wir ein bisschen verunsichert, aber wir vertrauen darauf, dass es dann schon wieder abklingt, »wieder wird«. Wir leben weiter in dem gleichen Gefühl der psychischen Unverletzlichkeit und Unverwundbarkeit, bis wir durch Krankheit oder Unfall aus dieser Sicherheit, aus diesem Lebensgefühl von »wellness« gestoßen werden.

Der langwierig Kranke und der Kranke, der in den Sterbeprozess übergeht, ist seit langem aus dieser Sicherheit gestoßen; er ist in seiner Leiblichkeit, und damit in seiner Person verunsichert. Wie ich zu Anfang sagte: Der Mensch ist *Körper-Seele-Geist-Subjekt*. Wir nennen diese Triade in unserem Ansatz »Leib«[48]. Leib ist der veritable Mensch, der Mensch, der als Todkranker jede Nacht mit dem Tode kämpft, der als *leibhaftige* Person über den Sterbeprozess hin anwesend ist, ihn durchlebt und durchleidet. Es ist der Mensch, der vielleicht noch psychologisch und sozial »da ist« und der doch absolut abhängig ist vom Funktionieren des *Organismus*, der das Funktionieren seiner personalen *Leiblichkeit* gewährleistet. Deshalb können wir nicht sagen, der Organismus sei eine Maschine. Man kann nicht ins Krankenhaus gehen, das Gehirn herausnehmen, abgeben und sagen: »Doktor, nun mach mal die Körpermaschine ganz, bringe die Kiste wieder zum Laufen«. In dieser Art und Weise tun das aber viele Menschen in einer Art Selbstverdinglichung. Wenn man selbst Medizin studiert und lange medizinisch praktiziert hat oder lange Krankenschwester war und es einen dann selber trifft mit einer schweren Erkrankung, dann kommt oft die gleiche Haltung auf: Man gibt sozusagen »das Gehirn ab«, übergibt den Körper der medizinischen Institution, Maschinerie, bis alles gerichtet ist und man wieder herauskommt. Wenn man dann aber länger in der Klinik bleiben muss, kann man der medizinischen Maschinerie nicht mehr entkommen. Man kann nicht einfach sagen: »So, jetzt gehe ich da raus!« und man merkt unausweichlich, dass man in den Prozess des leiblichen Verfalls eintritt, sich auf einer Strecke mit einem unentrinnbaren Ende befindet. Das macht Angst[49].

Manche Menschen können sich durch Dissoziierung, Verdrängung oder Verleugnung sehr gut retten, und es ist eigentlich in solchen Situationen durchaus hilfreich, wenn man gut verdrängen kann. Man sollte sich als Begleiter nicht daran stören. Die gegenteiligen Vorstellungen, die man in der Literatur zur Sterbebegleitung oft findet – man solle doch mit den Verleugnungstendenzen arbeiten – finde ich nicht sehr ausgewogen, meistens von Leuten gemacht, die strikt religiöse oder verdeckt religiöse Motive haben: Man müsse sich dem Sterben stellen, die Dinge angehen und regeln. Ist es recht, Menschen einen Vorwurf zu machen, wenn sie verdrängen wollen? *Verdrängung ist eine Gnade* und wahrscheinlich ein – evolutionsbiologisch gesehen – sogar sinnvoller Mechanismus, ein wirkungsvolles palliatives Mittel gegen die Angst. Ich denke, dass die Psychoanalytiker hier eine grundsätzlich falsche, mythologisierende Konzeption von Verdrängung haben[50], die Ausdruck eines gewissen kryptoreligiösen jüdischchristlichen »*Diskurses*« ist, wie *Michel Foucault* derartige, oft sehr verdeckt wirkende Traditionsströme genannt und analysiert hat[51]. Man muss sich »unter den Augen des Herrn« sehen und deshalb sich auch im Alltagsleben seiner Schuld und seinen Sünden stellen. Das aber ist dem Lebensgefühl vieler Menschen heute nicht mehr gemäß.

4. Konfrontation mit dem Sterben

Zeit heilt – wenn auch nicht alle –, so doch viele Wunden, und das Verdrängen oder Dissoziation hilft uns dabei immer wieder, zuweilen hindert es uns auch. Nur wenn wir als professionelle Helfer in der Realität ständig mit dem Sterben konfrontiert sind, geht das mit dem Verdrängen nicht mehr so leicht, ansonsten kommt es zu »harten« Verdrängungen, was heißt: man wird hart, man anästhesiert sich, es kommt zu einer *Selbstanästhesierung*, sofern nicht Dissoziierungen gelingen, eine Abspaltung der Betroffenheit. Man kann nicht täglich verdrängen, ohne Schaden zu nehmen. Zu dissoziieren, ist aus emotionspsychologischer Perspektive weniger belastend. Wenn man lange im Krankenhaus ist als onkologischer Patient, hämatologischer Patient, Aids-Patient gibt es diese Möglichkeit des Dissoziierens, was einem die Sorgen etwas leichter macht, sie aber nicht völlig aus dem Bewusstsein nimmt. Da das Dissoziieren weniger »hart« ist als das Verdrängen, bleibt das an die Seite Geschobene zugänglich, es ist *abgeblendet*, nicht ausgeblendet.

Die professionell begleitete Sterbesituation konstelliert sich mit dem spezifischen Auftrag, einzugreifen und zu helfen, wo die alltäglichen Stützsysteme des sozialen Netzwerkes, des »Konvois«, des Weggeleits[52] nicht mehr greifen. Da entsteht die Legitimation des Thanatotherapeuten: Hilfe zu leisten, wo Hilfe eigentlich nicht mehr möglich ist[53]. Deshalb habe ich das Recht und die Möglichkeit, wenn ich angefragt werde, in den Intimitätsraum des Sterbenden hineinzugehen, nur deswegen, weil sonst außer den Angehörigen und Pflegenden dort niemand etwas zu suchen hat. Wenn ich mit dieser Legitimation in das Sterbezimmer gehe, muss ich auch einen spezifischen, thanatologisch fundierten psychotherapeutischen Blickwinkel mitbringen, und ich muss eine spezifische thanatotherapeutische Haltung des »*Im-Kontakt-Seins*« entwickeln. Es ist eine Haltung, die mich als

Mitmensch dabeisein lässt, berührt sein lässt. Ich muss mich *berühren* lassen, und werde dann oft *bewegt*. Man muss in *Kontakt* sein mit der Situation, mit dem Patienten, mit seinen Angehörigen, dem Kontext, dem Zimmer, der Intensivstation. Ich muss im Kontakt sein mit mir und mit dem, was auf mich einwirkt, Dinge, die ich abschalten möchte: Aber der Geruch steigt mir in die Nase, die Bilder fallen mir ins Auge, die Geräusche, das Röcheln, die schwere Atmung, der Takt der Apparate dringt mir ans Ohr, die kühle, unterkühlte Hand des Patienten wird von mir gespürt, kommt mir ins Gespür. Ich kann mein »aktives Wahrnehmen« zurücknehmen, aber ich kann meine »rezeptive Wahrnehmung« nicht abschotten! Ich muss also in *Kontakt* sein, und ich muss mich natürlich *berühren* lassen. Das, was ich sehe, erfahre, miterlebe, *bewegt* mich auch. Und es ist auch wichtig, dass der Patient oder der Partner oder der Mensch, den ich begleite, merkt, dass ich berührbar bin, berührt und bewegt werde.
Manchmal ist man auch als Begleiter im Aufruhr aufgewühlt oder gar tief *erschüttert*. Man muss sich aber als Helfer regulieren können, auch seine Erschütterung regulieren können, denn die Betroffenen, der Patient und die Angehörigen haben das Recht, aufgewühlt zu sein. Sie dürfen ihrer Betroffenheit, sie müssen manchmal sogar ihrem Aufgewühltsein nachgeben, damit sie sich ausdrücken können und die starken Emotionen nicht retroflektieren, auf sich richten, hemmen, einfrieren, was sicherlich nicht gut wäre. Als thanatologisch arbeitender Psychotherapeut muss man aber oft Tag für Tag in derartigen Situationen den Menschen Unterstützung geben, vor allen Dingen den Betroffenen selber, manchmal auch Schwestern, Pflegern. Und dabei kann man es sich eigentlich »nicht leisten«, in solch einer Situation aufgewühlt zu sein und dies auch noch auszudrücken, denn die Erschütterten bedürfen der Sicherheit und Stärke des Begleiters. Und trotzdem bin ich als Begleiter natürlich in meiner Physiologie auch aufgewühlt, manchmal erschüttert. Deshalb werde ich – um nicht zu *retroflektieren*, mich zu verhärten oder selbst zu anästhesieren – auch versuchen, etwas von diesen starken Emotionen situationsadäquat und dosiert zu zeigen. Darin liegt die Professionalität. Das heißt also: nicht vollkommen involviert, sondern in einer leicht distanten Involviertheit zu sein; nicht vollkommen erschüttert zu sein, sondern in einer regulierten Erschütterung, die sich als Berührtheit und Bewegtheit zeigen kann.

Im Felde, in der Feldarbeit wie z. B. bei Katastrophen oder in Situationen wie im ehemaligen Jugoslawien darf man nicht glauben, dass man die Regulation aufrechterhalten kann. Und trotzdem gehört es zur Professionalität, dass man eine geschulte *»Regulationskompetenz« (Petzold*[54]*)* hat, sich schneller fängt, wieder besser »einkriegt«. Man muss sich »fassen«, denn sonst kann man keine effektive Hilfe leisten. Das bedeutet, dass man sich mit dem eigenen Sterben befasst, sich mit den schlimmen Eindrücken, die man erlebt, systematisch auseinandersetzt und sehr sorgfältig immer wieder darüber nachspürt, nachsinnt, nachdenkt, warum man diese Arbeit tut.
Die Motivationen sind sehr, sehr unterschiedlich. So kann die Motivation beispielsweise das unbewusste Wiedererleben eines nicht verarbeiteten Traumas aus Kindheit, Jugend oder Erwachsenenleben sein. Man sucht die Situation des Sterbens, weil man mit einem Sterbeereignis, das man miterlebt hat oder das man nicht miterlebt hat, nicht fertig geworden ist. Der Vater stirbt irgendwo, und man kommt zu spät. Die Mutter stirbt im Altenheim, und man ist gerade nicht erreichbar in der Karibik, und man kommt so nicht einmal zur Beerdigung. Das sind keine leichten Dinge; die Leute stecken das scheinbar weg, und es kann sein, dass man deswegen unbewusst zur Sterbebegleitung hingezogen wird. Es kann aber auch sein, dass man wissen will, wie das mit dem Sterben ist, weil man so große Angst vor Tod und Sterben hat.
Es kann auch »sensation-seeking« sein, was gar nicht so selten ist. Bei all den Verdiensten, die *Elisabeth Kübler-Ross* für einige Zeit ihrer Tätigkeit hatte, weil sie dazu beigetragen hat, dass das Thema »Tod und Sterben« besprechbar, ein wenig enttabuisiert wurde, ist auch durch ihr späteres Vorgehen eine Sensationslüsternheit in die Thematik hineingekommen, die in der Informationsgesellschaft ohnehin immer weiter um sich greift. Durch das Medium des Fernsehens erfahren wir die Dinge nur zum Teil, aber der mediatisierte Tod »bringt es nicht« – selbst im Reality-TV. Man will da näher heran. Die Ausstellung des »Plastinators«[55] mit seinen anatomischen Menschen-Präparaten faszinieren Abertausende. But that's not life! Wenn man Seminare zur Sterbebegleitung gibt, findet man viele Leute, die noch nie jemanden sterben sahen. Sie kommen, weil sie wissen wollen, was da geschieht, denn wir haben den Tod hinter Sonderbühnen verbannt; »öffentliches Sterben« gibt es vielleicht noch

in einzelnen dörflichen Gemeinschaften, aber auch dort wird es immer seltener. So ist eine gewisse zwiespältige Faszination mit Bezug auf das Sterben, die Sterbenden und den Tod festzustellen.
Ich selbst bin in Sterbesituationen auf verschiedene Weise gekommen: einmal bin ich relativ früh durch Tod und Sterben in meiner Familie konfrontiert worden, als Student dann durch die Arbeit in einem Altenheim, womit ich teilweise mein Studium finanziert habe[56]. Ich finde, das Sterben ist ein *tremendum* und *fascinosum (Rudolph Otto)*, und man muss wissen, wie man sich ihm nähert, denn es ist oft sehr belastend. Es hat auch mich belastet. Ich war – jeden Tag eine gute Tat – bei den Pfadfindern, dann beim Autobahn-Rettungsdienst und bei der DLRG, wo man ab und zu eine Wasserleiche herausfischen musste. Bei der Johanniter Unfallhilfe war ich dabei, als mit dem Lukasgerät und dem Schneidbrenner Menschen aus Autos herausgeholt worden sind, was furchtbar ist. Aber man macht ja als junger Mensch solche Sachen, wenn man die entsprechende Sozialisation hat[57], in einer Familie aktiver Humanisten und Friedensarbeiter aufwuchs, die Mutter als Rote-Kreuz-Schwester in der Untergrundarbeit der »Bekennenden Kirche« tätig, der Vater war Haft und Folter als »Verfolgter des Naziregimes« ausgesetzt – beide hatten viel Leid, Sterben und Tod gesehen. Ich denke, dass mein Interesse an der Todesfrage sicher *auch* mit all diesem zusammenhängt. Ich sage Ihnen das hier in aller Öffentlichkeit, warum auch nicht? Denn es ist wichtig, dass Sie alle schauen, jeder von Ihnen, warum Sie in einem Büro arbeiten oder auf der Intensivstation, in der Onkologie, der Geriatrie. Es ist sehr wesentlich nachzuspüren, warum man das tut. Wenn man das klar hat, seine Motivationen und deren Hintergründe, dann wird man auch in seiner Professionalität klarer. Heute bin ich in meiner Arbeit mit traumatisierten Menschen im ehemaligen Jugoslawien mit schlimmen Situationen befasst. Ich *will* das. Man muss das *wollen*, wie *Leibowitz*[58] affirmiert. Ich will kein Verbalphilantrop sein, sondern will engagiert und konkret mit Menschen arbeiten und Hilfe geben. Ich erachte konkreten Einsatz für Menschen als notwendig, und es macht mich zufrieden.
Es ist wichtig, als Begleiter von Sterbenden, aber auch von Menschen in Not, eine gewisse Durchlässigkeit zu erreichen. Ich habe sie relativ spät erreicht, als ich schon lange Psychotherapeut war. Wenn ich jetzt zurückblicke auf meine frühe Arbeit in diesen Bereich – es war nicht

wenig, ich habe sehr viel mit alten Menschen und Hinterbliebenen gearbeitet, habe darüber dies und das veröffentlicht – dann muss ich sagen: Ich habe Vieles abgeblockt. Trotz des durchaus vorhandenen Mitschwingens, denn man kann mitschwingen und auf einer tieferen Ebene trotzdem abblocken. Der Preis, den man dafür zahlt, sind z. B. physiologische Übersteuerungen, vor der mich meine von Kind auf geübte Praxis von Budo-Künsten[59] (Kolo, Aikido, Kung Fu) bewahrt hat. Man kommt in eine *Hyperaktivität*, in eine *Stressphysiologie*[60], und oft merkt man es nicht. Man merkt es erst, wenn man sich schult[61] oder geschult wird zu spüren, wie die Rückenmuskulatur und die Nackenmuskulatur hyperton wird, dass man physiologisch übersteuert ist, dass der Ruhepuls, der ja eigentlich bei guter physischer Kondition niedrig ist, hoch geht, sobald man in eine Kranken- oder Sterbesituation hineinkommt. Auf solche Dinge sollte ein Thanatotherapeut – und nicht nur er, sondern auch Schwestern und Pfleger – geschult werden, um auf Stressbedingungen zu achten, so dass die Helfer in der Lage sind, einen *»relaxation response«*, also eine Spannungs-Entspannungsregulation herzustellen. Das kann man erlernen. Es gibt Übungen und Wege, das zu tun, um von einer *»Stressphysiologie«* zu einer *»Wellnessphysiologie«* zu gelangen[62]. Auch Patienten steht dieser Weg offen. Ich habe dazu das Verfahren der »Integrativen und Differenziellen Regulation/Relaxation«[63] entwickelt. Es sind große oder kleine Dinge, die verspannt machen: man bekommt z. B. eine Spritze, eine Sonde oder einen Katheter. Viele solcher kleinen schmerzvollen Dinge halten ständig in einem angespannten Zustand und mit dieser latenten, ständigen Angespanntheit kommt die nächste Schmerzsituation.

Auch der Thanatotherapeut sollte sich mit seinen Erwartungs- und Belastungsspannungen konfrontieren; er sollte ein Wissen um Stressphänomene und Möglichkeiten der *Selbstbehandlung* haben, denn es reicht nicht aus, in einer Supervisionsgruppe nur über Belastungen *zu reden.* Reden bringt einen *chronifizierten* Stresszustand, eine Stressphysiologie nicht weg. Es ist momentan für das subjektive Empfinden »palliativ«, aber physiologisch betrachtet ist der Mensch immer noch übersteuert und das sollte man verändern. Verspanntheit und Dystress sind nicht nur für die Gesundheit des Helfers nachteilig, sie übertragen sich auch im Klientenkontakt zum Klienten hin durch Berührung, Blick, Stimme, die nicht gelöst sind.

5. Die Notwendigkeit diagnostischer Perspektiven

Wir achten vor diesem Hintergrund, mit diesem »diagnostischen« Wissen um uns selbst auf unser *Befinden* in den Situationen mit Sterbenden und wir achten auf das *Befinden* unserer Patienten, auf den Zustand, in dem wir sie vorfinden. Damit kommt wieder eine professionelle Perspektive ins Spiel, denn wir betreiben Diagnostik nicht mit dem DSM-IV oder mit dem ICD-10, sondern eine thanatotherapeutische, thanatopsychologische Diagnostik. Eine standardisierte Diagnostik – im Sinne eines klassifikatorischen Systems – besteht für diesen Bereich noch nicht. Man sollte und könnte sie erarbeiten, und man wird sie wahrscheinlich auch erarbeiten, und zwar in dem Moment, wo Sterbebegleitung institutionalisiert wird, z. B. in Form von Hospizen oder Palliativstationen oder mobilen Palliativdiensten. Diese Institutionalisierung kommt trotz der Verknappungen und Kürzungen im Gesundheitswesen, wenn die sozialen Stützsysteme, die familiären Systeme immer stärker erschüttert sind und ihre Ressourcen ausgedünnt und verbraucht werden. Die öffentlichen Möglichkeiten der Hilfe werden dann immer stärker in Anspruch genommen, was auch bedeutet, dass diagnostische Kategorien gebraucht werden. Die rapide Entwicklung der Pflegediagnostik hat gezeigt, wie stark Außeneinflüsse, Vorgaben des Gesetzgebers und der Kostenträger Situationen verändern können. Für den diagnostischen Blick ergeben sich folgende Fragen:
Wohin schaue ich? Worauf schaue ich? Welcher Zeithorizont ist gegeben? *Wie* schaue ich? Die letzte Frage ist natürlich besonders wichtig. Ich schaue natürlich nicht nur mit professionellem Blick, sondern ich schaue als Mitmensch *und* als Professioneller. Das ist die spezielle Situation aller *»Menschenarbeiter«*[64] – wie ich Helfer jedweder Profession nenne und besonders die der Helfer in der Sterbesituation: des klinischen Psychologen, des Krankenhauspsychologen, des Thanatotherapeuten, sei er ein besonders ausgebildeter Seelsorger, ein besonders ausgebildeter Arzt, ein Sozialarbeiter oder eine Krankenschwester. Immer kommen zwei Dinge zum Tragen: das professionelle Wissen und das mitmenschliche Wissen, Gefühle und Erfahrungen aus dem zwischenmenschlichen Bereich.
Wenn wir die erste diagnostische Frage angehen: »Wohin schauen wir?«, kommt zuerst das Setting in den Blick, denn es ist etwas ganz

anderes, wenn der Patient auf einer Intensivstation, auf einer hämatologischen oder auf einer gerontopsychiatrischen Station betreut wird. Auch die Verweildauer spielt eine große Rolle.
Es geht darum, **wie** wir sterben[65]. Beim Sterben zu Hause ist die Situation völlig anders[66], wenn ich als Thanatotherapeut von einer Familie zugezogen werde. Diese *Setting-Variable* ist sehr wichtig! Das vertraute Bett zu Hause ist etwas ganz anderes als das Krankenhausbett, das vertraute Zimmer zu Hause ist etwas ganz anderes als das Krankenhauszimmer, das Zimmer im Heim[67], wo einem nichts gehört, man über nichts bestimmen kann[68]. Neben dem Setting schaue ich mit der zweiten Frage »worauf« natürlich auf die Situation des Patienten, also auf den »*Menschen in Situationen*«. Ich schaue auf sein Alter, denn das Sterben ist etwas anderes, wenn er 85 oder wenn er 25 Jahre alt ist. Ich schaue auf sein Geschlecht, womit sich sehr spezifische Fragestellungen verbinden können und Genderfragen werden immer noch zu wenig beachtet: Da ist die junge Frau, die an den Folgen eines Mammakarzinoms und multipler Metastasierung langsam stirbt. Sie hinterlässt zwei kleine Kinder. Da ist ein junger Mann, der in einem kurzen heftigen Krankheitsverlauf aus dem Leben scheidet. Er ist der einzige Sohn und seine Eltern sind fassungslos. Es gibt also auf der Sex- und Genderebene Männer- und Frauenthemen in der Sterbesituation, die man beachten muss.
Dann ist der Blick auf den Zeithorizont, die dritte Frage also, die voraussichtliche Dauer der möglichen Begleitung sehr wesentlich, also die Frage nach dem Zeitpunkt, an dem wir als Begleiter in das »Sterbetrajekt« eintreten. Dieser Begriff ist für den Sterbeverlauf in der Sterbeforschung funktionaler, denn sequenzielle Sterbephasen im Sinne von *Kübler-Ross* lassen sich so nicht finden, sondern wir haben es mit höchst individualisierten Sterbeverläufen zu tun. Man kann von Verläufen mit sehr unterschiedlichen »ups and downs« sprechen, in denen zum Teil Phänomene vorkommen, wie sie in den Phasen von *Kübler-Ross* beschrieben werden, aber es sind in der Tat keine aufeinander folgende Phasen. Es gibt im Verlauf eines Sterbeprozesses immer wieder einmal die Auflehnung, es gibt immer wieder einmal Resignation, je nach dem. Man muss sich klar machen, wie lange dieser Mensch schon im Prozess seiner schweren Erkrankung steht. Ist er schon in einem Sterbeverlauf? Mit wieviel Zeit können wir rechnen? Und wieviel Zeit habe ich für eine mögliche Begleitung

zur Verfügung? Ich denke, dass dies sehr wesentliche Fragen sind, um die Ziele einer Begleitung zu bestimmen.
Unter der Frage zwei schaue ich mir den Zustand des Patienten an, also seine Ansprechbarkeit, seine kognitive Valenz, seine emotionale Situation, Integrationsfähigkeit und Orientierung. Wie weit kann er zuhören, wieweit kann er verstehen? Wie ist seine affektive Verfassung, seine emotionale Stabilität und Labilität? Wie ist es um seine Willenskraft bestellt? Das ist ein ganz wichtiges Moment: Wieviel Willen hat dieser Mensch zur Verfügung? Die Volitionen sind eines der vernachlässigten Gebiete in der Psychologie, Psychophysiologie und auch in der Psychotherapie[69]. Es gibt keine entwickelte Methodik für den Umgang mit Phänomenen des Willens – egal in welcher psychotherapeutischen Ausrichtung oder Schule: Über Willenskraft findet man nichts! Aber in der Thanatotherapie ist die Willensfrage wichtig: Wie ist die Willenssituation des Menschen in der Schlussphase? Was will er noch vom Leben? Wie erträgt er Schmerzen? Welches Durchhaltevermögen hat er bei belastenden Behandlungen und Untersuchungen? Was ist sein »letzter« Wille? Dieser betrifft nun die Angehörigen und die Freunde und deshalb ist der Blick auf das »soziale Netzwerk«, auf die Wegbegleiter, auf den *Konvoi* ganz wichtig. Wer ist in diesem Netzwerk (noch – bei Hochbetagten z. B.)? Bin ich vielleicht als Thanatotherapeut die einzige wichtige und intime Bindungsperson, die noch verblieben ist – und was bedeutet das, wenn ich mich auf eine Beziehung einlasse? Oder bin ich »facilitator«, Förderer eines kollektiven Prozesses, an dem Geschwister, Söhne, Töchter, Familienangehörige also und ein großer Freundeskreis beteiligt sind?
Wenn ich das soziale Netzwerk angeschaut habe, bekomme ich in der Regel auf viele meiner Fragen Antworten. Es ist dies eine spezifische »Integrative Perspektive«, nicht nur der Patient, der Klient, der Begleitete muss betrachtet werden, sondern der Kontext, das Netzwerk im Kontinuum, der »Konvoy«. In den sozialen Netzwerken erhalte ich auch relevante kulturspezifische Informationen, weil ich ihnen die kulturellen Traditionen in Form von *kollektiven Kognitionen, Emotionen und Volitionen* präsent sind, in Form eines »kulturellen Gedächtnisses«[70], das auch Vorstellungen und Bilder über Sterben und Tod umfasst[71], und diese können einerseits sehr spezifisch sein, abhängig von Familientraditionen, Regionalität – Stadt

oder Land –, Volkszugehörigkeit oder Einbettung in spezifische soziale Makroräume. Die Bilder und Vorstellungen von Männern und Frauen, von ostdeutschen und westdeutschen, von Arbeitern und Akademikern, von Naturwissenschaftlern oder Geisteswissenschaftlern sind verschieden, wie groß angelegte Untersuchungen gezeigt haben[72], aus denen deutlich wurde: bis in die Bilder und Wertungen hinein wirken die kulturellen Muster in Form der *»kollektiven sozialen Repräsentationen«*, der sozialen Werte- und Vorstellungswelten, *social worlds*[73], ja bis in die Charakteristik von Nahtoderfahrungen, wo Menschen aus den alten Bundesländern andere Bilder erleben, als Menschen aus den neuen Bundesländern und deutlich wird: bis in die cerebralphysiologischen Prozesse hinein wirken die soziokulturellen Einflüsse[74]. Diese können in Konflikt geraten, wo unterschiedliche Familientraditionen aufeinandertreffen, Unterschiede zu den Familientraditionen und *social worlds* des Pflegepersonals oder zum Begleiter zum Tragen kommen. Deshalb gilt es, diese potenziell unterschiedlichen Vorstellungswelten und ihre Anliegen, wie sie uns in den und durch die verschiedenen Personen entgegentreten zu erkunden und zu berücksichtigen, sie gegebenenfalls zu verhindern und miteinander zu vermitteln, wo sie fremd oder gar konflikthaft sind. Einmal sind da die Vorstellungswelten und die Anliegen des Sterbenden selber, das, was er von mir in der Situation der Begleitung möchte. Oft ist es nicht das erste Anliegen, mit dem ich zu tun habe. Die Vorstellungen und Anliegen, die davor liegen, sind zumeist die der Angehörigen, die sich um die Begleitung bemüht haben. Sie möchten, dass ich etwas mit diesem Patienten »mache«. Ein solches Anliegen ist natürlich auch wichtig, denn die Angehörigen müssen ja mit der Situation umgehen, viele Dinge regeln und planen. Ihnen liegt schließlich dieser Mensch »am Herzen« und wahrscheinlich wird er ihnen »aus dem Herzen gerissen«, der Vater, die Mutter oder der Bruder, wer immer auch der Sterbende ist. Die Anliegen der Angehörigen und die Anliegen des Patienten, der Patientin sind oft keineswegs gleich gelagert und das bereitet, weil beide Anliegen legitim sind, zuweilen für die Begleitung Schwierigkeiten. Oft habe ich den Kopf voll mit den Anliegen der Angehörigen, was alles zu tun sei, und komme dann mit einem zu »okkupierten« Kopf in die Begleitungssituation hinein. Man muss dann Abstand nehmen, um für die Anliegen des sterbenden Menschen offen zu sein. Man kommt natürlich, wenn man in einer Pflegesituation arbeitet, häufig auch mit den Anliegen des Pflegepersonals in Kontakt: »Der ist so schwierig, der schreit nachts immer. Er hat so furchtbare Angst. Wir können den ja nicht immer bis oben hin zusedieren. Das ist ja auch nicht das Wahre! Die Angehörigen wollen ja mit ihm sprechen. Wenn er im Dunkeln nicht die Angst hat, ist er ja auch ganz zugänglich, aber dann kriegt er wieder diese furchtbaren Angstanfälle.« usw. usw.

Die Anliegen des Personals sind nicht zu unterschätzen – und natürlich die Anliegen des Begleiters selbst: Was will ich mit diesem Menschen, den ich begleite, der mich als Person anspricht, der mich berührt oder der mir mühsam ist? Es gibt ja immer wieder Menschen, die man nur schwer annehmen kann. Aber dann muss man sich wohl mit einer guten »professionellen Routine« sagen, dass es ja schließlich jemand machen muss und dass auch dieser Mensch ein Recht auf eine Begleitung in seinem Sterben hat. Ob nun eine gute, spontane »Passung« vorliegt oder nicht, es muss diese Frage gestellt und beantwortet werden. Was will ich als Begleiter mit diesem Menschen in dieser, seiner, unserer Situation tun und erreichen? Unter dem persönlichen und unter dem professionellen Blick kommt es dann zu Zielen, die ich von mir aus als Begleiter setze. Dieser Ziele muss ich mir bewusst sein. In der normalen Psychotherapie versuche ich meine Ziele, wenn immer möglich – bei psychiatrischen Patienten geht das manchmal nicht – interaktional zu erarbeiten mit dem »Patienten als Partner«[75]. Was wollen wir beide erreichen? Diese Frage: Was will er oder sie erreichen, was will ich erreichen, werden ausdiskutiert in Begegnung und Auseinandersetzung ausgehandelt. Oft ist dieser Prozess schon ein wesentlicher Teil der Therapie. Bei Sterbebegleitungen sind solche Ko-respondenzprozesse oft nicht möglich. Aber manchmal geht es auch. Wir müssen also schauen, ob ich mit dem Patienten, mit diesem »Menschenpartner« gemeinsame Ziele formulieren kann? Das führt zu bestimmten Situationen des Handelns, die wir »Formate« nennen.

6. Formate, Methoden, Zugehensweisen

Formate:
Unter »*Format*« verstehen wir in der »Praxeologie«, der Wissenschaft von der Praxis[76], einen bestimmten Rahmen professionellen Handelns, der von den Bedingungen der Situation, ihren »Ressourcen, Problemen und Potenzialen«[77] und den Möglichkeiten *(affordances)* und Grenzen (constrains) des Patienten sowie den Kompetenzen und Performanzen, den Fähigkeiten und Fertigkeiten des Begleiters, aber auch des familialen und amicalen sozialen Netzwerkes, bestimmt werden.
Formate können in einer arbeitsfeldspezifischen Diagnostik und Therapeutik eine wichtige Rolle spielen. In der Thanatotherapie unterscheiden wir verschiedene *Formate*. Für die situativen Möglichkeiten einer Sterbebegleitung, für das, was potenziell in den letzten Lebenswochen an Begleitung möglich ist, setze ich zunächst ein kurzzeitiges *»palliativ-supportives Format«* ein. Hierbei handelt es sich um kurzfristige Interventionen, die auch in der akuten Sterbephase zum Tragen kommen können. Es geht darum, das Leid des Patienten zu lindern. Ich nenne das »psychologische *Linderung*« und gehe davon aus, dass sie die medizinische Schmerztherapie unterstützt. Wenn die palliative Versorgung nicht gut ist und man darin geschult ist, wird man versuchen, ein Gespräch mit den Kollegen und Kolleginnen zu führen, um zu schauen, was man palliativ tun kann und wie man die medikamentöse Intervention und die psychologische palliative Hilfe und supportive, unterstützende Entlastung koordinieren kann, um eine optimale Wirkung zu erreichen. Auf die Techniken und Methoden psychologischer Palliativbehandlung werde ich hier nur kurz eingehen, auf das, wodurch ich stützen, entlasten, lindern, beruhigen, trösten kann.
Das zweite *Format* nenne ich die *kurzfristige »fokale Integrationshilfe«,* eine besondere Form integrativer, psychotherapeutischer »Fokaltherapie«[78]. Die Indikation sei kurz anhand eines Beispieles umrissen: Wir haben einen Patienten, der hat große Schuldgefühle, Ängste. Es bedrückt ihn etwas aus seiner Lebensgeschichte, irgendein Familienzerwürfnis, eine unerledigte Situation, unintegriertes biographisches Material, manchmal sogar ein Verbrechen. Man bekommt in Begleitungen oft Einblick in lebensgeschichtliche Ereig-

nisse, die vielleicht nie offenbart wurden und bei denen dennoch in den letzten Lebensmonaten oder Wochen ein Wunsch nach Mitteilung wach wird, weil Themen plötzlich als eine Belastung »hochkommen«. Man ist manchmal so etwas wie ein säkularer Beichtvater für nicht religiöse, aber auch für gläubige Menschen. Integrationsarbeit ist angesagt, wenn der Patient zeigt, es lastet etwas auf ihm, er quält sich, und es wird allmählich klar, dass er den Willen hat, das Belastende anzugehen, denn er wird immer wieder von furchtbaren Ängsten geplagt. Das geht hin und her. Er will eine bestimmte Sache seines Lebens, vielleicht eine bestimmte Zeit »abschalten«. Bei älteren Menschen ist das oft die Kriegszeit, die NS-Zeit, die hochkommt und sich nicht mehr verdrängen oder dissoziieren lässt. Hier geht es dann um eine *kurzfristige fokale Integrationshilfe* durch ein Gespräch, wobei es sein kann, dass dieser Mensch, der vielleicht eine Stunde mit mir gesprochen hat, tot ist, wenn ich zwei Tage später wiederkomme. Und trotzdem kann dieses fokale Gespräch sehr wichtig und nützlich gewesen sein. Vielleicht hat es ihm zu einem etwas besseren Sterben verholfen. Sehr oft kommen wir in der Krankenhaussituation in solche kurzzeitigen Formate hinein, wenn der Seelsorger, Pflegepersonal oder Angehörige uns als Krankenhauspsychologen oder Thanatotherapeuten hinzuziehen.
Ein weiteres Format ist das *mittelfristige, kombiniert supportive und integrierende Format* von Begleitung und Behandlung. Wir haben hier Situationen, in denen der Patient von seiner Umgebung, vom Behandlungsteam, von der Familie gestützt wird. Dabei geht es wesentlich um *psychologische Linderung.* Nehmen wir einen Patienten, der vor der Frage steht: Wie komme ich mit meinem Sterben zurecht? Das Umfeld und der Begleiter gehen davon aus, dass der Patient noch einige Wochen, vielleicht Monate zu leben hat, was man natürlich nie weiß. Manchmal sterben die Patienten sehr schnell, manchmal wird aus einer kurzzeitig angelegten Fokalberatung eine langfristige Begleitung und psychotherapeutische bzw. thanatotherapeutische Behandlung. Bei den mittelfristigen und langfristigen Therapien/Begleitungen sind wir sehr abhängig vom jeweiligen Tageszustand des Patienten. Unsere Ziele, wenn sie auf Integrationsarbeit ausgerichtet sind und in diesem Sinne mit den Patienten vereinbart waren, müssen wir oft zurücknehmen, weil die beginnende biographische Integrationsarbeit plötzlich abbricht, wenn z. B. der

Patient verwirrt wird und kognitiv nicht mehr mitarbeiten kann. Dann kommen wir zu einer *supportiven* Vorgehensweise, bei der eine gute palliative und z. T. auch beruhigende Medikation eine wichtige Sache ist, denn der Patient muss klar und ansprechbar bleiben, damit er die Bearbeitung seiner Themen, wenn er sie und solange er sie machen möchte, auch ausführen kann.

Methoden – Schmerztherapie, Entspannung:

Neben der *medikamentösen Schmerztherapie*, kommen in solchen Situationen u. a. *Methoden psychologischer Schmerztherapie* zum Einsatz. Wir unterscheiden hier zwei Ansätze: zum einen den »bottom-up approach«, zum anderen den »top-down approach« (from mind to muscle). Bottom-up heißt hier, dass in der Orientierung vom Körper zum Psychischen/Mentalen (from muscle to mind) vorgegangen wird[79], Entspannungshilfen über muskuläre und respitatorische Interventionen gegeben werden, je nachdem, was möglich ist – bei bestimmten Karzinompatienten ist nicht viel über die Atmung zu erreichen. Dann ist muskuläre Relaxation angesagt; ein »aktives« relaxives Muskeltraining *(Jacobson)* wirkt manchmal überhaupt nicht, denn es wird in der terminalen Situation nicht mehr erlernt und ist zumeist viel zu schwierig. Wir arbeiten mit muskulären Relaxationsmethoden, allerdings nicht mit der Jacobson-Methode, die vorwiegend Agonisten anspannt. Weil die meisten Menschen ohnehin die Beuger anspannen, wenn sie Schmerzen haben, bekomme ich gar kein gutes Ergebnis, wenn ich dann noch mehr in die Anspannung herein gehe. Besser ist es, wie wir es im **IDR** der »Integrativen und Differenziellen Regulation/Relaxation« machen, auf die Antagonisten zu zentrieren, mit Dehnung und sanften Stretching zu arbeiten; mit einer leichten Anspannung, die gar nicht so stark sein braucht[80]. Die Muskeln werden so nur relativ kurz angespannt und dann losgelassen. Damit erzielen wir bei den meisten Patienten einen deutlichen Entspannungseffekt. Manchmal ergänzen wir diese muskuläre »bottom-up«-Methode auch durch Atementspannung[81], indem wir die Menschen motivieren zu gähnen oder mit leicht geöffnetem Mund zu atmen, wobei die Hände auf der Bauchdecke liegen und die Atembewegung bewusst mitvollzogen wird. Das ist eine aus der Atemtherapie[82] spezifisch für die Thanatotherapie adaptierte Entspannungstechnik, die vom Körper ausgehend zu einer »höheren« Ebe-

ne »mentaler« Entspannung und Beruhigung gelangt, deswegen also »bottom-up«, vom »Boden« aufwärts.
Wir verwenden gleichfalls »top-down«-Modelle, d. h. durch mentale Entspannungsmethoden zu körperlicher Relaxation zu kommen. Wir lassen den Patienten z. B. einen »Ort der Kraft« oder einen »Ort der Ruhe« aussuchen. Das kann eine friedliche Landschaft sein, die die Menschen als Erinnerung in sich tragen: Sie schauen über Hügel oder sie sitzen unter einem Baum. Die meisten Menschen haben einen solchen Ort der Ruhe und der Kraft, zu dem man sich innerlich hinbegeben kann, was hilft, Verspannung, Ängste, Beunruhigung zu mindern und zu lindern. Wir arbeiten dabei mit »inneren Beiständen«[83], d. h., wir lassen die Patienten durch ihre Lebensgeschichte schauen und suchen mit ihnen nach einem lieben sorgenden Menschen *(caring adult)*. Sie alle tragen liebe Menschen, die ihnen »am Herzen liegen« und böse Menschen, die ihnen keine Ruhe lassen, mit sich herum. Das machen wir uns zunutze. Denn es ist ja nicht so, dass die Persönlichkeit etwas Geschlossenes ist. Die Persönlichkeit ist eher ein »Patchwork«, in dem internalisierte Menschen des sozialen Netzwerkes eine wichtige Rolle spielen, die Leute, die ihnen nicht aus den Sinn gehen und die gerade auf dem letzten Abschnitt der Lebensstrecke emotional »präsent« werden – im Guten wie auch im Belastenden. Ein solcher Einfluss ist nicht zu unterschätzen. Sie können dies für sich selbst erfahrbar machen. Sie brauchen jetzt nur an ihr Töchterchen zu denken oder an ihre Lieben, ihre Freunde. Wenn die Beziehung gut ist, dann wird es ihnen jetzt *»warm ums Herz«*. Sie fühlen sich wohl und das ist so real, dass man es an der Kapillardilatation und am elektrodermalen Hautwiderstand ablesen kann. Man kann also durch die Vorstellung eines »lieben Menschen«, der einen trägt, der einem wohlgesonnen ist, der es uns »warm ums Herz« macht, zu einer psychophysiologischen Entspannung kommen. Entspannung ist, was wenig beachtet wird, wesentlich auch eine *emotionale Angelegenheit*. Diese »inneren Beistände« können dann auch vom Patienten mental und emotional herbeigeholt werden, wann immer es ihm schlecht geht. Es wird ermutigt, den Namen des Beistandes vor sich hin zu sprechen. Das Aussprechen in der Exhalation und die automatisch folgende Inhalation sind dabei für die Entspannungswirkung wesentlich. Die Sprechmotorik unterstützt die Aktivierung des »inneren Beistands«. Wenn diese Personen auch

realiter zugänglich sind (z. B. Freunde), versucht man sie zu kontaktieren und sie im Sinne von Netzwerkinterventionen zu vermehrten Besuchen zu motivieren[84].

Da man als Begleiter selbst Teil des Netzwerkes des Patienten wird und aktiv werden will – und das geht oft relativ schnell, die akzelerierende Qualität des terminalen Lebens-Sterbeprozesses gilt es hier zu beachten – kann man durch eine Bereitschaft zu »aktiven Affiliation«[85] zu einem realen und dann verinnerlichten, einem »inneren Beistand« werden. Es kann dann sein, dass man häufiger an den Patienten denkt, dass man auch vermehrt gerufen wird, und man in den Gedanken und Gefühlen des Patienten mehr und mehr als Beistand auftaucht (Stationsschwester: Herr Dr. P., Frau M. hat in den vergangenen beiden Tagen sehr oft nach Ihnen gefragt.«). Das geschieht gerade bei älteren Patienten, deren Kohorte ausdünnt, deren Weggenossen nach und nach weggestorben sind oder wo Zwistigkeiten in der Familie da sind. Dann kann die Begleitung sehr schnell sehr intensiv werden. Man muss als Thanatotherapeut sich darüber klar sein und es auch annehmen können, dass man plötzlich im Leben eines Menschen sehr wichtig wird, und damit ein veritabler Beistand, eine intime Bezugsperson, der man *alles* sagt. Dies kann für den Therapeuten schwierig werden, schwer zu verarbeiten sein. Man denke einfach einmal an die eigenen Geheimnisse, die man nie jemandem gesagt hat, selbst dem eigenen Partner, der Partnerin nicht. Diese »ultimate secrets« werden jetzt dem Begleiter/der Begleiterin anvertraut, denn manche Geheimnisse drücken in der Sterbesituation, sie »lasten auf der Seele«, sie kommen herauf und werden dann mit einem zunächst fremden Menschen geteilt. In dem Moment, wo das aber geschieht, entsteht eine intensive »Affiliation«. Im Wort *Affiliation* hört man »filius/filia«, also Sohn oder Tochter. Und man kommt in einen Sog hinein. Es entsteht eine Bindung, ein Band des Vertrauens, aber auch eine Verpflichtung diesem Menschen gegenüber. Man sollte – hat man sich zu einer Begleitung entschieden – so meine Erfahrung, diesen Verpflichtungen auch nachgeben; man sollte dieses »bonding« eingehen, wo immer dies möglich ist, weil man sich sonst gegen seine Menschlichkeit verhält, wenn man das nicht tut. Man beschädigt sich, wenn man in dieser Situation eine professionelle »coolness« praktiziert, man verhärtet. Das bedeutet aber auch, dass man Prozessen der Trauer ausgeliefert wird, wenn man sich darauf einlässt. Die Begleiteten können uns »ans Herz« wachsen und wenn sie dann versterben, bleiben wir mit Gefühlen des Verlustes und der Trauer zurück. Sie sehen: Auch beim Einsatz von palliativen Techniken, von Entspannungsmethoden mit eher physiotherapeutischen Bottom-up-Orientierung ist zu beachten, dass sie in ein interpersonales Geschehen eingebunden sind. Noch mehr gilt das für die psychologischen Ansätze, die »Top-down-Orientierungen«, Phantasie- und Imaginationstechniken, Arbeit mit »kreativen Medien«.

7. Behandlung von Angst, Hilflosigkeit, Schuld – Hilfen durch kreative Medien

Die Phantasie kann Menschen Bedrohliches herbeirufen, aber auch Schützendes, sie kann uns an böse und gute Orte bringen. Kreative Medien: Farben, Texte, Musik können tröstlich sein. Wir nutzen ihr Potenzial. So suchen wir mit den Begleiteten zum Beispiel »Orte der Kraft« und »Lieder der Kraft«. Manchmal singen wir ganz einfach mit den Menschen. Singen verbindet, ist identitätsstiftend[86]. Es gibt Texte zum Lesen oder Vorlesen, die die Begleiteten haben wollen. Man sucht für sie und mit ihnen Texte aus, setzt also bibliotherapeutische Möglichkeiten ein[87] oder schreibt mit ihnen Texte im Sinne der Poesietherapie: Briefe, Vermächtnisse, Gedichte usw. Man bereitet Tonbänder vor mit gewünschter Musik im Sinne »rezeptiver Musiktherapie«. Das alles sind Möglichkeiten, die bei den Begleiteten und Begleitern zu einem sehr intensiven Miterleben führen. Man bietet vieles auch »aus der Intuition« an, und man muss auch systematisch explorieren, was den Begleiteten ansprechen, bei ihnen ankommen könnte. Man setzt Musik palliativ, beruhigend, stützend ein. Musik kann in Sterbesituationen wirklich eine Gnade sein[88]. Die psychophysiologische Wirkung von Musik ist immens. Die »richtige« Musik wirkt äußerst beruhigend. Die »falsche« Musik kann natürlich aufwühlen, aufrühren, weshalb man sich mit der Auswahl sorgfältig befassen muss, mit den Patienten besprechen soll, was er liebt, wünscht und was er nicht mag. Eine Musiktherapeutin kann sehr viele nützliche Dinge im Bereich der Thanatotherapie erbringen. Von Musiktherapeutinnen kann man viel lernen; Thanatotherapeutinnen sollten neugierige Menschen sein und schauen, wo sie von Musik-, Poesie- und Kunsttherapeuten etwas lernen können. Sie müssen wirklich interdisziplinär, methodenübergreifend, *integrativ* an die Situationen der Sterbebegleitung herangehen.

Aus der Vielfalt möglicher Fragestellungen möchte ich noch auf ein spezielles Thema eingehen, das häufig bei Sterbebegleitungen und Behandlungen auftaucht. Es sind die Fragen von Angst, Hilflosigkeit und Schuld, von Beunruhigung und Bedrückung. Sie sind oft sehr unspezifisch. Der Patient wird immer wieder ganz unruhig, nachts hat er immer wieder Ängste, muss das Licht anlassen. Bei älteren Menschen kommt es mit der Aktivierung des *Altgedächtnisses*, das ja auch emotionale Erinnerungen umfasst, zu einem Aufschwemmen von Kinderängsten wie z. B. Dunkelängsten: »Da hinten raschelt der Tod – irgendwo unter dem Schrank«. Wenn man Kindertherapien gemacht hat, dann bemerkt man plötzlich ganz ähnliche Qualitäten wie bei Kinderängsten. Mit der cerebralen Entdifferenzierung besonders von terminalen Alterspatienten kommen solche Ängste auf, und zwar aus dem »limbischen System«, das offenbar nicht so schnell und stark entdifferenziert wie der »präfrontale Cortex«, der seine moderierende, die Arousals der Amygdala abpuffernde Funktion verliert. Daraus kann eine ständige Übererregung entstehen. Die Amygdala blockiert den Hippokampus, Gedächtnisareale, mit deren Hilfe sich der menschliche Verstand ordnen und kontrollieren kann[89].

Der alte Mann fragt seinen Sohn: »Was ist das da hinten, das Graue, das Licht dort, das von der Straße hereinkommt?«. »Das ist die Straßenlaterne« sagt der Sohn. »Nein, das ist der Feind, das sind Soldaten, wir müssen weg hier!«, sagt der Vater. Die Erklärungen des Sohnes fruchten nicht. Es ist so wie bei den Kindern: »Mein Sohn, mein Sohn, ich seh es genau, es scheinen die alten Weiden so grau« *(Goethe*, Erlkönig). Der Vater hat also mit dem Erwachsenenverstand die Situation verifiziert, aber das greift nicht. Er hätte dem Fünfjährigen mit seiner Pneunomie, die er wahrscheinlich gehabt hat, vielleicht sagen sollen: »Mein Sohn, mein Sohn, mein silbernes Schwert hat Erlenkönig abgewehrt«. Das wäre Magie gegen Magie und entspräche dem magischen Denken des Kindes.

Wir kennen auch bei alten Menschen magisches Denken, weshalb man ein solches regressives Niveau erkennen und auch ähnlich wie mit Kindern arbeiten muss. Das heißt: Wir geben ihnen »Übergangs-

objekte« und arbeiten mit »kreativen Medien«. Kuscheltiere, z. B. Teddybären, sind sehr probat; sie werden oft gut angenommen, gerade in Altenheimen und Wohnheimen. Es kann aber auch sein, dass die alten Menschen kognitiv zu kompetent sind und dann sagen: »Was soll ich denn mit einem Teddy?« Man muss da also schon Feingefühl haben und sehen, wo was indiziert ist. In manchen Begleitungen verwenden wir »kreative Medien« in aktiver, aktivierender und in rezeptiver Ausrichtung, denn wir vertreten eine »Anthropologie des schöpferischen Menschen«[90]. Einfache Dinge, Bilder, Lieder, Texte, die Stimmungen wiedergeben oder Identifikationen ermöglichen, aber auch – und mit ähnlicher Ausrichtung und Zielsetzung – Bilder aus der Kunst, denn *große Kunst ist heilsam*. Ich nehme immer wieder Kunstbände mit in die Begleitungssituationen. Auch Landschaftsbilder, die man gemeinsam betrachtet, haben eine gute Wirkung, denn Landschaft hat eine heilsame Metaphorik. Es gab da mal eine interessante Untersuchung über thematische Präferenzen in der Kunst, die zeigte, dass Menschen am häufigsten Landschaftsbilder bevorzugen[91]. Bei Landschaftsbildern kann man mitreden, wenn es um die große Kunst geht, ist das oft schwieriger. Von sakralen Motiven werden Engeldarstellungen selbst von Leuten gewählt, die nicht religiös sind. Von *Ikonen*, ostkirchlichen Sakralbildern, geht für viele Menschen eine beruhigende Wirkung aus. Manche Leute sagen, dass Ikonen »Fenster zur Ewigkeit« sind. Und da ist auch etwas dran. Es geht um Transzendenzqualität des Schönen[92], um seine heilende Kraft, von der *Dostojewski* sagt: »die Schönheit rettet die Welt«.
Wir haben die Erfahrung gemacht, dass wir Musik, Texte und Bilder, seien es Produkte »großer Kunst« oder triviale Produktionen als »Distraktoren« oder als »Übergangsobjekte« *(Winnicott)* in der Palliativbehandlung verwenden können und zwar solche, die von einer *rezeptiven* Verwendung – der Patient hört ein Musikstück, betrachtet ein Bild, liest einen Text – zu einem *aktiven* Mitarbeiten einladen. Je nach Zielgruppe, sozialem Kontext kann dies ein Schubertlied oder ein Schlager sein. Mitsummen, mitsingen, sich im Rhythmus bewegen und sei es nur mit der Hand, mit dem Finger, ist eine Ablenkung. Es geht deshalb darum, die richtige Musik zu wählen oder die verinnerlichte Musik zu aktivieren, den »Ohrwurm«, das Lieblingsstück, die man als eine Möglichkeit der Beruhigung oder der Distraktion einsetzt. All das wird auch mit den Menschen be-

sprochen, die noch kognitiv kompetent sind: Man erklärt ihnen, warum wir Musik oder Texte und Bilder anbieten, welche Wirkung das haben kann, und dass es wirklich eine gute Hilfe ist, die sie da bekommen. Wichtig ist es also, transparent zu sein.
Menschen, die am Anfang über Begleitung noch gut mitdenken, mitfühlen, mitarbeiten, können während der Begleitung im Sterbeprozess eine schwere Symptomatik wie Depressionen, Angstzustände, Schuldgefühle, manchmal Halluzinationen ausbilden, wobei man sehen muss, was als Folge der Medikation geschehen ist. Nur sehr wenige Therapeuten arbeiten ganz systematisch mit *Distraktoren*. Es gibt Wege kognitiver Depressionstherapie, bei der man auch Distraktoren bevorzugt einsetzt. Wir arbeiten in der Sterbebegleitung aber mit Musikstimulierung und »kreativen Medien«, weil man damit sehr Unterschiedliches bewirken kann: Distraktion, positive Stimulierung, Eigeninitiative etc. Es wird ganz differenziert auf das abgestellt, was dem Patienten/der Patientin gut tut, und was sie noch leisten und aufnehmen können. Bei Schmerzen setze ich zum Beispiel bei physisch noch kräftigen Patienten gerne Trommeln ein; man hilft damit ausdrucksblockierten Patienten. Ein Schmerz, wenn er aufkommt, kann sehr bedrängend sein. Eine Handtrommel ist hier ein gutes Ausdrucksmittel, aber man kann Schmerz auch mit Fingerfarben oder Wachskreiden »herausmalen« oder Schuld, Angst, Scham. Alle bedrängenden Emotionen verlangen nach Ausdruck und hier müssen Hilfen für sozial akzeptable Formen gegeben werden.
Manche Leute haben ihre eigene kleine Musikapotheke, d. h. Lieder, Musikstücke, Melodien, die sie trösten, ihnen Kraft und Zuversicht geben oder sie beruhigen. Man soll das aufgreifen, auch wenn professionelle Musiktherapeuten der Verwendung von »Musikkonserven« gegenüber skeptisch sind, weil sie mehr auf Improvisation setzen. Aber in der Arbeit mit Sterbenden wird durch die fehlende Nutzung der rezeptiven oder psychophysiologischen Musiktherapie sehr viel an Linderung und Stütze verschenkt.
Die Wirkung der *Distraktoren* ist auch klinisch ganz gut erprobt: Die Patienten lernen dadurch, Ängste zu kontrollieren, ihre niederdrückenden Gedanken selbst zu steuern. Sie erlangen die Kontrolle über ihre Gefühle wieder, gelangen aus der Hilflosigkeit. Der »locus of control«, der Ort der Kontrolle ist bei mir, und ich bin den überflutenden Affekten nicht so ausgeliefert[93]. Weil mit den Menschen –

besonders in der Krankenhaussituation – so viel gemacht wird, was sie nicht beeinflussen können, sind Erklärungen und Transparenz doppelt wichtig. Indem ich Patienten alles sage, erkläre, und das gilt auch auf der Station, wo ich die Schwester bitte, dem Patienten alles zu erklären, wird er auch seiner Kontrolle der Situation wieder gewahr. Er ist nicht mehr ganz der Situation ausgeliefert; er kann noch in vieler Hinsicht etwas tun, er kann am Leben partizipieren. Partizipation und Situationskontrolle sind wesentliche Faktoren, die in jeder Begleitungsarbeit erhalten und gefördert werden sollten. Beim Krankenhausaufenthalt sollten die Netzwerkverbindungen zum familialen und amicalen Netzwerk erhalten und gefördert werden – nach allen Seiten hin: vom Kranken zu den Angehörigen, von den Angehörigen zum Kranken oder auch zum Krankenhauspersonal. Vielfältige, lebendige Verknüpfungen reduzieren Ängste und Hilflosigkeit. Mit ganz vielen Dingen können wir beginnen: z. B. damit, dass die Patienten Briefe oder Postkarten nach Hause schicken oder Angehörige Tonbänder zusammenstellen, sodass zu den Netzwerken Kontakte lebendig bleiben. All diese Dinge versuchen wir einzusetzen, damit in vielen Situationen eine Partizipation am Leben erhalten bleibt und wieder möglich wird und Ängste und Hilflosigkeit eingedämmt werden können.

Eine besondere Methode, mit vergangenen Ängsten und belastenden Gefühlen umzugehen, ist die in Mode gekommene, aber insgesamt nicht sehr häufig angewendete »life-review«[94], die von *Iljine* begründet und von *Butler* verbreitet wurde. Ich habe viel mit dieser Technik oder ähnlichen Ansätzen gearbeitet und auch einiges dazu geschrieben[95]: über die Lebensbilderschau oder -überschau, das Lebenspanorama, die Lebensbilanz. Die Bilanzierung des Lebens induziert bei den Menschen, die sich ihr Leben noch einmal anschauen wollen, sehr viel an Gefühlen und Gedanken. Häufig geschieht dieser »life-review« ganz spontan im »dwelling on the past«, beim »Nickerchen« am Nachmittag, manchmal aber auch in Extremsituationen, von denen Ertrinkende oder Menschen, die einen Absturz überlebten, berichten. Sie sehen dann noch mal alle Lebensbilder vor sich. Bei den Patienten geschieht ein solches vollständiges Panorama nicht so oft. Aber wenn es dann kommt, wenn die Lebensbilder die Menschen überfluten, dann brauchen sie einen Gesprächspartner, der mit ihnen ihr Leben anschaut. Es wird heute allgemein von Therapeuten viel

Wert darauf gelegt, dass Leute auf ihr Leben schauen; sie werden dazu auch angehalten, manchmal gedrängt, weil »Biographiearbeit« gerade »in« ist[96]. Ich habe festgestellt, dass die Menschen von sich aus sehr selten ihr Leben systematisch betrachten oder betrachten wollen. Ich habe dann auch gesehen, dass dieser Anspruch, man müsse das Leben noch einmal anschauen so wie der Weise, der am Ende des Lebens auf sein Leben zurückblickt, eigentlich mehr meine Ideologie war. Bei Sterbenden ist das oft wie bei den schwer Traumatisierten[97]; sie wollen und können oft gar nicht hinschauen[98]. Psychotherapeuten, die nie selbst ein Trauma durchlebt haben oder schwere Verluste erfahren haben, verlangen dann von den Leuten jedes Detail – wie, wo und was alles geschehen ist – anzusehen. Das ist ziemlicher Unfug. Es kommt nur zu Retraumatisierungen[99], zumindest ist das Risiko groß, wie Untersuchungen bestätigt haben. Die Menschen müssen erst einmal dazu kommen, sich wieder psychophysiologisch zu regulieren, ansonsten verstärke ich als Therapeut die intrusiven Gedanken, den Betroffenen misslingt die Integration und sie fallen in eine Abstumpfung (numbing). Gerade in längeren Sterbeprozessen und ihrer Begleitung muss man sorgfältig schauen, wie hoch die Belastung durch *Biographiearbeit* sein darf, wieviel Integrationskraft überhaupt vorhanden ist. Wie groß die Gefahr ist, durch eine systematische »life-review« oder Lebenspanoramaarbeit etwas aufzureißen. In der Regel ist für wirkliche Traumabearbeitung, -verarbeitung und -therapie kaum noch Raum, weil die Aktualsituation – durch Schmerzen, operative Maßnahmen, invasive Untersuchungen, Bestrahlungsbelastungen, Chemotherapie etc. – selbst traumatische und quasitraumatische Qualitäten hat. Desensibilisierende Maßnahmen, Reizkonfrontation, Habitualisierung sind unter dem Aspekt der Zeitbegrenzung und des hohen psychischen Aufwandes kaum sinnvoll durchzuführen. Eine Desensibilisierung heißt ja auch, dass ich weniger sensibel werde, was man bei dieser Technik nicht vergessen darf. Wir versuchen also nicht, solche Desensibilisierungstechniken anzuwenden; wir versuchen nicht, Lebensbilanzen forciert anzustoßen. Aber wenn sie von selbst aufkommen, greifen wir sie auf, schauen wir auf die Lebensgeschichte. In diesem Moment sieht der Patient, dass er nicht mehr alleine ist mit seinen Bildern, und oft genügt dieser Effekt und ist entlastend und hilfreich. Es ist dann gut, dass wir als Begleiter da sind, dass die Bilder mit jemanden geteilt werden können. Manche Leute schauen mitleidlos auf sich selbst. Es ist dann wichtig, wenn dann ein anderer mit Nachsicht und Wohlwollen anwesend ist. Menschen, die noch in der terminalen Lebensphase ihr starkes, »toxisches«, überstrenges Über-Ich haben, hilft es, wenn man mit *nachsichtigen Augen* auf die Bilder und Szenen aus ihrem Leben schaut und ihnen vielleicht auch hilft, die anderen Bilder zu sehen, die es auch noch gibt. Man hat ja im Leben nicht nur Schlimmes getan, man hat nicht nur Fehler gemacht. Man rechnet sich vielleicht die Fehler viel zu schwer an und vergisst die guten Szenen, die protektiven Szenen, wo man im Leben etwas geleistet hat. Dieses *Balancieren*, das die *Bilanz* ein bißchen ausgewogener macht, ist eine wichtige Hilfe, die wir geben können, denn es kommt dann nicht zu einer inneren »Gerichtsszene«. Es gibt Menschen, die sitzen über sich selbst zu Gericht, und natürlich könnte man auch zeigen – und oft ist das auch therapeutisch indiziert – wer da auf der Richterbank sitzt: Pfarrer, Priester, Päpste, Väter, Mütter, preußische Lehrer, die ganzen überstrengen Instanzen, die auch bei vielen von uns unter unserem Schädeldach sitzen. Diese *Richtbank* hat jeder in mehr oder minder starker Ausprägung, aber dann gibt es noch eine *Festbank* auf der anderen Seite mit den freundlichen lebenszugewandten Leuten[100]. Wenn diese Festbank nicht gut bestückt ist, dann quälen sich Menschen auf der letzten Strecke ihres Lebens. Wir stellen für diese Menschen und mit ihnen die Frage, wer eigentlich immer so streng zu ihnen gewesen ist, dass sie mit sich so streng werden mussten. Im Gespräch und der bilanzierenden Begleitungsarbeit sehen wir uns diese »Über-Ich-Bänke« an, sehen, wer da alles sitzt. Und, wenn uns die begleitende Arbeit gelingt, die *Lebensbilanz* ausgeglichen ist, dann können diese Menschen in der Sterbestunde auch nachsichtig mit sich sein und Angst und Schuldgefühle relativieren. Man kann mit diesen spezifischen thanatopsychotherapeutischen Techniken nur bei den Begleiteten *einsichtszentriert* arbeiten, die noch Kraft für diese Arbeit haben und es deshalb auch tun *wollen*. Das sind nicht sehr viele, was ich betonen möchte, weil man in den Büchern von *Kübler-Ross* und auch von anderen Autoren meistens nur so »schöne« Patienten vorgestellt bekommt, die die komplexe und differenzierte Intervention noch mitvollziehen können. Wenn wir solche Menschen haben, dann müssen wir auch entsprechend mit ihnen arbeiten können und sonst müssen wir supportiv, lindernd, tröstend, beschwichtigend, zudeckend, abschirmend, puffernd, beruhigend arbeiten – was immer für diesen Patienten/diese Patientin, diesen Begleiteten, seinem Konvoy und seiner Situation angemessen ist. Damit kommen wir wieder zu der Wichtigkeit nicht-klassifikatorischer, situationsspezifischer thanatotherapeutischer Diagnostik.

8. Trauer und Trostarbeit, Lindern und Versöhnen

Ich gebe in diesem Vortrag für viele Aspekte und Fragen nur einen kleinen Einblick und Überblick. Man könnte über die integrative Thanatotherapie eine ganze Vorlesungsreihe machen, und die Fähigkeiten und Praktiken des Linderns und des Tröstens würden dabei einen wichtigen Platz einnehmen, zumal wir die Techniken und Methoden weitgehend verlernt haben. In alten Texten bis ins 18. und 19. Jahrhundert wurde viel über Lindern und Trösten geschrieben. Es gab eine ganze Literaturgattung und Kultur der Trostbriefe und Trostbüchlein – es sei nur an *Boethius* erinnert oder an *Seneca*s »Trostbriefe«. Trost ist ein vernachlässigtes Thema in der Psychotherapie. Dabei ist er für **Trauerprozesse** unerlässlich. Ein modernes Verständnis von Trauer, das von den alten Phasenmodellen abgeht, ist dabei unerlässlich, wie sie in den Arbeiten von *Stroebe, Bonnano* u. a. vertreten wird. Ich gebe hierzu eine kompakte Umschreibung meiner Position:

»**Trauer** ist ein komplexer, in unterschiedlicher Intensität und Dauer ablaufender Prozess, der das »Leibsubjekt«, d. h. den Menschen als »Ganzen«, in seinen biologisch-physiologischen, psychologisch-emotionalen, kognitiv-geistigen und sozial-kulturellen Dimensionen betrifft. Er tritt in der Regel auf Grund von Verlusten von persönlich bedeutungsvollen Menschen und materiellen und ideellen Gütern ein, Werten, mit denen man verbunden war, und die verloren oder beschädigt wurden, sodass eine Trennung erfolgte oder Sinnfolien zerfallen *(Petzold, Orth* 2004a). Trauer ist nicht nur ein *Gefühl,* sondern ein *Synergem vielschichtigen Erlebens und Verhaltens.* Sie ist von Lebensalter, Lebenserfahrung, Gender und sozialen Regeln, »kollektiven mentalen Repräsentationen«, z. B. religiöser oder weltanschaulicher Art, die in den »subjektiven mentalen Repäsentationen« Niederschlag finden, maßgeblich bestimmt! In ihrer →

emotionalen Dimension kann Trauer ein Spektrum von Empfindungen und Gefühlen umfassen (Betroffenheit, Schmerz, Leid, Gram, Verzweiflung, Empörung, Wut, Bitterkeit, Ergebenheit, Trost, Versöhntheit); in ihrer *kognitiven Dimension* eröffnet Trauer ein weites Feld von Gedanken und Überlegungen (Suche nach Zusammenhängen, Erklärungen, Ursachen, Blick auf Folgen, Konsequenzen, Versuche des Verstehens und des Herstellens von Sinnhaftigkeit oder der Absage an Erklärungen und Sinn usw.); in ihrer *sozialen Dimension* kann Trauer vielfältige Formen zeigen (gemeinsames Trauern, Trösten, Erzählen, Rituale, normative Verpflichtungen, Hilfeleistungen, Unterstützung, gemeinschaftliche Überwindungsarbeit usw.); in der *physiologischen Dimension* ist Trauer mit spezifischen Erregungs- und Stressreaktionen oder auch mit Beruhigungs- und Entlastungsreaktionen verbunden, abhängig von den aktuellen Kontextbedingungen und den vorgängigen Verlust-, Trauer-, Trost- und Überwindungserfahrungen.«

Feste Phasenabläufe, wie sie früher vielfach vertreten wurden[101], lassen sich wissenschaftlich nicht belegen. Man findet höchst individuelle Trajektorien, Trauerverläufe, die von Kultur, Kontext, Lebenslage, Lebensalter usw. bestimmt sind.

Ich habe aufgrund von dreißig Jahren der Beobachtung und Dokumentation in der Psychotherapie und Krisenhilfe folgende Verlaufsheuristik eines *»integrativen Trauer- und Bewältigungstrajektes«* nach Verlust- und schweren Belastungserfahrungen mit Aufweis möglicher Negativentwicklungen herausgearbeitet:

Trauma, Verlust, Belastung ➛ trifft auf die *Persönlichkeit* (Selbst, Ich, Identität – stabil bzw. vulnerabel) in gegebenen *Kontext/Kontinuum* (mit **P**roblemen, **R**essourcen, **P**otenzialen) und führt zu ➛

1. **Schock** (physische und/oder psychische Extremsituation) mit folgenden Möglichkeiten:
   - 1a *Verleugnung.* (Die Faktizität des schmerzauslösenden oder bedrohlichen Ereignisses wird nicht angenommen: »Das kann nicht wahr sein!«) ➛ Negativentwicklung: somatoforme Störungen;
   - 1b *Dissoziation.* (Die Realität oder die emotionale Resonanz auf belastende Ereignisse werden abgespalten, ihre Verarbeitung, Konnektivierung mit anderen Erfahrungen des Selbst, Integration in das Selbst verhindert: »Das hat mit mir nichts zu tun!« ➛ Negativentwicklung: PTBS, Dissoziative Störung, MPD ➛

1c *Übererregung – Hyperarousal.* (Eine Situation permanenter Überforderung und Übererregung mit psychophysiologischen Stressreaktionen entsteht: »Das ist nicht mehr auszuhalten. Ich dreh durch!«) ➛ Negativentwicklung: psychotische Dekompensation, PTBS, Borderline-Persönlichkeitsstörung

1d *Apathie – Numbing.* (Ein Zustand der Resignation und Abstumpfung kommt auf: »Mir ist alles egal. Ich fühl eh nichts mehr!«) Negativentwicklung: ➛ PTBS, chronischer Verlauf

2. **Kontrolle** (physisch und/oder psychisch gesteuerte Belastungssituation) mit folgenden Möglichkeiten:
   2a Das Individuum versucht, durch Willensanstrengung seine Regungen, Empfindungen, Gefühle und Äußerungen »in den Griff zu bekommen«, den »locus of control« bei sich zu halten ➛ Negativentwicklung: Somatisierung, Ängste, Depressionen, Zwangsstörungen;
   2b Es versucht, seine Umgebung zu kontrollieren ➛ Negativentwicklung wie 2a;
   2c Es versucht, seine Ressourcen zu mobilisieren und zu nutzen ➛ bei Erfolg keine Negativentwicklung;
   2d Die äußeren, sozial vorgegebenen Rituale, Trost und Beistand, Verhaltensklischees, die Notwendigkeiten des Alltags und die Potenziale sozialer Unterstützung, Ressourcenzufuhr werden wirksam und können genutzt werden ➛ wie 2c;
3. **Turbulenz** (physisch und/oder psychisch labilisierte Belastungssituation) mit folgenden Möglichkeiten:
   3a Ausbruch in Vorwurf ➛ Fixierung: Hader, Hass, Negativismus;
   3b Ausbruch in Verzweiflung ➛ Fixierung: Resignation, Verbitterung;
   3c Ausbruch in Schmerz ➛ Fixierung: Depression, Somatisierung;
   3d Willensentscheidung, zu überwinden, Abschied zu nehmen ➛ keine Fixierung;
4. **Restitution** (physisch und psychisch neu regulierte Situation)
   4a Annahme der Faktizität des Verlustes, emotionaler Vollzug des Abschieds, Trost/Selbsttröstung, Aussöhnung/Versöhnung [*Petzold* 1988n, 224 f., 231 f.];
   4b Kognitive Überschau über die verbleibenden Möglichkeiten;
   4c Situationsinterpretation, Bewusstwerden der daraus folgenden Konsequenzen;
   4d Willensentscheidung zur Neuorientierung und deren Umsetzung.

Aus *Petzold, Wolf* et al. 2000, nach *Petzod* 1982 f., 344

Dieses Modell eines variablen *Trajektes,* d. h. einer variierbaren Verlaufsbahn, hat natürlich *heuristischen* Charakter. Die einzelnen Trajektstrecken (früher sprach man von Phasen oder Unterphasen) können unterschiedliche Charakteristik aufweisen, stärker akzentuiert oder weniger ausgeprägt auftreten oder zum Teil ganz fehlen. Die Bewertungen der einzelnen Phänomene – Trauer, Aggression, Konflikte, Klage – muss mit den Betroffenen unter Berücksichtigung ihrer subjektiven Theorien und kulturellen Eigenheiten, den so genannten »kollektiven mentalen Repräsentationen«[102], erarbeitet werden. Es ist möglich, dass eine *Fixierung* in einer der aufgeführten Trajektstrecken stattfindet, jemand also in der Verwirrung des Schocks bleibt, in der Haltung der Verleugnung, in fixierten Dissoziationsphänomenen, in der emotionalen Lage des Grolls, der Verzweiflung, des Schmerzes, was in eine *chronifizierende* Verbitterung, Resignation, Depression, Somatisierung übergehen kann. Derartige pathologische Verläufe in der Turbulenzstrecke könnten ein *Abschied-nehmen* – das ist ein *Nehmen*, Hineinnehmen der Erfahrung in die Lebens-, Welt- und Selbstinterpretation des Subjekts – verhindern. »Kathartische Abreaktion« ist allenfalls ein kurzzeitig wirksames Moment. Ein integratives Verständnis von **Trauerarbeit** ist erforderlich, das ich wie folgt umrissen habe:

> »**Trauerarbeit** ist aufgrund der Komplexität der Trauerphänomene und des Trauerprozesses selbst ein höchst komplexes Geschehen der Verarbeitung des Verlustes bzw. der Beschädigung und ihrer Folgen auf einer *biologischen*, *emotionalen*, *kognitiven* und *sozialen* Ebene. Sie ist die Arbeit des Subjekts mit seinen relevanten Mitmenschen, die belastenden Ereignisse und ihre Konsequenzen in das persönliche Sinn- und Wertesystem, das Selbst- und Identitätserleben zu integrieren und seine emotionalen und leiblichen *Regulationsprozesse* zu stabilisieren, sodass Neuorientierungen möglich werden und es zu keinen pathologischen Trauerverläufen kommt (Schmerz, der in Somatisierungen, Leid, das in Depression, Verzweiflung, die in Verbitterung chronifiziert). Ziele von Trauerarbeit sind: Beruhigung psychophysischer Übererregtheit durch Annahme von Trost und Strategien der Selbstberuhigung und Selbsttröstung, Reinstallierung der ordnenden Vernunft, Wiederherstellen eines breiten Spektrums emotionaler Schwingungs- und Ausdrucksfähigkeit, Aussöhnung mit seinem Leben, ggf. Versöhnung mit negativ involvierten Menschen, Abschied*nehmen* als Integrationsleistung, Eröffnung neuer Hoffnungshorizonte, Zielfindungen, Entscheidung zur erneuten Partizipation am Leben sowie Mut und Kraft, sein Leben wieder kreativ/kokreativ zu gestalten.«

Gerade in schweren Verletzungen und traumatischen Beschädigungen durch nahestehende Menschen kommt *differenzieller Trauerarbeit* in der integrativen Praxis große Bedeutung zu:
1. Trauer um mich als Opfer, darüber, was mir als Betroffenem – z. B. durch meinen Vater als »perpetrator« – widerfahren ist *(Simplex-Trauer)*, 2. Trauer um das damalige Unvermögen dieses Vaters *(Duplex-Trauer)*, seine Tochter »väterlich« zu lieben. 3. Die (ggf. nicht ausgedrückte) Trauer des Vaters zu erspüren *(Triplex-Trauer)* *(Petzold* 1988n).
Vielleicht ist durch die zweite und dritte Trauerebene »*Versöhnung*« möglich, eine Heilung der zerstörten Beziehung, vielleicht aber auch nicht, und die traumatischen Fakten bleiben ohne Klärung mit dem Täter. Auf jeden Fall muss versucht werden, eine »*Aussöhnung*« (wir unterscheiden das von *Versöhnung*, vgl. *Petzold* 1988n, 221 ff.) mit seinem »Schicksal«, mit seinem Leben, wie es gelaufen ist, zu erreichen: durch die Entscheidung, das Schlimme hinter sich zu lassen, ihm keine Macht mehr über das Leben zu geben, sich Gutem zuzuwenden, selbst Dinge anders zu tun, sich gegen Zerstörerisches zu engagieren. »Trauerabeit« wird dann trostgestützte ***»Überwindungsarbeit«***, die sich nicht in Klagen erschöpft und meint, mit kathartischer Entlastung, die Schmerzen des Verlustes und die Faktizität eines veränderten Lebens zu bewältigen, sondern sie ist eine umfassende Auseinandersetzung mit dem einschneidenden Lebensereignis, um eine erfolgreiche ***»Überwindungsleistung«*** zu realisieren. Die antiken Traumatherapeuten und Seelenführer hatte hier klare Strategien für die Betroffenen:

> »Lasse die Vorstellungen schwinden, und es schwindet die Klage, dass man dir Böses getan. Mit der Unterdrückung der Klage: ›Man hat mir Böses getan‹, ist das Böse selbst unterdrückt« *(Marc Aurel* IV, 7).

Das ist keine Vermeidung, das ist aktive »***Überwindungsarbeit***«, die auf ein Umwerten des kognitiven Kontextes abzielt:

> »Fasse die Dinge nicht so auf, wie sie der Beleidiger auffasst oder von dir aufgefasst haben will; sehe sie vielmehr so an, wie sie *in Wahrheit* sind« (ibid. IV, 11). Denn: »Der Zorn und das Leid, das wir durch die Taten der Menschen empfinden, sind härter für uns als diese Handlungen selbst, über die wir uns erzürnen und uns betrüben (XI, 18).

Bei den »Überwindungsleistungen« kommt der Unterstützung durch »Trost« und »Trostarbeit« besondere Bedeutung zu.

> »**Trost** ist ein von der Psychotherapie vernachlässigter ›*Heilfaktor erster Ordnung*‹ bei Belastungen, Verletzungen, Verlusten.« Er ist eine genuin menschliche Reaktion auf den Ausdruck von Schmerz und Trauer und auf Menschen, die in Leid, Not, Verletzung Schutz, Zuflucht und Tröstung suchen und das *Recht* haben, dass ihnen Hilfe zu Teil und Trost gespendet wird.

In der antiken Therapeutik, das ist bemerkenswert, stand der gespendete Trost und nicht der emotionale Ausdruck von *»Trauer«*, nicht eine *kathartische* »Trauerarbeit« im Zentrum der Praxis des Umgangs mit Belastungen und Traumata[103], sondern die *»Überwindungsarbeit«* zum Meistern des Trauer auslösenden oder Beunruhigung schaffenden Ereignisses (traumatischer Verlust, Verletzung, Erniedrigung etc.) waren wesentlich, eine Arbeit, die zu Ruhe und *Selbstberuhigung*, Besänftigung und *Selbsttröstung* führen soll. Das wurde gestützt durch das Spenden von Trost und durch ***»Trostarbeit«*** *(Petzold)*[104]. Man wusste nämlich: auch wenn Trauer und Gram sich über »unfassbaren Schmerz« in aller Intensität zeigen, nutzt das in der Regel wenig, um sich wieder zu fassen, wie *Seneca* in der Trostschrift für *Marcia* ausführt (ad Marciam c. 6). Zwar »ist es durchaus natürlich, die Seinen zu vermissen. Wer bestreitet das, solange es indes mit Maßen geschieht«. Aber man soll »das Boot nicht dem Sturm überlassen«, den aufwühlenden, überflutenden Emotionen, sondern soll sich gegen die Gefühle des Schmerzes, gegen das Leid, die Verzweiflung stellen und das »Steuer fest in der Hand behalten« (ibid.). Das Leben zu meistern, auch in schlechten Zeiten, mit »klarem Urteilsvermögen« und der »bestmöglichen Geisteshaltung« *(habitu optimae mente)* stiftet Sinn, ermöglicht Beruhigung, führt zum Ende der Trauer, zu »unerschütterlicher Seelenstärke, Voraussicht, Feinsinnigkeit, geistiger Gesundheit und innerer Freiheit, Eintracht und Schönheit« *(Seneca*, de vita beata 9, 26).

> **Trost** ist eine erlebte *emotionale Qualität*, die *Linderung* von verlust- oder traumabedingtem seelischem Schmerz/Leid bewirkt, eine *Beruhigung* von psychophysiologischem Aufgewühlt- und Erschüttert-Sein und ein Ordnen und Reorientieren im gedanklichen und emotionalen Chaos unter- →

stützt: durch ***»Trösten«***, d. h. die Hilfe und empathische Zuwendung eines Tröstenden an einen Trostbedürftigen.
»Trostarbeit« besteht in der Aufnahme, Annahme und Nutzung der Tröstung in dem *gemeinsamen Bemühen,* Verlust, Leid, Belastung, Beschädigung zu überwinden, die Selbstregulationskompetenz der Betroffenen wieder herzustellen und effektiv werden zu lassen. **Trost** ermöglicht eine persönliche Konsolidierung des Betroffenen: nach *innen* (z. B. Wiedergewinn von »seelischem Gleichgewicht« und »stabilem Identitätserleben«, Aussöhnung/Versöhnung mit sich selbst an Stelle von Resignation, Schuldgefühlen, Selbstvorwürfen, Verbitterung) – und nach *außen* (z. B. Wiederherstellen von Beziehungsbereitschaft, erneute Hinwendung zum anderen oder Aussöhnung/Versöhnung mit Menschen an Stelle von Rückzug, Selbstisolation, Unversöhntheit, Hass). Insgesamt erfolgt eine Stärkung der Regulationskompetenz.

Das spontane ***»Trösten«***, das als Beispringen, Hinwenden, Beruhigen, »Trostspenden« aufgrund des »Aufforderungscharakters« von Ausdrucksverhaltens des Schmerzes, der Verzweiflung, der Trauer geschieht, ist von ***»Trostarbeit«*** als einem bewussten, kontinuierlichen Beistehen, einem Begleiten als einer längerfristigen Unterstützung bei Verarbeitungs- und Konsolidierungsprozessen zu unterscheiden. In beiden ist empathische Unterstützung als »Berührung aus Berührtheit« grundlegend. In der Trostarbeit kommt das Moment der kooperativen Zusammenarbeit zum Tragen.

Trösten und ***Beruhigen*** sind transkulturell vorfindliche und deshalb wohl genetisch disponierte Handlungsmuster des zugewandten, sorgenden Umgangs von Helfern in hinlänglicher Selbst- und ggf. Situationskontrolle mit verletzten, verschreckten, traumatisierten, entsetzten, aufgewühlten Mitmenschen, deren »Übererregung« durch diese Muster der *Tröstung* zu *Trost,* der *Beruhigung* zu *Ruhe* und zur Wiederherstellung der Fähigkeit zur Selbstberuhigung und Selbsttröstung geführt werden sollen. Deshalb sollten derartige Muster mit ihrer »evolutionary wisdom« auch zur Grundlage der Traumahilfe, Trauerunterstützung, Krisenintervention und PTSD-Behandlung gemacht werden.

Es scheint indes, dass das spontane »Trösten« und die Kunst der »Trostarbeit« offenbar einer kollektiven Skotomisierung des psychotherapeutischen Feldes zum Opfer gefallen ist (der Begriff »Trost« taucht in der therapeutischen Fachliteratur praktisch nicht auf, von

»Trostarbeit« einmal ganz zu schweigen), und dabei ist »Trost« vielleicht wesentlicher als »tiefe«, ausdrucksintensive »Trauer«, deren Bedeutung durch neuere Forschungen zumindest relativiert werden muss[105]. Für Menschen, die ihre so betroffenen Mitmenschen in solchen emotionalen, ja existenziellen, Zuständen erleben, die aber selbst »Situationskontrolle« haben, über ihre Kräfte und Fähigkeit verfügen, sind diese Notzustände eine starke Motivation, beizuspringen, zur Hilfe zu eilen, Unterstützung zu geben, Trost zu spenden.
In ihnen werden durch das Miterleben der leiblich-emotionalen Äußerungen Mitbetroffenheit, Mitgefühl, Mitleid aufgerufen, das zum Handeln zwingt. Not ruft nach Hilfe, Gefahr nach Rettung, Leid ruft nach Linderung, Trauer nach Trost, Furcht nach Versicherung, Verfolgung nach Zuflucht, Bedrohung nach Beistand, Aufgebrachtsein nach Beruhigung. Psychotherapie und in Sonderheit Traumatherapie sollte diese ethologisch begründeten Muster nutzen, diese Reziprozität der Affekte und Affekthandlungen zwischen den Menschen in solchen »emergency situations«, für deren Begründung sich Mechanismen wie die der »emotionalen Affektibilität« (Gefühle »stecken an«) und neurobiologische Funktionen – die der Spiegelneuronen[106] – heranziehen lassen. Diese in der humanbiologischen Grundausstattung liegenden Fähigkeiten und das Faktum ihrer transkulturellen Vorfindlichkeit verweisen darauf, dass es sich um evolutionsbiologisch ausgebildete Eigenschaften von Hominiden (und anderer höherer Primaten, bei denen wir ähnliche Reaktionen finden) handelt, und diese haben eine klare, überlebenssichernde Logik. Beispringen bei Blutungen kann vor Verbluten schützen, Unterstützung bei Atemnot vor Ersticken, Beruhigung bei Aufgewühltsein, Trost bei Trauer. Trauer – eine komplexe Emotion mit vielfältigen Ausdrucksformen – hat damit u.a. das Ziel, spontane *Tröstung auszulösen*, um das Aufgewühlt- und Aufgelöstsein des Trauerzustandes/-prozesses wieder in einen Zustand/Prozess ausgeglichener »normaler« Reguliertheit zu bringen. Und das ist sinnvoll und notwendig, denn die traumatischen und belastenden Zusammenhänge – z. B. Hyperstresssituationen –, die mit invasiven Untersuchungen, Operationen, Verlusterlebnissen oft verbunden sind, führen zu Stressphysiologien die, wenn sie zeitextendiert zur Wirkung kommen, negative Effekte haben. Da es aber in Sterbeprozessen, besonder langwierigen, mit einem einmaligen, ja mehrmaligen Spenden von Trost nicht getan ist,

wird durch Freunde, Verwandte und/oder professionelle Helfer »***Trostarbeit***« erforderlich, die ich wie folgt definiert habe:

> ***Trostarbeit*** ist eine Form *intersubjektiver Beziehungsarbeit*, eingebettet in die Dauer eines verlässlichen (familialen, amicalen, professionell-therapeutischen) Beziehungsprozesses. Sie soll einem von Verlusten, Leid, Trauma, Schicksalschlägen betroffenen und erschütterten Menschen in seiner »Überwindungsarbeit« unterstützen, seinen Bemühungen, mit Furchtbarem fertig zu werden, dadurch, dass ein *empathisch kompetenter* Beistand/Begleiter/Tröster immer wieder im Verlauf des *Trauer-*, *Verarbeitungs-*, *Überwindungsprozesses* Hilfe, Rat und Trost spendet und damit Annahme, Halt, Linderung, Sicherheit, Beruhigung, Klärung, Zuversicht vermittelt und einen positiven Hoffnungshorizont eröffnet: Damit der Betroffene/die Betroffene aus der Erschütterung und Beunruhigung zur Ruhe kommen kann, sich selbst wieder beruhigt und aus der Aufgewühltheit in Schmerz, Trauer, Verzweiflung und Leid wieder zu einer Ausgeglichenheit findet, sich selbst wieder ***Trost*** zu geben vermag, Gedanken und Gefühle ordnet und neue Hoffnung und Zuversicht entwickelt. Durch die ***Tröstungen*** und die ***Trostarbeit*** eines akzeptierenden, empathischen, ermutigenden, Hoffnung gebenden Helfers/Trösters kann sich ein verletzter und beschädigter Mensch wieder sich selbst zuwenden und auch annehmen, er kann sich den anderen, der Welt, dem Leben gegenüber wieder öffnen durch das Beipiel, die Unterstützung, die Wertschätzung des Tröstendenden, der mit ihm zusammen die Arbeit der Tröstung, des Gewinns von Trost, der Konsolidierung und Neuorientierung unternimmt. Spezifisch zielt ***Trostarbeit*** im Verein mit anderen Maßnahmen der Hilfeleistung und Unterstützung darauf ab
>
> – auf der ***physiologischen*** **Ebene** Erregungszustände mit einer Hyperstressqualität *(hyperarousal, kindling)* zu beruhigen *(quenching, down regulation)*, eine Sensitivierung des HPA-Systems, dysfunktionale Genregulationen und die damit verbundenen neurohumoralen Fehlsteuerungen (s. u.) und ihre Folgen – z. B. für die unbewusste und bewusste Informationsverarbeitung, die Gedächtnissysteme, das Emotions- und Willenssystem – zu vermeiden;
> – auf der ***psychologischen*** **Ebene** Überforderungsgefühlen/Stress-*Emotionen* (Panik, Furcht, Aggression, Gewaltimpulse, Hass, Verzweiflung, Verbitterung, Ohnmacht etc.) sowie negativen *Kognitionen* gegenzusteuern (Selbstzweifel, Selbstentwertung, negative Selbstattributionen, Hilflosigkeit, Abwertung anderer, Fehlbewertungen sozialer Situationen etc.) und der Schwächung von Volitionen (Entscheidungsfähigkeit, Willenskraft) vorzubeugen und eine chronifizierende Fixierung in Verbitterung, Unversöhntheit, Resignation, Selbsthass zu ver- →

hindern, damit die Breite des emotionalen Spektrums, des volitionalen Potenzials und der kognitiven Flexibilität des Betroffenen erhalten werden kann;

- auf der ***sozialen* Ebene** wird darauf abgezielt, Impulse der Zuflucht und der Suche nach Hilfe, Beistand, Trost aufzunehmnen, um Hilflosigkeitsgefühlen, Ohnmacht, Verzweiflung, Resignation, Verbitterung und die Ausbildung dysfunktionalen Sozialverhaltens (generalisierende Negativierung anderer Menschen, Kontakt- und Beziehungsunfähigkeit, Rückzug aus der sozialen Partizipation, Selbstisolation, Misstrauen, soziale Aggressivität, Menschenhass und Menschenverachtung, Gewaltbereitschaft, Devianz und Anomie etc.) zu verhindern und stattdessen positive soziale Muster aufzubauen und zu fördern. *(Petzold* 2004l)

Trost und **Beruhigung** in ihrer *leiblichen* Verankertheit (in Form von Berührungen, Zuspruch, beruhigenden Lauten) führen zu einer »down-regulation« des physiologischen »Hyperarousal«, was auf der *psychologischen Ebene* mit einem Abflachen der Stressaffekte zu ruhigeren emotionalen Lagen verbunden ist. In beruhigend-tröstendem *Zuspruch* wird oft vom anderen, der als »Beistand/Tröster« tätig wird, »Unfassliches« *erklärt* und *fassbar* gemacht, Irrsinn, Abersinn wird in Sinnzusammenhänge gestellt. Es werden durch die kognitive Dimension von Trost, also auch sinnstiftende Möglichkeiten der kognitiven Einordnungen und Wege der Aussöhnung aufgezeigt. Für den Tröstenden, Beruhigenden bringt sein Tun in der Regel selbst eine Beruhigung und Stabilität, wenn es ihm gelingt, sich nicht erschüttern und aufwühlen zu lassen, seine Ruhe auf den Betroffenen zu übertragen. Das allerdings ist Voraussetzung: Mit dem Patienten und seiner Situation in *Kontakt* sein, sich von *Berührung berühren* lassen, durchaus von *Bewegendem bewegt* werden, bei *Aufwühlendem* stabil bleiben, durch *Erschütterndes* sich nicht erschüttern lassen.

In Prozessen der Tröstung wird seelisches Leid gelindert, aber es gibt auch eine »*Kunst* der Linderung«, um körperlichen und seelischen Schmerz zu behandeln – das Thema verdient eigentlich eine eigene Studie. Diese Kunst war einstmals verbreitet und ein wichtiger Teil der »Kunst der Pflege«. Hier müssen wir uns Vieles wieder aneignen. Wir dürfen die Linderung nicht nur den Analgetika überlassen. Man kann mit vielen einfachen Mitteln sehr gut lindern: mit warmen und kalten Wickeln, Arm-, Hand- und Beinbädern, mit Tees und Getränken, Gerüchen, mit Berührung und Halten, mit Musik und Entspannung, mit Atmung und vibrotaktilen Erfahrungen[107]. Linderung physischen Schmerzes über die medikamentöse Palliativversorgung hinausgehend, kann sehr gut mit einer *differenzierten Trostarbeit* verbunden weden. In jedem Fall wird es darum gehen, in einer guten »Passung«, auf den Begleiteten abgestimmt zu trösten[108]. Menschen, die noch lesen können, gebe ich beispielsweise die Trostbriefe des *Seneca*[109] als eine bibliotherapeutische Maßnahme[110]. Ich schreibe ihnen auch selber Trostbriefe, und ich helfe ihnen, Trostbriefe zu schreiben. Sterbende machen sich oft große Sorgen um ihre Angehörigen. Sie wollen sie oftmals trösten und haben auch die Kraft, das zu tun. Ich helfe ihnen, Tagebücher anzulegen, und ich bitte auch Schwestern, zur Verfügung zu stehen, wenn der Patient nicht mehr selbst schreiben kann, um für ihn etwas aufzuschreiben. Es werden auch »Vermächtnisse« angelegt. Der Wert solcher poesie- und bibliotherapeutischer Interventionen[111] ist beachtlich. Die Angehörigen wissen sehr wenig über diese Möglichkeiten, und natürlich auch die Sterbenden selber. Man sollte hier Hilfen geben. In »Vermächtnissen« kann man etwas von sich hinterlassen: Liebes, Wichtiges, Versöhnliches usw. Und es ist viel besser, wenn der Begleitete von seiner Tochter oder von seinem Sohn aktiv etwas an lieben Worten, gutem Rat, Wünschen für das weitere Leben hinterlassen kann oder eine Entschuldigung für Unrecht, das nicht mehr bereinigt werden konnte oder Informationen über ein Lebensgeheimnis (z. B. die Existenz eines unehelichen Bruders irgendwo, der Tod einer frühgeborenen Schwester, über die nie gesprochen wurde oder andere »vergrabene« Familiengeheimnisse), es ist also besser, solche dunklen Geschichten zusammen mit guten Vermächtnissen mitzuteilen, wenn die Dinge nicht mehr besprechbar sind, als dass sie nach dem Tod dann im Nachlass gefunden werden: Man findet später Briefe oder Dokumente, hatte keine Information, kein Gespräch mehr darüber. Es sind zufällige Relikte wie die Briefe der *Simone de Beauvoir*[112]. Solche Funde in Verlassenschaften können schwere Wunden für die Hinterbliebenen schlagen und ungute Schatten auf das Andenken des Verstorbenen werfen. Wir ermutigen deshalb die begleiteten Menschen, Vermächtnisse mit guten *und* dunklen Gedanken oder Geheimnissen (»Ich habe Dir nie sagen können, wie lieb ich Dich trotz all unseres Streites habe, deshalb schreibe ich dies« o. ä.) zu hinterlassen, Möglichkeiten der Versöhnung zu eröffnen. Wenn ein sterbender Mensch noch Zeit hat, diese Briefe selber anzufertigen, Dinge, die in seinem Leben wichtig waren, mitzuteilen, dann ist das für ihn eine heilsame Sache und für die Angehörigen auch.

Manchmal können die Angehörigen sehr beschädigt werden, deswegen muss der Thanatotherapeut immer *das ganze Netzwerk im Blick* haben, nicht nur den Begleiteten. Im Fokus der Therapie steht der Begleitete *und* das Netzwerk, denn – hier wird es wieder deutlich: es gibt keine *Einzeltherapie*, sondern nur Therapie im Netzwerk. In dem Moment, wo man das begriffen hat, macht man eine andere Therapie[113]. Und als Thanatotherapeut muss man natürlich wissen, dass man Teil dieses Netzwerkes wird, auch wenn vielleicht nur für ein paar Wochen, Tage oder Stunden.

Als Teil des Netzwerkes, als Teil des Konvois – dessen muss man sich bewusst sein – ist für den integrativen Thanatotherapeuten die Begleitung nicht zu Ende, wenn der Patient gestorben ist. Die *antizipatorische Trauerarbeit* mit dem Sterbenden über sein eigenes Sterben, sein Abschiednehmen vom Leben, seinen Lieben, von der Welt sollte, wo immer möglich, parallel gehen mit der Hilfe zu antizipatorischer Trauer mit den Angehörigen, die vom Begleiteten, von gemeinsamer Geschichte, eventuell von geplanter und nun nicht mehr zu verwirklichender Zukunft (Reisen, Projekte usw.) Abschied nehmen. Nach dem Sterben – währenddessen man als Begleiter auch für die Angehörigen wichtig geworden ist – wird es oft wesentlich, da zu bleiben. Wie in der Sterbepastoral sollte die Arbeit nicht abschließen mit der Beerdigung. Die Familie, in der man Sterbebegleitung gemacht hat und bei der Beerdigung anwesend war, sollte auch ein wenig weiter begleitet werden. Der Tod ist *in diesem Sinne* kein Abschluss; er soll es auch nicht sein, denn wir leben ja weiter, die Angehörigen leben weiter als eine Gemeinschaft, in deren Gedanken und Herzen der Verstorbenen im »Gedächtnis weiterlebt durch ein Gedenken«. Es ist auch wichtig, dass dieses Gedenken wach gehalten wird. Wenn Familien ums Sterbebett versammelt sind und es in diesem Sinne ein »gutes Sterben« ist, wie hart und qualvoll es auch immer für den Betroffenen sein mag, so ist dies das Erleben von Gemeinschaft, Liebe, Verbundenheit, von Solidarität, Trost und der Entschiedenheit, im Gedenken an den Verstorbenen miteinander als

Familie und Freundeskreis das Leben weiterzuleben. Das ist eine starke, stützende Erfahrung und wir können, wo dies geschieht und besonders, wo wir dazu etwas beitragen konnten, immer in Dankbarkeit daran denken, in einer Qualität, die wiederum die Professionalität in einer zutiefst menschlichen Dimension transzendiert. Der Tod lässt sich nicht vergessen. Wir können ihn zeitweilig verdrängen. Erfahrungen guter Sterbesituationen, manchmal auch sanften Sterbens ohne Qual – und das ist eben nicht die Regel, deshalb werden solche Situationen besonders kostbar – machen uns das Denken und Fühlen über das Leben, das Sterben und den Tod leichter. Deshalb versuchen wir auch, solche Erinnerungen wachzuhalten, was für alle Beteiligten, für die Angehörigen, die vielleicht in einer neuen Qualität zusammenfinden und zusammenbleiben, gut ist. Sie sind dann keine Hinterbliebenen, die sich nach dem Beerdigungsmahl wieder vereinzeln. Und auch für uns selber als Begleiter haben solche Erinnerungen eine wichtige Funktion. Ich als Thanatotherapeut dokumentiere in meinen Gedanken für mich und mein eigenes Leben solche »good moments« und habe antizipatorisch für mein eigenes Sterben diese Menschen und Situationen in meinem Herzen, denn ich will auch etwas von denen behalten, die ich über Wochen, Tage und Stunden im Sterben begleitet habe. Ich nehme dann auch immer persönlichen Abschied. Wenn ich Abschied *nehme*, dann *nehme* ich auch etwas in mein Gedächtnis, mein Herz, in meine Gefühle, in mein Selbst, was ich bewusst und wach für mich, für meine Persönlichkeit nutzen kann. Durch Verdrängung kann ich nichts *nehmen* und nichts nutzen. Abschied *nehmen* ist also nicht ein völliges Verlieren; es hat eine andere Qualität. Abschied *nehmen* heißt: etwas mitzunehmen vom anderen, was mir dann auch bleibt. Es gehört dann zu den guten Ereignissen: Personen, die mich innerlich berührt haben und für mein Lebensgefühl förderlich sind.

9. Um abzuschließen

Ein Thanatotherapeut ist ein **Wegbegleiter** und sollte deshalb auch seinen eigenen **Lebensweg**[114] bewusst gehen. Er ist ein Mensch, der sehr eng in Intimräumen mit anderen zusammenarbeitet und möchte, dass trotz aller Schwere und aller Belastungen möglichst viele gute

Ereignisse und Erfahrungen entstehen, die das Lebensgefühl und das Fühlen und Denken von Menschen positiv bestimmen. Er muss es deshalb verstehen, einen »psychologischen Raum« bereitzustellen und zu gestalten: einen *Konvivialitätsraum*[115], in dem ein gutes Miteinander möglich ist. Das ist in den institutionellen, klinischen Sterbesituationen oft sehr schwer zu realisieren, denn sie sind häufig belastend und ungastlich. Deshalb muss ich als Helfer in solchen schwierigen Situationen auch für mich sorgen. Wenn ich nur von Kälte gezeichnete und verhärtete und von Streit zerrüttete Menschen vor mir habe, dann ist das auch für mich keine gute Sache und ich werde das nur tragen können, auch die zuweilen vorkommende Vergeblichkeit meiner Arbeit ertragen können, wenn ich immer wieder bei Menschen sehe, wie sie ihr Leben »gut« zu Ende führen, tapfer, ruhig und in Frieden, wenn ich Angehörige getröstet habe, die die Sterbeerfahrung als Integrationserfahrung für sich nutzen konnten. Das ist dann eine gute Sache auch für mich. Da erhalte ich etwas für mich zurück, was auch für *mein eigenes Leben* wichtig ist. Bis jetzt habe ich der Frage, ob ich auch für mein eigenes Sterben vorbereitet sein muss, keine große Beachtung geschenkt. Ich habe mich nie »aktiv« vorbereitet, auch wenn ich in Gefahrenzonen ging, weiß aber inzwischen, dass ich durch meine Arbeit nicht nur sehr viel Wissen, sondern auch eine Vorbereitung habe. Die Jahrzehnte der Auseinandersetzung mit dem »Leben«, mit Fragen der »Menschenarbeit«, der Philosophie, der ostkirchlichen Theologie, der Religionsgeschichte[116], der großen Kunst und mit der Therapie und ihrer breiten Literatur haben mir »Lebenswissen« vermittelt. Die vielen Begegnungen und Gespräche mit Menschen – so manche befanden sich in Grenzsituationen – haben mir eine gewisse »clinical wisdom« erschlossen. Die Praxis der Bewegungsmeditation, der Budo-Weg[117], hat mich in der Gelassenheit unterstützt. Viele Menschen sehen darauf und meinen, man müsse als mit Sterbeprozessen Erfahrener selbst vorbildhaft sein. Vorbildfunktion durch ein engagiertes Leben finde ich wichtiger. Wissen und Lebenspraxis sind zweifelsohne wesentlich. Aber weiß ich, ob nicht ein schwerer Insult, eine Demenz verhindern, dass mir all die erworbenen Erkenntnisse zur Verfügung stehen, wenn ich sie brauche? Es kann ja sein, dass ein Gehirnschlag mir all diese Erfahrungen nimmt und das Vegetativum die Steuerung übernimmt. Dann sterbe ich langsam und jede Zelle kämpft gegen den Tod um das Leben – länger oder kürzer, je nachdem wie mein Organismus funktioniert. Wenn man aber davor bewahrt bleibt, dann ist es durchaus möglich, dass man in der eigenen Sterbezeit alle diese Menschen und Ereignisse eines Lebens der Auseinandersetzung mit diesen Themen in einer Qualität in sich hat, die Trost, Hilfe und einen guten Abschied ermöglicht. All das aber liegt nicht in meinen Händen. Die »*Sorge um sich*«, die uns *Sokrates* anempfohlen hat, die »preparedness«, das »Vorbereitetsein«, das uns *Pythagoras, Cicero, Seneca, Epiktet* u. a. lehrten[118], ist ohne Zweifel wesentlich, besonders, wenn ich es mit einer »*Sorge um die Anderen*« verbinde, wie es soziales Engagement von der Arbeit mit Kindern bis zur Hospiz-Arbeit[119] möglich macht. Auf jeden Fall kann ich und sollte ich Sorge tragen, dass ich gute Menschen auf meinem Lebensweg habe, denn das bietet eine Chance, dass ich sie auch für meine Sterbezeit bei mir habe, indem ich mein soziales Netzwerk, meinen »Konvoi« *pflege* und in ihm diese Themen nicht tabuisiere. Vielleicht gibt es dann auch einen guten professionellen Sterbebegleiter für mich und mein Netzwerk, wenn das nötig wird. Vielleicht bekomme ich etwas zurück von dem, was ich gegeben habe, vielleicht ... aber deswegen, das wurde mir deutlich, mache ich keine Begleitungen, sondern ich gehe zu Sterbenden[120] *und* zu den Lebenden aus einer Freude am Lebendigen und einer Liebe zum Leben, aus einem Hingezogensein zu Menschen.

1 Petzold 1965, 1980a, 1984c, 1985u, 1986f

2 Böhmecke 1998

3 Marshall 1980; vgl. Schur 1982

4 Becker 1973; Feigenberg 1980

5 Lüth 1976; Garfield 1978

6 Petzold (1965) prägte diesen Terminus; Spiegel-Rösing, Petzold 1984

7 Uns ist auch in der Thanatotherapie die Genderperspektive wichtig. Ich spreche als Therapeut, aber aus der Perspektive eines Mannes, der immer wieder bemüht ist, Frauenperspektiven zu erfassen, dabei aber auch immer wieder Grenzen erfährt. Ich verwende deshalb männliche und weibliche Formen exemplarisch, vertraue damit, daß sich Kolleginnen angesprochen fühlen, auch wenn das weibliche Genus nicht genannt wird.

8 Petzold 1974k, 1991a, 1992a; 1993a; 2003a; Rahm et al. 1993

9 Petzold 1992g

10 Norcross, Goldfried 1992; Stricker, Gold 1993; Petzold, Märtens 1999

[11] umfassend hierzu Petzold 2003e

[12] Orth, Petzold 2004

[13] Petzold 1974j; 1988n

[14] Petzold 2004h

[15] Petzold 1983e; Petzold, Orth 1990a

[16] Petzold 2000h, Hass, Petzold 1999; Petzold, Zander 1985; Petzold 1994e; Brühlmann-Jecklin, Petzold 2004

[17] vgl. zum »Lebenswegkonzept« Petzold, Orth 2004b

[18] Petzold 2003g

[19] zum Sinn-Thema umfassend Petzold, Orth 2004a, zum Identitätsthema Petzold 2001p, van Wijnen, Petzold 2003; zum Thema Kreativität/Kokreativität Petzold, Orth 1990a, Orth, Petzold 1993

[20] Marcel 1985; Maurer, Petzold 1978

[21] Arens 1998; Rest 1995; Longaker 1998; Schell 1998

[22] Hass, Petzold 1999, Brühlmann-Jecklin, Petzold 2004

[23] Weiss 1999

[24] Burnham 194; Schütz 1995

[25] Laville, Hall 1999

[26] für die Sozioarbeit vgl. Zahn 1999; Mennemann 1997; zur Seelsorge vgl. Lückel 1991; Vogd 1998; Baumgartner 1997; zur professionellen Qualifikation vgl. Heinemann 1998; Aue et al. 1995

[27] Byok 1997; Wilkening 1998

[28] Petzold, Orth 2004a; Petzold 2003d

[29] Marcel, Petzold 1976

[30] Petzold 2001j

[31] Zum integrativen Modell »komplexen Lernens« ausführlich Sieper, Petzold 2003

[32] Petzold 2004l, 2001j

[33] vgl. Petzold 1992a und 2003a Bd. 2.

[34] Das Konzept der »*Mentalisierung*«, die sich in evolutionsbiologischen Prozessen (Petzold, Orth 2004b) herausbildete, definieren wir: »Unter *Mentalisierung* verstehe ich aus der Sicht der Integrativen Therapie die informationale *Transformierung* konkreter, sinnenvermittelter Erfahrung von erlebten Welt- und Lebensverhältnissen, die Menschen durchlaufen haben, durch *kognitive*, *reflexive* und *koreflexive* Prozesse auf *komplexen symbolischen Ebenen*, die Versprachlichung, Analogisierungen, Narrativierungen, Mythenbildung, Erarbeitung vorwissenschaftlicher Erklärungsmodelle, Phantasieprodukte ermöglichen. Mit fortschreitender mentaler Leistungsfähigkeit durch Diskurse, Meta- und Hyperreflexivität finden sich als hochkulturelle Formen *elaborierter Mentalisierung, ja Metamentalisierung* künstlerisch-ästhetische Produktion, fiktionale Entwürfe, wissenschaftliche Modell- und Theorienbildung sowie aufgrund geistigen Durchdrin-

gens, Verarbeitens, Interpretierens, *Bewertens* von all diesem die Ausbildung ethischer Normen. Prozesse der *Mentalisierung* wurzeln grundsätzlich in (mikro)gesellschaflichen Ko-respondenzprozessen zwischen Menschen, wodurch sich individuelle, *intramentale* und kollektive, *intermentale* »Repräsentationen« unlösbar verschränken *(Vygotsky, Moscovici, Petzold).* Je komplexer die Gesellschaften sind, desto differenzierter werden auch die *Mentalisierungen* mit Blick auf die Ausbildung komplexer Persönlichkeiten und ihrer Theorien über sich selbst, ihrer »theories of mind« und desto umfassender wird die Entwicklung komplexer Wissenschaftsgesellschaften selbst mit ihren Theorien- und Metatheorien neuro- und kulturwissenschaftlicher Art über sich selbst: *Hypermentalisierungen (Petzold* 2000h, 2002b)«.

35 Böhmecke 1998

36 Moscovici 1984, als elaboriertes Modell in Petzold 2002b

37 Strauss 1978, Brühlmann-Jecklin, Petzold 2004

38 A. Assmann 1999; J. Assmann 1999

39 Böhmecke 1998

40 Feigenberg 1980

41 Petzold 1965/1985a S.26, dieses Werk Bd. 1.

42 Petzold, Keglevic 2004

43 Du Bois 1980

44 Müller, M., Petzold 2003

45 van der Kolk et al. 1995; Petzold 1999i, 2001m, 2004l; Petzold, Wolf et al. 2000, 2002

46 Isler 1986

47 Kreis Unna 1982

48 Petzold 1985g

49 Ochsmann 1993

50 Petzold, Orth 1999a

51 Dauk 1989; Mazumdar 1998; Foucault 1986

52 Hass, Petzold 1999, Petzold, Orth 2004b

53 Lückel 1981, Petzold 1984c

54 Petzold 2001j, 2004 l

55 von Hagen 1999

56 Petzold 1980e

57 Zundel 1987

58 Leibowitz 1992

59 Petzold, Bloem, Moget 2004, eine Praxis, die ich nur empfehlen kann.

60 Hüther 1997

61 Petzold 1974k; Brooks 1979

[62] Petzold, Berger 1978; Petzold 1988n; van der Mei, Petzold, Bosscher 1997, 14a; Vouta-Voss 1997; Hausmann, Neddermann 1998

[63] Petzold 1974k, 2000g

[64] Sieper, Petzold 2002c

[65] Nuland 1996; Rosenkranz 1999

[66] Mittag 1994; Rest 1997, 1998

[67] Zahn 1994

[68] Wettstein 1997

[69] Petzold 2001i, Petzold, Sieper 2003, 2003a

[70] Winkel 1993; J. Assmann 1999

[71] Fuchs 1976; Böhmecke 1998; Beaudrillard 1982; Ariés 1980

[72] Willmann 1999

[73] Unruh 1983; Petzold, Petzold 1991a; Moscovici 1984; Brühlmann-Jecklin, Petzold 2004

[74] Willmann 1999

[75] Petzold, Gröbelbauer, Gschwend 1998

[76] Orth, Petzold 2004; Bourdieu 1976, 1980

[77] Petzold 1997p; Buer et al. 1998

[78] Petzold 1993p

[79] Petzold 2000g

[80] Petzold 2000g, Petzold, Berger 1978;

[81] Osterbrink 1998, zum Integrativen Atem-Ansatz vgl. Voutta-Voß 1997

[82] Middendorf 1995

[83] Petzold 1985 l

[84] Hass, Petzold 1999

[85] Müller, M. Pezold 2003; Stroebe et al. 2003

[86] Müller, Petzold 1999, Petzold 2001p, Wijnen, Petzold 2003

[87] Petzold, Orth 1985a; Petzold, Bubolz 1979, 371ff , Petzold 2001b, 2003g

[88] Munroe 1986

[89] Le Doux 1996; Hüther 1997; Petzold 1999i, 2004l, Sieper, Petzold 2003

[90] Orth, Petzold 1993c; Petzold, Orth 1990a; Petzold 1999q

[91] Petzold, Orth 2000

[92] Petzold 1966 IIa, 1967 IIi, 1971 IIb, 1992m, 1994n

[93] Flammer 1990

[94] Butler 1963; Iljine 1942; Petzold, Lückel 1985; Petzold 1984c

[95] Vgl. den Beitrag von Kurt Lückel und mir in diesem Werk.

[96] Petzold 1999k, 2003g sowie den entsprechenden Beitrag Petzold, Müller Bd. 1 in

diesem Werk.

[97] Van der Kolk et al 1996

[98] Petzold 1999k

[99] Maercker 1997, 284; Petzold 2004l

[100] Petzold, Orth 1994a

[101] Spiegel 1972

[102] Brühlmann-Jecklin, Petzold 2004

[103] de Botton 2000; Petzold 2001m

[104] vgl. zu diesem von Petzold 1965 – Seneca folgend - inaugurierten Konzept umfassend 2004 l

[105] Stroebe et al. 1993; Bonanno 1999

[106] Rizzolatti et al. 1996; Stamerov, Gallese 2002

[107] Petzold 1997w

[108] Petzold 2004l

[109] Coccia 1959, de Botton 2003

[110] Rubin 1978a,b

[111] Petzold, Orth 1985a; Petzold 1999k

[112] de Beauvoir 1999

[113] Hass, Petzold 1999, Brühlmann-Jecklin, Petzold 2004

[114] Petzold, Orth 2004b

[115] Vgl. zur Konvivialität Bd. 1 dieses Werkes den Text der »Grundregel«. »Ich verstehe unter ***Konvivialität*** (von lat. convivus, der mit mir in Hausgemeinschaft Lebende, Gast, ›Gastin‹) die Qualität eines freundlichen, ja heiteren ***Miteinanders***, die aufkommt, wenn Menschen bei einem Gastmahl oder in einem Gespräch oder einer Erzählrunde zusammensitzen, wenn sie miteinander spielen, singen, Lachen und Scherzen den Raum erfüllt oder sie gemeinsam Musik hören oder einer Erzählung lauschen. Die Qualität der ***Konvivialität*** umfasst Verbundenheit in einer Leichtigkeit des Miteinanderseins, wo jeder so sein kann und akzeptiert wird, wie er ist, wo ein Raum der Sicherheit und Vertrautheit gegeben ist, eine gewisse Intimität, in der man ohne Furcht vor Bedrohung, Beschämung, Beschädigung, ohne Intimidierung zusammen sitzen, beieinandersein kann«. Wegen dieses bei allen Völkerschaften auf der ganzen Welt und in alle Zeiten, von denen wir wissen, anzutreffenden Qualität, die Menschen zu realisieren suchen, habe ich von einer ›***allgemeinen Konvivialität***‹ gesprochen«. (Petzold 2001m)

[116] Petzold 1983e, 1966 II a, 1967i, 1971 II b, 1972 IIa

[117] Petzold, Bloem, Moget 2004

[118] Vgl. Petzold, Müller, Ater Wein, Bd. 1, dieses Werk.

[119] Vgl. den Text zur Hospizarbeit in diesem Band.

[120] Vgl. Anmerk. 1

Der Hospizgedanke – ein Weg zur Verwirklichung von Hominität und Humanität … nicht nur am Lebensende

Ich wurde eingeladen, zum 10-jährigen Jubiläum der Hospizbewegung in der Steiermark [2003] einen Text zu scheiben, und das führte mich zurück an die Anfänge dieser Bewegung, für die ich seit 1976 einige Anstöße geben durfte, die ich seit ihren »informellen« Anfängen ein wenig mitgestalten und über ihre zunehmend prägnantere organisationale Entwicklung durch zahlreiche Weiterbildungsprojekte unterstützen konnte. Das Ereignis lässt mich zurückschauen auf die Hospizbewegung insgesamt und auf meine Motivationen, in diesem Bereich der Lebens- und Sterbeprozesse von Menschen, jungen und alten, tätig zu sein *(Petzold* 1965, 1980a, 1999l; *Petzold, Bubolz* 1976, 1979; *Petzold, Spiegel-Rösing* 1985; *Spiegel-Rösing, Petzold* 1984; *Petzold, Müller*; *Ochsmann, Petzold* 2000).
Eines meiner Motive war und ist, mich für das Leben zu engagieren: aus einer *Berührtheit von Leid*, aus einem Wunsch, Hilfe zu leisten, wo dies möglich ist, aus einer *»Freude am Lebendigen« (Sieper, Orth, Schuch* 2005), aus einem Begehren, das Leben zu verstehen, aus dem Gefühl einer Verpflichtung, meinen Beitrag zu humanen Verhältnissen in der Welt zu leisten, wie bescheiden auch immer. Die Motive sind vielfältig und das ist – so meine ich – gut so. Ich hoffe und wünsche für die Hospizbewegung eine breite Basis von mitwirkenden Menschen mit weitgreifenden Motivationen, denn nur dann wird der Hospizgedanke einer Verengung auf das Sterbethema entgehen, das doch eigentlich ein Thema menschlicher Lebensvollzüge ist – in ihrer ganzen Breite seit den Anfängen der Hominisation.
Aus altsteinzeitlichen Zeugnissen – aus der Zeit vor 2,5 bis 3 Millionen Jahren – wissen wir, dass Menschen ihre Mitmenschen pflegten und betreuten. Skelettfunde lassen erkennen: hier wurden schwere Verletzungen versorgt, sodass eigentlich todgeweihte Kranke wieder gesunden konnten oder sie bis zu ihrem Tod und ihrer Bestattung mitmenschlichen Beistand hatten. Gräber und Grabbeigaben aus dieser frühen Zeit der Menschheit – z. B. aus dem Moustérien, die Funde in La Chapelle-aux-Saints oder La Ferrassie – zeigen: Men-

schen kümmerten sich um Menschen gerade auch in Situationen von Krankheit, Sterben und Tod als Prozessen des Lebens. Die Schwerkranken und Sterbenden hatten einen Ort konvivialen Umsorgtseins, sie waren nicht ausgestoßen, sondern erhielten eine »*Hospitalität*« auf der letzten Lebensstrecke bis hin zu einem »Haus des Grabes«, wo sie nicht dem Wildgetier ausgesetzt waren. Neben vielen anderen Merkmalen des Menschseins ist die Krankenpflege, die Sterbebegleitung, die Bestattung als Ausdruck zwischenmenschlicher, *intersubjektiver* Fürsorge und Zuwendung ein Kennzeichen für das Menschenwesen, für die »**Hominität**«, die in dieser Differenziertheit und Bedeutung nur für die Hominiden charakteristisch ist.

»**Hominität** bezeichnet die Menschennatur in ihrer individuellen und kollektiven Dimension als **Potenzialität**: der symbolisierenden und problematisierenden **Selbst-** und **Welterkenntnis**, der engagierten **Selbst**sorge und **Gemeinwohl**orientierung, der kreativen **Selbst-** und **Weltgestaltung**, der Souveränität und Solidarität durch Kooperation, Narrativität, Reflexion, Diskursivität in sittlichem, helfendem und ästhetischem Handeln – das alles ist **Kulturarbeit** und Grundlage von **Humanität**. Die Möglichkeit, diese zu realisieren, eröffnet einen Hoffnungshorizont, die Faktizität ihrer immer wieder stattfindenden Verletzung verlangt einen desillusionierten Standpunkt. Beide Möglichkeiten des Menschseins, das Potenzial zur Destruktivität und die Potenzialität zu Dignität, erfordern eine wachsame und für **Hominität** und **Humanität** eintretende Haltung. Diese muss stets die biopsychosoziale Verfasstheit der Menschennatur und ihre ökologische, aber auch kulturelle Eingebundenheit berücksichtigen: der Mensch als Natur- und Kulturwesen, das sich selbst zum Projekt macht und seine Entwicklung selbst gestaltet. In dieser **Dialektik**, die zugleich eine Dialektik von Exzentrizität und Zentriertheit ist, liegt sein Wesen. Es ist ein Wesen, das ganz grundsätzlich des anderen bedarf und deshalb aus der **Konvivialität**, aus einem essenziellen Miteinander lebt – von den ersten Herzschlägen des Ungeborenen bis zum letzten Herzschlag des Sterbenden. Hominität ist gelebte Verbundenheit im Leben und im Sterben.«

Die Menschen haben als Gemeinschaftswesen ihren Weg durch die Evolutionsgeschichte gemacht. Sie haben *überlebt*, weil sie einen bewusst erlebten und gepflegten Nahraum herstellen konnten, in dem die wechselseitige Bindung und Hilfeleistung, das dadurch mögliche gemeinsame Lernen in »Zonen optimaler Proximität/Nähe«

(Vygotsky) und die gemeinsame Kreativität und Kulturarbeit einen wichtigen Selektionsvorteil im Überlebenskampf wurde, der bei den Hominiden dadurch auch seine Qualität selbst veränderte: der »survival of the fittest« (im Sinne *Darwins*) zeigte sich als ein »survial of the wisest« *(Salk* 1973; *Petzold* 2003e). Seit diesen frühen, vorgeschichtlichen Zeiten, über die historischen Epochen bis in die Gegenwart lassen sich – neben den bedrückenden unzähligen und vielfältigen Zeugnissen überwältigender Aggression (ders. 1986h; 2003c) und Destruktivität der Hominiden – Zeugnisse des Altruismus, der Fürsorge, der Pflege und Sorge finden, des Bemühens um Frieden, Gerechtigkeit, Menschenwürde (ders. 2003d; *Tiedemann* 2003). Ich habe einmal die These aufgestellt, dass die Fähigkeit der höchst aggressiven und oft destruktiven Hominiden, *Menschenrechte* zu entwickeln und zu verwirklichen, Institutionen der Hilfeleistung des Gemeinwohls für alle (z. B. im Recht auf Leben, was auch heißen muss: Recht auf medizinische Versorgung und ausreichende Ernährung etc.), dass *diese Menschenrechtsaktivitäten das evolutionäre Überlebensprogramm der Menschen des Sapiens-Sapiens-Typus seien (Petzold* 2001m). *Ein würdiges Sterben in einem sicheren Raum ist als ein Menschenrecht zu sehen und zu fordern.*

Aus historischer Zeit kennen wir Krankenpflege und Sterbebegleitung in Tempelkrankenhäusern, Herbergen, Xenodochien, Valitudinarien, Klöstern, Spitälern, Asylen, Heimen, Armen- und Krankenhäusern, Hospitälern, Kliniken – die Vielzahl der Begriffe zeigt die Wichtigkeit dieses ganzen Bereiches. Dabei sei daran erinnert, dass die Begriffe »Klinik«, »klinisch« ursprünglich keineswegs mit aseptischer Krankenhaushygiene, OP-Sterilität, High-Tech-Apparaturen verbunden waren, sondern sich herleiten vom Griechischen *klinein* = sich hinwenden, hinabbeugen, leiblich zuwenden zu dem, der auf der *kline*, dem Bett, dem Lager/Krankenlager lag. Der Kranke, Hilfe- und Pflegebedürfige, war ein *hospes* (lat. Gast). Er hatte – sofern er kein Feind, Verfehmter, Ausgestoßener war – *Gastrecht.* Diese transkulturell vorfindliche »Konvivialität« *(Orth* 2002), die Bereitschaft zu einem »guten Miteinander« (frz. *convivialité)*, zu einer prinzipiellen Gastlichkeit, gibt davon Zeugnis, dass neben einem – oft verleugneten oder »überleuchteten« *(Ernst Bloch)* – strukturellen Moment der Destruktivität, des Willens zur Zerstörung, zum Bösen im Wesen des Menschen (homo destrudor, homo praedator intelligens) auch ein Moment des Altruismus, des Willens zum Guten und zur Besonnenheit (homo bona voluntatis, homo sapiens sapiens) gibt. Wie immer man diese Seiten des Menschen gewichtet, erklärt in der Geschichte des Denkens, in Philosophie, Theologie, Psychologie –, man kommt an der phänomenologischen Unausweichlichkeit dieser beiden Seiten und ihrer Manifestationen in Ereignissen des Krieges, Handlungen des Unrechts und der Zerstörung, aber auch an den Bemühungen um Frieden, Handlungen der Hilfeleistung, des Ein- und Beispringens nicht vorbei und an der Erkenntnis, dass man das *Gute* ***Wollen*** *und* ***Tun*** *muss, damit es sei, Realität gewinnt, hat, behält (Petzold, Sieper* 2003) – **gegen** alle Strebungen zu Macht, Gewalt, Beherrschung, Eroberung, Unterjochung, Destruktion, gegen allen Eigenutz und gegen Selbstsucht und Besitzstreben mit einer Gier, die den anderen nicht mehr sieht! Und hier geht es ja keineswegs nur um Verbrecher und »Bösmenschen«, sondern um diejenigen, welche die Verelendeten in aller Welt nicht im Blick und im Sinn haben und keine Hilfe leisten, kein »**Hospiz**« bereitstellen, keine Orte der Fürsorge, der Sicherheit für – die Entwurzelten im Kongo, die verhungernden Kinder in Nordargentinien und in der Sahelzone, die unversorgten und unterversorgten *alten Menschen* in Afghanistan, in den Notgebieten der ehemaligen USSR – sie sind eine besonders schlimm betroffene Megapopulation, denn für die Kinder tut man ja noch eher etwas, aber für die Alten? Sie haben kein Unicef, keine SOS-Dörfer und deshalb wäre es dringend an der Zeit, internationale Organisationen der Sorge und des Engagements für alte Menschen in aller Welt aufzubauen, die in Not und Elend leben und sterben müssen – ein »**Pro Senectute International**« –, um Patenschaften für diese Menschen zu übernehmen, ein *»virtuelles Hospiz«* zu schaffen, wo Fürsorge und Gastlichkeit nicht nur im »terminalen Reservat« eine Berechtigung auf Räume der Sicherheit und Fürsorge bietet: für die Lebenden und die Sterbenden. Die Sterbenden bedürfen unserer besonderen Hinwendung – auf breitester Basis und weitmöglichster Streuung, wollen wir für die in Elend Sterbenden in aller Welt, die kein **Hospiz**, und keine Bleibe, keinen sicheren und würdigen Ort und *Niemanden* haben, eintreten! Die ubiquitäre »unterlassene Hilfeleistung« der reichen Prosperitätsnationen wiegt schwer. *Deshalb halte ich es für unzulässig, den* ***Hospizgedanken*** *eng zu fassen,* eingeengt zentriert auf die »Humanisierung

des Sterbens« in den reichen Ländern für ihre Bürger, damit diese etwa eine gute Palliativversorgung, ein würdiges Sterben ohne Verelendung und Vereinsamung haben. Das alles ist in der Tat eine wichtige Angelegenheit, die uns allen ein Anliegen sein muss, denn wir alle werden in die Situation kommen, wo wir einen guten Ort für das Ende unserer Lebensstrecke, für ein gutes Sterben, begleitet von fürsorgenden Menschen notwendig haben. Deshalb muss es aber auch ein ernsthaftes Bestreben sein, den Hospizgedanken auch dort und gerade dort zu verwirklichen und umzusetzen, wo keine Hospize und keine geschützten Orte für ein würdiges Sterben vorhanden sind – in Drittwelt- und Viertweltländern. Hospizprojekte in Österreich, Deutschland, der Schweiz, sollten schon in der Aufbauphase »Patenprojekte« an Orten anstoßen und mitaufbauen, wo Hospize unerlässlich sind.
Den Hospizgedanken in unserem Nahraum zu verwirklichen, ist letztlich eine Sache der Selbstsorge und -fürsorge, der *epimeleia heautou,* auf die uns *Sokrates* schon hingewiesen hat, eine »Sorge um sich« *(Foucault)*, die nur gelingen kann und eine Chance erhält, wenn sie mit einer »Sorge um den und für den anderen« verbunden wird *(Petzold* 2001m, 2003d). Das Wollen Vieler – letztlich eines jeden Menschen – wird gebraucht, um zu gewährleisten, dass ich, wohin auch immer mich das Leben verschlägt, auf welcher Reise und an welchem Ort ich »Bruder Tod« *(Franziskus von Assisi,* Sonnengesang) begegne, ein Hospiz, einen Ort der gastlichen Fürsorge finde. Wie man mit den Armen, den Alten, den Kranken, den Sterbenden umgeht, ist als ein Zeichen für die Humanität der jeweiligen Gesellschaft zu sehen. In unserer Zeit hat sich indes Gesellschaft globalisert, auch wenn wir diese Dynamik noch nicht überall vollzogen haben. Dennoch ist die Welt ein Nahraum geworden, ist der andere Mensch in anderen Teilen der Welt an uns herangerückt. *Levinas* (1983) hat sehr treffend von einer »Heimsuchung« durch den anderen gesprochen – wie viele suchen ein Heim, wie vielen muss man ein Heim geben, ein Heim öffnen. Und wer ist bereit, ein Heim zu geben, sein Heim, seine Heimat zu teilen – mit den Vertriebenen, den Geflohenen, den Migranten ... Wenigstens im finalen Bereich der Lebensstrecke will das die Hospizbewegung gewährleisten. Sie greift indes hier zu kurz, wenn *Humanität* nur für die »letzten Tage und Wochen« gesichert werden soll. Dass Menschen nicht alleine, nicht elend

und verlassen sterben sollen, dies ist ein Anliegen, welches vollen Einsatz verlangt, der die »Lebensspanne« als Ganze nie aus dem Blick verlieren darf und all die elendig Sterbenden nicht aus dem Blick verlieren darf und all die im Elend Lebenden im Blick und im *Wollen* der Hilfeleistung behalten muss. **Hospiz**, das ist ein Ort der Humanität. Hospizbewegung, das ist eine Bewegung der Humanität. Der Hospizgedanke steht in einem Denken, Fühlen, Wollen und Handeln, das nichts geringes als eine Verwirklichung von **Humanität** und **Hominität** ist, eine Arbeit die über die Lebensspanne hin immer wieder von einem Menschen in Angriff genommen werden muss, denn wenn er für ein »gutes Leben« von Menschen – für sich und für andere – arbeitet, an sich arbeitet (und viele Menschen wissen nicht mehr, was das ist), mit anderen arbeitet an der Verwirklichung eines *»eubios«*, guter Lebensverhältnisse für alle, dann wirkt er auch auf ein »gutes Sterben« hin. Ein Leben, das die Auseinandersetzung mit dem Sterben nicht ausspart, ohne in ein düsteres »memento mori« zu verfallen, wird sich mit dem Tod und den vielfältigen Möglichkeiten des Sterbens zu befassen haben, die einen jeden treffen können – im Krankenhaus, beim Zugunglück, auf dem Schlachtfeld, im »Schoße der Familie«, beim Terroranschlag, im Altenheim, in seinem Bett … friedlich entschlafend oder in einer Katastrophensituation. Eine solche Auseinandersetzung führt in ein Nachsinnen über das Leben und zu Positionen, die handlungskonkret werden. Es gibt viel zu wissen über Tod und Sterben, was eine *»death education«*, eine Erziehung auf das Sterben hin – so die amerikanische Bewegung *(Huck, Petzold* 1984) – sinnvoll und notwendig macht, auch weil wir *noch so wenig* über den Tod und das Sterben wissen! Eine solche Erziehung, oder besser aktive Auseinandersetzung und Vorbereitung, erweist sich aber immer als eine Erziehung zum Leben, eine Schule des Lebens, einen gemeinsamen Einsatz für das Leben, das Lebendige. Der Hospizgedanke wirkt so mit an den vielfältigen Bemühungen einer Weiterarbeit an der Verwirklichung der Hominität, des Menschenwesen, denn – schaut man auf unsere Inhumanität an all den schlimmen Orten der Welt mit unseren schlimmen Taten: den Kriegsschauplätzen, den Elendsquartieren, den Stätten der Not, den immer noch vorhandenen Kliniken ohne wirkliche Räume für ein menschenwürdiges Sterben als dem letzten Akt eines Lebens, dann erweist sich, dass jeder dieser Orte über Stätten der Gastlichkeit, der

Auf- und Annahme verfügen müsste, denn: **ein Hospitz ist ein Ort der Humanität**, ein **Ort des Lebens**, der gleichsam paradigmatisch am Lebensende eines Menschen zu gewährleisten sucht, was eigentlich das Leben von Menschen über ihre gesamte Lebensspanne ausmachen sollte und ausmachen muss. Wer sich in diesem tiefen und umfassenden Sinne mit dem Gedanken des Hospizes identifiziert und auseinandersetzt, der muss sich an allen Orten der Welt und in allen Prozessen des Lebens als Anwalt einer menschengerechten Lebensqualität einsetzen, als Verfechter einer *lebensfreundlichen Praxis der Hilfeleistung bis in das Ende.*

Sterben ist ein Lebensprozess, in dem der »Lebensweg« *(Petzold, Orth* 2004b), den man für sich und mit anderen Weggenossen gegangen ist, zu einem Ende kommt. **Hospize sind Orte eines Endes**, wo einer der Wanderer eine endgültige Rast macht und seine Begleiter den Weg, ihren Weg wieder aufnehmen. Deshalb sind **Hospize auch Orte des Lebens und der Lebendigen**, weil an solchen Orten der Faktizität des Todes zugleich auch die *Faktizität des Lebens* wieder und wieder bestätigt wird: durch die Lebenden, die *miteinander* im Sterben ihres Weggefährten und in der Begleitung solchen Sterbens dem Tod begegnen. Sie erfahren dabei die grundsätzliche Qualität eines »Mitseins« zwischen Menschen, die fundamentale Möglichkeit von *Humanität,* ihrer Mitmenschlichkeit. Sie erhalten die Chance, miteinander an einem Ort und zu einer Zeit, wo Sinnhaftigkeit zusammenzubrechen scheint, die Erfahrung von »SINN« geschenkt zu bekommen. SINN kann sich *ereignen* – er muss es nicht *(Petzold, Orth* 2004a).

Das Teilhaben an einem menschenwürdigen Sterben lässt uns die *Hominität* eines anderen und damit auch unsere eigene *Hominität* erfahrbar werden, kann uns die Kraft und die Bereitschaft geben, uns für das Leben zu engagieren: aus einer Liebe zu den Lebenden, aus einer **»Freude am Lebendigen«**, aus einer Achtung vor der Würde derer, die ihren Weg zu Ende gehen und mit uns ihr Sterben teilen. Sie zeigen uns, *dass wir uns dem Leben zuwenden müssen, an allen Orten, um Humanität zu einer Wirklichkeit in aller Welt zu machen*, Zugehörigkeit gegen Entfremdung zu setzen, um das »Hospiz« als einen Platz fundamentaler Gastlichkeit einzurichten, als einen konvivialen Ort, an dem Zugehörigkeit konkret wird – für alle Menschen!

Literatur

Aarts, P. G. H., op de Velde W. (2000): Eine früher erfolgte Traumatisierung und der Prozeß des Alterns. Theorie und klinische Implikationen. In: *Van der Kolk, B. A., McFarlane, A. C., Weisaeth, L.* (Hrsg.): Traumatic stress. Grundlagen und Behandlungsansätze. dtsch. hrsg. von *M. Märtens, H. G. Petzold.* Paderborn: Junfermann. 289–309.

Abler, R.. M., Fretz, B. R. (1988): Self-efficacy and efficacy in independently living among eldest old persons. *J. of Gerontology* 45, 17–27.

Abraham, G., Kocher, P., Goda, G. (1980): Psychoanalysis and ageing. *Int. Rev. Psycho-Anal.* 7, 147–155.

Achenbach, T. M. (1982): Developmental psychopathology. New York: Wiley.

Affolter, F. (1987): Wahrnehmung, Wirklichkeit und Sprache. Villingen-Schwenningen: Neckar-Verlag.

Albrecht, H. (1978): Das Phänomen des sogenannten Schlüsselerlebnisses als Erweiterung der Ich-Grenzen in der Gestalttherapie, Diplomarbeit f. Psychologie, Univ. Hamburg, Hamburg.

Aldridge, D. (ed.) (2000): Music therapy in dementia care. London: Kingsley Publishers.

Aldridge, D. (1993a): Music therapy research I: A review of the medical research literature within a general context of music therapy research. *The Arts in Psychotherapy* 20/1, 11–35.

Aldridge, D. (1993b): Music therapy research II: Research methods suitable for music therapy. *The Arts in Psychotherapy* 20/2, 117–131.

Alexopoulos, G. S. (1992): Geriatric depression reaches maturity. *International J. of Geriatric Psychiatry* 7, 305–362.

Alfonsi, L. (1955): La composizione del »De senectute« ciceroniano. *Siculorum Gymnasium* 8, 429–454.

Allen, D. M. (1977): Music therapy with geriatric patients. *British J. of Music Therapy* 8, 2–6.

Alteninitiativen (Hrsg.) (1983): Morgens um sieben ist der Tag schon gelaufen. Der alltägliche Skandal im Pflegeheim. Frankfurt: pädex-Verlag.

Alt-White, A. C. (1995): Obtaining »informed consent« from the elderly. *Western J. of Nursing Research* 17 (6), 700–705.

Ambühl, H. R. (1987): Psychotherapie im Lichte der Verwirklichung therapeutischer Heuristiken. Eine experimentelle Prozeßvergleichsstudie, unveröff. Dissertation, Psychologisches Institut der Universität Bern.

Anderson, H. (1951): Introduction to Projective Techniques. New York.

Angleitner, A. (1987): Zur Konstanz und Veränderlichkeit von Rigidität im höheren Alter am Beispiel des Riegelfragebogens. In: *Lehr, Thomae* (1987): 115–212.

Anschutz, L., Camp, C. J., Markley, R. P., Kramer, J. J. (1985): Maintenance and generalization of mnemonics for grocery shopping by older adults. *Experimental Aging Research* 11, 157–160.

Antonovsky, A. (1987): Unraveling the mystery of health. London: Jossey Bass.

Antonucci, T., Akiyana, H. (1994): Convoys of Attachment and Social Relations in Children, Adolescents and Adults. In: *F. Nestmann* & *K. Hurrelmann* (Hrsg.):

Social Networks and Social Support in Childhood and Adolescence. Berlin, N. Y.: De Gruyter.
Arbuckle, T. Y., Gold, D., Andres, D. (1986): Cognitive functioning of older people in relation to social and personality variables. *Psychology and Aging* 1, 55–62.
Areán, P., Miranda, J. (1996): The treatment of depression in elderly primary care patients: a naturalistic study. *J. of Clinical Geropsychology* 2 (3) 153–160.
Areán, P., Perri, M. G., Nezu, A. M., Schein, R. L., Christopher, F., Joseph, T. X. (1993): Comparative effectiveness of social problem-solving therapy and reminiscence therapy for depression in older adults. *J. of Consulting and Clinical Psychology* 61 (6) 1003–1010.
Arens, M. (1998): Übergabe im Hospiz. Ich begleite Sterbende und deren Angehörige. Köln: Ferber u. Partner.
Arie, T. (1981): Health care of the elderly. London: Croom, Helm.
Ariés, P. (1980): Geschichte des Todes. München: Hanser.
Arndt, F. (1959): Das Handpuppenspiel. Kassel: Bärenreiter-Verlag, 3. Aufl.
Arndt, F. (1964): Puppenspiel, ganz einfach. München: Don-Bosco-Verlag.
Assmann, A. (1999): Erinnerungsräume. Formen und Wandlungen des kulturellen Gedächtnisses. München: C. H. Beck.
Assmann, J. (1999): Das kulturelle Gedächtnis. Schrift, Erinnerung und politische Identität in frühen Hochkulturen. München: C. H. Beck.
Atchley, R. C. (1982): The aging self. *Psychotherapy: Theory, Research, and Pratice* 19, 388–396.
Aue, M., Bader, B., Lühmann, J. (Hrsg.) (1995): Krankheits- und Sterbebegleitung. Ausbildung, Krisenintervention, Training. Weinheim: Beltz.
Avorn, J., Langer, E. (1982): Induced disability in nursing horne patients: a controlled trial. *J. Amer. Geriatrics Soc.* 6, 397–400.
Ayres, J. (1984): Bausteine der kindlichen Entwicklung, Heidelberg: Springer.
Ayres, J. (1979): Lernstörung. Sensorisch-integrative Dysfunktionen. Heidelberg: Springer.
Back, K. W. (1974): Transitions to aging and the self-image. In: *Palmore,* (ed.): Normal aging II. Durham N. C.: Duke University Press, 207–216.
Backes, G. M. (2000): Geschlechtsspezifische Lebenslage in West und Ost – Altern in den alten und neuen Bundesländern. In: *Backes, G. M., Clemens, W.* (Hrsg.): Lebenslagen im Alter. Opladen: Leske+Budrich, 93–113.
Backes, G. M. (2001): Wird das Geschlecht mit dem Alter unsichtbar? – Zur Frage geschlechterspezifischer Alter(n)swissenschaft und -politik. Vortrag auf der Europäischen Konferenz: »Chancengleichheit für älter Frauen in Polititk und Gesellschaft«, 1./2. 02.2001, Brüssel.
Backman, L. (1992): Memory training and memory improvement in Alzheimer's disease: rules and exceptions. *Acta Neurologia Scandinavia,* Suppl. 139, 84–89.
Baines, S., Saxby, P., Ehlert, K. (1987): Reality orientation and reminiscence therapy. A controlled crossover study of elderly confused people. *British J. of Psychiatry* 151, 222–231.
Baker, R., Harvey, A. (1985): Fall injuries in the elderly. *Clinical Geriatric Medicine* 1, 501–512.
Bakthin, M. M. (1986): Speech genres and other late essays. Austin, TX: University of Texas Press.

Balint, M. (1957): The psychological problems of growing old. In: *M. Balint,* Problems of human pleasure and behavior. London: Hogarth.

Ballenger, J. C. (1990): Clinical aspects of panic disorder. New York: Wiley-Liss.

Baltes, M. (1987): Erfolgreiches Altern als Ausdruck von Verhaltenskompetenz und Umweltqualität. In: *Niemitz, Carsten* (Hrsg.): Erbe und Umwelt. Zur Natur von Anlage und Selbstbestimmung des Menschen. Frankfurt: Suhrkamp, 353–376.

Baltes, M. M., Kohli, M., Sames K. (1989): Erfolgreiches Altern. Bedingungen und Variationen. Bern: Huber.

Baltes, M. M. (1998): Alter und Altern: Bewältigung von Verlusten – Editorial. *Zeitschrift für Klinische Psychologie* 27/2, 75–77.

Baltes, M. M., Kühl, K.-P., Sowarka, D. (1992): Testing for limits of cognitive reserve capacity: A promising strategy for early diagnosis of dementia? *J. of Gerontology* 47,165–167.

Baltes, M. M., Lang, F. R., Wilms, H.-U. (1998): Selektive Optimierung mit Kompensation. Erfolgreiches Altern in der Alltagsgestaltung. In: *Kruse, A.* (Hrsg.): Psychosoziale Gerontologie. Göttingen: Hogrefe. 188–202.

Baltes, M. M., Mayr, U. K., Borchelt, M., Maas, I., Wilms, H.-U. (1993): Everyday competence in old and very old age: An interdisciplinary perspective. *Ageing and Society* 13, 657–680.

Baltes, M. M., Montada, L. (Hrsg.) (1996): Produktives Leben im Alter. Frankfurt/M: Campus.

Baltes, M. M., Wahl, H.-W. (1998): Die Bedeutung der Heimforschung für die Planung von Veränderungen in Altenheimen. *Integrative Therapie* 24/2, 214–232.

Baltes, M. M., Wahl, H.-W., Reichert, M. (1991): Successful aging in long-term institutions. In: *K. W. Schaie, M. P. Lawton* (eds.): Annual review of gerontology and geriatrics. New York: Springer, 311–337.

Baltes, M. M., Wahl, H. W., Schmid-Fürstoss (1990): The daily life of elderly Germans: Acitivity patterns, personal control, and functional health. *J. of Gerontology* 45, 173–179.

Baltes, M. M., Wilms, H.-U. (1995): Alltagskompetenz im Alter. In: *Oerter, R., Montada, L.* (Hrsg.): Entwicklungspsychologie, 2. Aufl. München: Beltz PVU, 1127–1136.

Baltes, M. M., Sowarka, D. (1995): Kognitive Interventionen im Alter. In: *Oerter, R., Montada, L.* (Hrsg.): Entwicklungspsychologie, 2. Aufl. München: Beltz PVU, 1116–1126.

Baltes, P. B. (1973b): Prototypical paradigms and questions in life-span research on development and aging. *The Gerontologist* 13, 458–467.

Baltes, P. B. (1979): Functional age and social policy in aging: Perspectives from the behavioral sciences. In: *Munnichs* et al. (eds.) (1979): Aging and social Policy.

Baltes, P. B. (1987): Theoretical prospositions of life-span developmental psychology: On the dynamics between growth and decline. *Developmental Psychology* 23, 611–626.

Baltes, P. B. (1990): Entwicklungspsychologie der Lebensspanne. Theoretische Leitsätze. *Psychologische Rundschau* 41, 1–24.

Baltes, P. B., Baltes, M. M. (1989): Successful aging: Research and theory. New York: Cambridge University Press.

Baltes, P. B., Baltes, M. M. (1990): Psychological perspectives on successful aging: The model of selective optimization with compensation. In: *Baltes, P. B., Baltes, M. M.* (eds.): Successful aging: perspectives from the behavioral sciences. New York: Cambridge University Press, 1–33.

Baltes, P. B., Baltes, M. M. (1994): Gerontologie: Begriff, Herausforderung und Brennpunkte. In: *P. B. Baltes, J. Mittelstraß, U. M. Staudinger* (Hrsg.): Alter und Altern: Ein interdisziplinärer Studientext zur Gerontologie. Berlin: De Gruyter, 1–34.

Baltes, P. B., Danish, S. J. (1979): Gerontologische Intervention auf der Grundlage einer Entwicklungspsychologie des Lebenslaufs. Probleme und Konzepte. *Zeitschrift für Entwicklungspsychologie und Pädagogische Psychologie* 2 (1979), 112–140.

Baltes, P. B., Lindenberger, U. (1989): On the range of cognitive plasticity in old age as a function of experience: 15 years of intervention research. *Behavioral Therapy* 19, 283–300.

Baltes, P. B., Mayer, K. U., Helmchen, H., Steinhagen-Thiessen, E. (1993): The Berlin aging study. *Aging and Society* 13, 483–515.

Baltes, T. B., Eckensperger, L. H. (1979): Entwicklungspsychologie der Lebensspanne. Stuttgart: Klett-Cotta.

Baltes., M. M., Maas, I., Wilms, H.-U., Borchelt, M. (1996): Alltagskompetenz im Alter: Theoretische Überlegungen und empirische Befunde. In: *K. U. Mayer, P. B. Baltes* (Hrsg.) (1996): Die Berliner Altersstudie. Berlin: Akademie, 525–542.

Bandura, A. (1977): Self-efficacy: Towards a unifying theory of behavioral change. *Psychological Revue* 8, 191–215.

Bandura, A. (1989): Regulation of cognition process through perceived self-efficacy. *Developmental Psychology* 25, 729–735.

Bandura, A. (1976): Lernen am Modell. Stuttgart: Klett.

Bandura, A. (1986): Social foundations of thought and action: A social cognitive theory. Englewood Cliffs: Prentice-Hall.

Barber, B. et al. (1973): Research on Human subjects. New York: Russell Sage Foundation.

Barolin, G. S. (1990): Schwerste Mißstände in »einem Wiener Pflegeheim« – schon 1985 in allen Details publiziert! *Österreichische Krankenhauszeitschrift* 31, 33–43.

Bartlett, J. C., Snelus P. (1980): Lifespan memory for popular songs. *American J. of Psychology* 93/3, 551–560.

Batek, O. (1980): Marionetten. Ravensburg: Mayer.

Battegay, R. (1977): Der Mensch in der Gruppe, 3 Bd. Bern: Huber.

Bauer, J. (1997): Möglichkeiten einer psychotherapeutischen Behandlung bei Alzheimer-Patienten im Frühstadium der Erkrankung. *Nervenarzt* 68/5, 421–424.

Bauer, J., Bauer, H., Teising, M. (1995): Psychosomatische Aspekte der Alzheimer-Demenz. In: *R. D. Hirsch* (Hrsg.) (1995): Psychotherapie bei Demenzen. Darmstadt: Steinkopff, 47–62.

Baumgartner, K. (1997): Für ein Sterben in Würde. Erfahrungen unter medizinisch-therapeutischen und theologisch-pastoralen Aspekten. München: Don Bosco.

Bäumges, U., Petzold, H .(1983): Integrative Gruppenarbeit mit älteren Glaucompatienten. *Integrative Therapie* 2/3, 383 ff.

Bayer, C. (1988): »Exchange Learning« – Erfahrungsaustausch zwischen Alt und Jung. Umsetzung eines bewährten Konzeptes in der Ausbildung qualifizierter Fachkräfte im Bereich der der Gerontopsychologie. In: *Romkopf, G., Fröhlich, W. D., Lindner, I.:* Entwicklungen und Perspektiven. Bericht über den 14. Kongreß für angewandte Psychologie. Bonn: Deutscher Psychologen Verlag, 71–72.

Beardslee, W. R. (1989): The role of self-understanding in resilient individuals: The development of a perspective. *American J. of Orthopsychiatry* 59 (2), 266–278.
Beauchamp, T. L., Childress, J. F. (1989): Principles of medical ethics. New York: Oxford University Press.
Beaudrillard, J. (1982): Der symbolische Tausch und der Tod. München: Matthes & Seitz Verlag.
Beauvoir, S. de (1999): Eine transatlantische Liebe. Briefe an Nelson Algren 1947–1964. Reinbek: Rowohlt.
Bechtler, H. (1994): Therapeutische Gruppenarbeit in unterschiedlichen Praxisfeldern. In: *Radebold, H., Hirsch, R. D.* (Hrsg.) 113–124.
Bechtler, H. (2000): Gruppenpsychotherapie mit alten Menschen. München: Ernst-Reinhardt-Verlag.
Bechtler, H., (1991): Gruppenarbeit mit älteren Menschen. Freiburg: Lambertus.
Beck, C., Heacock, P., Mercer, S., Thatcher, T., Sparkman, C. (1988): The impact of cognitive skills remediation training on persons with Alzheimer's disease or mixed dementia. *J. of Geriatric Psychiatry* 21, 73–88.
Becker, E. (1973): Dynamik des Todes. Die Überwindung der Todesfurcht. New York: The Free Press.
Becker, S., Veelken, L., Wallraven, K. (1999): Handbuch Altenbildung. Opladen.
Beine, K.-H. (1998): Sehen, Hören, Schweigen. Patiententötungen und aktive Sterbehilfe. Freiburg: Lambertus.
Beks, C., Drewes, A. (1989): Identiteit en de deelname aan aktiviteiten door bejaarde. *Beweging & Hulpverlening* 4, 323–338.
Belardi, N. (1991): Die Stigmatisierung der Institution – Stigmatisierung durch die Istitution. *Gestalt und Integration* 1, 72–77.
Bellak, L., Karasu, T. B. (1976): Geriatric Psychiatry: A handbook for psychiatrists and primary care physicians. New York: Grune & Stratton.
Bellmer, H. (1976): Die Puppe. Frankfurt: Ullstein.
Bengtson, V. L., Dowd, J. J., Smith, D. H., Inkeles, A. (1975): Modernization, modernity and perception of aging. *J. of Gerontol.* 30, 688–695.
Bergener, M. (1998): Epidemiologie psychischer Störungen im höheren Lebensalter. In: *Kruse* (1998) Bd.1, 87–105.
Bernhard, H. [o. J.]: Bau- und Spielanleitung für die Rosa'sche Tücherpuppe. Wilhelmsfeld b. Heidelberg: Selbstverlag Spielberatung-Württemberg e. V.
Berry, M. F. (1978a): Contemporary bibliotherapy: systemizing the field. In: *Rubin* 185–190.
Beutler, L. E., Clarkin, J. F. (1990): Systematic treatment selection: towards targeted therapeutic interventions. New York: Brunner/Mazel.
Beyer, A. (1986): Musiktherapie mit geriatrischen Patienten. Eine Pilotstudie zur quantifizierenden Bewertung des Therapieverlaufs mit Hilfe von Fremdbeurteilungsskalen. Inaugural-Dissertation zur Erlangung der medizinischen Doktorwürde, Berlin.
Binstock, R. H., George, L. K. (1990): Aging and the social sciences. 3. Aufl. San Diego: Academic Press.
Birbauer, N. (1986): Höheres Lebensalter. In: *W. Miltner, N. Birbauer, W. Gerber* (eds.): Verhaltensmedizin. Berlin: Springer, 467–476.
Bircher, M. (1982): Möglichkeiten und Erfahrungen in der Arbeit mit älteren Paaren

und Familien in der Geriatrie und der Gerontopsychiatrie. In: *Radebold, H., Schlesinger-Kipp, G.*: Familien- und paartherapeutische Hilfen bei älteren und alten Menschen. Göttingen: Vandenhoeck & Ruprecht, 96–115.

Bird, M., Kinsella, G. (1996): Long-term cued recall of tasks in senile dementia. *Psychology & Aging* 11/1, 45–56.

Birkett, D. P., Boltuch, B. (1973): Remotivation therapy. *J. American Geriatric Society* 21, 368–371.

Birren, J. E., Casperson, R. C., Botwinick, J. (1950): Age changes in pupil size. *J. of Gerontology* 5, 267–271.

Birren, J. E., Sloane, R. B., Cohen, G. D. (1992): Handbook of mental health and aging. San Diego: Academic Press.

Blanckenburg, A. V. (1988): Musiktherapie mit Senioren. Idastein: Schulz-Kirchner.

Blatner, H. A. (1973): Acting-In, Practical Applications of Psychodramatic Methods. New York: Springer.

Blatner, H. A. (1970): Psychodrama Role-Playing and Action-Methods, Theory and Practice. Thetford: Norfolk.

Blau, D., Berezin, M. A. (1982): Neuroses and character disorders. *J. of Geriatric Psychiatry* 15 (1), 55–97.

Blazer, D. (1989): Depression in the elderly. *New Englang J. of Medicine* 320, 164–166.

Bleathman, C., Morton, I. (1992): Validation therapy: extracts from 20 groups with dementia sufferers. *J. of Advanced Nursing* 17, 658–666.

Blenkner, M. (1965): Social work and family relationships in later life with some thoughts on filial maturity. In: *E. Shanas, G. Streib* (eds.): Social structure and the family: generational relations. Englewood Cliffs, NJ: Prentice Hall, 180–193.

Bleuel, H. P., Engelbrecht, R., Garms-Homolova, V. (1976): Lebensaufgabe: Alter. Die Situation feststellen – Die Ursachen benennen – Alternativen erdenken – Modelle erfinden. Stuttgart.

Bloch, H., Bertenthal, B. I. (eds.) (1990): Sensory-motor organizations and development in infancy and early childhood. Dordrecht: Kluwer Academic Publishers.

Bloem, J., Moget, P., Petzold, H. G. (2004): Budo, Aggressionsreduktion und psychosoziale Effekte: Faktum oder Fiktion? – Forschungsergebnisse – Modelle – psychologische und neurobiologische Konzepte. *Integrative Therapie* 1–2.

Blonski, H. (Hrsg.) (1995): Alte Menschen und ihre Ängste. Ursachen, Behandlung, praktische Hilfen. München: Reinhardt.

Blonsky, H. (Hrsg.) (1999): Ethik in der Gerontologie und Altenpflege. Hagen: Brigitte Kunz Verlag.

Böcker, F. (1991): Anmerkungen zur Diagnostik und Therapie in der Gerontopsychiatric. *Krankenhauspsychiatrie* 2, 131–135.

Boerner, R. J. (1993): Differentialdiagnose und differentielle Therapiestrategien bei Angststörungen im Alter. In: *Kurz* (1993) 46–62.

Boerner, R. J. (1995): Angst im Alter aus psychiatrischer Sicht. In: *Blonski* (1995) 92–117.

Böhme, H. (1984): Pfleger mißhandelt Heimbewohner: Kündigungsgrund? *Das Altenheim* 23, 82–83.

Böhmecke, L. (1998): Thanatos – der Schlüssel zum Leben. Zum Todesverständnis der Menschheit im Bewußtsein früherer Zeiten und in der Gegenwart. Frankfurt/M.: Verlag für Interkulturelle Kommunikation W. Sülberg.

Bonanno, G. A. (1999): The Concept of Working Through Loss: A Critical Evaluation of the Cultural, Historical, and Empirical Evidence. In: *Maercker, Schützwohl, Solomon* (1999) 221–248.
Borde-Klein, I. (1974): Puppenspiel. Berlin: Volk und Wissen
Borod, J. C., Goodglass, H. (1980): Lateralization of linguistic and melodic processing with age, *Neuropsychologia* 18, 79–83.
Bortz, J. J., O'Brian, K. P. (1997): Psychotherapy with older adults. Theoretical issues, empirical findings, and clinical applications. In: *Nussbaum, P. D.* (ed.) (1997): Handbook of neuropsychology and aging. New York: Plenum Press (431–451).
Botton, de, A. (2000): Les consolations de la philosophie. Paris. Mercure de France.
Botwinick, J. (1977): Cognitive processes in maturity and old age. New York: Springer.
Bourdieu, P. (1976): Entwurf einer Theorie der Praxis. Frankfurt: Suhrkamp.
Bourdieu, P. (1980) : Les sens pratique. Paris: Editions de Minuit.
Bourdieu, P. (1997): Das Elend der Welt. Zeugnisse und Diagnosen alltäglichen Leidens an der Gesellschaft. Konstanz: Konstanzer Universitätsverlag.
Bourdieu, P. (1998): Gegenfeuer. Konstanz: Konstanzer Universitätsverlag.
Boylin, W., Gordon, S. K., Nehrke, M. P. (1976): Reminiscence and ego integrity in institutionalized elderly male. *Gerontologist* 1, 118–124.
Brandau, D. (1985): Gestalttherapie als imaginatives Verfahren. In: *Singer, J., Pope, K.:* Imaginative Verfahren in der Psychotherapie. Paderborn: Junfermann.
Brandstädter, J., Greve, W. (1994): The aging self: stabilizing and protective processes. *Developmental Review* 14, 52–80.
Brandstädter, J., Renner, G. (1990): Tenacious goal pursuit and flexible goal adjustment: Explication and age-related analysis of assimilative and accomodative strategies of coping. *Psychology and Aging* 5, 58–67.
Brandstädter, J., Rothermund, K. (1998): Bewältigungspotentiale im höheren Alter: adaptive und protektive Prozesse. In: *A. Kruse* (1998) Bd 1, 223–238.
Brandstädter, J., Wentura, D. (1995): Adjustment to shifting possibility frontiers in later life: Compensating losses and rescaling goals as complementary adaptive modes. In: *Dixon , R. A., Bäckman, L.* (eds.): Psychological compensation: Managing losses and promoting gains. Hillsdale: Erlbaum, 83–106.
Brandstädter, J., Wentura, D., Greve, W. (1993): Adaptive resources of the aging self: outlines of an emergent perspective. *International J. of Behavioral Development* 16/2, 323–349.
Brandtstädter, J., Rothermund, K., Schmitz, U. (1997): Coping resources in later life. *Revue Européenne de Psychologie Appliquée* 47(2), 107–113.
Bright, R. (1988): Musictherapy and the dementias. Improving the quality of life. MO: MMB Music, St. Louis.
Bright, R. (1984): Musiktherapie in der Altenhilfe. Stuttgart: G. Fischer.
Brigth, R. (1981): Practical planning music therapy for the aged. Brisbane Australia: Alfred Publishing.
Brink, T. L. (1984): Geriatric psychotherapy and developmental issues: nomothetic or idiographic? *Academic Psychology Bulletin* 6, 203–209.
Bronfenbrenner, U. (1976): Ökologische Sozialisationsforschung. Stuttgart: Klett.
Bronfenbrenner, U. (1979): The ecology of human development. Cambridge: Harvard University Press; deutsch: Die Ökologie der menschlichen Entwicklung. Stuttgart: Klett 1981.

Bruder, J. (1988): Filiale Reife – ein wichtiges Konzept für die familiäre Versorgung kranker, insbesondere dementer alter Menschen. *Zeitschrift für Gerontopsychologie und -psychiatrie* 1, 95–101.

Bruder, J. (1998): Beratung und Unterstützung von pflegenden Angehörigen. In: *Kruse* (1998) Bd. 2, 275–296.

Bruder, J., Klusmann, D., Lauter, H., Lüders, I. (1981): Beziehungen zwischen Patienten und ihren Familienangehörigen bei chronischen Erkrankungen im höheren Lebensalter. Bericht an die Deutsche Forschungsgemeinschaft.

Brühlmann-Jecklin, E, Petzold, H. G. (2004): Die Konzepte »social network« und »social world« und ihre Bedeutung für Theorie und Praxis der Supervision im Integrativen Modell. Bei www.FPI-Publikationen.de/materialien.htm – SuperVision: Theorie – Praxis – Forschung. Eine interdisziplinäre Internet-Zeitschrift – Jg. /2004 und in *Gestalt* 51 (Schweiz) 37–49.

Bruhn, H., Oerter, R., Rösing, H. (Hrsg.) (1993): Musikpsychologie. Ein Handbuch. Reinbek: rororo.

Brusten, M., Hohmeier, J. (1975): Stigmatisierung, 2 Bde. Neuwied/Darmstadt: Luchterhand.

Buber, M. (1957): Guilt and Guilt feelings. *Psychiatry* 20, 114–129.

Bubolz, E. (1979): Methoden kreativer Therapien in einer integrativen Psychotherapie mit alten Menschen. In: *Petzold, Bubolz* (Hrsg.): Psychotherapie mit alten Menschen. 343–382.

Bubolz, E. (1983): Bildung im Alter. Freiburg: Lambertus.

Budde, H. G., Thielen, H. (1979): Subjektive Kausalmodelle im Prozeß der Bewältigung einer körperlichen Schädigung. *Rehabilitation* 18, 200–203.

Buer, F., Belardi, N., Fengler, J. (1998): Zur Dialektik von Format und Verfahren. *OSC* 3, 269–286.

Bugen, L. A. (1979): Death and Dying, Theory/Research/Practice. Dubuque, Iowa: Wm. C. Brown Company Publishers.

Bühler, D. A. (1990): Informed consent and the elderly: An ethical challenge for critical care nursing. *Critical care Nursing Clinics of North America* 2, 461–471.

Bujard, O., Lange, U. (1978): Armut im Alter. Weinheim: Beltz.

Bünte-Ludwig, Chr. (1984): Gestalttherapie/Integrative Therapie. In: *Petzold, H.*, Wege zum Menschen. Bd. 1, 217–307. Paderborn: Junfermann.

Bürmann, J. (1992): Gestaltpädagogik und Persönlichkeitsentwicklung. Theoretische Grundlagen und praktische Ansätze eines persönlich bedeutsamen Lernens. Bad Heilbrunn.

Burnham, B. (1994): Sterben in den besten Jahren. Erwartungen des Kranken, der weiß, daß sein Leben unheilbar ist. Bad Liebenzell: Liebenzeller Mission.

Burvill, P. W. (1993): Prognosis of depression in the elderly. *International Review of Psychiatry* 5, 437–443.

Buss, D. M. (1999): Evolutionary psychology. The new science of the mind. Boston, MA: Allyn and Bacon.

Bustad, L. K. (1980): Animals, aging and the aged. Minneapolis: Univ. of Minnesota Press.

Butler, R. N. (1960): Intensive psychotherapie for the hospitalized aged. *Geriatries* 15, 644–653.

Butler, R. N., Lewis, M. I. (1973): Aging and mental health. St. Louis: Mosby.

Butler, R. N. (1963): The life review: An interpretation of reminiscene in the aged, *Psychiatry* 1, 65–76; dtsch.: Lebensrückschau, *Integrative Therapie* 2/3 (1980) 141–156.
Butler, R. N. (1970): Looking forward to what? The life review, legacy, and excessive identity versus change. *Amer. Behavioral Scientist* 1, 121–128.
Butler, R. N., (1974): Successful aging and the role of the life review. *J. Amer. Geriatr. Soc.* 22, 529–535.
Butler, R. N. (1980): The life review: An unrecognized bonanza. *Int. J. of Aging and Human Development* 1, 35–38.
Butollo, W., Rosner, R., Wentzel, A. (1999): Integrative Psychotherapie bei Angststörungen. Bern: Hans Huber.
Byock, I. (1997): Sterben. Wachsen im Umgang mit dem Tod. München: Droemer Knaur.
Bytheway, B., Keil, T., Allatt, P., Bryman, A. (1989): Becoming and Being old, Sociological Approaches to Later Life. London: Sage Publications.
Callahan, M., Nienaber, N. A., Hendrie, H. C., Tierney, W. M. (1992): Depression of elderly outpatients: Primary care physicians' attitude and practice patterns. *J. of General Internal Medicin* 7, 26–31.
Cameron, P. (1971): The generation gap: Time orientation. *Gerontologist* 2, 117–119.
Cannetti, E. (1964): Drei Dramen. Frankfurt: Fischer.
Cantor, M. H. (1992): Families and caregiving in an aging society. *Generations* 16, 67–70.
Capitani, E., Sala, S., Lucchelli, F., Soave, P., Spinnler, H. (1988): Perceptual attention in aging and dementia measured by Gottschaldt's Hidden Figure Test. *J. of Gerontology: Psychological Sciences* 43,157–163.
Carney, R. M., Freedland, K. E., Eisen, S. A. et al.(1995): Major depression and medication adherence in elderly patients with coronary artery disease. *Health Psychology* 14, 88–90.
Carstensen, L. L. (1993): Motivation for social contact across the life span. In: *Jacobs, J. E.* (ed.): Developmental perspectives on motivation. Nebraska Symposium on Motivation, 8, 209–254.
Chappell, N., Orbach,H. L., Sozialisation im höheren Alter: Eine Meadsche Perspektive. In: *Petzold, Petzold* (1992) 20–49.
Chappell, N. L., Badger, M. (1989): Social isolation and well-being. *J. of Gerontology* 44, 169–176.
Charbonneau, L. (1971): Der Gott der Perfektion. München: Goldmann.
Cherkin, A. (1984): Effects of nutritional factors on memory function. In: *H. J., Armbrecht, J. M., Prendergast, R. M. Coe* (eds.): Nutritional intervention in the aging process.New York: Springer 229–249.
Christensen, H., Korten, A. E., Jorm, A. F., Henderson, A. S., Jacomb, P. A., Rodgers, B., Mackinnon, A. J. (1997): Education and decline in cognitive performance: compensatory but not protective. *International J. of Geriatric Psychiatry* 12, 323–330.
Clair, A. A., Bernstein, B. (1990): A comparison of singing, vibrotactile and nonvibrotactile instrumental playing responses in severely regressed persons with dementia of the Alzheimer's type. *J. of Music Therapy* 27/3, 119–125.
Clair, A. A., Bernstein, B. (1990a): A premilinary study of music therapy programming for severely regressed persons with Alzheimer's type dementia. *J. of Applied Gerontology* 9/3, 299–311.

Clair, A. A. (1990): The need for supervision to manage behavior in the elderly care home residents and the implications for music therapy practice. *Music Therapy Perspectives* 8, 72–75.
Clair, A. A. (1994) Ethics and values in music therapy for persons who are elderly. *Activities, Adaption & Aging* 18/3–4, 27–46.
Cleary, P. D., Burns, B. J., Nycz, G. R. (1990): The identification of psychiatric illness by primary care physicians: The effect of patient gender. *J. of General Internal Medicine* 5, 355–360.
Coccia, M. (1959): La »consolatio« in Seneca. *Revista de Cultura Classica e Medioevale* 1, 148–180.
Cody, M. (1986): Withholding treatment: is it ethical? *J. of Gerontological Nursing* 12/3, 24–26.
Cohen, C. I. (1990): Psychotherapy with the elderly in public mental health settings. *New Directions for Mental Health Services* 46, 81–92.
Cohen, N. A. (1982): On loneliness and the ageing process. *Int. J. Psycho-Anal.* 63, 149–155.
Cole, J., Barrett, J. E. (Ed.) (1980): Psychopathology in the aged. New York.
Cole, M. G. (1985): The course of elderly depressed out-patients. *Canadian Medical Association J.* 30, 217–220.
Cole, M. G. (1990): The prognosis of depression in the elderly. *Canadian Medical Association J.* 143, 633–639.
Coleman, P. G. (1974): Measuring reminiscence characteristics from conversation as adaptive features of old age. *Int. J. of Aging and Human Development* 3, 281–294.
Coleman, P. G., Aubin, A., Robinson, M., Ivani-Chalian, Ch., Briggs, R. (1993): Predictors of depressive symptoms and low self-esteem in a follow-up study of elderly people over 10 years. *International J. of Geriatric Psychiatry* 8, 343–349.
Coleman, P. G. (1996): Identity management in later life. In: *Woods, R. T.*, 93–114.
Colerick, E. J. (1985): Stamina in later life. *Social Sciences and Medicine* 21 (9), 997–1006.
Collopy, B. J. (1988): Autonomy in long term care: Some crucial distinctions, *The Gerontologist,* Special Issue, Vol. 28/1, 10–17.
Collot, C., Jani-Le Bris, H., Ridoux, A., Faire face au vieillissement. »Des lieux de vie jusqu'à la mort.« Un difficile enjeu pour les etablissements d'herbergement de personnes âgees. *Années Documents Cleirppa* 137 (1984) 3–7.
Conquergood, D., Communication as performance: Dramaturgical dimensions of everyday life. In: *Sisco, J. I.:* The Jensen Lectures: Contemporary communication studies. University of Florida, Tampa 1983; repr. in: *Schweinsberg-Reichart* (1985) 11–28.
Conrad, Ch. (1993): Zur Kulturgeschichte des Alterns. Berlin.
Conway, M. A. (1990): Autobiographical memory. An introduction. Philadelphia: Open University Press.
Conwell, Y., Rotenberg, M., Caine, E. D. (1990): Completed suicide at age 50 and over. *J. of the American Geriatrics Society* 38, 640–644.
Cooper, B. (1992): Die Epidemiologie psychischer Störungen im Alter. In: *Häfner, Hennerici* (Hrsg.) (1992): Psychische Krankheiten und Hirnfunktion im Alter. Stuttgart: Fischer, 15–29.
Cooper, B., Bickel, H. (1989): Prävalenz und Inzidenz von Demenzerkrankungen in

der Altenbevölkerung. Ergebnisse einer populationsbezogenen Längsschnittstudie in Mannheim. *Nervenarzt* 60, 472–482.
Cooper, B., Mahnkopf, B., Bickel, H. (1984): Psychische Erkrankung und soziale Isolation bei älteren Heimbewohnern – eine Vergleichsstudie. Z. *f. Gerontol.* 17, 117–125.
Coryell, W. (1984): Mortality after 30–40 years. Panic disorder compared with other psychiatric illness. In: *Grinspoon, L.* (1984): Psychiatry update. Washington: APA.
Cosmides, L., Tooby, J. (2003): What is evolutionary psychology? Explaining the new science of the mind. London: Weidenfeld & Nicolson.
Costa, P. G., Kastenbaum, R. (1967): Some aspects of memories and ambition in centenarians. *J. of Genetic Psychology* 1, 3–16.
Costa, P. T., McCrae, R. R. (1988): Personality in adulthood: A six year longitudinal study of self-reports and spouse ratings on the NEO Personality Inventory. *J. of Personality and Social Psychology* 54, 853–863.
Costa, P. T., Metter, E. J., McCrae, R. R. (1994): Personality stability and its contribution to successful aging. *J. of Geriatirc Psychiatry* 27, 41–59.
Costa, P. T., Jr., Zonderman, A. B., McCrae, R. R., Cornoni-Huntley, J., Locke, B. Z., Barbano, H. E. (1987): Longitudinal analysis of psychological well-being in a national sample: Stability of mean levels. *J. of Gerontology* 42, 50–55.
Costa., P. T., Jr., McCrae, R. R. (1984): Concurrent validation after 20 years: the implications of personality stability for its assessment. In: *Shock, N., Greulich, R. C., Costa Jr. P. T., Andres, R.* et al. (eds.): Normal human aging. The Baltimore longitudinal study of aging. Washington DC: NIH Publ. No 84–2450, 105–128.
Cotta, H. (1979): Der Mensch ist so jung wie seine Gelenke. München: Piper.
Cowgill, D. O., Holmes, L. D. (1972): Aging and modernization. New York: Appleton-Century Crofts.
Cowper, R. (1970): Welt ohne Sonne. München: Goldmann.
Craik, F. I. M. (1986): A functional account of age differences in memory. In: *F. Klix, H. Hagendorf* (eds.): Human memory and cognitive capabilities. New York: Elsevier Science, 409–422.
Craik, F. I. M. (1994): Memory changes in normal aging. Current directions in psychological science, 3, 155–158.
Craik, F. I. M., Byrd, M., Swanson, J. (1987): Patterns of memory loss in three elderly samples. *Psychology and Aging* 2, 79–86.
Cremerius, J. (1983): Die Sprache der Zärtlichkeit und der Leidenschaft, *Psyche* 11, 988–1015.
Cumming, E., Henry, W. E. (1961): Growing old: The process of disengagement. New York: Basic Books.
Cutler, S. J. (1980): Safety on the streets: Cohort changes in fear. *International J. of Aging and Human Development* 10 (1979/80) 373–384.
Czogalik, D., Bolay, H. V., Boller, R., Otto, H. (1995): Das Integrative Musiktherapie-Dokumentationssystem IMDos: Zum Verbund von Forschung, Lehre und Behandlung im Berufsfeld Musiktherapie. *Musiktherapeutische Umschau* 16, 108–125.
Darrough, G. P., Boswell, J. (1992): Older Adult Participants in Music: A Review of Related Literatur. *Bulletin of the Council for Research in Music Education* 111, 25–34.
Dasler, J. Van (1994): Bewogen door beweging. Nijkerk: Intro.

Dauk, E. (1989): Denken als Ethos und Methode. Foucault lesen. Berlin: Reimer.
Davies, A. D. M. (1996): Life events, health, adaptation and social support in the clinical psychology of late life. In: *R. T. Davis* (1981): Ethical Woods. 115–140.
Davis, B. (1985): Ursprung und Bedeutung des Awarenes Konzeptes in der Gestalttherapie, Graduierungsarbeit. Düsseldorf: Fritz-Perls-Institut.
Davis, F. (1979): Yearning for Yesterday: A Sociology of Nostalgia. New York: Free Press.
Debats, D. L. (1996): Meaning in Life. Psychometric, clinical and phenomenological aspects. Diss. Universität Groningen. Enschede: FEBO Druck.
Deberry, S., Davis, S., Reinhard, K. E. (1989): A comparison of meditation-relaxation and cognitive-behavioral techniques for reducing anxiety and depression in a geriatric population. *J. of Geriatric Psychiatry* 22, 321–347.
Deisinger, K., Markowitsch, H. (1991): Die Wirksamkeit von Gedächtnistrainings in der Behandlung von Gedächtnisstörungen. *Psychologische Rundschau* 42 55–65.
Depping, K. (1991): Die Musik in der Begleitung altersverwirrter Menschen. *Evangelische Impulse* 1, 34–35.
Deusinger, I. M., Identität und Persönlichkeit im Alter. In: *Mayring, Saup* (1990), 201–216.
Devereux, G. (1984): Ethnopsychoanalyse. Frankfurt/M.: Suhrkamp Verlag.
Dick, L. P., Gallagher-Thompson, D., Thompson, L. W. (1996): Cognitive-behavioral therapy. In: *Woods* (1996) 509–544.
Dieck, M., Naegele, G. (1978): Sozialpolitik für ältere Menschen. Heidelberg: Quelle & Meyer.
Diehl, M., Coyle, N., Labouvie-Vief, G. (1996): Age and sex differences in strategies of coping and defense across the life span. *Psychology and Aging* 11, 127–139.
Diener, E., Sandvik, E., Larsen, R. J. (1985): Age and sex differences for emotional intensity. *Developmental Psychology* 21, 542–546.
Dilthey, W. (1957): Gesammelte Schriften, Bd. VII, Der Aufbau der geschichtlichen Welt in den Geisteswissenschaften. Stuttgart/Göttingen, 2. Aufl.
Diogenes Laertios (1967): Leben und Meinungen berühmter Philosophen, übers. O. Apelt. Hamburg: Meiner, 2. Aufl.
Dittmann-Kohli, F. (1990): Sinngebung im Alter. In: *Mayring, Saup* 1990, 145–166.
Dittmann-Kohli, F., Lachman, M., Kliegl, R., Baltes, P. B. (1991): Effects of cognitive training and testing on intellectual beliefs in elderly adults. *J. of Gerontology* 46, 162–164.
Dorst, T. (1957): Geheimnis der Marionette. München: Rinn.
Doty, R. L., Shaman, P., Appelbaum, S. L., Giberson, R., Sikorski, L., Rosenberg, L. (1984): Smell identification ability: Changes with age. *Science* 226, 1441–1443.
Dreher, E. (1981): Der Traum als Erlebnis. München: Vahlen.
Dreifuss, E., Meerwein, F. (1984): Die Psychotherapie Sterbender – der Beitrag der Psychoanalyse. In: *Spiegel-Rösing, Petzold* (1984) 259–278.
Drevets, W. C. (1994): Geriatric depression: Brain imaging correlates and pharmacologic considerations. *J. of Clinical Psychiatry* 55 (Suppl.12), 48–58.
Droes, R. M. (1991): In beweging. Nijkerk: Intro.
Droes, R. M., Breebart, E. (1994): Amsterdamse ontmoetingscentra. Een nieuwe vorm van ondersteuning voor dementerende ouderen en hun versorgers. Amsterdam: Thesis Publishers.

Du Bois, P. M. (1980): The Hospice Way of Death. New York: Human Sciences Press.
Duffy, L. M., Wyble, S. J., Wilson, B., Miles, S. H. (1989): Obtaining geriatric patient consent. *J. of Gerontological Nursing* 15, 21–24.
Duffy, M. (1999a): Reaching the person behind the dementia: treating comorbid affective disorders through subvocal and nonverbal strategies. In: *Duffy* (1999) 577–589.
Duffy, M. (ed.) (1999): Handbook of counseling and psychotherapy with older adults. New York: John Wiley & Sons.
Dunhill, J. (1977): The Diagnostic Potential of Puppets. In: *Philpott,* 149–153.
Dustman, R. E., Ruhling, E. M., Russell, D. E., Shearer, H. W., Bonekat, J. W., Shigeoka, J. S., Wood, J. S., Bradford, D. C. (1984): Aerobic exercise training and improved neuropsychological function of older individuals. *Neurobiology of Aging* 5, 35–42.
Dwyer, J. W., Clarke, L. L., Miller, M. K. (1990): The effect of religious concentration and affiliation on county cancer mortality rates. *J. of Health and Social Behavior* 31, 185–202.
Dyer, J. G., Minton McGuiness, T. (1996): Resilience: analysis of the concept. *Archives of Psychiatric Nursing* X (5) 276–282.
Eastman, M. (1985): Gewalt gegen alte Menschen. Freiburg: Lambertus.
Eaton, W. W. et al. (1989): The incidence of specific DIS/DSM-III mental disorders: data from th NIMH-Epidemiologic Catchmen Area Program. *Acta psychiatr. Scan.* 79, 163–178.
Eder, A. (1990): Risikofaktor Einsamkeit. Wien: Springer.
Ehmer, J. (1990): Sozialgeschichte des Alterns. Frankfurt a. Main.
Ehrhardt, T., Hampel, H., Hegerl, U., Möller, H.-J. (1998): Das verhaltenstherapeutische Kompetenztraining VKT – Eine spezifische Intervention für Patienten mit einer beginnenden Demenz. *Zeitschrift für Gerontologie und Geriatrie* 31, 112–119.
Ehrhardt, T., Kötter, U., Hampel, H., Schaub, A., Hegerl, U., Möller, H.-J. (1997): Psychologische Therapieansätze bei Demenz. *Zeitschrift für Gerontopsychologie und -psychiatrie* 10, 85–98.
Eilenberger, M. (1979): Das Lebenspanorama als diagnostische und therapeutische Methode in der Integrativen Therapie. Hamburg: Diplomarbeit am Psychol. Inst. Hamburg.
Eichert, H.-Ch., Petzold, H. G. (2003b): Hilflosigkeit, Kontrolle, Bewältigung – Kernkonzepte und Materialien für die Supervision. Bei www.Fpi-publikationen.de/supervision – *SuperVision: Theorie – Praxis – Forschung.* Eine interdisziplinäre Internet-Zeitschrift – 12/2003
Eichert, H.-Ch., Petzold, H. G. (2003c): Kausalattribution und Kontrollüberzeugung und deren Bedeutung für die Supervision. – Bei www.Fpi-publikationen.de/supervision – *SuperVision: Theorie – Praxis – Forschung.* Eine interdisziplinäre Internet-Zeitschrift – 13/2003
Eidgenössische Kommission für Altersfragen in der Schweiz (1995): Altern in der Schweiz. Bilanz und Perspektiven. Bern: Eidgenössische Drucksachen- und Materialzentrale.
Elkin, I., Shea, T., Watkins, J. T. et al. (1989): National Institute of Mental Health Treatment of Depression Collaborative Research Programm: general effectiveness of treatments. *Archives of General Psychiatry* 46, 971–983.
Emde, R. N. (1980): Emotional availability: A reciprocal reward system for infants

and parents with implications for prevention of psychological disorders. In: *Taylor, P. M.* (ed.): Parent- infant relationships. New York: Grune & Stratton, 87–116.
Emde, R. N. (1993b): Die endliche und die unendliche Entwicklung – Angeborene und motivationale Faktoren aus der frühen Kindheit. In: *Petzold*, 277–345.
Emde, R. N. (1995): Die Aktivierung grundlegender Formen der Entwicklung: Emphatische Verfügbarkeit und therapeutisches Handeln. In: *Petzold*, 219–252.
Engelkamp, J. (1990): Das menschliche Gedächtnis. Göttingen: Hogrefe.
Engelke, E. (1980): Sterbenskranke und die Kirche. München: Kaiser.
Engels, G. I., Vermey, M. (1997): Efficacy of nonmedical treatments of depression in elders: a quantitative analysis. *J. of Clinical Geropsychology* 3 (1) 17–35.
Engelsmann, F. (1957): Das Buch und der Kranke. Prag.
Ericsson, K. A., Charness, N. (1994): Expert performance: Its structure and aquisition. *American Psychologist* 49, 725–747.
Erikson, E. (1974): Identität und Lebenszyklus. Frankfurt: Suhrkamp.
Erlemeier, N. (1978): Einige psychologische Determinanten der Weiterbildungsmotivation. *Actuelle gerontol.* 8, 201–208.
Ermini-Fünfschilling, D. (1992): Die therapeutischen Möglichkeiten eines Gedächtnistrainings in den Anfangsstadien einer senilen Demenz. In: *Alzheimer-Gesellschaft München* (Hrsg.): Der demenzkranke ältere Mensch zu Hause und im Heim. München: Alzheimer-Gesellschaft, 29–35.
Ermini-Fünfschilling, D., Meier, D. (1995): Gedächtnistraining: Wichtiger Bestandteil der Milieutherapie bei seniler Demenz. *Zeitschrift für Gerontologie und Geriatrie* 28, 190–194.
Ernst, P., Beran, B., Badosh, D., Kosovsky, R., Kleinhauz, M. (1977): Treatment of the aged mentally ill: Further unmasking of the effects of a diaprosis of chronic brain syndrome, *J. Amer. Geriatrics Soc.* 25, 466–469.
Ernst, P., Beran, B., Saffard, F., Kleinhauz, M. (1978): Isolation and the symptoms of chronic brain syndrome, *The Gerontologist* 18, 468–474.
Evans, M. M., Rubio, P. A. (1994): Music: a diversionary therapy. *Todays OR Nurse* 16/4, 17–22.
Eysenck, H. J., Eysenck, S. B. G. (1969): Personality: structure and measurement. London: Routledge & Kegan.
Faden, R., Beauchamp, T. L. (1986): A history and theory of informed consent. New York: Oxford University Press.
Faltermaier, T., Mayring, Ph., Saup, W., Strehmel, P. (1992): Entwicklungspsychologie des Erwachsenenalters. Suttgart: Kohlhammer. Neuaufl. 2001.
Fedotow, A. (1956): Technik des Puppentheaters. Leipzig: F. Hofmeister-Verlag.
Feigenberg, L. (1980): Terminal Care, friendship contracts with dying cancer patients. New York: Brunner/Mazel.
Feil, N. (1992): Validation. Ein neuer Weg zum Verständnis alter Menschen. Wien: Altern und Kultur Verlag.
Feil, N. (1993): The validation breakthrough: simple techniques for communicating with poeple with »Alzheimer's type dementia«. Baltimore: Health Professions Press.
Feinmann, S. (1985): Emotional expression, social referencing and preparedness for learning in infancy – Mother knows best, but sometimes I know better. In: *Zivin, G.* (ed.): The development of expressive behavior: Biology-environment interactions. Orlando: Academic Press.

Feix, J. (1977): Hrsg. und Übers. von *Seneca, L. A.* (1977): Von der Kürze des Lebens (De breviate vitae). Stuttgart: Reclam.
Ferenczi, S. (1927/1928): Die Elastizität der psychoanalytischen Technik. *Bausteine* III, 380–398.
Ferenczi, S. (1964): Bausteine zur Psychoanalyse. Bern: Huber.
Ferenczi, S. (1921/22): Beitrag zum Verständnis der Psychoneurosen des Rückbildungsalters. In: Bausteine zur Psychoanalyse Bd. 3, 1964, 180–188.
Ferraro, K. F. (1989): Widowhood and health. In: *K. S. Markides, C. L. Cooper* (eds.): Aging, Stress, and Health. New York: Wiley.
Festinger, L. (1954): A theory of social comparison processes. *Human Relations* 7, 117–140.
Fettig, H. J. (1970): Hand- und Stabpuppen. Stuttgart.
Fettig, H. J. (1977): Kleine Bühne – großer Spaß. Stuttgart.
Feuerstein, T. J., Lehmann, J., Sauermann, W., v. Velthoven, V., Jackisch, R. (1992): The autoinhibitory feedback control of acetylcholine release from human neocortex tissue. *Brain Research* 572: 64–71.
Feyereisen, P. (1991): Brain pathology, lateralization, and nonverbal behavior. In: *R. S. Feldman, T. Rime* (eds.): Fundamentals of nonverbal behavior. New York: Cambridge University Press.
Fiegenbaum, W., Margraf, J., Florin, I., Elers, A. (Hrsg.) (1992): Zukunftsperspektiven der Klinischen Psychologie. Heidelberg: Springer.
Filipp, S.-H., Ferring, D. (1998): Befindlichkeitsregulation durch temporale und soziale Vergleichsprozesse im Alter? *Zeitschrift für klinische Psychologie* 27/2, 93–97.
Filipp, S.-H., Schmidt,K. (1995): Mittleres und höheres Erwachsenenalter. In: *Oerter, Montada* (1995) 439–486.
Filipp, S.-H. (1979): Selbstkonzept-Forschung. Stuttgart: Klett.
Finch, E., Ramsay, R., Katona, C. (1992): Depression an physical illness in the elderly. *Clin. Geriat. Med.* 8, 275–287.
Fine, S. B. (1991): Resilience and human adaptability: Who rises above adversity? *The American J. of Occupational Therapy* 45 (6), 493–503.
Fischer, L. (1981): Aggressivität als Daseinstechnik in Altenpflegeheimen, Z. *Gerontol.* 6 (1981) 459–468.
Fisher, J., Carstensen, L. (1990): Behavior management of the dementias. *Clin. Psychol. Review* 10, 611–629.
Fitzgerald-Cloutier, M. L. (1993): The use of music therapy to decrease wandering: an alternative to restraints. *Music Therapy Perspectives* 11/1, 32–36.
Flach, F. F. (1980): Psychobiologic resilience, psychotherapy, and the creativ process. *Comprehensive Psychiatry* 21 (6), 510–519.
Flach, F. F. (1988): Resilience: Discovering a new strength at times of stress. New York: Fawcett Columbine.
Flach, W. (1970): Die biographische Methode bei Wilhelm Dilthey. *Archiv für die Geschichte der Philosophie* 52, 172–186.
Flammer, A. (1988): Entwicklungstheorien. Psychologische Theorien der menschlichen Entwicklung. Bern: Huber.
Flammer, A. (1990): Erfahrung der eigenen Wirksamkeit. Einführung in die Psychologie der Kontrollmeinung. Bern: Huber.
Fleischmann, U. M. (1989): Gedächtnis und Alter. Multivariate Analysen zum Gedächtnis alter Menschen. Bern: Huber.

Flick, U. (Hrsg.) (1991): Alltagswissen über Gesundheit und Krankheit: subjektive Theorien und soziale Repräsentationen. Heidelberg: Asanger.
Flint, A. J. (1994): Epidemiology and comorbidity of anxiety disorders in the elderly. *American J. of Psychiatry* 151/5, 640–649.
Fogel, B. (1981): Interrelations between people and pets. Springfield: Charles C. Thomas.
Folkman, S., Chesney, M., McKusick, L. et al. (1991): Translating coping theory into an intervention. In: *J. Eckenrode* (Ed.): The social context of coping. New York: Plenum Press.
Folsom, J. C., Taulbee, L. R. (1986): Reality orientation for geriatric patients. *J. of Hospital and Community Psychiatry* 17, 133–135.
Fonagy, P., Steele, M., Steele, H., Higgitt, A., Target, M. (1994): Theory and practice of resilience. *J. of Child Psychology and Psychiatry* 35, 231–257.
Fooken, I. (1990): Partnerverlu t im Alter. In: *Mayring, Saup* 1990, 57–74.s
Foster, J. R. (1997): Successful coping, adaptation and resilience in the elderly: an interpretation of epidemiologic data. *Psychiatric Quarterly* 68 (3) 189–219.
Foster, J. R., Cataldo, J. K., Boksay, I. J. E. (1991): Incidence of depression in a medical long-term care facility. *International J. of Geriatric Psychiatry* 6, 13–20.
Foucault, M. (1977): Überwachen und Strafen. Frankfurt: Suhrkamp.
Foucault, M. (1978): Wahnsinn und Gesellschaft. Frankfurt: Suhrkamp.
Foucault, M. (1978a): Von der Subversion des Wissens. Frankfurt: Ullstein.
Foucault, M. (1982): Der Staub und die Wolke Bremen: Impuls.
Foucault, M. (1984a): Von der Freundschaft. Michel Foucault im Gespräch. Berlin: Merve.
Foucault, M. (1984b): Eine Ästhetik der Existenz. In: *Foucault, M.* (1984a) 133–41.
Foucault, M. (1985a): Freiheit und Selbstsorge. Frankfurt: Suhrkamp
Foucault, M. (1985b): Hermeneutik des Subjekts. In: *Foucault, M.* (1985a) 32–60.
Foucault, M. (1986a): Die Sorge um sich. Sexualität und Wahrheit 3. Frankfurt: Suhrkamp.
Foucault, M. (1986b): Der Gebrauch der Lüste. Sexualität und Wahrheit 2. Frankfurt: Suhrkamp.
Foucault, M. (1996): Diskurs und Wahrheit. Die Berkeley Vorlesungen. Berlin: Merve.
Franciscus von Assisi (1977): Geliebte Armut. Freiburg: Herder.
Frankl, V. (1972): Der Wille zum Sinn. Bern: Huber.
Franzke, E. (1979): Die Verwendung von Handpuppen in der Psychotherapie. *Integrative Therapie* 1/2, 119–128.
Frey, H.-P. (1983): Stigma und Identität. Weinheim: Beltz.
Friedrichsen, G. (1989): »Wo die Traudl ist, wird kräftig gsturbn.« Der Massenmord auf der Altenstation im Wiener Krankenhaus Lainz. *Spiegel* 43, 16, 173
Friedrichsen, G. (1991): Zum Prozeß gegen vier Hilfskrankenschwestern in Wien. I – »... dann gibst ihm halt was«. *Spiegel* 45, 11, 206; II – »Waltraud, i brauch' no a Bett«. *Spiegel* 45, 14, 189
Frohne, I. (1976): Rhythmik als therapeutisches Verfahren innerhalb der Musiktherapie. *Musik und Medizin* 6.
Frohne, I. (1979): Musiktherapie mit alten Menschen. In: *Petzold, Bubolz,* Psychotherapie mit alten Menschen. Paderborn: Junfermann, 383–396.
Frohne, I. (1981): Das rhythmische Prinzip. Grundlagen, Formen und Möglichkeiten in Therapie und Pädagogik. Bremen: Eres, Lilienthal.

Frohne, I. (1981): Die Beziehung zu den Dingen neu entdecken. *Musik und Medizin* 7 (1981) 43–50.
Frohne-Hagemann, I. (1990) Integrative Musiktherapie als Form kreativer Therapie und symbolischen Ausdrucks. In: *Petzold, Orth*, 807–830.
Frohne-Hagemann, I. (1990): Integrative Musiktherapie als psychotherapeutische, klinische und persönlichkeitsbildende Methode. In: *Frohne-Hagemann:* 99–120.
Frohne-Hagemann, I. (1990a): Musik und Gestalt. Klinische Musiktherapie als integrative Psychotherapie. Paderborn: Junfermann.
Fry, C. *L.* (1981): Dimensions: Aging, culture and health. New York: Praeger.
Fuà, O. (1995): Da Cicerone a Seneca. In: *U. Mattioli* (Hrsg.), 183–238.
Fuchs, M. (1996): Sterben und Sterbebegleitung – ein interdisziplinäres Gespräch. Stuttgart: Kohlhammer.
Fuchs, T., Kurz, A. (1993): Psychotherapie im Alter. In: *Steinberg, R.*: Gerontopsychiatrie (18. Psychiatrie-Symposium, Pfalzklinik Landeck). Klingenmünster: Tilia-Verlag, 86–97.
Fuchs, W. (1973): Die Todesbilder in der modernen Gesellschaft. Frankfurt: Suhrkamp.
Fuhrmann, R. (1979): Musik und Altenhilfe. In: *Finkel, K.* (Hrsg.): Handbuch Musik und Sozialpädagogik. Regensburg, Gustav Bosse Verlag, 251–255.
Fuhrmann, R. (1990): Das Alzheimer- Schicksal meiner Frau: Lebend begraben im Bett? Stuttgart: Georg Thieme Verlag.
Füllgraff, B. (1976): Älteren wird das Lernen schwergemacht. In: *Kallmeyer,* G. u. a. (Hrsg.): Lernen im Alter. Analysen und Modelle zur Weiterbildung. Bonn: Frankfurt, 40–65.
Funk, J. D. (1977): Some aspects of the development of music perception, Diss. Clark University.
Fyodorov, N. F. (1928): Filosofiya obshchevo dela [Die Philosophie des gemeinsamen Werkes] Bd. I. Harbin, Manchuria, Bd. II, 1930.
Gadamer, H.-G. (1975): Wahrheit und Methode. Tübingen: Mohr, 4. Aufl.
Gaeth, J. (1948): A study of phonemic regression in relation to hearing loss. Unpublished doctoral dissertation. Northwestern University.
Gallagher-Thompson, D., Hanley-Peterson, P., Thompson, L. W. (1990): Maintenance of gains versus relapse following brief psychotherapy for depression. *J. of Consulting and Clinical Psychology* 58 (3), 371–374.
Gallagher-Thompson, D., Steffen, A. (1994): Comparative effects of cognitive/behavioral and brief psychodynamic psychotherapies for depressed family caregivers. *J. of Counseling and Clinical Psychology* 62, 543–549.
Gallagher-Thompson, D., Thompson, L. W. (1982): Treatment of major depressive disorder in older adult outpatients with brief psychotherapies. *Psychotherapy: Theory, Research and Practice* 19, 482–489.
Gallagher-Thompson, D., Thompson, L. W. (1983a): Cognitive therapy for depression in the elderly: a promising model for treatment and research. In: *Breslau, L., Haug, M.* (eds.): Depression and aging: causes, care and consequences. New York: Springer, 169–192.
Gallagher-Thompson, D., Thompson, L. W. (1983b): Effectiveness of psychotherapy for both endogenous and nonendogenous depression in older adult outpations. *J. of Gerontology* 38, 707–712.

Galliker, M., Klein, M. (1993): Verhaltensbestimmte Aspekte in der Beratung von alten Menschen und ihren Angehörigen. *Verhaltensmodifikation und Verhaltensmedizin* 14/4, 340–355.

Garfield, Ch. A. (1978): Psychosocial Care of the Dying Patient. New York: McGraw-Hill Book Company.

Garfield, S. L. (1982): Eclecticism and integration in psychotherapy, *Behavior Therapy* 5, 610- 623.

Garfield, S. L. (1992): Eclectic Psychotherapy: A common factors approach. In: *Norcross, Goldfried*, 162–195

Garmezy, N. (1984): Stress resistant children: The search for protective factors. In: *J. E. Stevenson* (ed.): Aspects of current child psychiatry research. *J. of Child Psychology and Psychiatry* (Suppl 4).

Garmezy, N. (1987): Stress-resistente kinderen: op zoek naar protectieve factoren. In: *H. Grounendaal, R. Meyer, J. Veerman, J. de Witt* (eds.): Protectieve factoren in de ontwikkeling von kinderen en adolescenten. Lisse: Swets & Zeitlinger, 17–39.

Garmezy, N. (1993): Children in poverty: Resilience despite risk. *Psychiatry* 56,127–136.

Garner, W., Spector, A. (1978): Racemization in human lens: Evidence of rapid insolubilization of specific polypeptides in cataract formation. *Proceeding of the National Academy of Sciences* 75, 3618–3620.

Gatterer, G. (1994): Psychotherapie im Alter. In: *Pritz, A., Dellisch, H.* (1994): Psychotherapie im Krankenhaus. Wien: Orac, 195–209.

Gatz, M., Hurwicz, M. (1990): Are older poeple more depressed? Cross-sectional data on center for epidemiologica studies depression scale factors. *Psychology and Aging* 5, 284–290.

Geck, A. (1991): Die Bedeutung der Musik im Leben älterer Menschen. In: *Howe, J.* et al. (Hrsg.) Lehrbuch der psychologischen und sozialen Alternswissenschaften Bd. 3. Heidelberg: Asanger, 44–60.

Geißler, H. (1982): Der lange Weg in die ambulante Zukunft, *Forum Sozialstation* 21.

Gembris, H. (1993): Fähigkeiten und Aktivitäten im Erwachsenenalter. In: *Bruhn* et al., 316–329.

Gembris, H. (1995): Entwicklungspsychologie musikalischer Fähigkeiten. In: *Helms, Schneider, Weber* (Hrsg.): Kompendium der Musikpädagogik. Kassel 281–332.

Gembris, H. (1995): Musikalische Entwicklungspsychologie und ihre mögliche Bedeutung für die Musiktherapie. *Musiktherapeutische Umschau* 16/2, 93–107.

George, L. (1992): Social factors and the onset and outcome of depression. In: *Schaie, K. W., House, J. S., Blazer, D. G.* (eds.): Aging, health behaviors, and health outcomes. Hillsdale: Erlbaum, 137–159.

George, L. K. (1980): Role transitions in later life. Monterey, Ca.: Brooks/Cole, Wadsworth.

Gerdner, L. A., Swanson, E. A. (1993): Effects of individualized music on confused and agitated elderly patients. *Archives of Psychiatric Nursing* 7/5, 284–291.

Gethmann, C. F. (1989): Kontemplation und Profession. Die Verantwortung des Philosophen. In: *Oehlmüller* (1989) 108–121.

Gibbons, A. C. (1977): Popular music preferences of elderly poeple. *J. of Music Therapy* 14/4, 180–189.

Gibbons, A. C. (1979): Musical Attitude Profil Scores in the elderly and their relationship to morale and selected other variables. Diss. University of Kansas.
Gibbons, A. C. (1979a): Primary Measures of Music Audiation scores in an institutionalized elderly population. *J. of Music Therapy* 20/1, 21–29.
Gibbons, A. C. (1983b): Musical skill level self-evaluation in non-institutionalized elderly. *Activities, Adaption & Aging* 3/2, 61–67.
Gibson, E. J. (1988): Exploratory behavior in the development of perceiving, acting and the acquiring of knowledge. *Annual Rewiev of Psychology* 1–41.
Gibson, E. J., Spelke, E. (1983): The development of perception. In: *Flavell, E., Markman, M.*(eds.): Handbook of child psychology,Vol III, cognitive development. New York:Wiley, 1–76.
Gibson, J. J. (1969): Principles of perceptual learning and development. New York: Appleton Century Crofts.
Gibson, J. J. (1979): The ecological approach to visual perception, Boston: Houghton, Mifflin; dtsch. (1982): Der ökologische Ansatz in der visuellen Wahrnehmung. München: Urban & Schwarzenberg.
Gibson, J. J. (1982): The concept of affordance in development: The renaissance of funciontalism. In: *Collins, N. A.:* The concept of development. Hillsdale: Erlbaum.
Gilbert, J. P., Beal, M. R. (1982): Preferences of elderly individuals for selcted music educations experiences. *J. of Research in Music Education* 30/4, 247–253.
Gilewsky, M. J. (1986): Group therapy with cognitively impaired older adults. *Clinical Gerontologist* 5, 281–296.
Gilhome-Herbst, K. (1983): Psychosocial consequences of disorders of hearing in the elderly. In: *R. Hinchcliffe* (ed.): Hearing and balance in the elderly. London: Churchill Livingstone, 174–200.
Gilhome-Herbst, K. R., Humphrey, C. M. (1980): The prevalence of hearing impairment in the elderly living at home. *J. of the Royal College of General Practicioners* 31, 155–160.
Ginis, R. H. (1976): Puppetry and its Therapeutic History. Thesis submitted in partial fullfillment of the requirements for the degree of »Master of Professional Studies in Art Therapy and Creative Development«, School of Art and Design. Boston: Pratt-Institute.
Gittings, N. S., Forzard, J. L. (1986): Age changes in visual acuity. *Experimental Gerontology* 21, 423–434.
Glaeske, G., Günther, J., Keller, S. (1997): Nebenwirkung: Sucht. München: Kunstmann.
Glascock, A. P., Feinman, S. L. (1981): Social asset or social burden: treatment of the aged in non-industrial societies. In: *Fry* (1981) 13–31.
Goffman, E. (1963): Stigma. Notes on the management of spoiled identity, Englewood Cliffs: Prentice Hall; dtsch.: Stigma. Über Techniken zur Bewältigung beschädigter Identität. Frankfurt: Suhrkamp, 1967.
Goffman, E. (1977):Rahmenanalyse. Frankfurt: Suhrkamp.
Goisman, R. M. (1983): Therapeutic approaches to phobia: a comparison. *American J. of Psychotherapy* 37, 227–234.
Gold, A. (1995): Gedächtnisleistungen im höheren Erwachsenenalter. Bern: Huber.
Goll, H. (1993): Heilpädagogische Musiktherapie, grundlegende Entwicklung eines ganzheitlich angelegten ökologisch-dialogischen Theorie-Entwurfs, ausgehend von

Judendlichen und Erwachsenen mit schwerer geistiger Behinderung. Frankfurt: Peter Lang.
Gorenstein, E. E., Papp, L. A., Kleber, M. S. (1997): Psychosocial treatment of benzodiazepine dependence and anxiety in later life. In: *C. Morin* (1997): Treatment of insomnia, anxiety, and benzodiazepine dependence in later life. Miami Beach: Association for Advancement of Behavior Therapy.
Gössling, S. (1987): Mehr Lebensqualität für Heimbewohner. *Evangelische Impulse* 9, 11–14.
Götestam, K. G., Melin, L. (1990): The effect of prompting and reinforcement of activity in elderly demented inpatients. *Scandinavian J. of Psychology* 31, 2–8.
Graue Panther (1983): 24 alte Männer und eine Badewanne, *Graue Panther* Juni 20–21.
Graue Panther, Menschen werden wie Stückgut behandelt, *Graue Panther* Oktober (1984) 5–8.
Grawe, K. (1988a): Heuristische Psychotherapie. Eine schematheoretisch fundierte Konzeption des Psychotherapieprozesses. *Integrative Therapie* 4 (1988a) 309–325.
Grawe, K. (1998): Psychologische Therapie. Göttingen: Hogrefe.
Grawe, K., Donati, R., Bernauer, P. (1994): Psychotherapie im Wandel. Von der Konfession zur Profession. Göttingen: Hogrefe.
Green, B. L., Gleser, G. C., Lindy, J. D. (1995): Age-related reactions to the Buffalo Creek dam collapse. In: *P. E. Ruskin, J. A. Talbott* (Eds.): Aging and Posttraumatic Stress Disorder. Washington: American Psychiatric Press.
Greenwald, M. A. (1979): Vocal Range Assessment of Geriatric Clients. *J. of Music Therapy* 16/4, 172–179.
Greve, W., Niederfranke, A. (1998): Bedrohung durch Gewalt und Kriminalität im Alter. *Zeitschrift für Klinische Psychologie* 27/2, 130–135.
Grimm, J. (1979): *Grimm, W.,* Kinder und Hausmärchen. Frankfurt: Insel, 3 Bde.
Groene, R. W. (1993): Effectiveness of music therapy 1:1 with individuals having senile dementia of the Alzheimer's type. *J. of Music Therapy* 30/3, 138–157.
Grombach, H. (1987): Konstanz und Veränderlichkeit der Persönlichkeit als eine Funktion methodischer Grundlagen. In: *Lehr, Thomae* (1987) 18–38.
Grotjahn, M. (1979): Analytische Psychotherapie bei älteren Menschen. In: *Petzold, Bubolz* (1979) 77–88. Ursprünglich erschienen in: *Psychoanalytic Review* 42 (1955) 419–427.
Grümme, R. (1995): Grenzen des therapeutischen Singens mit dementiell Erkrankten. *Musik-, Tanz- und Kunsttherapie* 6, 65–71.
Gurian, B., Goisman, R. (1993): Anxiety disorders in the elderly. *Generations* 17/1, 39–42.
Gurland, B. J., Copeland, J. R., Kurlansky, J., Kelleher, M. J., Sharpe, L., et al. (1983): The mind and the mood of aging. New York: Hawthorne Press.
Haag, G., Bayen, U. J. (1996): Verhaltensmedizinische Konzepte bei Älteren. Verhaltensbezogene Diagnostik, Therapie und Rehabilitation in der Geriatrie. Köln: Deutscher Ärzte-Verlag.
Haan, N. (1977): Coping and defending. New York: Academic Press.
Haardt, A. M., Klemm, H. (1982): Musiktherapie – Selbsterfahrung durch Musik. Wilhelmshaven: Heinrichshofen's Verlag.
Hadot, P. (1991): Philosophie als Lebensform. Geistige Übungen in der Antike. Berlin: Gatza.

Haenselt, R., Bruder, J. (1993): Zur Evaluation von Gruppenberatung für pflegende Angehörige Alterskranker. *Zeitschrift für Gerontopsychologie und -psychiatrie* 6, 267–281.

Häfner, H. (1986): Psychische Gesundheit im Alter. Stuttgart: Fischer.

Häfner, H. (1989): Psychiatrische Aspekte: Epidemiologie und Klinik. In: *Karl, F., Tokarski, W.* (Hrsg.) (1989): Die »neuen« Alten. *Kasseler Gerontologische Schriften* 6. Kassel: Gesamthochschulbibliothek 100–125.

Hagen, G. v. (1999): Katalog zur Ausstellung »Körperwelten – die Faszination des Echten«. Heidelberg: Institut für Plastination.

Hagnell, O. et al. (1990): The incidence of mental illness over a quarter of a century. The Lundby longitudinal study of mental illnesses in a total population bades on 42 000 observation years. Stockholm: Almqvist & Wiksell International.

Hamm, A. (1993): Progressive Muskelentspannung. In: *Vaitl, Petermann* (1993) 245–271.

Hankin, C. S. (1997): Chronische posttraumatische Belastungsstörungen im Alter. In: *Maercker* (Hrsg.): Therapie der posttraumatischen Belastungsströrungen. Berlin, Heidelberg: Springer-Verlag.

Hanser, S., Thompson, L. (1994): Effects of a music therapy strategy on depressed older adults. *J. of Gerontology* 49/6, 265–269.

Hanser, S. B. (1999): Using music therapy in treating psychological problems of older adults. In: *Duffy, M.* (ed.), 197–213.

Hanser, S. B. Thompson, L. W. (1994): Effects of e music therapy strategy on depressed older adults. *J. of Gerontology* 49, 265–269.

Hargreaves, D. J. (1986): The developmental psychology of music. Cambridge: Cambridge University Press.

Harkins, S. W., Kwentus, J., Price, D. D. (1984): Pain and the elderly. In: *Benedetti, C., Chapman, C. R., Moricca, G.* (eds.): Recent advances in the management of pain. New York: Raven Press, 103–121.

Harms, H., Dreischulte, G. (1995): Musik erleben und gestalten mit alten Menschen. Stuttgart: Gustav Fischer.

Hartknoch, Ch. (1684): Alt- und Neu-Preußen. Frankfurt/Leipzig.

Hasher, L., Zacks, R. T. (1988): Working memory, comprehension, and aging: A review and a new view. In: *G. H. Bower* (ed.): The psychology of learning andmotivation. San Diego: Academic Press. Vol. 22, 193–225.

Haupt, M. (1992): Psychosoziale Therapie der Demenz. Veröffentlichung des Kongresses: Diagnostik und Therapie dementieller Erkrankungen. Bonn.

Haupt, M. (1993): Theapeutische Strategien gegen Angst und Aggression bei organischen Hirnkrankheiten. In: *Kurz* (1993) 32–45.

Hausmann, B., Neddermeyer, R. (1996): Bewegt sein. Paderborn: Junfermann.

Hausmann, C. *P.*, Life – review therapy, *J. Gerontol. Social Work* 2 (1980) 31–37.

Hautzinger, M. (1986): Psychologische Therapieansätze bei Depressionen im Alter. In: *Bergener, M.* (Hrsg.): Depressionen im Alter. Darmstadt: Steinkopff.

Hautzinger, M. (1992): Kognitive Verhaltenstherapie bei depressiven älteren Menschen: Erste Erfahrungen und Ergebnisse. *Zeitschrift für Gerontologie* 25, 369–372.

Hautzinger, M. (1994): Behandlungskonzepte der Verhaltenstherapie und der Verhaltensmedizin. In: *Radebold, Hirsch* (1994) 63–72.

Havighurst, R. J. (1948): Developmental tasks and education, New York: David McKay.

Havighurst, R. J. (1963a): Successful aging. In: *Tibbits, C., Donahue, W.* (eds.): Processes of aging. New York: Williams, 229–320.
Havighurst, R. J., Glasser, R. (1972): An exploratory study of reminiscence. *J. of Gerontol.* 27, 245–253.
Havighurst, R. J., Munnichs, J. M. A., Neugarten, B. L., Thomae, H. (Hrsg.) (1969): Adjustment to retirement: A crossnational study. Assen/Netherlands: Van Gorcum.
Havighurst, R. J., Neugarten, B. L., Tobin, S. (1968): Disengagement and patterns of aging. In: *Neugarten,B. L.* (es.): Middle age and aging. Chicago: University Press, 161–172.
Heaney, Ch. J. (1992): Evaluation of music therapy and other treatment modalities in adult psychiatric patients, *J. of Music Therapy* 29/2, 70–86.
Heckhausen, J., Krüger, J. (1993): Development expectations for the self and most other people: Age grading in three functions of social comparison. *Developmental Psychology* 29, 539–548.
Heckhausen, J., Schulz, R. (1995): A lifespan theory of control. *Psychological Review* 102, 284–304.
Heft, H. (2001): Ecological Psychology in Context. London: Lawrence Erlbaum.
Heigl-Evers, A., Helas, I., Vollmer, H. C. (Hrsg.) (1991): Suchttherapie. Göttingen: Vandenhoeck & Ruprecht.
Heim, C. et al. (1998): Abuse-related posttraumatic stress disorder and alterations of the hypothalamic-pituitary-adrenal axis in women with chronic pelvic pain. *Psychosomatic Medicine* 60, 309–318.
Heimannsberg, B. (1985): Schuld und Schuldgefühle in theoretischen Konzepten der klassischen Gestalttherapie von Perls und in den Weiterentwicklungen der integrativen Gestalttherapie. Graduierungsarbeit. Düsseldorf: Fritz-Perls-Institut.
Hein, H., Petzold, H., Fallenstein, A. (1983): Das Arbeitspanorama. In: *Petzold, H., Heinl, H.*, Psychotherapie und Arbeitswelt. Paderborn: Junfermann.
Heinemann, W. (1998): Qualifikation hauptamtlicher Mitarbeiterinnen und Mitarbeiter in der Sterbebegleitung: curriculare Entwürfe. Düsseldorf: Ministerium für Arbeit, Gesundheit und Soziales des Landes NRW.
Heinemann-Knoch, M., de Rijke, J., Schachtner, Ch. (1985): Alltag im Alter. Über Hilfsbedürftigkeit und Sozialstationen. Frankfurt: Campus.
Heinl, H., Petzold, H. G. (1980): Gestalttherapeutische Fokaldiagnose und Fokal intervention bei Störungen aus der Arbeitswelt, *Integrative Therapie* 1, 20–55.
Heiss, W.-D., Kessler, J., Mielke, R., Szelies, B., Herholz, K. (1994): Long-term effects of phosphatidylserine, pyritinol and cognitive training in Alzheimer's disease. *Dementia* 5, 88–98.
Helmchen, H. (1992): Klinik und Therapie depressiver Störungen im höheren Lebensalter. In: *Häfner, H., Hennerici, M.* (Hrsg.): Psychische Krankheiten und Hirnfunktion im Alter. Stuttgart: Fischer, 119–138.
Hendrix, C. D., Hendrix, J. (1976): Concepts of time and temporal construction among the aged, with implications for research. In: *Gubrium,J. F.*, Time, roles and self in old age, Human Sciences Press. New York, 13–49.
Henry, W. E. (1964): The Theory of Intrinsic Disengagement. In: *Hansen, H.*, Age with the Future. Philadelphia, 415–418.
Hespos, M. (1990): Entspannungsverfahren. Ihre Bedeutung für die sozialpädagogische, medizinisch-therapeutische und insbesondere gerontologische Praxis. *MMG* 15, 43–50.

Heuft, G., Kruse, A., Nehen, H. G., Radebold, H. (Hrsg.) (1995): Interdisziplinäre Gerontopsychosomatik. München: MMV Medizin.
Heuft, G., Kruse, A., Radebold, H. (2000): Lehrbuch der Gerontopsychosomatik und Alterspsychotherapie. München: Reinhardt UTB.
Heuft, G., Marschner, C. (1994): Psychotherapeutische Behandlung im Alter. State of the art. *Psychotherapeut* 39, 205–219.
Heuring, M., Petzold, H. G. (2003): »Emotionale Intelligenz« (Goleman), »reflexive Sinnlichkeit« (Dreizel), »sinnliche Reflexivität« (Petzold) als Konstrukte für die Supervision. – Bei www.Fpi-publikationen.de/supervision – *SuperVision: Theorie – Praxis – Forschung.* Eine interdisziplinäre Internet-Zeitschrift – 14/2003
Heuring, M., Petzold, H. G. (2004): Rollentheorie und Rollenkonfliktmodell und ihre Bedeutung für die Supervision. Bei *http://www.FPI-Publikationen.de/materialien.htm – SuperVision: Theorie – Praxis – Forschung.* Eine interdisziplinäre Internet-Zeitschrift – 1/2004.
Hinrichsen, G. A. (1999): Interpersonal psychotherapy for late-life depression. In: *Duffy*, 470–486.
Hinze, E. (1995): Angst und Alter: eine psychoanalytische Annäherung. In: *Blonski* (1995) 118–136.
Hirsch, R. D. (1987b): Zur Problematik des Autogenen Trainings bei Älteren. *Psychother. med. Psychol.* 37, 237–243.
Hirsch, R. D. (1990): Psychotherapie im Alter. Bern: Huber
Hirsch, R. D. (1991): »Lernen ist immer möglich« – Verhaltenstherapie mit Älteren. München: Reinhardt.
Hirsch, R. D. (1991a): Depressive werden wieder aktiv. *Ärztliche Praxis* 43, 22–24.
Hirsch, R. D. (1994): Entspannungsverfahren. In: *Radebold, H., Hirsch, R. D.* (Hrsg.) (1994) 93–103.
Hirsch, R. D., Schneider, H. K., Psychopharmaka und Psychotherapie im Alter. In: *Hirsch, R. D.*, (Hrsg.) Psychotherapie im Alter. Huber: Bern 1990.
Hogstel, M. O., Gaul, A. L. (1991): Safety or autonomy. An ethical issue for clinical gerontological nurses, *J. of Gerontological Nursing*, 17/3, 6–11.
Hohmann, A. A. (1989): Gender bias in psychotropic drug prescribing in primary care. *Medical Care* 27, 478–490.
Hohmann, C. (1993): Mit der Stimme Gefühle wecken. Methoden der Musiktherapie in der Geriatrie, *Heim und Pflege* 24/12, 460–461.
Hohmeier, J., Pohl, H.-J. (1978): Alter als Stigma oder Wie man alt gemacht wird. Frankfurt: Suhrkamp.
Hollmann, W., Hettinger (1980): Sportmedizin – Arbeits- und Trainingsgrundlagen. Stuttgart: Schattauer.
Höpflinger, F. (1994): Frauen im Alter – Alter der Frauen. Ein Forschungsdossier. Zürich: Seismo.
Hörl, J., Rosenmayr, L. (1994): Gesellschaft, Familie, Alternsprozess. In: *Reimann, H., Reimann, H.*: Das Alter. Einführung in die Gerontologie. 3. Aufl. Stuttgart: Enke, 75–108.
Hosser, D., Greve, W. (1999): Victimization in old age. In: *Maercker, A., Schützwohl, M., Solomon, Z.* (1999): Post-Traumatic stress disorder. A lifespan developmental perspective. Göttingen: Hogrefe, 177–198.
Hövel, O. (1985): 400 000 Kinder jährlich mißhandelt. *Süddeutsche Zeitung* 200, 1 vom 31. Aug. 1985.

Huck, K., Petzold, H. G. (1984): Death Education, Thanatagogik – Modelle und Konzepte. In: *Petzold, Spiegel-Rösing* (1984) 501–576.
Hultsch, D. F., Dixon, R. A. (1990): Learning and memory in aging. In: *Birren, J. E., Schaie, K. W.* (eds.): Handbook of the psychology of aging. New York: Academic Press, 258–274.
Hummel, K (1984): Die Psychiatrisierung der Alten- und Pflegeheime, *heim + anstalt* 15, 363–366.
Hummel, K. (1982): Öffnet die Altenheime. Beltz: Weinheim.
Hunziker, B., Manser, A. (1983): Der alte Mensch. Ein Vergleich der Darstellung in Primarschul-Lesebüchern. Zürich: Pro Senctute.
Husemann, F. (1938): Vom Bild und Sinn des Todes. Dresden: Emil Weises Buchhandlung. Neuausgabe: Stuttgart 1979: Verlag Freies Geistesleben, 4. Aufl.
Husserl, E. (1954): Die Krisis der europäischen Wissenschaften und die transzendentale Phänomenologie – Eine Einleitung in die phänomenologische Philosophie. Hg. von H. Biemel. Den Haag: Nijhoff.
Hüther, G. (1997): Biologie der Angst. Wie aus Streß Gefühle werden. Göttingen: Vandenhoeck & Ruprecht.
Hyer, L. (1999): The effects of trauma: Dynamics and treatment of PTSD in the elderly. In: *Duffy, M.* (ed.): Handbook of counseling and psychotherapy with older adults. New York: Wiley & Sons, 539–560.
Idler, E. L., Kasl, S. V. (1995): Self-ratings of health: Do they predict change in functional ability? *The J.s of Gerontology* 50B, 344–535.
Iljine, V. N. (1909): Improvisiertes Theaterspiel zur Behandlung von Gemütsleiden. *Teatralny Kurier.* Kiew, Beilage (russ.)
Iljine, V. N. (1942): Therapeutisches Theaterspiel. Paris: Sobor.
Iljine, V. N. (1963): Szenarien Sterbender. Unveröffentl. MS. Paris: Institut St. Denis.
Iljine, V. N. (1972): Das therapeutische Theater. In: *Petzold, H.,* Angewandtes Psychodrama. Paderborn: Junfermann, 2. Aufl. 1977, 168–176.
Ilmmler, W. (1985): Integration und Neuorientierung in den geistlichen Übungen des Ignatius von Loyola und in der integrativen Gestalttherapie. Düsseldorf: Graduierungsarbeit Fritz-Perls-Institut.
Imhof, A. (1981): Die gewonnenen Jahre. München: Pick.
Imhof, A. E. (1992): Die Zunahme unserer Lebensspanne seit 300 Jahren – und die Folgen. In: *Niederfranke, A., Lehr, U., Oswald, F., Maier, G.* (Hrsg.): Altern in unserer Zeit. Heidelberg: Quelle & Meyer, 12–26.
Internationale Expertenkommission (1989): Die Vorfälle im Wiener Krankenhaus Lainz. *Krankenpflege*, 43, 9, 440
Isler, V. (1986): Schaut uns an – Porträts von Menschen über Achtzig. Basel: Birkhäuser Verlag.
Izard, C. E. (1977): Human emotions. New York: Plenum Press.
Izard, C. E. (ed.) (1979): Emotion in personality and psychopathology. New York: Plenum Press.
Izard, C. E. (1990): Facial expressions and the regulation of emotions. *J. of Personality and Social Psychology* 3, 487–498.
Jacelon, C. S. (1997): The trait and process of resilience. *J. of Advanced Nursing* 25,123–129.
Jacobi, F., Poldrack, A. (2000): Klinisch-psychologische Forschung. Göttingen: Hogrefe.

Jacobson, E. (1976): »Progressive Relaxation«. In: *Langen, D.* (Hrsg.): Der Weg des Autogenen Trainings. Darmstadt: Wissenschaftliche Buchgesellschaft, 45–52.
Janet, P. (1927): La pensée interieur et ses troubles. Paris: Metoine.
Jansen, B., Karl, F., Radebold, H., Schmitz-Scherzer, R. (Hrsg.) (1999): Soziale Gerontologie. Weinheim: Beltz.
Janson-Michl, C. (1980): Gestalten, Erleben, Handeln. Handbuch für kreative Gruppenarbeit. München: Pfeiffer.
Jaques, E. (1965): Death and the mid-life crisis, *Intern. J. Psycho-Anal.* 46, 502–514.
Jochims, S. (1992): Depression im Alter. Ein Beitrag der Musiktherapie zur Trauerarbeit. *Zeitschrift für Gerontologie* 25/6, 391–396.
Jochims, S. (1993): Stationäre Kurzzeitpsychotherapie am Beispiel der Depression im Alter. *Musiktherapeutische Umschau* 14/2, 115–125.
Johnson, M. A., Choy, D. (1987): On the definition of age-related norms for visual function testing. *Applied Optics* 26, 1449–1454.
Junge, F. (1993): Musiktherapie und Tanzen im Seniorenheim. In: *Kosellek, I. & Kosellek, R.* et al. (Hrsg.), Tanz als ganzheitliches Therapieangebot. Praxiserfahrungen und Grundlagen. München: Pflaum Verlag, 170–180.
Junkers, G. (1995): Klinische Psychologie und Psychosomatik des Alterns. Stuttgart: Schattauer.
Kahn, R. L., Antonucci, T. C. (1980a): Convoys of social support: A life course approach. In: *Kiesler, I. B., Morgan, J. N.*, Oppenheimer, V. K. (eds.): Aging. New York: Academic Press, 383–405.
Kamper, D., Rittner, V. (1976): Zur Geschichte des Körpers. Perspektiven der Anthropologie. München: Hanser.
Kapp, M. B. (1990): Elder care: Informed, assisted, delegated consent for elderly patients. *Association of Operating Room Nurses* 52, 857–862.
Karasu, Th. B., Waltzmann, St. (1976): Dying, Death and funerals. In: *Bellak, L., Karasu, Th. B.*, Geriatric Psychiatry. London: Academic Press, 247–278.
Kark, J. D., Goldman, W., Epstein, L. (1996): Iraqi missile attacks on Israel: the association of mortality with a life-threatening stressor. *J. of the American Medical Association* 273, 1208–1210.
Kartman, L. L. (1990): Fun and entertainment: One aspect of making meaningful music for the elderly. *Activities, Adaptation & Aging* 14/4, 39–44.
Kastrinidis, P. (1979): Psychotherapie mit alten Menschen aus Daseinsanalytischer Sicht. In: *Petzold, Bubolz* 39–58.
Kay, W. J. et al. (1984): Pet loss and human bereavement. Ames: Iowa State Univ. Press.
Keleman, St. (1977): Lebe dein Sterben. Hamburg: Isko Press.
Kemper, J. (1990): Alternde und ihre jüngeren Helfer. München: Reinhardt.
Kemser, J. (1976): Musik und Gerontagogik. Empirische Untersuchungen zur musikalischen Kommunikation älterer Menschen in freien Altenheimen. Hamburg: Diss. Univers. Hamburg.
Kemser, J. (1979): Überlegungen zu einer musikbezogenen Gerontagogik, *Musik und Kommunikation* 3, 9–14.
Kenshalo, D. R. (1979): Aging effects on cutaneous and kinesthetic sensibilities. In: *Hain, S. S., Coons, D. H* (eds.): Special senses in aging. Ann Arbor, MI: Institute of Gerontology, University of Michigan, 189–217.

Kenshalo, D. R. (1986): Somesthetic sensitivity in young and elderly humans. *J. of Gerontology* 41, 732–742.
Kernberg, O. (1980): Internal world and external reality, Jason Aronson, New York.
Kessler, R. C., Brown, R. L., Broman, C. L. (1981): Sex differences in psychiatric help-seeking: Evidence from four large-scale surveys. *J. of Health and Social Behavior* 22, 49–64.
Kindler, H. (1962): Puppen und Tiere aus Wolle und Stoff. Gütersloh: Bertelsmann.
King, P. (1980): The life cycle as indicated by the nature of transference in the psychoanalysis of the middleaged and the elderly. *Intern. J. Psychoanal.* 61, 153–160.
Kintscher, H. (1988): Die Beurteilung der sportlichen Leistungsfähigkeit. In: *Howe, J.* (Hrsg.): Lehrbuch der psychologischen und sozialen Alternswissenschaften, Bd.1: Grundlagen. Heidelberg: Asanger, 158–172.
Kipp, J., Jüngling, G. (1991): Verstehender Umgang mit alten Menschen. Springer: Berlin.
Kirkwood, T. B. L., Kowald, A. (1997): Network theory of aging. *Experimental Gerontology* 32 (4/5), 395–399.
Kleinman, J. M., Brodzinsky, D. M. (1978): Haptic exploration in young, middle-aged, and elderly adults. *J. of Gerontology* 33, 521–527.
Klerman, G. (1992): Treatment of panic disorder. *J. of Clinical Psychiatry* 53, 154.
Klerman, G. L., DiMascio, A., Weissman, M., Prusoff, B., Paykel, E. (1974): Treatment of depression by drugs and psychotherapy. *American J. of Psychotherapy* 131, 186–191.
Klerman, G. L., Weissman, M. M. Rounsaville, B. J., Chevron, E. S. (1984): Interpersonal psychotherapy of depression. New York: Basic Books.
Klie, Th. (1983): Zwischen »Aufsichtspflichtverletzung« und »Freiheitsberaubung«. Vom Umgang mit verwirrten alten Menschen im Heim. *Altenpflege* 8, 546–550.
Klie, Th. (1984): Heime im normativen Konflikt. *heim + anstalt* 15, 300–307.
Kline, Ch. (1974): The socialization process of women. Implications for a theory of successful aging. *The Gerontologist*, December 1975, 486–492.
Kline, D. W., Schieber, F. (1982): Visual persistance and temporal resolution. In: *Sekuler, R., Kline, D. W., Dismukes, K.* (eds.): Aging and human visual function. New York: Alan R. Liss, 231–244.
Knight, B. G. (1993): Psychotherapy as applied gerontology: a contextual, cohort-based, maturity-specific challenge model. In: *M. Smyer* (ed.): Mental health and aging. New York: Springer.
Knight, B. G. (1996): Psychotherapy with older adults, 2nd ed. Thousand Oaks: Sage Publications.
Knight, B. G. (1996): Psychodynamic therapy with older adults. In: *Woods, R.* (1996) 545–560.
Knight, B., Kelly, M., Gatz, M. (1992): Psychotherapy with the elderly. In: *D. K. Freedheim* (ed.): The history of psychotherapy. American Psychological Association. Washington, DC.
Knipscheer, K. P. M., de Jong Gierveld, J., vanTilburg, Th., Dykstra, P. A. (Hrsg.) (1995): Living arrangements and social networks of older adults. Amsterdam: VU University Press.
Knoblauch, H. (1999): Berichte aus dem Jenseits. Mythos und Realität der Nahtod-Erfahrung. Freiburg: Herder.

Knolbing, C. (1985): Konfliktsituationen im Altenheim. Freiburg: Lambertus.
*Knopf, M. (*1987): Gedächtnis im Alter. Heidelberg: Springer.
Knopf, M. (1993): Gedächtnistraining im Alter. In: *K. J. Klauer* (Hrsg.): Kognitives Training. Göttingen: Hogrefe.
Knopf, M. (1998): Gedächtnisleistung und Gedächtnisförderung. In: *A. Kruse,* (Hrsg.) Bd. 1, 131–146.
Koenig, H. G. Veerainder, G., Shelp, F., Kudler, H. S., Cohen, H. J., Meador, K. G., Blazer, D. G. (1989): Antidepressant use in elderly medical inpatients: Lessons from an attempted clinical trial. *J. of General Internal Medicine* 4, 498–505.
Kohli, M. (1978): Soziologie des Lebenslaufes. Neuwied: Luchterhand.
Kohli, M. (1979): Sozialisation und Lebenslauf: Eine neue Perspektive für die Sozialisationsforschung. In: *Griese, H. M.* (Hrsg.), Sozialisation im Erwachsenenalter. Weinheim: Beltz, 71–114.
Kohli, M., Künemund, H., Motel, A., Szydlik, M. (2000): Generationenbeziehungen. In: *Kohli, Künemund,* 176–211.
Kohli, M., Künemund, H. (Hrsg.) (2000): Die zweite Lebenshälfte. Opladen: Leske+Budrich.
Kohli, M., Künemund, H., Motel, A., Szydlik, M. (2000a): Generationenbeziehungen. In: *Kohli, Künemund* 176–211.
Kohli, M., Künemund, H., Motel, A., Szydlik, M. (2000b): Soziale Ungleichheit. In: *Kohli, Künemund,* 318–336.
Kohut, H. (1981): Die Heilung des Selbst. Frankfurt: Suhrkamp.
Kondratowitz, H.-J., Schmitz-Scherzer, R. (1999): Über den Alltag im Alter. In: *Jansen* et al., 490–503.
Konrad, C. E. (1982): Der alte Mensch in der Geschichte. Wien.
Korintenberg, I. (1994): Verhaltenstherapie im Altenheim. In: *Radebold, Hirsch* (1994): 167–176.
Koty, J. (1934): Die Behandlung der Alten und Kranken bei den Naturvölkern. Stuttgart: Hischfeld.
Krampen, G. (1989): Diagnostik von Attributionen und Kontrollüberzeugungen. Göttingen: Hogrefe.
Krampen, G. (1992b): Autogenes Training als Enwicklungsintervention. *Zeitschrift für Entwicklungspsychologie und Pädagogische Psychologie* 24, 184–200.
Krampen, G. (1996): Evaluation of the effectiveness of autogenic training in gerontopsychology. *European Psychologist* 1/4, 243–254.
Krampen, G., Ohm, D. (1985): Zur indikativen Bedeutung von Kontrollüberzeugungen für das autogene Training. In: *F.-G. Hehl, V. Ebel, W. Ruch* (eds.): Diagnostik psychischer und psycho-physiologischer Störungen. Bonn: Deutscher Psychologen Verlag.
Krapf, E. E. (1953): On aging. *Proeeedings of the Royal Society of Medicine* 46, 957–964.
Krapp, F.-R. (1984): »Das ist unser Zuhause«. *Das Altenheim* 1, 14–19.
Krappmann, L. (1978): Soziologische Dimensionen der Identität. Stuttgart: Klett-Cotta, 5. Aufl.
Krause, N., Goldenhar, L. M. (1992): Acculturation and psychological distress in three groups of elderly Hispanics. *J. of Gerontology: Social Sciences* 47, 279–288.

Krauss, B. (1989): Epidemiologie. In: *Kisker, K. P.* et al. (Hrsg.) Psychiatrie der Gegenwart, 3. Aufl., Bd 8. Alterspsychiatrie. Berlin: Springer, 59–84.
Krebs-Roubicek, E. M. (1992): Depression oder Demenz – eine wichtige Abgrenzung. In: *Hell, D.*: Welchen Sinn macht Depression. Reinbek: Rowohlt, 17–29.
Kreis Unna (Hrsg.) (1982): Bilder und Tänze des Todes. Gestalten des Todes in der Europäischen Kunst.
Kretschmann (1989): Der Fall Lainz – Wege aus der Malaise falsch verstandener Sterbehilfe. *Die Schwester/Der Pfleger* 28, 9, 754.
Kruse, A. (1986): Strukturen des Erlebens und Verhaltens bei chronischer Krankheit im Alter. Bonn: Phil. Diss. Universität Bonn.
Kruse, A. (1989): Psychotherapie bei chronischen Krankheiten im Alter. Überblick über empirische und theoretische Beiträge. In: *Speidel, H., Strauß, B.*(Hrsg.), Zukunftsaufgaben der psychosomatischen Medizin, Springer, Berlin,12–36.
Kruse, A. (1998): Psychosoziale Gerontologie. 2 Bände. Jahrbuch der Medizinischen Psychologie 16. Göttingen: Hogrefe.
Kruse, A., Schmitz-Scherzer, R. (1995): Psychologie der Lebensalter. Darmstadt: Steinkopff.
Kruse, L., Graumann, C. F. (1998): Metamorphosen der Umwelt im Lebenslauf. In: *Kruse, A.* (1998) Bd.1, 51–64.
Kübler-Ross, E. (1972): On death and dying. New York: Macmillan.
Kucher, W. (1961): Die Wertung der Lebensalter bei den Naturvölkern. *Vita Humana* 4, 22–56.
Kugler, P. N., Turvey, M. T. (1987): Information, natural law, and the self-assembly of rhythmic movement. Hillsdale: Erlbaum.
Kühl, K. P., Baltes, M. M. (1988): Zur testpsychologischen Diagnostik der Demenz: Aspekte traditioneller Vorgehensweisen und der »Testing-the-limits«-Ansatz. *Zeitschrift für Gerontopsychologie und -psychiatrie* 1, 83–93.
Kuhlmey, J. (1984): Zur Entwicklung der Altersversorgungsanstalten bis zum Beginn des Imperialismus, *Z. f. Alternforschung* 2, 117–119.
Kühn, R., Petzold, H. G. (1991): Psychotherapie und Philosophie. Paderborn: Junfermann.
Künemund, H. (2000a): Gesundheit. In: *Kohli, Künemund,* 102–123.
Künemund, H. (2000b): »Produktive Tätigkeiten«. In: *Kohli, Künemund,* 277–317.
Kurz, A. (1991): Verhaltensmodifikationen im natürlichen Umfeld. In: *Möller, H.* (Hrsg.): Hirnleistungsstörungen im Alter. Pathobiochemie, Diagnose, therapeutische Ansatzpunkte. Berlin: Springer, 127–131.
Kurz, A. (1993): Angst im Alter. Diagnostik, Verhaltenstherapie, Pharmakotherapie. München: MMV Medizin Verlag.
Kurz, A., Fuchs, T. (1998): Psychotherapie als Bestandteil der gerontopsychiatrischen Behandlung. In: *Kruse* (1998) Bd.2, 181–193.
Kurz, A., Lauter, H. (1993): Rehabilitation bei psychischen Störungen im Alter. In: Expertisenband zum Altenbericht der Bundesregierung, Bundesministerium für Familie und Senioren. Berlin: Deutsches Zentrum für Altersfragen.
Kuwabara, T. (1979): Age-related changes in the eye. In: *Hain, S. S., Coons, D. H.* (eds.): Special senses in aging. Ann Arbor, MI: Institute of Gerontology, University of Michigan, 46–78.
Labouvie-Vief, G., Campbell, S., Weaver, S., Tannenhaus, M. (1979): Metaphoric pro-

cessing in young and old adults. Paper presented at the annual meeting of the Gerontological Society. Washington DC.

Labouvie-Vief, G., Schell, D. A. (1982): Learning and memory in later life: A developmental view. In: *Wolman, B., Stricker, G.* (eds.): Handbook of development psychology. Englewood Cliffs NJ: Prentice Hall, 828–846.

Lalive d'Epinay, C., Bickel, J.-F., Hagmann, H. M., Maystre, C., Michel, J.-P. (1999): Comment définir la grande vieillesse? Du recours à l'âge chronologique ou à lâge socio-fonctionnel. *L'Année Gérontologique* 64–83.

Langen, D. (1979): Autogenes Training und Hypnose in der Behandlung alter Menschen. In: *Petzold, H., Bubolz, E.* (Hrsg.): Psychotherapie mit alten Menschen. Paderborn: Junfermann, 427–435.

Langermann und Erlenkamp, U. v. (1970): Reaktionsformen auf Belastungssituationen bei älteren Menschen, Diss. Phil. Fak. Univ. Bonn, Bonn.

Larson, P., Boyle, E. S., Boaz, M. E. (1984): Relationship of self-concept to age, disability and institutional residency, *Gerontologist* 4, 401–407.

Laschinksy, D., Petzold, H. G., Rinast, M. (1979): Exchange Learning – ein Konzept für die Arbeit mit alten Menschen, *Integrative Therapie* 3, 224–245, dieses Werk Bd. I.

Latz, I. (1992): Musik im Leben älterer Menschen. Singen und Musizieren – Spielanleitungen – Klangerlebnisse. Dümmler.

Lauter, H. (1997): Ethische Aspekte der Gerontopsychiatrie. In: *Förstl, H.* (1997) 228–243.

Laville, S., Hall, C. (1999): Elderly patients left starving to death in NHS. *The Daily Telegraph* 44, 6. Dezember 1999, S. 1.

Lawton, M. P. (1979): Ecology and aging. In: *Pastalan, L. A., Carson, D. H.* (eds.): The spatial behavior of older poeple. Ann Arbor MI: Institute of Gerontology, University of Michigan, 40–67.

Lawton, M. P. (1980): Environment and aging. Monteray: Brooks & Cole.

Lawton, M. P. (1982): The well-being and mental health of the aged. In: *Field, T.*(ed.), Rewiev of Human Development. New York: Wiley, 614–628.

Lazarus, L., Groves, L. (1987): Brief psychotherapy with the elderly: a study of process and out-come. In: *Sadavoy, J., Leszcz, M.*: Treating the elderly with psychotherapy. Connecticut: International Universities Press.

Lazarus, R. S., Launier, R. (1978): Stress-related transactions between person and environment. In: *Pervin, Lewis.*

LeDoux, J. E. (1996): The emotional brain. New York: Simon & Schuster.

Leedy, J. J. (1969): Poetry Therapy. Philadelphia: Lippincott.

Leedy, J. J. (1973): Poetry the healer. Philadelphia: Lippincott.

Lehr, U., Attitudes toward the future in old age. *Human Development* 10 (1967) 230–238.

Lehr, U., Älterwerden in Stadt und Land – Psychologische und soziale Aspekte, *Actuelle gerontologie* 7 (1970) 179–204.

Lehr, U. (1971): Zur Psychologie des Alterns – Stereotypien und Tatsachen. *Actuelle gerontologie* 1, 17–23.

Lehr, U. (1978): Das mittlere Erwachsenenalter – ein vernachlässigtes Gebiet der Entwicklungspsychologie. In: *Oerter, R.*, Entwicklung als lebenslanger Prozess. Hamburg: Hoffmann & Campe, 147–172.

Lehr, U. (1978): Körperliche und geistige Aktivität – eine Voraussetzung für ein erfolgreiches Altern. *Zeitschrift f. Gerontologie* 11, 290–299.
Lehr, U. (1979): Interventionsgerontologie. Darmstadt: Steinkopff.
Lehr, U. (1979b): Die Bedeutung des Sports im Rahmen der Interventionsgerontologie. In: *Müller, N., Roch, H.-E., Wischmann, B.* (Hrsg.), Alter und Leistung, Hochheim: Schors.
Lehr, U. (1983): Altern bis zum Jahr 2000 und danach – Die Herausforderung der Zukunft. In: *Lehr, U.* (Hrsg.)Altern – Tatsachen und Perspektiven. Bonn: Bouvier.
Lehr, U. (1987): Subjektiver und objektiver Gesundheitszustand im Lichte von Längsschnittstudien. In: *Lehr, Thomae*, 153–159.
Lehr, U. (1995): Interdisziplinarität – Aufgaben und Probleme bei der Erfassung von Alternsprozessen. *Zeitschrift für Gerontologie* 28, 382–387.
Lehr, U. (1996): Psychologie des Alterns. Wiesbaden: Quelle & Meyer.
Lehr, U., Minnemann, E.(1987): Veränderung von Quantität und Qualität sozialer Kontakte vom 7.–9. Lebensjahrzehnt. In: *Lehr, Thomae*, 80–91.
Lehr, U., Schmitz-Scherzer, R., Quadt, E. (1979): Weiterbildung im höheren Erwachsenenalter. Stuttgart: Kohlhammer.
Lehr, U., Thomae, H. (1987): Formen seelischen Alterns. Ergebnisse der Bonner gerontologischen Längsschnittstudie (BOLSA), Stuttgart: Enke.
Leibowitz, Y. (1992): Judaism, human values and the juwish state. Boston: Harvard University Press.
Leitner, E. (2000): Bourdieus eingreifende Wissenschaft. Handhab(ung)en. Wien: Turia & Kant.
Lemoine, G., Lemoine, P. (1981): Zu einer psychoanalytischen Theorie des Psychodramas. In: *Petzold*, (1981b) 127–147.
Leor, J., Poole, W. K., Kloner, R. A. (1996): Sudden cardiac death triggered by an earthquake. *New England J. of Medicine* 334, 413–419.
Lerner, A. (1978): Poetry in the therapeutic experience. Oxford: Pergamon Press.
LeShan, L. (1964): The world of the patient in severe pain of long duration, *J. of Chronic Disease* 17, 119–126
Leszcz, M. (1990): Towards an integrated model of group psychotherapy with the elderly. *International J. of Group Psychotherapy* 40/4, 379–399.
Leszcz, M., Feigenbaum, E., Sadavoy, J., Robinson, A.. (1985): A men's group: psychotherapy of elderly men. *International J. of Group Psychotherapy* 35/2, 177–196.
Leutz, G. A. (1974): Psychodrama – Theorie und Praxis. Heidelberg: Springer.
Levenson, R. W., Carstensen, L. L., Friesen, W. V., Ekman, P. (1991): Emotion, physiology, and expression in old age. *Psychology and Aging* 6, 28–35.
Levinas, E. (1963): La trace de l'autre. Paris, dtsch.: (1983): Die Spur des anderen. Freiburg: Alber.
Levitt, M. J., Cherie, Clark, M., Rotton, J., Finley, G. E. (1978): Social support, percieved controll, and well-being: A study of a environmentally stressed population. *International J. of Aging and Human Development* 25, 247–258.
Levy, B. R., Slade, M. D., Kunkel, S. R., Kasl, S. V. (2002): Longevity increased by positive self-perceptions of aging. *J. of Personality and Social Psychology.*
Lewin, K. (1926): Vorsatz, Wille und Bedürfnis, *Psychologische Forschung* 7, 330–385.
Lewin, K. (1943): Psychologische Ökologie. In: *K. Lewin:* Feldtheorie in den Sozialwissenschaften. Bern: Huber, 1963, 206–222.

Lewin, K. (1951): A field theory in social science. New York: Harper & Row. (dt. 1963. Feldtheorie in den Sozialwissenschaften. Bern: Huber.)

Lewis, M. I., Butler, R. N. (1974): Life review therapy: Putting memories to in individual and group psychotherapy. *Geriatries* 29, 166–173.

Li Chiu, M. (1999): Memory training for older adult medical patients in a primary health care setting. In: *Duffy* (1999) 614–631.

Lieberman, F., Collen, M. F. (eds.) (1993): Aging in good health. A quality lifestyle for the later years. New York: Plenum Press.

Liebermann, M., Falk, J. M. (1971): The remembered past as a source of data for research on the life cycle. *Human Development* 14, 132–141.

Liebowitz, M. R. (1990): Reversible and irreversible monoamine oxidase inhibitors in other psychiatric disorders. *Acta psychiatrica scandinavia* 82, suppl. 360, 29–34.

Liefbroer, A. C., Jong-Gierveld de, J. (1995): Living arrangements, socioeconomic resources, and health. In: *Knipscheer, K. P. M., Jong-Gierveld de, J. Tilburg van, Th., Dykstra, P. A.* (Hrsg.): Living arrangements and social networks of older adults. Amsterdam: VU University Press, 15–36.

Linden, M. E. (1956): Geriatrics. In: *Slavson, S. R.*, Fields, of Group-Psychotherapy. New York: International University Press.

Linden, M. E. (1943): Group-Psychotherapie with Institutionalized Senil Women: Studies in Gerontologie Human Relations, 11. *International J. for Group Psychotherapy* 3, 150–170.

Linden, M. E. (1944): The Significance of Leadership in Gerontologie Group-Psychotherapy: Studies in Gerontologie Human Relations, 111. *International J. for Group Psychotherapy* 4, 272–293.

Linden, M. E. (1955): Transference in Gerontologie Group-Psychotherapy: Studies in Gerontologie Human Relations IV. *International J. for Group Psychotherapy* 5, 61–79.

Linden, W. zur (1979): Blick durchs Prisma Frankfurt: Klostermann.

Lindenberger, U., Baltes, P. B. (1994): Sensory functioning and intelligence in old age: A strong connection. *Psychology and Aging* 9, 339–355.

Lindesay, J. (1991): Phobic disorders in the elderly. *British J. of Psychiatry* 159, 531–541.

Lindesay, J. (1993): Neurotic disorders in the elderly. *International Review of Psychiatry* 5, 461–467.

Lipe, A. W. (1991): Using music therapy to enhance the qualitiy of life in a client with Alzheimer's dementia: A case study, *Music Therapy Perspectives* 9, 102–105.

Litowtschenko, S. W., Maschek, J. A., Satschuk, N. N., Rewutskaja, S. G., Möglichkeiten und Bedingungen der Unterrichtung älterer und alter Menschen. Ein Bericht aus der UdSSR. In: *Petzold, Bubolz* 1976, 145–197.

Litwak, E. (1985): Helping the elderly. The complementary roles of informal networks and formal systems. New York: The Guilford Press.

Lo Gerfo, M. (1980): Three ways of reminiscence in theory and practice. *Int. J. of Aging and Human Development* 1, 39–48.

Loch, W. (1982): Comments on Dr. Norman A. Cohen's paper. *Int. J. Psycho-Anal. 63*, 257–272.

Lofland, L. (1978): The craft of dying. Beverly Hills: Sage.

Lohmann, R., Heuft, G. (1995): Life review: Förderung der Entwicklungspotentiale im Alter. *Zeitschrift für Gerontologie und Geriatrie* 28, 236–241.

Lohse-Blohm, U. (1990): Brücke zu Kindheit und Jugend – Lied und Stimme in der Geriatrie, *Musiktherapeutische Umschau* 11, 141–143.
Longaker, Ch. (1998): Dem Tod begegnen und Hoffnung finden. Die emotionale und spirituelle Begleitung Sterbender. München: Piper.
Lorenz, F. (2004): Salutogenese. München: Reinhardt.
Lowenthal, M. F. (1964): Lives in distress: The path of the elderly to the psychiatric ward, New York, Basic Books.
Lücht-Steinberg, M. (1981): Gespräche mit älteren Menschen. Göttingen: Vandenhoeck & Ruprecht.
Lückel, K. (1981): Begegnung mit Sterbenden. München: Kaiser.
Lückel, R., Integrative Arbeit mit Märchen, *Beiheft zur Integrativen Therapie 1.* Junfermann: Paderborn 1979.
Luhmann, N. (1971): Diskussion als System. In: *Habermas, J., Luhmann, N.,* Theorie der Gesellschaft oder Sozialtechnologie. Frankfurt: Suhrkamp.
Lusseau, G. (1997): Les nouvelles paysans ... ils réinventent la champagne. Paris: Éditions du Rocher.
Lüth, P. (Hrsg.) (1976): Sterben heute – ein menschlicher Vorgang? Stuttgart: Hippokrates Verlag.
Lütolf-Sehweizer, J. (1985): Simone – Trauerarbeit um ein verlorenes Kind. In: *Frühmann, R.,* Frauen und Therapie. Junfermann: Paderborn, 293–318.
Lynch, J. J. (1977): The broken heart: The medical consequences of loneliness. NewYork: Basic Book.
Lynman, S., Seott, M. (1968): Accounts, *Americ. Sociologieal Review* 33, 46–62.
Mack, L. S. (1982): Self-concept and musical achievment in the adult learner, Diss. University of Illinois at Urbana Champaign.
Maercker, A. (Hrsg.) (1997): Therapie der posttraumatischen Belastungsstörungen. Berlin: Springer.
Maercker, A., Schützwohl, M., Solomon, Z. (1999): Post-traumatic stress disorder. A lifespan developmental perspective. Göttingen: Hogrefe & Huber Publishers.
Maercker, A.. (2002): Posttraumatische Belastungsstörungen und komplizierte Trauer. Lebensrückblicks- und andere Interventionen. In: *Maercker, A.* (Hrsg.): Alterspsychotherapie und klinische Gerontopsychologie. Berlin: Springer, S. 245–282.
Magai, R., Cohen, C. I. (1988): Attachment style and emotion regulation in dementia patients and their relation to caregiver burden. *J. of Gerontology: Psychological Sciences* 538/3, 147–154.
Mahler, M. et al. (1979): Die psychische Geburt des Menschen. Frankfurt: Fischer.
Maisch, H. (1996): Phänomenologie der Serientötung von schwerstkranken älteren Patienten durch Angehörige des Pflegepersonals. *Zeitschrift für Gerontologie und Geriatrie* 3, 201–205.
Majce, G. (1982): Zur Soziologie der Mehrgenerationenfamilie. In: *Radebold, Schlesinger-Kipp* 53–73.
Maisch, H. (1997): Patiententötungen. München.
Makarushka, J. L., McDonald, R. D. (1979): Informed consent, research, and geriatric patients: the responsibility of institutional review. *Gerontologist* 19, 61–66.
Malatesta, C. Z., Izard, C. E. (1984): Emotion in adult development. Beverly Hills: Sage.
Malatesta, C. Z., Kalnok, M. (1984): Emotional experience in younger and older adults. *J. of Gerontology* 39, 301–308.

Maler, T. (1979): Altenarbeit mit musikalisch orientierten Medien – sozialtherapeutische Gruppenspiele im Seniorenheim. In: *Finkel, K.* (Hrsg.): Handbuch Musik und Sozialpädagogik. Regensburg: Gustav Bosse, 257–263.
Manaster, A. (1972): Therapy with the »senile« geriatric patient. *International J. of Group Psychotherapy* 22, 250–257.
Marc Aurel (1998): Wege zu sich selbst. Herausgegeben von Rainer Nickel. Darmstadt: Wissenschaftliche Buchgemeinschaft.
Marcel, G. (1952): Was erwarten wir vom Arzt. Stuttgart: Hippokrates.
Marcel, G (1965): Die Menschenwürde und ihr existentieller Grund. Frankfurt: Knecht.
Marcel, G. (1978): Leibliche Begegnung. In: *Petzold* (1985g): 15–46.
Marcel, G., Petzold, H. (1976): Anthropologische Vorbemerkungen zur Bildungsarbeit mit alten Menschen. In: *Petzold, H., Bubolz, E.:* Bildungsarbeit mit alten Menschen. Stuttgart: Klett, 9–18.
Margraf, J., Schneider, S. (1990): Panik. Heidelberg: Springer.
Marr, D. (1995): Kunsttherapie bei altersverwirrten Menschen. Weinheim: Beltz Psycholog. Verlagsunion.
Marshall, V. W. (1975): Age and awareness of finitude in developmental gerontology. *Omega* 2, 113–129.
Marshall, V. W. (1980): Last Chapters. A Sociology of Aging and Dying. Belmont, California: Wadsworth, Inc.
Märtens, M., Petzold, H. G. (2000a): Therapieschäden. In: *Stumm, G., Pritz, A.*, Wörterbuch der Psychotherapie. Wien: Springer, 702–703.
Märtens, M., Petzold, H. G. (2002): Therapieschäden. Risiken und Nebenwirkungen von Psychotherapie. Mainz: Grünewald.
Maslow, A. (1964): Religion, values, and peak experiences. Ohio: Ohio State Univ. Press.
Massler, M. (1980): Geriatric nutrition: The role of taste and smell in appetite. *J. of Prosthetic Dentistry* 43/2, 247–250.
Mathes, K. (1986): Krankmachende Lebens- und Arbeitsbedingungen im Altenpflegeheim. *Theorie und Praxis der sozialen Arbeit* 37, 249–254.
Maurer, Y., Petzold, H. G. (1978): Die therapeutische Beziehung in der Gestalttherapie. In: *Battegay, R., Trenkel, A.*, Die therapeutische Beziehung unter dem Aspekt verschiedener psychotherapeutischer Schulen. Bern: Huber, 95–116.
May, S. H. van der (1993): Integrative Bewegungstherapie als Verbindung funktionaler und psychomotorischer Behandlung bei seniler Demenz in der Psychogeriatrie, Teil 1: *Integrative Bewegungstherapie* 1 (1993)3–9, Teil 2, *Integrative Bewegungstherapie* 2, 33–41.
Mayer, K. U., Baltes, P. B. (1996) (Hrsg.): Die Berliner Altersstudie. Berlin: Akademie.
Mayring, Ph. (1990): Glück und Wohlbefinden in Alter, in *Mayring, Saup*, 167–184.
Mayring, Ph., Saup, W. (1990): Entwicklungsprozesse im Alter. Stuttgart: Kohlhammer.
Mayring, Ph. (1987): Subjektives Wohlbefinden im Alter. Stand der Forschung und theoretische Weiterentwicklung, *Zeitschrift für Gerontologie* 20, 367–376.
Mazumdar, P. (1998): Foucault. Ausgewählt und vorgestellt von P. Mazumdar. München: Diederichs.
McCarthy, J. B. (1980): Death anxiety. The loss of the self. New York: Gardner.
McCloskey, L. J. (1980): The silent heart sings. Special issue: Counseling and therapy for elders. *Generations* 14/1, 63–65.

McComb, K., Moss, C., Durant, S. M., Sayialel, S. (2001): Matriarchs as repositories of social knowledge in african elephants. *Science* 292, 491–494.
McEcoy, C. L., Patterson, R. L. (1986): Behavioral treatment of deficit skills in dementia patients. *Gerontologist* 5, 475–478.
McKitrick, L. A., Camp, J. C., Black, F. W. (1990): Prospective memory intervention in Alzheimers disease. *J. of Gerontology: Psychological Science* 47, 337–343.
Meaeham, J. A. (1977): A transactional model of remembering. In: *Datan, N, Reese, H.*, Life span developmental psychology, New York: Academic Press, 81–95.
Meerwein, F. (1981): Einführung in die Psycho-Onkologie. Bern: Huber, 2. Aufl.
Meier, G. (1983): Symboltherapie. Entwurf einer Synopse von Gestalttherapie und analytischer Psychologie, *Integrative Therapie* 2/3, 158–179.
Meier, D., Ermini-Fünfschilling, D., Monsch, A. U., Stähelin, H. B. (1996): Kognitives Kompetenztraining mit Patienten im Anfangsstadium einer Demenz. *Zeitschrift für Gerontopsychologie* 9/3, 207–217.
Meilink, W. (1952): Handbook voor de Poppenspeler. Mechelen: Verlag Het Poppenspeler.
MeMahon, W. W., Rhudiek, P. J. (1967): Reminiscing in the aged; an adaptational response. In: *Levin, R., Kahana, R.*, Psychodynamic Studies on aging: Creativity, reminiscing, and dying. New York: International Universities Press, 292–298.
Mennemann, H. (1997): Sterben lernen heißt leben lernen. Sterbebegleitung aus sozialpädagogischer Perspektive. Münster: Lit Verlag.
Merleau-Ponty, M. (1964): Le visible et l'invisible. Paris: Gallimard.
Merleau-Ponty, M. (1966): Phänomenologie der Wahrnehmung. Berlin: De Gruyter.
Merleau-Ponty, M. (1986): Das Sichtbare und das Unsichtbare. München: Fink.
Merriam, S. (1980): The concept and function of reminiscence: a review of research. *Gerontologist* 20, 604–608.
Metzinger, T. (1995): Bewußtsein. Beiträge aus der Gegenwartsphilosophie. Paderborn: Schönigh.
Metzmacher, B., Petzold, H. G., Zaepfel, H. (1996): Praxis der Integrativen Kindertherapie. Integrative Kindertherapie in Theorie und Praxis. Bd. 2. Paderborn: Junfermann.
Metzmacher, B., Petzold, H. G., Zäpfel, H. (1996): Therapeutische Zugänge zu den Erfahrungswelten des Kindes von heute. 2 Bd. Paderborn: Junfermann.
Michel, G. F., Moore, C. L. (1995): Developmental psychobiology: An interdisciplinary science. Cambridge, Mass.: MIT Press.
Micovich, J. (1977): Das 1 x 1 des Handpuppenspiels. Wuppertal: Jugenddienst-Verlag.
Middendorf, I. (1995): Der erfahrbare Atem. Paderborn: Junfermann.
Mikorey, M. (1963): Das Zeitparadoxon der Lebensbilderschau in Katastrophensituationen. In: *Schaltenbrand, G.*, Zeit in nervenärztlicher Sicht. Stuttgart.
Miller, M., Frank, E., Reynolds, C. F. (1999): The art of clinical management in pharmacologic trials with depressed elderly patients. *American J. of Geriatric Psychiatry* 7(3) 228–234.
Miller, N. S., Belkin, B. M., Gold, M. S. (1991): Alcohol and drug dependence among the elderly: epodemiology, diagnosis, and treatment. *Comprehensive Psychiatry* 32, 147–156.
Miltenburg, R., Singer, E. (1997): The (ab)use of reliving childhood traumata, *Theory of Psychology* Vol 7, 5, 605–628.

Misch, G. (1930): Lebensphilosophie und Phänomenologie. Berlin.
Misch, G. (1947): Vom Lebens und Gedankenkreis W. Diltheys. Frankfurt.
Mitler, M. (1979): Suicide after sixty. New York: Springer.
Mittag, O. (1994): Sterbende begleiten. Ratschläge und praktische Hilfen. Stuttgart: Trias.
Mobily, P. R., Kelley, L. S. (1991): Iatrogenesis in the elderly. Factors of immobility. *J. of Gerontological Nursing* 17 (9), 5–11.
Moody, M., T. (1978): Bibliotherapy for chronic illness, Hospital Congress, January 1964. In: *Rubin*, 1978a, 276–280.
Moore, R. S., Staum, M. J., Brotons, M. (1992): Music preferences of the elderly: Repertoire, vocal ranges, tempos and accompainments for Singing, *J. of Music Therapy* 4, 236–252.
Moran, J. A. (1979): The effects of insight-orientated group therapy and task-oriented group therapy on the coping style and life satisfaction of nursing home elderly. *Dissertation Abstracts International* 40, 1377B–1378B.
Moreno, J. L. (1947): The Social Atom and Death. *Sociometry* 10, 81–86.
Moreno, J. L. (1953): Who Shall Survive? Beacon: Beacon-House, 2. Aufl.
Moreno, Z. T. (1977): Die Bedeutung des Doppelns und des Rollentausches für den kosmischen Menschen. *Integrative Therapie* 1, 40–44.
Morris, R. G., Norris, L. W., Britton, P. G. (1988): Factors affecting the emotional well being of the care givers of demented sufferers. *British J. of Psychiatry* 147, 1564.
Moscovici, S. (1984): The phenomenon of social representations. In: *Farr, R. M., Moscovici, S.* (eds.), Social representations. Cambridge: Cambridge University Press, 3–69.
Moscovici, S. (2001): Social Representations. Explorations in Social Psychology. New York: New York University Press.
Mossey, J. M., Knott, K. A., Higgins, M., Talerico, K. (1996): Effectiveness of a psychosocial intervention, Interpersonal Counseling, for subdysthymic depression in medically ill elderly. *J. of Gerontology: Medical Sciences* 51A (4) M172–M178.
Motel, A., Künemund, H., Bode, Ch. (2000): Wohnen und Wohnumfeld. In: *Kohli, Künemund*, 124–175.
Moy, R. (2004): Forbud annonsere med ungt og dynamisk miljø. Oslo: *Aftenposten* 17.06.04.
Muhl, C. (1994): Ausdruck und Würde – Musiktherapie mit alten Menschen. Düsseldorf: Graduierungsarbeit am Fritz Perls Institut.
Mulholland, J. (1961): Practical Puppetry. London: Herbert Jenkins.
Müller, C. (1981): Psychische Erkrankungen, ihr Verlauf und ihre Beeinflussung durch das Alter. Bern: Huber.
Müller, C. (1982): Psychotherapie in der Alterspsychiatrie. In: *Helmchen, Linden, Rüdiger* (Hrsg.): Psychotherapie in der Psychiatrie. Berlin: Springer, 298–302.
Müller, L., Petzold, H. G. (1997): Musiktherapie in der klinischen Arbeit. Integrative Modelle und Methoden. Stuttgart: G. Fischer.
Müller, L., Petzold, H. G. (2002a): Problematische und riskante Therapie (nicht nur) in der Arbeit mit älteren und alten Menschen in »prekären Lebenslagen« – *»Client dignity«*? In: *Märtens, Petzold* (2002) 293–332.
Müller, L., Petzold, H. G. (2001): Integrative Kinder- und Jugendlichenpsychotherapie – diagnostische und therapeutische Perspektiven. (Chartacolloquium I, Kinder-

therapie). *Materialien aus der Europäischen Akademie für psychosoziale Gesundheit* 05/2001
Müller, L., Petzold, H. G., Schreiter, U. (2005): Supervision in gerontologischen Einrichtungen und Diensten – Eine empirische Erkundung in klinischen und sozialen Einrichtungen für alte Menschen in der Schweiz. *Integrative Therapie* 1–2 (im Druck)
Müller, M., Petzold, H. G. (2003): Affiliation, Reaktanz, Übertragung, Beziehung – Modalitäten der Relationalität in der Supervision. Bei *www. FPI-Publikationen. de/materialien.htm – SuperVision: Theorie – Praxis – Forschung.* Eine interdisziplinäre Internet-Zeitschrift – 08/2003
Müller-Schwartz, A. (1994): Musiktherapie mit Demenzkranken. In: *Hirsch, R. D.* (Hrsg.):Psychotherapie bei Demenzen. Darmstadt: Steinkopf, 159–166.
Munroe, S. (1986): Musiktherapie bei Sterbenden. Stuttgart: G. Fischer.
Murphy, E. (1983): The prognosis of depression in old age. *British J. of Psychiatry* 142, 111–119.
Musiktherapie mit alten Menschen (1993): Erinnerung wecken an eine glückliche Spanne Zeit, VHS-Kassette, Altenpflege: Aus- und Fortbildung durch Video. Hannover: Vincentz Verlag.
Muuss, R. E. (1971): Adoleszenz. Stuttgart: Klett.
Mussen, P. (1985): Early adult antecedents of life satisfaction at age 70. In: *Munnichs, M. A., Mussen, P., Olbrich, E., Coleman, P.* (eds.): Life span and change in gerontological perspective. Orlandeo: Academic Press, 45–81.
Muthesius, D. (1990a): »Denkt man doch im Silberhaar gern' vergang'ner Zeiten«. Gruppensingtherapie in der Gerontopsychiatrie, *Musiktherapeutische Umschau* 11, 132–140.
Muthesius, D. (1990b): Musik ist Träger von Erinnerungen. *Altenpflege* 15, 727–730.
Muthesius, D. (1993): Musiktherapeutische Ansätze für die Arbeit mit dementiell erkrankten Menschen. In: *Berghaus, H. C., Sievert, U.* (1993a): Behinderung im Alter – Kommunikation 119–122, 2. Fachtagung der Heilpädagogischen Fakultät der Universität zu Köln vom 23.–24. November 1992. Kuratorium deutsche Altershilfe, Köln 1993a.
Muthesius, D. (1993b): Ansätze der Musiktherapie mit Altersdementen. *Praxis der Psychomotorik* 18/1, 22–28.
Myerhoff, B. (1978): Number our days. New York: Simon & Schuster.
Myerhoff, B., Tufte, V. (1975): Life history as integration. *Gerontologist* 4, 541–543.
Myers, D. E. (1986): An investigation of the relationship between age and music learning in adults. Diss. University of Michigan.
Myers, J. K. et al. (1984): Six-moth prevalence of psychiatric disorders in three communities. *Archives of General Psychiatry* 41, 959–967.
Myers, J. (1999): Adjusting to tole loss and leisure in later life. In: *Duffy, M.* (ed.), 41–56.
Mysterlund, I. (2003): Mennesket og moderne evolusjonsteorie. Oslo: Gyldendal.
Naegele, G. (1998): Lebenslagen älterer Menschen. In: *A. Kruse* (1998) Bd.1; 106–128.
Naranjo, C. (1983): Gegenwartszentrierung. In: *Petzold* (1983d) 215–243.
Narr, H. (1976): Soziale Probleme des Alterns. Altenhilfe, Altenheim. Stuttgart: Kohlhammer.
Nemiroff, R. A., Colarusso, C. A. (1985): The race against time. Psychotherapy and psychoanalysis in the second half of life. New York: Plenum Press.

Neugarten, B. L. (1974): Age groups in American society and the rise of the young old. *Annals of the American Academy of Political and Social Science* 415, 187–198.

Niederle, H., (1983): Lainz. Ein Platz zum Sterben. Wien: Edition Maioli.

Nitsch-Berg, H., Kühn, H. (2001): Kreative Medien und die Suche nach Identität. Methoden Integrativer Therapie und Gestaltpädagogik für psychopsoziale Praxisfelder. 2 Bde. Köln: EHP.

Norcross, J. C. (1995): Psychotherapie-Integration in den USA. Überblick über eine Metamorphose. *Integrative Therapie* 21/1, 45–61.

Norcross, J. C. Goldfried, M. R. (eds.) (1992): Handbook of psychotherapy integration. New York: Basic Books.

Nougier, L.-R. (1993): L'art de la préhistoire. Paris: Librairie Générale Français.

Noyes, R., Clancy, J. (1976): Anxiety neurosis: a five-year follow-up. *J. of Nervous and Mental Disorders* 162, 200–205.

Nuland, S. (1996): Wie wir sterben. Ein Ende in Würde? München: Droemer Knaur.

Ochsmann, R. (1993): Angst vor Tod und Sterben. Beiträge zur Thanato-Psychologie. Göttingen: Hogrefe.

Ochsmann, R., Petzold, H. G. (2000): Thanatotherapie. In: *Stumm, G., Pritz, A.* (2000): Wörterbuch der Psychotherapie. Wien/New York: Springer, S. 699–700.

Oelmüller, W. (1989): Philosophie und Weisheit. Paderborn: Schöningh.

Oehmichen, M. (1996) (Hrsg.): Lebensverkürzung, Tötung und Serientötung – eine interdisziplinäre Analyse der Euthanasie. Lübeck.

Oeppen, J., Vaupel, J. (2002): Broken limits to life expectancy. *Science* 269, 1029–1030.

Oerter, R. (1978) (Hrsg.): Entwicklung als lebenslanger Prozeß. Hamburg: Hoffmann & Campe.

Oerter, R., von Hagen, C., Röper, G., Noam, G. (1999): Klinische Entwicklungspsychologie. Ein Lehrbuch. Weinheim: Beltz.

Olsen, P. (Hrsg.) (1976): Emotionale Stimulation und Überfluten der Gefühle in der Psychotherapie. München: Ernst Reinhardt Verlag.

Olson, J. (1981): To treat or to allow to die: an ethical dilemma in gerontological nursing. *J. of Gerontological Nursing* 7/3, 141–147.

Orff, G. (1974): Die Orff-Musiktherapie. Aktive Förderung der Entwicklung des Kindes. München: Kindler.

Orth, I. (2002): Weibliche Identität und Leiblichkeit. Prozesse »konvivialer« Veränderung und Entwicklung. Überlegungen für die Praxis. *Integrative Therapie* 3/4 (2002), 119–140.

Orth, I., Petzold, H. G. (1993c): Zur »Anthropologie des schöpferischen Menschen«. In: *Petzold, Sieper* (1993): 93–116.

Orth, I. Petzold, H. G. (2004): Theoriearbeit, Praxeologie und »Therapeutische Grundregel«. Zum transversalen Theoriegebrauch, kreativen Medien und methodischer und »sinnlicher Reflexivität« in der Integrativen Therapie mit suchtkranken Menschen. In: *Petzold, H. G., Schay, P., Ebert, W.* (2004): Integrative Suchttherapie. 2 Bde. Opladen: Leske + Budrich.

Osborn, C., Schweitzer, P., Trilling, A. (1997): Erinnern. Eine Anleitung zur Biographiearbeit mit alten Menschen. Freiburg i. B.: Lambertus.

Oster, P., Schlierf, G. (1998): Die gesundheitliche Situation älterer Menschen. In: *Kruse* (1998): Bd.1, 79–86.

Osterbrink, J. (1998): Tiefe Atementspannung. Bern: Huber.

Österreich, K. (1975): Psychiatrie des Alterns. Heidelberg: Quelle & Meyer.
Österreich, K. (1981): Partnerschaft und Sexualität im Alter. *Psycho* 7, 331–332.
Ostner, I., Beck-Gernsheim, E. (1979): Mitmenschlichkeit als Beruf. Frankfurt: Campus.
Oswald, W. D. (1993): SIMA manuscripts presented during the Sixth Congress of the International Psychogeriatric Association (IPA). Berlin: September 5–10.
Oswald, W. D., Fleischmann, U. M. (1983): Gerontopsychologie. Stuttgart: Kohlhammer.
Oswald, W. D., Rupprecht, R., Gunzelmann, Th. (1998): Effekte eines einjährigen Gedächtnis-, Kompetenz- und psychomotorischen Trainings auf Leistungsfähigkeit im höheren Lebensalter. In: *Kruse, A.* (1998): 94–107.
Oswald, W. D., Rödel, G. (1995): Gedächtnistraining. Ein Programm für Senioren. Göttingen: Hogrefe.
Otto, R. (1997): Das Heilige. Über das Irrationale in der Idee des Göttlichen und sein Verhältnis zum Rationalen. München: C. H. Beck.
Pacitti, G. (1965): Sul significato ultimo del Cato maior. *Giornale Italiano di Filologia* 18, 236–260.
Padgett, D. K., Burns, B. J., Grau, L. A. (1998): Risk factors and resilience. Mental health needs and sevices use of older women. In: *Lubotsky Levin, B., Blanch, A. K., Jennings, A.*: Women's mental health services. Thousand Oaks: Sage Publications, 391–413.
Palmore, E. (1974): *Manton, K.*, Modernization and status of the aged: international correlations. *J. of Gerontology* 29, 205–210.
Papouchis, N., Passman, V. (1993): An integrative approach to the psychotherapy of the elderly. In: *Stricker, G., Gold, J. R.* (eds.): Comprehensive handbook of psychotherapy integration. New York: Plenum Press, 437–451.
Papoušek, H., Papoušek, M. (1987): Intuitive parenting: a dialectic counterpart to the infants integrative competence. In: *Osofsky,* (1987): Handbook of Infant Development. New York: Wiley, 2. Aufl. 669–720.
Papoušek, H., Papoušek, M., Bornstein, M. H. (1985): The naturalistic vocal environment in young infants: On the significance of homogenitiy and variabilitiy in parental speech. In: *Field, T., Fox, N. A.* (eds.), Social perception in infants. Norwood: Ablex Publication.
Papoušek, M. (1994a): Vom ersten Schrei zum ersten Wort. Anfänge der Sprachentwicklung in der vorsprachlichen Kommunikation. Bern: Huber.
Papoušek, M. (1994b): Melodies in caregivers' speech: a species-specific guidance towards language. *Early Development and Parenting* 1, 5–18.
Papoušek, M. (1995): Origins of reciprocity and mutuality in prelinguistic parent-infant »dialogues«. In: *I. Markova & Wallbott* (eds.): Mutualities in dialogue.
Peck, R. (1972): Psychologische Entwicklung in der zweiten Lebenshälfte. In: *Thomae, H., Lehr, U.*, Altern, Probleme und Tatsachen. Frankfurt: Akademische Verlagsgesellschaft, 530–544.
Pera, H. (1995): Sterbende verstehen. Ein Leitfaden zur Sterbebegleitung. Freiburg: Herder.
Perabo, C. (1996): Leben und Sterben. Dokumentation der Fachtagung des Landes Hessen zur Verbesserung der Sterbebegleitung, 12. Juli 1996, Gesamthochschule Kassel. Wiesbaden: Hessisches Ministerium für Umwelt, Energie, Jugend, Familie und Gesundheit (u. A.)

Perlin, S., Butler, R. N. (1964): Psychiatrie aspects of adaptation to the aging experience. In: *Nat. Inst. Mental Health* (Hrsg.): Human aging. Washington: Government Printing Office.
Perlmutter, M., Adams, C., Berry, J., Kaplan, M., Person, D., Verdonik F. (1987): Aging and memory. *Annual Review of Gerontology and Geriatric* 7, 57–92.
Perlmutter, M., Mitchel, D. B. (1983): The appearance and disappearance of age-related deficits in adult memory. In: *Craik,F., Trehub, S.*(eds.), Aging and cognitive processes. NewYork: Plenum, 127–144.
Perls, F. S. (1969): In and out the garbage pail. Lafayette: Real People Press.
Perls, F. S. (1980): Gestalt, Wachstum, Integration. Paderborn: Junfermann.
Perls, F. S., Hefferline, R. F., Goodman, P. (1951): Gestalt Therapy. New York: Julian Press.
Perrig, W., Wippich, W., Perrig-Chielo, P. (1993): Unbewusste Informationsverarbeitung. Bern: Huber.
Perrig-Chiello, P. (1997): Wohlbefinden im Alter. Körperliche, psychische und soziale Determinanten und Ressourcen. München: Juventa.
Perrig-Chiello, P. (1998): Gedächtnis im Alter, Determinanten und Auswirkungen. In: *Stiftung Szondi Insitut* (Hrsg.): Alter. Psychotherapie, Beratung und Begleitung älterer Menschen. Schriftenreihe aus dem Szondi-Institut, Zürich, Heft 5, 45–61.
Perrig-Chiello, P., Kaiser, A. (1995): Gedächtnis- und Reattribuierungstraining im Alter. In: Abstract-Band »Gesellschaften im Umbau« des Kongresses der Schweizerischen Sozialwissenschaften. Bern.
Perrig-Chiello, P., Perrig, W., Ehrsam, R., Stähelin, H. B., Krings, F. (1998): Short-term and long-term effects of resistance training on well-being and memory in elderly volunteers. *Age and Ageing* 27, 469–475.
Pervin, L. A., Lewis, M. (1978): Internal and external determinants of behavior. New York: Plenum Press.
Peters, U. H. (1990): Wörterbuch der Psychiatrie und medizinischen Psychologie. München: Urban & Schwarzenberg.
Petersen, P. (1992): Heil-Kunst – Sprung in die therapeutische Zukunft. Eine Auseinandersetzung mit Kunst und Kunstbegriff in der modernen Medizin im Lichte der modernen Künste. In: *Decker-Voigt, H.-H.* (Hrsg.): Spiele der Seele. Bremen: Trialog, 57–109.
Petersen, P. (1999): Forschung künstlerischer Therapeuten. Auftrag und Wirklichkeit im Hinblick auf Menschenbild, Wissenschaftsbegriff und qualitative Forschung. *Integrative Therapie* 25 (2/3), 121–138.
Petzold H. [Hugo] (1935): Das Erleben des Lebenspanoramas, *Rosenkreuzer Zeitschrift* 6, 176–178.
Petzold, H. G. (1965)*: Géragogie – nouvelle approche de l'éducation pour la vieillesse et dans la vieillesse. *Publications de L'Institut St. Denis* 1, 1–16; dtsch. in: *Petzold* (1985a) 11–30; repr. dieses Werk, Bd. I, 86–107.
Petzold, H. G. (1971): »Philosophie Clinique, Thérapeutique philosophique, Philopraxie«. Paris: Antrittsvorlesung anläßlich der Berufung zum Professor für »Psychologie Pastorale« am Institut St. Denis, Etablissement d'Enseignement Supérieur Libre des Sciences Théologiques et Philosophiques.
Petzold, H. G. (1973a): Gestalttherapie und Psychodrama. Kassel: Nicol.
Petzold, H. G. (1974j): Psychotherapie und Körperdynamik. Paderborn: Junfermann (3. Aufl. 1979).

Petzold, H. G. (1977e): Integrative Geragogik – Gestaltmethoden in der Bildungsarbeit mit alten Menschen. In: *Petzold, H. G., Brown, G.* (Hrsg.) (1977): Gestaltpädagogik. München: Pfeiffer, 214–246; repr. (1985a) 31–68 und dieses Werk, Bd. I, 155–193.

Petzold, H. G. (1977g): Der Gestaltansatz in der psychotherapeutischen, soziotherapeutischen und pädagogischen Arbeit mit alten Menschen. *Gruppendynamik* 8, 32–48.

Petzold, H. G. (1979b): Psychodrama, Therapeutisches Theater und Gestalt als Methoden der Intenventionsgerontologie und der Alterspsychotherapie. In: *Petzold/Bubolz* (1979) 147–260.

Petzold, H. G. (1979c): Zur Veränderung der sozialen Mikrostruktur im Alter – eine Untersuchung von 40 »sozialen Atomen« alter Menschen. *Integrative Therapie* 1/2, 51–78.

Petzold, H. G. (1979k): Psychodrama in der therapeutischen und geragogischen Arbeit mit alten Menschen. Paderborn: Junfermann

Petzold, H. G. (1979l): Die inhumane Situation alter Menschen und die Humanisierung des Alters. *Z. f. humanistische Psychol.* 3/4, 54–63.

Petzold, H. G. (1980a): Integrative Arbeit mit einem Sterbenden. *Integrative Therapie* 2/3 (1980) 181–193; engl.: Gestalt Therapy with the dying patient. *Death Education* 6 (1982) 246–264.

Petzold, H. G. (1980e): Wohnkollektive – eine Alternative für die Arbeit mit alten Menschen. In: *Petzold, H. G., Vormann, G.* Therapeutische Wohnmeinschaften. München S. 423–462; repr. (1985a) 202–236.

Petzold, H. G. (1982n): Gestalttherapeutische Perspektiven zu einer »engagierten Thanatotherapie«, 1. Tagungsbericht für Thanatopsychologie, Univ. Oldenburg, Abt. Vechta 4.–6. Nov. 1982, Tagungsbericht, Vechta; Proceedings Frankfurt: Klotz, 1983; repr. (1985a) 538–552.

Petzold, H. G. (1983e): Nootherapie und »säkulare Mystik« in der Integrativen Therapie. In: *Petzold; H. G.*, Psychotherapie, Meditation, Gestalt. Paderborn: Junfermann, 53–100.

Petzold, H. G. (1983f): Der Verlust der Arbeit durch die Pensionierung als Ursache von Störungen und Erkrankungen – Möglichkeiten der Intervention durch Soziotherapie und Selbsthilfe-Gruppen. In: Petzold, Heinl (Hrsg.): Psychotherapie und Arbeitswelt. Paderborn: Junfermann, 409–449.

Petzold, H. G. (1984c): Integrative Therapie – der Gestaltansatz in der Begleitung und psychotherapeutischen Betreuung sterbender Menschen. In: *Petzold, Spiegel-Rösing*, Die Begleitung Sterbender – Theorie und Praxis der Thanatotherapie. Ein Handbuch. Paderborn: Junfermann, 431–501.

---

* Siglen hinter den Jahreszahlen der folgenden Literaturangaben zu *H. G. Petzold* und *H. G. Petzold* et al. beziehen sich auf die Klassifizierung im Werkeverzeichnis von *H. G. Petzold* in: (2003a) und in: *Petzold, H. G.* (2003). Gesamtbibliographie. Bei www.FPI-Publikationen.de/materialien.htm *POLYLOGE: Materialien aus der Europäischen Akademie für psychosoziale Gesundheit* – 01/2003.

Von dem in diesem Werk zitierten Arbeiten von *Petzold* und Mitarbeiterinnen wird hier nur eine Auswahl wiedergegeben. Alle im Bd. I und II dieses Werkes zitierten Arbeiten von *Petzold* finden sich im Gesamtschriftenverzeichnis in der genannten Internet-Zeitschrift *POLYLOGE* 01/2003 (Update 2005).

Petzold, H. G. (1985a): Mit alten Menschen arbeiten. München: Pfeiffer.
Petzold, H. G. (1985d): Die Verletzung der Alterswürde – zu den Hintergründen der Mißhandlung alter Menschen und zu den Belastungen des Pflegepersonals. In: Petzold (1985a) 553–572.
Petzold, H.G., (1985u): Arbeit mit alten Menschen, Schwerkranken und Sterbenden als persönliche Erfahrung. Ein Interview. *Jahrbuch der Zeitschr. f. Humanistische Psychologie*, DGHP, Eschweiler Jg. 8 (1985) 35–50.
Petzold, H. G. (1986d): Umgang mit Sterbenden. Die Bedeutung der Lebensbilanz. *Altenpflege* 10, 593-596.
Petzold, H. G. (1986f): Über die Bedeutung der Lebensbilanz im Umgang mit alten Menschen und Sterbenden. *Ärztliche Praxis und Psychotherapie* 5–6, 3–10.
Petzold, H. G. (1988n): Integrative Bewegungs- und Leibtherapie. Ausgewählte Werke Bd. I, Junfermann, Paderborn, 3. revid. und überarbeitete Auflage 1996a.
Petzold, H. G. (1989b): Belastung, Überforderung, Burnout – Gewaltprobleme in Heimen. *Behinderte in Familie, Schule, Gesellschaft* 4, 17–44.
Petzold, H. G. (1990r): Die Krankheit der Inhumanität. *Altenpflege* 9, 498–506.
Petzold, H. G. (1990t): Belastung, Überforderung, Burnout. *Altenpflege* 11, 648–680.
Petzold, H. G., (1990v): Omgang met stervenden. In: Hospice Terminale Thuiszorg, Landelijke Stichting Elckerlijc. Amsterdam, 11–18.
Petzold, H. G. (1991a, 1992a, 1993a): Integrative Therapie. Ausgewählte Werke Bd. II, 1–3: Paderborn: Junfermann. Erw. Neuauflage 2003a.
Petzold, H. G. (1992g): Das »neue« Integrationsparadigma in Psychotherapie und klinischer Psychologie und die »Schulen des Integrierens« in einer »pluralen therapeutischen Kultur«. In: (1992a) S. 927–1040; (2003a) S. 701– 1037.
Petzold, H. G. (1993c): Frühe Schäden, späte Folgen. Psychotherapie und Babyforschung, Bd. I, Paderborn: Junfermann.
Petzold, H. G. (1993g): Die Krisen der Helfer. In: *Schnyder, U., Sauvant, Ch.*, Krisenintervention in der Psychiatrie. Huber: Bern, 157–196.
Petzold, H .G. (1994a): Mehrperspektivität – ein Metakonzept für die Modellpluralität, konnektivierendeTheorienbildung für sozialinterventives Handeln in der Integrativen Supervision, *Gestalt und Integration* 2, 225–297, repr. *Petzold* (1998a) 97–174.
Petzold, H. G. (1994e): »Psychotherapie mit alten Menschen – die »social network perspective« als Grundlage integrativer Intervention, Vortrag auf der Fachtagung »Behinderung im Alter« am 22.–23.11.1993 in Köln. In: *Berghaus, H. C., Sievert, U.* (Hrsg.). (1994): Behinderung im Alter. Köln: Kuratorium Deutsche Altershilfe, 68–117.
Petzold, H. G. (1994j): Die Kraft liebevoller Blicke. Psychotherapie und Babyforschung, Bd. 2. Paderborn: Junfermann.
Petzold, H. G. (1997b): Zehn Jahre Pro-Senectute Österreich. Ein Interview. *Pro Senectute, Zeitschrift für Geriatrie und Altenpflege* 1 (1997) 4–11.
Petzold, H. G. (1997p): Das Ressourcenkonzept in der sozialinterventiven Praxeologie und Systemberatung, Fritz Perls Institut, Düsseldorf 1997p; *Integrative Therapie* 4 (1997) 435–471 und in: *Petzold* (1998a).
Petzold, H. G. (1997t): Movement is life: Physical health, well-being and vitality in old age through Integrative Movement Therapy, isodynamics and dance-therapy. In: *Vermeer, A., Bosscher, R. J., Broadhead, G. D.* (Hrsg.) (1997): Movement Therapy across the Life-Span. Amsterdam: VU University Press. S. 307–336.

Petzold, H. G. (1998a): Integrative Supervision, Meta-Consulting & Organisationsentwicklung. Modelle und Methoden reflexiver Praxis. Ein Handbuch. Band I. Paderborn: Junfermann.

Petzold, H. G. (1998b): Psychotherapieschäden, »riskante Therapie«, »iatrogene Behandlungen«. FPI/EAG. auch in: *Petzold, Orth* (1999a). 393–400.

Petzold, H. G. (1999b). Psychotherapie in der Lebensspanne. *Gestalt* (Schweiz) 34 (1999) S. 43–46.

Petzold, H. G. (2000d): Client Dignity konkret – PatientInnen und TherapeutInnen als Partner in »kritischer Kulturarbeit« – eine Initiative. *Integrative Therapie* 2/3, 388–396.

Petzold, H. G. (2000m): Client dignity konkret, *Integrative Therapie* 2, 388–396.

Petzold, H. G. (2001): Wille und Wollen. Psychologische Modelle und Konzepte. Göttingen: Vandenhoeck & Ruprecht.

Petzold, H. G. (2001a): Integrative Therapie – Das »biopsychosoziale« Modell kritischer Humantherapie und Kulturarbeit. Ein »lifespan developmental approach«. Paderborn: Junfermann.

Petzold, H. G. (2001p): »Transversale Identität und Identiätsarbeit«. Die Integrative Identitätstheorie als Grundlage für eine entwicklungspsychologisch und sozialisationstheoretisch begründete Persönlichkeitstheorie und Psychotherapie – Perspektiven »klinischer Sozialpsychologie«. Düsseldorf/Hückeswagen, bei www.FPI-Publikationen.de/ materialien.Htm – Polyloge: Materialien *aus der Europäische Akademie für psychosoziale Gesundheit* – 10/2001.

Petzold, H. G. (2002b): Zentrale Modelle und Kernkonzepte der »Integrativen Therapie«. Düsseldorf/Hückeswagen. Bei www. FPI-Publikationen.de/materialien. htm – *Polyloge*: Materialien *aus der Europäischen Akademie für psychosoziale Gesundheit* – 03/2002. Überarbeitete Version, Kernkonzepte II, 2004

Petzold, H. G. (2002j): Das Leibsubjekt als »informierter Leib« – embodied and embedded. Leibgedächtnis und performative Synchronisationen. Düsseldorf/Hückeswagen. Bei www. FPI-Publikationen.de/materialien.htm – *Polyloge: Materialien aus der Europäischen Akademie für Psychosoziale Gesundheit* 07/2002, auch in 2003a.

Petzold, H. G. (2003d): Unrecht und Gerechtigkeit, Schuld und Schuldfähigkeit, Menschenwürde – der »Polylog« klinischer Philosophie zu vernachlässigten Themen in der Psychotherapie. Bei *www. FPI-Publikationen.de/materialien.htm. Polyloge: Materialien aus der Europäischen Akademie für psychosoziale Gesundheit* – 02/2002, auch in *Integrative Therapie* 1/2003, 27–64.

Petzold (2003e): Menschenbilder und Praxeologie. 30 Jahre Theorie- und Praxisentwicklung am »Fritz Perls Institut für Integrative Therapie, Gestalttherapie und Kreativitätsförderung« (1972–2002) Teil I. In: *Gestalt* 46 (Schweiz) 3–50.

Petzold, H. G. (2003g): Lebensgeschichten erzählen. Biographiearbeit, narrative Therapie, Identität. Paderborn: Junfermann.

Petzold, H. G. (2004h): Der »informierte Leib im Polylog« – ein integratives Leibkonzept für die nonverbale/verbale Kommunikation in der Psychotherapie. In: *Hermer, M.*, Nonverbale Kommunikation in der Psychtherapie. Tübingen: dgtv

Petzold, H. G. (2004l): Integrative Traumatherapie und »Trostarbeit« – ein nicht-exponierender, leibtherapeutischer und lebenssinnorientierter Ansatz risikobewusster Behandlung. Bei: www. FPI-Publikationen. De/materialien. Htm – Polyloge: Materialien *aus der Europäischen Akademie für psychosoziale Gesundheit* – Jg./2004

Petzold, H. G. (Hrsg.) (1998h): Identität und Genderfragen in Psychotherapie. Soziotherapie und Gesundheitsförderung. Bd. 1 und 2, Sonderausgabe von *Gestalt und Integration*. Düsseldorf: FPI-Publikationen.
Petzold, H. G., Bäumges, U. (1985): Integrative Gestalttherapie in der einzel- und gruppentherapeutischen Behandlung älterer Glaukompatienten. In: *Petzold* (1985a) 383–427.
Petzold, H. G., Beek, Y. van, Hoek, A.-M. van der (1994a): Grundlagen und Grundmuster »intimer Kommunikation und Interaktion« – »Intuitive Parenting« und »Sensitive Caregiving« von der Säuglingszeit über die Lebensspanne. In: *Petzold* (1994j) 491–646.
Petzold, H. G. (1985a): Bewegung ist Leben – körperliche Gesundheit, Wohlbefinden und Lebensfreude im Alter durch integrative Bewegungstherapie, Tanztherapie und Isodynamik. In: *Petzold* 1985a, 428–466.
Petzold, H. G., Bloem, J., Moget, P. (2004): Budokünste als »Weg« und therapeutisches Mittel in der körper- und bewegungsorientierten Psychotherapie, Gesundheitsförderung und Persönlichkeitsentwicklung – transversale und integrative Perspektiven, *Integrative Therapie* 1–2.
Petzold, H. G., Brown, G. *I.* (1977): Gestaltpädagogik. München: Pfeiffer.
Petzold, H. G., Bubolz, E. (1976): Bildungsarbeit mit alten Menschen. Stuttgart: Klett.
Petzold, H. G., Bubolz, E. (1979): Psychotherapie mit alten Menschen. Paderborn: Junfermann.
Petzold, H. G., Engemann, K., Zachert, D. (2004): Effektive Performanz. Komplexes Lernen in Supervision und Coaching. Opladen: Leske + Budrich (in Vorber.)
Petzold, H. G., Goffin, J., Oudhof, J. (1993): Protektive Faktoren und Prozesse – die »positive« Per-spektive in der longitudinalen, »klinischen Entwicklungspsychologie« und ihre Umsetzung in die Praxis der Integrativen Therapie. In: *Petzold, Sieper* (1993a): Integration und Kreation, 2 Bde., Paderborn: Junfermann 173–266.
Petzold, H. Keglevic, A. (2004): Älterwerden und Alter – ein zentrales Thema für die Psychotherapie. *Gestalt* 51(Schweiz 2004)15–20.
Petzold, H. G., Marcel, G. (1976): Anthropologische Bemerkungen zur Bildungsarbeit mit alten Menschen. In: *Petzold, H. G., Bubolz, E.,* Bildungsarbeit mit alten Menschen. Stuttgart: Klett, 9–18.
Petzold, H. G., Märtens, M. (Hrsg.) (1999a): Wege zu effektiven Psychotherapien. Psychotherapieforschung und Praxis. Band 1: Modelle, Konzepte, Settings. Opladen: Leske + Budrich.
Petzold, H. G., Spiegel-Rösing, I. (1984): (Hrsg.), Die Begleitung Sterbender. Paderborn: Junfermann.
Petzold, H. G., Müller, L. et al. (2005): Gefährliche Pflege und sozialtoxische Kontexte – Materialien zur Realität von Inhumanität in Tiroler im Altenheimen. *www.FPI-Publikationen.de/materialien.htm – Polyloge: Materialien aus der Europäischen Akademie für Psychosoziale Gesundheit* Jg. 2005, in Vorber.
Petzold, H. G., Müller, L. (2005): »Alte Menschen« – Psychotherapie, gefährliche Pflege, Supervision. Schwerpunktheft Integrative Therapie, Jg. 2005 in Vorbereitung.
Petzold, H. G., Orth, I. (Hrsg.) (1985a): Poesie und Therapie. Über die Heilkraft der Sprache. Poesietherapie, Bibliotherapie, Literarische Werkstätten. Paderborn: Junfermann.
Petzold, H. G., Orth, I. (1990a): Die neuen Kreativitätstherapien. Handbuch der

Kunsttherapie, 2 Bde., Junfermann, Paderborn, (2005): erw. Neuauflage Bielefeld: Edition Sirius im Aisthesis Verlag.
Petzold, H. G., Orth, I. (1999a). Die Mythen der Psychotherapie. Ideologien, Machtstrukturen und Wege kritischer Praxis. Paderborn: Junfermann.
Petzold, H. G., Orth, I. (2004a): Sinn, Sinnerfahrung, Lebenssinn in Psychologie und Psychotherapie. Bielefeld: Aisthesis.
Petzold, H. G., Orth, I. (2004b): »Unterwegs zum Selbst« und zur »Weltbürgergesellschaft« – »Wegcharakter« und »Sinndimension« des menschlichen Lebens – Perspektiven Integrativer »Kulturarbeit« – Hommage an Kant. In: *Petzold, Orth* (2004a).
Petzold, H. G., Osten, P. (1998): Diagnostik und mehrperspektivische Prozeßanalyse in der Integrativen Therapie. In: *Laireiter, A.* (Hrsg.): Diagnostik in der Psychotherapie. Wien: Springer und in: *Petzold* (1998h) 118–141.
Petzold, H. G., Petzold, Ch. (1991a): Lebenswelten alter Menschen. Hannover: Vincentz.
Petzold, H. G., Petzold, Ch. (1993b): Integrative Arbeit mit alten Menschen und Sterbenden – gerontotherapeutische und nootherapeutische Perspektiven in der Weiterbildungspraxis an FPI/EAG. In: *Petzold, Sieper* (1993a) 633–647.
Petzold, H. G., Schigl, B., Fischer, M. Höfner, C. (2003): Supervision auf dem Prüfstand. Wirksamkeit, Forschung, Anwendungsfelder, Innovation. Opladen: Leske + Budrich.
Petzold, H. G., Schobert, R. (1991): Selbsthilfe und Psychosomatik. Paderborn: Junfermann.
Petzold, H. G., Sieper, J. (1993a): Integration und Kreation, 2 Bde. Paderborn: Junfermann 2. Aufl. 1996.
Petzold, H. G., Sieper, J. (Hrsg.) (2003): Wille und Wollen in der Psychotherapie. 2 Bde. Göttingen: Vandenhoek & Ruprecht.
Petzold, H. G., Sieper, J. (2003a): Der Wille und das Wollen, Volition und Kovolition – Überlegungen, Konzepte und Perspektiven aus Sicht der Integrativen Therapie. Bei www. FPI-Publikationen.de/materialien.htm. Polyloge: *Materialien aus der Europäischen Akademie für psychosoziale Gesundheit* – 04/2002
Petzold, H. G., Spiegel-Rösing, I. (Hrsg.) (1984): Die Begleitung Sterbender – Theorie und Praxis der Thanatotherapie. Ein Handbuch. Paderborn: Junfermann.
Petzold, H. G., Stöckler, M., (1988): (Hrsg.). Aktivierung und Lebenshilfen für alte Menschen. Aufgaben und Möglichkeiten des Helfers, *Integrative Therapie Beiheft* 13. Paderborn: Junfermann 1988.
Petzold, H. G., Vormann, G. (Hrsg.), Therapeutische Wohngemeinschaften, Erfahrungen – Modelle – Supervision, Pfeiffer, München 1980.
Petzold, H. G, Wolff, H.-U., Landgrebe, B., Josič, Z. (2002): Das Trauma überwinden. Integrative Modelle der Traumatherapie. Paderborn: Junfermann.
Petzold-Heinz, I., (1938): Abendgrüße an eine Kranke, Düsseldorf: Hessischer Heimatverlag und Darmstadt (1956): C. Rinck.
Petzold-Heinz, I. (1985): Literarische Werkstätten im Altenheim. In: *Petzold/Orth*.
Peukert, U. (1979): Interaktive Kompetenz und Identiät. Düsseldorf: Pathmos.
Philpott, A. R. (1969): Dictionary of Puppet. Boston: Plays.
Philpott, A. R. (1977): Puppets and Therapy. Boston: Plays.
Pinquart, M. (1998): Wirkungen psychosozialer und psychotherapeutischer In-

terventionen auf das Befinden und das Selbstkonzept im Alter – Ergebnisse von Metaanalysen. *Zeitschrift für Gerontologie und Geriatrie* 31, 120–126.

Pitts, D. G. (1982): The effects of aging upon selected visual functions: Dark adaptation, visual acuity, stereopsis, and brightness contrast. In: *Sekuler, R., Kline, D. W., Dismukes, K.* (eds.): Aging and human visual function. New York: Alan R. Liss, 131–160.

Plessner, H. (1928): Die Stufen des Organischen und der Mensch. Berlin.

Pletzl, F. (2003): »Lainz bleibt Lainz«. Von Gewalt und Macht in der Altenpflege. akin – aktuelle informationen. http://akin.mediaweb.at

Plomp, R., Mimpen, A. M. (1979): Speech-reception threshold for sentences as a function of age and noise level. *J. of the Acoustical Society of America* 66, 1333–1342.

Podnieks, E. (1989): Elder abuse: A Canadian perspective. In: *Wolf, R. S., Bergman, S.* (eds.): Stress, conflict and elder abuse. Jerusalem: JDC-Brookdale Institute of Gerontology and Adult Development, 111–140.

Poeples, M. (1985): Validation therapy versus reality orientation as treatment for disoriented instituionalized elderly. Unpublished Master's Thesis. Akron, Ohio: College of Nursing.

Polk, L. V. (1997): Toward a middle-range theory of resilience. *Advanced Nursing Sciences* 19 (3) 1–13.

Poon, L. W. (1981): New directions im memory and aging research. Proc. XII. International Congress of Gerontology. Hamburg, Vol.2.

Poon, L. W. (1985): Differences in human memory with aging: nature, cuses, and clinical implications. In: *Birren, J. E., Schaie, K. W.* (eds.): Handbook of the psychology of aging. New York: Van Nostrand Reinhold, 427–462.

Post, F. (1986): Course and outcome of depression in the elderly. In: *Murphy, E.*: Affective disorders in the elderly. Edinburgh: Churchill Livingstone, 164–176.

Prager, T. (1991): Der Ort, wo man die Augen schließt. *Die Zeit,* 12, 102

Pribram, K. H., Hologramme im Gehirn. *Psychologie Heute* 10 (1979) 33–42.

Prickett, C. A. (1991): *Moore, R. S.*, The use of music to aid memory of Alzheimer's patients. *J. of Music Therapy* 28/2 101–110.

Puglisi, J. Th. (1986): Age related slowing in memory search for three-dimensional objects, *J. of Gerontology* 41, 72–78.

Quayhagen, M., Quayhagen, M. (1989): Differential effects of family-based strategies on Alzheimer's disease. *Gerontologist* 29, 150–155.

Rabbitt, P. (1996): Speed of processing and ageing. In: *Woods* 59–72.

Rabkin, J. G., Remien, R., Katoff, L., Williams, J. B. W. (1993): Resilience in adversity among long-term survivres of AIDS. *Hospital and Community Psychiatry* 44 (2), 162–167.

Radebold, H. (1979): Sozialtherapie mit alten Menschen. In: *Petzold, Bubolz.*

Radebold, H. (1983): Gruppenpsychotherapie im Alter. Göttingen: Hogrefe.

Radebold, H. (1992): Psychodynamik und Psychotherapie Älterer. Berlin: Springer.

Radebold, H. (1994a): Das Konzept der Regression: Ein Zugang zu spezifischen, bei dementiellen Prozessen zu beobachtenden Phänomenen. In: *R. D. Hirsch* (Hrsg.): Psychotherapie bei Demenzen. Darmstadt: Steinkopff. 63–70.

Radebold, H. (1994b): Gruppenpsychotherapie. In: *Radebold, Hirsch* (1994) 105–112.

Radebold, H., Bechtler, H., Pina, I. (1973): Psychosoziale Arbeit mit älteren Menschen. Freiburg: Lambertus.

Radebold, H., Hirsch, R. D. (Hrsg.) (1994): Altern und Psychotherapie. Bern: Huber.
Radebold, H., Schlesinger-Kipp, G. (1982): Familien- und paartherapeutische Hilfen bei älteren und alten Menschen. Göttingen: Vandenhoeck & Ruprecht.
Rahm, D. (1979): Gestaltberatung. Paderborn: Junfermann 1996.
Rahm, D., Otte, H., Bosse, S., Ruhe-Hollenbach, H. (1993): Einführung in die Integrative Therapie. Grundlagen und Praxis. Paderborn: Junfermann.
Rambert, M. L. (1969): Das Puppenspiel in der Psychotherapie, München/Basel: Reinhardt.
Ratey, J. J. (2002): Das menschliche Gehirn. Eine Gebrauchsanweisung. Düsseldorf: Walter.
Rechtien, W. (1998): Beratung. Theorien, Modelle und Methoden. München: Profil.
Rechtschaffen, A. (1959): Psychotherapy with geriatric patients: A Review of literature, *J. of Gerontology* 14, 73–84.
Reichlin, R. E. (1999): Integrated group approaches with the early stage Alzheimer's patient and family. In: *Duffy, M.* (1999) 166–181.
Reisberg, B. (1988): Hirnleistungsstörungen: Alzheimersche Krankheit und Demenz. Weinheim: Psychologie Verlags Union.
Reker, G. T., Peacock, E. J., Wong, P. T. P. (1987): Meaning and purpose in life and well-being: A lifespan perspective. *J. of Gerontology* 42, 44–49.
Rest, F. (1983): Die personelle Situation in der stationären Altenhilfe unter besonderer Berücksichtigung des Qualifikationsprofils und der pflegerischen Ethik. *heim + anstalt* 14, 223–226.
Rest, F. H. (1995): Leben und Sterben in Begleitung. Vier Hospize in NRW – Konzepte und Praxis. Gutachten im Anschluß an eine wissenschaftliche Begleitung. Münster: Lit Verlag.
Rest, F. (1997): Sterben zu Hause? Möglichkeiten und Grenzen der Arbeit der ambulanten Hospizdienste. Bericht zur wissenschaftlichen Begleitung des Modellprojekts »Ambulante Sterbebegleitung« der Landesregierung von NRW 94/95. Düsseldorf: Ministerium für Arbeit, Gesundheit und Soziales des Landes NRW.
Rest, F. (19984): Den Sterbenden beistehen. Ein Wegweiser für die Lebenden. Wiebelsheim: Quelle & Meyer.
Rest, F. (19984): Sterbebeistand, Sterbebegleitung. Studienbuch für Pflegekräfte, Ärzte, Seelsorger, Hospizhelfer, stationäre und ambulante Begleiter.
Revere, V., Tobin, S. (1980): Myth and reality: The older person's relationship to his past. *Int. J. of Aging and Human Development* 1, 15–26.
Reynolds, C. F. (1997): Treatment of major depression in later life: a life cycle perspective. *Psychiatric Quaterly* 68 (3) 1–17.
Reynolds, C. F., Frank, E., Dew, M. A., Houck, P. R., Miller, M., Mazumdar, S., Perel, J. M., Kupfer, D. J. (1999): Treatment of 70+-year-olds with recurrent major depression. *American J. of Geriatric Psychiatry* 7 (1) 64–69.
Reynolds, C. F., Frank, E., Perel, J. M., Imber, S. D., Cornes, C., Morycz, R. K., M., Mazumdar, P. R., Miller, Pollock, B. G., Rifai, A. H., Stack, J. A., George, C. J., Houck, R. P., Kupfer, D. J.(1992): Combined pharmacotherapy and psychotherapy in the acute and continuation treatment of elderly patients with recurrent major depression: a preliminary report. *American J. of Psychiatry* 149 (12), 1687–1692.
Reynolds, C. F., Frank, E., Perel, J. M., Imber, S. D., Cornes, C., Miller, C., Mazumdar, S., Houck, P. R., Dew, M. A., Stack, J. A., Pollock, B. G., Kupfer, D. J. (1999): Nor-

triptyline and interpersonal psychotherapy as maintenance therapies for recurrent major depression: A randomized controlled trial in patients older than 59 years. *J. of the American Medical Association* 281, 39–45.
Reynolds, C. F., Frank, E., Perel, J. M., Miller, M., Cornes, C., Rifai, A. H., Pollock, B. G., Mazumdar, S., George, C. J., Houck, R. P., Kupfer, D. J. (1994): Treatment of consecutive episodes of major depression in the elderly. *American J. of Psychiatry* 151 (12), 1740–1743.
Reynolds, D., Kalish, R. A. (1974): Anticipation of futurity as a function of ethnicity and age. *J. of Gerontology* 2, 224–231.
Richter, D., Sauter, D. (1997): Patiententötungen und Gewaltakte durch Pflegekräfte. Eschborn.
Riegler, J. (1980): Comparison of a reality orientation program for geriatric patients with and without music, *J. of Music Therapy* 17, 57–66.
Riegler-Wolfe, J. (1983): The use of music in a group sensory training program for regressed geriatric patients, *Activities, Adaptation & Aging* 4, 49–62.
Ritter-Vosen, X. (1979): Verhaltenstherapie mit älteren Menschen. In: *Petzold, Bubolz* (1979) 311–328.
Rizzolatti, G, Fadiga, L., Gallese, V., Fogassi, L. (1996): Premotor cortex and the recognition of motor actions. *Cognitive Brain Research* 3, 131–141.
Rockland, L. H. (ed.) (1989): Supportive therapy. New York: Basic Books.
Rogers, W. H., Wells, K. B., Meredith, L. S., Sturm, R., Burnam, A. (1993): Outcomes for adult depressed outpatients under prepaid and fee-for-service financing. *Archives for General Psychiatry* 50, 517–525.
Rohde-Dachser, C. (1978): Das Borderline-Syndrom. Bern: Huber.
Rosenfeld, H. A. (1978): Notes on the psychopathology and psychoanalytic treatment of some borderline patients, *Int. J. Psycho-Anal.* 59, 215–221.
Röhrle, B. (1994): Soziale Netzwerke und soziale Unterstützung. Weinheim: Beltz.
Rojas-Bermúdez, J. G. (1970): Puppets and Psychodrama. Buenos Aires: Genitor.
Rojas-Bermúdez, J. (1979): Nucleo dei Yo. Buenos Aires: Genitor.
Rojas-Bermúdez, J. G. (1982): Die Puppe und Medien als Intermediär-Objekte, *Integrative Therapie* 1/2, 38–57.
Rolf, J., Masten, A. S., Cicchetti, D., Nuechterlein, K. H., Weintraub, S. (1990): Risk and protective factors in the development of psychopathology. Cambridge: Cambridge University Press.
Romero, B., Eder, G. (1992): Selbst-Erhaltungs-Therapie (SET): Konzept einer neuropsychologischen Therapie bei Alzheimer-Krankheit. *Zeitschrift für Gerontopsychologie und -psychiatrie* 5/4, 267–282.
Roos, N. P., Havens, B. (1991): Predictors of successful aging: a twelve-year study of Manitoba elderly. *American J. of Public Health* 81, 63–68.
Rosenkranz, M. (1999): Sterben – Leben bis zuletzt. Eine Hinführung zur Sterbebegleitung. Kevelaer: Butzon & Bercker.
Rosenmayr, L. (1981): Altersvorbereitung – ein Weg zu sich selbst. In: *Schneider H. D.: Pro Senectute,* Vorbereitung auf das Alter im Lebenslauf. Paderborn: Schöningh, 17–38.
Rosenmayr, L. (1976): Die soziale Benachteiligung alter Menschen. In: *Doberauer, W.*, Scriptum Geriatricum. München: Urban & Schwarzenberg, 203–219.
Rosenmayr, L. (1983): Die späte Freiheit. Das Alter – ein Stück bewußt gelebten Lebens. Berlin: Severin & Siedler.

Rosling, L. K., Kitchen, J. (1992): Music and drawing with institutionalized elderly. Miniconference in Music and Geriatrics 1990. *Activities, Adaptation & Aging* 17/2, 27–38.
Rott, C. (1990): Intelligenzentwicklung im Alter. *Zeitschrift für Gerontologie* 23, 252–261.
Rott, C. (1995): Sensorische und intellektuelle Entwicklung im Alter: Ergebnisse der Bonner Längsschnittstudie des Alterns (BOLSA). In: *Kruse, A., Schmitz-Scherzer, R.* (Hrsg.): Psychologie der Lebensalter. Darmstadt: Steinkopff, 217–229.
Rotter, J. B. (1975): Some problems and misconceptions related to the construct of internal versus external control of reinforcement. *J. of Consulting and Clinical Psychology* 43, 56–67.
Rovner, B. W. (1993): Depression and increased risk of mortality in the nursing home patient. *American J. of Medicine* 94 (suppl. 5A), 19–22.
Rowan, J., Cooper, M. (Hrsg.) (1999): The plural self. Multiplicity in everyday life. London: Sage.
Rubin, J. R. (1978a): Bibliotherapy Source Book. London: Oryx.
Rubin, J. R. (1978b): Using Bibliotherapy. A guide through theory and practice. London: Oryx.
Rudinger, G. (1987): Intelligenzentwicklung unter unterschiedlichen sozialen Bedingungen. In: *Lehr, U., Thomae, H.*, 57–65.
Rudinger, G., Lantermann, E. D. (1980): Soziale Bedingungen der Intelligenz im Alter. *Zeitschrift für Gerontologie* 13, 433–441.
Rudinger, G., Rietz, C., Schiffhorst, G. (1997): Aspekte der subjektiven und objektiven Lebensqualität: Zufriedenheit und Kompetenz im Rahmen interdisziplinärer Modelle. *Zeitschrift für Gerontopsychologie und -psychiatrie* 10, 259–275.
Rudolf, G. A. E. (1993): Depression und höheres Lebensalter. Darmstadt: Wissenschaftliche Buchgesellschaft.
Ruskin, P. E., Talbot, J. A. (eds.) (1996): Aging and posttraumatic stress disorder. Washington: American Psychiatric Press.
Russo, J., Vitaliano, P. P., Brewer, D. D. et al. (1993): Psychiatric disorders in spouse caregivers of care recipients with Alzheimer's Disease and matched controls: a diathesis-stress model of psychopathology. *J. of Abnormal Psychology* 104, 197–204.
Rutter, M. (1985): Resilience in the face of adversity: Protective factors and resistance to psychiatric disorder. *British J. of Psychiatry* 147, 598–611.
Rutter, M. (1987): Psychosocial resilience and protective mechanisms. *American J. of Orthopsychiatry* 57, 316–331.
Rutter, M. (1988): Studies of psychosocial risk. The power of longitudinal data. Cambridge: Cambridge University Press.
Rutter, M. (1994): Continuities, transitions, and turning points in development. In: *Rutter, M., Hay, D.* (Eds.) (1994): Development through life. Oxford: Blackwell.
Rutter, M., Hay, D. (1994): Development throughout life: a handbook for clinicians. Malden, Mass.: Sinauer Associates.
Ryff, C. D. (1986): The subjective construction of self and society: An agenda for the life-span research. In: *Marshall, V. W.,* Later life. The social psychology of aging, Sage, Beverly Hills, 33–74.
Saint-Exupéry, A. de (1978): Der Kleine Prinz. Düsseldorf: Rauch.
Salatoff, R. T. (1992): Vocal aging: medical considerations inprofessional voice users. *Medical Problems of Performing Artists* 7/1 (1992).

Salk, J. (1973): Survival of the Wisest. New York: Wiley.
Salthouse, T. A. (1985): A theory of cognitive aging. Amsterdam: North Holland.
Salthouse, T. A. (1991a): Theoretical perspectives on cognitive aging. Hillsdale NJ: Erlbaum.
Salthouse, T. A. (1993a): Influence of working memory on adult age differences in matrix reasoning. *British J. of Psychology* 84, 171–199.
Saltzman, C. (1995): Medication compliance in the elderly. *J. of Clinical Psychiatry* 56 (Suppl.1), 18–30.
Salvesbergh, G. J. P., Pijpers, R. (1992): De perceptie-actie koppeling vanuit een ontwikkelingsperspectief: een ecologische benadering. *Tijdschrift voor Ontwikkelingspsychologie* 1, 31–54.
Sandman, C. A. (1993): Memory rehabilitationin Alzheimer's disease: preliminary findings. *Clinical Gerontologist* 13, 19–33.
Sarason, I. G., Sarason, B. R. (1985): Social support: Theory, research and applications. Dordrecht: Nijhoff.
Saup, W. (1990): Übersiedlung und Aufenthalt im Alten- und Pflegeheim. In: *Mayring, Saup* (1990) 75–104.
Saup, W. (1991): Konstruktives Altern. Göttingen: Hogrefe.
Saup, W. (1998): Konstruktives Altern als Auseinandersetzung mit Anforderungen und Belastungen. In: *Kruse, A.* (Hrsg.): Psychosoziale Gerontologie. Göttingen: Hogrefe, S. 205–222.
Scates, S. K., Randolph, D. L., Gutsch, K. U., Knight, H. V. (1985/86): Effects of cognitive-behavioral, reminiscence and activity treatments on life satisfaction and anxiety in the elderly. *Intenational J. of Aging and Human Development* 22, 141–146.
Schachter, D. (1999): Wir sind Erinnerung. Gedächtnis und Persönlichkeit. Reinbek: Rowohlt.
Schaefer, J. A., Moos, R. (1992): Life crisis and personal growth. In: *B. N. Carpenter* (ed.): Personal coping: theory, research, and application. Westport, CT: Praeger.
Schaie, K. W. (1983): The Seattle Longitudinal Study: A 21 year exploration of psychometric intelligence in adulthood. In: *Schaie, K. W.* (ed.): Longitudinal studies of adult psychological development. New York: Guilford, 64–135.
Schaie, K. W. (1993): The Seattle Longitudinal Study: A thirty-five year inquiry of adult intellectual development research. *Zeitschrift für Gerontologie* 26, 129–137.
Schaie, K. W. (1994): The course of adult intellectual development. *American Psychologist* 49, 304–313.
Schaie, K. W., Gribbin, K. (1975): The impact of environmental complexity upon adult cognitive development, *International Society of Behavioral Development.* New York: Guilford.
Scheff, Th. (1979): Catharsis in Healing, Ritual and Drama. Berkeley: Univ. of California Press.
Schell, W. (1998): Sterbebegleitung und Sterbehilfe. Gesetze, Rechtsprechung, Richtlinien, Empfehlungen und Stellungnahmen. Hagen: B. Kunz Verlag.
Scheu, F. (1990): Das erste und das letzte Instrument – Zur Bedeutung der Stimme im Altenheim. *Musiktheapeutische Umschau* 11, 144–146.
Schieber, F. (1992): Aging and the senses. In: *Birren, Sloane, Cohen* (eds.): 252–306.
Schiffman, S. (1979): Changes in taste and smell with age: Psychophysical aspects. In:

Ordy, J. M., Brizzee, K. R. (eds.): Sensory systems and communication in the elderly. New York: Raven Press, 227–246.
Schigl, B., Petzold, H. G. (1997): Evaluation einer Ausbildung in Integrativer Supervision mit Vertiefungsschwerpunkt für den klinisch-geriatrischen Bereich – ein begleitendes Forschungsprojekt. *Integrative Therapie* 1–2, 85–145.
Schmid, W. (1998): Auf der Suche nach einer neuen Lebenskunst. Die Frage nach dem Grund und die Neubegründung der Ethik bei Foucault. Frankfurt: Suhrkamp.
Schmid, W. (1999): Philosophie der Lebenskunst. Frankfurt/M.: Suhrkamp. 3. Aufl.
Schmidbauer, W. (1977): Die hilflosen Helfer. Reinbek: Rowohlt.
Schmidbauer, W. (1983): Helfen als Beruf. Reinbek: Rowohlt.
Schmidt, R. C., Carello, C., Turvey, M. T. (1990): Phase transitions and critical fluctuations in the visual coordination of rhythmic movements between poeple. *J. Exper. Psychol. Human Percept. Perform.* 16, 227–247.
Schmidt, R. C., Christenson, N., Carello, C., Baron, R. (1994): Effects of social and physical variables on between-person visual coordination. *Ecol. Psychol.* 6, 159–184.
Schmitz-Scherzer, R. (1987): Konstanz und Veränderung der psychischen Leistungsfähigkeit. In: *Lehr, Thomae* (1987), 45–56.
Schmitz-Scherzer, R. (1998): Milieutherapeutische Ansätze in der stationären Altenarbeit. In: *Kruse* (1998) Bd. 2, 73–84.
Schnaufer-Kraak, M. (1994): Brücke zum eigenen Wesen. Integrative Musiktherapie mit pflegebedürftigen Menschen. *Altenpflege* 6, 366–372.
Schneider, H. D. (1979): Ressourcen im Alter. *Zeitschrift für Gerontologie* 12, 476–538.
Schneider, H. D. (1980): Sexualverhalten in der zweiten Lebenshälfte. Stuttgart: Kohlhammer.
Schneider, H. K. (1991): Demenzen und Depressionen. Veränderungen aus gerontopsychiatrischen Sicht. In: *Oswald, W. D., Lehr, U.* (Hrsg.): Altern. Veränderungen und Bewältigung. Bern: Huber, 115–123.
Schneider, L. S., Sloane, R. B., Staples, F. R., Bender, M. (1986): Pretreatment orthostatic hypotension as a predictor of response to nortroptyline in geriatric depression. *J. of Clinical Psychopharmacology* 6, 172–176.
Schreiner, K. (1980): Puppen und Theater. Köln: Dumont.
Schreiner, P.-W. (2000): Patiententötungen durch Angehörige helfender Berufe. Euthansie/Sterbehilfe. www.pflegethemen.de
Schreiter-Gasser U. (1992): Der Alzheimer-Kranke und seine Familie: Erfahrungen mit einer Angehörigengruppe. In: *Häfner, Hennerici* (Hrsg.): Psychische Krankheiten und Hirnfunktion im Alter. Stuttgart: Fischer, 193–201.
Schroeder, W. (1994): Stationäre Musiktherapie in einem integrativen Behandlungskonzept für Patienten einer psychotherapeutischen/ psychosomatischen Abteilung, Vortrag, gehalten auf der Tagung »Was wirkt in der Musiktherapie«, 7.–9. 10. Zürich.
Schroeder, W. (1995): Musik – Spiegel der Seele. Paderborn: Junfermann.
Schroots, J. F. (1993): Aging, health and competence. Amsterdam: Elsevier.
Schultz, H. J. 1985. Die neuen Alten. Erfahrungen aus dem Unruhestand. Stuttgart: Kreutz.
Schultz, J. H. (1966): Das autogene Training. Stuttgart: Thieme (12. Aufl.).
Schultz, N. R. (1987): Anxiety. In: *G. L. Maddox* (ed.): Encyclopedia of aging. New York: Springer, 34–45.

Schulz, R. (1985): Emotion and affect. In: *Birren, J. E., Schaie, K. W.* (eds): Handbook of the psychology of aging. Vol.2. New York: Van Nostrand Reinhold, 531–543.
Schulz,R., Visintainer, P., Williamson, G. M. (1990): Psychiatric and physical morbidity effects of caregiving. *J. of Gerontology: Psychological Sciences* 45,181–191.
Schur, M. (1982): Sigmund Freud. Leben und Sterben. Frankfurt/M: Suhrkamp Verlag.
Schuster, M., Gedächtnisentwicklung im Alter. In: *Mayring, Saup* 1990, 125–145.
Schütz, A. (1974): Der sinnhafte Aufbau der sozialen Welt. Wien: Springer.
Schützenberger, A. (1981e): Triadisches Psychodrama, in: Petzold (1981e) 156–165.
Schützendorf, E. (1997): Das Recht der Alten auf Eigensinn. München: Ernst Reinhardt.
Schwabe, C. (1991): Aktive Gruppenmusiktherapie für erwachsene Patienten, Leipzig: Georg Thieme Verlag.
Schwabe, C. (1981): Musiktherapie in der geriatrischen Rehabilitation, *Zeitschrift für die gesamte Hygiene und ihre Grenzgebiete* 12, 937–940.
Schwabe, U., Paffrath, D. (1989): Arzneimittelverordnungsreport. Stuttgart: Fischer.
Schwarz, A. N. (1975): Planning micro-environments for the aged. In *Woodruff, D. S., Birren, J.*, (eds.): Aging. Scientific perspectives and social issues. New York: van Nostrand, 1975, 279- 294.
Schwarzer, Ch. (1992): Bereavement, recieved social support, and anxiety in the elderly: a longitudinal analysis. *Anxiety Research* 4, 287–298.
Schwarzer, G. (1994): Entwicklung der Melodiewahrnehmung. Analytische und holistische Prozesse. Heidelberg: Asanger.
Schwarzer, R., Leppin, A. (1989): Sozialer Rückhalt und Gesundheit. Eine Meta-Analyse. Göttingen: Hogrefe.
Schweinsberg-Reichart, I. (1985): Performanz. Frankfurt: Scriptor.
Schweizer, E., Case, W., Rickels, K. (1989): Benzodiazepine dependence and withdrawal in elderly patients. *American J. of Psychiatry* 146, 529–531.
Schwerdt, R. (1998): Eine Ethik für die Altenpflege: ein transdisziplinärer Versuch aus der Auseinandersetzung mit Peter Singer, Hans Jonas und Martin Buber. Bern: Huber.
Scogin, F., Jamison, C., Gochneaur, K. (1989): Comparative efficacy of cognitive and behavioral bibliotherapy for mildly and moderately depressed older adults. *J. of Consultin and Clinical Psychology* 57, 403–407.
Segal, R. (1990): Helping older mentally retarded persons expand their socialization skills through the use of expressive therapies: Special issue: Activities with developmentally disabled elderly and older adults, *Activities, Adaptation & Aging* 15, 1–2, 99–109.
Seneca, L. A. (1917): Seneca Opera. Leipzig: Teubner; Studienausgabe dt./lt. von *Rosenbach, M.* (1989). Darmstadt: Wissenschaftliche Buchgesellschaft.
Sennett, R. (1998): Der flexible Mensch. Berlin: Berlin Verlag.
Sennett, R. (2002): Respekt im Zeitalter der Ungleichheit. Berlin: Berlin Verlag.
Shapiro, A. (1969): A pilot program in music therapy with residents of a home for the aged. *Gerontology* 9, 128–133.
Shibutani, T. (1955): Reference groups as perspectives. *Amer. J. of Sociology* 60, 562–568.
Sieber, G. (1972): Die Altersrevolution. Zürich/Köln: Benzinger.

Sieper, J. (2001): Das behaviorale Paradigma im »Integrativen Ansatz« klinischer Therapie, Soziotherapie und Agogik: Lernen und Performanzorientierung, Behaviourdrama und Transfertraining, Streßphysiologie. *Integrative Therapie* 1, 105–144.

Sieper, J., Petzold, H. G. (1993c): Integrative Agogik – ein kreativer Weg des Lehrens und Lernens. In: *Petzold, Sieper* (1993a) 359–370.

Sieper, J., Petzold, H. G. (2001c): »Eingreifende Wissenschaft« für »Menschenarbeiter«. *Integrative Therapie* 1, 208–209.

Sieper, J., Petzold, H. G. (2002): Der Begriff des »Komplexen Lernens« und seine neurowissenschaftlichen und psychologischen Grundlagen – Dimensionen eines »behavioralen Paradigmas« in der Integrativen Therapie. Lernen und Performanzorientierung, Behaviourdrama, Imaginationstechniken und Transfertraining. Düsseldorf/Hückeswagen. Bei www.FPI-Publikationen.de/materialien.htm – *Polyloge: Materialien aus der Europäischen Akademie für psychosoziale Gesundheit* – 10/2002 und gekürzt in *Leitner, A.* (2003): Entwicklungsdynamiken der Psychotherapie. Wien: Kramer, Edition Donau-Universität. 183–251.

Sill, B. (1999): Ethos und Thanatos. Zur Kunst des guten Sterbens bei Matthias Claudius, Leo N. Tolstoi, Rainer M. Rilke, Max Frisch und Simone de Beauvoir. Regensburg: F. Pustet.

Simon, A., Lowenthal, M. F., Epstein, L. (1970): Crisis and intervention. The fate of the elderly mental patient. San Francisco: Jossey-Bass.

Simons, H. (1945): The role of the aged in primitive society. New Haven.

Simons, H. (1960): Aging in preindustrial societies. In: *Tibbitts,* C., Handbook of social gerontology. Chicago: Univ. of Chicago Press, 62–91.

Simpson, M. A. (1979): Dying, Death, and Grief. New York: Plenum Press.

Smeijsters, H. (1994): Die therapeutische Wirkung der Ergebnisse der Forschung, Vortrag, gehalten an der Tagung »Was wirkt in der Musiktherapie«. Zürich 1994. In: *Müller, Petzold* (1997)

Smeijsters, H. (1994): Musiktherapie als Psychotherapie. Stuttgart: Fischer.

Smeijsters, H., Rogers, P. (1993): European music therapy research register, Werkgroep Onderzoek Musiektherapie NVKT, Utrecht.

Smith, D. S. (1988): The effect of enhanced higher frequencies on the musical preferences of older adults. *J. of Musictherapy* 25/2, 62–72.

Smith, D. S. (1990): Therapeutic treatments effectiveness as documented in the gerontology literature: Implications for music therapy. *Music Therapy Perspectives* 8, 36–40.

Smith, D. S. (1991): A comparison of group performance and song familiarity on cued recall tasks with older adults. *J. of Music Therapy* 28/1, 2–13.

Smith, D. S., Lipe, A. W. (1991): Music therapy practices in gerontology. *J. of Music Therapy* 28/4, 193–210.

Smith, J., Baltes, P. B. (1990): A study of wisdom-related knowledge: Age/cohort differences in responses to life planning problems. *Developmental Psychology* 26, 494–505.

Smith, J., Baltes, P. B. (1993): Differential psychological aging: Profiles of the old and very old. *Ageing and Society* 13, 551–587.

Smith, M. L., Glass, G. V. (1977): Meta-analysis of psycchotherapy outcome studies. *American Psychologist* 32, 752–760.

Smith, M. L., Glass, G. V., Miller, T. I. (1980): The Benefits of Psychotherapy. Baltimore: Johns Hopkins University Press.
Socialdata – Institut für empirische Sozialforschung, Anzahl und Situation zu Hause lebender Pflegebedürftiger. Stuttgart 1980.
Sohn, W., Trüstedt, D. (1991): Musikarbeit im Altenzentrum Dornstadt und die Musik als Geschenk. In: *Herrlen-Pelzer, S., Sponholz, G., Baitsch, H.* (Hrsg.), Musik in Prävention und Therapie. Bericht über ein Projekt an der Universität Ulm. Langenau-Ulm: Armin Vaas Verlag, 169–174.
Sosna, U. (1983): Soziale Isolation und psychische Erkrankung im Alter. Frankfurt: Campus.
Sowarka, D. (1992): Kognitive Interventionsforschung mit alten Menschen im Bereich der fluiden Intelligenz: Grundlagen und Ergebnisse. *Verhaltenstherapie* 2, 204–216.
Speidel, H. (1985): Psychoanalyse, Alter und chronische Krankheit. *Psychother. med. Psychol.* 35, 141–146.
Spencer, E. (1991): Ethical issues in clinical care. In: *Sadavoy et* al. S. 653–666.
Spero, M. H. (1981/82): Confronting death and the concept of life review, *Omega* 12, 37–43.
Spiegel, Y. (1972): Der Prozeß des Trauerns, 2 Bde. München: Kaiser.
Spiegel-Rösing, I., Petzold, H. G. (1984): Die Begleitung Sterbender. Theorie und Praxis der Thanatotherapie. Paderborn: Junfermann, 2. Aufl. 1982.
Spiegel-Rösing, I., Petzold, H. G., (1985): Psychotherapie mit alten Menschen, Kranken und Sterbenden. In: *Toman, W., Egg, R.* (Hrsg.): Psychotherapie. Ein Handbuch. Stuttgart: Kohlhammer, Bd. 2, 264–284.
Spiegel-Rösing, I. (1984): Ziele psychosozialer Intervention beim Sterbenden. In: *Spiegel-Rösing, Petzold* (1984) 141–182.
Spini, D. (2000): La vie après 80 ans. Une brève présentation de cinq années d'étude sur les situations et trajectoires de vie et de santé des octogénaires. *Centre interfacultaire de gérontologie de l'Université de Genève, Spécial Recherche* 5.
Spitz, R. (1978): Vom Dialog. Stuttgart: Klett.
Spitzer, M. (2001): Geist im Netz. Modelle für Lernen, Denken und Handeln. Heidelberg: Spektrum Akademischer Verlag.
Sponsel, R. (1995): Handbuch Integrativer Psychologischer Psychotherapie. Zur Theorie und Praxis der schulen- und methodenübergreifenden Psychotherapie. Ein Beitrag zur Entmythologisierung der Psychotherapieschulen. Erlangen: IEC Verlag.
Stähelin, H. B., Ermini-Fünfschilling, D., Grunder, B., Krebs-Roubicek, E., Monsch, A., Spiegel, R. (1989): Die Memory-Klinik: Programm und erste Erfahrungen. *Geriatrie & Rehabilitation* 2/4, 205–211.
Stamenov, M. I., Gallese, V. (2002): Mirror Neurons and the Evolution of Brain and Language. Amsterdam: John Benjamins Publishing Co.
Stanley, M. A., Averill, P. M. (1999): Strategies for treating generalized anxiety in the elderly. In: *Duffy* (1999) 511–525.
Stappen, B. (1988): Formen der Auseinandersetzung mit Verwitwung im höheren Alter. Regensburg: Roederer.
Staudinger, U. M. (2000): Viele Gründe sprechen dagegen, und trotzdem geht es vielen Menschen gut: Das Paradoxon des subjektiven Wohlbefindens. *Psychologische Rundschau* 51/4, 185–197.

Staudinger, U. M., Marsiske, M., Baltes, P. B. (1995): Resilience and reserve capacity in later adulthood: potentials and limits of development across the life span. In: *D. Cicchetti, D. J. Cohen* (eds.): Developmental psychopathology. Vol.2: Risk, disorder, and adaptation. New York: Wiley, 801–846.
Steen, M. P., van der, Vermeer, A. (1987): Competentie en bewegingsbeinvlouding. *Bewegen & Hulpverlening* 2, 92–111.
Stern, D. N. (1985): The interpersonal world of the infant. New York: Basic Books.
Stern, D. N. (1990): Diary of a baby, New York, Basic Books.
Stern, D. N. (1992): Die Lebenserfahrung des Säuglings. Stuttgart: Klett-Cotta.
Sternberg, R. J. (1984): Toward a triarchic theory of human intelligence. *The Behavioral and Brain Science* 7, 269–315.
Sternberger, D. (1981): Über den Tod. Frankfurt: Suhrkamp.
Stettner, E. (1910): Cato maior, eine politische Tendenzschrift. *Zeitschrift für das österreichische Gymnasium* 61, 684.865.
Steuer, J. L., Hammen, C. L. (1983): Cognitive-behavioral group therapy for the depressed elderly: Issues and adapations. *Cog. Ther. Res.* 7, 285–296.
Steuer, J. L., Mintz, J., Hammen, C. L., Hill, M. A., Jarvik, L. F., McCarley, T., Motoike, P., Rosen, R. (1984): Cognitive-behavioral and psychodynamic group psychotherapy in treatment of geriatric depression. *J. of Consulting and Clinical Psychology* 52, 180–189.
Stevens, J. C., Platinga, A., Cain, W. S. (1982): Reduction of odor and nasal pungency associated with aging. *Neurobiology of Aging* 3, 125–132.
Stich, S. (1996): Deconstructing the mind, Oxford: Oxford University Press.
Stöckler, M. (1990): Einsamkeit macht krank. Düsseldorf: Grad.-Arbeit, Fritz Perls Institut.
Stokes, G. (1996): Challenging behaviour in dementia: a psychological approach. In: *R. T. Woods* (1996) 601–628.
Stokes, G., Goudie, F. (eds.) (1990): Working with dementia. Bicester: Winslow Press.
Stone, J., Smith, H., Murphy, L. (1973): The competent infant. New York: Basic Books.
Stork-Groenveld, I., Meerloo, J. A. M. (1974): Ouder en wijzer worden, verschijnselen van het ouder worden. Baarn: Bosch & Keuning.
Stratton, V. N., Zalanowski, A. H. (1989): The effects of music and paintings on mood, *J. of Music Therapy* 1, 30–41.
Straub, H. (1972): Über die Anfangsphase psychodramatischer Kinderbehandlung mit Puppentheater-Figuren. In: *Petzold* (1972a) 218–231.
Strauss, A. L. (1978): A social world perspective. In: *Denzin, M. K.*, Studies in symbolic interactions, Vol. 1, 119–128. Greenwich: JAI Press.
Strawbridge, W. J., Cohen, R. D., Shema, S. J., Kaplan, G. A. (1997): Frequent attendance at religious services and mortality over 28 years. *American J. of Public Health* 87, 957–961.
Strawbridge, W. J., Shema, S. J., Cohen, R. D., Roberts, R. E., Kaplan, G. A. (1998): Religiosity buffers effects of some stressors on depression but exacerbates others. *J. of Gerontology: Social Sciences* 53B (3), 118–126.
Stricker, G., Gould, J. R. (eds.) (1993): Comprehensive handbook of psychotherapy integration. New York: Plenum.
Strobel, W., Huppmann, G. (1978): Musiktherapie. Grundlagen,Formen, Möglichkeiten, Verlag für Psychologie. Göttingen: Hogrefe.

Stroebe W., Stroebe, M. (1987): Bereavement and health: The psychological and physical consequences of partner loss. Cambridge: Cambridge University Press.
Stroebe W., Stroebe, M. (1993): Determinants of adjustment to bereavement in younger widow and widowers. In: *Stroebe, Stroebe, Hansson* (1993) 208–226.
Stroebe, M., Stroebe, W. (1991): Does »grief work« work? *J. of Consulting and Clinical Psychology* 59, 479–482.
Stroebe, M., Stroebe, W., Hansson, R. O. (eds.) (1993): Handbook of bereavement: Theory, research, and intervention. Cambridge: Cambridge University Press, 255–270.
Stroebe, W., Hewstone, M., Stevenson, G. M. (20033): Sozialpsychologie. Eine Einführung, Heidelberg: Springer.
Stroebe, W., Jonas, K. (2002): Gesundheitspsychologie – Eine sozialpsychologische Perspektive. In: *Stroebe, W.* et al. (2002) 579–622.
Strotzka, H. (1978): Was ist Psychotherapie? In: *Strotzka, H.* (Hrsg.): Psychotherapie: Grundlagen, Verfahren, Indikationen. München: Urban & Schwarzenberg.
Stuhlmann, W. (1992): Angst und Selbstsicherheit bei alten Patienten. *Zeitschrift für Gerontologie* 25, 373–379.
Suden-Weickmann, A. (1993): (Hrsg.) Physiotherapie in der Geriatrie. Grundlagen und Praxis. München: Pflaum.
Sugar, J. A., McDowd, J. M. (1992): Memory, learning and attention. In: *Birren* et al. (1992) 307–337.
Summers, S. (1990): Musiktherapie: Entwicklung von mehr Lebensqualität, *Geriatrie Praxis* 12, 56–59.
Summers, S. (1993): Musiktherpie in der Gerontopsychiatrie, *Pflegen ambulant*, 4/3, 28–29.
Suzman, R. M., Willis, D. P., Manton, K. G. (1992): The oldest old. New York: Oxford University Press.
Sweeney, D. (1978): Bibliotherapy and the elderly. In: *Rubin* (1978a) 179–184.
Szilagyi, D. (1979): Erfahrungen mit dem Puppenspiel für Erwachsene. In: *Material zum Theater* 116, »Puppentheater für Erwachsene – Erwartung, Probleme, Erfahrungen«, herausgegeben vom Verband der Theaterschaffenden der Deutschen Demokratischen Republik.
Tartler, R. (1961): Das Alter in der modernen Gesellschaft. Stuttgart: Enke.
Tattersall, I. (2002a): Ein neues Modell der Homo-Evolution. *Spektrum der Wissenschaft* 4, 32–39.
Taulbee, L. R., Folsom, J. C. (1966): Reality orientation for geriatric patients. *Hospital and Community Psychiatry* 17.
Taylor, L. (1980): Future time perspective and the problem of cognition/motivation interaction. In: Symposion in Honor of J. Nuttin, Presses Univ. Louvain.
Taylor, L. (1981): Collections of memories. *Architectural Digest* 4, 36–42.
Teirich, H. R. (1962): »Gezieltes« und »ungezieltes« Verleihen von Büchern als psychotherapeutische bzw. psychohygienische Maßnahme (ein Beitrag zur sog. »Bibliotherapie«), *Psychotherapie und medizinische Psychologie* 12, 21–30.
Tenter, J. (1992): Dementielle Erkrankungen im Alter. Differentielle und therapeutische Strategien. *TW Neurologie Psychologie* 6/10, 635–642.
Teri, L. (1994): Behavioral treatment of depression in patients with dementia. *Alzheimers Disease and Associated Disorders* 8/3, 66–74.

Teri, L., Curtis, L., Gallagher-Thompson, D., Thompson, L. (1994): Cognitive-behavioral therapy with depressed older adults. In: *L. S. Schneider, C. F., Reynolds, B. D. Lebowitz, A. J. Friedhoff* (eds.): Diagnosis and treatment od depression in late life: Results of the NIH Consensus Development Conference. Washington, DC: American Psychiatric Press, 279–291.

Teri, L., Reifler, B. V. (1987): Depression and dementia. In: *Carstensen, L. L., Edelstein, B. A.* (eds.) (1987): Handbook of Clinical Gerontology. New York: Pergamon Press, 112–119.

Tesch-Römer, C. (1998): Schwerhörigkeit und Kommunikationsbehinderung im Alter. In: *Kruse* (1998) Bd. 2, 108–126.

Tews, H. T. (1976): Grenzen der Altenbildung. *Zeitschrift für Gerontologie* 9, 58–72.

Tews, H. T. (1979): Soziologie des Alterns. Heidelberg: Quelle & Meyer, 3. Aufl.

Theissen, Ch. (1970): Untersuchungen zum Selbstbild älterer Menschen. Bonn: Phil. Diss. Universität Bonn.

Thelen, E. (1990): Coupling perception and action in the development of skill: a dynamic approach. In: *Bloch, Bertenthal* (1990), 39–56.

Thomae, H. (1952): Die biographische Methode in den anthropologischen Wissenschaften. *Stud. Generale* 5, 163–177.

Thomae, H. (1968): Das Individuum und seine Welt. Göttingen: Verlag für Psychologie.

Thomae, H. (1983): Alternsstile und Altersschicksale. Ein Beitrag zur Differentiellen Gerontologie. Bern: Huber.

Thomae, H. (1988): Das Individuum und seine Welt. Eine Persönlichkeitstheorie. 2. bearb. Aufl. Göttingen: Verlag für Psychologie.

Thomae, H. (1992): Emotion and personality. In: *J. E. Birren, Sloane, R. B., Cohen, J. D.* (eds.): Handbook of mental health and aging. San Diego: Academic Press, 356–375.

Thomae, H. (1993): Die Bonner Gerontologische Längsschnittstudie (BOLSA). *Zeitschrift für Gerontologie* 26, 142–150.

Thomae, H. (1998): Probleme der Konzeptualisierung von Altersformen. In: *Kruse* (1998) Bd.1, 35–50.

Thomae, H., Maddox, G. (1982): New perspectives on old age: A message to decision makers. New York: Springer.

Thomas, W. I. (1923): The unadjusted girl: with cases and standpoints for behavior analysis. Criminal Sciences Monograph 4.

Thomas, W. I. (1965): Person und Sozialverhalten. Soziologische Texte, Bd.26. Neuwied: Luchterhand.

Thompson, L. W., Breckenridge, J. N., Gallagher, D. (1984): Effects of bereavement in self-perceptions of physical health in elderly widows and widowers. *J. of Gerontology* 39, 309–314.

Thompson, L. W., Gallagher-Thompson, D. (1994): Comparison of desipramine and cognitive /behavioral therapy for the treatment of late-life depression: a progress report. Paper presented at the annual meeting of the American Psychological Association. Los Angeles, CA: APA.

Thompson, L. W., Gong, V., Haskins, E., Gallagher, D. (1987): Assessment of depression and dementia during the late years. *Annual Review of Gerontology and Geriatrics* 7, 295–324.

Thornbury, J. M., Minstretta, C. M. (1981): Tactile sensitivity as a function of age. *J. of Gerontology* 36, 34–39.

Thurman, A. H., Piggins, C. A. (1982): Drama activities with older adults: A handbook for leaders. New York: The Haworth Press.

Tiedemann, P. (2003): Der Begriff der Menschenwürde. Eine Anfrage an die Sozialspychologie. In: *Integrative Therapie* 1 (2003) 11–26.

Tilburg, Th. Van, Dykstra, P. A., Liefbroer, A., Broese van Groenou, M. (1995): Sourcebook of living arrangements and social networks of older adults in the Netherlands. Questionnaire and data documentation of the NESTOR-program, main study 1992 and network study 1992–1995. Amsterdam: VU.

Timmermanns, P. (1997): Hospizbewegung in NRW – neue Wege in der Sterbebegleitung. Dokumentation der Fachtagung am 5. Juli 1995 in Bochum. Düsseldorf: Ministerium für Arbeit, Gesundheit und Soziales des Landes NRW.

Tokarski, W., Schmitz-Scherzer, R. (1991): Lebenswelten im Wandel – der Beitrag der gerontologischen Longitudinalforschung für das Verständnis der Veränderung von Lebenswelten. In: *Petzold, Petzold* (1991) 86–93.

Tomlinson, B. E., Henderson, G. (1976): Some quantitative findings in normal and demented old poeple. In: *R. D. Terry, S. Gershon* (eds.): Neurobiology of aging. New York: Raven, 183–204.

Toseland, R. W., Rossiter, C. M. (1989): Group interventions to support family caregivers: A review and analysis. *Gerontologist* 29, 438–448.

Toseland, R. W., Smith, G. C. (1990): Effectiveness of individual counseling by professional and peer helpers for family Cargivers of the elderly. *Psychology and Aging* 5/2, 256–263.

Uexküll, J. V. (1921): Umwelt zur Innenwelt der Tiere. Berlin.

Ullrich, R., Ullrich de Muynck, R. (1978): Soziale Kompetenz. Experimentelle Ergebnisse zum Assertiveness-Training-Programm AT. Bd. I: Messmittel und Grundlagen. München: Pfeiffer.

Unger, J. B., Anderson Johnson, C., Marks, G. (1997): Functional decline in the elderly: evidence for direct and stress-buffering protective effects of social interactions and physical activity. *Annuals of Behavioral Medicine* 19 (2),152–160.

United Nations (1999): Human Rights and older persons. Genf: United Nations.

Unruh, D. R. (1980a): The social organization of older people: a social world perspective. In: Denzin, N. K. (ed.), Studies in symbolic interaction, Greenwich: JAI Press Vol. 4, 147–170.

Unruh, D. R. (1980b): The nature of social worlds. *Pacific Soc. Rev.* 23, 271–296.

Unruh, D. R. (1983a): Invisible lifes. Social worlds of the aged. Beverly Hills: Sage Publications.

Unruh, D. R. (1983b): Death and personal history: Strategies of identity preservation. *Social Problems* 3, 340–351.

Vaitl, D., Petermann, F. (Hrsg.) (1993): Handbuch der Entspannungsverfahren. Weinheim: Psychologie Verlags Union.

Van den Heuvel, N., Smits, C. H. M., Deeg, D. J. H., Beekman, A. T. F. (1996): Personality: A moderator of the relation between cognitive functioning and depression in adults aged 55–85? *J. of Affective Disorders* 41, 229–240.

Van der Aarts, P., op den Velde, W. (2000): Eine früher erfolgte Traumatisierung und der Prozess des Alterns. In: *Van der Kolk* et al., 284–308.

Van der Kolk, B. A., McFarlane, A. C., Weisaeth, L. (eds.) (1996): Traumatic stress. The effects of overwhelming experience on mind, body, and society. New York: The Guilford Press. deutsch hg. von *M. Märtens u. H. Petzold* (2000). Paderborn: Junfermann.
Van der Mei, S., Petzold, H. G., Bosscher, R. (1997): Runningtherapie, Streß, Depression – ein übungszentrierter Ansatz in der Integrativen leib- und bewegungsorientierten Psychotherapie. *Integrative Therapie* 3 (1997) 374–428.
Venini, P. (1960): La vecchiaia nel De senectute di Cicerone. *Athenaeum* 38, 97–117.
Verhaeghen, P., Marcoen, A., Goossens, L. (1993): Facts and fiction about memory aging: a quantitative integration of research findings. *J. of Gerontology: Psychological Sciences* 48, P157–P171.
Vermeulen, A. W. A., Beekman, A. T. F., Stek, M. L., Dyck, R. (1994): De prevalentie van angststoornissen bij ouderen. *Tijdschrift voor Psychiatrie* 36/9, 657–668.
Victor, C. R., Evandron, M. (1987): Does social class matter in later life? In: *Gregorio di S.* (ed.): Social Gerontology: New directions. London: Croom-Helm (1987) 252–267.
Viehbahn, W. (1971): Das Bild des alten Menschen im westdeutschen Lesebuch. Köln.
Vogd, W. (1998): Professionelles Handeln im Grenzbereich von Leiden, Sterben und Spiritualität. Fallstudien – Vipassana-Meditation als eine Hilfestellung für Mitarbeiter des Gesundheitswesens. Marburg: Tectum Verlag.
Vogelsänger, S. (1984): Musik mit älteren Menschen als sozialpädagogische Aufgabe. *Musik und Bildung* 10, 655–664.
Völkel, H. (1965): Zur Anwendung des Autogenen Trainings bei depressiven Verstimmungen. In: *Luthe, W.* (Hrsg.): Autogenes Training, Correlationes Psychosomaticae. Stuttgart: Thieme, 138–143.
Voutta-Voß, M. (1997): Entspannungstechniken in der Integrativen Therapie. *Integrative Bewegungstherapie* 1, 27–41 und *Integrative Bewegungstherapie* 2, 27–38.
Wagner, H. J. (1992): Konsumgesellschaft und Tötungsdelikte an alten Menschen. *Deutsches Ärzteblatt* 89, 14, B-778
Wagnild, G., Young, H. M. (1990): Resilience among older women. *Image: J. of Nursing Scholarship* 22 (4),252–255.
Wagnild, G., Young, H. M. (1993): Development and psychometric evaluation of the resilience scale. *J. of Nursing Measurement* 1 (2), 165–178.
Wahl, H.-W. (2000): Ökologische Intervention: Ergegnisse der ökogerontologischen Forschung. In: *Wahl, H.-W., Tesch-Römer, C.* (Hrsg.): Angewandte Gerontologie in Schlüsselbegriffen. Stuttgart: Kohlhammer, 203–208.
Wahl, H.-W., Kruse, A. (1999): Psychologische Gerontologie im deutschsprachigen Raum 1988–1998: II. Persönlichkeitsentwicklung im Alter. *Zeitschrift für Gerontologie und Geriatrie* 32 (4) 279–293.
Wahl, H.-W., Oswald, F. (1998): Eine ökopsychologische Analyse der Kompetenz im höheren Lebensalter: Das Beispiel Sehbeeinträchtigung. In: *A. Kruse* (1998) Bd.1, 13–37.
Waldenfels, B. (1985): In den Netzen der Lebenswelt. Frankfurt: Suhrkamp.
Wall, L. V., White, G. A., Philpott, A. R. (1965): The Puppet Book. London: Faber, 3. Aufl.
Walter, H. J. (1978): Gestalttheorie und Psychotherapie. Darmstadt: Steinkopff.
Wan, T. T. H. (1985): Well-being for the elderly. Primary preventive strategies. Lexington: Lexington Books.

Ward, C. R., Los Kamp, L., Newman, S. (1996): The effects of participation in an intergenerational program on the behavior of residents with dementia. *Acitivities, Adaptaion and Aging* 20, 61–76.
Warren, W. H. (1990): The perception-action coupling. In: *Bloch, Bertenthal* (1990)23–37.
Waxman, H. M. (1986): Community mental health care for the elderly – a look at the obstacles. *Public Health Reports,* 10 (3), 294–300.
Weinmann, B., Gelbart, P., Wallace, M., Post, M. (1972): Inducing assertive behavior in chronic schiziphrenics: a comparison of sozio-environmental, desensitization and relaxation therapies. *J. of Consulting and Clinical Psychology* 30, 246.
Weinstock, C. (1968): The Relation between Social Isolation and Related Cognitive Skills in the Residents of a Catholic and a Jewish Horne for Aged, *Proceedings of the 8th International Congress of Gerontology,* Washington.
Weinstock, C., *Bennet, R.* (1968): Problems in Communication to Nurses among Residents of a Racial Homogenous Nursing Horne, *The Gerontologist* 8, 72–75.
Weiss, J. C. (1999): The role of art therapy in aiding older adults with life transitions. In: *Duffy, M.* (ed.), 182–196.
Weiss, W. (1999): Im Sterben nicht allein. Hospiz – Ein Handbuch für Angehörige und Gemeinde. Berlin: Wichern-Verlagsgesellschaft.
Weissman, M. M., Klerman, G. L., Markowitz, J. S. (1990): Suicidal ideation and suicide attempts in panic disorders and attacks. *New Englang J. of Medicine* 321, 1209–1214.
Weissman, M. N., Klerman, G. L. (1993): Interpersonal counseling for stress and distresss in primary care settings. In: *Klerman, L:, Weissman, M. N.* (eds.): New applications of interpersonal psychotherapy. Washington: American Psychiatric Press, 295–318.
Weitzel-Polzer, B. (1987): Therapie. Kartei praktischer Vorschläge zur psychosozialen Therapie mit verwirrten alten Menschen. Hannover: Curt Vincentz Verlag.
Weitzel-Polzer, B., Rasehorn, E. (1988): Ein psychosoziales Therapieprogramm für demente Bewohner eines Altenpflegeheimes. *Zeitschrift für Gerontologie* 21, 16–20.
Weizäcker, V. V. (1960): Gestalt und Zeit. Göttingen: Vandenhoeck & Ruprecht.
Wells, K. B., Katon, W., Roberts, S., Camp, P. (1994): Use of minor tranqulizers and antidepressant medications by depressed outpatients: results from the Medical Outcomes Study. *American J. of Psychiatry* 15, 694–700.
Wertheimer, J., Lobrinus, A. (1981): Psychotherapie neurotischer Störungen beim alten Menschen: Eine neue Öffnung ins Leben. *Zeitschrift für Gerontologie* 14/1, 22–33.
West, R. L., Bramplett, P. Jr. (1990): Path analysis of the relationship among aging, depression, memory, performance, and memory self-evaluation. Paper presented at the Cognitive Aging Conference. Atlanta, GA.
Westerhof, G. J., Kuin, Y., Dittmann-Kohli, F. (1998): Gesundheit als Lebensthema. *Zeitschrift für Klinische Psychologie* 27, 136–142.
Wettstein, R. H. (19972): Leben- und Sterbenkönnen. Gedanken zur Sterbebegleitung und zur Selbstbestimmung der Person. Bern: Lang.
Whiting, H. T. A. (1984): Human motor actions: Bernstein reassessed. Amsterdam.
Whitlock, G. *E.* (1978): Understanding and coping with reallife crisis. Monterey, CA.
Wijnen, H. van, Petzold, H. G. (2003): Moderne Identitätstheorien und ihre Bedeutung

für die Supervision. Bei *www.FPI-Publikationen.de/materialien.htm – Supervision: Theorie – Praxis – Forschung.* Eine interdisziplinäre Internet-Zeitschrift – 10/2003.

Wilkening, K. (1998): Wir leben endlich. Zum Umgang mit Sterben, Tod und Trauer. Göttingen: Vandenhoeck & Ruprecht.

Willmann, U. (1999): Einmal Hölle und zurück. *Die Zeit* 29 vom 15. Juli 1999, 35–36.

Wilson, E. O. (1975): Sociobiology: The new synthesis. Cambrigde: Harvard Univ. Press.

Wilz, G., Schumacher, J., Machold, C., Gunzelmann, T., Adler, C. (1998): Angehörigenberatung bei Demenz – Erfahrungen aus der Leipziger Studie. In: *Kruse* (1998) Bd.2, 232–251.

Winkel, H. (1993): In memoriam mortuorum – die Toten erinnern. Eine thanatosoziologische Untersuchung der Tauer. Berlin: Kulturverein Aphorisma.

Winnicott, D. W. (1953): Transitional objects and transitional phenomena: a study of first not-me possession. *International J. Psycho-Analysis* 3 (1953), 89–97; dtsch.: Übergangsobjekte und Übergangsphänomene, *Psyche* 23 (1969), 666–682.

Winnicott, D. W. (1973): Vom Spiel zur Kreativität. Stuttgart: Klett.

Wittchen, H. U. (1991): Der Langzeitverlauf unbehandelter Angststörungen. Wie häufig sind Spontanremissionen. *Verhaltenstherapie* Bd. I 4.

Woll-Schumacher, I. (1980): Desozialisation im Alter. Stuttgart: Enke.

Woods, R. T. (ed.) (1996): Handbook of the clinical psychology of ageing. Chichester: Wiley & Sons.

Woods, R. T. (1996): Mental health problems in late life. In: Woods (ed.) 197–218.

Woods, R. T. (1996): Psychological »therapies« in Dementia. In: *R. T. Woods* (1996) 575–600.

Yesavage, J., Westphal, J., Rush, L.. (1981): Senile dementia: combined pharmacologic and psychologic treatment. *J. of American Geriatric Society* 29, 164–171.

Zahn, A. (1999): Sterben im Heim. Der Beitrag der beruflichen Sozialarbeit zur Sterbebegleitung in der stationären Altenhilfe. Stuttgart: Kohlhammer.

Zakgdalsky, T. (1976): N. F. Fyodorov's Philosophy of Physical Resurrection, Ph. D. thesis, Bryn Mawr, 1976, University Microfilms, Ann Arbor, MI.

Zank, S., Wilms, H. U., Baltes, M. (1996): Gesundheit und Alter. In: *Schwarzer, R.*(Hrsg.): Einführung in die Gesundheitspsychologie. Göttingen: Hogrefe, 2. Aufl., 245–263.

Zarit, S. H. (1982): Affective correlates of self-reports about memory of older poeple, *International Journey of behavioral Geriatrics* 1, 25–34.

Zarit, S. H., Zarit, J. M., Reever, K. E. (1982): Memory training for severe memory loss: Effects on senile dementia patients and their families. *The Gerontologist* 22/4, 373–377.

Zaudig, M. (1994): Differenzierte klinische Diagnostik der Demenz und »leichter kognitiver Beeinträchtigung«: Voraussetzung therapeutischer Bemühungen. In: *H. D. Hirsch* (Hrsg.): Psychotherapie bei Demenzen. Darmstadt: Steinkopff, 17–34.

Zdunek, K., Petzold, H. G. (1999): Qualitätsentwicklung und Forschung im Bereich der künstlerischen Therapien. *Kunst & Therapie* 1/2, 156–176.

Zenkovskij, B. (1948): Geschichte der russischen Philosophie, Paris Bd. I, 1948, Bd. II, 1950 (russ.); engl. Übers.: London 1953.

Zernov, N. (1963): The Russian religious renaissance of the twentieth century. London: Longman & Todd.

Ziegler, M., Reid, D. W. (1983): Correlates of changes in desired control scores and in life satisfaction scores among elderly persons. *International J. of Aging and Human Development* 16, 135–146.
Zimmermann, R. E. (1976): Sozialisationstheoretische Implikationen für die Bildungsarbeit mit alten Menschen. In: *Petzold, Bubolz* (1976) 198–210.
Zimmermann, R. E. (1977): Alter und Hilfsbedürftigkeit. Enke: Stuttgart.
Zimmermann, R. E. (1978): Soziale Ungleichheit und Krankheit im Alter. In: *Dieck, Naegele* (1978) 145–159
Zimmermann, D. (1982): Soziale Isolation und Einsamkeit bei psychiatrischen Langzeitpatienten. Weinheim: Beltz.
Zimpfer, D. G. (1987): Groups for the aging: do they work? *J. for Specialist in Group Work* 85–92.
Zinker, J., Fink, S. *L.,* The possibility for psychological growth in a dying person, *J. of General Psychology* 74 (1966) 185–199.
Zinker, J. (1982): Gestalttherapie als kreativer Prozeß. Paderborn, Junfermann.
Zundel, R. (1987): Hilarion Petzold – Integrative Therapie. In: *Zundel E., Zundel R.,* Leitfiguren der Psychotherapie, 191–214. München: Kösel.
Zwerling, I. (1990): Die Therapien der »kreativen Künste« als Formen der Psychotherapie. In: *Petzold, Orth* (1990), 63–72.